Große Transformation? Zur Zukunft moderner Gesellschaften

W0085644

Klaus Dörre · Hartmut Rosa ·
Karina Becker · Sophie Bose ·
Benjamin Seyd
(Hrsg.)

Große Transformation?
Zur Zukunft moderner
Gesellschaften

Sonderband des Berliner Journals
für Soziologie

 Springer VS

Hrsg.
Klaus Dörre
Institut für Soziologie
Friedrich-Schiller-Universität Jena
Jena, Deutschland

Hartmut Rosa
Institut für Soziologie
Friedrich-Schiller-Universität Jena
Jena, Deutschland

Karina Becker
Kolleg Postwachstumsgesellschaften
Friedrich-Schiller-Universität Jena
Jena, Deutschland

Sophie Bose
Kolleg Postwachstumsgesellschaften
Friedrich-Schiller-Universität Jena
Jena, Deutschland

Benjamin Seyd
Institut für Soziologie
Friedrich-Schiller-Universität Jena
Jena, Deutschland

Das Berliner Journal für Soziologie wird herausgegeben vom Institut für Soziologie der Friedrich-Schiller-Universität Jena sowie vom Institut für Sozialwissenschaften der Humboldt-Universität zu Berlin. Herausgeber_innen sind Klaus Dörre (Jena), Frank Ettrich (Erfurt), Karin Lohr (Berlin), Hans-Peter Müller (Berlin) und Hartmut Rosa (Jena). Weitere Informationen unter: www.springer.com/11609

ISBN 978-3-658-25946-4   ISBN 978-3-658-25947-1   (eBook)
https://doi.org/10.1007/978-3-658-25947-1

Die Deutsche Nationalbibliothek verzeichnet diese Publikation in der Deutschen National-bibliografie; detaillierte bibliografische Daten sind im Internet über http://dnb.d-nb.de abrufbar.

Springer VS
© Springer Fachmedien Wiesbaden GmbH, ein Teil von Springer Nature 2019
Das Werk einschließlich aller seiner Teile ist urheberrechtlich geschützt. Jede Verwertung, die nicht ausdrücklich vom Urheberrechtsgesetz zugelassen ist, bedarf der vorherigen Zustimmung des Verlags. Das gilt insbesondere für Vervielfältigungen, Bearbeitungen, Übersetzungen, Mikroverfilmungen und die Einspeicherung und Verarbeitung in elektronischen Systemen.
Die Wiedergabe von allgemein beschreibenden Bezeichnungen, Marken, Unternehmensnamen etc. in diesem Werk bedeutet nicht, dass diese frei durch jedermann benutzt werden dürfen. Die Berechtigung zur Benutzung unterliegt, auch ohne gesonderten Hinweis hierzu, den Regeln des Markenrechts. Die Rechte des jeweiligen Zeicheninhabers sind zu beachten.
Der Verlag, die Autoren und die Herausgeber gehen davon aus, dass die Angaben und Informa-tionen in diesem Werk zum Zeitpunkt der Veröffentlichung vollständig und korrekt sind. Weder der Verlag, noch die Autoren oder die Herausgeber übernehmen, ausdrücklich oder implizit, Gewähr für den Inhalt des Werkes, etwaige Fehler oder Äußerungen. Der Verlag bleibt im Hinblick auf geografische Zuordnungen und Gebietsbezeichnungen in veröffentlichten Karten und Institutionsadressen neutral.

Springer VS ist ein Imprint der eingetragenen Gesellschaft Springer Fachmedien Wiesbaden GmbH und ist ein Teil von Springer Nature.
Die Anschrift der Gesellschaft ist: Abraham-Lincoln-Str. 46, 65189 Wiesbaden, Germany

Editorial

Karina Becker, Sophie Bose, Klaus Dörre, Hartmut Rosa
und Benjamin Seyd

„Krise der Arbeitsgesellschaft" lautete die Überschrift des Soziologiekongresses
1982 in Bamberg, „Gesellschaften im Umbruch" 1995 in Halle, „Unsichere Zeiten" 2008 in Jena, „Routinen der Krise – Krise der Routinen" 2014 in Trier. Diese
Auswahl an Titeln zeigt, dass die Analyse und Problematisierung gesellschaftlicher
Strukturen und deren Entwicklungen, der Diskurs über Umbrüche und sozialen
Wandel sowie die daraus resultierenden Beunruhigungen zu den Kernthemen der
Soziologie gehören – und für sich genommen nichts Besonderes sind. Und doch
drängt sich mit Macht das Gefühl auf, dass sich in der aktuellen Selbstbeobachtung
der Gesellschaft hinter der unvermeidlichen rhetorischen Pointierung und der
üblichen Krisenrhetorik mehr verbirgt – wird doch nicht nur in den krisenaffinen
Sozialwissenschaften, sondern auch weit darüber hinaus über eine ganze Reihe tief-
gehender Problemlagen diskutiert, die die Wirtschaft ebenso betreffen wie Fragen
des gesellschaftlichen Naturverhältnisses, der politischen Selbstregulierung und
des sozialen Gefüges überhaupt. Gefragt, was er derzeit für die größte Krise halte,
mit der sich die Menschheit konfrontiert sehe, antwortete der Evolutionsbiologe,
Anthropologe und Pulitzer-Preisträger Jared Diamond kürzlich in einem Zeitungs-
interview: „Vielleicht, dass die Welt versucht, die größte Krise von allen zu finden."[1]
Diese Bemerkung ist in zweifacher Hinsicht aufschlussreich. Zum einen verweist
sie darauf, dass „die Krise" in aller Munde ist und das Aufgebot an möglichen
Krisen so zahlreich, dass man sich kaum entscheiden kann, warum es nicht weiter
gehen kann wie bisher. Zum anderen bringt sie eine Art von Desorientierung zum
Ausdruck, die sich selbst als Krisensymptom deuten lässt: Die Krise ist komplex,
und es herrscht große Uneinigkeit darüber, wo ihre Ursachen – geschweige denn

---

1   https://www.tagesspiegel.de/gesellschaft/evolutionsbiologe-jared-diamond-zum-ersten-
    mal-gibt-es-die-moeglichkeit-eines-weltweiten-kollapses/24351438.html. Zugegriffen:
    Juni 2019.

die Lösungen – liegen. Die größte Gefahr besteht darin, dass Probleme lediglich dramatisiert, nicht aber verstanden werden.

Vor diesem Hintergrund widmet sich der vorliegende Sonderband des Berliner Journals für Soziologie unter dem Titel „Große Transformation? Zur Zukunft moderner Gesellschaften" den Herausforderungen, mit denen sich Gesellschaften im 21. Jahrhundert konfrontiert sehen. Der Titel greift dabei das bekannte Bild des Soziologen Karl Polanyi von der „Großen Transformation" auf. Polanyi hatte die Entwicklung früh industrialisierter Länder bekanntlich als Doppelbewegung interpretiert, bei der die Kommodifizierung der „fiktiven Waren" Arbeit, Boden und Geld in eine marktwirtschaftliche Entbettungsdynamik führte, gegen die die Gesellschaft sich mit Gegenbewegungen unterschiedlicher Art – vom Sozialismus bis zum Faschismus – zur Wehr setzte. Insofern wohnt dem Transformationsbegriff, dessen sich derzeit viele Sozialwissenschaftler_innen, aber auch erhebliche Teile der politischen Eliten bedienen, um tiefgreifende, lang anhaltende Umbrüche zu beschreiben, eine gewisse Ambivalenz inne, müssen doch solche Veränderungsprozesse keineswegs zur normativen Verbesserung von Gesellschaften oder auch nur zur Steigerung ihrer Funktionalität führen. Ohnehin ist bei historischen Vergleichen Vorsicht geboten. Nichtsdestotrotz sind Parallelen schwer von der Hand zu weisen, und nicht wenige Beobachter_innen begreifen die vielfach beschriebene Krise der Reproduktion, der Gefährdung der Ökosysteme oder der entfesselten Finanzialisierung als Entbettungstendenzen Polanyi'schen Typs (vgl. u. a. auch Abraham und Aulenbacher, Gorski, Haubner, Pfeiffer und Pineault in diesem Band), auf die die Gesellschaft wiederum mit Entfremdungssymptomen und autoritären oder progressiven Gegenbewegungen reagiert.

Allerdings ist selbst mit einer Deutung aktueller Entwicklungen als „großer Transformation" im Polanyi'schen Sinne die Frage, wie tief die Krise greift und was eigentlich auf dem Spiel steht, noch nicht beantwortet. Die erste große Transformation mündete schließlich, ganz entgegen Polanyis eigener Erwartung, keineswegs im Zusammenbruch der Marktgesellschaft, sondern in deren Neuformierung in der „sozialen Marktwirtschaft" der Nachkriegszeit, im Zusammenbruch der realsozialistischen Alternative und im neuerlichen Siegeszug eines flexiblen globalen (Finanz-)Kapitalismus. Dagegen lässt sich allerdings mit Blick auf die ökologische Dimension und die mit ihr verbundenen Gefährdungen durchaus fragen, inwiefern moderne Gesellschaften als *moderne* Gesellschaften überhaupt eine Zukunft haben können.

Die Frage, ob moderne Gesellschaften auf diese Weise eine kritische Schwelle erreicht haben, stand im Zentrum der DFG-geförderten Kollegforscher_innengruppe „Landnahme, Beschleunigung, Aktivierung. Zur (De-)Stabilisierung moderner Wachstumsgesellschaften", die 2011 in Jena gegründet wurde und nun, nach acht Jahren intensiver Forschung, an ihr Ende kommt. Die von Polanyi mit inspirierte, aber über ihn hinausreichende Ausgangsannahme war dabei, dass moderne Gesellschaften als dynamische Wachstumsgesellschaften zu verstehen sind, „deren relative Stabilität über zahlreiche Krisenperioden hinweg auf steigender ökonomisch-technischer Effizienz und wachsendem materiellen Wohlstand [beruhte]" (Dörre et al. 2011, S. 1). Auf dieser Grundlage wurden gesellschaftliche Wachstumstreiber, aber auch Wachstumsbarrieren sowie deren Bedeutung für die gesellschaftliche Dynamik und Stabilität untersucht und der Frage eines etwaigen „Kontinuitätsbruchs" nachgegangen: der Möglichkeit nämlich, dass „sich hohe Wachstumsraten über längere Perioden hinweg nicht mehr gewährleisten lassen und der dominante fossilistische Wachstumstyp zum Überschreiten planetarischer Belastungsgrenzen führt" (Dörre und Rosa 2015, S. 3), sodass letzten Endes „die Dynamisierungsimperative der kapitalistischen Moderne selbst zur Disposition stehen" (Dörre et al. 2011, S. 1).

Die gesellschaftliche Debatte, in die diese Fragen sich einfügen, hat sich seit 2011 noch einmal stark verändert. War Wachstumskritik zu Beginn des Kollegs noch eher ein Nischenthema akademischer oder aktivistischer Spezialdiskurse, sind ökologische Gefährdungen und die mit ihnen verbundenen Konsequenzen inzwischen zu zentralen Themen gesellschaftlicher Auseinandersetzung und politischer Besorgnis avanciert. Heute sind um die Frage, ob die ökonomisch-ökologische „Zangenkrise" sich im Sinne eines Grünen Kapitalismus innerhalb der hergebrachten systemischen Logik lösen lässt, ob sie etwas ganz Neues erfordert oder gar doch überschätzt wird, vehemente Deutungskämpfe und soziale Konflikte entbrannt. Das Kolleg hat diese Veränderungen von Beginn an begleitet und informiert, immer wieder aber auch kritisch reflektiert.

Dabei wurde die Ausgangsthese des Kollegs zwar in ihrer Dramatik nicht entschärft, aber erheblich differenziert: Wurde anfangs noch davon ausgegangen, dass eine nachlassende Wachstumsdynamik unweigerlich zur Erschütterung staatlicher Institutionen und demokratischer Politik führt, hat sich gezeigt, dass die Kopplung zwischen Wachstumszwang und gesellschaftlicher Stabilität möglicherweise weniger eng ist als angenommen – und dass moderne kapitalistische Gesellschaften (wie man z. B. in Japan oder Griechenland beobachten kann) durchaus imstande sind, wesentliche Herrschaftsstrukturen auch unter Bedingungen wirtschaftlicher Stagnation zu stabilisieren, freilich um den Preis, dass sich der Beschleunigungs-, Innovations- und Konkurrenzdruck dabei noch erhöht. In Rechnung zu stellen ist in diesem Zusammenhang auch, dass sich der Expansionszwang des Kapitalismus nicht notwendig zu Wachstum aggregieren muss und dass keineswegs von absoluten Wachstumsgrenzen auszugehen ist – sodass für politisches Handeln und technische Innovationen möglicherweise größere Spielräume bestehen als angenommen. Vor allem aber gilt, dass von demokratischer Allbetroffenheit keine Rede sein kann: Die Lasten der Wachstumskrisen verteilen sich zwischen Nord und Süd und innerhalb der Nationalstaaten sehr unterschiedlich, und es ergeben sich immer wieder auch klare Krisengewinne, was eine Vielzahl von (nationalstaatlichen) Handlungsspielräumen eröffnet, sich etwa über Ab- und Ausgrenzungsversuche „Luft" zu verschaffen und einen systemischen Zusammenbruch zumindest aufzuschieben. Dadurch wird die Ungleichheitsdimension von großer und eher wachsender Bedeutung auch im Angesicht ökologischer Fragen und erweist sich das Verhältnis von Ökonomie, Ökologie und Demokratie im Ergebnis von acht Jahren Forschung noch als sehr viel komplizierter als ursprünglich angenommen (Ketterer und Becker 2019).

Der vorliegende Band greift einige wichtige Erkenntnisse und Forschungsstränge des Kollegs auf und bezieht sie auf die Frage nach Art, Qualität und „Größe" der gegenwärtigen Transformation. Mit dem Ziel, die Auseinandersetzung gleichermaßen zu vertiefen wie zu versachlichen, fragt er nach strukturellen und kulturellen Ursachen und Zusammenhängen und stellt mögliche Auswege und Alternativen zur Diskussion. Dabei greift er konzeptionelle Innovationen auf, die das Kolleg auf allen Ebenen soziologischer Analyse hervorgebracht hat: von *Externalisierung* als basalem Mechanismus der Wachstumsermöglichung (Lessenich 2016) über *repulsive Globalisierung* als zeitdiagnostisch-verdichtender Zustandsbeschreibung (Dörre 2019) bis hin zu *Resonanz* als normativem Kriterium einer möglichen Postwachstumsgesellschaft (Rosa 2017). Auch im Umkreis des Kollegs entstandene Überlegungen wie die zur *imperialen Lebensweise* (Brand und Wissen 2016) oder zu *Machtverschiebungen im Weltsystem* (Schmalz 2018), um nur ganz exemplarisch zwei aus einer Vielzahl von Beispielen zu nennen, spielen dabei eine wichtige Rolle. Zugleich lässt der Band nicht nur Anhänger_innen, sondern auch Skeptiker_innen und Kritiker_innen der These eines absehbaren Endes der Wachstumsgesellschaft zu Wort kommen und nimmt somit die „konstruktive Kontroverse" als der zentralen Arbeitsweise des Kollegs auf. Das soll die Bandbreite möglicher Perspektiven abbilden, vor allem aber dazu beitragen, Stränge und Positionen zusammennzubringen und miteinander ins Gespräch zu bringen und die Qualität der Auseinandersetzung zu erhöhen: Soziologie ist und bleibt nicht nur eine multiparadigmatische, sondern auch eine multiperspektivische und multipositionale Disziplin. Und das ist auch gut so, solange ihre verschiedenen Strömungen dialogfähig und dialogwillig bleiben!

Der Band gliedert sich in drei Teile. Der erste greift die Ausgangsthese des Kollegs auf, wonach die Zeiten des permanenten Wachstums jedenfalls in den Ländern des Globalen Nordens vorüber sind. Klaus Dörre, Hartmut Rosa und Stephan Lessenich stellen dazu ihre je eigenen Überlegungen zur Diskussion und entwickeln diese weiter, um das Feld zu eröffnen für eine Reihe kontroverser, analytisch-theoretischer Beiträge von Johannes Berger, Guilherme Leite Gonçalves, Éric Pineault sowie Luc Boltanski und Arnaud Esquerre. Hier geht es um Genese, Dynamik und Folgen des Gegenwartskapitalismus und die analytische Frage nach der Funktionsweise und den Grenzen seiner Expansion.

Der zweite Teil stellt die Frage nach der „Zukunft von Wachstum, Wohlfahrt und Demokratie" und nimmt dafür unterschiedliche Felder der Transformation in den Blick. Frank Adloff und Sighard Neckel sowie Jakob Graf, Stefan Schmalz und Johanna Sittel wenden sich hier der Zukunft der Natur und des Klimas zu, Tine Haubner sowie Steffen Liebig der von Arbeit und sozialer Reproduktion. Markus Wissen sowie Karina Becker, Martin Ehrlich und Madeleine Holzschuh widmen sich ebenso wie Frank Iwer und Maximilian Strötzel der Zukunft der Mobilität. Mit der Zukunft der (Un-)Gleichheit setzen sich Silke van Dyk sowie Maria Backhouse und Anne Tittor auseinander. Ulrich Brand und Harald Welzer, Hanna Ketterer sowie Manfred Krenn schließlich befassen sich mit der Zukunft der Lebensweisen.

Im dritten Teil diskutieren und konzeptualisieren Helmut Wiesenthal, Sabine Pfeiffer, Hans-Jürgen Urban, Maurizio Bach, Oliver Nachtwey und Maurits Heumann, Michelle Williams und Vishwas Satgar, Dennis Eversberg und Barbara Muraca, Mauro Magatti, Chiara Giaccardi und Monica Martinelli sowie Philip Gorski mögliche Kräfte und Pfade des gesellschaftlichen Wandels. Sie tun das am Beispiel der Degrowth-Bewegung, des Rechtspopulismus, der Gewerkschaften, von Kooperativen und Solidarökonomie, Digitalisierung, der europäischen Integration und der politischen Linken. Einige der Beiträge erläutern bereits bestehende, beispielsweise solidarökonomische Alternativen und weisen auf die Chancen hin, die die bevorstehenden Umbrüche bieten können. Andere sind dagegen von einem eher pessimistischen Blick auf die Zukunft geprägt.

Im Schlussteil reflektieren schließlich, wiederum aus sehr verschiedenen Perspektiven, Margaret Abraham und Brigitte Aulenbacher, Hans-Peter Müller sowie Hartmut Esser die Rolle der Soziologie in gesellschaftlichen Transformationsprozessen und geben einen Ausblick auf die Aufgaben, die der Wissenschaft von der Gesellschaft in Zukunft zukommen, und auf die Methoden und das Instrumentarium, die ihr zu deren Erfüllung zur Verfügung stehen.

Dieser Band wäre ohne die tatkräftige Unterstützung vieler Personen nicht zustande gekommen. Der erste Dank geht dabei an Henri Band für das überaus sorgfältige und scharfsinnige Lektorat. Laura Mohacsi, Felix Neubauer und János Varga haben die redaktionelle Arbeit großartig unterstützt. Für Lektorats- und Übersetzungsarbeiten sowie wichtige inhaltliche Hinweise bedanken wir uns bei Alexander Lariviere, Ulf Bohmann, Julien Deroin, Megan Hanson, Andreas Häckermann,

Steffen Liebig, Kristina Lorenzen, Jörg Oberthür, Hans Rackwitz, Johanna Sittel, Gabriel Vicente Riva, Andrey Rocha und Fabricio Rodríguez. Sigrid Engelhardt, Ilka Scheibe, Christine Schickert und Rebecca Sequeira danken wir für ihre organisatorische Unterstützung.

Literatur

Brand, U., & Wissen, M. (2017). *Imperiale Lebensweise. Zur Ausbeutung von Mensch und Natur.* München: oekom.

Dörre, K. (2019). Demokratie statt Kapitalismus oder: Enteignet Zuckerberg! In H. Ketterer & K. Becker (Hrsg.), *Was stimmt nicht mit der Demokratie? Eine Debatte mit Klaus Dörre, Nancy Fraser, Stephan Lessenich und Hartmut Rosa* (S. 21–51). Berlin: Suhrkamp.

Dörre, K., Lessenich, S., & Rosa, H. (2011). Antrag auf Förderung einer Kolleg-Forscherinnengruppe der DFG zum Thema „Landnahme, Beschleunigung, Aktivierung". (De-)Stabilisierung moderner Wachstumsgesellschaften. http://www.kolleg-postwachstum. de/sozwgmedia/dokumente/Forschungsantrag/Forschungskolleg_Vollantrag_kurz.pdf. Zugegriffen: Juni 2019.

Dörre, K., & Rosa, H. (2015). Antrag auf Weiterförderung der Kollegforscher_innengruppe „Landnahme, Beschleunigung, Aktivierung. Dynamik und (De-)Stabilisierung moderner Wachstumsgesellschaften". http://www.kolleg-postwachstum.de/sozwgmedia/dokumente/ Forschungsantrag/Antrag2015_dt.pdf. Zugegriffen: Juni 2019.

Ketterer, H., & Becker, K. (Hrsg.). (2019). *Was stimmt nicht mit der Demokratie? Eine Debatte mit Klaus Dörre, Nancy Fraser, Stephan Lessenich und Hartmut Rosa.* Berlin: Suhrkamp.

Lessenich, S. (2016). *Neben uns die Sintflut: Die Externalisierungsgesellschaft und ihr Preis.* Berlin: Hanser.

Rosa, H. (2017). *Resonanz. Eine Soziologie der Weltbeziehung.* Berlin: Suhrkamp.

Schmalz, S. (2018). *Machtverschiebungen im Weltsystem. Der Aufstieg Chinas und die große Krise.* Frankfurt a. M.: Campus.

Inhalt

**Teil II   Die Zukunft von Wachstum,
            Wohlfahrt und Demokratie**

Zum Schluss: Soziologie in der großen Transformation

Teil I
Nach dem raschen Wachstum – vom expansiven Kapitalismus zu demokratischen Postwachstumsgesellschaften?

Risiko Kapitalismus
Landnahme, Zangenkrise, Nachhaltigkeitsrevolution

Klaus Dörre

1 Einleitung

Als wir mit den Überlegungen für eine Kollegforscher_innengruppe „Postwachs-tumsgesellschaften" starteten, laborierte die kapitalistische Weltwirtschaft an einer der schwersten Krisen ihrer Geschichte. Ein gutes Jahrzehnt nach dem Ausbruch der großen Kontraktion scheint es, als sei der globale Kapitalismus in die Erfolgsspur zurückgekehrt. Eine der längsten Wachstumsperioden der Nach-kriegsgeschichte hat dafür gesorgt, dass die registrierte Arbeitslosigkeit deutlich gesunken ist. In einigen kapitalistischen Hauptländern erreicht die Erwerbsbetei-ligung Rekordniveau, auch Löhne und Lohnquoten sind, wie in Deutschland, seit einigen Jahren wieder gestiegen. War es also purer Alarmismus, der die Initiatoren der Jenaer Kollegforscher_innengruppe veranlasste, eine Destabilisierung des zeitgenössischen Wachstumskapitalismus zu prognostizieren (Dörre et al. 2009)? Haben wir Krisenphänomene überbewertet und die Kontingenz gesellschaftlicher Entwicklungen unterschätzt? Müssen wir uns nunmehr eingestehen, dass der Kapitalismus auch deshalb weiter existiert, weil es bessere Alternativen nicht gibt (Berger in diesem Band)?

Der zeitgenössische Elitentalk konfrontiert uns mit anderen Problemwahrneh-mungen. Offene, weltweite Märkte, freier Kapitalverkehr und die technologische Revolution hätten sich ausgezahlt, „aber nur für einige wenige" (Giuseppe Conte, italienischer Ministerpräsident; zitiert nach Krach 2019). „Wir sehen uns mit einer Krise des Kapitalismus" konfrontiert, der „nicht mehr die Bedürfnisse der Menschen befriedigt!" (Bruno Le Maire, Wirtschaftsminister Frankreichs; zitiert nach Krach 2019). Der Kapitalismus sei „zu weit gegangen" (Larry Fink, CEO des Vermögens-verwalters BlackRock; zitiert nach Dörner und Schäfer 2019). Werde nichts gegen die dramatisch wachsende Ungleichheit getan, drohe eine „Revolution" (Ray Dalio,

© Springer Fachmedien Wiesbaden GmbH, ein Teil von Springer Nature 2019
K. Dörre et al. (Hrsg.), *Große Transformation? Zur Zukunft moderner Gesellschaften*, https://doi.org/10.1007/978-3-658-25947-1_1

Gründer des Hedgefonds Bridgewater; zitiert nach Dörner und Schäfer 2019). Was Donald Trump repräsentiere, sei nicht nur „der Fall-out der Finanzkrise von 2008", sondern auch „die fundamentale Infragestellung des vermeintlichen Triumphs des Kapitalismus im Gefolge des Zusammenbruchs des Ostblocks (Anujeet Sareen, Brandywine-Fondsmanager; zitiert nach Hock 2019). Solche Statements geben den Tenor einer Kapitalismusdebatte wieder, die das Spitzenpersonal aus Politik und Wirtschaft leidenschaftlich führt. Trotz bemerkenswerter Einsichten wirken die Eliten ratlos. Auf die neuen Herausforderungen habe „die Welt noch keine Antwort gefunden", heißt es (ebd.).

Das klingt, als wollten führende Repräsentanten[1] des finanzialisierten Kapitalismus erhärten, was für die Jenaer Kollegforscher_innengruppe anfangs nur eine Hypothese war: Die früh industrialisierten kapitalistischen Gesellschaften befinden sich inmitten einer ökonomisch-ökologischen Zangenkrise.[2] Weil das wichtigste Mittel zur Überwindung ökonomischer Krisen, die Generierung von Wirtschaftswachstum, ökologisch zunehmend destruktiv und deshalb gesellschaftszerstörend wirkt, stehen vor allem die alten kapitalistischen Zentren vor einer grundlegenden Richtungsentscheidung. Entweder gelingt es ihnen, das Wirtschaftswachstum ökologisch und sozial nachhaltig zu gestalten, oder sie müssen Wege finden, Stabilität ohne rasches Wachstum zu gewährleisten (Jackson 2009, S. 128). Das war die Beschreibung einer epochalen Entscheidungssituation vor einem Jahrzehnt. Mit den Auswirkungen der Zangenkrise konfrontiert, ist heute eine Zuspitzung nötig: Die reichen Kapitalismen des globalen Nordens, so meine These, stehen vor einer Nachhaltigkeitsrevolution. Offen ist, in welchen gesellschaftlichen Verhältnissen diese Revolution realisiert werden kann. Falls eingeschliffene Herrschaftsmechanismen den Übergang zu ökologischer und sozialer Nachhaltigkeit blockieren, wird der Kapitalismus selbst zum – unkalkulierbaren – Risiko.

Um diese Auffassung zu begründen, empfiehlt es sich, den Zusammenhang von Akkumulation, Wachstum und Nachhaltigkeit genauer zu betrachten. Nachfolgend geschieht das in Auseinandersetzung mit der Theorie reflexiver Modernisierung, die als eine der wenigen soziologischen Gesellschaftsdiagnosen ökologischen Großrisiken frühzeitig die gebührende Aufmerksamkeit widmete (Beck 1986). Da sich

---

1   Im Folgenden werden zwecks der besseren Lesbarkeit anstelle der weiblichen und männlichen Berufs- bzw. Akteursbezeichnungen nur die maskulinen Formen verwendet, wobei die weiblichen bzw. alle Geschlechter mit eingeschlossen sind (es sei denn, es handelt sich ausschließlich um weibliche Personen).

2   Der Begriff „Doppelkrise", den wir zunächst verwendeten, bot Anlass zu Missverständnissen. Er suggerierte, wie Birgit Mahnkopf anmerkte, eine Parallelität von zwei separaten Krisen. Deshalb spreche ich hier von Zangenkrise – ein Begriff Saral Sakars (2010), den ich allerdings inhaltlich anders fülle.

die Ergebnisse mehrjähriger Forschungen nicht in einem einzigen Artikel bündeln lassen, muss es an dieser Stelle bei einem Grundriss der Argumentation bleiben. Ich argumentiere in fünf Schritten. Zunächst erfolgt eine theoretische Vorklärung. Aus der Perspektive des Landnahmetheorems wird das Expansionsparadox kapitalistischer Dynamik beleuchtet (2). Im nächsten Schritt lassen sich Akkumulationszwang, politisch-ideologische Expansionstreiber und Wachstumsimperative in ihrer relativen Eigenständigkeit erfassen (3). So gewonnene Erkenntnisse können für eine zeitdiagnostische Betrachtung der ökonomisch-ökologischen Zangenkrise und ihrer Auswirkungen genutzt werden (4, 5). Eine Diskussion möglicher Auswege aus der Krise schließt den Beitrag ab (6).

2   Grundlagen: Was bedeutet kapitalistische Landnahme?

Ulrich Beck konzipierte die reflexive Modernisierung als Bruch mit klassischen Kapitalismustheorien. Der Soziologie attestierte er einen heimlichen „Marx-Weber-Adorno-Luhmann-Modernisierungskonsens" (Beck 1996, S. 36), den eine problematische Linearitätsannahme beherrsche. Stets seien es überindividuelle Zwänge, die den subjektiven Sinn sozialen Handelns hintertrieben. Qualitative Gesellschaftsveränderung könne daher nur als Revolution gedacht werden. Die Selbstgefährdung durch ökologische Gefahren sprenge dieses Schema: „Weitermodernisierung hebt die Grundlagen industriegesellschaftlicher Modernisierung auf" (ebd.). Innerhalb der Machtzentren der ersten Moderne sehe man sich plötzlich mit Phänomenen konfrontiert, die sich Entscheidungsroutinen und zuvor bewährten Rationalitätskalkülen entzögen. Webers „Gehäuse der Hörigkeit" werde aufgesprengt, die Menschen sähen sich in die Gestaltungszwänge einer anderen Moderne entlassen.

Was die gesellschaftsverändernde Wirkung des ökologischen Gesellschaftskonflikts angeht, so hat Beck in wichtigen Punkten recht behalten. Seine Abkehr von klassischer Kapitalismustheorie erweist sich im Nachhinein jedoch als Fehlschluss. Viele der expansiven Mechanismen, die den ökologischen Gesellschaftskonflikt hervorbringen, lassen sich ohne das Instrumentarium klassischer Kapitalismusanalyse kaum verstehen. Diese Auffassung zu begründen, ist Anspruch des Landnahmetheorems. In seiner soziologischen Verwendung (Lutz 1984; Dörre

2009) reflektiert der Landnahmebegriff ein Expansionsparadox[3], das mit linearen Modernisierungsvorstellungen unvereinbar ist. Landnahme besagt: Der Kapitalismus muss expandieren, um zu existieren. In all seinen Spielarten ist er auf die fortwährende Okkupation von „neuem Land" angewiesen. Land steht in diesem Zusammenhang aber nicht allein für Territorien, Grund und Boden, sondern für Bevölkerungsgruppen, Produktionsweisen, Lebensformen und neuerdings auch für Wissensbestände oder Daten, die noch nicht vollständig unter den vom Profitmotiv beherrschten Warentausch subsumiert sind. Im Zuge ihrer erfolgreichen Expansion zerstört die kapitalistische Produktionsweise allmählich, was sie für ihre erweiterte Reproduktion benötigt. Je erfolgreicher die Akkumulations- und Kommodifizierungsmaschine arbeitet, desto wirkungsvoller untergräbt sie die Selbstreproduktionsfähigkeit sozialer und natürlicher Ressourcen, ohne die moderne kapitalistische Gesellschaften nicht überlebensfähig sind.

Selbstverständlich bewirkt diese Paradoxie keinen automatischen Zusammenbruch des Kapitalismus. Sie setzt eine widersprüchliche, krisenhafte Dynamik in Gang, die immer wieder neue Selbststabilisierungsmechanismen der kapitalistischen Produktionsweise hervorbringt. Folgt man Karl Marx, so setzt diese Bewegung mit der ursprünglichen Akkumulation des Kapitals ein (Marx 1973, S. 741–802). Im Kontrast zum vorherrschenden friedvollen Bild der „sogenannten" ursprünglichen Akkumulation vergleicht Marx die reale Herausbildung der kapitalistischen Produktionsweise ironisch mit dem „Sündenfall" im Garten Eden. Der Kapitalismus komme nicht von selbst auf die Welt und sei keineswegs Resultat eines ausgeprägten Sparsamkeitstriebs von Vermögensbesitzern. Vielmehr fungierten Staat, außerökonomischer Zwang, Akkumulation durch gewaltsame Enteignung (Bauernlegen), der Raub von Kirchengütern, die private Einhegung von Gemeindeland, Kolonialisierung und Sklaverei als seine Geburtshelfer. Entscheidend ist aber nicht die – von Marx überzeichnete (Kocka 2013, S. 44; Fulcher 2007, S. 42 ff.) – Gewaltträchtigkeit des Übergangs, sondern der Hinweis auf den zentralen Treiber kapitalistischer Expansion. Die Scheidung von Produzenten und Produktionsmitteln, die Entstehung des kapitalistischen Privateigentums und die Herausbildung doppelt freier Lohnarbeiter konstituieren ein soziales Verhältnis, das zur Expansion drängt. Im Zusammenhang betrachtet, wird nicht nur Ware oder Mehrwert produziert, der kapitalistische Produktionsprozess „produziert und reproduziert das Kapitalverhältnis selbst, auf der einen Seite den Kapitalisten, auf der andern den Lohnarbeiter" (Marx 1973, S. 604). Im industriellen Kapitalismus mit seinen mikroökonomischen, konkurrenzgetriebenen Zwängen zu fortwährender

---

3 Um ein Paradox handelt es sich, wenn eine Dynamik, die etwas Bestimmtes bewirkt, in anderer Hinsicht zum genauen Gegenteil führt.

Revolutionierung der Produktivkräfte vollzieht sich die Reproduktion in erweiterter Form. Kapitalismus lässt sich daher nicht auf einen gewinnorientierten Tausch von Geld und Waren (G–W–G') reduzieren. Von Kapitalismus kann erst gesprochen werden, sofern der zusätzlich erwirtschaftete Mehrwert (M') oder Profit (P') einer Produktionsperiode in der nachfolgenden Periode zumindest in Teilen reinvestiert und die zusätzlich erzeugten Waren verkauft werden, sodass erneut zusätzlicher Mehrwert oder Profit in Geldform (G') entsteht. Diese Bewegung ist grundsätzlich expansiv. Sie kann sich, das ist der Grundgedanke des Landnahmetheorems, jedoch nicht ausschließlich aus sich selbst heraus reproduzieren, sondern ist auf die beständige Einverleibung eines Außen, eines nichtkapitalistischen Anderen angewiesen. Für den hier interessierenden Kontext muss dieser Gedanke in zweierlei Hinsicht präzisiert werden.

Die Akkumulation des Kapitals vollzieht sich (1) *jederzeit als Doppelbewegung und in Abhängigkeit von einem nicht marktförmigen Anderen*. Während Marx davon ausging, die gewaltsame Durchsetzung einer effizienten kapitalistischen Produktionsweise werde eine historische Episode bleiben, weil die Arbeiterschaft die daraus resultierenden Anforderungen „aus Erziehung, Tradition, Gewohnheit [...] als selbstverständliche Naturgesetze" anerkenne (Marx 1973, S. 765), betrachtete Rosa Luxemburg die kapitalistische Dynamik zurecht als fortgesetzte ursprüngliche Akkumulation (Luxemburg 1975a, S. 398). Nur auf den „inneren" kapitalistischen Märkten, in denen Ausbeutung formal auf dem Prinzip des Äquivalententauschs beruht, reproduziert sich der Kapitalismus weitgehend aus sich selbst. Die andere Bewegung entfaltet sich im Austausch mit „äußeren", nicht vollständig durchkapitalisierten Märkten, die von ungleichem Tausch, sozialer Abwertung, Überausbeutung und staatlicher Disziplinierung geprägt sind (ebd., S. 315). Die Unterscheidung zwischen innen und außen ist in diesem Fall keine der „politischen Geographie", sondern eine „der sozialen Ökonomie" (ebd.). Zudem verhalten sich die „inneren" kapitalistischen Märkte gegenüber den „äußeren" expansiv. Die Landnahme oder Kommodifizierung eines Außen gleicht einem zeitlich lang gestreckten „Zernagen" und „Assimilieren" (ebd., S. 364) nichtkapitalistischer Milieus. Dabei entstehen die „seltsamsten Mischformen zwischen modernem Lohnsystem und primitiven Herrschaftsverhältnissen" (ebd., S. 312). Als Beispiele nennt Luxemburg u. a. die „planmäßige, bewusste Vernichtung und Aufteilung des Gemeineigentums", die die französische Kolonialpolitik in ihren arabischen Kolonien vornahm (ebd., S. 328), oder die „Zwangslohnarbeit", welche spanische Eroberer zur Ausbeutung der indigenen Bevölkerung Lateinamerikas einführten (Luxemburg 1975c, S. 670). Ein aus heutiger Sicht besonders eindrucksvoller Fall ist die Zwangsarbeit ägyptischer Fellachen, die der Finanzierung von Staatsanleihen diente, welche die nationalen Eliten beim internationalen Finanzkapital tätigten, um Großprojekte wie den Suezkanal zu realisieren (Luxemburg 1975b, S. 363). Landnahme bedeutet demnach, dass unterschiedliche Formen unfreier, prekärer und nur teilweise kommodifizierter Arbeit über längere historische Perioden hinweg konserviert, neu kombiniert und so als Arbeit für das Kapital genutzt werden. Es bilden sich hybride Verbindungen aus halbwegs geschützter Lohnarbeit und vorkapitalistischen Arbeitsformen in unterschiedlich strukturierten Märkten heraus, deren „Stoffwechsel" dominanten Akteuren Extragewinne verspricht. An dieser Grundkonstellation hat sich bis in die Gegenwart wenig verändert. Die Wertschöpfungsketten transnationaler Konzerne reichen in Gesellschaften hinein, in denen halbwegs geschützte Lohnarbeit nur von Minderheiten ausgeübt werden kann, während prekäre, halb- und unfreie sowie informelle Arbeit für große Mehrheiten die Normalität darstellt.[4] Die Abhängigkeit kapitalistischer Warenproduktion von einer zweiten Produktionsweise, in der weibliche Sorgearbeit die Arbeitskraft überhaupt erst herstellt (Federici 2015; Soiland 2016), besteht ebenfalls fort. Obwohl ihre Theorie externer Mehrwertrealisierung nicht zu halten ist (Turban 1980) hat Luxemburg mit dem „Kapitalüberschuss-Absorptionsproblem" (Harvey 2014, S. 32) einen hinter diesen Verhältnissen wirkenden Expansionstreiber identifiziert, der sich bei Marx so nicht findet. Weil der zusätzlich erzeugte Mehrwert des jeweils vorausgegangenen Produktionszyklus innerhalb bereits vorhandener zahlungsfähiger Nachfrageaggregate nicht zu realisieren ist, verlangt die erweiterte Reproduktion des Kapitals nach ständiger Marktexpansion. Die Analyse dieses expansiven Mechanismus ist hochaktuell; sie büßt auch dann nichts von ihrer Relevanz ein, wenn man auf Marx' Werttheorie verzichtet und ausschließlich mit Preisen argumentiert (Robinson 1964; Bellofiore 2009). Der Kapitalismus ist demnach ein „einzigartiges System der Marktabhängigkeit" (Meiksins Wood 2015, S. 115). Er verallgemeinert „die Imperative des Wettbewerbs, der Akkumulation und der Profitmaximierung", und er muss in einem Grade expandieren, „wie es mit keiner anderen Gesellschaftsform vergleichbar ist" (ebd.).

Der Zwang zur Marktexpansion mündet, ebenfalls historisch einzigartig, (2) in fortwährende *Störungen des Gesellschafts-Natur-Metabolismus*. Metabolismus, eine vom Naturwissenschaftler Justus von Liebig stammende Kategorie, „erfasst den komplexen biochemischen Austauschprozess, durch den ein Organismus (oder eine bestimmte Zelle) Material und Energie aus seiner Umgebung bezieht und diese durch verschiedene metabolische Reaktionen in Bausteine des Wachstums verwandelt" (Foster et al. 2011, S. 381). Mit Hilfe dieses Begriffs kann Marx Arbeit als Leben spendenden Prozess begreifen, der die Reproduktion natürlicher Ressour-

---

4   Für Südafrika: Ludwig 2019, S. 90, 145; für China: Lüthje et al. 2013; für verschiedene
    Länder: Holst 2017.

cen einschließt. Das rastlose Streben nach der Aneignung unbezahlter Mehrarbeit bedingt ein expansives Verhältnis zu Naturressourcen, das jene Grenzen negiert, die jeder metabolischen Ordnung eigen sind. Marx hat diese Problematik nur ansatzweise ausgearbeitet. In seinen Exzerptheften zeichnet er jedoch einen „ökologischen Imperialismus" (Saitō 2016, S. 231) mit globalem Krisenpotenzial detailliert nach. Anhand der Guano-Produktion zeigt er, wie die Industrialisierung der Landwirtschaft aufgrund der Auslaugung des Bodens einen immer größeren Bedarf an Dünger erzeugt. Vom Gewinnmotiv getrieben und noch dazu in einem brutalen Arbeitsregime mit chinesischen Kulis führt das zu einem nicht-nachhaltigen Guano-Abbau, der exemplarisch natürliche Grenzen der Akkumulation sichtbar macht. Weil der Guano wegen des Raubbaus verschwindet, müssen andere Dünger gefunden werden, oder die industrielle Produktion landwirtschaftlicher Güter kann nicht weiter expandieren. Der Treiber, der die Böden auslaugt und die Reproduktion von Naturressourcen stört, ist für Marx identisch mit jenem sozialen Mechanismus, der auch die Ausbeutung von Arbeitskraft strukturiert: „Dieselbe blinde Raubgier, die in dem einen Fall die Erde erschöpft, hatte in dem andren die Lebenskraft der Nation an der Wurzel ergriffen" (Marx 1973, S. 253). Wie die expansive Nutzung von Arbeitsvermögen entfalten sich auch die Störungen des Erdmetabolismus in „inneren" und „äußeren" Märkten. Der Kapitalismus ist selbst ein globales Ökosystem[5], das Naturstoffe nicht nur profitabel verwertet, sondern zu seiner Reproduktion beständig auf möglichst billige Naturressourcen zugreift. Dieser Expansionsmechanismus ist gegenüber den Reproduktionserfordernissen natürlicher Kreisläufe blind. Wie beim Guano kann die Nutzung von Naturstoffen daher bis an Punkte vorangetrieben werden, an denen solche Kreislaufsysteme zusammenbrechen.

Aus der Perspektive einer Landnahmetheorie lässt sich die kapitalistische Dynamik daher keinesfalls als lineare Modernisierung begreifen. Sicher gibt es Regionen und Sektoren, in denen ein rationaler, effizienter Kapitalismus existiert. Ein solcher Kapitalismus erlaubt Individuen und sozialen Gruppen die Aneignung eines ökonomischen Habitus, der sie so zu rationalem Verhalten an Warenmärkten überhaupt erst befähigt. In kapitalistischen Marktgesellschaften müssen sich Individuen notgedrungen zu Unternehmern ihres eigenen Lebens machen. Ihr Verhalten ist in jedem Lebensbereich „Produkt einer regelrechten Neuerfindung" (Bourdieu 2000, S. 116). Die dafür nötigen Dispositionen können aber nur angeeignet werden, sofern das eigene Leben auf einen in einigermaßen berechenbarer Zukunft

---

5   „*Capitalism in the Web of Life* is about how the mosaic of relations that we call capitalism work *through* nature; and how nature works *through* that more limited zone, capitalism." (Moore 2015, S. 3)

angesiedelten Fluchtpunkt hin ausgerichtet ist. Ohne ein Zukunftsbewusstsein, das allein ausbilden kann, wer über ein gewisses Maß an Arbeitsplatz- und Einkommenssicherheit verfügt, wird kalkulierendes unternehmerisches Verhalten nicht entstehen. Die Funktionsfähigkeit der „inneren" Märkte eines effizienzgetriebenen Kapitalismus ist daher an Institutionen gebunden, die Märkte sozial einbetten und so für subalterne Klassen wenigstens ein gewisses Grundniveau an Sicherheit und Berechenbarkeit stiften. In „äußeren" Märkten ist das so nicht der Fall. In ihnen sorgen Überausbeutung, ungleicher Tausch und politische Disziplinierung für die Existenz abgewerteter Ressourcen und Bevölkerungsgruppen (dazu auch Leite Gonçalves in diesem Band). In diesen Märkten kann, wie Jason Moore argumentiert, das globale kapitalistische Ökosystem neben billiger Natur jederzeit auf billiges Geld, billige Arbeit, billige Fürsorge, Nahrung und Energie, mithin auf billige Leben (Patel und Moore 2018) zurückgreifen. Der rationale, effiziente Kapitalismus existiert daher niemals in reiner Gestalt. Er reproduziert sich in ständigem Austausch mit Sektoren, in denen die Aneignung eines ökonomischen Habitus großen Bevölkerungsgruppen schwer oder gar nicht gelingen kann. Das Raster der kapitalistischen Weltwirtschaft weist „sozial gesehen das Nebeneinander der verschiedenen ‚Produktionsweisen' von der Sklavenhaltung bis zum Kapitalismus auf, der nur im Kreise der anderen, auf Kosten der anderen [...] existieren kann" (Braudel 1986, S. 66). Die „Methoden der gesellschaftlichen Ausbeutung lösen einander ab, ergänzen sich letztlich gegenseitig" (ebd.) und beziehen Naturstoffe und natürliche Kreisläufe ein.

3 Dynamiken: Wie hängen Akkumulation, Expansion und Wachstum zusammen?

Im Grundsatz ist damit bereits in der ursprünglichen Akkumulation in embryonalem Stadium angelegt, was gegenwärtig als ökonomisch-ökologische Zangenkrise identifiziert werden kann. Allerdings sind, was das einprägsame Bild einer „Steigerungsmoderne" (Rosa 2016, S. 673) unberücksichtigt lässt, Akkumulationszwang, Expansionstreiber und Wirtschaftswachstum keineswegs identisch. Eine kategoriale Differenzierung ist bedeutsam, weil sie dazu zwingt, die an Überlegungen des Umweltökonomen Tim Jackson angelehnte Ausgangshypothese der Kollegforscher_innengruppe deutlich zu modifizieren. Die dem kapitalistischen System innewohnende Dynamik treibe „es immer nur in ein Extrem – in die Expansion oder in den Zusammenbruch" (Jackson 2011, S. 80). Deshalb, so Jackson, seien moderne kapitalistische Gesellschaften zum „Wirtschaftswachstum gezwungen" (ebd., S. 79) – eine Kausalität, die freilich nur teilweise zutrifft. Auch Kapitalismen mit niedrigem Wachstum oder schrumpfender Wirtschaft sind über längere Zeiträume hinweg in der Lage, basale Herrschaftsmechanismen zu stabilisieren. Dafür sprechen mehrere Gründe.

Zunächst ist (1) zu beachten, dass es für Kapitalismen mit schwachem Wachstum historische Vorläufer gibt. Der räumlich expansive Handelskapitalismus des 16. Jahrhunderts kam mit vergleichsweise niedrigen Wachstumsraten aus. Rasches, permanentes Wachstum setzt erst mit der industriellen Revolution ein (Maddison 2006; vgl. Abbildung 1) und ist kein Charakteristikum des Kapitalismus schlechthin (Piketty 2014). Wie permanentes Wachstum zustande kommt, ist wissenschaftlich umstritten. Einiges spricht dafür, dass Weltregionen mit einer hohen Konzentration wirtschaftlicher Leitsektoren, wie heute das chinesische Imperium, als Lokomotiven der Weltwirtschaft fungieren. Sie bestimmen das Ob längerfristigen Wachstums. Anlage- und Unternehmensstrategien sowie wirtschaftspolitische Entscheidungen beeinflussen in deutlich kürzeren Intervallen die Art und Weise des Wachstums. Dass mit dem Ende des raschen, permanenten Wirtschaftswachstums in früh industrialisierten Ländern auch der Kapitalismus verschwindet, ist keineswegs ausgemacht. Möglicherweise verlagert sich der Wachstumspol lediglich von den alten industriellen Zentren in andere Weltregionen. Prinzipiell ist aber auch die Herausbildung eines Kapitalismus neuen Typs möglich, der sich, wie schon der Handelskapitalismus, mit langsamem Wachstum zu arrangieren vermag (Galbraith 2016, S. 265).

Westeuropa = Mittelwert aus UK, D, F, NL, IT

Abb. 1   Take-off der früh industrialisierten Länder (historisches BIP pro Kopf USD) (Quelle: Maddison Project Database 2018, eigene Darstellung)

In diesem Zusammenhang ist (2) die Differenz von expansiver Kapitalakkumulation und Wirtschaftswachstum zu beachten. Kapitalistische Gesellschaften sind letztendlich auf die erweiterte Reproduktion des eingesetzten Kapitals angewiesen. Möglicherweise mündet der Akkumulationszwang in längerfristiges Wirtschaftswachstum. Letzteres ist aber keineswegs sicher, denn kapitalistische Ökonomien durchlaufen immer wieder längere Perioden der Stagnation, der Krise oder gar des Negativwachstums. Aus diesem Grund lässt sich die kapitalistische Dynamik nur um den Preis eines Wirklichkeitsverlusts als lineare „Steigerungslogik" (Rosa 2016, S. 671 ff.) begreifen. Die – erweiterte – Reproduktion des Kapitals ist ein vielschichtiger Prozess, der in jeder seiner Phasen äußerst störanfällig ist. Ob, wo und wie Wirtschaftswachstum zustande kommt, bleibt in jedem Stadium des Reproduktionszyklus für die kapitalistischen Akteure eine relativ offene Frage. Hinzu kommt, dass Wachstum stofflich, also in qualitativer Hinsicht, nicht gleich Wachstum ist (Atkinson 2018, S. 311 ff.). Das Bruttoinlandsprodukt (BIP) als bedeutendster statistischer Maßstab des Wirtschaftswachstums gibt – nach Abzug aller Vorleistungen – den Gesamtwert aller Güter und Dienstleistungen an, die während eines Jahres innerhalb der Landesgrenzen einer Volkswirtschaft als Endprodukte hergestellt worden sind. Wie wir wissen, sagt dieser Maßstab über gesellschaftlichen Wohlstand wenig aus. Er berücksichtigt weder unbezahlte Eigen- und Sorgearbeiten, noch vermag er die Produkte informeller Arbeit angemessen abzubilden. Die ökologischen Kosten des Wirtschaftswachstums bleiben ausgeblendet. Und die unbezahlte Lieferung von Daten in der digitalen Ökonomie ist ebenfalls ein blinder Fleck. In den quantitativen Daten wird zudem verdeckt, was aus welchen Gründen wächst. Nimmt man die neoklassische, angebotszentrierte Wachstumstheorie als Ausgangspunkt, so sind Bevölkerungsentwicklung (Arbeitskräftepotenzial), Investitionen und Arbeitsproduktivität entscheidende Wachstumstreiber. Aus nachfragetheoretischer Perspektive kommen Kredit und zahlungsfähige Nachfrage einschließlich des produktiven Staatskonsums hinzu. Jeder dieser Wachstumsmotoren ist in sich höchst voraussetzungsvoll, und die Wechselbeziehungen zwischen ihnen sind nicht nur äußerst komplex, sie verhalten sich mitunter auch widersprüchlich zueinander. Ob der Akkumulations- und Markterweiterungszwang, der kapitalistische Industriegesellschaften kennzeichnet, zu langfristigem Wirtschaftswachstum führt, ist daher auf längere Sicht höchst ungewiss.

Ökonomische Prosperität tritt (3) nur ein, sofern sich „Strukturparameter" (Lutz 1984, S. 62) durchsetzen lassen, die Akkumulationsregimes, Produktionsmodelle und Lebensweisen über längere Zeiträume hinweg in ein Entsprechungsverhältnis bringen und so Wachstumsschranken überwinden. In historischen Phasen, in denen funktionale soziale Vermittlungen (Aglietta 2000, S. 45 ff.) fehlen, kann die Akkumulation von Einzelkapitalen dennoch höchst erfolgreich vonstatten gehen. Selbst in der griechischen Nachkrisengesellschaft, deren Wirtschaft über ein Jahrzehnt um ein Drittel geschrumpft ist, konnten große Reedereien steigende Gewinne erwirtschaften, ohne damit eine makroökonomische Wachstumsdynamik auszulösen. Die Arbeitsproduktivität in Einzelbetrieben und -sektoren kann sprunghaft zunehmen, ohne dass dies zu gesamtwirtschaftlicher Prosperität führen muss. Jeder Prosperitätsschub beruht auf sozialen Hierarchien, auf Klassen- und Geschlechterverhältnissen, die jeweils eine kulturelle Dimension beinhalten. Wirtschaftswachstum korrespondiert mit bestimmten Lebensstilen, Bedürfnissen und Wertorientierungen, die beeinflussen, was wachsen kann und was nicht. Jeder Wachstumszyklus erzeugt zudem Konflikte um die Verteilung des gesellschaftlichen Mehrprodukts, deren Verläufe und Resultate sich nicht vorausberechnen lassen. All diese widerstreitenden Dynamiken müssen für ein produktives Zusammenspiel mit hegemonialen Produktions- und Konsumnormen in Einklang gebracht werden.

Ob das funktioniert, kann im Grunde nur empirisch und ex post ermittelt werden. Ließe sich das Wachstumsrätsel schnell und eindeutig lösen, hätte man das Patentrezept für einen ökonomisch krisenfreien Kapitalismus gefunden. Ein solches Patentrezept gibt es aber nicht. Deshalb resultiert rasches, permanentes Wirtschaftswachstum, sofern es sich überhaupt einstellt, aus kontingenten Prozessen ohne strategisches Subjekt. Es lässt sich weder vollständig planen, noch stellt es sich spontan über die bloße Wirkung des Marktmechanismus ein. Gerade ausbleibendes Wirtschaftswachstum kann hingegen (4) dazu führen, dass sich ideologische und politische Expansionstreiber umso stärker Geltung verschaffen. Schon Hannah Arendt hat gezeigt, wie sich expansionistische Ideologien und Politiken gegenüber sozioökonomischen Verhältnissen und Marktimperativen verselbstständigen. Die „fortschreitende Besitzakkumulation" könne sich nur halten, weil sie sich auf eine „Machtakkumulation" stütze, die „durch nichts begrenzt werden darf außer durch die jeweiligen Bedürfnisse der Kapitalakkumulation" (Arendt 2006, S. 326). Auch die Machtakkumulation benötigt permanent „neues Material" (ebd., S. 331) und ist, wird nicht durch demokratische Institutionen gegengesteuert, schrankenlos. Vom Kapitalverhältnis abgelöst, findet sie sich auch in nichtkapitalistischen, etwa staatssozialistischen Gesellschaften. Ähnliches gilt für technologische Expansionszwänge, die im Industrialismus oder neuerdings in der digitalen Informationsweise von Gesellschaften angelegt sind. Nicht alle gesellschaftlichen Expansionstreiber lassen sich, darauf hat die Theorie reflexiver Modernisierung zu Recht hingewiesen, als spezifisch kapitalistische identifizieren. Machtgetriebene Expansion kann auch dann ein Charakteristikum moderner Gesellschaften sein, wenn sie nicht mit der sozioökonomischen Kernstruktur des Kapitalverhältnisses korrespondiert.

Fassen wir zusammen: Akkumulationszwang, politisch-ideologische oder auch technologische Expansionstreiber und Wachstumsimperative haben eine gemeinsame Schnittmenge, sind aber nicht gleichzusetzen. Der Akkumulations- und Markterweiterungszwang mündet in einen Wachstumsdrang, bei dem offen ist, ob und in welchem Maß er sich realisieren lässt. Aus der Wachstumsperspektive betrachtet, wird die kapitalistische Dynamik von einem – durchaus funktionalen – Antagonismus angetrieben. Weil er als erste Gesellschaftsformation die Reproduktion von menschlichem Leben und Natur nahezu vollständig von Marktimperativen abhängig macht, benötigt der Kapitalismus zu seiner Stabilisierung Institutionen, die eine soziale Einbettung von Märkten leisten. Kapitalistische Gesellschaften bewegen sich daher beständig zwischen zwei Polen. „Schöpferische Zerstörung", verstanden als Durchsetzung von Neuem, das dem Markt „aufgenötigt" wird (Schumpeter 2006, S. 133), bildet den einen Pol. Die soziale Einbettung von Marktbeziehungen mittels institutioneller Sicherheitsgarantien (Polanyi 1995) ist der Gegenpol. Die Bewegung zwischen beiden Polen, die sich über den im Zeitregime gesetzten Zukunftsbezug vermittelt, ist für Kapitalismen jedweden Typs ebenso basal wie das Kapitalverhältnis selbst. Da sich Marktbeziehungen ausweiten und verändern, stehen auch die regulierenden Institutionen unter einem fortwährenden Innovationsdruck. Kommodifizierungsschübe werden daher immer wieder von Phasen abgelöst, in denen Dekommodifizierung und soziale Einbettung der Märkte gesellschaftliche Entwicklungen prägen. Die Grenze zwischen marktförmigen und nicht-marktförmigen Sektoren und – so ist hinzuzufügen – zwischen „inneren" und „äußeren" Märkten „verschiebt sich ständig und ist häufig unscharf" (Yergin und Stanislaw 1999, S. 12), weshalb sie immer wieder zum Gegenstand von Konflikten zwischen gesellschaftlichen Großgruppen wird. Dabei erweisen sich kapitalistische Gesellschaften als außerordentlich lern- und anpassungsfähig. Sie entwickeln Selbststabilisierungsmechanismen wie das Kreditwesen, die Investitions-Innovations-Netzwerke, den Arbeits-Reproduktions-Nexus mit seinen organisierten Arbeitsbeziehungen und den wohlfahrtsstaatlichen Sicherungssystemen sowie besondere Institutionen zur Regulierung des Stoffwechsels mit der Natur. Während großer Krisen der Akkumulation müssen diese Selbststabilisierungsmechanismen grundlegend erneuert werden. Eigentumsverhältnisse, Akkumulationsregime, regulierende Institutionen, Produktionsmodelle und Lebensweisen werden mit dem Effekt umgebaut und umgewälzt, dass die Kernstruktur des expansiven Kapitalverhältnisses erhalten bleibt. In solchen Perioden der „Revolution-Restauration" (Gramsci 1994, S. 1362) wiederholt sich der „Sündenfall" ursprünglicher Akkumulation, denn ohne die „Sprengung rein ökonomischer Gesetzmäßigkeiten durch politisches Handeln" wäre ein Zusammenbruch der kapitalistischen Wirtschaft „unvermeidlich" (Arendt 2006, S. 335). Staatsinterventionen besonderer Qualität

sind dann erforderlich, um die stockende Akkumulationsmaschinerie überhaupt
wieder in Gang zu setzen.

4 Vorgeschichte: Wie entsteht die ökonomisch-ökologische Zangenkrise?

Mit der ökonomisch-ökologischen Zangenkrise der Gegenwart ist ein solcher
Umschlagpunkt erreicht. Diese Krise signalisiert das vorläufige Ende einer Phase
„intensivierter Globalisierung" (Giddens 1995), die bis zur Jahrtausendwende eines
der erfolgreichsten Wachstumsprojekte in der Geschichte des globalen Kapitalismus
war (Maddison 2006, S. 125). Wie jeder andere Prosperitätsschub lässt sich auch die
intensivierte Globalisierung, die Mitte der 1970er-Jahre einsetzte, als Landnahme
eines zuvor nicht vollständig kommodifizierten Außen durch den „expandierenden
industriell-marktwirtschaftlichen Teil der Volks- und Weltwirtschaft beschreiben"
(Lutz 1984, S. 62). Neu ist, dass es sich um Landnahmen „zweiter Ordnung"[6] handelt,
die just an jenen Selbststabilisierungsmechanismen ansetzen, welche in der Ära
des Sozialkapitalismus (Dörre 2019a, S. 149 ff.) rationales Verhalten auf „inneren"
Märkten garantierten. Aufgrund der daraus resultierenden Erschütterungen ist
die Globalisierung wieder zu einem umkämpften Projekt geworden (Crouch 2018).
Während sie ökonomisch ins Stocken gerät, lassen manche ihrer Repulsionen[7] –
schwaches Wachstum in den alten Zentren, imperiale Konkurrenz um Ressourcen,
Technologieführerschaft und militärische Dominanz, wachsende Vermögens- und
Einkommensungleichheit, zunehmende Fluchtmigration und vor allem eskalierende
ökologische Gefahren – in Teilen der Zivilgesellschaften früh industrialisierter
Länder allmählich ein weltgesellschaftliches Bewusstsein entstehen. Was die einen
als Bereicherung empfinden, wird von anderen aber vorzugsweise als Bedrohung
und Kontrollverlust erlebt. Doch gleich wie man sich in den daraus resultierenden
Konflikten positioniert – die nach Gewissheit drängende Ahnung, sich inmitten
einer großen gesellschaftlichen Transformation zu befinden, die in vielem der
Suche nach einem Notausgang gleicht, ist in das Alltagsbewusstsein eingesickert.

---

6 Die Formulierung verdanke ich Christoph Deutschmann, der im Anschluss an Hartmut
   Esser methodologisch zu Recht darauf beharrt, dass die kapitalistische Dynamik ein
   Mehrebenen-Phänomen darstellt (vgl. Deutschmann 2019, S. 91 ff.).

7 Als Repulsionen bezeichne ich immanente Wirkungen der Globalisierung, die – gleichsam politikvermittelt – von der Marktexpansion ausgelöst werden, diese aber ab einem
   gewissen Umschlagpunkt behindern oder gar unterminieren.

Sie prägt soziale Auseinandersetzungen, motiviert Wahlentscheidungen und gebiert neue Lebensstile. Die Weltgesellschaft, welche Ulrich Beck prognostiziert hatte (Beck 2007), nimmt im öffentlichen Bewusstsein allmählich Gestalt an; das allerdings höchst widersprüchlich und in einer Weise, die in der Theorie reflexiver Modernisierung so nicht vorgesehen ist.

Darin vielen konkurrierenden Deutungen ähnlich, betrachtete Ulrich Beck die Globalisierung als – gleichwohl mehrdimensionalen – Verflechtungszusammenhang. Obwohl er Globalismus (Ideologie einer wesentlich ökonomischen Sachzwanglogik), Globalisierung (Querverbindung von Nationalstaaten durch transnationale Akteure, Identitäten und Netzwerke) und Globalität (weltweite Interdependenz vieldimensionaler, eigenlogischer Verflechtungsdynamiken) voneinander abgrenzte, mochte Beck an der „Unrevidierbarkeit entstandener Globalität" (Beck 1997, S. 29) nicht rütteln. Ausdehnung des Welthandels, globale Vernetzung der Finanzmärkte und der Machtzuwachs globaler Konzerne galten ihm als wichtigste Gründe (ebd., S. 29 f.). Weitaus hermetischer argumentierte Anthony Giddens, der die Globalisierung trotz manch argumentativer Differenzierungen letztendlich als Fahrt mit dem Dschagannath-Wagen betrachtet, welcher alle zermalmt, die „sich ihm widersetzen" (Giddens 1995, S. 173). In solchen Diagnosen geht indes verloren, was hier als Expansionsparadox kapitalistischer Landnahmen eingeführt wurde. Wenn die Globalisierung tatsächlich wie eine „Wüstensonne" strahlt, die „Sozialstaat, Rentensysteme, Sozialhilfe, Infrastrukturpolitik, Gewerkschaftsmacht, Tarifautonomie und Steuergerechtigkeit zum Schmelzen bringt" (Beck 1997, S. 13 f.), werden basale Selbststabilisierungsmechanismen eines rationalen, effizienzgetriebenen Kapitalismus unterminiert. Die marktgetriebene Landnahme des Sozialen lässt dann jene Institutionen brüchig werden, deren Fortentwicklung eine transnationale oder gar globale Marktvergesellschaftung überhaupt erst bestandfest machen könnte. Woher die Verlierer der marktöffnenden Bewegung dann jenes Systemvertrauen beziehen sollen, das globale Systeme jedenfalls nach Anthony Giddens doch so sehr benötigen wie der Ottomotor seinen Treibstoff, ist eine Frage, die auch die Theorie reflexiver Modernisierung in ihren diversen Ausprägungen nicht plausibel beantwortet.

Übersehen wird, dass der Dschagannath-Wagen ins Schleudern geraten und umstürzen kann, oder präziser: dass ein zu weit vorangetriebenes *disembedding* von Märkten Repulsionen erzeugt, die auf die verursachenden Zentren der Globalisierung zurückwirken und dort Investitionen und Wachstum behindern oder gar blockieren. Exakt dies ist in den alten kapitalistischen Zentren geschehen. Das Expansionsparadox artikuliert sich nun als „Globalisierungsparadox" (Rodrik 2011, S. 19 f.), das bereits erreichte sozioökonomische, politische und kulturelle Verflechtungen trotz der unbestreitbaren Globalität ökologischer Gefahren wieder infrage stellt. In Rodriks Trilemma von Globalisierung, Nationalstaat und Demokratie[8] fehlt indes mit dem systemischen Zwang zu Akkumulation und Marktexpansion nicht nur das spezifisch Kapitalistische der Globalisierungsdynamik, sondern auch deren ökologische Dimension. An dieser Stelle kann dies nicht durch eine differenzierte Analyse intensivierter Globalisierung korrigiert werden. Einige wenige Hinweise müssen genügen. Die nachfolgende Skizze konzentriert sich auf das Krisenpotenzial, das die finanz-kapitalistische Expansion mit sich gebracht hat. Zwar variiert der Modus Operandi der globalen finanzkapitalistischen Landnahme von Staat zu Staat und in Abhängigkeit von institutionellen Filtern sowie nationalen Politiken, das Grundmuster der Bewegung weist jedoch zumindest in den alten kapitalistischen Zentren in eine ähnliche Richtung (dazu auch Pineault in diesem Band). Die Durchsetzung eines „Akkumulationsregimes der Vermögensbesitzer" (Aglietta 2000, S. 66), die Liberalisierung der Finanzmärkte, eine weitreichende Privatisierung öffentlichen Eigentums, die Durchsetzung flexibel-marktzentrierter Produktionsweisen, die damit einhergehende Deindustrialisierung, die Etablierung transnationaler Wertschöpfungs- und Sorgeketten, die Teilkommodifizierung des abgewerteten Care-Sektors sowie die von kurzfristigen Gewinninteressen getriebene Übernutzung natürlicher Ressourcen haben (nicht nur) in den früh industrialisierten Ländern strukturbildend gewirkt.

In ihrer Gesamtwirkung tendiert die finanzkapitalistische Marktexpansion dazu, jene Selbststabilisierungsmechanismen zu unterminieren, die für funktionierende „innere" Märkte eigentlich unabdingbar sind – das Kredit- und Innovationssystem, die wohlfahrtsstaatlich institutionalisierten Arbeit-Reproduktions-Netzwerke und die Austauschbeziehungen mit der außermenschlichen Natur. Dabei lassen sich drei Typen kapitalistischer Landnahme unterscheiden: (a) externe Landnahmen jenseits nationaler Grenzen, mit denen Territorien, Märkte und Vermögenstitel angeeignet werden, die zuvor außerhalb der Verwertungsgrenzen angesiedelt waren (etwa die durch Austeritätspolitik bedingte Inbesitznahme öffentlichen Eigentums in Gestalt profitabler griechischer Regionalflughäfen durch die deutsche Fraport); (b) die Erschließung eines internen Außen (etwa mittels Kommerzialisierung von Care oder der Privatisierung von Staatsunternehmen) sowie (c) die „aktive Herstellung" (Harvey 2005, S. 140) eines funktionalen Anderen durch die Entwertung und Neueinbindung von Regionen (Deindustrialisierung und Restrukturierung)

---

8   „Wir können die drei Dinge Demokratie, nationale Selbstbestimmung und wirtschaftliche Globalisierung nicht zugleich vorantreiben. [...] Die Ursachen für unsere Probleme liegen in unserer Neigung, uns vor diesem unausweichlichen Trilemma zu drücken" (Rodrik 2011, S. 20).

und Arbeitskräften (Reservearmee-Mechanismus, Prekarisierung). Als sehr erfolgreich, aber auch als besonders störanfällig hat sich ein finanzialisierter „Fix"[9]
erwiesen, mit dessen Hilfe überschüssiges Kapital für die Kommerzialisierung von
Erwartungs-Erwartungen an künftigen Wohlstand genutzt wird.

Charakteristisch für Finanzmärkte, die mit Erwartungs-Erwartungen operieren
und neben Devisen auch mit Risikoprofilen und Fälligkeiten von Wertpapieren handeln, ist, dass sie die Zukunftsorientierung gewinngetriebener Wirtschaftsaktivitäten
radikalisieren und deren spekulativen Charakter ausprägen. Finanzmarktakteure
antizipieren und bewerten die ökonomische, gegebenenfalls auch die politische Zukunft in der Gegenwart und streuen das Risiko ungewisser Zukunftsaussichten auf
mehrere Marktteilnehmer. Bestand die ursprüngliche marktwirtschaftliche Funktion
der Finanzwirtschaft vor allem darin, die Aktivitäten der Produktionsökonomie
zu finanzieren und eine möglichst effiziente Verteilung der Investitionsströme zu
gewährleisten, so hat mit der Liberalisierung des Kapitalverkehrs zugleich eine
Verschiebung von der Kredit- zur Investmentfunktion des Finanzsektors stattgefunden. Markanter Ausdruck dieser finanzgetriebenen Landnahme ist der Aufstieg
institutioneller Investoren.

Das Primärinteresse dieser Finanzinvestoren besteht nicht in der Finanzierung
realer Produktionsprozesse, die im Tausch mit einer Gewinnbeteiligung bzw.
durch einen Zinsaufschlag auf das verliehene Kapital gewährt wird, sondern in der
maximalen Vermehrung der anvertrauten Geldeinlagen. Durch die Bündelung des
Kapitals ihrer Kunden erhalten sie potenziell Einfluss auf Unternehmen und auf
Regierungen, deren Schuldentitel sie erwerben. Intransparent bleibt aber, ob, wie und
mit welchen Zielen diese Einflussmöglichkeiten wahrgenommen werden. Aufgrund
der scharfen Konkurrenz um die Gunst ihrer Kunden stehen institutionelle Anleger
selbst unter dem Druck hoher Renditeerwartungen. Daraus resultiert eine permanente Suche nach immer neuen Anlagemöglichkeiten und Chancen zur Rentabili-
tätssteigerung bestehender Anlagen. Die hier nur grob skizzierten Veränderungen
haben die Finanzmärkte „von Einrichtungen zur Finanzierung von Investitionen
in Orte der hektischen Suche nach schnellen und hohen Finanzrenditen" (Huffschmid 2002, S. 87) verwandelt und zu einem überproportionalen Wachstum der
Finanzvermögen geführt. Spekulationsrisiken können durch die Hebelwirkung des
eingesetzten Kapitals dramatisch vergrößert werden. Diese Hebelwirkung, die sich

---

9   David Harvey spricht von einem „spatio-temporal fix" sowohl im Sinne von „binden"
     als auch in der Bedeutung von „reparieren". Überschüssiges Kapital geht mit seiner
     Internationalisierung neue räumlich-zeitliche Bindungen ein; auf diese Weise werden
     Überakkumulationsprobleme zeitweilig „repariert". Im Falle der Finanzialisierung
     wirkt die „Reparatur" über Finanzinvestitionen und das zeitliche Hinausschieben von
     Verwertungsproblemen.

mit geeigneten Finanztechniken noch steigern lässt, erzeugt Finanzierungsrisiken in einer Dimension, die im Falle eines Crashs immer wieder staatliche Hilfsaktionen nötig machen (*too big to fail*), um das Finanzsystem zu stabilisieren.

Die Erschütterungen, die Insolvenzen marktbeherrschender Unternehmen auslösen, können globale Ausmaße annehmen. Aus dem Bestreben von Staaten, derartige Zusammenbrüche zu vermeiden, erklärt sich die Beharrungskraft finanzkapitalistischer Macht. Anders gesagt: Die Akkumulation ökonomischer Macht fällt zunehmend mit der Akkumulation politischer Macht zusammen. Große Unternehmen in der Finanzindustrie können im Krisenfall immer damit rechnen, dass der Staat als Retter interveniert. Dies wiederum verstärkt den *moral hazard*, die Bereitschaft von Finanzmarktakteuren, aus Eigeninteresse hohe Risiken einzugehen, die dann wiederum als zusätzliche Krisenverursacher wirken können. Im Krisenfall müssen politische Eliten mangels Alternativen häufig auf Expertokratien aus marktbeherrschenden (Finanz-)Konzernen zurückgreifen. In manchen EU-Staaten rekrutiert sich das politische Spitzenpersonal inzwischen unmittelbar aus den großen Beratungsinstituten. Aus der Symbiose von politischen und ökonomischen Machtressourcen erwächst den Akteuren insbesondere der Finanzindustrie eine Definitionsmacht, die, etwa bei der Festlegung der Systemrelevanz von Kreditinstituten, der Abwehr von Steuern und Regulierungen oder der Konstruktion eines Rettungsschirms für den Euro, ihre Expertise nicht nur einbringen, sondern sie auch operativ zu nutzen wissen. Finanzmarkt-Kapitalismus bedeutet somit, dass sich die überproportionale Expansion des Finanzsektors und damit auch seine spekulative Dynamik institutionell und sozialstrukturell verfestigen – ein hochgradig krisenträchtiger Prozess.

Als hätte es eines praktischen Beweises für die Krisenanfälligkeit des Finanzmarkt-Kapitalismus und seiner globalen Verflechtungen bedurft, lieferte der globale Crash von 2007–09 praktischen Anschauungsunterricht. Der globale ökonomische Zusammenbruch wurde von insolventen nordamerikanischen Hausbesitzern aus unteren sozialen Schichten ausgelöst. Banken hatten die Risiken von Immobilienkrediten, die an flexible Zinssätze gekoppelt waren, mittels Verbriefung breit gestreut (NINJA-Kredite). Diese vermeintliche Demokratisierung des Risikos erwies sich als Achillesferse des globalen Finanzsystems. Kredite, die von zahlungsunfähigen Hausbesitzern nicht mehr bedient werden konnten, mündeten in die Pleite von Lehman Brothers und lösten eine Bankenkrise aus, die sich nicht mehr auf die USA begrenzen ließ. Der Vertrauensverlust im Finanzsystem brachte das Interbankengeschäft und die Kreditvergabe faktisch zum Erliegen. Bankenkrise und Kreditklemme bewirkten einen Flächenbrand, der zeitverzögert auch die sogenannte Realwirtschaft, besser: die Produktionsökonomie jenseits des Finanzsektors erreichte. Dabei traf eine nunmehr alles überwölbende weltweite Krisenkonstellation auf ökonomische

Ungleichgewichte und strukturelle Schwächen innerhalb der Nationalstaaten, die
teilweise schon lange vor Krisenbeginn existierten.

Obwohl die Weltwirtschaft sich ab 2010 auf überwiegend schwachem Wachs-
tumsniveau erholte, schwelen zahlreiche regionale und nationale Krisenherde
weiter. Die nationalen Krisenverläufe werden von divergenten Institutionen und
Arbeitsbeziehungen, besonderen Formen des Krisenmanagements und den durch
sie provozierten Protestwellen beeinflusst. In den jeweiligen Spielarten des Kapitalismus wirkte die Krise unterschiedlich, aber sie wirkt in ihren „Nachbeben" (Tooze
2018) noch immer überall (Harvey 2010; Galbraith 2016).

5   Repulsionen: Was bewirkt die ökonomisch-
           ökologische Zangenkrise?

Vor dem eben skizzierten Hintergrund lässt sich präzisieren, was die Kategorie der
ökonomisch-ökologischen Zangenkrise beinhaltet. Diese Krise lässt sich nicht auf
den globalen Crash von 2007–09 reduzieren, und sie beinhaltet noch weit mehr als
eine große Krise der Akkumulation. Sie ist Kreuzungspunkt von zwei langfristigen
Entwicklungslinien. Einerseits läuft die Ära raschen, permanenten Wirtschaftswachstums mit hohen Wachstumsraten zumindest in den früh industrialisierten
Ländern wahrscheinlich aus (Galbraith und Dörre 2018). Andererseits sind die in
erheblichem Maße auf fossilen Energieträgern beruhenden Wachstumsraten selbst
in den alten Zentren noch hoch genug, um Energie- und Ressourcenverbrauch sowie
klimaschädliche Emissionen bis hin zu Schwellenwerten zu steigern, an denen die
Selbstreproduktionsfähigkeit von Ökosystemen infrage gestellt wird. Insofern ist
die Zangenkrise sowohl Ausdruck anhaltender ökonomischer Wachstumsschwäche
(Gordon 2016) als auch Resultat eines „Weiter-so" beim gestörten Gesellschaft-
Natur-Metabolismus, was die Zeitbudgets zum Umsteuern beständig schrumpfen
lässt. In dieser historisch neuen Konstellation wandelt sich die gesellschaftliche
Funktion des Wirtschaftswachstums. Wachstum taugt immer weniger als Mittel
zur Befriedung sozialer Konflikte und zur Entschärfung ökonomischer Krisen, wie
das in der Ära des Sozialkapitalismus der Fall war. Es ist nicht einmal mehr eine
Belohnung für Marktteilnehmer, die sich öffentlich oder privat verschulden müssen,
um zumindest als Konsumenten an den billigen Gütern und Dienstleistungen des
Finanzmarkt-Kapitalismus zu partizipieren. In der neuen Ära, die mit dem Crash
von 2007–09 einsetzt, wird die ökologische und soziale Destruktivität eines auf
fossilen Energien basierenden Wachstums zum wichtigsten Konfliktgegenstand.
Der alte industrielle Klassenkonflikt verschwindet nicht, in den neu entstehenden

Postwachstumskapitalismen verwandelt er sich jedoch unwiderruflich in einen sozialökologischen Transformationskonflikt. Zwei Repulsionen intensivierter Globalisierung sind ausschlaggebend – die Zunahme sozialer Ungleichheit und die wachsende Bedrohung infolge der Kumulation ökologischer Großrisiken.

(1) *Ungleichheit in demobilisierten Klassengesellschaften*: Zweifellos hat die Globalisierung die Komposition sozialer Ungleichheiten verändert. Sie hat die absolute Armut weltweit reduziert (Dreher 2006). Seit nunmehr drei Jahrzehnten nehmen aber auch die vertikalen sozialen Ungleichheiten in nahezu allen Ländern wieder zu (Piketty 2014; Alvaredo et al. 2018). Während sich Ungleichheiten zwischen Nationalstaaten wegen des Aufholens großer Schwellenländer und insbesondere Chinas verringern, wächst die Einkommens- und Vermögensungleichheit innerhalb der Nationalstaaten oder verharrt auf hohem Niveau (Therborn 2012; Milanović 2016, 2017). Unklar ist, ob dieser Trend anhält, denn nimmt man das prognostizierte Pro-Kopf-Wachstum, könnte der Abstand zwischen China und den alten Zentren künftig wieder größer werden. Auch darf nicht übersehen werden, dass sich in den alten Zentren neue Peripherien herausbilden (z. B. Griechenland, Europäischer Süden und Südosten). An der schärferen Ausprägung vertikaler, klassenspezifischer Ungleichheiten innerhalb der nationalen Gesellschaften ändert das aber nichts. Ganze 0,8 % der erwachsenen Weltbevölkerung besitzen 44,8 % des Haushaltsgesamtvermögens, während 63,9 % lediglich über einen Vermögensanteil von 1,9 % verfügen (Credit Suisse Research Institute 2018).

Parallel zu erhöhten Einkommen aus Kapitalerträgen ist die durchschnittliche Lohnquote in den wichtigsten Industrieländern zwischen 1980 und 2013 nahezu kontinuierlich gesunken (IMF 2017, S. 5). Die Lohnsteigerungen der nachfolgenden Jahre haben diese Schieflage nicht grundlegend korrigiert. Rasches Wachstum in den großen und kleinen Schwellenländern, das dort Mittelklassen expandieren lässt, geht zulasten von Verlierergruppen in den OECD-Staaten. Hauptgewinner der Globalisierung sind Geldeliten, die auf allen Kontinenten, überwiegend aber noch immer in den alten kapitalistischen Zentren leben. 44 % des Einkommenszuwachses, der zwischen 1988 und 2008 erzielt wurde, entfiel auf die reichsten 5 %, nahezu ein Fünftel auf das reichste Prozent der erwachsenen Weltbevölkerung. Die aufstrebenden Mittelklassen in den Schwellenländern erhielten lediglich 2 bis 4 % der absoluten Zuwächse (Milanović 2016, 2017).

Für die Verlierer, hauptsächlich die Industriearbeiterschaft und – allerdings nur mittelbar, weil zu erheblichen Teilen lokal gebunden – das wachsende Dienstleistungsproletariat der alten Zentren, relativiert sich damit zunehmend, was Branko Milanović als „Ortsbonus" der Vermögensverteilung bezeichnet. Das Glück, in einem reichen Land geboren zu sein, schützt nicht mehr vor Einkommens- und

Statusverlusten, sozialem Abstieg, Prekarität oder sozialem Ausschluss. Grobe Klassenunterschiede prägen sich wieder stärker aus. Zugleich gewinnen neue Spaltungen und Ungleichheiten an Bedeutung, die sich teilweise innerhalb der direkt oder indirekt von Löhnen abhängigen Klassen bemerkbar machen. Selbst in Gesellschaften mit prosperierender Wirtschaft sind unsichere Arbeits- und Beschäftigungsverhältnisse zu einer „normalen Organisationsform" (Castel 2011, S. 136) des sozialen Lebens geworden. Die prekäre Vollerwerbsgesellschaft der Bundesrepublik macht hier keine Ausnahme. Sowohl bei Einkommen und Vermögen als auch beim Wohnen, bei der Gesundheit, Bildung und sozialen Distinktion ist sie zu einer der ungleichsten Gesellschaften Europas und der OECD-Welt geworden (Kaelble 2017, S. 176; Alvaredo 2018, S. 155 ff.).

Trotz wirtschaftlicher Prosperität befindet sich der rationale, effiziente Kapitalismus in der Defensive. Infolge der finanzkapitalistischen Landnahmen hat sich ein „politischer Kapitalismus" (Jessop 2018) etabliert, dessen „äußere" Märkte wohlfahrtsstaatliche Standards systematisch unterbieten und an die Stelle einer Teilhabe von Lohnabhängigen wieder ungleichen Tausch, soziale Abwertung und politische Disziplinierung setzen. Die Schwächung organisierter Arbeitsbeziehungen trägt dazu maßgeblich bei (dazu Urban in diesem Band). Obwohl die Erwerbstätigkeit in Deutschland ein Rekordniveau erreicht hat, liegt der gewerkschaftliche Organisationsgrad nur noch bei etwa 18 % der abhängig Erwerbstätigen. Im europäischen Vergleich ist das ein mittlerer Wert. Während der Organisationsgrad in Schweden noch etwa 67 % beträgt, ist er in zahlreichen Ländern unter die 20-%-Marke gesunken. In Frankreich sind nur noch 8 % der abhängig Erwerbstätigen gewerkschaftlich organisiert. Parallel dazu ist auch die Tarifbindung der Unternehmen in den meisten EU-Ländern rückläufig. Während in Österreich immerhin 98 % der Beschäftigten in Unternehmen mit Tarifbindung arbeiten, sind es in Griechenland nur noch 40 %, in Ungarn 23 % und in Polen nur noch 15 % (Lehndorff et al. 2018). Auch in Deutschland ist die Tarifbindung seit langem rückläufig. In der Gesamttendenz ist es in den meisten EU-Staaten über viele Jahre hinweg zu einer Entkollektivierung der Arbeitsbeziehungen gekommen. Die Regulierung von Löhnen und Arbeitsstandards findet zunehmend in zwei Welten statt. In der schrumpfenden ersten Welt existieren noch immer Flächentarife und Mitbestimmung. Für die expandierende zweite Welt gilt das Gegenteil. In dieser Welt des Outsourcings, der schlecht bezahlten Dienstleistungsjobs und der abgewerteten Frauenarbeit dominieren, sofern überhaupt vorhanden, betriebliche oder unternehmensspezifische Regelungen. Es ist die Welt von unsicherer Beschäftigung, niedrigen Löhnen und fehlender sozialer Wertschätzung, die – gemessen an wohlfahrtsstaatlichen Standards, sozialen Rechten und realen Partizipationsmöglichkeiten – zu einem Außen, einem expandierenden gesellschaftlichen Exklusionsbereich geworden ist.

Insgesamt haben soziale und insbesondere klassenspezifische Ungleichheiten ein Ausmaß angenommen, das sie nach Auffassung selbst liberaler Ökonomen (Fratzscher 2016) zur Wachstumsbremse werden lässt. Sind die Wachstumsraten niedrig und bleibt Umverteilung von oben nach unten aus, wirkt der Piketty'sche Kausalmechanismus r (= Vermögensrendite) > g (= Wirtschaftswachstum) im Sinne eines Ungleichheitsverstärkers. Da die Wachstumseinbußen nur zeitverzögert auf die Renditen durchschlagen, nimmt die Vermögenskonzentration zu, klassenspezifische Ungleichheiten prägen sich aus, die Marktmacht der Vermögenden wächst und die Wahrscheinlichkeit, diese in politische Lobbymacht zu transformieren, erhöht sich deutlich. Demgegenüber sind Gewerkschaften und politische Akteure, die an der Konfliktachse von Kapital und Arbeit agieren, so schwach wie nie zuvor in der Nachkriegsgeschichte. Entstanden sind demobilisierte Klassengesellschaften. Soziale Kämpfe und Konflikte auf der Klassenachse, die es nach wie vor und in der Bundesrepublik gar in steigendem Maße gibt (Schmalz und Schneidemesser 2019), reichen nicht aus, um auch nur systemstabilisierende Umverteilungsmaßnahmen durchzusetzen.

(2) *Zentralität des ökologischen Gesellschaftskonflikts*: Parallel zur Verstärkung sozialer Ungleichheit hat sich die Globalisierung als Katalysator und Beschleuniger ökologischer Großgefahren erwiesen. Innerhalb kapitalistischer Marktwirtschaften und unter Globalisierungsbedingungen wird das Expansions- zum Lauderdale-Paradox (Foster et al. 2011, S. 54 ff.). D. h. die Bearbeitung des gestörten Gesellschaft-Natur-Metabolismus erfolgt im Rahmen kapitalistischer Marktexpansion. Natur und Klima sollen mittels Etablierung privater Eigentumsrechte geschützt werden. Privates Vermögen an Boden und Naturschätzen kann aber nur infolge einer Zerstörung öffentlicher Güter ausgeweitet werden. Auf diese Weise wird Mangel an etwas erzeugt, das, wie Wasser, Boden und saubere Luft, als Gemeingut zuvor reichlich vorhanden war. Exakt dies ist der soziale Mechanismus, mit dessen Hilfe der Klimawandel im Kapitalismus bearbeitet wird. Die Biosphäre, zuvor Gemeingut, wird ausgepreist, Emissionsrechte werden zu handelbaren Gütern und der Klimawandel erweist sich im optimalen Fall als lukratives Anlagenfeld. Das jedenfalls besagen marktaffine Theorien, deren Praxis oftmals auf den Versuch hinausläuft, den Pudding an die Wand zu nageln. Emissionshandel und Ökosteuern haben nichts daran geändert, dass sich klimaschädliche Emissionen und Energieverbrauch in Abhängigkeit vom Wirtschaftswachstum auf Rekordniveau bewegen. Die klimaschädlichen Emissionen sind absolut zuletzt im Krisenjahr 2009 zurückgegangen; entscheidender Grund war der weltweite Einbruch des Wirtschaftswachstums und vor allem der industriellen Produktion; der Energieverbrauch ist absolut zuletzt während der 1980er-Jahre zurückgegangen (Abbildung 2).

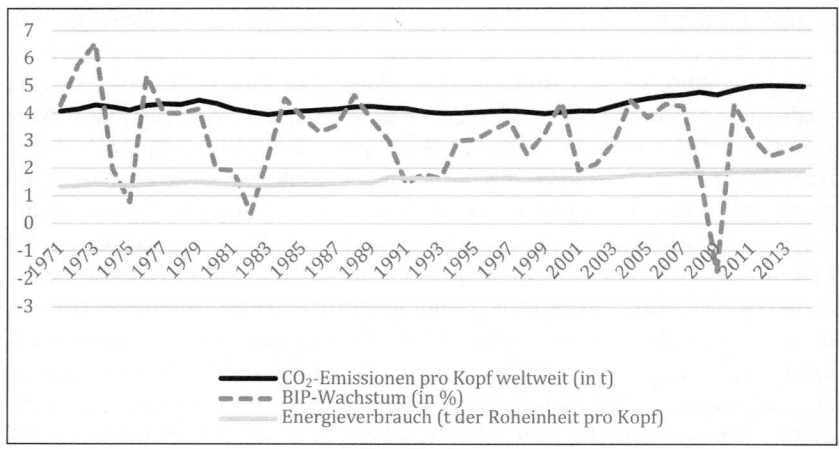

Abb. 2 BIP-Wachstum, CO_2-Emissionen und Energieverbrauch weltweit (Quelle: Weltbank 2018[10])

Die Welt steuert daher nicht auf das 1,5-Grad-Erderwärmungsszenario zu, wie es der Weltklimarat (IPCC 2018) noch für möglich hält; bei Anhalten der Gegenwartstrends sind vier oder fünf Grad wahrscheinlicher. Der Klimawandel, welcher schon in der Gegenwart zu Gletscherschmelze, knappem Trinkwasser, Hunger, Armut und Fluchtmigration beiträgt, könnte vollends außer Kontrolle geraten – eine Zukunft, die der Klimaforscher Hans Joachim Schellnhuber eindringlich als „Selbstverbrennung" des Planeten beschrieben hat (Schellnhuber 2015). Nun dürfen auch die fundiertesten Computersimulationen nicht mit einer Vorwegnahme realer gesellschaftlicher Zukünfte verwechselt werden. Wegen der großen Ungewissheiten und fortbestehenden Wissenslücken sind ökologische Risiken hochgradig definitionsabhängig, mithin Gegenstand von Deutungskämpfen und Gefahrenzuschreibungen. Exakt dies hatte auch die Theorie reflexiver Modernisierung behauptet. Anders als Ulrich Beck vermutete, speist sich der sozialökologische Transformationskonflikt aber nicht aus zwei getrennten Logiken, denen die Tendenz innewohnt, dass die „Probleme der dicken Bäuche" (Logik der Reichtumsverteilung) zunehmend von globalen ökologischen Gefahren überlagert und verdrängt werden (Logik der Risikoverteilung; Beck 1986, S. 27). Klassenspezifischer Verteilungskonflikt und ökologischer Gesellschaftskonflikt lassen sich nicht aufeinander reduzieren, sie sind aber in hohem Maße miteinander verwoben.

---

10 https://databank.worldbank.org/home.aspx. Zugegriffen: Juni 2019.

So haben Chancel und Piketty (2015) eindrucksvoll gezeigt, dass die einkommensstärksten 10 % der Weltbevölkerung (700 Millionen von 7 Milliarden) für 45 % der Emissionen verantwortlich sind, während die unteren 50 % global lediglich 13 % emittieren. Die Anteile der reichsten Bevölkerungsgruppen an den klimaschädlichen Emissionen steigen überproportional, bei den ärmsten Teilen der Weltbevölkerung sind sie indessen rückläufig. Die einkommensstärksten 10 % mit dem höchsten Emissionsausstoß leben auf allen Kontinenten, 30 % davon in Schwellenländern. Die Ungleichheit der globalen CO_2-Emissionen erklärt sich in immer größerem Ausmaß durch die Ungleichheit der individuellen Emissionen *innerhalb* der Staaten. 1998 erklärte diese Ungleichheit etwa ein Drittel der globalen Verteilung der Emissionen, 2013 waren es bereits 50 % (ebd., S. 9; vgl. Abbildung 3). Das wohlhabendste eine Prozent in den USA, Luxemburg, Singapur und Saudi-Arabien produziert jährlich 2000 Tonnen CO_2 pro Kopf und damit zweitausendmal mehr als die ärmsten Menschen in Honduras, Ruanda und Malawi. Insofern sind Klimawandel und soziale Ungleichheit untrennbar miteinander verknüpft. Für den Ressourcenverbrauch gilt ähnliches. Der ökologische Fußabdruck eines Vermögenden aus dem obersten einen Prozent der Weltbevölkerung übertrifft den eines Angehörigen der ärmsten 10 % um durchschnittlich das 175-Fache. Die Eindämmung des Klimawandels und die Abkehr von extensiver Ressourcenvernutzung werden daher ohne materielle Umverteilung von den reichen zu den armen Ländern und von den Privilegierten zu den verwundbarsten Klassenfraktionen nicht zu realisieren sein.

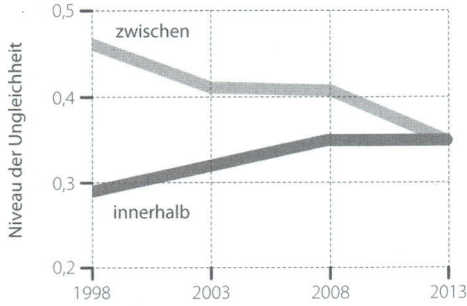

Abb. 3 Weltweite CO_2-Emissionsungleichheiten: Gewicht der Ungleichheit innerhalb von und zwischen Ländern (Quelle: Chancel und Piketty 2015, S. 10)[11]

---

11 Legende: 2008 war die Komponente des Theil-Index, die die Ungleichheit innerhalb von Ländern anzeigt, 0,35, die zwischen Ländern 0,40, d. h. die Ungleichheiten zwischen Ländern trugen zu 53 % der vom Theil-Index gemessenen gesamten Ungleichheit bei.

6 Auswege: Welche Gesellschaft ermöglicht eine Nachhaltigkeitsrevolution?

Die reichen Gesellschaften des globalen Nordens, so lässt sich resümieren, werden von den Konflikten, die an der ökologischen und der sozialen Frage aufbrechen, gleichsam in die Zange genommen. Zum „Globalisierungsparadox" gehört die Erkenntnis, dass ein „„Aufschließen' aller nationalen Ökonomien zu den Produktions- und Konsumptionsweisen der am stärksten entwickelten Industriegesellschaften [...] den Planeten unbewohnbar machen" würde (McCarthy 2015, S. 375). Deshalb sind Nachhaltigkeitsziele künftig der Lackmustest, dem sich mögliche Auswege aus der Zangenkrise unterziehen müssen. Für diesen Lackmustest gibt es zwei einfache Kriterien. Erstens: Reduziert sich der ökologische Fußabdruck und sinken die Emissionen? Zweitens: Steigt – für jede und jeden frei zugänglich – die Lebensqualität? Daran muss sich „nachhaltig' [...] messen lassen" (Grober 2013, S. 269).

Aus den Spannungen zwischen sozialer und ökologischer Nachhaltigkeit speisen sich politische Zielkonflikte, die längst Schlüsselbranchen der nationalen Industrie- und Wirtschaftsmodelle erreichen. War Deutschland zunächst Vorreiter bei der Umstellung auf erneuerbare Energien, haben die klimaschädlichen Treibhausgasemissionen auch hierzulande wieder zugenommen.[12] Hauptverursacher ist neben dem Energiesektor, den Gebäudeemissionen und der Landwirtschaft vor allem der Verkehr. Als einziger Wirtschaftssektor hat er bislang nichts zur Emissionsreduktion beigetragen. Die Emissionen der Fahrzeugflotte steigen. Verbindliche Dekarbonisierungsziele sorgen nun für Veränderungsdruck (Iwer und Strötzel in diesem Band). In der neuen weltpolitischen Konstellation, die die Globalisierung mit sich gebracht hat, werden die ökologischen Repulsionen des Automobilsektors zum Gegenstand imperialer Rivalitäten. Geplante Verbote für Verbrennungsmotoren in ökonomisch starken Ländern (England, Frankreich) und die beschleunigte Umstellung auf Elektro-Mobilität im wichtigsten Wachstumsmarkt China werden – gemeinsam mit der Digitalisierung und protektionistischen Handelspolitiken – zu einem dramatischen Umbau des Wertschöpfungssystems Automobil führen (Becker et al. in diesem Band). Die Transformation der Automobil- und Zulieferindustrie geht schon an ihrem Beginn schwerpunktmäßig zulasten der Beschäftigten. In den Belegschaften und bei einem Teil der Betriebsräte setzt dies verständlicherweise Beharrungskräfte frei. Je näher man an betroffene Belegschaften heranrückt, desto

---

12 Das Jahr 2018 machte eine überraschende Ausnahme. Ein milder Winter ermöglichte Einsparungen bei der Heizung, und ein „Sommer der Dürre" erhöhte wegen niedriger Wasserpegel der Flüsse und dadurch gestiegener Transportkosten die Benzinpreise, was wiederum zu einem geringeren Verbrauch führte.

lauter werden Stimmen, die von Klimahysterie sprechen, die Geschwindigkeit des Wandels drosseln wollen und ökologische Zielsetzungen mit dem Hinweis auf das technologisch Machbare kontern. Wie bei radikalen Strukturbrüchen häufig der Fall, tendieren Sicherheitsinteressen von Beschäftigten zur Konservierung des Bestehenden.

Das ist aber nur die eine Seite der Medaille. An Nachhaltigkeitszielen gemessen, ist die Umstellung auf Elektromobilität völlig unzureichend, um den Klimawandel wirksam zu bekämpfen. Benötigt werden radikale Veränderungen und neue Mobilitätssysteme. Es geht um eine allmähliche Abkehr vom privaten Pkw und den Ausbau des öffentlichen Nah- und Fernverkehrs, um einen vollständigen Bruch mit lange hegemonialen Verkehrskonzepten. Ohne die Rückkehr zu öffentlichem Eigentum, etwa bei der Bahn, ohne öffentliche und zugleich gerechtere Finanzierungen von Mobilität dürfte eine nachhaltige Verkehrswende nicht zu haben sein. Mit Blick auf die Automobil- und Zulieferindustrie sprechen selbst Wirtschaftsvertreter deshalb nicht mehr nur über Transformation, sondern über Konversion, über alternative Produkte und Produktionen, Arbeits- und Lebensweisen. Was ökologisch zwingend geboten scheint, löst bei vielen, die sich mit neuer Unsicherheit konfrontiert sehen, Ängste und Abwehrreaktionen aus. Die ökologische droht sich gegenüber der sozialen Konfliktachse zu verselbstständigen. Auseinandersetzungen in den deutschen Braunkohlerevieren deuten an, was sich im Verkehrssektor in ungleich größerem Ausmaß ereignen könnte (Bose et al. 2019).

Solche Konfliktdynamiken entstehen, weil das Weber'sche „Gehäuse der Hörigkeit" fortbesteht. Akkumulationszwang, Expansionstrieb und Wachstumsdrang bilden noch immer den Rahmen, innerhalb dessen entscheidungsmächtige Eliten trotz aller Zweifel nach Auswegen aus der Krise suchen. Gegenwärtig zeichnen sich drei Entwicklungsrichtungen ab.

Protagonisten einer *machtzentrierten* Strategie bestreiten die Notwendigkeit einer ökologischen Nachhaltigkeitsrevolution, definieren die soziale Frage vornehmlich als nationale und sind bemüht, den Zwang zu Akkumulation und Marktexpansion durch enge Bindungen an nationale Interessen zu befeuern. Wo dies zur Eskalation ökologischer und sozialer Verwerfungen beiträgt, bleibt entsprechenden Formationen nur die autoritäre Option. Sie müssen auf die – möglichst unbegrenzte – Akkumulation politischer Macht vertrauen, um ihre Einflussgebiete gegenüber den Elendszonen der Welt abzuschotten. Die Konsequenzen wären eine fortschreitende Entleerung von Demokratie (Heitmeyer 2018; Dörre 2019b), Notstandsregierungen nach innen und wachsende Kriegsgefahr nach außen. Diese Variante findet im Rechtspopulismus oder „autoritären Nationalradikalismus" (Heitmeyer 2018) ihre politische Heimat. Zustimmung findet sie aber auch im Spektrum etablierter Parteien und in Teilen der verunsicherten Eliten.

Marktkonforme Lösungsstrategien priorisieren ökologische Nachhaltigkeit und lehnen autoritäre Optionen entschieden ab. Sie akzeptieren Akkumulationszwang und Wachstumsdrang, versuchen aber, diese Dynamiken sozial und ökologisch einzuhegen. Auswege aus der Zangenkrise werden primär über marktkonforme Lösungen angestrebt. Dabei gerät die soziale Dimension des Transformationskonflikts häufig aus dem Blick (Fücks 2013). Als wichtigstes Instrument einer Nachhaltigkeitsrevolution wird eine Steuer auf CO_2-Emissionen diskutiert. Ein solches Instrument würde einen ökologischen Lenkungseffekt aber nur erzielen, wenn die CO_2-Preise kontinuierlich auf ein hohes Niveau steigen würden. Ohne Umverteilung von oben nach unten und von reich zu arm wären harte Auseinandersetzungen um die sozialen Kosten ökologischer Nachhaltigkeit vorprogrammiert. In marktkorrigierenden Varianten eines Green New Deal, die soziale Nachhaltigkeitsziele höher gewichten, könnten diese Konflikte abgefedert werden, wenn die Dekarbonisierung der Wirtschaft mit Sicherheitsgarantien für alle verbunden würde, die in den Karbonindustrien Beschäftigung und Einkommen verlieren. Die Demokratischen Sozialisten in den USA verlangen deshalb für alle Beschäftigten, die im Energiesektor oder der Autoindustrie ihren Job verlieren, einen Anspruch auf attraktive Arbeitsplätze und Einkommen (z. B. Ocasio-Cortez 2019; Murphy Institute 2019). Dies soll den Betroffenen und ihren Familien auch künftig ein gutes Leben ermöglichen. Green New Deals können von Mitte-rechts- oder Mitte-links-Koalitionen realisiert werden. Sie implizieren zumindest die Bewahrung, in den marktkorrigierenden Varianten auch eine Erweiterung demokratischer Institutionen. Der bestehende institutionelle Rahmen gilt jedoch grundsätzlich als ausreichend, um Nachhaltigkeitsziele zu realisieren.

Ob eine Nachhaltigkeitsrevolution gelingen kann, ohne den systemischen Zwang zu fortwährenden Landnahmen, zu Akkumulation und Marktexpansion anzutasten, ist indes fraglich. Die dritte Option, eine *systemverändernde Transformations- und Nachhaltigkeitsstrategie,* erscheint gegenwärtig allerdings als besonders unrealistisch. Das könnte sich jedoch ändern, wenn deutlich wird, dass marktkonforme und auch marktkorrigierende Strategien nicht ausreichen, um den Klimawandel zu stoppen. Nachhaltigkeitsziele sind Wegmarken, die bei Nichterreichung rasch zur Delegitimierung zeitweilig hegemonialer Politiken führen werden. Käme es dazu, könnte auf der politischen Tagesordnung stehen, was gegenwärtig allenfalls von Minderheiten in wachstumskritischen sozialen Bewegungen, Gewerkschaften und der politischen Linken diskutiert wird: Der Kapitalismus mit seinen systemischen Zwängen zu Akkumulation und Marktexpansion würde dann möglicherweise als das entscheidende Hemmnis erkannt, welches der Realisierung einer Nachhaltigkeitsrevolution im Wege steht. Die kapitalistischen Eliten sähen sich mit der Frage konfrontiert, ob basale Entscheidungen darüber, „wie wir arbeiten, was wir produzieren und, nicht zuletzt, was wir verkonsumieren" (von Lucke 2019, S. 12), weiter winzigen Minderheiten vorbehalten bleiben sollen.

Schon die zaghafte Andeutung aus dem Munde eines sozialdemokratischen Nachwuchspolitikers, die Sozialbindung des Eigentums könne zu Sozialisierung führen, löste jüngst hysterische Redaktionen in den medialen und politischen Öffentlichkeiten aus. Ein liberaler Spitzenpolitiker forderte gar, den Artikel 15[13] ersatzlos aus dem Grundgesetz zu streichen. Damit hätte die Geschichte ein verfassungsmäßig garantiertes Ziel. Fixiert wäre eine überhistorische, marktzentrierte Gesellschaftsordnung mit geringen Möglichkeiten zu institutioneller Korrektur. Der überfälligen Nachhaltigkeitsrevolution würde damit ein Bärendienst erwiesen, denn der Spielraum für institutionelle Innovationen wäre dramatisch verengt. Die Dringlichkeit der Transformation verlangt nach dem genauen Gegenteil. Überlebensinteressen und Nachhaltigkeitsziele sollten Verfassungsrang erhalten, sprich: sie müssten im Grundgesetz, in den Länderverfassungen und in der europäischen Grundrechtscharta verankert werden. Die Sozialbindung des Eigentums würde so um ein Nachhaltigkeitsgebot erweitert. Wirtschaftsakteure, die dieses Gebot missachten, hätten mit Enteignung, vor allem aber mit der Umverteilung und Demokratisierung wirtschaftlicher Entscheidungsmacht zu rechnen. Aus der repräsentativen würde so eine transformative Demokratie. Sie ließe bewusst Spielraum für die Erprobung nicht- und nachkapitalistischer Wirtschaftsweisen. Die Nachhaltigkeitsrevolution wäre damit noch lange nicht Wirklichkeit. Wer sie anstrebt, ist jedoch gut beraten, sich die Möglichkeit einer *Gesellschaft* offen zu halten, *die ohne Expansionszwang existieren kann*. Projekte, die nötig sind, um eine solche Gesellschaft zu erreichen, müssen auf unterschiedlichen Ebenen ansetzen.[14] Doch wie immer diese Projekte inhaltlich gefüllt werden – sie kommen nicht daran vorbei, über den ökologisch wie sozial zerstörerischen Wachstumsdrang hinaus den Zwang zu Marktexpansion und „Besitzakkumulation" (Hannah Arendt) infrage zu stellen. Geschieht das nicht, bleibt die Nachhaltigkeitsrevolution wahrscheinlich eine Illusion.

---

13 Verfassungsrechtlich gilt: „Grund und Boden, Naturschätze und Produktionsmittel können zum Zwecke der Vergesellschaftung durch ein Gesetz, das Art und Ausmaß der Entschädigung regelt, in Gemeineigentum oder in andere Formen der Gemeinwirtschaft überführt werden" (Art. 15 GG).

14 Ich habe in den Diskussionen der Kollegforscher_innengruppe dafür plädiert, eine neosozialistische Option zu prüfen und fünf Kernprojekte vorgeschlagen. Zur dadurch ausgelösten Kontroverse siehe Dörre und Schickert 2019.

Danksagung Für hilfreiche Anregungen und Kommentare schulde ich Karina Becker, Sophie Bose und Benjamin Seyd größten Dank! Wichtig waren die Diskussionen in meinem Globalisierungsseminar und hier vor allem die Hinweise von Philip Müller und Tobias Kullmann.

Literatur

Aglietta, M. (2000). *Ein neues Akkumulationsregime. Die Regulationstheorie auf dem Prüfstand*. Hamburg: VSA.

Alvaredo, F., Chancel, L., Piketty, T., Saez, E., & Zucman, G. (2018). *World inequality report 2018*. Cambridge: Harvard University Press.

Arendt, H. (2006). *Elemente und Ursprünge totaler Herrschaft. Antisemitismus, Imperialismus, totale Herrschaft*. München: Piper.

Atkinson, A. B. (2018). *Ungleichheit. Was wir dagegen tun können*. Stuttgart: Klett-Cotta.

Beck, U. (1986). *Risikogesellschaft. Auf dem Weg in eine andere Moderne*. Frankfurt a. M.: Suhrkamp.

Beck, U. (1996). Das Zeitalter der Nebenfolgen und die Politisierung der Moderne. In U. Beck, A. Giddens & S. Lash, *Reflexive Modernisierung. Eine Kontroverse* (S. 19–112). Frankfurt a. M.: Suhrkamp.

Beck, U. (1997). *Was ist Globalisierung? Irrtümer des Globalismus – Antworten auf Globalisierung*. Frankfurt a. M.: Suhrkamp.

Beck, U. (2007). *Weltrisikogesellschaft. Auf der Suche nach der verlorenen Sicherheit*. Frankfurt a. M.: Suhrkamp.

Bellofiore, R. (2009). General introduction. Rosa Luxemburg on capitalist dynamics, distribution and effective demand crises. In R. Bellofiore (Hrsg.), *Rosa Luxemburg and the critique of political economy* (S. 1–23). London: Routledge.

Bose, S., Dörre, K., Köster, J., Lütten, J., Dörre, N., & Szauer, A. (2019). Braunkohleausstieg im Lausitzer Revier – Sichtweisen von Beschäftigten. In Rosa-Luxemburg-Stiftung (Hrsg.), *Nach der Kohle. Alternativen für einen Strukturwandel in der Lausitz* (S. 91–114). Berlin: Rosa-Luxemburg-Stiftung.

Bourdieu, P. (2000). *Zwei Gesichter der Arbeit. Interdependenzen von Zeit- und Wirtschaftsstrukturen am Beispiel einer Ethnologie der algerischen Übergangsgesellschaft*. Konstanz: UVK.

Braudel, F. (1986). *Sozialgeschichte des 15.–18. Jahrhunderts. Band 3: Aufbruch zur Weltwirtschaft*. München: Kindler.

Castel, R. (2011). *Die Krise der Arbeit. Neue Unsicherheiten und die Zukunft des Individuums*. Hamburg: Hamburger Edition.

Chancel, L., & Piketty, T. (2015). Carbon and inequality: From Kyoto to Paris. Trends in the global inequality of carbon emissions (1998–2013) & prospects for an equitable adaptation fund. Paris: Paris School of Economics. http://piketty.pse.ens.fr/files/ChancelPiketty2015.pdf. Zugegriffen: Juni 2019.

Credit Suisse Research Institute (2018). *Global wealth report 2018.* https://www.credit-suisse.com/media/assets/corporate/docs/about-us/research/publications/global-wealth-report-2018-en.pdf. Zugegriffen: Juni 2019.

Crouch, C. (2018). *Der Kampf um die Globalisierung.* Wien: Passagen-Verlag.

Deutschmann, C. (2019). *Disembedded markets. Economic theology and global capitalism.* London: Routledge.

Dreher, A. (2006) Does globalization affect growth? Evidence from a new index of globalization. *Applied Economics, 38,* 1091–1110.

Dörner, A., & Schäfer, D. (2019). Blackrock-CEO Larry Fink: „Der Kapitalismus ist zu weit gegangen". *Handelsblatt,* 18.04.2019. https://www.handelsblatt.com/unternehmen/management/sinnsuche-der-wirtschaft-blackrock-ceo-larry-fink-der-kapitalismus-ist-zu-weit-gegangen/24225508.html?ticket=ST-1959633-HEecVrEKbr0IE2eGGV3d-ap1. Zugegriffen: Juni 2019.

Dörre, K. (2009). Die neue Landnahme. Dynamiken und Grenzen des Finanzmarktkapitalismus. In K. Dörre, S. Lessenich & H. Rosa, *Soziologie – Kapitalismus – Kritik. Eine Debatte* (S. 21–86). Frankfurt a. M.: Suhrkamp.

Dörre, K. (2016). Limits to landnahme. Growth dilemma as challenge. In J. Dellheim & F. O. Wolf (Hrsg.), *Rosa Luxemburg: A permanent challenge for political economy* (S. 219–261). Basingstoke: Palgrave Macmillan.

Dörre, K. (2019a). Social capitalism is a thing of the past: Competition-driven landnahme and the metamorphosis of the German model. In P. Chiocchetti & A. Frédéric (Hrsg.), *Competitiveness and solidarity in the European Union: Interdisciplinary perspectives* (S. 149–181). London: Routledge.

Dörre, K. (2019b). „Take back control!". Marx, Polanyi and right-wing populist revolt. *Österreichische Zeitschrift für Soziologie, 44,* S. 225–243.

Dörre, K., Lessenich, S., & Rosa, H. (2009). *Soziologie – Kapitalismus – Kritik. Eine Debatte.* Frankfurt a. M.: Suhrkamp.

Dörre, K., & Schickert, C. (Hrsg.). (2019). *Neosozialismus. Solidarität, Demokratie und Ökologie vs. Kapitalismus.* München: oekom.

Federici, S. (2015). *Caliban und die Hexe. Frauen, der Körper und die ursprüngliche Akkumulation.* Wien: Mandelbaum.

Foster, J. B., Clark, B., & York, R. (2011). *Der ökologische Bruch. Der Krieg des Kapitals gegen den Planeten.* Hamburg: Laika.

Fücks, Ralf (2013). *Intelligent wachsen. Die grüne Revolution.* München: Carl Hanser Verlag.

Fratzscher, M. (2016). *Verteilungskampf. Warum Deutschland immer ungleicher wird.* München: Hanser.

Fulcher, J. (2007). *Kapitalismus.* Stuttgart: Reclam.

Galbraith, J. K. (2016). *Wachstum neu denken. Was die Wirtschaft aus den Krisen lernen muss.* Zürich: Rotpunktverlag.

Galbraith, J. K., & Dörre, K. (2018). The great financial crisis and the end of normal. *Berliner Journal für Soziologie, 28,* 39–54.

Giddens, A. (1995). *Konsequenzen der Moderne.* Frankfurt a. M.: Suhrkamp.

Gordon, R. J. (2016). *The rise and fall of American growth. The U.S. standard of living since the Civil War.* Princeton: Princeton University Press.

Gramsci, A. (1991). *Gefängnishefte.* Kritische Gesamtausgabe. Hamburg: Argument.

Grober, U. (2013). *Die Entdeckung der Nachhaltigkeit. Kulturgeschichte eines Begriffs.* München: Verlag Antje Kunstmann.

Harvey, D. (2007). *Kleine Geschichte des Neoliberalismus*. Zürich: Rotpunktverlag.

Harvey, D. (2010). *The enigma of capital and the crises of capitalism*. London: Profile Books.

Heitmeyer, W. (2018). *Autoritäre Versuchungen*. Berlin: Suhrkamp.

Hock, M. (2019). Eine fundamentale Umwälzung der Finanzmärkte? *Frankfurter Allgemeine Zeitung*, 05.04.2019. https://www.faz.net/aktuell/finanzen/finanzmarkt/eine-fundamentale-umwaelzung-der-finanzmaerkte-16124832.html. Zugegriffen: Juni 2019.

Holst, H. (Hrsg.). (2017). *Fragmentierte Belegschaften. Leiharbeit, Informalität und Soloselbständigkeit in globaler Perspektive*. Frankfurt a. M.: Campus.

Huffschmid, J. (2002). *Politische Ökonomie der Finanzmärkte*. Hamburg: VSA.

International Monetary Fund (IMF) (2017). *World Economic Outlook. Gaining Momentum*. Washington: IMF Publication Services.

IPCC (2018). *Special report. Global warming of 1,5° C*. Bonn: UN Climate Change.

Jackson, T. (2009). *Prosperity without growth. Economics for a finite planet*. London: Earthscan.

Jackson, T. (2011). *Wohlstand ohne Wachstum. Leben und Wirtschaften in einer endlichen Welt*. München: oekom.

Jessop, B. (2018). Elective affinity or comprehensive contradiction? Reflections on capitalism and democracy in the time of finance-dominated accumulation and austerity states. *Berliner Journal für Soziologie, 28*, 9–37.

Kaelble, H. (2017). *Mehr Reichtum, mehr Armut. Soziale Ungleichheit in Europa vom 20. Jahrhundert bis zur Gegenwart*. Frankfurt a. M.: Campus.

Kocka, J. (2013). *Geschichte des Kapitalismus*. München: Beck.

Krach, W. (2019). Den Mächtigen fehlen die Ideen. *Süddeutsche Zeitung*, 25.01.2019. https://www.sueddeutsche.de/wirtschaft/davos-weltwirtschaftsforum-globalisierung-ungleichheit-1.4303250. Zugegriffen: Juni 2019.

Lehndorff, S., Dribbusch, H., & Schulten, T. (2018). *In schwerer See. Europäische Gewerkschaften in Krisenzeiten*. IAQ-Forschung 2018–05. Duisburg: IAQ.

von Lucke, A. (2019). Kühnert-Debatte: Die große Zukunftsverdrängung. *Blätter für deutsche und internationale Politik, 64*(6), 9–12.

Ludwig, C. (2019). *The politics of solidarity: Privatisation, precarious work and labour in South Africa*. Frankfurt a. M.: Campus.

Lüthje, B., Luo, S., & Zhang, H. (2013). *Beyond the iron rice bowl. Regimes of production and industrial relations in China*. Frankfurt a. M.: Campus.

Lutz, B. (1984). *Der kurze Traum immerwährender Prosperität. Eine Neuinterpretation der industriell-kapitalistischen Entwicklung im Europa des 20. Jahrhunderts*. Frankfurt a. M.: Campus.

Luxemburg, R. (1975a). Die Akkumulation des Kapitals. Ein Beitrag zur ökonomischen Erklärung des Imperialismus. In R. Luxemburg, *Gesammelte Werke*, Bd. 5 (S. 5–411). Berlin: Dietz.

Luxemburg, R. (1975b). Einführung in die Nationalökonomie. In R. Luxemburg, *Gesammelte Werke*, Bd. 5 (S. 524–778). Berlin: Dietz.

Luxemburg, R. (1975c). Stillstand und Fortschritt im Marxismus. In R. Luxemburg, *Gesammelte Werke*, Bd. 1/2 (S. 363–368). Berlin: Dietz.

Maddison, A. (2006). *The world economy. A millennial perspective*. Paris: OECD.

Marx, K. (1973) [1867]. Das Kapital. Kritik der politischen Ökonomie. Band 1. Der Produktionsprozeß des Kapitals. In K. Marx & F. Engels, *Werke (MEW)*, Bd. 23. Berlin: Dietz.

McCarthy, T. (2015). *Rassismus, Imperialismus und die Idee menschlicher Entwicklung*. Berlin: Suhrkamp.

Meiksins Wood, E. (2015). *Der Ursprung des Kapitalismus. Eine Spurensuche*. Hamburg: Laika.

Milanović, B. (2016). *Die ungleiche Welt. Migration, das Eine Prozent und die Zukunft der Mittelschicht*. Berlin: Suhrkamp.

Milanović, B. (2017). *Haben und Nichthaben. Eine kurze Geschichte der Ungleichheit*. Stuttgart: Theiss.

Moore, J. W. (2015). *Capitalism in the web of life. Ecology and the accumulation of capital*. London: Verso.

Murphy Institute (2019). *The road less travelled. Reclaiming public transport for climate-ready mobility. Trade unions for energy democracy*. Working Paper No. 12. New York.

Ocasio-Cortez, A., et al. (2019). Recognizing the duty of the Federal Government to create a Green New Deal. 116th Congress, 1st Session, H. Res. 109, in the House of Representatives, February 7, 2019. https://www.govtrack.us/congress/bills/116/hres109/text. Zugegriffen: Juni 2019.

Patel, R., & Moore, J. W. (2018). *Entwertung. Eine Geschichte der Welt in sieben billigen Dingen*. Berlin: Rowohlt.

Piketty, T. (2014). *Capital in the twenty-first century*. Cambridge: Harvard University Press.

Polanyi, K. (1995). *The Great Transformation. Politische und ökonomische Ursprünge von Gesellschaften und Wirtschaftssystemen*. Frankfurt a. M.: Suhrkamp.

Robinson, J. (1964). Rosa Luxemburg's „accumulation of capital". In J. Robinson, *Collected economic papers*, Bd. 2 (S. 59–73). Oxford: Basil Blackwell.

Rodrik, D. (2011). *Das Globalisierungsparadox. Die Demokratie und die Zukunft der Weltwirtschaft*. München: C.H. Beck.

Rosa, H. (2016). *Resonanz. Eine Soziologie der Weltbeziehung*. Berlin: Suhrkamp.

Sakar, S. (2010). *Die Krisen des Kapitalismus. Eine andere Studie der politischen Ökonomie*. Mainz: AG SPAK.

Saitō, K. (2016). *Natur gegen Kapital. Marx' Ökologie in seiner unvollendeten Kritik des Kapitalismus*. Frankfurt a. M.: Campus.

Schellnhuber, H. J. (2015). *Selbstverbrennung: Die fatale Dreiecksbeziehung zwischen Klima, Mensch und Kohlenstoff*. München: C. Bertelsmann.

Schmalz, S., & Schneidemesser, L. (2018). Arbeitskonflikte um Gute Arbeit: Tendenzen, Bilanz, Perspektiven. In L. Schröder & H. J. Urban (Hrsg.), *Gute Arbeit, Ausgabe 2019. Transformation der Arbeit – Ein Blick zurück nach vorn* (S. 252–264). Frankfurt a. M.: Bund-Verlag.

Schumpeter, J. A. (2006). *Theorie der wirtschaftlichen Entwicklung*. Berlin: Duncker & Humblot.

Soiland, T. (2016). A feminist approach to primitive accumulation. In J. Dellheim, F. O. Wolf (Hrsg.), *Rosa Luxemburg. A permanent challenge for political economy. On the history and the present of Luxemburg's „Accumulation of capital"* (S. 185–217). London: Palgrave Macmillan.

Therborn, G. (2012). Class in the 21st century. *New Left Review, 78*(6), 5–29.

Tooze, A. (2018). *Crashed. Wie zehn Jahre Finanzkrise die Welt verändert haben*. München: Siedler Verlag.

Turban, M. (1980). *Marxsche Reproduktionsschemata und Wirtschaftstheorie. Die Diskussion ihres analytischen Gehalts in verschiedenen wirtschaftswissenschaftlichen Forschungstraditionen*. Berlin: Duncker & Humblot.

Windolf, P. (Hrsg.). (2005). *Finanzmarkt-Kapitalismus. Analysen zum Wandel von Produktionsregimen*. Kölner Zeitschrift für Soziologie und Sozialpsychologie, Sonderheft 45. Wiesbaden: VS Verlag für Sozialwissenschaften.

Yergin, D., & Stanislaw, J. (1999). *Staat oder Markt. Die Schlüsselfrage unseres Jahrhunderts*. Frankfurt a. M.: Campus.

„Spirituelle Abhängigkeitserklärung"
Die Idee des Mediopassiv als Ausgangspunkt einer radikalen Transformation

Hartmut Rosa

1 Einleitung: Es geht ums Ganze

Jede Setzung eines „Wir", soviel haben poststrukturalistische, dekonstruktivistische, queere, postkoloniale und andere differenztheoretische Theorietraditionen ein ums andere Mal in aller wünschenswerten Deutlichkeit demonstriert, ist stets problematisch. Deshalb ist es immer auch problematisch, etwas darüber zu sagen, wie „wir" heute leben, oder wie „wir" die Welt wahrnehmen. Auf der anderen Seite: Es geht auch nicht ohne Formationsbegriffe. Man könnte dann zu keiner Zeit über ein Land, eine Stadt, eine Religion, eine Gesellschaftsform reden (dazu demnächst Oberthür und Rosa 2019; Marchart 2013): Es gibt „die Moderne" nicht, weil es eine heterogene Vielzahl an kulturellen Traditionen und Lebensformen gibt, die darunter fallen; man kann nicht darüber reden, wie die Menschen in Indien heute leben, weil in Indien radikal verschiedene Religionen, Sprachgruppen und soziale Schichten aufeinandertreffen; es gibt noch nicht einmal „die Hindus", oder den Hinduismus, und nicht die Frauen oder Männer, und ganz sicher auch nicht die Soziologinnen, ja man kann noch nicht einmal etwas über das Leben in Jena sagen, weil selbst das aus den unterschiedlichen Perspektiven ganz unterschiedlich aussieht. Wie aber stellt man dann fest, dass sich das Leben im heutigen Jena deutlich unterscheidet von dem um 1700 in Hyderabat? Soziologie ist ohne Formationsbegriffe, ohne Aggregatkonzepte, wie „die Gesellschaft", „das Christentum" oder „die Moderne", welche die über individuelle und gruppenspezifische Differenzen hinausgehenden Grundtendenzen und die kulturellen und strukturellen Zusammenhänge einer Lebensform, ihre formationsspezifischen Merkmale, auf den Begriff zu bringen suchen, nicht möglich. Sie löst sich dann auf in lauter Einzelphänomene bzw. Einzelbeobachtungen, ohne noch deren Zusammenhänge und Wechselwirkungen in den Blick zu bekommen. Es sind aber gerade jene Zusammenhänge und

© Springer Fachmedien Wiesbaden GmbH, ein Teil von Springer Nature 2019
K. Dörre et al. (Hrsg.), *Große Transformation? Zur Zukunft moderner Gesellschaften*, https://doi.org/10.1007/978-3-658-25947-1_2

Wechselwirkungen, welche den genuinen Gegenstand der Soziologie ausmachen. Und eben deshalb möchte ich in diesem Beitrag *aufs Ganze gehen* und ohne weitere epistemologische Diskussion das Weltverhältnis der Moderne als *spezifische Sozialformation* in seiner Gesamtheit in den Blick zu nehmen versuchen, das heißt, jenen strukturellen und kulturellen Triebkräften auf den Grund zu gehen, welche die zentralen Entwicklungs- und Veränderungstendenzen der Gegenwartsgesellschaft bestimmen und damit die „moderne Lebensform" als historisch-kulturelle Sozialformation prägen. Das bedeutet nicht, die Vielzahl oder die Bedeutung an individuellen, kulturellen, genderspezifischen und sozialstrukturellen Differenzen zu leugnen, welche zu erheblichen Unterschieden in Lebensform und Lebenspraxis führen, sondern es bedeutet, die Existenz und Persistenz formierender Kräfte, welche strukturell und kulturell prägende Wirkung über alle Differenzen hinweg, oder durch sie hindurch, entfalten, ernst zu nehmen. Als eine solche Tendenz habe ich vor einigen Jahren etwa die Logik der Beschleunigung zu identifizieren versucht (Rosa 2005) – nicht in der Annahme, dass ihr gegenüber alle kulturellen oder klassenspezifischen Differenzen irrelevant werden, und auch nicht mit der These, dass sich die Beschleunigungszwänge überall gleichermaßen auswirken, sondern vielmehr umgekehrt: in der Überzeugung, dass sie, je nach Kontext, sehr unterschiedliche Konsequenzen haben, aber doch als eine prägende Logik überall Effekte erzeugen und daher als Grundtendenz der modernen Gesellschaftsformation identifiziert werden können.

Jene These war einer der Anstöße zur Jenaer Kollegforscher_innengruppe „Postwachstumsgesellschaften", deren Kontext auch der vorliegende Band entspringt, mit dem ihre achtjährige Forschung nun zu Ende geht. Ihr Ausgangspunkt war die Erkenntnis, dass moderne Gesellschaften – in der Unsicherheit darüber, ob dieser Begriff im Singular oder im Plural zu verwenden sei, manifestiert sich einmal mehr das ungelöste soziologische Enigma der Formationsbegriffe – sich nur dynamisch zu stabilisieren vermögen, dass sie also, mit anderen Worten, auf stetige Steigerung angewiesen sind, um sich zu reproduzieren bzw. in ihrer Struktur zu erhalten. Eine moderne Gesellschaft ist dadurch gekennzeichnet, dass sie sich nur *dynamisch zu stabilisieren vermag,* das heißt, dass sie zur Erhaltung ihres institutionellen Status quo auf die stetige Realisierung ökonomischen Wachstums, technischer Beschleunigung, kultureller Innovierung und politischer Aktivierung angewiesen ist – so lautet meine eigene Fassung jenes gemeinsamen Ausgangspunktes. Als *institutionellen Status quo* verstehe ich dabei die Aufrechterhaltung und Funktionsfähigkeit der zentralen gesellschaftlichen Funktionssphären: Ohne reiterierte und stetige Steigerungsleistungen gerät die Wirtschaft in die Krise, weil Arbeitsplätze verloren gehen und Firmen schließen, dann geraten auch die Renten- und Gesundheitssysteme, das Wissenschaftssystem und das Bildungswesen usw. unter Druck, dann schrumpfen die politischen Gestaltungsmöglichkeiten, weil einerseits die Ressourcen fehlen und andererseits die Ausgabenlast (etwa im Sozialbereich) größer wird und weil die noch vorhandenen Ressourcen und Steuerungsmöglichkeiten so genutzt werden müssen, dass sich Wettbewerbsfähigkeit wieder herstellen lässt (Rosa et al. 2017). Die durchaus wichtige Erkenntnis, die sich aus der Arbeit unserer Forschungsgruppe ergab, dass es im Zweifelsfall durchaus auch ohne stetiges Wirtschaftswachstum geht, jedenfalls in einzelnen Ländern und über begrenzte Zeiträume hinweg, hat unsere Grundannahme modifiziert, aber keineswegs widerlegt, sondern in ihrer Relevanz eher noch verschärft. Denn erstens zeigt etwa der Fall Griechenlands, dass das ausbleibende Wachstum bzw. die Schrumpfung der Wirtschaft und der Wettbewerbsfähigkeit in der Tat den institutionellen Status quo gefährdet oder untergräbt: Renten- und Gesundheitssysteme, Wissenschaft und Bildung etc. sind dort bis an den Rand der völligen Dysfunktionalität unter Druck geraten, und der politische Gestaltungsspielraum ist sosehr geschrumpft, dass es nahezu keinen Unterschied mehr machte, welche Partei regierte (Klemm und Schultheiß 2015). Zweitens aber zeigt sich daran und insbesondere auch am Beispiel Japans, das seit 1990 über Dekaden hinweg mit ausbleibenden oder sehr niedrigen Wachstumsraten zu kämpfen hatte, dass die formativen *Steigerungszwänge* in Rezessionsphasen keineswegs geringer werden, sondern sogar noch zunehmen: Ohne Wachstum kommt es erst recht darauf an, schneller zu sein als die Konkurrenz, Innovationen voranzutreiben und die Wettbewerbsfähigkeit mit allen Mitteln zu erhöhen. Geht man davon aus, dass es insbesondere der Kapitalakkumulationszwang ist, welcher zu stetiger Dynamisierung zwingt, so bilden Wachstum, Beschleunigung und Innovierung gleichsam nur unterschiedliche Realisierungspfade – ist einer davon verschlossen, werden die anderen beiden umso stärker beschritten.

Dieses Formationsmerkmal aber, das in eine unabweisbare *Eskalationslogik* führt, welche sich etwa darin zeigt, dass selbst niedrige Wachstumsraten von, sagen wir, 1,5 % in einem Zeitraum von 50 Jahren (also etwa zwischen 1979 und 2029) zu einer Steigerung des Bruttosozialprodukts um mehr als 100 % und damit zu entsprechend gewaltigen Output- und Ressourcenverbrauchssteigerungen führen, hat langfristig eine dynamische *De-Stabilisierung* zur Konsequenz – so postulierten wir schon in unserem Erstantrag. Sie führt notwendig zu einer ökonomisch-ökologischen Doppel- oder gar zu einer ökonomisch-ökologisch-politisch-psychologischen Quadrupelkrise: Es wird immer schwieriger, weiteres Wachstum und weitere Beschleunigung zu erzielen, und dazu müssen immer mehr physische, psychische und politische Ressourcen mobilisiert, aktiviert, eingesetzt, gebündelt und verbraucht werden,[1] sodass nicht nur Freiräume und Gestaltungsräume schrumpfen, sondern die Natur, die Wirtschaft, die Politik und die Psyche durch progressive Überlastung und Übernutzung gefährdet und untergraben werden. Eine Sozialformation, die sich nur dynamisch zu stabilisieren vermag, kann nicht nachhaltig sein.

Ich möchte an dieser Stelle jene Krisendiagnose nicht erneut weiter entfalten, sondern stattdessen im Sinne der Zielsetzung dieses Bandes fragen: Was müsste sich wie ändern, um jenen Steigerungszwang, welcher die moderne Sozialformation im Ganzen charakterisiert und vorantreibt, zu überwinden oder außer Kraft zu setzen, um also die notwendige *Große Transformation* herbeizuführen? An dieser Fragestellung offenbart sich eine große, kulturübergreifende Ratlosigkeit, welche die moderne Sozialformation geradezu in ihrer Gesamtheit zu erfassen scheint: Die Überzeugung, dass es „so nicht weitergehen kann", dass „das nicht mehr lange gut gehen wird", dass es „auf keinen Fall so weitergehen darf", teilen Soziologinnen[2] mit Ökologen, mit Bankern, mit Journalistinnen, mit Bürgerinnen und Bürgern aller Couleur, die zunehmend zu Wutbürgern werden, auch wenn ihre Wut ganz unterschiedliche Ziele findet (die Kapitalisten, die Flüchtlinge, Wall Street, die Politiker, die Proleten, die Russen, die Moslems usw.). Allein, in der Frage, was sich denn ändern solle, herrscht nicht nur heilloses Durcheinander, sondern auch eine erschütternde Fantasielosigkeit und ein erbarmungswürdiger Kleinmut: Brauchen wir eine CO_2-Steuer? Die Enteignung von Immobilienhaien? Eine Finanztransaktionssteuer? Vollgeld? Ein bedingungsloses Grundeinkommen? Mehr EU? Weniger EU? Festere Grenzen? Offenere Grenzen? Mehr Demokratie? Weniger Demokratie? Mehr Nationalstaat? Weniger Nationalstaat? Die Liste ließe sich beliebig lange fortsetzen, und das Frappierende ist: Weder unter denen, die einmal die „politische Linke" waren, noch unter dem, was eine neue oder alte Rechte sein will; weder unter ökologisch noch unter liberal Bewegten zeichnet sich auch nur der kleinste Konsens über den richtigen Pfad ab: Konsensfähig scheint nur die Wut aufs „System" (das freilich ganz unterschiedlich definiert und identifiziert wird), und das führt derzeit politisch fast weltweit zu heillos-rückwärtsgewandten, oft fast ausschließlich ressentimentgetriebenen Reaktionen, die sich in den Phänomenen Trump, Brexit, Erdogan oder Bolsonaro oder auch in den französischen Gelbwesten manifestieren (dazu auch Bach sowie Nachtwey und Heumann in diesem Band).

---

1   Zu den politischen Konsequenzen: Lessenich (2008), zur ökonomisch-ökologischen Landnahme: Dörre (2009), zur psychischen Überlastung: King et al. (2019) und Fuchs (2018).

2   Im Folgenden werden aus Gründen der Lesbarkeit anstelle der männlichen und weiblichen Berufs- bzw. Akteursbezeichnungen die femininen und maskulinen Formen im unregelmäßigen Wechsel verwendet, wobei alle Geschlechter mit eingeschlossen sind.

Die These, die ich hier entwickeln möchte, lautet, dass jene Verwirrung und Ratlosigkeit kein Zufall sind, denn die angedachten Reformvorschläge und Veränderungsvorstellungen greifen allesamt zu kurz: An der Wurzel des Problems liegt das moderne Weltverhältnis als solches, die Art und Weise, wie „wir" (individuell *und* kollektiv) auf Welt Bezug nehmen, sie erfahren, uns zu ihr verhalten. Das Problem ist die Art und Weise, wie wir uns auf Welt, das heißt auf das, in das wir uns hineingestellt finden, beziehen, kurz: in unserer Weltbeziehung (Rosa 2016). Wenn ich diesen Begriff verwende, so meine ich damit nicht, dass Welt und Subjekt einfach immer schon da sind und sich Kulturen oder Sozialformationen nur darin unterscheiden, auf welche Weise sie eine Beziehung herstellen, sondern ich habe eine relationale Ontologie im Sinn, die davon ausgeht, dass wir als Subjekte ebenso wie das, was uns als Welt erscheinen und gegenübertreten kann, aus der Beziehung selbst hervorgehen oder jedenfalls durch sie entscheidend geprägt werden.[3] Weltbeziehung wird damit zum fundamentalsten aller denkbaren Begriffe überhaupt, sie unterliegt beispielsweise jeder Klassenspaltung oder dem Privatbesitz an Produktionsmitteln in jedem Falle,[4] und dies bedeutet: Das Problem und die notwendige Reform sind wahrhaftig radikal, sie gehen an die tiefste Wurzel der Sozialformation. Alle denkbaren konkreten ökonomischen, politischen oder ökologischen Reformen – oder Revolutionen – greifen notwendig zu kurz: Eine CO_2-Steuer, die Verstaatlichung der Banken oder Großkonzerne, selbst die Einführung eines Grundeinkommens oder die Auflösung der Nationalstaaten, so sinnvoll oder sogar notwendig sie im Einzelnen sein mögen, bleiben Symptombekämpfung, solange sie das Weltverhältnis oder die Weltbeziehung als solche nicht zu transformieren vermögen. Diese Idee freilich macht uns zunächst noch ratloser: Wenn Reformen nicht helfen, was dann? An dieser Frage, so meine ich, bin ich bei meinem ersten Versuch, dem XV. Kapitel in *Resonanz* (2016), radikal gescheitert. Die „Konturen" einer überzeugenden Alternative werden gerade nicht sichtbar. Deshalb will ich es hier aufs Neue versuchen. Um wenigstens einen Sinn dafür zu gewinnen, was sich wie ändern könnte, möchte ich im nächsten Schritt den Kern des modernen Weltverhältnisses, wie es mir erscheint, noch einmal so rekonstruieren, dass seine sozialen, ökologischen und politischen Konsequenzen sichtbar werden können.

---

3   Tatsächlich scheint mir der Begriff der *Gleichursprünglichkeit* hier die angemessenste Konzeptualisierung zu liefern: Das Bezogene und die Beziehung sind gleichursprünglich, sie erzeugen und formen sich wechselseitig, keine Seite geht der anderen einfach voraus.

4   Ebendies scheint auch der frühe Marx der Pariser Manuskripte (zumindest an einigen Stellen) nahezulegen, wenn er etwa postuliert, dass Entfremdung als eine pathologische Beziehungsform das Privateigentum erst hervorgebracht habe (Marx 1968). Das heißt freilich nicht, dass jene Eigentumsform nicht ihrerseits auch eine beziehungsprägende bzw. Entfremdung verursachende Wirkung entfalten könnte.

Auf dieser Grundlage wird dann denkmöglich, was und wie es anders sein könnte: Wie ein anderes Verhältnis zum Raum, zur Zeit und zur Geschichte, zur Politik, zu anderen Menschen und zu sich selbst aussehen könnte. Wenn und sofern dieser Versuch gelingt, wäre schon viel gewonnen, wäre vielleicht ein erster Schritt aus der Ratlosigkeit getan und würde die Generierung kreativer und utopischer Fantasien wieder möglich.

2 Die Geburt der Moderne als spirituelle Unabhängigkeitserklärung: Das Prinzip der Souveränität

Seit sich die Soziologie als Fach etablierte, tobt der Streit über die Frage, was den Kern einer Sozialformation ausmacht und von wo soziologisches Erklären seinen Ausgang nehmen kann zwischen „Idealisten" und „Kulturalisten" auf der einen und „Materialisten" sowie „Strukturalisten" auf der anderen Seite. Für erstere sind es kulturelle Vorstellungen, Werte und Praktiken, welche jenen Kern bilden, für Letztere dagegen entweder die Produktionsformen und die ökonomische Verteilung und Kontrolle oder aber die Differenzierungsprinzipien, in jedem Falle aber soziale Realitäten, welche gleichsam „hinter dem Rücken" der Akteure, jenseits ihres Bewusstseins sich formen und wirken. Praxistheorien neueren Datums versuchen diesen Gegensatz zwar insofern zu unterlaufen, als sie den sozialen Kern in soziale Praktiken hineinzuverlagern suchen, allerdings erweisen sich solche Praktiken als zu heterogen, zu widersprüchlich, divers und auch veränderlich, als dass sich darüber ein „Kern", eine sozialformative Wurzel bestimmen oder die Gesamtgestalt einer Sozialformation erkennen ließe.[5] Wenn ich demgegenüber darauf insistiere, dass an der Wurzel einer Sozialformation eine bestimmte Haltung, eine spezifische Weltbeziehung liege, so tue ich das nicht zuletzt deshalb, weil sich diese Haltung meines Erachtens just aus dem Zusammenwirken aller drei Elemente ergibt, oder anders formuliert: Weil sich die Art und Weise, in der Menschen auf Welt bezogen sind (und dabei als Subjekte geformt werden), nur über die Analyse der Werte und Ideen, der materiellen Verhältnisse und der kulturellen Praktiken *in ihrem Zusammenspiel* ergibt. Eine Jäger- und Sammlergesellschaft (so ließe sich mit den „Materialisten" sagen) entwickelt eine andere Form der Weltbeziehung als eine

---

5   Das zeigt sich meines Erachtens sogar noch in theoretisch so elaborierten und durch-dachten Varianten der praxistheoretischen Gesellschaftstheorie, wie sie etwa in Reckwitz (2017) entwickelt werden (dazu Rosa 2018b).

Ackerbaugesellschaft oder eine Industriegesellschaft, das schließt aber keineswegs aus, dass die Ideen und Praktiken des Buddhismus oder des Protestantismus auf die Weltbeziehung ebenfalls großen Einfluss haben oder hatten. In der Haltung zur Welt laufen materielle Bedingungen, kulturelle Selbst- und Weltdeutungen und soziale (Alltags-)Praktiken zusammen. Was also ist die spezifische Weltbeziehung der Moderne?

Es ist hier weder der Ort noch der Platz, um meine Antwort in Gänze zu entfalten, zumal ich das an anderen Stellen schon auf unterschiedliche Weise versucht habe (Rosa 2016, 1998, Teil III, 2018a), sie lautet, in extrem kondensierter Form: Die Weltbeziehung der Moderne ist geprägt durch das Streben nach Emanzipation, Selbstbestimmung, Befreiung, Autonomie, Souveränität gegenüber allem, was uns gegenübertritt: Durch den Versuch, sich dieses Andere verfügbar zu machen; es unter Kontrolle zu bringen, zu beherrschen, zu nutzen. Individuell lässt sich die damit verbundene Welthaltung als Streben nach Autonomie, kollektiv als Streben nach Souveränität verstehen. Das Grundproblem, das sich daraus für die Sozialformation der Moderne ergibt, besteht darin, dass jene Haltung uns am Ende in ein *Aggressionsverhältnis* zur Welt und schließlich auch zu uns selbst zwingt, und dieses Aggressionsverhältnis zeigt sich immer stärker einerseits in den sozialformativen Steigerungszwängen, die insbesondere zu einer immer rücksichtsloseren, extraktiveren Nutzung aller Naturressourcen, einschließlich der psychischen Ressourcen des Menschen, führen, und andererseits in jenem bereits diskutierten aggressiven Politikverhältnis, in einem Wutbürgertum, in einem politischen Dasein, dem die *Anderen* – die Faschisten, die Kapitalisten, die Flüchtlinge, die Muslime, die Umweltverpester, die Kommunisten, die Sexisten, Chauvinisten, Vaterlandsverräterinnen: welche Gestalt sie auch immer und jeweils annehmen mögen – auf eine beängstigend zunehmende Weise als Manifestation des Bösen schlechthin erscheinen.

Am positiven, motivierenden Ausgangspunkt dieser Weltbeziehung steht vielleicht das, was man mit Charles Taylor (1988, S. 265, S. 278) eine *spirituelle Unabhängigkeitserklärung* der Moderne nennen könnte. Sie manifestiert sich am deutlichsten im Souveränitätsprinzip[6]: Der moderne Souverän beansprucht 1) räumlich-materielle, 2) zeitliche, 3) politische, 4) soziale und 5) existenzielle Unabhängigkeit zugleich. 1) Zunächst beansprucht der Souverän die *territoriale* Souveränität, das heißt die exklusive Kontrolle über einen „Lebensraum", der eben nicht nur sozial, sondern immer auch materiell geformt und bestimmt ist: Souveränität bedeutet auch, über

---

6 Diesen Gedanken verdanke ich der von Christopher Smith initiierten und organisierten Souveränitätstagung der British Academy am 29. und 30. April 2019 in St. Andrews. Siehe dazu auch Loick (2012).

die Natur und ihre Ressourcen, über Berge, Flüsse, Täler, Wasser, Sonne und Wind und alles, was sie bergen oder liefern, autonom verfügen, das heißt: sie gestalten oder extraktiv nutzen zu können. Dies begründet ein instrumentelles und „akkumulatives" Naturverhältnis, das, wie Charles Taylor in seinen Moderneanalysen detailliert herausarbeitet, nicht einfach als hedonistische Einstellung, sondern geradezu als eine „spirituelle" Haltung verstanden werden sollte, weil sie das moderne Grundverhältnis zur Welt bestimmt und moderne Subjekte als autonome, rational handelnde Akteure konstituiert: „Fortgesetztes Akkumulieren zeugt [...] von einem unbeirrten, disziplinierten Aufrechterhalten der instrumentellen Einstellung gegenüber den Dingen; es handelt [...] sich um eine Verwirklichung der spirituellen Dimension des Menschen. Weit davon entfernt, eine Dingbesessenheit, eine Dingverfallenheit zu bezeugen, [...] handelt es sich um eine Bestätigung unserer Autonomie, eine Bestätigung dafür, dass uns unsere Ziele nicht durch eine vermeintliche Ordnung der Dinge vorgegeben sind. Die instrumentelle Einstellung zur Natur ist als spirituelle Erklärung unserer Unabhängigkeit von der Natur gedacht" (Taylor 1988, S. 277 f., vgl. S. 265). 2) Neben diese räumlich-materielle Unabhängigkeitserklärung tritt im modernen Souveränitätsdenken mit der gleichen Konsequenz und Entschlossenheit jedoch auch eine zeitlich-historische Autonomieerklärung, welche Souveränität gegenüber der Geschichte beansprucht: Der moderne Souverän ist vielleicht der historisch erste, der sich durch Geschichte nicht gebunden sieht, dessen Bestreben geradezu dem Losbrechen von historischen Vorgaben, von Traditionen, Konventionen und Verpflichtungen gilt und der dadurch und darin den Anspruch erhebt, die Zukunft neu, anders, souverän, autonom und rational zu gestalten. Das Band der Kontinuität von der Vergangenheit zur Zukunft wird zerschnitten. Auch in diesem radikalen Bruch mit der Vergangenheit liegt zweifellos eine spirituelle Dimension; er konstituiert und konfiguriert das Verhältnis der modernen Sozialformation zur Zeitlichkeit der Welt neu.[7] 3) Mit der Unabhängigkeitserklärung gegenüber der Geschichte eng verknüpft ist der Anspruch des Souveräns auf politische Autonomie: Sie bedeutet die Negation jeglichen Geltungsanspruchs *anderer* politischer Autoritäten oder Entitäten. Selbstbestimmung bedeutet, über die Strukturen und Institutionen des (politischen) Gemeinwesens, auf das sich der Souveränitätsanspruch erstreckt, vollständig selbst bestimmen zu können, ohne a priorische Rücksicht auf andere vorgegebene Instanzen innerhalb oder außerhalb des Gemeinwesens. Form und Gestalt des Zusammenlebens werden damit im politischen Sinne grenzenlos verfügbar; die verbleibenden Grenzen sind gleichsam materiell definiert in Form von

---

7   Dieser Bruch mit der Geschichte ist in vielen geistes-, kultur- und sozialgeschichtlichen Analysen als Konstitutivum der Moderne identifiziert worden; siehe etwa Koselleck (1979), Blumenberg (1966) und Bauman (2000).

Naturbedingungen oder der (militärischen) Macht anderer Souveräne. 4) Insbesondere über die Institution des *Privateigentums* überträgt sich dieser Souveränitätsgedanke auf das Autonomiestreben individueller Akteure: Diese begegnen sich gleichsam als unabhängige Souveräne, die über einen unterschiedlich großen, rechtlich definierten Besitz an Räumen und Dingen verfügen. Eigentum lässt sich in diesem Sinne als souveränes Verfügungsrecht über einen begrenzten Weltausschnitt begreifen: Dinge, die ich besitze, darf ich beliebig nutzen, verwerten, verkaufen, vererben oder auch zerstören, wenngleich dieser Souveränitätsraum durch den politischen Souverän etwa in Form einer Sozialbindung des Eigentums eingeschränkt werden kann. Auch dies impliziert so etwas wie eine spirituelle Unabhängigkeitserklärung, welche einerseits, wie schon Hegel erkannte, den Subjekten Selbstwirksamkeit und Handlungsmacht verleiht und sie damit zu autonomen Akteuren werden lässt (Hegel 1986, S. 102 ff.), sie aber andererseits, wie schon Marx und später MacPherson (1973) argumentieren, als gleichsam „possessive" Individuen konstituiert, die sich als „souveräne" Tauschpartner bzw. eben als atomisierte Konkurrentinnen und Klientinnen mit Gleichgültigkeit oder sogar mit Aversion begegnen. 5) Bedeutsam scheint mir darüber hinaus zu sein, dass diese Dimensionen der Souveränität in der Summe ein existenzielles Weltverhältnis überhaupt begründen. Indem Souveränität eine spirituelle Unabhängigkeitserklärung gegenüber der Welt und dem Leben als solche meint, akzeptiert sie keine wie auch immer geartete Konzeption einer Unantastbarkeit, einer prinzipiellen Unverfügbarkeit oder eines Heiligen; und damit letztlich keine Form einer *existenziellen Bezogenheit*. Zwar lassen sich in der historischen Entwicklung durchaus Berufungen auf sakrale Instanzen (insbesondere Gott oder die Natur) zum Zwecke der Legitimierung des Souveräns finden, doch dienen diese nicht dazu, die Verfügungsmacht des Souveräns prinzipiell zu begrenzen, oder vielmehr: Entsprechende Begrenzungen verlieren sukzessive an Wirkmacht und Bedeutung. Sakrales oder Unantastbares wird in der Sozialformation der Moderne vielmehr durch den Souverän selbst erzeugt bzw. gesetzt, unterliegt also letztlich seinem Willen. Souveränität konstituiert damit eine absolute Form des In-der-Welt-Seins.

3   Die Krise des Souveränitätsparadigmas und die Konturen einer Alternative

Die Überzeugung, welche diesen Beitrag motiviert, lautet in Kurzform, dass das eben skizzierte Souveränitätsparadigma in allen *Unabhängigkeitsdimensionen* einerseits zu beeindruckenden und gewaltigen Fortschritten und Erfolgen, andererseits aber zu massiven Krisen geführt hat, die sich stetig verschärfen und im 21. Jahrhundert zu existenziellen Krisen zu werden drohen. Daher scheint eine Revision jenes Paradigmas unabdingbar. 1) Die spirituelle Unabhängigkeitserklärung gegenüber der Natur hat ganz offensichtlich zu einem Naturverhältnis geführt, das einerseits durch beeindruckende Naturbeherrschung, andererseits aber durch bedrückende Naturzerstörung gekennzeichnet ist, die zur Folge hat, dass Natur immer weniger als schlechterdings Verfügbares und immer mehr als Bedrohtes und zugleich Bedrohliches erscheint. Welt erscheint der spätmodernen Sozialformation prädominant als *Umwelt*, und das Verhältnis zu ihr wird, wie etwa die aktuelle Schülerbewegung „Fridays for Future" und die Wissenschaftsbewegung „Scientists for Future" aus unterschiedlichen Positionen zugleich sichtbar machen, in wachsendem Maße als gestört wahrgenommen. 2) „For Future": Vielleicht ist es kein Zufall, dass in den genannten Bewegungen eine Zukunft angerufen wird, die ebenfalls als essenziell bedroht erscheint. Tatsächlich möchte ich behaupten, dass die gegenwärtige Art des *In-der-Historischen-Zeit-Seins* höchst problematisch geworden ist, wie sich nicht erst seit den Diskussionen um das „Ende der Geschichte" (Fukuyama 1992), die „Erschöpfung utopischer Energien" (Habermas 1985), die „zeitlose Zeit" der Gegenwart (Castells 2010, S. 460 ff.), die „Breite Gegenwart" (Gumbrecht 2010), die „Gegenwartsschrumpfung" (Lübbe 2003) oder die „Agonie des Realen" (Baudrillard 2016) abzeichnet. Meine eigene Diagnose hierzu lautet, dass sich die moderne Sozialformation in der Situation eines „rasenden Stillstandes" befindet – und auch selbst so wahrnimmt –, in der die progressiven Steigerungsleistungen und die daraus resultierenden Veränderungen nicht mehr als Teil einer Fortschrittsgeschichte in eine gestaltbare Zukunft verstanden werden, sondern als Kampf gegen den Niedergang und das Abrutschen in den furcherregenden Abgrund des individuellen oder systemischen Zusammenbruchs (Rosa 2005, S. 396 ff.). Die historischen Rolltreppen laufen gleichsam rückwärts, und Politiker wie Eltern werden von der Überzeugung getrieben, dass sie alles, was sie nur können, dafür tun müssen, damit es den Kindern bzw. den kommenden Generationen nicht schlechter geht als uns Heutigen. 3) Ein solcher Zweifel an der Gestaltbarkeit der Zukunft ist notwendig auch und unmittelbar ein Zweifel an der politischen Gestaltbarkeit der Welt und damit an der *politischen Souveränität*. Spätmodernen Menschen, so habe ich andernorts zu zeigen versucht, erscheinen die sozialen, ökonomischen und politischen Verhältnisse in paradoxer Verkehrung der Souveränitäts- und Verfügbarkeitsverheißung als versteinert, die Steigerungszwänge erscheinen als naturalisiert, globaler Wettbewerb und die daraus resultierenden Optimierungsimperative als unhintergehbar (Rosa 2016, S. 707 ff.). 4) Damit korrespondiert eine *antagonistische Sozialontologie* (Rosa 2019) bzw. ein soziales In-der-Welt-Sein, welches die erfahrenen Souveränitätsverluste oder -mängel unmittelbar dem Handeln, ja der bloßen Gegenwart „der Anderen" zuschreibt

– gleichgültig, ob diese Anderen als Flüchtlinge, Neokolonialisten, Faschisten, korrupte Eliten, Sozialschmarotzer oder anderes wahrgenommen werden. 5) Im Resultat aber ergibt sich daraus als dominant werdende Form der Weltbeziehung ein Modus der *Entfremdung*, der durch die Erfahrung der beziehungslosen Beziehung bestimmt ist. Ganz so wie einst Marx in den ökonomisch-philosophischen Manuskripten von 1844 eine fünffache Störung im Weltverhältnis des modernen Arbeiters – Entfremdung von der Arbeit und vom Arbeitsprodukt, von der Natur, von den Mitmenschen und in der Folge von sich und vom Leben – ausmachte (die für ihn den Privatbesitz an Produktionsmitteln erst hervorbrachte) (Marx 1968, S. 519 f.), scheint sich daher aus meiner Sicht als Ergebnis des modernen Souveränitätsparadigmas eine vieldimensionale Entfremdung der Moderne von der Natur, von der Geschichte, von ihren eigenen politischen Institutionen, zwischen den Subjekten und schließlich gegenüber dem Leben oder der Existenz als einem „Umgreifenden" (Jaspers 2001) oder einem letzten Realitätsgrund abzuzeichnen.

Allein, dieser letzte Satz, daran hege ich keinerlei Zweifel, lässt bei sehr vielen Leserinnen, nicht nur bei Soziologen, alle Alarmglocken schrillen: Er liest sich wie ein kulturkonservatives Plädoyer für eine „Rückkehr" in eine Zeit, in der die Autorität einer Religion, der Natur oder der Geschichte (wenn nicht gar eines Kaisers) akzeptiert und damit das Souveränitätsverlangen prinzipiell limitiert war. Genau dafür aber will ich keinesfalls plädieren, dahin sollte sich aus meiner Sicht eine moderne Sozialformation nicht transformieren. Was mir stattdessen vorschwebt, ist ein Verhältnis zu Natur und Geschichte, zu den politischen Institutionen und zu den Mitmenschen und am Ende auch ein Selbstverhältnis, das jene gegebenen, begegnenden oder gegenüberstehenden Entitäten weder als blind zu akzeptierende Größen oder Vorgaben noch als einfach autonom und souverän zu gestalten begreift, sondern von einer jeweils *wechselseitig konstitutiven Beziehung* ausgeht. In einer solchen Beziehung ist nicht die eine Seite „Täter/Souverän/Aktiv" und die andere „Opfer/Abhängig/Passiv", sondern alles, was geschieht, vollzieht sich gleichsam als Antwortgeschehen zwischen beiden Seiten. Diese Beziehung, das wird die Leser nicht überraschen, möchte ich mit dem Begriff der Resonanz fassen. Resonanz beschreibt, in aller Kürze formuliert, eine Beziehung, welche die folgenden vier Merkmale aufweist: 1) *Affizierung* im Sinne der Fähigkeit und Erfahrung eines „Berührtwerdens" durch ein Anderes, ohne durch dieses Andere dominiert oder fremdbestimmt zu werden. 2) *Selbstwirksamkeit* im Sinne der Fähigkeit und Erfahrung, dieses Andere zu berühren oder zu erreichen, ohne über es zu verfügen oder es zu beherrschen. 3) *Transformation* im Sinne einer wechselseitigen Anverwandlung, die sich von einer einseitigen, vereinnahmenden Aneignung kategorial unterscheidet; sie beinhaltet eine fortwährende Selbst- und Weltmodifikation in der, so möchte ich hinzufügen, just un-entfremdete Lebendigkeit erfahren wird.

4) *Unverfügbarkeit* in einem doppelten Sinne: Zum einen lässt sich Resonanz nicht und niemals erzwingen (und ebenso wenig absolut ausschließen), weshalb sie in ihrem Auftreten, ihrer Intensität und ihrer Dauer nicht kontrollierbar ist, und zum anderen – was vielleicht noch wichtiger ist – lässt sich niemals vorhersagen, was das Ergebnis der Transformation sein wird. Eine Resonanzbeziehung ist grundsätzlich ergebnisoffen.[8] Ich möchte nun abschließend skizzieren, wie Resonanzbeziehungen in den diskutierten Weltverhältnissen (zur Natur, zur Geschichte etc.) jeweils zu denken wären. Sie zu verwirklichen, so lautet meine These, könnte als regulative Gemeinwohlidee dienen und auf diese Weise einen Kompass im gesellschaftlichen, oder sozialformativen, Transformationsprozess liefern.

4   Die Geburt des Neuen als spirituelle Abhängigkeitserklärung: Das Prinzip des Mediopassiv

Wenn ich in diesem Beitrag – versuchsweise – für eine (tatsächlich *post-moderne*) „spirituelle Abhängigkeitserklärung" als Gegenbewegung zur souveränitätsgeleiteten „spirituellen Unabhängigkeitserklärung" der Moderne plädiere, dann meine ich damit nicht die Akzeptanz menschlicher Abhängigkeiten von geschichts- oder naturgegebenen Mächten im Sinne eines Ausgeliefertseins, sondern die Anerkennung eines konstitutiven, aber selbstwirksamen *Bezogenseins*. Vielleicht ist es das Verhängnis der Sozialformation der Moderne, dass ihre bisher dominanten Sprachen (z. B. englisch, französisch, spanisch, deutsch) nur zwei *genera verbi*, nämlich ein Aktiv und ein Passiv kennen: Man ist entweder *Täter* oder *Opfer*, Sender oder Empfänger, Ausübender oder Erleidender einer Handlung. In anderen Sprachen, etwa im Altgriechischen oder auch im Sanskrit, existiert dagegen eine dritte Form, ein „Medium" (manchmal auch Neutrum), welches eine Beziehung und ein Geschehen beschreibt, in dem sich Dinge ereignen, ohne Täter und Opfer zu produzieren. Dabei geht es um eine Beteiligung ohne Souveränität. In der Philosophie hat man dafür behelfsweise den Begriff „mediopassiv" gefunden (Han-Pile 2011). Man könnte aber mit dem gleichen Recht ebenso gut von „medioaktiv" reden, weil damit ein Handlungsmodus bezeichnet wird, der exakt zwischen aktiv und passiv zu verorten ist und doch zugleich ein Drittes bezeichnet. Es schneit, es begab sich, so geschah es, dass: In solchen Formulierungen blitzt die Ahnung eines Mediopassiv noch auf. Wer schneit? Wer begibt sich? Wer ist Täter, wer Opfer des Geschehenden? Auf was

---

8   Zur Diskussion um den Resonanzbegriff siehe auch die Debatten in Peters und Schulz (2017) sowie Wils (2019).

ich mit dieser Überlegung hinauswill, ist die Frage, ob und wie sich ein Natur-, ein Geschichts-, ein Sozial-, ein Selbst- und ein Weltverhältnis im Mediopassiv denken ließe, das den Fallen des Souveränitätsparadigmas entginge, ohne die damit verknüpften Selbstwirksamkeitserwartungen einfach zu opfern; eine Weltbeziehung also, die auch eine *medioaktive* ist. Wie könnte es in den zur Diskussion stehenden Weltdimensionen aussehen? Wagen wir einen Versuch.

1) Der Sozialformation der Moderne erscheint die materielle Welt, die umgebende Natur einerseits als eine Vielfalt an nützlichen und zu nutzenden – und freilich auch prekären und zum Teil zur Neige gehenden – Ressourcen im schrankenlosen Steigerungsspiel und damit auch als Ressourcen zur Verwirklichung eigener Ziele und Zwecke, zugleich aber auch als eine zu gestaltende Welt, als *Gestaltungsobjekt*. In dieser Art der Begegnung erfahren sich moderne Subjekte der Natur gegenüber als Täter. Die Folge davon ist, dass „die Natur" vielerorts bedroht erscheint und dann ihrerseits – in Stürmen, Hitzewellen, Tsunamis, Lawinen, Dürren – bedrohlich wird. In dieser Hinsicht werden Subjekte auch Opfer von Naturgewalten, und als solche „Opfer" nehmen sie sich auch dort wahr, wo sie feststellen, dass „die Natur" in Form von Krankheiten oder Verhaltensdispositionen in ihnen selbst wirkt und physische oder psychische Prozesse steuert, die sich der Verfügbarkeit entziehen. Ein mediopassives Naturverhältnis wäre demgegenüber eines, in dem menschliche Akteure mit dem, was sie als Natur erfahren, in einem anhaltenden, reziproken Antwortverhältnis verbunden sind: Sie formen es und sie werden durch es geformt, aber nicht nach dem Sender/Empfänger- oder Täter/Opfer-Modell, sondern so, dass sich das Wesentliche in einem fortwährenden, dynamischen Austausch- und Transformationsprozess dazwischen ereignet. An die Stelle der für die Sozialformation der Moderne dominanten Haltung des Beherrschens, Nutzens und Kontrollierens träte in einem solchen Naturverhältnis eine Haltung des *Hörens und Antwortens*, die eben nicht meint: „Höre auf die Natur und folge ihr", wie viele „Naturratgeber" und esoterische Strömungen nahelegen, sondern die auf eine eigenständige, selbstwirksame Antwort auf das Gehörte vertraut. Vielleicht lässt sich die Gestalt einer solchen mediopassiven Beziehung versuchsweise an dem ebenso aktuellen wie überaus brisanten Phänomen der *Transidentität* ergründen: Die Tatsache, dass es Frauen gibt, die sich als Männer wahrnehmen und umgekehrt Männer, die sich als Frauen fühlen, lässt sich diskursiv, medizinisch und politisch leicht nach den beiden Seiten des aktiv/passiv-Schemas auflösen: Wo die Täterperspektive gegenüber der Natur überwiegt, lautet die Lösung für das sich daraus ergebende Identitätsproblem: „Wenn Du Dich als Frau fühlst, dann mache Dich zur Frau, wir können die Natur ändern". Folgt man der Opferperspektive, ist die Lösung ebenso klar: „Die Natur hat Dich zur Frau gemacht, also nimm das an und füge Dich, lerne damit zu leben".

Ein Resonanzverhältnis zur (eigenen) Natur wird demgegenüber strikt darauf verzichten, die richtige Antwort schon im Voraus zu wissen. Mit sich selbst, und das heißt: Mit dem eigenen Körper in Resonanz zu treten, bedeutet, zu hören und zu antworten und dabei sich und das Andere, mit dem man auf oft überraschende Weise in Berührung kommt, in einem fortwährenden, dynamischen Prozess zu transformieren. „Was sagt mein Körper, was antworte ich ihm, wie verändert er sich, wie verändere ich mich, welche Empfindungen entstehen, welche Wechselwirkungen ergeben sich, welche Möglichkeiten eröffnen sich?" Wo so gefragt, gehört und geantwortet wird, ist eine auch medizinische Geschlechtsanpassung eine Möglichkeit, aber gewiss keine zwingende. Was die Makroperspektive des ökologischen Naturverhältnisses angeht, scheint es mir offensichtlich, dass allen romantischen Naturüberhöhungen zum Trotz Berge und Meere, Wüsten und Wälder nicht als ein resonantes Anderes erfahren werden können, das mit uns in einer lebendigen, transformativen Antwortbeziehung steht, solange wir Natur (etwa in den extraktiven Industrien, in Tierversuchslaboren oder in der Massentierhaltung) als bloße Ressource oder als reines Gestaltungs- oder Kulissenobjekt wahrnehmen. Das Umgekehrte scheint jedoch ebenso zutreffend zu sein: Wo sich ein stabiles (mediopassives) Resonanzverhältnis zur Natur (wie immer wir diese dabei definieren und erfahren mögen) ausbildet, wird es unmöglich, sie einfach zu zerstören und zu verbrauchen ohne Rücksicht auf die Bewahrung ihrer „eigenen Stimme". Eine resonante Beziehungsform schließt gewissermaßen den Aspekt der *Fürsorge* mit ein: Wo immer wir einem „sprechenden" Anderen begegnen, das uns „etwas zu sagen hat" und gerade darin unverfügbar bleibt, werden wir ihm mit einer Haltung der Achtung und Schonung, vielleicht sogar der Ehrfurcht begegnen, weil dieses Andere zu einer Quelle starker Wertungen wird. Wer in Resonanz mit der Natur tritt, wird eine seltene Blume nicht für ein Selfie zertrampeln (Rosa 2014).

2) Das Problem der *Nachhaltigkeit* der modernen Sozialformation wird gegenwärtig politisch und philosophisch auch als Verhältnis der Gegenwart zum Leben zukünftiger Generationen diskutiert. Welche Ressourcen und Möglichkeiten werden ihnen verbleiben? In dieser Frage berühren sich die zeitliche und die räumliche Dimension der modernen Weltbeziehung, oder genauer: Hier gehen das Natur- und das Geschichtsverhältnis ineinander über. Ein wesentliches Element und eine Voraussetzung der modernen Souveränitätserklärung besteht darin, das Band der Kontinuität von der Vergangenheit zur Zukunft – und damit von der Genesis von Werten und Haltungen zur ihrer Geltung – zerschnitten zu haben; der radikale Bruch mit der Vergangenheit hat das Verhältnis der modernen Sozialformation zur Zeitlichkeit der Welt neu konfiguriert, so habe ich oben zu zeigen versucht. Dass wir durch die Vergangenheit, durch die Geschichte, durch ihre Traditionen,

Errungenschaften, Überzeugungen und Vorgaben „spirituell", das heißt: in unserem Grundverhältnis zur Welt und zum Leben, in keinster Weise gezwungen oder verpflichtet sind, sondern dass wir Welt und Zukunft kraft unseres Willens und kraft rationaler Erkenntnis „souverän" gestalten können und gestalten dürfen, ja sollen: Darin liegt das Zentrum moderner Geschichtsunabhängigkeit. Möglicherweise erweist es sich im 21. Jahrhundert als nicht-intendierte Nebenfolge, dass damit auch das Band in die Zukunft zerrissen wurde: Es scheint aktuell nicht nur an handlungsleitenden Visionen für die Gestaltung der Welt zu mangeln, sondern auch an einer motivational tragfähigen Verbindung zu zukünftigen Generationen. Wir nehmen die Vernichtung ihrer Ressourcen nur als ein Problem (lästiger) moralischer Verpflichtung, nicht aber als einen unsere Identität berührenden motivationalen Faktor wahr. Vielleicht sind die politisch so überaus besorgniserregenden Visionen „identitärer" Bewegungen aller möglichen Couleur (von den deutsch-österreichischen „Identitären" bis zum arabischen Wahabismus und zum IS) eine regressive Reaktion auf dieses Problem. Insbesondere rechtspopulistisch-nationalistischen Strömungen liegt oftmals die Vorstellung zugrunde, eine bestimmte Gestalt historischen Gewordenseins mitsamt ihren Traditionen und Werten müsste gleichsam „eingefroren" und so aus der Vergangenheit in die Zukunft gerettet werden. Während im dominanten Zeitverhältnis der Moderne das menschliche Geschichtsverhältnis aus der aktiven *Täterperspektive* bestimmt wird, dominiert in diesen letzteren Varianten eine extreme Opferperspektive: Es gilt, den historischen Vorgaben zu folgen, sie bedingungslos hinzunehmen, was freilich durchaus eine revolutionär-brutale Haltung gegenüber der Gegenwart und den in ihr Lebenden implizieren kann. Es fällt nicht schwer, sich demgegenüber ein mediopassives Geschichtsverhältnis vorzustellen. Sein Kennzeichen ist es, in der Geschichte bzw. der geschichtlichen Erfahrung durchaus eine gewichtige, sprechende Stimme und damit ein Anderes zu hören, das uns auch heute noch etwas zu sagen hat; nicht so, dass es uns blindlings verpflichtet, aber auch nicht so, dass es uns nichts angeht, weil wir später geboren sind. Auf die Geschichte zu hören und ihr selbstwirksam zu antworten bedeutet dann, aus ihr einen Gestaltungsauftrag auch für die Zukunft zu gewinnen; einen Gestaltungsauftrag freilich, der uns eine selbstwirksame eigene Stimme, und das heißt: die Freiheit auch zum *radikalen Bruch*, gibt und lässt.

3) und 4) Auch wenn kein Zweifel daran bestehen kann, dass die analytisch differenzierbaren Dimensionen der Weltbeziehung miteinander eng verknüpft sind, zeichnet sich eine Sozialformation in besonderer Weise durch ihr Verhältnis zu Raum und Zeit bzw. zu *Natur* und *Geschichte* einerseits und durch die politisch-sozialen Verhältnisse in ihr andererseits aus. Im Blick auf die Frage, wie ein mediopassives Sozial- und Politikverhältnis aussehen könnte, lassen sich wiederum drei Aspekte

voneinander unterscheiden: Erstens die Art der Beziehung der Mitglieder eines Gemeinwesens zueinander, zweitens die Form der Beziehung dieser Mitglieder zu den politischen (Herrschafts-)Institutionen und drittens die Art der Beziehung zur „Außenwelt", also zu dem, was sozial und/oder politisch als das „Andere" wahrgenommen wird. In meiner Suche nach einer Antwort nehme ich daher die dritte und vierte der oben diskutierten Souveränitätsdimensionen zusammen, weil die Art und Weise, wie sich die Bürgerinnen eines modernen Gemeinwesens begegnen, stets ökonomisch, sozial und politisch zugleich bestimmt ist. Es ist meine These, dass auch diese Beziehung dominant dem aktiv/passiv- bzw. dem Täter/Opfer-Schema folgt, wenngleich die Möglichkeit zu und die Sehnsucht nach resonanten Beziehungen im modernen Beziehungsreservoir (insbesondere in den Modi der Liebe und der Freundschaft) natürlich ebenfalls tief verankert sind. Aber die Begegnung von ökonomischen Privateigentümern stiftet eine Beziehungsgrenze, bei der die Welt entweder als *meine* – das heißt: ich bestimme – oder als *deine* – das heißt: du bestimmst – erscheint, oder aber als eine Welt, über die wir politisch verhandeln müssen. Insbesondere in den letzten Jahrzehnten hat sich der dominante Modus der politischen Begegnung zu einem sozialantagonistischen Modus gewandelt: Politisch handeln heißt demnach, seine Interessen zu formulieren und für sie zu kämpfen und sie gegenüber dem politischen Gegner so gut es geht durchzusetzen; Hegemonie zu erlangen. Ein solches Politikverständnis hat sich auf der politischen Rechten im Anschluss an Carl Schmitts verhängnisvolle Definition des Politischen als Freund/Feind-Unterscheidung und auf der Linken in der Nachfolge nicht nur von Klassenkampfpositionen, sondern auch poststrukturalistischer Definitionen des „Politischen" als Ort des unversöhnlichen Streites entwickelt und verfestigt.[9] „Das Politische" erscheint dann aus beiden Positionen als Ort des Kampfes, in dem man sich entweder als Täter durchsetzt oder aber als Opfer sehen muss, wo man bleibt; bestenfalls versucht man, Kompromisse zu schmieden. Ein mediopassives (und medioaktives) Verhältnis zwischen Bürgerinnen und Bürgern sähe demgegenüber so aus, dass sie sich als Wesen begegnen, die einander *etwas zu sagen haben,* die sich vom „Anderen" *berühren lassen* und ihm oder ihr selbstwirksam zu *antworten* vermögen, und zwar so, dass sich beide bzw. alle dabei (auf ein Gemeinsames hin) *verwandeln.* Eine solche Konzeption politischer Gemeinwesen setzt keineswegs voraus, dass die Mitglieder vor der Begegnung etwas Substanzielles teilen müssen (gemeinsame Werte, eine gemeinsame Geschichte, geteilte Ziele etc.); es setzt vielmehr darauf, dass im Zusammenhandeln etwas Gemeinsames (Mediopassives) entstehen kann. Die Voraussetzung dafür ist nicht die immer schon geteilte

---

9   So etwa bei Rancière (2002) oder bei Laclau und Mouffe (2014), dazu auch Machart (2010) und Reitz (2016).

Grundlage, sondern eine bestimmte politisch-soziale *Haltung*: die des Hörens und Antwortens, welche freilich nicht nur die Möglichkeit zur Entwicklung und Entfaltung der eigenen politischen Stimme, sondern auch politische Ohren für die Affizierung durch Andere bedingt. Es setzt die Bereitschaft, sich berühren und verwandeln zu lassen, voraus, und das ist etwas ganz anderes als die Fähigkeit, Kompromisse zu schmieden. Wer mit der Geschichte des politischen Denkens vertraut ist, wird hierin unschwer Züge einer republikanischen Konzeption des Politischen, wie sie etwa auch Hannah Arendt formuliert hat, wiedererkennen. Wo sie zur Realität wird, ereignet sich Politik in der Tat in der Form eines Mediopassiv: Das sich herausbildende Gemeinwesen „ereignet sich", und zwar so, dass alle Bürgerinnen selbstwirksam daran beteiligt sind, dass sie sich und die politische Welt als in einem Antwortverhältnis aufeinander bezogen begreifen können, ohne die Beteiligung am Grad der Durchsetzung ihrer Interessen und Standpunkte messen zu müssen. Freilich stellt sich hier mit Macht die Macht- und Herrschaftsfrage: Mediopassiv darf nicht bedeuten, dass sich bestimmte Gruppen und Interessen auf Kosten anderer durchsetzen und die Unterworfenen mit einem bloßen Gefühl des (symbolischen) Beteiligtseins kompensiert werden. Wenn Herrschaft bedeutet, seinen Willen gegen die (latenten oder manifesten) Interessen anderer durchzusetzen, dann ist ein Herrschaftsverhältnis per se das Gegenteil einer Resonanzbeziehung, denn es lässt die Stimme der Beherrschten entweder gar nicht zur Entfaltung kommen oder untergräbt ihre Wirksamkeit. Ein Herrschaftsverhältnis ist ein stummes Weltverhältnis. Nicht ausgeschlossen sind in Resonanzbeziehungen jedoch Autoritätsverhältnisse: Sich *von anderen etwas sagen zu lassen* ist geradezu Bestandteil auch eines medioaktiven Weltverhältnisses, solange dies nicht die Erfahrung und die Erwartung von Selbstwirksamkeit unterminiert.

Die Rede von einem zu gestaltenden Gemeinwesen (und von einer Alternative zum modernen Souveränitätsdenken) legt jedoch darüber hinaus die Fragen nahe, von welchen Gemeinwesen hier die Rede ist und wie deren Beziehung zu anderen Gemeinwesen zu denken sei. Legt die hier entwickelte Konzeption die Hypostasierung überkommener Nationalstaaten und ihrer Grenzen nahe? Dies ist keineswegs der Fall: Meines Erachtens können mediopassive Gemeinwesen in der spätmodernen Welt nur „skalar" gedacht werden; sie lassen sich nur über die Strukturen der Lebenswelt bestimmen und deren Gestaltung obliegt je nach Einflussbereich ganz unterschiedlichen Gemeinwesen: Wenn die Frage lautet, ob ein Wohnhaus neue Türen erhalten soll, dann bilden die Bewohner des Hauses in erster Linie das betroffene Gemeinwesen; steht jedoch die Gestaltung eines zentralen innerstädtischen Platzes zur Diskussion, dann ist die betreffende Stadt das Gemeinwesen. Geht es um die Ausgestaltung des Rentenversicherungssystems, dann mag die nationalstaatliche Ebene die hierfür entscheidende Resonanzsphäre bilden, während für Fragen des Steuerrechts heute vielleicht supranationale Institutionen wie die EU infrage kommen. Die Strukturen der Lebenswelt werden heute jedoch ohne Zweifel in vielerlei Hinsicht von transnationalen und globalen Einflussgrößen bestimmt, und damit ist das betreffende Gemeinwesen *die Welt, in der wir alle leben.* Abgesehen von dieser letzten Ebene entstehen durch jede Definition eines Gemeinwesens jedoch auch andere, nicht dazu gehörende Entitäten. Wie ist das Verhältnis zu diesen zu denken? Ein zentrales Problem des Souveränitätsparadigmas besteht ja gerade darin, dass die Beziehung der Souveräne zueinander per se ungeregelt ist und wechselseitige normative Ansprüche nicht anerkennt. In der Welt souveräner Nationalstaaten geht es bis heute (und heute erst recht wieder) darum, seine Interessen durchzusetzen, und nicht zuletzt postkoloniale Ansätze rufen derzeit mit Macht in Erinnerung, mit wie viel Zerstörung, Ausbeutung, Unterdrückung und Vernichtungswut diese Form politischer Weltbeziehung verknüpft war und ist. Würden sich Gemeinwesen, die „nach innen zu", das heißt im Verhältnis der Bürgerinnen zueinander, resonant sind, hier anders verhalten? Meine These (und meine Hoffnung) lautet, dass ein Gemeinwesen nach außen nicht ungerecht, gewalttätig und destruktiv handeln kann, wenn es nach innen resonant bleiben will. Resonanz beschreibt ein Weltverhältnis als solches, es setzt, wie ich zu zeigen versucht habe, eine bestimmte Disposition des In-der-Welt-Seins immer schon voraus. Diese Disposition wird durch eine Haltung des *Hörens und Antwortens* beschrieben. Repression, Gewalt und Ausbeutung aber zwingen nicht nur die Opfer, sondern auch die Täter in eine *stumme, repulsive,* resonanzfeindliche Welthaltung. Wer sich taub macht gegenüber dem Schrei der Unterdrückten und Entrechteten außerhalb der eigenen Grenzen, wem es gleichgültig ist, unter welchen Bedingungen seine Kleidung produziert wird, welche Zerstörung die hergestellten Waffen anderswo anrichten und welche Not dort herrscht, der zwingt sich in eine zynische Welthaltung, in eine Disposition des Sich-Verschließens, welche Resonanzfähigkeit systematisch verkümmern lässt. Diese Disposition bringt (unfreiwillig) beispielsweise jeder in seiner Gestik, seiner Mimik, seiner Stimme und seinem Blick zum Ausdruck, wenn er Sätze äußert wie „Die Flüchtlinge sollen für sich selber sorgen" oder „Afrika ist mir egal" oder „die sind an ihrem Elend selber schuld" oder „Geschäft ist Geschäft". So zu denken und zu fühlen, setzt die dispositionale Unterdrückung von „Resonanzimpulsen" gegenüber dem Selbst wie gegenüber dem Anderen voraus, es basiert auf der Notwendigkeit *wegzuhören,* die Stimme des Anderen *zu überhören* – und sich infolgedessen nach der beständigen Verstärkung und Vervielfältigung der eigenen Stimme zu sehnen.

5) Das Souveränitätsparadigma der Moderne, so lautete die Leitthese dieses Beitrags, basiert auf einer umfassenden „spirituellen Unabhängigkeitserklärung" von Natur,

Geschichte und sozialer Mitwelt, welche dazu führt, dass sich soziale Akteure in ihren Weltbeziehungen und in ihren Handlungsmodi nur als souveräne Täter oder als wehrlose Opfer erfahren können. Die damit verknüpfte Form der Bezugnahme auf und der Erfahrung von Welt aber hat paradoxerweise zur Folge, dass sich in allen diesen Dimensionen die Täter- wie die Opferrolle auf krisenhafte Weise zu radikalisieren scheinen: Die Weltbeziehung insgesamt scheint pathologisch geworden zu sein. Das radikale Täterverhältnis äußert sich etwa in einer immer umfassenderen technischen Naturbeherrschung, die doch nur in Naturverbrauch und Naturzerstörung zu münden scheint, aber auch in einem politischen Wutbürgertum, das sich daraus nährt, dass der prinzipiellen politischen (und lebensweltlichen) Gestaltbarkeit keine Grenzen gesetzt sind, während die erfahrenen faktischen Zwänge (nicht zuletzt aufgrund der unverhandelbaren Steigerungsimperative) ein „stahlhartes Gehäuse" zu bilden scheinen, das die politischen Selbstwirksamkeitserwartungen radikal unterminiert und so zu einer wachsenden Ohnmachtserfahrung führt. Die Sozialformation der Moderne erzeugt am Ende gerade in ihrem Souveränitätsanspruch wehrlose Opfer der Natur, der Geschichte, der Politik; sie erzeugt eine neue, monströse Form der Unverfügbarkeit (Rosa 2018, S. 124 ff.), der gegenüber die Subjekte nicht in ein Antwortverhältnis zu treten vermögen, sondern nur ihre Selbstunwirksamkeit erfahren, weil die Welt sich nicht mehr erreichen lässt. Dies aber transformiert die souveränen Täter unversehens in wehrlose Opfer, deren sprechendstes Symptom vielleicht die inzwischen im globalen Rahmen beobachtbare kulturelle und psychische Burnoutkrise ist: Burnout ist, jedenfalls in manchen seiner Erscheinungsformen, die radikalste Form eines selbstunwirksamen Weltverhältnisses, in dem selbst einfachste Handlungsvollzüge aus psychischen Gründen physisch unmöglich geworden sind (Burisch 2014).

Der Sozialformation der Moderne entgleitet so die Welt *individuell-psychisch* ebenso wie *kollektiv-politisch* und *wissenschaftlich-technisch*. Was in dieser Lage Not tut, so habe ich zu zeigen versucht, ist eine Transformation ums Ganze: Ein Abschied vom Souveränitätsparadigma und der Übergang in ein mediopassives Weltverhältnis, das ebenso gut ein medio*aktives* genannt werden kann. Es beschreibt eine Form der Weltbeziehung, die auf Natur, Geschichte und Politik, auf das jeweils Eigene wie auf das Andere sensibel zu hören und selbstwirksam zu antworten vermag und sich dabei stetig transformiert.

Literatur

Baudrillard, J. (2016) [1978]. *Agonie des Realen*. Berlin: Merve.

Bauman, Z. (2000). *Liquid modernity*. Cambridge: Polity Press.

Blumenberg, H. (1966). *Die Legitimität der Neuzeit*. Frankfurt a. M.: Suhrkamp.

Burisch, M. (2014). *Das Burnout-Syndrom. Theorie der inneren Erschöpfung*. Berlin: Springer.

Castells, M. (2010). *The rise of the network society* (The Information Age, Vol. 1). Chichester: Wiley-Blackwell.

Dörre, K. (2009). Die neue Landnahme. Dynamiken und Grenzen des Finanzmarktkapitalismus. In K. Dörre, S. Lessenich & H. Rosa, *Soziologie – Kapitalismus – Kritik. Eine Debatte* (S. 21–86). Frankfurt a. M.: Suhrkamp.

Fuchs, T. (Hrsg.). (2018). *Das überforderte Subjekt. Zeitdiagnosen einer beschleunigten Gesellschaft*. Berlin: Suhrkamp.

Fukuyama, F. (1992). *The end of history and the last man*. New York: The Free Press.

Gumbrecht, H. U. (2010). *Unsere breite Gegenwart*. Berlin: Suhrkamp.

Habermas, J. (1985). Die Krise des Wohlfahrtsstaates und die Erschöpfung utopischer Energien. In J. Habermas, *Die Neue Unübersichtlichkeit* (S. 141–163). Frankfurt a. M.: Suhrkamp.

Han-Pile, B. (2011). Nietzsche and Amor Fati. *European Journal of Philosophy, 19*, 224–261.

Hegel, G. W. F. (1986). *Grundlinien der Philosophie des Rechts*. Werke Band 7. Frankfurt a. M.: Suhrkamp.

Jaspers, K. (2001). *Von der Wahrheit*. München: Pieper.

King, V., Gerisch, B., & Rosa, H. (2019). *Lost in perfection. Impacts of optimisation on culture and psyche*. London: Routledge.

Klemm, U.-D., & Schultheiß, W. (Hrsg.). (2015) *Die Krise in Griechenland. Ursprünge, Verlauf, Folgen*. Frankfurt a. M.: Campus.

Koselleck, R. (1979). *Vergangene Zukunft. Zur Semantik geschichtlicher Zeiten*. Frankfurt a. M.: Suhrkamp.

Laclau, E., & Mouffe, C. (2014). *Hegemony and socialist strategy. Towards a radical democratic politics*. London: Verso.

Lessenich, S. (2008). *Die Neuerfindung des Sozialen. Der Sozialstaat im flexiblen Kapitalismus*. Bielefeld: transcript.

Loick, D. (2012). *Kritik der Souveränität*. Frankfurt a. M.: Campus.

Lübbe, H. (2003). *Im Zug der Zeit. Verkürzter Aufenthalt in der Gegenwart*. Berlin: Springer.

MacPherson, C. B. (1973). *Die politische Theorie des Besitzindividualismus. Von Hobbes bis Locke*. Frankfurt a. M.: Suhrkamp.

Marchart, O. (2010). *Die politische Differenz. Zum Denken des Politischen bei Nancy, Lefort, Badiou, Laclau und Agamben*. Berlin: Suhrkamp.

Marchart, O. (2013). *Das unmögliche Objekt. Eine postfundamentalistische Theorie der Gesellschaft*. Berlin: Suhrkamp.

Marx, K. (1968). Ökonomisch-philosophische Manuskripte aus dem Jahre 1844 („Pariser Manuskripte"). In K. Marx & F. Engels, *Werke (MEW)*, Bd. 40 (S. 467–588). Berlin: Dietz.

Oberthür, J., & Rosa, H. (Hrsg.). (2019). *Gesellschaftstheorie*. Konstanz: utb. (im Erscheinen)

Peters, C. H., & Schulz, P. (Hrsg.). (2017). *Resonanzen und Dissonanzen. Hartmut Rosas Kritische Theorie in der Diskussion*. Bielefeld: transcript.

Rancière, J. (2002). *Das Unvernehmen. Politik und Philosophie*. Frankfurt a. M.: Suhrkamp.

Reckwitz, A. (2017). *Die Gesellschaft der Singularitäten. Zum Strukturwandel der Moderne.* Berlin: Suhrkamp.

Reitz, T. (2016). *Das zerstreute Gemeinwesen. Politische Semantik im Zeitalter der Gesellschaft.* Wiesbaden: Springer VS.

Rosa, H. (1998). *Identität und kulturelle Praxis: Politische Philosophie nach Charles Taylor.* Frankfurt a. M.: Campus.

Rosa, H. (2005a). *Beschleunigung. Die Veränderung der Zeitstrukturen in der Moderne.* Frankfurt a. M.: Suhrkamp.

Rosa, H. (2005b). Historische Bewegung und geschichtlicher Stillstand – der Zusammenhang von sozialem Wandel und Geschichtserfahrung. *Berliner Debatte Initial, 16*(2), 12–24.

Rosa, H. (2014). Die Natur als Resonanzraum und als Quelle starker Wertungen. In G. Hartung & T. Kirchhoff (Hrsg.), *Welche Natur brauchen wir? Analyse einer anthropologischen Grundproblematik des 21. Jahrhunderts* (S. 123–141). Freiburg: Karl Alber Verlag.

Rosa, H. (2016). *Resonanz. Eine Soziologie der Weltbeziehung.* Berlin: Suhrkamp.

Rosa, H. (2018a). *Unverfügbarkeit.* Wien: Residenzverlag.

Rosa, H. (2018b). Dynamische Stabilisierung oder metrische Singularisierung? Reckwitz-Buchforum (8): Die Gesellschaft der Singularitäten. https://soziopolis.de/beobachten/kultur/artikel/reckwitz-buchforum-8-die-gesellschaft-der-singularitaeten/. Zugegriffen: Mai 2019.

Rosa, H., Dörre, K., & Lessenich, S. (2017). Appropriation, activation and acceleration. The escalatory logics of capitalist modernity and the crisis of dynamic stabilization. *Theory, Culture and Society, 34,* 53–74.

Rosa, H. (2019). Der Irrtum der antagonistischen Sozialontologie. Zur kritischen Theorie demokratischer Resonanz. In U. Bohmann & P. Sörensen (Hrsg.), *Kritische Theorie der Politik.* Berlin: Suhrkamp. (im Erscheinen)

Taylor, C. (1988). Legitimationskrise? In C. Taylor, *Negative Freiheit? Zur Kritik des neuzeitlichen Individualismus* (S. 235–294). Frankfurt a. M.: Suhrkamp.

Wils, J.-P. (Hrsg.). (2019). *Resonanz: Im Interdisziplinären Gespräch mit Hartmut Rosa.* Baden-Baden: Nomos.

Mitgegangen, mitgefangen
Das große Dilemma der Großen Transformation

Stephan Lessenich

---

1 Nach Wachstum drängt, am Wachstum hängt doch alles

„Moderne Gesellschaften sind dynamische Wachstumsgesellschaften." Mit diesem Satz begann der Antrag, auf dessen Grundlage die Deutsche Forschungsgemeinschaft im Jahr 2011 die Kollegforscher_innengruppe „Postwachstumsgesellschaften" an der Friedrich-Schiller-Universität Jena einrichtete. Auch wenn mittlerweile häufiger die Ansicht vertreten wird, dass die spätindustriellen Gesellschaften angesichts dauerhaft niedriger Wachstumsraten ihres Bruttoinlandsprodukts bereits im Zeitalter des Postwachstumskapitalismus angelangt seien: Der lapidar klingende Eingangssatz hat auch heute nichts von seiner Richtigkeit eingebüßt.

Gesellschaften, die sich selbst als „modern" verstehen und beschreiben, haben im 20. Jahrhundert die institutionelle Form demokratischer Wohlfahrtskapitalismen angenommen. Als solche sind sie in ihrer Funktionsfähigkeit auf geradezu schicksalhaft anmutende Weise an eine basale Voraussetzung gebunden: Die beständige Gewährleistung von ökonomischem Wachstum. Materielle Wachstumszwänge bestimmen die gesamte Institutionenordnung des demokratischen Wohlfahrtskapitalismus, sie prägen kollektive Muster der Lebensführung ebenso wie individuelle Alltagspraktiken (dazu auch Rosa, Wissen, Brand und Welzer in diesem Band). Sie übersetzen sich damit in eine kulturelle Rationalität, die die Reproduktion der modernen Gesellschaft als Wachstumsgesellschaft maßgeblich stützt, mit vorantreibt und in gewisser Weise sogar wiederum selbst erzwingt.

„Wachstum" bezeichnet zunächst ein Strukturmerkmal kapitalistischer Vergesellschaftung. „Gesellschaften, in welchen kapitalistische Produktionsweise herrscht" (Marx 1986, S. 49), sind durch einen unabweisbaren Akkumulationszwang charakterisiert. Der Besitz von Kapital ist hier gleichbedeutend mit dem Imperativ seiner Vermehrung, Kapitalist*innen sind als „Profitabhängige" (Streeck

© Springer Fachmedien Wiesbaden GmbH, ein Teil von Springer Nature 2019
K. Dörre et al. (Hrsg.), *Große Transformation? Zur Zukunft moderner Gesellschaften*, https://doi.org/10.1007/978-3-658-25947-1_3

2013, S. 48) wahrhaft existenziell auf die permanente, auf beständig erweiterter Stufe sich vollziehende Verwertung ihres Kapitals angewiesen. Insofern ist die kapitalistische Ökonomie nicht nur in dauernder Bewegung, sondern sie bewegt sich notwendig in einer endlosen Expansionsspirale: Die systemische Zweck- und Zielbestimmung besteht in der Produktion eines seinerseits zu verwertenden Mehrwerts, in der immer neuen „Wiederherstellung einer der weiteren Akkumulation angemessenen Profitrate" (Mattick 1974, S. 57). Die fortwährend sich steigernde, zivilisationshistorisch beispiellose Ausmaße annehmende wirtschaftliche Wertschöpfung in kapitalistischen Gesellschaften beruht auf dem Prozessmodus der Konkurrenz zwischen Einzelkapitalien, „die jeweils nicht einem *gegebenen* Markt entsprechend sich vergrößern, sondern einem *erwarteten* Markt entsprechend sich ausdehnen" (ebd., S. 69; Hervorhebungen im Original). Im Verbund von Kapitallogik und Konkurrenzdynamik entsteht somit eine zwanghafte, geradezu tragisch zu nennende einzelbetriebliche Rationalität, der als Telos die ewige Ausdehnung eingeschrieben ist und die – Sisyphos lässt grüßen – die Profitabhängigen dazu verdammt, schon vor jeder erreichten Markterweiterung bereits die nächste im Sinn haben zu müssen (Holst 2019).

Wachstumsbedürftig im strengen Sinn wird die moderne Gesellschaft allerdings erst als demokratisch verfasste: durch ihre strukturelle Doppelbindung nicht nur an Akkumulations-, sondern zudem auch an Legitimationsimperative (Borchert und Lessenich 2016, S. 22 ff.). Würde allein die Logik der Kapitalproduktivität herrschen, dann ließe sich ein Kapitalismus auch ohne Wachstum denken: Wo ausschließlich die Profitabhängigen Ansprüche zu stellen haben, da herrscht Bedarf an Mehrwertproduktion, nicht aber an einem wachsenden, auch die Verteilungsansprüche anderer Gruppen bedienenden „Sozialprodukt" (Lepenies 2013). Das ändert sich grundlegend mit dem seit dem 19. Jahrhundert sich vollziehenden relativen Machtzuwachs der anderen Seite des Kapitalverhältnisses, der von den Verwirklichungsbedingungen ihrer Arbeitskraft getrennten Lohnarbeitenden. Im demokratischen Kapitalismus, in dem ihr starker Arm politische Mitspracherechte über Kollektivorganisationen und parlamentarische Repräsentant*innen erwirkt, spielen die Lohnabhängigen das Spiel der Profitabhängigen nur noch mit, wenn und solange sie ins Boot geholt und wenigstens bedingt und begrenzt mit materiellen Teilhaberechten ausgestattet werden.

Erst über die demokratischen Machtressourcen der Lohnabhängigen vermittelt wird der industrielle Kapitalismus zum Wohlfahrtskapitalismus (Korpi 2013) – und der kapitalistische Akkumulationszwang zum institutionalisierten Wachstumsgebot. Das politische Arrangement, mit dem den Ansprüchen von Profitabhängigen und Lohnabhängigen – den Kapitalverwertungsinteressen der Besitzenden wie dem sozialen Teilhabeverlangen der Besitzlosen – gleichermaßen Rechnung getragen wurde, war der im zweiten Drittel des 20. Jahrhunderts zur vollen Entfaltung gelangte Wohlfahrtsstaat (Lessenich 2012). Als Komplex von Institutionen und Interventionen mit dem selbst auferlegten Ziel, „das Privateigentum mit dem Sozialeigentum, die Wirtschaftsentwicklung mit der Gewährung sozialer Rechte" (Castel 2000, S. 325) zu vereinen, avancierte der demokratische Wohlfahrtsstaat zu einer maßgeblichen funktionalen wie legitimatorischen Stütze spätmoderner Vergesellschaftung. Und mutierte, in seiner eigenen Abhängigkeit von den Früchten kapitalistischer Akkumulation und den Quellen demokratischer Legitimation, zum „Wachstumsstaat" (ebd.): zum politischen Ebenbild, institutionellen Alter Ego und eigenlogischen Treiber der Wachstumsgesellschaft.

Die wohlfahrtsstaatliche Übersetzung wirtschaftlicher Wertschöpfung in – wenn auch systematisch ungleich verteilten, so doch in zuvor unbekanntem Maße gesellschaftlich verbreiteten – materiellen Wohlstand bindet nicht nur den Wohlfahrtsstaat selbst, sondern die gesamte soziale Interessen-, Präferenz- und Werteordnung unmittelbar an die Wachstumslogik. Welches Maß an materieller Teilhabe historisch von den Lohnarbeitenden, aber auch von den nicht-lohnarbeitsförmig Reproduktionsarbeitenden durchgesetzt werden kann, welche institutionelle Form das nationale wohlfahrtsstaatliche Arrangement annimmt: das ist jeweils eine Frage konkreter gesellschaftlicher Machtverhältnisse und konkurrierender politischer Ordnungsphilosophien (Esping-Andersen 1990). In jedem Fall aber ist der „moderne soziale Konflikt" (Dahrendorf 1992) im Kern ein Ringen um die Verteilung des in einer bestimmten Periode erwirtschafteten Mehrprodukts – ein Strukturkonflikt, der durch erhöhtes Wachstum zwar situativ entschärft, aber niemals stillgestellt werden kann. Denn die nächste Wirtschaftsperiode kommt bestimmt, und damit immer auch der nächste Kampf um die zukünftigen Wertschöpfungsbedingungen, Verteilungsrelationen und Teilhabechancen. Die heiße Schlacht am kalten Buffet, sie kennt keine letzte Runde.

Der demokratische Wohlfahrtskapitalismus formiert mithin jene sozialen Akteurskonstellationen und Handlungslogiken, die das gesellschaftliche Wachstumsspiel am Laufen halten – und zwar auf transintentionale, der Intentionalität des je individuellen Handelns sich entziehende Weise. Analog zum gesellschaftshistorischen Phänomen der Individualisierung selbst ist damit auch jenes des Wachstums als eine „kollektiv individualisierte Existenzweise" (Beck 1983, S. 42) zu begreifen. Oder sachangemessener, nämlich in dynamischer Perspektive betrachtet: Als ein historisch spezifischer Prozess der Kollektivindividualisierung sozialer Akteure, die sich der Widersprüchlichkeit ihrer Existenzweise nicht ohne Weiteres bewusst werden können (ebd.). In ihren sozialen Handlungsorientierungen, ihren geteilten Wertmaßstäben und ihren wechselseitig aneinander gebundenen Lebensvollzügen werden die Bürger*innen demokratisch-wohlfahrtskapitalistischer Gesellschaften von einer stummen, natürlich erscheinenden Kultur des Wachstums geleitet. Die materiellen und ideellen Interessen, die habituellen Dispositionen und „mentalen Infrastrukturen" (Welzer 2011) der gesellschaftlichen Gemeinschaft – des irgendwie zusammengehörenden und -spielenden Ensembles vergesellschafteter Einzelner – sind auf Wachstum gepolt (Eversberg 2014).

Ob sich die gesellschaftlichen Akteure nun auf Produktions- oder Konsum-, auf Arbeits- oder Beziehungsmärkten bewegen: Immer und überall tun sich für sie Arenen des materiellen Wettbewerbs und der symbolischen Konkurrenz auf, Sphären der sozialen Bewährung und des interindividuellen Vergleichs. Sozialwelten des Wachsens also – an sich und an anderen, an den Umständen und den Umstehenden, an den Möglichkeiten und Widrigkeiten des Gegebenen. Am Ende wird's der Markt schon richten, so heißt es. In jedem Fall wird er richten, zwar nicht über Gut und Böse, wohl aber über Wohl und Wehe, Weniger oder Mehr. Richten im Handlungssinne müssen es dann schon die Marktbürger*innen selbst, die – miteinander gegeneinander – nichts anderes tun als den Marktsignalen zu folgen. Völker, die diese Signale hören, sind von Kopf bis Fuß auf Wachstum eingestellt, denn das ist ihre Welt. Das ist, was sollen sie machen, ihre zweite Natur: Sie können wachsen nur. Und eben dies ist es, was jeden Versuch, die gesellschaftlichen Verhältnisse vom Kopf auf die Füße zu stellen, so fundamental erschweren muss.

Damit dürfte zumindest so viel deutlich geworden sein: Wachsen oder nicht wachsen – das ist hier die Frage, und doch auch wieder keine. In der Wachstumsgesellschaft, so gern sie sich als eine der „unbegrenzten Möglichkeiten" gibt, ist dies jedenfalls keine Frage der individuellen Wahl oder persönlicher Lebensstilentscheidungen. In ihr herrscht vielmehr die objektive – wohlgemerkt: sozial hergestellte – Notwendigkeit für jede*n Einzelne*n, der unter ihren Bedingungen lebt bzw. leben muss und überleben will, gewisse Dinge als gegeben und gesetzt anzunehmen, sprich zu unterstellen und zu akzeptieren. Die Individuen demokratisch-wohlfahrtskapitalistischer Gesellschaften werden vom Wachstum beherrscht (Brand und Wissen 2017). Und dies desto mehr und unmittelbarer, je stärker und alternativloser gesellschaftliche Individuen in ihrer je konkreten sozialen Position und alltäglichen Lebensführung davon abhängig sind, dass die ökonomische Wachstumsmotorik einigermaßen stabil und störungsfrei weiterläuft. Die Wachstumsgesellschaft schafft allenthalben Abhängigkeiten, sie spannt ein immer dichteres und unentwirrbareres Netz der Notwendigkeiten: Sie ist eine Gesellschaft des kollektiv-individuellen Selbstzwangs zum Weiter-so, der organisierten Eigensucht des Mehr-davon. Im Sinne einer kritischen Theorie der Gesellschaft verweist dieser Zusammenhang *zwanghafter Selbstverhältnisse* auf die Dialektik des Wachstums – und möglicherweise auch auf Wege aus der Wachstumsfalle. Doch dazu später.

2 Wachstumsgesellschaften als Externalisierungsgesellschaften

Moderne Gesellschaften sind Wachstumsgesellschaften. Und sie sind Externalisierungsgesellschaften. „Externalisierung" bezeichnet einen spezifischen Vergesellschaftungsmodus, einen historisch situierten und räumlich umschriebenen Strukturmechanismus gesellschaftlicher Reproduktion. Kapitalistische Wachstumsgesellschaften müssen zwangsläufig, ja geradezu zwanghaft externalisieren, um ihre Produktionsweise dauerhaft aufrechterhalten und auf stetig erweiterter Stufe reproduzieren zu können. Dieser für kapitalistische Gesellschaften konstitutive Reproduktionsmodus, der sich seit dem ausgehenden 16. Jahrhundert in den europäischen Zentren des kapitalistischen Weltsystems (Wallerstein 2004) etablieren konnte, begann sich auf eine zuvor unbekannte Weise zu verbreiten, zu vertiefen und zu verschärfen, als in eben jenen Zentrumsökonomien seit Mitte des 18. Jahrhunderts die industriekapitalistische Produktionsweise durchgesetzt wurde. Eingebettet in die historisch wechselnden politisch-ökonomischen Konfigurationen eines tendenziell global ausgreifenden Kapitalismus (Arrighi 1994), gewannen die Externalisierungsgesellschaften der westlichen Welt bzw. (so die spätere Bezeichnung) des „Globalen Nordens" eine sozioökonomische, soziopolitische und soziokulturelle Entwicklungsdynamik, die sie im Verlauf des 20. Jahrhunderts unangefochten an die Spitze der weltgesellschaftlichen Sozialstruktur aufsteigen ließ.

Die Rede von den frühindustrialisierten kapitalistischen Gesellschaften des euroatlantischen Raums als Externalisierungsgesellschaften verweist auf das analytisch zentrale Faktum der uneingestandenen Voraussetzungen, Begleiterscheinungen und Folgewirkungen ihres welthistorischen Erfolgs. Eben diese, in der Regel unerzählte Geschichte des westlichen Industriekapitalismus aber ist dazu geeignet, auch dessen makroinstitutionelle Korrelate – die als koevolutionäre zivilisatorische Errungenschaften geltenden Institutionenordnungen der repräsentativen Demokratie und des demokratischen Wohlfahrtsstaats – in einem anderen, durchaus trüberen Licht erscheinen zu lassen. Die Externalisierungsperspektive nämlich lässt das dunkle Geheimnis des wirtschaftlichen Erfolgs und des sozialen Zusammenhalts wohlfahrtskapitalistischer Demokratien zu Tage treten: den wahlweise intendierten oder implizierten, in jedem Fall aber objektiv funktionsnotwendigen und subjektiv in Kauf genommenen Misserfolg all jener, die von dieser Institutionenordnung ausgeschlossen bleiben.

Es ist hier nicht der Ort, um die Theorie und Empirie der Externalisierung detailliert darzulegen (Lessenich 2016). Anhand von sechs Dimensionierungen des Begriffs soll jedoch wenigstens angedeutet werden, um welche Art von Vergesellschaftungsmodus es im Kern geht. Dabei gilt es zu betonen, dass gesellschaftliche

Funktionsweisen nicht als solche wirksam werden, sondern nur vermittelt über die soziale Praxis real existierender Akteure. Die nachfolgenden Kategorien benennen daher nicht nur spezifische funktionale Mechanismen, sondern jeweils auch konkrete – und in ihrer Kombination einen spezifischen Funktionszusammenhang konstituierende – Sozialpraktiken.

Gleichsam der Urmechanismus externalisierender Vergesellschaftung ist jener der herrschaftlichen Aneignung produktionsrelevanter Güter und Ressourcen. Dabei geht es in erster Linie um die Aneignung von lebendiger Arbeit und lebendiger Natur – ein Prozess der Einverleibung von Wert, der für die Initiierung und Perpetuierung einer kapitalistischen Akkumulations- und Verwertungsdynamik unabdingbar ist. Von seinen historischen Anfängen an waren die materiellen Aneignungsanstrengungen des europäischen Kapitalismus im weltweiten Maßstab angelegt, und von Beginn an ging die Aneignung von Arbeit und Natur mit der Enteignung jener einher, die zuvor Herren ihrer selbst bzw. Nutznießende ihrer natürlichen Umwelt gewesen waren (exemplarisch Beckert 2014). An diesen Mechanismus schließt unmittelbar ein zweiter an, nämlich die wirtschaftliche Ausbeutung der zuvor angeeigneten Güter und Ressourcen. Ausbeutung soll hier in allgemeinster Weise als eine soziale Beziehung verstanden werden, in der es der machtvolleren Seite möglich ist, die sozial verletzbare Position der machtunterlegenen Gegenseite systematisch – und also immer wieder von neuem – zu ihrem einseitigen Vorteil auszunutzen (Tilly 1998, S. 117 ff.; Haubner 2017). In der Geschichte des europäischen Kapitalismus ist es den Zentrumsökonomien gelungen, an ihren Peripherien entsprechende Positionen der Verletzbarkeit und damit Ausbeutbarkeit, wo nicht ohnehin schon a priori gegeben, selbst aktiv herzustellen: zunächst in der klassischen, gewaltsamen Variante der Etablierung von kolonialen Herrschaftsbeziehungen und auf unfreier Arbeit beruhenden extraktivistischen Ökonomien, sodann in der moderneren, rechtsförmigen Gestalt des ungleichen ökonomischen und ökologischen Tauschs im Rahmen asymmetrischer globaler Arbeits-, Produktions- und Handelsregime (Boatcă 2015, S. 117 ff.; dazu auch Backhouse und Tittor in diesem Band).

Der dritte Mechanismus, der die beiden zuvor genannten komplettiert bzw. überhaupt erst ermöglicht, ist jener der materiellen und symbolischen Abwertung all der Güter und Ressourcen, die nach ihrer Aneignung ausgebeutet werden sollen. Arbeit und Natur in anderen, als extern definierten gesellschaftlichen Räumen sind den industriekapitalistischen Externalisierungsgesellschaften zwar einerseits lieb, weil unmittelbar akkumulationsrelevant, andererseits aber gerade nicht teuer, da sie einem systematischen Prozess der ökonomischen Abwertung – bis hin zur Entwertung – unterliegen. Natur gilt dementsprechend als im Überfluss vorhanden und in niemandes Besitz sich befindend (bis man selbst den Eigentumstitel darauf erwirbt), sodass sie hemmungslos anzueignen und auszubeuten ist. Dasselbe gilt für die Arbeitskraft von „Wilden" und Indigenen, Sklav*innen und Tagelöhner*innen, Frauen und Migrant*innen: In der Logik der Externalisierung sind auch sie und ihr Arbeitsvermögen preiswert zu haben, sie stellen die industriellen und reproduktiven Reservearmeen, deren wertschöpfende Quellen scheinbar nie versiegen und die unkontrolliert gebraucht und nach Gutdünken vernutzt, also gleichsam entwertend verwertet werden können (Biesecker et al. 2013). Sie alle – die „frei verfügbare" Natur, das „schwächere" Geschlecht, die „unterentwickelten" Ökonomien – sind gesellschaftlich als das Andere der industriekapitalistischen Moderne markiert, das dem souveränen (nur am Rande: männlich-weißen) Zugriff der mächtigeren Seite der jeweiligen Sozialbeziehung jederzeit und unbegrenzt offensteht (von Werlhof et al. 1983).

Wie kann nun dieser Funktionszusammenhang von abwertender Aneignung und Ausbeutung akkumulationsnotwendiger Güter und Ressourcen auf Dauer gestellt, auf stabil-dynamische Weise reproduziert werden? Die Antwort auf diese Frage gibt ein Set von drei weiteren Mechanismen. Zunächst wäre da die vierte im Bunde der Externalisierungsdimensionen, die Auslagerung selbst. Damit ist Externalisierung im engeren und eigentlichen Sinne angesprochen: Das intensive Bemühen, die Kollateralschäden und Folgekosten kapitalistischer Ausbeutungsbeziehungen so weit wie möglich in den externen Wirtschafts- und Sozialräumen zu belassen bzw. diese dorthin zu transferieren. Das entsprechende Kostenportfolio geht dabei über die strikt ökonomische Kostendimension – etwa in Form einer einseitig weltmarktabhängigen und damit extrem krisenanfälligen Spezialisierung peripherer Nationalökonomien – weit hinaus. Auch die ökologischen Kosten der Rohstoff- und Energieproduktion, die sozialen Kosten der Konsumgüter- und Dienstleistungsindustrien, die politischen und rechtlichen Kosten des häufig halblegalen oder kriminellen Agrar- und Fossilkapitalismus in den Ländern des Globalen Südens sind immens und in jedem Sinne unkalkulierbar – berechenbar ist allein, dass sie eben nicht von den Externalisierungsgesellschaften selbst getragen werden müssen (eindrucksvoll I.L.A. Kollektiv 2017).

Genau dafür suchen diese auch mithilfe des fünften hier zu nennenden Mechanismus Sorge zu tragen, nämlich der möglichst effektiven bzw. kalkuliert selektiven Abschließung des eigenen Wirtschafts- und Sozialraums gegen das als solches konstruierte Außen. Vermochte das westlich dominierte Freihandelsregime für lange Zeit wirksam die wettbewerbsfähigen bzw. standardsetzenden industriellen Ökonomien des Zentrums gegen „unlautere Konkurrenz" von außen zu protegieren, so sind die Migrationsregime der reichen Demokratien darauf angelegt, unkontrollierte Zuwanderung aus der restlichen Welt zu verhindern bzw. eine eigeninteressierte Arbeitskraftanwerbung zu ermöglichen. Auf beiden Wegen werden Schließungen im Sinne ökonomischer Chancenmonopolisierung vorgenommen

(Mackert 2004) – und damit Produktions- und Konsum-, Mobilitäts- und Lebenschancen für die Wirtschafts- und Sozialräume an den Peripherien systematisch
reduziert. Die Funktionsfähigkeit des gesamten Externalisierungsgeschehens im
Sinne seiner politischen Legitimation und sozialen Akzeptanz schließlich beruht
auf einem letzten, sechsten Mechanismus, nämlich der konsequenten Ausblendung
des gesamten Funktions- und Praxiszusammenhangs von Aneignung, Ausbeutung,
Abwertung, Auslagerung und Abschließung aus dem gesellschaftlich wirkmächtigen
Wissenshaushalt. In gewisser Weise stellt dies einen Externalisierungsmechanismus
zweiter Ordnung dar, insofern nämlich das Wissen um die Externalisierung selbst
externalisiert wird: Sei es, dass es ganz aus dem gesellschaftlichen Kollektivbe-
wusstsein getilgt, auf beredte Weise kommunikativ beschwiegen oder aber in die
Obhut der Bearbeitung durch spezialisierte Akteurssysteme (Wissenschaft, Kirchen,
entwicklungspolitische NGOs, ehrenamtlich Engagierte) gegeben wird, um es dort
auf für die Externalisierungslogik selbst folgenlose Weise prozessieren zu lassen.

Um die im Kern politökonomische Konstellation dieser „sechs A's" der Externalisierung herum, bzw. durch sie hindurch, konstituiert und etabliert sich historisch
eine spezifische Form der Sozialität, die erst den Begriff der Externalisierungs*gesellschaft* rechtfertigt – als ein komplexes Ensemble sich wechselseitig stützender
sozialer Praktiken, Subjektivitätsformen und Normativitäten (Lessenich 2018a).
Dazu zählen einerseits die Selbstverständlichkeiten der alltäglichen Lebensführung
großer Bevölkerungsmehrheiten in den Externalisierungsgesellschaften dieser
Welt – von der praktisch grenzenlosen räumlichen Mobilität über die nicht enden
wollenden Konsumangebote bis hin zur Verfügbarkeit einer funktionsfähigen
Infrastruktur öffentlicher Dienste und Einrichtungen. Andererseits materialisiert
sich die politökonomische Externalisierungslogik in den Selbstverständnissen insbesondere der gesellschaftlich tonangebenden Mittelschichten hinsichtlich einer
standesgemäßen Lebensführung und statuskonformer persönlicher Lebensentwürfe:
Die Motivstrukturen und Handlungsorientierungen der Normalbürger*innen im
westlichen Wohlfahrtskapitalismus sind auf das Engste mit bürgerlich-besitzin-
dividualistischen Normen des materiellen Wohlstands, des sozialen Aufstiegs, der
persönlichen Selbstverwirklichung und der individuellen wie kollektiven Potenzial-
nutzung verbunden (Lessenich 2018b). Diese sozialen Selbstverständnisse und
Selbstverständlichkeiten sind wiederum eingebettet in einen permanenten Prozess
expliziter wie insbesondere auch impliziter gesellschaftlicher Selbstverständigung
über die Angemessenheit und Legitimität jener Weltverhältnisse, in denen sich
das eigene Leben abspielt. Die Externalisierungsgesellschaft zehrt von einer wirtschaftsliberalen Moralökonomie, die das eigene ökonomische Gebaren als ethisch
neutral ausweist: Märkte und „marktgerechte" Ergebnisse entziehen sich demnach
moralischen Bewertungen, Freihandel gilt als ein die komparativen Vorteile aller

Beteiligten zur Geltung bringendes Positivsummenspiel und die Erde zwar nicht als eine Scheibe, wohl aber die globale Ökonomie als eine einzige Wettbewerbsplattform mit systemischen Aufholchancen für all jene Nachzüglergesellschaften, die sich friedlich-fleißig in ihre Weltmarktnischen begeben und dort zu bewähren wissen.

All dies verweist auf die tiefgreifenden sozialisierenden Effekte der Externalisierungsgesellschaft: In ihren individuellen Handlungsorientierungen und sozialen Deutungsmustern auf das engste mit deren Funktionsmechanismen verstrickt, sind die Bürger*innen der Externalisierungsgesellschaft Teil eines institutionellen Arrangements, dem sie nicht qua individueller Willensentscheidung entkommen können – und an das sie zugleich ganz basale materielle wie ideelle Interessen binden. Insofern leben sie in einer Art erzwungener Komplizenschaft, im Zustand *teilnehmender Zwangsintegration*: Ihre gewohnten Lebensverhältnisse, die eingeübten Alltagspraktiken, der erworbene Lebensstandard, die erreichten Berechtigungsniveaus – sprich: die sozialen Realitäten der Wachstumsgesellschaft – lassen sich über die Zeit nur durch die permanente Fortschreibung, ja stetige Radikalisierung der Externalisierungslogik aufrechterhalten. Die Bürger*innen der Wachstumsgesellschaft sind also abhängig von deren fortgesetztem Externalisierungsvermögen – und in diesem spezifischen Sinne sind sie Beherrschte und Herrschende zugleich: Ohne auch nur ansatzweise über Entscheidungsgewalt hinsichtlich der historisch-konkreten Form ihrer Vergesellschaftung zu verfügen, in der nationalgesellschaftlichen Verteilungsstruktur von Lebenschancen im Zweifel auf einer der untersten Etagen situiert, haben sie doch zugleich materiell und symbolisch immer auch an den Wohlstandsdividenden teil, die durch die gesellschaftssystemische Praxis der Aneignung, Abwertung und Ausbeutung, der Auslagerung, Abschließung und Ausblendung entstehen. Mitgegangen, mitgefangen: Es gibt kein „richtiges" Leben im Wachstums-/Externalisierungs-Arrangement des demokratischen Wohlfahrtskapitalismus.

Diese Einsicht verweist auf die Möglichkeit einer immanenten Kritik dieser Gesellschaftsformation bzw., genauer, einer reflexiven Kritik der Beherrschten an ihrer erzwungenen, subalternen Herrschaft: Die Bürger*innen demokratisch-kapitalistischer Wohlstandsgesellschaften können faktisch ihre jeweilige Position im System sozialer Ungleichheit nur halten und ihre wie auch immer geartete gesellschaftliche Teilhabe nur realisieren, indem sie Dritte, außerhalb dieses Zusammenhangs Stehende, systematisch schädigen. Faktisch stellt dies die Umkehrung – qua Externalisierung – des Rawls'schen Differenzprinzips dar: Selbst die am schlechtesten Gestellten können ihre soziale Lage nur auf Kosten anderer sichern. Und jede weitere, absolute oder relative Verbesserung ihrer Lage muss, so wie die Dinge stehen, mit der Erhöhung dieser externen Kosten einhergehen.

3   Nicht mit Dir – und nicht ohne Dich: Das Dilemma der Transformation[1]

Damit aber wird auch der fundamentale Widerspruch offenkundig, in dem sich die Bürger*innen moderner Gesellschaften strukturbedingt bewegen, mithin zwangsläufig bewegen müssen: Selbst von den zentralen Machtressourcen – dem Besitz von Produktivvermögen – ausgeschlossen, sind sie in ihrer sozialen Existenz nicht nur von den sie ausschließenden Machthabenden abhängig, sondern zugleich davon, dass andere, strukturell noch machtlosere, Gruppen aus dem demokratisch-kapitalistischen Verteilungsspiel ausgeschlossen werden. Mit Murphy (1984, S. 562) lässt sich hier von einer geradezu schizophrenen Positionierung sprechen, von einer „Jekyll and Hyde relationship", in der die „derivative exclusionary groups" – die Beherrschten der Wachstums-als-Externalisierungs-Gesellschaft – zu der „principal exclusionary group" – den sie selbst Beherrschenden – stehen: „the former are dependent on and hence allied with the latter and yet they are dominated and excluded by the latter and therefore provoked to usurp the latter's exclusive power and advantages." Wie lässt sich dieses psychosozial letztlich unerträgliche Spannungsverhältnis, den intern Herrschenden mehr Wohlfahrt abtrotzen zu wollen, damit aber unweigerlich die Wohlfahrt der extern Beherrschten in Mitleidenschaft ziehen zu müssen, auflösen? Wie verarbeiten die exkludiert-exkludierenden Gruppen eben dieses Dilemma? Und gibt es überhaupt eine Alternative zu den herrschenden kollektiv-individuellen Verarbeitungsweisen?

Die Tragweite dieser Frage lässt sich nicht rein soziologisch, sondern im Wortsinne nur gesellschaftsanalytisch ermessen, verweist sie doch auf die spezifische – und zutiefst widersprüchliche – Logik sozialer Bedürfniskonstitution in der herrschenden Gesellschaftsformation. In „Triebstruktur und Gesellschaft" hat Herbert Marcuse (1965) dazu die entscheidenden Hinweise geliefert. Für Marcuse liegt die Signatur der kapitalistischen Gesellschaft in der Unterdrückung des Lustprinzips durch die Herrschaft des Realitätsprinzips: Tiefsitzende Triebwünsche werden nicht unvermittelt ausgelebt, sondern gleichsam sozialisiert und im Sinne einer gesellschaftlichen Logik von Eigennutz und Besitzinteresse umgelenkt. Diese Rationalisierung der Triebsteuerung produziert nicht nur offen destruktive „Dysfunktionalitäten" wie den technologisierten Krieg, sondern eben auch die ökonomische „Funktionalität" der als zivilisationshistorisch unvergleichlich produktiv geadelten Wachstumsmaschinerie. In ihrer betrieblichen Rationalität ist freilich das Triebhaft-Irrationale mit eingelagert und untergründig weiter wirksam, was sich darin äußert, dass der Wille zur Produktion und Produktivität – wie auch

---

1   Dieser Abschnitt stützt sich in Teilen auf Lessenich 2019.

schon Max Weber dunkel ahnte – kaum zu bändigen ist. Materielle Knappheiten als gegeben anzuerkennen und sie betriebsförmig zu verwalten, zugleich aber doch beständig an der Dehnung, ja möglichst sogar der Überwindung materieller Grenzen zu arbeiten: Nach diesem paradoxen Doppelprinzip bewegt sich die kapitalistische Ökonomie, im Spannungsverhältnis von Wirtschaftlichkeitskalkül und rationaler Lebensführung einerseits, Leistungswahn und der „Verheißung absoluten Reichtums" (Deutschmann 1999) andererseits.

Die Wachstumslogik, in ihrer produktivistischen Pseudokontrolle der menschlichen Triebstruktur, wird damit selbst zum enthemmenden Triebwerk einer Ökonomie der Destruktion, der systematischen Ausbeutung und letztlich hemmungslosen Zerstörung von lebendiger Arbeit und lebendiger Natur. Die institutionalisierte Triebunterdrückung lässt die Wachstumsgesellschaft zum externalisierenden Treibhaus sozialer Verwilderung und ökologischer Verwüstung werden: Konkurrenz, die angeblich das Geschäft belebt, vernichtet Existenzen; sogenannte Wertschöpfungsketten, die tendenziell den gesamten Globus umspannen, ziehen eine Spur der Zerstörung hinter sich her. Soziologisch, aber auch politökonomisch erscheint es in diesem Zusammenhang geboten, die weithin üblich gewordene, einseitige Fixierung der Wachstumskritik auf das Feld des Konsums, auf eine alternative Konsumethik bzw. auf transformative Praktiken des Konsumverzichts aufzubrechen. Und dies nicht allein deshalb, weil damit individualisierenden Deutungen gesellschaftlicher Probleme Vorschub geleistet, letztlich auch einmal mehr der Macht der Marktlogik das Wort geredet wird. Sondern auch und insbesondere, weil im Furor der Problematisierung von *Konsum*bedürfnissen allzu oft das gesellschaftliche System der Bedürfnis*produktion* aus dem Blick gerät: Auch dies ein Fall von Ab- und Umlenkung – und zwar von kritischen Energien. Der Kapitalismus ist, vielleicht vor allem anderen, eine gigantische Produktionsmaschinerie individueller und kollektiver Bedürfnisse, er schafft sich durch immer neue Angebote in der Tat seine eigene Nachfrage – wovon man gestern noch nicht einmal wusste, darauf mag man heute nicht mehr verzichten. Was legitimatorisch als Demokratisierung von Konsummöglichkeiten auftritt, vom Automobil bis zum Smartphone, ist aus politökonomischer Perspektive Ausfluss monopolisierter Produktionsentscheidungen.

Sich dies zu vergegenwärtigen, macht erst den Blick frei auf die – vorsichtig ausgedrückt – Ambivalenzen der Wachstumsgesellschaft, auf die ihr eigene Struktur der Doppelbindung ihrer Bürger*innen. Denn es ist die Unterwerfung unter die Zwänge des Wachstumskapitalismus, die in diesem Handlungsfähigkeit erzeugt: Das Sich-Fügen eröffnet Optionsspielräume, von seinen Gesetzen abzuhängen ist die potenzielle Quelle von „agency" und Autonomie. Im Umkehrschluss wird der eigene soziale Akteursstatus eben damit erkauft, dass er, recht besehen, im selben Atemzug negiert wird.

Diese konstitutiv doppelsinnige bzw. doppelgesinnte Positionierung unterwürfiger Ermächtigung hat Folgen. Und zwar keine geringen, im Großen wie im Kleinen. Sich subjektiv in der Wachstumsgesellschaft aufgehoben zu fühlen – mit seinen je eigenen, als individuell (miss)verstandenen Wünschen, Zwecken und Zielen – bedeutet nichts anderes, als in ihr objektiv gefangen, zur Wunsch-, Zweck- und Zielrealisierung von ihrer Prozesslogik abhängig zu sein. Sich in ihre Funktions- und Legitimationsmechanismen zu integrieren, heißt sich mit ihr zu identifizieren, sich mit ihren Prinzipien gemein zu machen: Mit dem Prinzip einer notwendig endlosen, notwendig wachsenden wirtschaftlichen Wertschöpfung ebenso wie mit jenem der notwendig knappen, notwendig nicht für alle ausreichenden materiellen Ressourcen (Müller 2017). Und in dem Maße, wie auch die Wachstumsgesellschaft als Ganze von ihrer Negation, von ihrem Anderen lebt, von der Aneignung und Ausbeutung natürlicher Ressourcen sowie der Enteignung und Exklusion sozialer Konkurrenten, werden ihre Subjekte schuldlos schuldig, oder besser: unwillkürlich verantwortlich (Young 2011). Ob sie wollen oder nicht, sind sie Teil eines gesellschaftlichen Zusammenhangs, dessen Reichtum Armut produziert, dessen Kreativität auf Zerstörung beruht, dessen Lebenslust anderen den Tod bereitet.

Die psychosozialen Abwehrmechanismen, mit denen dieser geradezu schizophrenen Gesellschaftskonstellation begegnet wird, sind ebenso vielfältig wie weitverbreitet. Sie erschöpfen sich keineswegs in der relativen sozialen Harmlosigkeit individualistischer Rationalisierungen („Das hab' ich mir verdient.", „Mir geht's auch nicht besser.") oder vorwegnehmender Schuldumkehr („Was kommen die auch hierher?", „Und dann auch noch Ansprüche stellen!"). Vielmehr reichen sie auf der nach oben offenen Aggressionsskala von der verbalen Abwertung des Fremden (in allen Formen der Hassrede) über die alltagspraktische Überidentifikation mit der Systemrationalität (sei es in Gestalt von übersteigertem Nationalismus oder einem hemmungslosen Hyperkonsum) bis hin zum Impuls zur gewaltsamen Entfernung all dessen, was an das Schizophrene der eigenen Existenz gemahnt, aus dem Horizont der Wahrnehmbarkeit. Im Extremfall durch Schändung und Tötung: Beispiele hierfür sind aus der jüngeren westlichen Zivilisationsgeschichte hinlänglich bekannt, von der kollektiven Vergewaltigung von Kriegsopfern durch Friedenstruppen bis hin zum individuellen Anzünden von Obdachlosen oder Flüchtlingsheimen.

Gegenüber derartigen Exzessen unterworfener Selbstermächtigung muten die alltagspraktischen Umgangsweisen mit den Systemzwängen der Wachstumsgesellschaft geradezu harmlos an. Zugleich erscheinen sie als so unhintergehbar, dass an Alternativen im Wortsinne nicht zu denken ist (Lessenich 2014). Die durch die kapitalistischen Akkumulationsimperative und ihre demokratisch-wohlfahrtspolitische Vergesellschaftung hervorgebrachten kollektiv-individuellen Wachstumsinteressen, -habitualisierungen und -mentalitäten sind ihrerseits schon längst wieder in die politischen Routinen, die institutionellen Praktiken, das normative Skript der Spätmoderne eingegangen, sodass gar nicht mehr zu entwirren ist, wer hier eigentlich was stützt bzw. was wen. Eine Hand wäscht die andere, ein Wort gibt das andere – die Wachstumsgesellschaft und ihre Bürger*innen, sie geben sich das Jawort: Wir bleiben zusammen, bis dass der Tod uns scheidet. Bis dahin wirken, allen Krisenerscheinungen des herrschenden Vergesellschaftungsmodus zum Trotz, die Trägheitseffekte der wachstumsgesellschaftlichen Mentalität fort.

Je mehr die Bürger*innen der Wachstumsgesellschaft freilich mit jenen dunklen Seiten der Wachstumslogik konfrontiert werden, die für sie selbst lange Zeit wenigstens im Halbdunkel des Nicht-Wissen-Müssens verborgen geblieben waren, desto mehr dürfte bei ihnen auch die Ahnung genährt werden, dass es so, wie die Dinge laufen, dann vielleicht doch nicht auf ewig weitergehen kann. Wenn nicht mehr nur irgendwelche Hütten auf irgendwelchen Pazifikeilanden dem meeresspiegelanstiegsbedingten Untergang geweiht sind, sondern auch die ersten Dächer der kleinen Speckgürtelpaläste ganz normaler europäischer Metropolenbewohner*innen vom Sturmtief abgedeckt werden; wenn die nicht abreißen wollenden Armuts-, Umweltzerstörungs- und Bürgerkriegswanderungen sich nicht mehr nur zwischen den Armenhäusern, Müllhalden und Kriegsschauplätzen des Globalen Südens abspielen, sondern zunehmend auch die Grenzanlagen des Globalen Nordens erreichen, ja ab und an sogar überschreiten, um dort überraschend schnell den dünnen Firnis der wohlstandsdemokratischen Zivilisation bröckeln zu lassen: Dann wird schlaglichtartig das Brüchige des Gewohnten offenbar, dann wird das Ausnahmeförmige des doch eigentlich für normal gehaltenen Zustandes sichtbar. Dann schlägt die Stunde des Unheimlichen (Freud 1972): Die Stunde all dessen, von dem man ja eigentlich wusste oder hätte wissen können – das Teil der eigenen Existenz ist und im Grunde auch geblieben war, als man es irgendwie ins Jenseits derselben meinte befördert zu haben. Von wo es nun langsam, aber unaufhaltsam sich zurückschleicht, von wo es als Verfremdetes, nicht Eigenes wiederzukehren scheint, nur um, als nicht länger Heimliches, das Heimelige des Diesseits, in dem man sich doch ganz gut eingerichtet hatte, zu erschüttern.

Wenn den sozialen Akteuren ihre fundamentale Abhängigkeit von dem all ihre Lebensvollzüge prägenden, ihre gesamte Lebensform durchdringenden, historisch-konkreten wachstums- und externalisierungsgesellschaftlichen Arrangement schmerzhaft bewusst wird – wenn nämlich nicht nur Wachstum kurz- und gar mittelfristig auszubleiben beginnt, sondern zudem die ökologischen und sozialen Kosten seiner Wiederherstellung schlicht nicht mehr auszublenden sind: Dann wird die fortgesetzte Funktions- und Legitimationsfähigkeit des demokratischen Wohlfahrtskapitalismus tendenziell problematisch.

In eben solchen Zeiten, so meine Diagnose, befinden wir uns gegenwärtig: Während die Verstrickung unserer Lebensverhältnisse mit der Wachstumsgesellschaft unauflösbarer denn je ist, war deren Unhaltbarkeit nie offensichtlicher als heute. Je öfter das „Spiel mit dem ‚Wegdenken'" (Achinger 1971, S. 138) misslingt, umso entschiedener wird – allen vordergründigen Reformansätzen zum Trotz – an der „Politik der Nicht-Nachhaltigkeit" (Blühdorn 2018, S. 153) festgehalten. Und gleichwohl, oder vielmehr gerade deswegen, wegen der ostentativen Widersprüchlichkeit des wachstumsgesellschaftlichen Seins, wird das Knirschen im Gebälk lauter. Was jetzt vor allen Dingen wächst, ist das Unbehagen, und zwar bis weit in die vielbeschworene „Mitte" der Wachstumsgesellschaft hinein: Bis in jene gesellschaftlich tonangebenden Mittelklassen, die an ihren zunehmend angestrengten Versuchen, das Gewesene in die Zukunft zu verlängern und deren Entschwinden statusinvestiv aufzuhalten (Schimank et al. 2014), zu zweifeln beginnen, und im Zweifel darüber verzweifeln. Diese prospektive Verzweiflung – und nicht eine schon gegenwärtig verbreitete soziale Realität materieller Wohlstandsverluste – ist der eigentlich dramatische Befund soziologischer Analysen zur wohlfahrtskapitalistischen „Abstiegsgesellschaft" (Nachtwey 2016).

4 Wo aber Gefahr ist, wächst (vielleicht) auch die Soziologie

Zeiten des Zweifels an den herrschenden gesellschaftlichen Verhältnissen aber sind stets auch die Zeiten der Soziologie als gesellschaftskritischer Praxis. Gesellschaftskritik meint in diesem Sinne, die irrationale Rationalität jenes Systems der Bedürfnisse zu beleuchten, das mit der bürgerlich-kapitalistischen Arbeitsgesellschaft etabliert worden ist, das historisch die sich selbst antreibende Form der demokratisch-wohlfahrtsstaatlichen Wachstumsgesellschaft angenommen hat und das auf einer externalisierungsgesellschaftlichen Logik erzwungener Fremdschädigung beruht, die dem wohlmeinenden Wertekanon der westlichen Aufklärungsmoral Hohn spricht. „What do you think of Western civilization?" soll Mahatma Gandhi einmal von einem weißen Journalisten gefragt worden sein – seine überlieferte Antwort, ob nun historisch korrekt oder nur gut erfunden, bringt die Sache zeitlos auf den Punkt: „I think it would be a good idea."

Heute, in ihrer häufig (und wenig erhellend) als „neoliberal" bezeichneten Gestalt, begegnet uns diese westliche Zivilisation ganz alltagspraktisch als Herrschaft eines wachstums- und externalisierungsgesellschaftlichen Verstrickungszusammenhangs, der nunmehr mit den nicht länger extern bleibenden Effekten seiner vermeintlich eigenlogisch operierenden Funktionsmechanismen konfrontiert wird. Genau daraus ist jedoch die Hoffnung auf eine gegenläufige Gesellschaftsdynamik zu ziehen: Aus dem allmählich wachsenden und sich zunehmend Ausdruck suchenden, wo immer möglich zu befördernden Bewusstsein, dass eine Gesellschaft der selbstproduzierten Wachstumszwänge und der systematischen Fremdschädigungen in geradezu „irrem Widerspruch zum Möglichen" (Adorno 1969, S. 22) steht.

Was aber wäre denn möglich? Allen professionellen Totalitarismusverdachtsbeförderungsagent*innen unter den Kritiker*innen soziologischer Gesellschaftskritik sei an dieser Stelle zur Beruhigung zugerufen: Keine Sorge, niemand – wirklich: *niemand* – weiß es! Und niemand, jedenfalls keine*r bei Sinnen, hat die Absicht, das gesellschaftlich Mögliche wissenschaftlich-autoritativ bestimmen zu wollen oder eine derartige Bestimmungsaufgabe irgendeinem politisch-autoritativen Akteur zuzuschreiben. Nur so viel steht fest: „Solange die Option für die gegebenen Verhältnisse als faktisch alternativlos angesehen wird, erscheint Systemerhaltung als Sachzwang" (Vobruba 1983, S. 177). Im Lichte dieser Gesellschaftsbeobachtung müsste es zur Selbstbeschreibung einer gesellschaftlichen Beobachtungswissenschaft gehören, die Beschränkung der Möglichkeiten gesellschaftlicher Entwicklung durch die gesellschaftliche Produktion von internalisierten Systemzwängen wissenschaftlich zu problematisieren – und nach den dadurch entgangenen bzw. nach den immer wieder aufs Neue entgehenden Möglichkeiten individueller und kollektiver Autonomiegewinne zu fragen.

Genau darum – um nicht mehr, aber auch nicht weniger – ging es seit jeher einer kritischen Theorie der Gesellschaft: In den herrschenden gesellschaftlichen Zwangsverhältnissen die Voraussetzungen und Ansatzpunkte einer künftigen Befreiung aufzuweisen. Nicht auf Utopie setzt kritische Theorie, sondern auf Fantasie. Und zwar zuallererst, um halt erstmal bei sich selbst anzufangen, auf die der Soziologie (Mills 2016).

Literatur

Achinger, H. (1971). *Sozialpolitik als Gesellschaftspolitik. Von der Arbeiterfrage zum Wohlfahrtsstaat*. Frankfurt a. M.: Deutscher Verein.

Adorno, T. W. (1969). Einleitungsvortrag zum 16. Deutschen Soziologentag. In T. W. Adorno (Hrsg.), *Spätkapitalismus oder Industriegesellschaft? Verhandlungen des 16. Deutschen Soziologentages* (S. 12–26). Stuttgart: Enke.

Arrighi, G. (1994). *The long twentieth century. Money, power, and the origins of our times.* London: Verso.

Beck, U. (1983). Jenseits von Stand und Klasse? Soziale Ungleichheiten, gesellschaftliche Individualisierungsprozesse und die Entstehung neuer sozialer Formationen und Identitäten. In R. Kreckel (Hrsg.), *Soziale Ungleichheiten*. Soziale Welt, Sonderband 2 (S. 35–74). Göttingen: Otto Schwartz.

Beckert, S. (2014). *Empire of cotton. A global history.* London: Vintage Books.

Biesecker, A., Hofmeister, S., & von Winterfeld, U. (2013). Draußen? Zur Dialektik von Aneignung und Enteignung und zu deren aktuellen Erscheinungsformen. *Das Argument, 55*, 522–538.

Blühdorn, I. (2018). Nicht-Nachhaltigkeit auf der Suche nach einer politischen Form. Konturen der demokratischen Postwachstumsgesellschaft. *Berliner Journal für Soziologie, 28*, 151–180.

Boatcă, M. (2015). *Global inequalities beyond Occidentalism.* Farnham: Ashgate.

Borchert, J., & Lessenich, S. (2016). *Claus Offe and the critical theory of the capitalist state.* New York: Routledge.

Brand, U., & Wissen, M. (2017). *Imperiale Lebensweise. Zur Ausbeutung von Mensch und Natur im globalen Kapitalismus.* München: oekom.

Castel, R. (2000). *Die Metamorphosen der sozialen Frage. Eine Chronik der Lohnarbeit.* Konstanz: UVK.

Dahrendorf, R. (1992). *Der moderne soziale Konflikt. Essay zur Politik der Freiheit.* Stuttgart: Deutsche Verlags-Anstalt.

Deutschmann, C. (1999). *Die Verheißung des absoluten Reichtums. Zur religiösen Natur des Kapitalismus.* Frankfurt a. M.: Campus.

Esping-Andersen, G. (1990). *The three worlds of welfare capitalism.* Cambridge: Polity Press.

Eversberg, D. (2014). Die Erzeugung kapitalistischer Realitätsprobleme: Wachstumsregimes und ihre subjektiven Grenzen. *WSI-Mitteilungen, 67*(7), 528–535.

Freud, S. (1972) [1919]. Das Unheimliche. In S. Freud, *Gesammelte Werke*, Bd. XII (S. 229–268). Frankfurt a. M.: S. Fischer.

Haubner, T. (2017). Ein unbequemes Erbe. Die Ausbeutung von Pflegearbeiten und der marxistische Ausbeutungsbegriff. *Das Argument, 59*, 534–547.

Holst, H. (2019). *Spekulieren auf Zukunft. Zeitstrukturen der Unternehmensführung und der Arbeit im finanzialisierten Kapitalismus.* Wiesbaden: Springer VS.

I.L.A. Kollektiv (2017). *Auf Kosten anderer? Wie die imperiale Lebensweise ein gutes Leben für alle verhindert.* München: oekom.

Korpi, W. (1983). *The democratic class struggle.* London: Routledge & Kegan Paul.

Lepenies, P. (2013). *Die Macht der einen Zahl. Eine politische Geschichte des Bruttoinlandsprodukts.* Berlin: Suhrkamp.

Lessenich, S. (2012). *Theorien des Sozialstaats zur Einführung.* Hamburg: Junius.

Lessenich, S. (2014). Akteurszwang und Systemwissen. Das Elend der Wachstumsgesellschaft. In T. Fehmel, S. Lessenich & J. Preunkert (Hrsg.), *Systemzwang und Akteurswissen. Theorie und Empirie von Autonomiegewinnen* (S. 243–261). Frankfurt a. M.: Campus.

Lessenich, S. (2016). *Neben uns die Sintflut. Die Externalisierungsgesellschaft und ihr Preis.* Berlin: Hanser.

Lessenich, S. (2018a). Externalisierung als soziale Praxis – Wachstum als Lebensform. Kommentar zum Hauptbeitrag von Rahel Jaeggi. *Zeitschrift für Wirtschafts- und Unternehmensethik, 19*, 423–428.

Lessenich, S. (2018b). Die ewige Mitte und das Gespenst der Abstiegsgesellschaft. In N. M. Schöneck & S. Ritter (Hrsg.), *Die Mitte als Kampfzone. Wertorientierungen und Abgrenzungspraktiken der Mittelschichten* (S. 163–178). Bielefeld: transcript.

Lessenich, S. (2019). Zwanghafte Selbstverhältnisse: Die Wachstumsgesellschaft und ihr Subjekt. *Freie Assoziation. Zeitschrift für psychoanalytische Sozialpsychologie, 22*(1). (im Erscheinen)

Mackert, J. (Hrsg.). (2004). *Die Theorie sozialer Schließung. Tradition, Analysen, Perspektiven.* Wiesbaden: VS Verlag für Sozialwissenschaften.

Marcuse, H. (1965) [1955]. *Triebstruktur und Gesellschaft. Ein philosophischer Beitrag zu Sigmund Freud.* Frankfurt a. M.: Suhrkamp.

Marx, K. (1986) [1867]. Das Kapital. Kritik der politischen Ökonomie. Erster Band. In K. Marx & F. Engels, *Werke (MEW),* Bd. 23. Berlin: Dietz.

Mattick, P. (1974). Krisen und Krisentheorien. In C. Pozzoli (Hrsg.), *Krisen und Krisentheorien. Beiträge von Paul Mattick, Christoph Deutschmann, Volkhard Brandes* (S. 7–156). Frankfurt a. M.: Fischer.

Mills, C. W. (2016) [1959]. *Soziologische Phantasie.* Wiesbaden: Springer VS.

Müller, H. (2017). *„Für alle reicht es nicht". Texte zum Kapitalismus.* Berlin: Suhrkamp.

Murphy, R. (1984). The structure of closure: A critique and development of the theories of Weber, Collins and Parkin. *The British Journal of Sociology, 35,* 547–567.

Nachtwey, O. (2016). *Die Abstiegsgesellschaft. Über das Aufbegehren in der regressiven Moderne.* Berlin: Suhrkamp.

Schimank, U., Mau, S., & Groh-Samberg, O. (2014). *Statusarbeit unter Druck? Zur Lebensführung der Mittelschichten.* Weinheim: Beltz Juventa.

Streeck, W. (2013). *Gekaufte Zeit. Die vertagte Krise des demokratischen Kapitalismus.* Berlin: Suhrkamp.

Tilly, C. (1998). *Durable inequality.* Berkeley: University of California Press.

Vobruba, G. (1983). Die Internalisierung von Systemerhaltung als Sachzwang. Neokorporatismus in gesellschaftstheoretischer Perspektive. In G. Vobruba (Hrsg.), *Politik mit dem Wohlfahrtsstaat* (S. 156–189). Frankfurt a. M.: Suhrkamp.

von Werlhof, C., Mies, M., & Bennholdt-Thomsen, V. (1983). *Frauen, die letzte Kolonie.* Reinbek bei Hamburg: Rowohlt.

Wallerstein, I. (2004). *World-Systems Analysis. An Introduction.* Durham: Duke University Press.

Welzer, H. (2011). *Mentale Infrastrukturen. Wie das Wachstum in die Welt und in die Seelen kam.* Berlin: Heinrich-Böll-Stiftung.

Young, I. M. (2011). *Responsibility for justice.* Oxford: Oxford University Press.

Warum Kapitalismus?

Johannes Berger

1 Einleitung

Die Titelfrage dieses Aufsatzes suggeriert eine Eindeutigkeit, die sie am Ende gar nicht besitzt. Sie lässt sich höchst unterschiedlich verstehen und dementsprechend beantworten: kausal, funktional und normativ. In kausaler Hinsicht geht es um die Frage, welche Ursachen dafür in Anschlag gebracht werden können, dass die kapitalistische Organisation der Wirtschaft sich weltweit durchgesetzt hat. In funktionaler Hinsicht geht es um die eventuellen Vorteile, die mit einer solchen Organisationsform der Produktion und des Vertriebs von Waren verbunden sind. In normativer Hinsicht geht es um das Problem, ob diese Organisationsform der Wirtschaft in der Lage ist, ethische Ansprüche an die Organisation menschlichen Zusammenlebens einzulösen, oder ob sie solchen Ansprüchen diametral widerspricht.

Auf normative Aspekte komme ich nur ganz zum Schluss zu sprechen, allerdings nicht bezogen auf die Basisinstitutionen einer kapitalistischen Wirtschaft, sondern auf die in ihr vorherrschenden Konsummuster. Ich konzentriere mich auf die kausale und funktionale Beantwortung der Titelfrage, so reizvoll eine ausführlichere Behandlung der normativen Aspekte auch wäre.[1] Genauer: Ich möchte im Folgenden zeigen, dass Zwecke oder Vorteile einer sozialen Struktur durchaus ein Element einer kausalen Analyse ihres Zustandekommens sein können. Ich höre schon den Aufschrei der Verfechter eines engen Kanons wissenschaftlicher Erklärungen: Zwecke, Eignungen, Funktionen usw. können niemals die Existenz einer Struktur erklären. Dagegen spreche schon, dass die Verbindung von Strukturen und Funktionen so gut wie nie eindeutig ist – die gleichen Zwecke können durch

---

1 Die an solchen Fragen interessierten Leser verweise ich auf z. B. Vogt (1986), McCloskey (2006) und Berger (2009, Kap. 1 und 2).

© Springer Fachmedien Wiesbaden GmbH, ein Teil von Springer Nature 2019
K. Dörre et al. (Hrsg.), *Große Transformation? Zur Zukunft moderner Gesellschaften*, https://doi.org/10.1007/978-3-658-25947-1_4

verschiedene Strukturen implementiert werden, und es bedürfe immer handelnder Akteure, die Zwecke in Handlungsmotive umsetzen. Beiden Einwänden pflichte ich gerne bei. Aber dadurch wird das zentrale Ergebnis nicht ausgehebelt: Die kapitalistische Organisation der Wirtschaft besitzt Vorteile, die erklären helfen, warum sie sich weltweit durchgesetzt hat.

Eine solche Analyse wendet sich in erster Linie gegen Ansätze, welche die Entstehung und Durchsetzung der infrage stehenden Organisationsform der Wirtschaft mehr oder weniger ausschließlich als ein Ergebnis der Ausübung von Macht ansehen. „Mächtige" Akteure setzen die ihren Interessen förderliche Sozialstruktur gegenüber weniger mächtigen Interessengruppen mithilfe aller nur denkbaren Zwangsmittel durch. Diese Analysestrategie diskutiere ich im zweiten Abschnitt anhand eines Beispiels: der Marx'schen Erklärung der ursprünglichen Akkumulation in Kapitel 24 seines Hauptwerks *Das Kapital*.

Im Anschluss daran wende ich mich funktionalen Erklärungen zu (Abschnitt 3). Für die Existenz einer kapitalistischen Wirtschaft spricht, dass sie besser als alternative Organisationsformen der Wirtschaft in der Lage ist, das Grundproblem jeden Wirtschaftens zu lösen: die Versorgung der Bevölkerung mit Gütern des täglichen Bedarfs. In einem weit gefassten Sinn ist sie effizienter als alle ihre Konkurrenten. Bekräftigt wird dieses Argument durch einen Blick auf die alternativen Organisationsformen der Wirtschaft im vierten Abschnitt. Hierbei handelt es sich jedes Mal um Spielarten eines wie immer auch näher bestimmten Sozialismus. Seine verschiedenen Erscheinungsformen betrachte ich vorrangig unter Effizienzgesichtspunkten. Abschließend wende ich mich der Frage zu, ob die historische Mission des Kapitalismus, die ständige Vermehrung des Sozialprodukts, sich mittlerweile erschöpft hat und langsam ihrem Ende zuneigt. Es könnte ja sein, dass nicht nur die Wachstumskräfte erlahmen, sondern dass wegen der bedenklichen Folgen kontinuierlichen Wachstums es darüber hinaus keinen Sinn mehr hat, an diesem Wirtschaftsmodell – ständiges Wachstum auf kapitalistischer Grundlage – festzuhalten. Mit diesen Problemen beschäftige ich mich in Abschnitt 5. Ein kurzes Fazit beschließt den Aufsatz.

2   Machttheoretische Erklärungen

In einem wenig beachteten Paragraphen seiner Wirtschaftssoziologie (Weber 1972, S. 77 f.) wendet sich Weber der Frage zu, wie sich die Entstehung der kapitalistischen Produktionsweise am besten erklären lässt, machttheoretisch oder effizienztheoretisch. Sein Urteil ist ausgewogen. Er übernimmt von Marx den

Gedanken, dass die „Expropriation der *Gesamtheit* der Arbeiter [...] vom Besitz der Beschaffungsmittel" konstitutiv für die neue Art des Wirtschaftens nach dem Untergang des Feudalismus ist.[2] „Geschichtlich entstand" diese neue Art „innerhalb einer sich seit dem 16. Jahrhundert durch extensive und intensive *Markterweiterung* entwickelnden Wirtschaft durch die absolute Ueberlegenheit und tatsächliche Unentbehrlichkeit der individuell marktorientiert disponierenden *Leitung* einerseits, durch reine *Macht*konstellationen andererseits" (ebd., S. 78). Grundlage dieses Prozesses ist demnach die Expansion von Warenmärkten. Darauf aufbauend kommt es zur Etablierung kapitalistischer Betriebe, die ihre Existenz einerseits „Machtkonstellationen", andererseits ihrer „Überlegenheit" verdanken (das Thema der „Unentbehrlichkeit" übergehe ich). Diese Überlegenheit erblickt Weber u. a. in ihrer größeren Betriebsrationalität, ihrer überlegenen Kreditwürdigkeit sowie in der Überlegenheit jeder „mit Kapitalrechnung, Kapitalgüterausstattung und Erwerbskredit arbeitende[n] Erwerbswirtschaft über jeden minder rational rechnenden oder minder ausgestatteten und kreditwürdigen Tauschkonkurrenten" (ebd.) auf dem Gütermarkt. Mit effizienztheoretischen Begründungen beschäftige ich mich im nächsten Abschnitt. Zuvor geht es um die Plausibilität machttheoretischer Erklärungen der Heraufkunft des Kapitalismus. Weber geht auf diesen Aspekt nicht näher ein, aber es ist bestimmt nicht allzu verwegen anzunehmen, dass er hierbei Marx im Auge hatte. Das 24. Kapitel des *Kapitals* ist immer noch *der locus classicus* einer machttheoretischen Erklärung der „Expropriation der Arbeiter von den Beschaffungsmitteln" (Weber 1972, S. 74) bzw. des „Scheidungsproze[sses] des Arbeiters vom Eigentum an seinen Arbeitsbedingungen" (Marx 1968, S. 742). Dieser Prozess schafft erst das „Kapitalverhältnis" (ebd.). Marx bezeichnet ihn als „ursprüngliche Akkumulation", weil er nicht „das Resultat der kapitalistischen Produktionsweise ist, sondern ihr Ausgangspunkt" (ebd., S. 741).

„Grundlage des ganzen Prozesses", dessen Ergebnis auf der eine Seite ein vogelfreies Proletariat, auf der anderen Seite der kapitalistische Privateigentümer ist, bildet die „Expropriation des ländlichen Produzenten, des Bauern, von Grund und Boden" (ebd., S. 744). Die treibende Kraft hinter der „gewaltsamen Verjagung der Bauernschaft" und der „Usurpation ihres Gemeindelandes" ist der „große Feudalherr" (ebd., S. 746). Der „systematisch betriebne Diebstahl des Gemeindeeigentums" (ebd., S. 753) ist wahrhaftig nicht die einzige „Methode der ursprünglichen

---

2   Der Begriff „Expropriation" ist bei Weber nicht auf den Sachverhalt der widerrechtlichen und gewaltsamen Enteignung eingeschränkt. „Jede Appropriation der sachlichen komplementären Beschaffungsmittel bedeutet natürlich praktisch normalerweise [...] die (mindestens relative) Expropriation der Arbeiter von diesen" (Weber 1972, S. 77). Jeder Besitz einer Sache expropriiert also Nicht-Besitzer.

Akkumulation" (ebd., S. 761). Andere, ebenso „idyllische Methoden" sind der Raub der Kirchengüter und die „fraudulente Veräußerung des Staatseigentums" (ebd., S. 760). Aber am Diebstahl des Gemeindeeigentums lässt sich für Marx nicht nur exemplarisch verfolgen, woher das kapitalistische Privateigentum stammt, sondern auch, wie aus Unrecht Recht wird. Anfangs vollzog sich der Prozess als individuelle Gewalttat. Im 18. Jahrhundert wird jedoch das Gesetz selbst zum Vehikel des Raubs an Volksland. Die parlamentarische Form des Raubs ist das Gesetz zur Einhegung des Gemeindelandes.

Lässt sich über die gewaltsame Einhegung des Gemeindelandes, einen Akt der Landnahme also, die Entstehung der kapitalistischen Produktionsweise schlüssig erklären? Gegen diese Annahme möchte ich zwei Einwände geltend machen. Erstens, auf diese Weise lässt sich vielleicht die „Schöpfung vogelfreier Proletarier" (ebd., S. 770) erklären, aber nicht die Existenz einer Klasse mit dem Monopol an physischen Produktionsmitteln. Das hat Marx selbst noch eingeräumt: „Die Expropriation des Landvolks schafft unmittelbar nur große Grundeigentümer" (ebd.). Der Grund und Boden, den diese sich aneignen, ist kein physisches Produktionsmittel.[3] Der Ursprung des industriellen Kapitals ist vielmehr in den schon im Mittelalter entwickelten Formen des Wucher- und des Kaufmannskapitals zu suchen (ebd., S. 778). An seiner „Verwandlung in industrielles Kapital" wurde es durch die Feudalverfassung auf dem Land und die Zunftverfassung in den Städten gehindert (ebd.). Erst, wenn diese Schranken weggefallen sind, kann sich die neue Art zu wirtschaften etablieren.

Zweitens, Marx erklärt die Heraufkunft des Kapitalismus am Beispiel Englands. Die Frage ist, ob ähnliche Prozesse der Landnahme und der Vertreibung der Volksmassen von Grund und Boden sich auch noch in anderen Ländern finden lassen und ob darüber hinaus dieser Vorgang ein generelles Muster ist, also gesetzmäßigen Charakter hat.[4] Ich werfe zur Beantwortung dieser Frage nur einen kurzen Blick auf die deutschen Verhältnisse. Folgt man der führenden Darstellung der deutschen Gesellschaftsgeschichte von Hans-Ulrich Wehler, dann kam es zwar auch in den deutschen Provinzen zum Bauernlegen, aber der Autor betrachtet dies eher als einen Sonderfall, der z. B. für Mecklenburg mit seiner „anachronistischen

---

3   Überhaupt ist es irreführend, unter einem industriellen Kapitalisten den Besitzer physischer Produktionsmittel zu verstehen. Niemand muss Produktionsmittel tatsächlich besitzen, solange er sie auf dem Faktormarkt gegen Geld eintauschen kann. Nicht einmal eigenes Geldvermögen ist hierfür erforderlich, solange man sich Geld auf Kreditmärkten leihen kann. Die Kreditrationierung ist die eigentliche Wurzel des „Monopols an Produktionsmitteln".

4   Auch Sombart (1987, S. 796) fragt sich mit Blick auf den Marxismus: „[W]ie kann man aber gar behaupten, daß die englische Entwicklung ein allgemeines Gesetz darstelle?"

Adelsherrschaft" zutrifft (Wehler 1987, S. 164). Schon in Sachsen hingegen „blieb durch die verspätete, aber bauernfreundliche Reformgesetzgebung seit den 1830er Jahren das vererbbare Bauernland, 77 % des Kulturbodens, vollständig erhalten" (ebd., S. 165). Auch in Preußen gab es keine massenhafte, direkte Expropriation von Bauern (ebd.). Wie dem auch sei: Wenn das frühindustrielle Kapital nicht aus dieser Quelle stammt und nach den vorangegangenen Überlegungen aus ihr auch gar nicht stammen kann, woher kommt es dann? „Solange wie möglich", so Wehler (ebd., S. 97), „bevorzugten die frühindustriellen Unternehmer die Selbstfinanzierung. Sie nahmen dafür in erster Linie ihr eigenes Vermögen in Anspruch. Was dessen Herkunft angeht, bildete Handelskapital die ‚wichtigste Quelle' zu Beginn der Gründungsphase".

Im letzten Abschnitt des 24. Kapitels seines Hauptwerks skizziert Marx eine von seinen bisherigen Ausführungen abweichende Erklärung der ursprünglichen Akkumulation. Der Ausgangspunkt für den Übergang in die moderne Produktionsweise ist jetzt nicht mehr die „altertümliche", durch Leibeigenschaft charakterisierte Gesellschaftsordnung (Marx 1968, S. 784), sondern eine Gesellschaft kleiner Warenproduzenten, „wo der Arbeiter freier Privateigentümer seiner von ihm selbst gehandhabten Arbeitsbedingungen ist, der Bauer des Ackers, den er bestellt, der Handwerker des Instruments, worauf er als Virtuose spielt" (ebd., S. 789). Friedrich Engels hat im Vorwort zum dritten Band des *Kapitals* eine solche Gesellschaftsform „einfache Warenproduktion" genannt. Die schöne Welt freier Bauern und Handwerker wird jedoch durch den Einbruch der kapitalistischen Produktionsweise vernichtet.[5] Jetzt besteht die ursprüngliche Akkumulation in der „Expropriation der unmittelbaren Produzenten" und damit in der „Auflösung des auf eigner Arbeit beruhenden Privateigentums" (ebd.).

Marx unterscheidet zwischen zwei extremen Formen des Privateigentums. Die eine ist das auf eigener Arbeit beruhende Privateigentum, gegen das er an der zitierten Stelle nichts einzuwenden hat. Ohne John Locke zu nennen, schließt er sich implizit dessen Theorie der Entstehung und Rechtfertigung von Privateigentum an. Die andere, kritisierte Form des Privateigentums ist das „kapitalistische Privateigentum, welches auf der Exploitation fremder, aber formell freier Arbeit beruht" (ebd., S. 790).[6] Es verdrängt das „auf Verwachsung des einzelnen, unabhängigen Arbeitsindividuums mit seinen Arbeitsbedingungen beruhende Privateigentum"

---

5 Noch die Gesellschaftsutopie von Wilhelm Röpke (1958) lässt sich als Nachhall dieser Vorstellung einer Idealwelt unabhängiger Privateigentümer verstehen, die ihre Produkte auf Warenmärkten tauschen.

6 Ich lasse es hier dahingestellt, ob das kapitalistische Privateigentum tatsächlich auf Ausbeutung beruht.

(ebd.). Die Frage drängt sich auf, wie das geschehen konnte. Bezüglich dieser Frage wiederholt Marx zum einen den Vorwurf einer mit „schonungslosestem Vandalismus" vollbrachten gewaltsamen Expropriation, aber zum anderen artikuliert er im gleichen Zusammenhang ein explizit effizienztheoretisches Argument, das auf die innere Schwäche der einfachen Warenproduktion abhebt. „Diese Produktionsweise unterstellt Zersplitterung des Bodens und der übrigen Produktionsmittel" und schließt „die Kooperation, Teilung der Arbeit innerhalb derselben Produktionsprozesse, gesellschaftliche Beherrschung und Reglung der Natur, freie Entwicklung der gesellschaftlichen Produktivkräfte aus" (ebd., S. 789). Sie verewigen wollen hieße, „die allgemeine Mittelmäßigkeit [zu] dekretieren" (ebd.).[7] Schärfer kann man die Einsicht, dass die „Vernichtung" dieser Gesellschaftsform nicht das Ergebnis einer gewaltsamen Unterdrückung von außen, sondern einer inneren Unterlegenheit ist, nicht formulieren. Auch der Bedeutungsgehalt von Expropriation wandelt sich. Jetzt ist damit nicht mehr die gewaltsame Aneignung eines Produkts, das einem nicht gehört, gemeint (und auch noch nicht die Aneignung eines Produkts, das einem tatsächlich nicht, aber doch eigentlich gehört), sondern wertneutral die Auflösung des auf eigener Arbeit beruhenden Privateigentums als der vorherrschenden, die Wirtschaft charakterisierenden Eigentumsform.

3   Funktionale Erklärungen

Damit es auf dem Boden der Verkehrswirtschaft[8] zur Etablierung kapitalistischer Formen der Erzeugung des Sozialprodukts kommt, müssen zwei Voraussetzungen gegeben sein: die Existenz einer Gruppe von Personen, die zur Sicherung ihres Lebensunterhalts über nichts als ihre eigene Arbeitskraft verfügen, und die Besitzer eines Monopols an sachlichen Produktionsmitteln. Ein solches Monopol ist dann gegeben, wenn es den „Arbeitern" nicht oder nur in seltenen Fällen möglich ist, in das Lager der „Kapitalisten" zu wechseln. Es sollte deutlich geworden sein, dass eine kausale Erklärung für die Existenz dieser Großgruppen, die auf der Ausübung von Macht aufbaut, unplausibel ist. Daher wende ich mich im Folgenden

---

7   Marx zitiert hier den heute kaum noch bekannten, von ihm sehr geschätzten französischen Ökonomen Constantin Pecqueur.

8   „Verkehrswirtschaft" ist der von Max Weber (1972, S. 59 ff.) in die Wirtschaftsformenlehre eingeführte Gegenbegriff zur Planwirtschaft. Weber gibt zu bedenken: „Der Begriff der ‚Verkehrswirtschaft' ist indifferent dagegen, ob ‚kapitalistische', d. h. an Kapitalrechnung orientierte Wirtschaften und in welchem Umfang sie bestehen" (ebd., S. 62).

funktionalen Erklärungen zu. Diese sehen den Schlüssel für die Etablierung einer kapitalistischen Wirtschaftsform in ihrer Fähigkeit, ein Grundproblem jeden Wirtschaftens, die dauerhafte und ständig vermehrte Versorgung breiter Massen der Bevölkerung mit den Gütern des täglichen Bedarfs, besser zu lösen als alle zu ihr denkbaren Alternativen.

Unter Kapitalismus verstehe ich im Anschluss an Max Weber ein Wirtschaftssystem, in dem erstens Produzenten und Konsumenten über Märkte vergesellschaftet sind und zweitens kapitalistische Unternehmungen als Anbieter von Gütern und Dienstleistungen auf Märkten auftreten. Kapitalismus, so Weber, ist da vorhanden, wo die Bedarfsdeckung großer Menschengruppen „auf dem Wege der Unternehmung" stattfindet (Weber 1923, S. 238). Es ist nicht erforderlich, dass das gesamte Warenangebot von derart organisierten Unternehmen bereitgestellt wird. Auch selbstständige Erwerbstätigkeit im Einzelhandel, Handwerk und in den Professionen (Ärzte und Anwälte) sowie öffentliche Unternehmen tragen zum Angebot bei.

Eine Unternehmung ist dann kapitalistisch organisiert, wenn Besitzer von (käuflich erworbenen) Produktionsmitteln Arbeitskräfte zu dem Zweck einstellen, Waren mit dem Zweck der Gewinnerzielung herzustellen. Die historische Neuerung, welche den modernen Kapitalismus von allen früheren, weltweit aufgetretenen Formen des Kapitalismus unterscheidet, ist der Arbeitsvertrag, den formell freie Arbeiter mit dem Unternehmen abschließen. Die „rational-kapitalistische Organisation von (formell) *freier Arbeit"*, so Weber sehr dezidiert, ist eine „nirgends sonst auf der Erde entwickelte Art des Kapitalismus" (Weber 1920, S. 7). Beide Bestandteile dieser Figur, der Arbeitsvertrag und die Rentabilitätsorientierung, sind einer langanhaltenden, bis heute nicht verstummten Kritik ausgesetzt gewesen. Am Arbeitsvertrag wird die Unterwerfung unter das Diktat des Unternehmers kritisiert, an der Rentabilitätsorientierung ihre Blindheit gegenüber anderen, als höherwertig angenommenen Zielen. Übersehen wird hierbei zum einen, dass der Arbeitsvertrag als freiwillig geschlossener Vertrag Vorteile für beide Vertragsparteien bringt (sonst würde er nicht abgeschlossen), und zum anderen, dass die Rentabilitätsorientierung nicht auf „schrankenlose Erwerbsgier" hinausläuft: „Es gehört in die kulturgeschichtliche Kinderstube, daß man diese naive Begriffsbestimmung ein für allemal aufgibt. Schrankenloseste Erwerbsgier ist nicht im mindesten gleich Kapitalismus, noch weniger gleich dessen ‚Geist'" (ebd., S. 4). Trotz dieses Appells hängt die Großzahl gegenwärtiger Kapitalismuskritik nach wie vor dieser naiven Begriffsbestimmung an.[9]

---

9 Max Weber fährt an der angeführten Stelle fort: „Kapitalismus *kann* geradezu identisch sein mit *Bändigung*, mindestens mit rationaler Temperierung, dieses irrationalen Triebes" (ebd.). Unter Bedingungen vollständiger Konkurrenz ist das Äußerste, was sich mit dem

Erfunden und erstmals realisiert wurde diese institutionelle Neuerung der Deckung von Alltagsbedürfnissen in Westeuropa; von dort aus hat sie sich über die
ganze Welt ausgebreitet. Heute hat mit wenigen Ausnahmen (Nordkorea, Venezuela
usw.) die große Mehrheit der Länder der Erde die kapitalistische Produktionsweise
übernommen. Sie tritt in vielen Varianten auf, die sich z. B. nach dem Grad der
staatlichen Lenkung und nach den Feldern, die dieser Produktionsweise überlassen werden, unterscheiden. Begriffsmerkmal ist aber immer, dass zumindest auf
dem Feld der Konsumgüter für den täglichen Bedarf die Deckung dieses Bedarfs
kapitalistischen Unternehmen anheimgegeben wird. Die Frage stellt sich, wie sich
dieser einzigartige Erfolg erklären lässt. Nationen sind durchaus in der Lage, eine
Wahl zwischen verschiedenen Organisationsformen der Wirtschaft zu treffen
und diese Wahl z. B. in ihrer Verfassung festzuschreiben. In einer nachkolonialen
Welt ist diese Wahl nicht länger das Ergebnis eines ausländischen Oktrois (dazu
kritisch Lessenich sowie Backhouse und Tittor in diesem Band). Diese Aussage gilt
zumindest für Marktwirtschaften. Oktroyiert wurde hingegen die sozialistische
Planwirtschaft als eine alternative Organisationsform. Die Bedarfsdeckung über
Arbeitskräfte auf eigene Rechnung beschäftigende Unternehmen ist anderen,
nicht-westlichen Kulturkreisen nicht vom westlichen Imperialismus aufgezwungen
worden, sondern ist nach dem Ende des Imperialismus und nach dem Scheitern
verlustreicher Experimente mit dem Sozialismus von Nationen wie China, Indien,
Russland usw. von deren eigener politischer Führung gewählt worden.

Das muss etwas mit den immanenten Vorteilen dieser Organisationsform zu tun
haben. Ich sehe sie in dreierlei Hinsicht. Sie verspricht eine möglichst verschwendungsfreie[10] Erstellung des Sozialprodukts, die Inklusion der großen Mehrheit der
Bevölkerung in die Wirtschaft über das Angebot von Arbeitsgelegenheiten und
die ständig verbesserte Versorgung der Bevölkerung mit Konsumgütern. Angus
Deaton bringt die Essenz dieses weltweiten Erfolgs auf den Begriff: „The greatest
escape […] from poverty and death", den die Menschheitsgeschichte je erlebt hat
(2013, S. 23). Die Grundlagen für diesen Erfolg wurden in der Aufklärung und der
Industriellen Revolution geschaffen. Auf diesen Grundlagen aufbauend „[have]

Streben nach Gewinn erreichen lässt, die Vermeidung von Verlusten nach Begleichung
aller vertraglichen Zahlungsverpflichtungen.

10 In welchem Umfang dieses Versprechen in den Ländern, die ihre Wirtschaft auf kapitalistischer Basis organisieren, eingelöst wird, steht hier nicht zur Diskussion. Es wäre
aber voreilig, aus der Tatsache der Umweltverschmutzung auf die Wirtschaft als ihre
zentrale Ursache zu schließen. Zur marktwirtschaftlichen Lösung des Problems der
Umweltverschmutzung siehe die wenigen Bemerkungen im fünften Abschnitt dieses
Beitrags.

living standards [...] increased by many times, life spans have more than doubled, and people live fuller and better lives than ever before" (ebd.).

Die umfassende Verbesserung der Versorgung der Bevölkerung mit Konsumgütern und der dramatische Anstieg der Lebenserwartung wären nicht möglich gewesen ohne eine verlässlich wachsende Wirtschaft, also genau jenen Grundzug kapitalistischer Wirtschaften, der in der „post-growth"-Literatur so in Verruf geraten ist. Sicherlich hat dieser Prozess auch seine dunklen Seiten, zu denen insbesondere die soziale Ungleichheit und die Umweltverschmutzung zählen. Gerade in den aufsteigenden Ökonomien haben die einzelnen Bevölkerungsgruppen überaus unterschiedlich an den Wachstumserfolgen partizipiert. Märchenhafter Reichtum, Raffgier und Bereicherungssucht konzentrierte sich auf Personengruppen, die mit der politischen Führung der Länder in Verbindung standen. Aber es wäre ganz falsch, deswegen unbesehen davon auszugehen, dass z. B. die Ungleichheit global gesehen immer weiter wächst. Der Aufstieg Chinas und Indiens hat vielmehr dazu beigetragen, dass die weltweite materielle Ungleichheit in den letzten zwei Dekaden abgebaut wurde.[11]

Eine wachsende Wirtschaft ist die Voraussetzung dafür, dass die große Mehrheit der Bevölkerung eine Chance erhält, Armut und frühem Tod zu entkommen. Die Gesellschaften des Westens haben das vorexerziert und Länder wie China oder Indien sind ihnen hierin gefolgt. Die einzige Wirtschaftsform, für die Wachstum ein in sie eingebauter Mechanismus ist, ist der unternehmerische Rentabilitätskapitalismus. Joseph A. Schumpeter hat das ganz klar gesehen. Allein die Tatsache, schreibt er, dass während der kapitalistischen Periode die Produktion im Durchschnitt ständig gewachsen ist, ist „kein ausreichendes Bindeglied" zwischen dieser Leistung und der „kapitalistischen Maschine". Es gibt vielmehr einen inneren Zusammenhang zwischen der kapitalistischen Ordnung und der beobachteten „Wachstumsrate der Produktion" (Schumpeter 1950, S. 121). Es wäre falsch, sie als „Folge günstiger Umstände, die in keinem Zusammenhang mit dem Mechanismus der Privatunternehmungen standen" (ebd., S. 134), anzusehen.

Schumpeter beschreibt diesen Mechanismus mittels zweier Eigenschaften: Erstens, die Reduktion von Motivlagen als Voraussetzung für die Rationalisierung von Entscheidungen. „Sowohl wirtschaftlicher Erfolg wie wirtschaftliches Fiasko sind von idealer Eindeutigkeit" (ebd., S. 123). Nicht die Unterdrückung anderer als wirtschaftlicher Motive ist der relevante Gesichtspunkt, sondern dass die kapita-

---

11 Vor 20 Jahren war diese Aussage noch kontrovers, heute, wenn ich recht sehe, nicht mehr. Aus der reichhaltigen Literatur zu diesem Thema seien nur Firebaugh (2003) und Bourguignon (2015) erwähnt. Für einen Überblick zum Thema siehe Berger (2019), zwölfte Vorlesung.

listische Ordnung ein „Schema von Motiven" schafft, „das in seiner Einfachheit und Kraft unübertrefflich ist" (ebd., S. 122). Zweitens, anders als eine geläufige und bis zum Überdruss wiederholte Kritik dies sehen mag, stimmt es einfach nicht, dass „private Gewinne [...] sowohl an und für sich wie auch durch die von ihnen hervorgerufene Verzerrung des Wirtschaftsprozesses, immer ein Nettoverlust für alle, ausgenommen für jene, die sie erhalten, seien" (ebd., S. 126). Die Klassiker der Nationalökonomie, allen voran Adam Smith[12], haben diese Auffassung zum Verschwinden gebracht, aber in der wachstumskritischen Literatur feiert sie fröhliche Urstände.

Kostenrechnung und die Gewinnorientierung garantieren eine verschwendungsfreie (oder verschwendungsarme) und an den Konsumentenwünschen ausgerichtete Wirtschaftsweise, aber deswegen noch nicht, dass die „Wachstumsrate der Gesamterzeugung" dauerhaft positiv ist. Die empirische Wachstumsforschung hat in jahrzehntelanger Arbeit herausgearbeitet, auf welchen Faktoren letztendlich, also abgesehen von günstigen Umständen wie z. B. der Verfügung über billige Energie, das Wachstum beruht.[13] In dieser Forschung wird zwischen unmittelbaren und tieferliegenden Ursachen unterschieden. Die entscheidende Ursache auf letzterer Ebene ist die Durchsetzung und Sicherung von Eigentumsrechten. Wer in ein Unternehmen investiert, muss sich darauf verlassen können, dass er vor Betrug und Diebstahl geschützt ist, dass er seine Rechte vor Gericht durchsetzen kann und dass ihm das Steuersystem wenigstens einen so großen Anteil des potenziellen Ertrags belässt, dass Anreize für eine Investition erhalten bleiben. Auf der Ebene der unmittelbaren Ursachen ist die Vermehrung der Inputs von Kapital und Arbeit einerseits, der technische Fortschritt andererseits angesiedelt. Volkswirtschaften, die einen Zustand des „steady state" erreicht haben, in dem das Einsatzverhältnis von Kapital und Arbeit konstant bleibt, wachsen nur noch, wenn es technischen Fortschritt gibt. Aber auch schon vor Erreichen dieses Zustands ist der technische Fortschritt entscheidend, da er bereits in den Investitionsgütern enthalten ist, die an die Stelle verbrauchter Investitionsgüter treten. Wie dem auch sei: Realisiert werden muss er immer auf der Unternehmensebene. Unternehmen betreiben den technischen Fortschritt, weil sie andernfalls in der Konkurrenz untergingen. „New knowledge, new inventions, and new ways of doing things are the key to progress" (Deaton 2013, S. 9) – das ist die zentrale Botschaft der empirischen Wachstumsforschung.

---

12 Die Verfolgung privater Vorteile führt zur besseren Versorgung aller mit Konsumgütern. Das ist die vielleicht wirkmächtigste Idee von Smiths „Wealth of Nations". Genaueres in Berger (2009), Kap. 1.

13 Für eine lehrbuchartige Darstellung der Methoden und Ergebnisse dieses Forschungszweiges siehe Hemmer und Lorenz (2004).

Kein anderer Ökonom hat den technischen Fortschritt als die letzte Quelle der wirtschaftlichen Entwicklung schärfer herausgearbeitet und entschiedener betont als Schumpeter. Für die Unternehmen der Privatwirtschaft und ihre Beschäftigten, die dem Diktat des technischen Fortschritts unterstehen, bringt dieses Diktat enorme psychische Kosten mit sich. Sicherlich besteht, abstrakt gesehen, die Wahl, sich diesem Zwang zu entziehen und ohne ständige Umwälzung der Produktion sowie verbesserte oder gänzlich neue Produkte zu wirtschaften. Ein Land jedoch, das sich als Ganzes diesem Zwang entzöge, würde über kurz oder lang zum Technik-Museum degenerieren.

4   Sozialistische Alternativen

Im letzten Abschnitt habe ich mich Schumpeters Meinung angeschlossen, „daß der kapitalistische Prozeß progressiv den Lebensstandard der Massen erhöht, und zwar nicht durch einen bloßen Zufall, sondern kraft seines Mechanismus [...]. Die Probleme der Versorgung der Massen mit Gütern sind eines nach dem anderen dadurch erfolgreich gelöst worden, daß sie innerhalb des Wirkungskreises der kapitalistischen Produktion erbracht worden sind" (Schumpeter 1950, S. 115). Über die potenziell negativen Folgen dieses Erfolgs – man denke nur an die Folgen der Massentierhaltung – verliert er kein Wort. Ich komme auf diese Probleme im nächsten Abschnitt zurück. Zuvor gilt es, das Argument der Existenz einer kapitalistisch organisierten Wirtschaft aus Gründen ihrer immanenten Vorteilhaftigkeit dadurch abzusichern, dass zu ihr alternative Wirtschafsformen in die Betrachtung einbezogen werden. Funktionale Erklärungen verlangen ja, dass das gleiche Resultat nicht auch auf anderem Wege erbracht werden könnte. Ich beschränke die Betrachtung dieser Alternativen auf den Staatssozialismus einerseits, den Genossenschafts- oder Selbstverwaltungssozialismus andererseits. Zu prüfen gilt es, ob sie entweder mindestens so effizient sind wie ein kapitalistisches Wirtschafsystem oder, falls diese Prüfung negativ ausfällt, andere für wertvoll gehaltene wirtschaftliche oder außerwirtschaftliche Ziele realisieren, die in einem kapitalistischen System vernachlässigt werden. Es versteht sich, dass diese Prüfung in einem kurzen Beitrag nur sehr kursorisch ausfallen kann.[14]

---

14 Zwischen den Polen „Kapitalismus" und „Sozialismus" sind vielfältige Mischformen angesiedelt, zu denen auch die „Soziale Marktwirtschaft" gehört. Eine jüngere und ausführliche Vorstellung der Alternative zum Kapitalismus ist Corneo (2014). Corneo definiert, anders als in diesem Beitrag, Kapitalismus als ein System von Privateigentum

Unter Staatssozialismus versteht man im Allgemeinen ein Wirtschaftssystem mit Vergesellschaftung der Produktionsmittel und Koordination der betrieblichen Aktivitäten über einen Plan (die Konsumenten sind in ihrer Konsumgüterwahl frei). Ein zentral erstellter Plan legt für jedes Unternehmen die Höhe und Art der Ausbringung, der Investitionen und der Beschäftigung fest. Ein solches System war in den staatssozialistischen Ländern des Ostblocks vergangener Tage realisiert worden. Es ist, so wie der Kapitalismus sich nicht rein zufällig durchgesetzt hat, auch nicht rein zufällig oder wegen der Missgunst und Feindschaft der westlichen Welt untergegangen, sondern aus systemischen Gründen. Ich sehe sie insbesondere in zwei unlösbaren Problemen gegeben: Informationsproblemen einerseits, Agenturproblemen andererseits. Unter Ersteren verstehe ich fundamentale Informationsmängel, an denen die Aufstellung eines Plans zwangsläufig scheitern muss, unter Letzteren sogenannte Auftraggeber-Auftragnehmer-Probleme. Sie bestehen in der Unsicherheit des Auftraggebers darüber, ob der Auftragnehmer auch tatsächlich in seinem Sinne und nicht eigennützig handelt. Solche Probleme sind auch in kapitalistischen Wirtschaften allgegenwärtig, lassen sich aber dort eher lösen als im Staatssozialismus.

Informationsprobleme sind vor allem von Friedrich von Hayek als die Ursache für die ökonomische Unterlegenheit des Sozialismus herausgestellt worden (von Hayek hat so wenig wie Ludwig von Mises den Sozialismus für unmöglich, sondern „nur" für kein rational kalkulierbares System gehalten). Derartige Informationsprobleme stellen sich für jeden Planer an zwei Schnittstellen: Der Ermittlung der Konsumentenwünsche und der Kenntnis der technischen Möglichkeiten der Betriebe, ein vom Plan verlangtes Produkt zu erstellen. Für alle Produkte der Volkswirtschaft und für die unterschiedlichsten Ausbringungsmengen müsste er alle in einem Betrieb möglichen Kombinationen von Produktionsfaktoren kennen. Ebenso fehlt dem Planer die Einsicht in die Präferenzen der Haushalte und damit, wie sie unter den verschiedenen denkbaren Konsumstrukturen wählen würden (Corneo 2014, S. 142 ff.). Um die Aufgabe der Aufstellung eines Plans und seiner Befolgung zu lösen, müsste er nicht nur allwissend sein, sondern darüber hinaus auch allmächtig und vor allem wohlwollend – kurz, er müsste gottähnliche Eigenschaften besitzen.

Agenturprobleme treten im Staatssozialismus an drei Stellen auf. Sie haben in kapitalistischen Wirtschaftssystemen Parallelen, sind dort aber systemkonform lösbar. John Roemer hat diese Probleme auf den Punkt gebracht: „Communist societies faced principal-agent problems in three important types of relationship: between managers and workers in factories and collective farms, between government

---

und Markttausch, macht also keinen Unterschied zwischen Marktwirtschaft und Kapitalismus. Für die hier vorgetragene Argumentation ist dieser Unterschied aber essenziell.

planners and firm managers, and between the public and the planners. Managers must try to get workers to carry out their production plans, planners must try to get managers to carry out the planning bureau's plan, and the planners, in a socialist regime, are supposed to be agents doing the best they can for their collective principal, the public" (Roemer 1994, S. 38). Da im Sozialismus die Entlassungsdrohung als Disziplinierungsmittel wegfällt, gibt es wenig Anreize für die Beschäftigen, den Direktiven der Geschäftsleitung zu folgen. „Du tust so, als ob du mich bezahlst, und ich tue so, als ob ich arbeite", war eine in sozialistischen Wirtschaften verbreitete Einstellung zur Arbeit. Solange die Geschäftsleitung damit rechnen kann, dass nicht überlebensfähige Betriebe aus übergeordneten Motiven auf die Rettung durch Mittel aus dem Staatshaushalt zählen können, sind die Anreize zur Planerfüllung schwach (Kornai 1992, S. 140 ff.). Die Orientierung des Planungsbüros an den Konsumentenwünschen scheitert nicht nur an der mangelnden Information über diese Wünsche, sondern auch daran, dass solche Wünsche in einem sozialistischen System kein Datum sind, sondern immer unter dem Verdacht stehen, falsche, durch eine sozialistische Erziehung zu ändernde Wünsche zu sein.

Unter Effizienzgesichtspunkten schneidet der Staatssozialismus denkbar schlecht ab; aber er ist vielleicht eine attraktive Wahl, wenn andere Zielsetzungen herangezogen werden, die über die Organisation der Wirtschaft erreicht werden sollen. Solche Ziele sind die Befreiung der Arbeit vom Diktat des Kapitals und dessen Ersetzung durch demokratische Formen des Wirtschaftens, die Aufhebung des Scheidungsprozesses des Arbeiters von den Produktionsmitteln und die Verteilungsgerechtigkeit. Aber es spricht nichts dafür, dass der Sozialismus die Beschäftigten freier, gleicher und autonomer macht. Der Sozialismus, so Weber, würde die Expropriation aller Arbeiter nur durch die Expropriation der privaten Besitzer vervollständigen (Weber 1972, S. 79) und damit jegliche Freiheit in einer durch keinerlei Gegenkräfte mehr gebändigten Bürokratie ersticken. Der Scheidungsprozess des Arbeiters von den Produktionsmitteln würde fortbestehen. Am Ausschluss der Arbeiter von den betrieblichen Entscheidungen änderte die Vergesellschaftung der Produktionsmittel und ihre Überführung in Staatseigentum nichts. Die materielle Ungleichheit würde voraussichtlich abnehmen, aber, allein schon wegen der geringeren Effizienz, einhergehen mit einem niedrigeren Einkommen pro Person. Das ist für die einem solchen System Unterworfenen keine attraktive Perspektive.

Auch der Genossenschaftssozialismus schneidet in den beiden hier angesprochenen Perspektiven – effiziente Organisation der Wirtschaft und Zielerreichung in Dimensionen jenseits der Effizienz – nicht besser ab. Sein entscheidendes Merkmal ist nicht die Unterwerfung unter einen zentral aufgestellten Plan, sondern die betriebliche Selbstverwaltung. Im Prinzip werden alle im Betrieb anfallenden Entscheidungen, die in einem kapitalistischen Betrieb Angelegenheit des Managements sind, durch die Belegschaft selbst gefällt. Welche Sachverhalte im Einzelnen Gegenstand einer kollektiven Entscheidung sind und wie die Entscheidungsfindung organisiert wird (die Betriebsverfassung), kann entweder durch staatliche Gesetzgebung festgelegt oder den Betrieben selbst überlassen werden (dazu Williams und Satgar in diesem Band). Die beiden Extrempunkte sind, dass alles in Vollversammlungen der Belegschaft besprochen und entschieden wird oder dass alles an eine gewählte Betriebsleitung delegiert wird. Je größer die Befugnisse der Betriebsleitung, umso mehr nähern sich diese Betriebe allerdings einem gewöhnlichen kapitalistischen Betrieb an. Auch in einem solchen Betrieb haben die Mitarbeiter abgestufte Mitspracherechte (zumindest ist das nicht ausgeschlossen[15]).

Die mit diesem „Produzentensozialismus" verbundenen Hoffnungen[16] sind auf die Abschaffung der betrieblichen Herrschaft als dem Hauptübel der kapitalistischen Betriebsorganisation gerichtet. Soweit solche Betriebe sich strikt an Marktsignalen ausrichten, sind dieser Zielsetzung enge Grenzen gesetzt. Für die Erreichung des Ziels der „Befreiung der Arbeit" müssen zwei Nachteile in Kauf genommen werden.

Erstens ist die Entscheidungsfindung in einer Wirtschaftsdemokratie deutlich schwieriger als in dem von einem Eigentümer geleiteten Betrieb oder in einer Aktiengesellschaft mit einem den Kapitaleignern verantwortlichen Management. Bei kontroversen Entscheidungen wird es insbesondere dann, wenn die Belegschaft nicht homogen, sondern nach Qualifikation und Einkommen differenziert ist, zu langwierigen Entscheidungsprozessen kommen, die den Konsens gefährden können, wobei es überhaupt nicht garantiert ist, dass in einer Vollversammlung getroffene Entscheidungen irgendwie besser sind als die von einem Management gefällten.

Zweitens wird die für kapitalistische Betriebe typische Trennung zwischen Gewinneinkommen und Lohneinkommen sowie die damit einhergehende Rollentrennung verwischt. Anders als von den Anhängern der betrieblichen Selbstverwaltung erwartet, ist das keineswegs immer vorteilhaft. Im Konjunkturabschwung müssen die Beschäftigten auf ihre Einkommen aus Gewinnen verzichten. Sie müssen wie selbstständige Unternehmer das Geschäftsrisiko tragen. Der Vorteil der Rollentrennung im kapitalistischen Betrieb besteht ja genau darin, dass die Risiken ungleich verteilt sind. Risikoaverse Personen werden einem festen Gehalt gegenüber einem je nach Geschäftslage schwankenden Gehalt den Vorzug geben. Auch in der seriösen wirtschaftswissenschaftlichen Literatur wird oft unbesehen davon ausgegangen, dass die Arbeitnehmer eine Mischung aus geringerem Gehalt

---

15 Vgl. nur die für den Kapitalismus der Bundesrepublik Deutschland typischen Mitbestimmungsrechte der Arbeitnehmerschaft.

16 Bei der an der Versorgung der Bevölkerung mit Konsumgütern ausgerichteten zentralen Planung der Produktion handelt es sich hingegen um Konsumentensozialismus.

und größerer betrieblicher Freiheit und Selbstbestimmung einer Kombination mit weniger Selbstbestimmung und größerem Gehalt vorziehen würden. Schon die schlichte Tatsache, dass selbstverwaltete Betriebe in der Marktwirtschaft ein Nischendasein führen, spricht gegen diese Annahme. Besondere Probleme stellen sich bei der Lohnfindung für eine heterogene Arbeitnehmerschaft und bei Investitionen in eine ungewisse Zukunft. Je nach der Qualifikationsstruktur der Beschäftigten wird die Entscheidung über die Einkommen der einzelnen Gruppen von Arbeitnehmern unterschiedlich ausfallen. Es ist ja nicht einmal klar, nach welchen Kriterien über die Lohnhöhe entschieden werden soll (z. B. gleicher Lohn für alle oder Leistungslöhne). Und was zukunftsgerichtete Investitionen anbelangt, so werden ältere Beschäftigte, wenn der Ertrag solcher Investitionen erst nach Ablauf ihrer betrieblichen Zugehörigkeit anfällt, zögerlich sein, solche Entscheidungen zu unterstützen.

5 Endet die Epoche des Wirtschaftswachstums?

Unser kursorischer Überblick über die zwei bekanntesten Alternativen zum Kapitalismus fällt ernüchternd aus. Es sieht so aus, dass die kapitalistische Wirtschaft sich nicht zuletzt deswegen weltweit durchgesetzt hat, weil es an überzeugenden Alternativen zu ihr fehlt. Eine Ewigkeitsgarantie für das bestehende System enthält diese Einsicht jedoch nicht. Es könnte z. B. sein, dass dieses System genau jene Leistung nicht mehr zuverlässig erbringt, auf der seine Überlegenheit und Anziehungskraft beruht: eine kontinuierliche Vermehrung des Güterausstoßes. Oder die negativen Nebenfolgen überwiegen langsam aber sicher irgendwann einmal die Erfolge. Oder schließlich: Der Bedarf an dieser Leistung nimmt mit zunehmendem Reichtum ab.

Zum ersten Gesichtspunkt. In Deutschland hat sich das Bruttoinlandsprodukt pro Kopf der Bevölkerung zwischen 1950 und 2012 real mehr als verfünffacht, trotz Konjunktureinbrüchen und dem durch die Wiedervereinigung bedingten Rückgang.[17] Es ist auch in den letzten Jahren weiter gewachsen. Insgesamt ist der Lebensstandard fast aller Bevölkerungsgruppen in einem von niemandem vorhergesehenen Ausmaß gestiegen und hat damit alle seit Jahrhunderten gewohnten Lebensverhältnisse der breiten Masse der Bevölkerung von Grund auf umgewälzt. Diese ständige Besserstellung der Lebenslagen war gerade nicht, wie immer wieder zu lesen ist, begleitet von einer ebenso ständigen Erhöhung der Ungleichheit. Der

---

17 Daten zur langfristigen Entwicklung der Wirtschaft finden sich gut aufbereitet in Metz (2015).

Gini-Koeffizient der Nettoäquivalenzeinkommen beläuft sich heute auf ca. 0,3, ein Wert, den er auch Anfang der 1960er-Jahre des letzten Jahrhunderts hatte. Ein solcher Wert bedeutet, dass zwei willkürlich herausgegriffene Einkommen sich im Durchschnitt um ungefähr 1.080 Euro unterscheiden.[18] Auch das ist ein Wert, der nicht besorgniserregend hoch erscheint, aber dieses Urteil hängt von den Wertvorstellungen ab.[19]

Die Wachstumsraten sind allerdings von Dekade zu Dekade gesunken, von durchschnittlich 8,2 % im ersten Jahrzehnt nach Gründung der Republik auf magere 0,9 % zwischen 2000 und 2010.[20] 2009 kam es mit −5,6 % zum größten Wachstumseinbruch in der Geschichte der deutschen Wirtschaft. Von diesem Einbruch hat sich die Wirtschaft schon in den beiden darauffolgenden Jahren mit Wachstumsraten von 4,1 und 3,7 % zwar wieder erholt. Aber danach blieben diese Raten preisbereinigt unter 2 %. 2018 belief sich das Wachstum auf 1,5 %, ein Wert, der langfristig gesehen zwar immer noch erstaunlich gut ist, bei dem man sich aber fragen kann, was unter wachstumskritischen Gesichtspunkten daran so verkehrt sein soll. Es fällt schwer, eine solche, unter dem langfristigen Trend liegende Rate für alles verantwortlich zu machen, was an der Wirtschaft für schlecht gehalten wird. Die Umweltverschmutzung ist z. B. doch eher dem Niveau der Produktion und nicht ihrem Zuwachs anzulasten. Zwischen 1991 und 2012 ist das Bruttoinlandsprodukt um ca. 31 % gewachsen (siehe Metz 2015, S. 189). In etwa dem gleichen Zeitraum gingen die Treibhausgasemissionen in Deutschland nach einer Aufstellung des Bundesumweltamtes um ca. 26 % zurück. Auch wenn diese Reduktion hinter den selbstgesetzten Zielen der Bundesregierung (40 % Rückgang zwischen 1990 und 2020) deutlich zurückbleibt: Moderate Zuwächse des Bruttoinlandsprodukts stellen umweltpolitisch offensichtlich keine unbewältigbare Herausforderung dar. Falls jedoch das Niveau und nicht der Zuwachs der Produktion das zentrale Problem darstellen sollte und daher in der Wirtschaftsschrumpfung und nicht im Wirtschaftswachstum das Ideal erblickt wird, müsste Griechenland das Paradies sein. Dort ist die Wirtschaft 2018 im Vergleich zum Vorkrisenjahr 2007 um fast 25 % geschrumpft.

---

18 Das folgt aus der Definition des Gini-Koeffizienten: $G = \Delta/2\mu$, mit Δ = die mittlere Differenz der Einkommen und einem Wert für μ, dem Durchschnittseinkommen, von 1800 Euro. Siehe Berger (2019), Appendix A3.

19 Der Gini-Koeffizient blendet wie alle Ungleichheitsmaße die Frage aus, ob Einkommensunterschiede gerechtfertigt oder ungerechtfertigt sind.

20 Die im „post-growth"-Lager so beschworene „Entschleunigung" hat also durchaus stattgefunden. Siehe Statistisches Bundesamt (2018), Schaubild 2.

Bevor der Stab über eine wachsende Wirtschaft gebrochen wird, sollte man sich klar darüber werden, dass Expansionismus keineswegs das Alleinstellungsmerkmal der Wirtschaft ist. Expansionismus ist ein Grundzug aller Teilsysteme einer funktional differenzierten Gesellschaft. Auch das Rechtssystem z. B. kennt keine interne Stoppregel – die Verrechtlichung aller Gesellschaftsbereiche schreitet vielmehr scheinbar ungebremst voran. Andere Funktionssysteme, in erster Linie das Bildungs- und Erziehungssystem, sind phasenweise deutlich schneller gewachsen als die Wirtschaft. Während 1964/65 305.000 Studenten in Deutschland eine Universität oder Fachhochschule besuchten, waren es 2014/15 bereits 2,7 Millionen. Ihre Zahl hat sich also verneunfacht. Das Lehrpersonal hat mit diesen Zahlen nicht mitgehalten, aber in den Wirtschafts- und Gesellschaftswissenschaften ist es zwischen 1972 und 2009 immerhin um 300 % gestiegen (Gülke 2011). Ohne Wirtschaftswachstum wären solche Zuwachsraten gänzlich undenkbar, und sogar mit den Wachstumsraten der deutschen Wirtschaft waren sie nur erreichbar durch eine Umschichtung der Haushaltsmittel. Wer den Abschied vom Wirtschaftswachstum als Problemlösungsstrategie ausruft, sollte sich des Sachverhalts bewusst sein, dass diese Strategie die Konstanthaltung aller wichtigen Parameter zur Bedingung hat. Schon die nächste Flüchtlingswelle könnte für eine solche Strategie das Ende bedeuten – es sei denn, man hält Umverteilung für das probate Mittel der Problemlösung.

Jetzt zum zweiten Gesichtspunkt. Der sehr allgemeine Gedanke, dass die negativen Folgen des Wirtschaftswachstums langsam aber sicher seine positiven Folgen zunichtemachen, wird heute im Wesentlichen umweltökonomisch begründet. Andere Begründungen, die z. B. auf soziale oder kulturelle Folgen des Wachstums zielen, sind viel kontroverser.[21] Aber auch die Verrechnung der schädlichen Folgen der Umweltverschmutzung mit den positiven Folgen des Wirtschaftswachstums in den Dimensionen Beschäftigung und Einkommenssteigerung ist alles andere als einfach. Eine Möglichkeit wäre, die volkswirtschaftliche Gesamtrechnung umweltökonomisch zu ergänzen.[22] Mir ist keine Berechnung bekannt, die zu dem Schluss kommt, dass das um Umweltfaktoren korrigierte Bruttoinlandsprodukt von Jahr zu Jahr schrumpft, wenn die Belastung der Umwelt in seine Berechnung

---

21 Man spiele doch nur einmal durch, ob sich z. B. der häufig gehörte Vorwurf, Egoismus und Konkurrenzdenken breiteten sich aus, Solidarität und kooperatives Verhalten nähmen ab, halten lässt. Mit welchen Daten lässt sich diese Aussage stichfest machen? Zeigt eine solche Tendenz eine definitive Grenze des herrschenden Wirtschaftssystems an? Haben solche Entwicklungen, vorausgesetzt es gibt sie, wirklich ihre Wurzel im Wirtschaftssystem und nicht in dem viel umfassenderen Vorgang des Rationalismus der westlichen Kultur?

22 Für einen Überblick über die entsprechenden Ansätze siehe Statistisches Bundesamt (2014).

einbezogen wird. Wahrscheinlich fällt der Zuwachs geringer aus, aber ein schwächerer Zuwachs ist nicht identisch mit der Schrumpfung einer Größe.[23]

Es ist ja auch nicht so, dass der Zustand der Umwelt in allen Dimensionen (Luft, Wasser, Boden) sich in allen Zonen der Erde immer nur weiter verschlechtert. Z. B. die Luftqualität hat sich in Deutschland in den letzten 25 Jahren verbessert (Umweltbundesamt, Pressemitteilung vom 7.11.2018). Das heißt gewiss nicht, dass sie bereits ein Niveau erreicht hätte, das für die Gesundheit unbedenklich ist. Aber die regionale Verbesserung in dieser Dimension ist ein Beispiel dafür, dass auch bei Berücksichtigung der ökologischen Dimension das Urteil über den schon erreichten Stand und die Entwicklung der gesellschaftlichen Wohlfahrt durchaus positiv ausfallen kann.

Apokalyptische Befürchtungen über die Zukunft der Menschheit werden heute vor allem angetrieben von Nachrichten über die steigende Erderwärmung. Laut einer neuen Studie des Potsdamer Instituts für Klimaforschung strebt die Erde auf einen historischen Hitzerekord zu: historisch, weil in den letzten 3 Millionen Jahren die Erdtemperatur nie mehr als zwei Grad über dem Niveau der vorindustriellen Zeit gelegen habe. Bei einem ungebrochenen Ausstoß von Treibhausgasen könne die Atmosphäre jedoch um mehr als zwei Grad aufgeheizt werden (Frankfurter Allgemeine Zeitung vom 05.04.2019). So besorgniserregend diese Nachricht auch sein mag, sie ist kein Grund, eine Wirtschaftsweise in Bausch und Bogen zu verdammen, der die Menschheit letztendlich die Überwindung von Hunger und frühem Tod verdankt (Fogel 2004). Im Zentrum dieser Wirtschaftsweise steht die ökonomische Ausnutzung technischer Innovationen durch Unternehmer.

Wenn das Problem der ungebrochene Ausstoß von Treibhausgasen (und also nicht die Steigerung des Sozialprodukts per se) ist, dann liegt seine Lösung auch nicht in der Abkehr von dieser Wirtschaftsweise durch Verzicht auf weiteres Wachstum, sondern in der konsequenten Anwendung des Wirtschaftlichkeitsprinzips, auf dem der Erfolg dieser Form des Wirtschaftens beruht. Konkret bedeutet das, dass der Verbrauch von Umweltressourcen etwas kostet, also mit Preisen belegt wird, die wenigstens näherungsweise dem durch die Nutzung dieser Ressourcen entstehenden Schaden entsprechen. Ob eine Null-Emission durch diese Maßgabe erreicht wird, hängt von ihrer Ausgestaltung ab, aber es ist auf jeden Fall möglich, die Emission umweltschädlicher Treibhausgase auf die politischen Zielvorgaben

---

23 Umweltökonomische Berechnungen hängen von vielen Vorentscheidungen ab, über die, wenn ich recht sehe, keineswegs Konsens besteht. Das Hauptproblem besteht darin, einen gemeinsamen Nenner für die Berechnung der positiven und negativen Folgen einer wachsenden Wirtschaft auf die menschliche Wohlfahrt zu finden. Das Bruttoinlandsprodukt ist für sich genommen kein Indikator der Wohlfahrt, sondern nur eine Komponente eines umfassenderen Indexes menschlicher Wohlfahrt.

einzuschränken. Hierfür ist es allerdings notwendig, dass nicht immer nur die Produktion des Sozialprodukts in den Blick genommen wird, sondern dessen Endverbrauch. Gerade am Beispiel des Energiesektors lässt sich zeigen, dass dessen klimarelevante Umweltprobleme nicht bei der Extraktion fossiler Brennstoffe entstehen, sondern beim Konsum dieser Stoffe durch Verbraucher. Es gibt zwei Möglichkeiten einer marktwirtschaftlichen Lenkung dieses Verbrauchs: die Erhebung einer CO_2-Steuer oder die Ausgabe von Emissionszertifikaten auch für Verbrauchssektoren wie z. B. den Verkehr.[24] In einem intellektuellen Klima, das davon überzeugt ist, die Marktwirtschaft sei die Wurzel allen Übels, haben solche Instrumente einen schweren Stand.

Nun noch ein Wort zum dritten Gesichtspunkt. Dass die Wirtschaftsleistung einmal einen Umfang annehmen könnte, der jedes weitere Streben nach Vermehrung des Sozialprodukts sinnlos machte, ist eine Idee, die nicht erst seit gestern datiert, sondern auf ein beträchtliches Alter zurückblicken kann. John Stuart Mill hat die Utopie einer stationären Wirtschaft ausgemalt, Karl Marx hat den Kommunismus (im Unterschied zum Sozialismus) durch die Abkoppelung des Konsums von zuvor erbrachten Arbeitsleistungen definiert und John Maynard Keynes sah die Zeit kommen, in welcher der Mensch zum ersten Mal befreit sei von „pressing economic cares" und seine Lebenszeit für schönere Dinge nützen könne: „to live wisely and agreeably and well" (Keynes 1972, S. 328). Keynes spekulierte damit, dass dieser Zustand in etwa 100 Jahren nach Abfassung seines Essays erreicht sein könnte – also etwa 2030.

Danach sieht es zur Zeit aber nicht aus. Weltweit gesehen sind die absoluten und prozentualen Zahlen der in bitterer Armut lebenden Personen zwar drastisch gesunken, aber immer noch so hoch, dass auf das weltweite Wirtschaftswachstum nicht verzichtet werden kann. Auch die Nöte der unteren Einkommensschichten in den entwickelten Ländern, mit ihrem Einkommen zurechtzukommen, sind z. B. angesichts steigender Energiepreise und Wohnungsmieten so groß, dass die innerliche Abkehr vom Wachstum als ein Luxus der Bessergestellten erscheint. Keynes hat darauf gesetzt, dass mit der Entwertung der Akkumulation von Reichtum „great changes in the code of morals" (ebd., S. 329) eintreten werden. So naheliegend dieser Gesinnungswandel für alle Schichten, die bereits reich sind, auch sein mag:

---

24 Weimann (2019, S. 16) wirbt für den Emissionshandel: „Man kann mit ihm jedes Klimaziel kosteneffizient realisieren". William Nordhaus setzt mehr auf eine Steuer: „According to Nordhaus' research, the most efficient remedy for the problems caused by greenhouse gas emissions would be a global scheme of carbon taxes that are uniformly imposed on all countries" (The Royal Swedish Academy of Sciences 2018).

ihn von den unteren Einkommensschichten zu erwarten, steht nicht nur faktisch, sondern auch moralisch auf schwachen Füßen.

6   Schlussbemerkung

In diesem Beitrag habe ich das kontinuierliche Wirtschaftswachstum als die zentrale Leistung eines kapitalistischen Wirtschaftssystems dargestellt. In dieser Hinsicht funktioniert es besser als alle seine denkbaren Alternativen. Es mag sein, dass das Zeitalter des Wachstums wenigstens in den entwickelten Ländern sich seinem Ende zuneigt. Aber durch den willentlichen Verzicht auf Wachstum aus moralischen Gründen werden die Probleme nicht gelöst, die eine Folge des bereits erreichten Niveaus des Ausstoßes an Gütern und Diensten sind. Lösungsansätze für diese Probleme sehe ich in technischen Neuerungen, welche die Ressourcenproduktivität steigern, in der Bevorzugung effizienter umweltpolitischer Instrumente wie der Bepreisung von Umweltgütern und *last but not least* in einer Änderung des „westlichen" Lebensstils (was u. a. eine Änderung des Verbraucherverhaltens bedeutet). Die voraussehbare Folge einer Abkehr von der kapitalistischen Organisation der Wirtschaft wären Einbußen bei der effizienten Verwendung von Ressourcen. Die ökologisch motivierte Kritik an dem mittlerweile weltweit etablierten Wirtschaftsmodell könnte gewinnen, wenn sie sich auf diejenigen Formen des Konsums konzentrierte, welche heute einen Großteil der Verantwortung für Umweltprobleme tragen, die von der Luftverschmutzung über die Vermüllung der Meere bis hin zum Klimawandel reichen.

Literatur

Berger, J. (2009). *Der diskrete Charme des Marktes. Zur sozialen Problematik der Marktwirtschaft*. Wiesbaden: VS Verlag für Sozialwissenschaften.

Berger, J. (2019). *Wirtschaftliche Ungleichheit. Zwölf Vorlesungen*. Wiesbaden: Springer VS.

Bourgignon, F. (2015). *The globalization of inequality*. Princeton: Princeton University Press.

Corneo, G. (2014). *Bessere Welt. Hat der Kapitalismus ausgedient? Eine Reise durch alternative Wirtschaftssysteme*. Berlin: Goldegg Verlag.

Deaton, A. (2013). *The great escape. Health, wealth and the origins of inequality*. Princeton: Princeton University Press.

Firebaugh, G. (2003*). The new geography of global income inequality*. Cambridge: Harvard University Press.

Fogel, R. W. (2004). *The escape from hunger and premature death, 1700 to 2100: Europe, America and the third world*. Cambridge: Cambridge University Press.

Gülke, S. (2011). *Wissenschaftliches und künstlerisches Personal an Hochschulen: Stand und Zukunftsbedarf*. Frankfurt a. M.: Gewerkschaft Erziehung und Wissenschaft.

Hemmer, H.-R., & Lorenz, A. (2004). *Grundlagen der Wachstumsempirie*. München: Verlag Franz Vahlen.

Keynes, J. M. (1972) [1930]. Economic possibilities for our grandchildren. In J. M. Keynes, *Essays in persuasion*. The collected writings of John Maynard Keynes, Bd. 9 (S. 321–332). London: MacMillan.

Kornai, J. (1992). *The socialist system. The political economy of communism*. Oxford: Clarendon Press.

Marx, K. (1968) [1867]. Das Kapital. Kritik der politischen Ökonomie. Erster Band. In K. Marx & F. Engels, *Werke (MEW)*, Bd. 23. Berlin: Dietz.

McCloskey, D. (2006). *The bourgeois virtues. Ethics for an age of commerce*. Chicago: Chicago University Press.

Metz, R. (2015). Volkswirtschaftliche Gesamtrechnungen. In T. Rahlf (Hrsg.), *Deutschland in Daten. Zeitreihen zur Historischen Statistik* (S. 186–199). Bonn: Bundeszentrale für politische Bildung.

Roemer, J. (1994). *A future for socialism*. London: Verso.

Röpke, W. (1958). *Jenseits von Angebot und Nachfrage*. Bern: Verlag Haupt.

Schumpeter, J. (1950). *Kapitalismus, Sozialismus und Demokratie*. Bern: Francke Verlag.

Sombart, W. (1987) [1916]. *Der moderne Kapitalismus*, Bd. 1. München: Duncker & Humblot.

Statistisches Bundesamt (2014). *Umweltnutzung und Wirtschaft. Bericht zu den Umweltökonomischen Gesamtrechnungen*. Wiesbaden: Statistisches Bundesamt.

Statistisches Bundesamt (2018). *Bruttoinlandsprodukt 2017 für Deutschland*. Begleitmaterial zur Pressekonferenz am 11. Januar 2018. Wiesbaden: Statistisches Bundesamt.

The Royal Swedish Academy of Sciences (2018). *The prize in economic sciences 2018*. Integrating nature and knowledge into economics. https://www.nobelprize.org/uploads/2018/10/popular-economicsciencesprize2018.pdf. Zugegriffen: Mai 2019.

Vogt, W. (1986). Die Angst der kritischen Ökonomen vor der Neoklassik. In R. Hickel (Hrsg.), *Radikale Neoklassik. Ein neues Paradigma zur Erklärung der Massenarbeitslosigkeit? Die Vogt-Kontroverse* (S. 103–113). Opladen: Westdeutscher Verlag.

Weber, M. (1920). *Gesammelte Aufsätze zur Religionssoziologie*, Bd. 1. Tübingen: Mohr (Siebeck).

Weber, M. (1923). *Wirtschaftsgeschichte. Abriß der universalen Sozial- und Wirtschaftsgeschichte*. Berlin: Duncker & Humblot.

Weber, M. (1972) [1921/1922]. *Wirtschaft und Gesellschaft. Grundriß der verstehenden Soziologie*. Tübingen: Mohr (Siebeck).

Weimann, J. (2019). Unterschätzter Emissionshandel. *Frankfurter Allgemeine Zeitung*, 22.03.2019.

Wehler, H.-U. (1987). *Deutsche Gesellschaftsgeschichte. Zweiter Band: Von der Reformära bis zur industriellen und politischen „Deutschen Doppelrevolution"*. München: C.H. Beck.

Rechtsform und Rechtsgewalt: Zwei Seiten des Kapitalismus

Guilherme Leite Gonçalves

1   Einleitung

Verglichen mit der französischen oder der russischen ist die mexikanische Revolution bis heute in Europa weitgehend unbekannt. Dabei brachte sie eine Verfassung hervor, in der 1917 das erste Mal überhaupt der Begriff des „sozialen Eigentums" zur Geltung gebracht wurde. Ausgearbeitet und beschlossen inmitten bürgerkriegshafter Unruhe, definierte sie auf Druck sozialrevolutionärer Kräfte in Artikel 27 den mexikanischen Grund und Boden prinzipiell als ein öffentliches Gut, das zwar an Privateigentümer vergeben werden kann, jedoch nur in Form von widerrufbaren Konzessionen. Damit konnte unter anderem garantiert werden, dass die traditionellen Landkommunen der „eijodos" und „comunidades" einklagbaren Anspruch auf staatlichen Schutz genießen. Erstmals überhaupt erkannte ein moderner Staat territoriales Kollektiveigentum und damit die gemeinschaftlichen Bewirtschaftungsformen von Bauern und Indigenen als einklagbares Grundrecht an. Für den sozialrevolutionären Strang der mexikanischen Revolution unter der Führung von Emiliano Zapata war dies ein präzedenzloser Erfolg, der die Lebens- und Existenzweise der mexikanischen Landkommunen dem Zugriff insbesondere der US-amerikanischen Agrarindustrie für Jahrzehnte entzog.

Sein Ende erlebte der revolutionäre Artikel 27 in den späten 1980er- und frühen 1990er-Jahren. Um dem North American Free Trade Agreement (NAFTA) beitreten zu können, wurden der mexikanischen Regierung von der Weltbank empfohlene sogenannte „Strukturanpassungsmaßnahmen" zur Bedingung gemacht. Diese Maßnahmen zielten vor allem darauf, das in Artikel 27 festgeschriebene Primat des Nationaleigentums an Grund und Boden wie auch die damit verbundenen Rechte der „eijodos" abzuschaffen und durch eine Liberalisierung des Bodenrechts zu ersetzen. Im Zuge dieser von der liberalen Regierung unter Salinas de Gortari beschlossenen Maßnahmen wurde die mexikanische Verfassung reformiert: Sie erlaubte nun

© Springer Fachmedien Wiesbaden GmbH, ein Teil von Springer Nature 2019
K. Dörre et al. (Hrsg.), *Große Transformation? Zur Zukunft moderner Gesellschaften*, https://doi.org/10.1007/978-3-658-25947-1_5

97

ausdrücklich den Verkauf, die Verpachtung und Verpfändung der „eijodos" und verwandelte selbstwirtschaftende Bauern[1] in freie Eigentümer. Die ungleichen und asymmetrischen Voraussetzungen des transnationalen Agrarmarktes hinsichtlich Macht, Information, Kapital, Risikoverteilung usw. brachten viele Bauern dazu, ihr Land aufgrund von Verschuldung oder Unwissen über den realen Wert ihres Landes erst zu sehr ungünstigen Bedingungen zu verkaufen, um anschließend Angestellte der neuen Landbesitzer zu werden – jener Konglomerate, die das Land aufkauften und in Form von Latifundien konzentrierten, um Biokraftstoffe und Lebensmittel im großen Umfang zu produzieren. Als dieser Prozess aber ins Rollen kam, machten die Bauern der Region Chiapas massiv gegen die Maßnahmen mobil, was unter anderem in der Widerstandsbewegung des 1994 gegründeten Ejército Zapatista de Liberación Nacional mündete. In Reaktion auf diesen Widerstand verfolgt der mexikanische Staat bis heute diverse Kriminalisierungs- und Repressionspolitiken gegenüber den Bauern und politischen Bewegungen, die eine Welle von Verhaftungen unter verschiedenen Anklagen nach sich zog und weiterhin zieht.[2]

Rechte und Verfassungen, so zeigt dieses Beispiel, sind für die Durchsetzung kapitalistischer Interessen keine Marginalie, sondern elementar. Diese Beobachtung machte auch der sowjetische Jurist Eugen Paschukanis (2003), der in der von ihm formulierten Theorie der *Rechtsform* den systematischen Zusammenhang von Rechtssystem und Warenform herausarbeitete. Paschukanis' Theorie geht dabei von der Annahme aus, dass die Rechtsnormen die Ungleichheitsstrukturen des Kapitalismus in dem Maße gewährleisten, wie das Recht – und das heißt nicht zuletzt: das private Eigentumsrecht – als Garant des Äquivalententauschs und der Warenform fungiert und damit Ausbeutung ermöglicht. Ausgehend davon identifizierte er einen „Fetischcharakter des Rechts" analog zu jenem der Ware, wie er von Marx theoretisiert worden war. Im Falle der Lohnarbeit basiert dieser Fetischcharakter auf der Fiktion einer symmetrischen Vertragsbeziehung von zwei gleichermaßen unabhängigen Eigentumssubjekten, verdeckt damit jedoch gleichermaßen das in Wahrheit radikal asymmetrische Machtgefälle zwischen Kapital und Arbeit.

Wie aber das obige Beispiel zeigt, ist diese Analogie von Waren- und Rechtsform keineswegs ausreichend, um die Operationsweisen des Rechts erschöpfend zu

---

1   Im Folgenden werden zwecks der besseren Lesbarkeit anstelle der weiblichen und männlichen Berufs- bzw. Akteursbezeichnungen nur die maskulinen Formen verwendet, wobei die weiblichen bzw. alle Geschlechter mit eingeschlossen sind, es sei denn, es handelt sich ausschließlich um weibliche Personen.

2   Zu einer systematischen Untersuchung der Landeigentumsreform in Mexiko sowie ihre politischen, wirtschaftlichen und juristischen Ergebnisse vgl. Schacherreiter und Gonçalves (2016). Zur mexikanischen Revolution und ihren Folgen vgl. einführend Tobler (2004).

charakterisieren. Denn in Kontexten, in denen die gleichwohl eminent wirklich-keitsrelevante Fiktion einer „Gesellschaft von Privateigentümern" nicht realisiert ist, existiert auch keine fetischisierte rechtliche Gleichheitsfiktion. Oder anders gesprochen: Soll das Regime des Tauschwerts in gesellschaftlichen Bereichen oder auch ganzen Gesellschaften erst etabliert werden, ohne dass die entsprechenden Voraussetzungen schon bestehen, dann tritt das Recht nicht in fetischisierter, sondern in der unverblümten Gestalt offener Gewalt auf, indem es Repressionen, Privatisierungen und die explizite Unterdrückung jenes Anderen offen legitimiert, das der Durchsetzung dieses Regimes im Wege steht. In unserem Beispiel zeigt sich das durch eine Jurisdiktion, die die Enteignung der „eijodos" und die gewaltsame Landnahme durch die Agrarkonglomerate durch eine Auslegung von „Kriminalität" und „Terrorismus" unterstützte, die offenkundig politisch begründet war.

Um was für eine Gewalt handelt es sich dabei? Kann man von einer Art *Rechts-gewalt* sprechen, die auf spezifische Weise mit der Entwicklung des Kapitalismus verbunden ist? Ziel des folgenden Beitrags ist es, eine Bestimmung dieser spezifischen Form der Rechtsgewalt im Kontext von *Landnahme*-Prozessen vorzunehmen, und zwar in Abgrenzung zur Rechtsform-Theorie von Paschukanis. Die Prämisse bildet die in der Debatte über die sich bis heute in diversen Regionen der Welt *wiederholende* ursprüngliche Akkumulation vertretene These, dass sich die Akkumulation des Kapitals keineswegs nur im Medium des institutionalisierten Äquivalententauschs und der Ausbeutung von Lohnarbeit reproduziert, sondern gleichermaßen über wiederholte Prozesse der Landnahme, die das Regime der Mehrwert-Aneignung überhaupt erst gewaltsam institutionalisieren. Ich erkenne somit an, dass aus der Sicht des Äquivalenzprinzips das Recht in Gestalt der Rechtsform und des Rechts-fetischismus erscheint, so wie es von Paschukanis beschrieben wurde (2003). Diese in Analogie zur Warenform konzipierte Sichtweise erfasst jedoch meiner Ansicht nach nicht die Struktur und Rolle des Rechts in Situationen der Landnahme, in denen der Kapitalismus zuvor unkommodifizierte Räume kommodifiziert, um die Daseinsbedingungen seiner Produktionsweise zu schaffen, zu erweitern und deren Kontinuität und Reproduktion zu gewährleisten. In diesem Kontext tritt das Recht als eine offene Rechtsgewalt und unverhüllte Rechtsvorschrift der Ungleichheit auf.

Auf eine knappe Darstellung der Thesen von Paschukanis (2) folgt in Abschnitt 3 eine Herleitung der Theorie der Landnahme, wie sie u. a. von Klaus Dörre im Anschluss an Marx' Theorem der „ursprünglichen Akkumulation" entwickelt wurde. An die Erläuterung der zentralen Merkmale, die das Recht unter diesen Bedingungen aufweist (4), schließt in Abschnitt 5 die zentrale Darstellung jener drei Ebenen an, die meiner Ansicht nach unerlässlich sind, um den Charakter des Rechts in Kontexten von Landnahme-Prozessen angemessen zu begreifen: das

„Othering", das Privatisierungsrecht sowie die exzessive Anwendung des Strafrechts. Im Fazit (6) werden die Ergebnisse resümierend dargelegt.

2 Arbeit, Äquivalenzprinzip und Rechtsform – Zur Theorie der Funktion des Rechts im Kapitalismus bei Paschukanis

Beim Äquivalententausch stehen sich zwei Besitzer verschiedener Produkte gegenüber, welche sie direkt oder indirekt durch ihre eigene Arbeit gewonnen haben und als Waren gegenseitig austauschbar sind (Fausto 1987, S. 292). Durch den Vergleich am Markt erhalten ihre Produkte einen Tauschwert und werden dadurch am virtuellen Maß der „Warentotalität", die sich in der Preisentwicklung spiegelt, gemessen sowie gleichzeitig ihrerseits integriert und damit zum möglichen Orientierungsfaktor für anschließende Tauschsituationen. Was in dieser Form jedoch zunächst wie eine Beschreibung jeder banalen Tauschangelegenheit wirkt, hat unabsehbare Folgen, wenn es sich bei der zu tauschenden „Ware" um die Arbeitskraft handelt, über die einer der beiden Tauschpartner verfügt und die er nun dem anderen feilbietet. Dann nämlich beschreibt der Ausdruck „Äquivalenz" zwar das Prinzip, an dem sich der Tausch orientiert, ist jedoch zugleich irreführend, da er die klassenstrukturelle Asymmetrie zwischen Kapitalisten und Arbeitern verdeckt (ebd.). Deren Beziehung ist von vornherein ungleich und wird, insofern das Arbeitsverhältnis sich realisiert, permanent durch die Mehrwert-Aneignung der Arbeitskraft über den Lohn hinaus vertieft, welche wiederum die Reproduktion des Kapitals sichert. Anders als in schon de nomine ungleichen Abhängigkeitsverhältnissen wie der Sklaverei wird unter diesen Bedingungen folglich die Gleichheit des Austauschs zwar als selbstverständlich vorausgesetzt; das verdeckt jedoch nur ein de facto asymmetrisches Verhältnis – und erschwert gleichzeitig dessen Adressierung.

Insofern man somit die Form der horizontalen Beziehung, welche das Arbeitsvertragsverhältnis suggeriert, beim Wort nimmt, ignoriert man demzufolge ihren tatsächlichen Charakter. Dass hier keine formelle Ungleichheit, also Knechtschaft existiert, heißt nicht, dass das Verhältnis sich tatsächlich auf Augenhöhe abspielt. Denn das Lohnarbeitsverhältnis ist a priori asymmetrisch: Der „Fortschritt" in der Form größerer formaler Freiheit, den es gegenüber auch formell ungleichen Verhältnissen darstellt, bedeutet nicht notwendig auch eine Reduktion der „Notwendigkeit". Denn Freiheit meint nun auch die Freiheit zu verarmen – und insbesondere: keine Verfügungsgewalt mehr über die Arbeitsmittel zu besitzen, die es einem ermöglichen könnte, diesen Zustand zu verändern. Diese widersprüchliche Konstellation führt zu einem weiteren charakteristischen Widerspruch im Verhältnis von *Wesen* und *Erscheinung*. Letztere entspricht der Fiktion eines Austauschverhältnisses freier Eigentümer, die sich im Status der Gleichheit begegnen. Der moderne Arbeiter wird demzufolge mit dem Ende der Leibeigenschaft und der Sklaverei „befreit" und tritt seinem nunmehrigen Arbeitgeber auf Augenhöhe gegenüber, um mit diesem einen für beide Seiten vorteilhaften Vertrag auszuhandeln. Dem Wesen nach vollzieht sich jedoch etwas ganz anderes: Denn die Schaffung des Mehrwerts und die Verfügbarkeit der Arbeitskräfte setzt überhaupt erst die erzwungene Abhängigkeit vom Markt und damit primär die Expropriation voraus. Der Arbeiter tritt also seinem Gegenüber nur als formell „freier Mensch", in Wahrheit jedoch als eigentumsloses Subjekt gegenüber, das keine andere Wahl hat, als seine Arbeitskraft am Markt zu feilzubieten – die einzige Ressource, über die es verfügt.

Ist das Äquivalenzprinzip einmal etabliert, dann wird der Wert einer konkret-einzelnen Arbeit durch den produktionsvermittelten Austausch realisiert, welcher nun den gesellschaftlichen Gesamtprozess regiert. Sofern der Warentausch verschiedene Arbeitsprodukte einander gleichsetzt, erzeugt er eine abstrakte Gleichheit zwischen ungleichen Arbeiten, die – basierend auf Maßstäben wie der gesellschaftlichen Durchschnittsarbeit – wiederum die Reproduktion der Ungleichheit und die Aneignung des Mehrwerts selbst ermöglicht. Die Unterwerfung der Arbeit unter die Bestimmungsgesetze der Wertform liefert sie somit auch deren verdinglichender und fetischisierender Potenz aus: Arbeit spaltet sich auf in die jeweils partikulare „konkrete Arbeit", d.h. den *Gebrauchswert* der jeweiligen Arbeitskraft einerseits und die „abstrakte Arbeit", d.h. den jeweils am Arbeitsmarkt festgestellten, anhand der „gesellschaftlich notwendigen Arbeitszeit" und am Stand der Produktivkräfte orientierten *Tauschwert* andererseits. Obgleich phänomenal nur die konkrete Arbeit existiert, wird sie doch nunmehr von der Seite ihres Tauschwertes her – d.h. insofern sie selbst ein Teil der gesellschaftlichen „abstrakten Arbeit" ist – definiert und geprägt.

Diese dialektische Bestimmung der Arbeit bei Marx fundiert nun die von Paschukanis entfaltete Kritik am Recht als „sozialer Form", die grundlegend dafür ist, dessen Rolle im Äquivalenzprinzip zu begreifen. Die Beziehung zwischen Wertform und Rechtsform ergibt sich für Paschukanis aus der Warentheorie (Paschukanis 2003, S. 112): Der Warenaustausch, und damit die Realisierung des in den Waren enthaltenen Wertes, kann demzufolge nur innerhalb eines Willensverhältnisses zwischen Akteuren erfolgen (Elbe 2004, S. 44 f.). Die Bildung eines selbstständigen Willensaktes unter den Warenbesitzern stellt somit die Grundbedingung des kapitalistischen Äquivalententauschs dar. Dieser freie Wille wird nach Paschukanis jedoch von der Rechtsform erst geschaffen: Die Subjektivität, die dem Menschen den Zugang zum Markt als Warenbesitzer erlaubt, der diese (u. a. seine Arbeitskraft selbst) ohne jede Beschränkung verkaufen und kaufen kann, ist dem Markt nicht vorgelagert, sondern selbst ein Produkt der ihm vorgelagerten rechtlichen Verhältnisse, v. a. des Privateigentums. Das Recht nämlich erst definiert den Menschen im Sinne eines Eigentümers von Waren und kreiert damit gleichzeitig die Möglichkeit, sich einerseits selbst als Marktsubjekt und Wareneigentümer und andererseits den Anderen als Objekt zur Erzielung des dem Tausch vorgelagerten Interesses zu begreifen.

Das Recht in der kapitalistischen Gesellschaft wird deshalb von Paschukanis als eine soziale Form behandelt, die das Regime der Wertform zum einen überhaupt erst ermöglicht, sich zum anderen in diesem reproduziert (Paschukanis 2003, S. 117 ff.). Es ist Voraussetzung und Produkt des Abstraktionsprozesses ungleicher Arbeiten. Die Rechtsinstrumente dafür sind die rechtsstaatlichen Prinzipien der „Freiheit" und „Gleichheit" sowie das Konzept des Rechtssubjektes (Elbe 2004, S. 47). Letzteres stellt sicher, dass die Ware „durch den Menschen zum Markt gehen" und sich dort verwerten kann. Das Rechtssubjekt selbst kann aber nur auf der Grundlage der rechtsstaatlichen Prinzipien der Freiheit und Gleichheit agieren. Die rechtsstaatliche Freiheit impliziert die freie Verfügung über das Tauschen von Waren, einschließlich des Tauschs der Arbeitskraft gegen Lohn. Hierfür muss der Mensch aber auch in der Lage sein, mit Anderen Verträge abzuschließen, wofür die formale Gleichheit grundlegend ist. Bei diesen Verträgen handelt es sich folglich um eine Einigung zwischen formal gleichen Willen.

Indem Rechtssubjektivität sowie Rechtsfreiheit und -gleichheit auf abstrakter Ebene gleiche Akteure schaffen, die Waren frei austauschen können, ermöglichen sie jedoch faktisch die Durchsetzung von privaten Interessen und produzieren somit nolens volens Ungleichheit. Denn anders, als es die liberale Ökonomie will, existieren keine unsichtbaren Kräfte, die mittel- und langfristig die nicht nur formelle, sondern auch materielle Augenhöhe der Marktteilnehmer garantieren. Das gilt insbesondere für die a priori asymmetrischen Positionen im Lohnarbeitsverhältnis. Gleichwohl ermöglicht die soziale Form des Eigentumsrechts die Entwicklung des Kapitalismus und seiner Enteignungsweise im Arbeitsverhältnis, ohne auf unvermittelte Gewalt zurückgreifen zu müssen; die Rechtsform erlaubt vielmehr die Anwendung von Gewalt in verdinglichter und fetischisierter Gestalt.

Umgekehrt eignet sich die *Kritik* an der Rechtsform v. a. dazu, das Funktionieren des Rechts zu einem bestimmten Zeitpunkt des kapitalistischen Akkumulationsprozesses in den Blick zu nehmen: in dem Moment nämlich, in dem Geld in Kapital umgewandelt und über Letzteres Mehrwert geschaffen wird. Dieser Moment wird in der klassischen Formel von G–W–G' dargestellt, die besagt, dass akkumuliertes Geld in Waren investiert wird, um mehr Geld zu produzieren (Marx 1962, S. 161 ff.) – mit dem Ergebnis der kontinuierlichen Umwandlung von Arbeitskraft und Rohstoffen in neues Kapital. Die an Marx geschulte Kritik beobachtet hier, dass der Tauschwert der Arbeitskraft größer ist als die Durchschnittskosten ihrer Regenerierung. Über den bezahlten Lohn hinaus produziert die Verausgabung der Arbeitskraft also einen Überschuss – den berühmten Mehrwert –, welchen sich der Kapitalist aneignet (ebd., S. 165 ff.). Durch die Verschleierung dieses Ausbeutungsverhältnisses (Fausto 1987, S. 293) stellt die Gleichheit des Äquivalententauschs einen wesentlichen Faktor bei der Normalisierung und Stabilisierung der kapitalistischen Produktionsweise dar. Die Kritik dient hier zur Desavouierung eines dem Rechtsbegriff nach horizontalen Tausch-, faktisch jedoch zutiefst asymmetrischen Abhängigkeitsverhältnisses.

Paschukanis' allgemeine, marxistisch-materialistisch inspirierte Theorie der Rechtsform ist ein wichtiges Analysemodell, um die Auswirkungen dieses primären Widerspruchs zu beobachten. Sie erklärt, aus welchem Grund Herrschaft im Kapitalismus eine abstrakte Form annimmt, wie die Mehrwertproduktion unsichtbar gemacht wird und auf welche Art und Weise der Äquivalententausch die Reproduktion von Ungleichheiten beinhaltet. Zugleich macht sie aufmerksam auf die konstitutive Rolle des Eigentumsrechts in der Herstellung jener Illusion, die der im Lohnarbeitsverhältnis schwächeren Seite eine gleichwertig freie Position unterstellt. Paschukanis' Theorie bildet somit ein grundlegendes Kapitel der Wertformtheorie, das es uns erlaubt, das Recht im Inneren jenes Zyklus zu denken, in welchem Geld in Kapital umgewandelt, aus Kapital Mehrwert und aus Mehrwert noch mehr Kapital und Geld geschaffen wird.

3   Die ständig neu zu schaffenden Voraussetzungen der Verwertung: „Ursprüngliche Akkumulation" und „Landnahme"

Beim asymmetrischen Äquivalententausch handelt es sich allerdings, wie schon erwähnt, um keine natürlich gegebene Konstellation. Sie muss vielmehr erst geschaffen werden. Wo das Akkumulationsinteresse auf soziale Verhältnisse trifft, die eine Verwertung von Lohnarbeit nicht erlauben, da etwa keine adäquate Eigentumsordnung existiert, lassen sich auch Vertragsverhältnisse nicht umstandslos etablieren. Vielmehr müssen zunächst die Voraussetzungen dafür geschaffen werden, dass der Akkumulationsprozess überhaupt beginnen kann.

Diesen Prozess, der für die universelle Durchsetzung von „scheinäquivalenten" Lohnarbeitsverhältnissen eine unabdingbare Voraussetzung darstellt, beschreibt Marx in seinem berühmten Kapitel zur „ursprünglichen Akkumulation" im ersten Band des *Kapitals*. Hier geht es um die, dem Prinzip nach gewaltsame, Begründung

der universellen Herrschaft kapitalistischer Produktions- und Eigentumsverhältnisse in Bereichen, in denen sie noch nicht, sondern andere, nichtkapitalistische
Verhältnisse gelten. Beide treffen hier als formelle Gegensätze aufeinander, was
meist in einer Auflösung jener Produktions- und Lebensweisen resultiert, die
nicht primär auf Wertschöpfung ausgerichtet sind. Das Konzept beschreibt somit
die Umwandlung der sozialen Existenzmittel in Kapital und/oder Arbeitskraft
sowie des direkten Erzeugers in eine dem Markt zur Verfügung stehende Person:
Aus unfreien Sklaven und Leibeigenen, aber auch freien Bauern und autonom
wirtschaftenden Produzentennetzwerken sind nunmehr durchweg „doppelt freie"
Lohnarbeiter geworden, denen nichts anderes übrigbleibt, als ihre Arbeitskraft am
Arbeitsmarkt anzubieten und sich Arbeitsbedingungen auszuliefern, auf die sie
zunächst keinen Einfluss haben (Marx 1962, S. 789).

Nimmt man diese Beobachtung ernst, dann wird die kapitalistische Akkumulation als ein *zweiseitiger* historischer Prozess erkennbar, der Gesellschaften als
Ganze umgreift. Auf der einen Seite steht hier der etablierte Äquivalententausch,
d. h. der Austausch von Waren als formal bestimmte Äquivalente am Markt, der
auch den Kauf und Verkauf der „Ware" Arbeitskraft beinhaltet, deren Ausbeutung
die Aneignung des durch die jeweilige Arbeit erzeugten Reichtums gewährleistet
und verbirgt. Auf der anderen Seite, doch damit strukturell und systematisch
untrennbar verbunden, steht die Expansionsdynamik des Kapitals in Form der
Aneignung von primär nichtkommodifizierten Räumen, Gütern, Gruppen, kurz:
von gesellschaftlichen Verhältnissen überhaupt zum Zwecke ihrer Subsumtion und
Umformatierung, eben im Sinne des Äquivalententausches und der daraus folgenden Kommodifizierung. Beide Prinzipien schließen einander insofern aus, als die
Landnahme das im Äquivalententausch implizierte Gleichheitsprinzip missachtet,
deren nominelle Durchsetzung sie gleichwohl zum Ziel hat. Sie bezeichnen somit
zwei Seiten der Kapitalakkumulation, die sich zwar in ihrer Struktur widerspre-
chen, doch gleichwohl beide notwendige Funktionen in ihrem Verlauf erfüllen und
somit systematisch aufeinander verweisen. Während das Äquivalenzprinzip ein
konstitutives Element des Wertgesetzes ist, wiederholt das Expansionsprinzip die
Logik der ursprünglichen Akkumulation.

Dass die Arbeit in der kapitalistischen Gesellschaft selbst die Wertform annimmt
und dadurch eine neue Form der Gesellschaftlichkeit herstellt, ist somit so voraussetzungsvoll wie widersprüchlich (Buckel 2010, S. 231). Denn die Konstellation des
Äquivalententauschs, auf der die Dialektik von Kapital und Arbeit basiert, setzt
einen Prozess voraus, der seiner Selbstbeschreibung diametral widerspricht – und
der deshalb, wie Marx herausstellte, schon in der klassischen politischen Ökonomie systematisch verschwiegen wurde bzw. wenn, dann nur in beschönigender
anekdotischer Form Erwähnung fand (Marx 1962, S. 741).

Allerdings handelt es sich bei der Expansion nicht, wie häufig unterstellt, um eine einmalige historische Episode, die mit der Etablierung des Äquivalententauschs endet. Denn um weiterhin zu bestehen, muss das Kapital stets *neu* verwertet werden – und da die Wertproduktion an Arbeit gebunden ist, erfordert dies immer mehr Arbeit als notwendig und führt letztlich dazu, dass auch mehr Kapital produziert wird als notwendig (Marx 1964, S. 263). Als Selbstzweck ist der kapitalistische Wert konstitutiv maßlos; ethische, ökologische und territoriale Grenzen sind ihm zunächst wesensfremd (Marx 1962, S. 161 und S. 167). Sobald er eine bestimmte Größenordnung erreicht hat, wird dieser Prozess jedoch mit den gesellschaftlich möglichen Bedingungen für die Realisierung des geschaffenen Wertes konfrontiert – d. h. mit der Fähigkeit, das Erzeugte auch verkaufen und das geschaffene Produktionspotenzial auch nutzen zu können. Ohne die Überwindung dieser Hindernisse kann sich der Wert nicht mehr realisieren. Wir befinden uns an dem Punkt einer strukturell bedingten Überakkumulation, welche die Grundlagen der Rentabilität unterwandert (Marx 1964, S. 261 ff.). In diesem Moment muss das Kapital einen anderen Raum aufsuchen und/oder neue soziale Bedingungen schaffen, die den Fluss der Überakkumulation umleiten und einen neuen Verwertungszyklus initiieren.

Und hier stoßen dann auch die Prinzipien des Äquivalententauschs wiederum an ihre räumlichen Grenzen: An die Stelle der Stabilisierungsmechanismen der kapitalistischen Akkumulation treten wiederum die Wachstumsimperative und die Kapazitäten der gewaltsamen Raumproduktion und -zerstörung, entsprechend der Notwendigkeit ihrer Verwertung und Wiederverwertung. Aus dieser Perspektive wird die Entwicklung des Kapitalismus als ein ständiger Prozess der Überwindung von Akkumulations- und Wachstumsschranken durch die Kommodifizierung zuvor nichtkommodifizierter Räume beschreibbar (Dörre 2009, S. 39 ff.), der in Krisensituationen jeweils neu provoziert wird. Die Unmöglichkeit, den Gesamtmehrwert an seinem Herstellungsort zu realisieren, sowie der sich daraus ergebende Druck der Überakkumulation, Teile des Mehrwerts in einem nichtkapitalistischen Außen zu realisieren und die Investitionen dort zu amortisieren, treibt das Kapital unablässig über die vorher geltende „frontier" hinaus in unverwertetes, nichtkapitalistisches Gelände (Luxemburg 1975, S. 315 ff.; zur „frontier" im globalen Kolonialismus des 19. Jahrhunderts: Osterhammel 2010, S. 465 ff.).

In der Begrifflichkeit von Marx' *Kapital* ausgedrückt, wird demzufolge die im frühneuzeitlichen England beobachtete „ursprüngliche Akkumulation" in den peripheren Regionen unablässig neu in Gang gesetzt. Sie ist die Voraussetzung dafür, dass das Kapital den zirkulären Prozess des Äquivalententauschs, in dem Geld in Kapital umgewandelt wird, um anschließend Mehrwert zu erzeugen, fortsetzen kann. Indem sie den „historische[n] Scheidungsprozeß von Produzent und Produktionsmittel", die „Scheidung zwischen den Arbeitern und dem Eigentum an den Verwirklichungsbedingungen der Arbeit" (Marx 1962, S. 742) vollzieht, ermöglicht sie die Umwandlung von materiellen und immateriellen Gütern – die Grundbedingung kapitalistischer Akkumulation überhaupt. Konkret handelt es sich dabei um einen Akt der Expropriation sozialer Gruppen, dessen Ergebnis die Bildung einer Masse von Menschen darstellt, die ihre Arbeitskraft frei verkaufen müssen, und der imperialistische Eroberungen, Kolonisierungen und Raubmord beinhaltet – kurz: „[a]ußerökonomische, unmittelbare Gewalt" (ebd., S. 765; dazu kritisch Berger in diesem Band).

Die Gewalt aber hört nicht etwa auf, sobald die kapitalistische Produktionsweise etabliert ist, sondern setzt sich infolge von Überakkumulationskrisen vielmehr in immer größerem Maßstab fort (ebd., S. 789 ff.). Sie ist eine ständige Voraussetzung für die Fortsetzung des Äquivalententausches, denn sie verschafft diesem die notwendigen Bedingungen: Trennung der Landbevölkerung von Grund und Boden, Trennung der Produzenten von den Produktionsmitteln sowie intensivere Nutzung natürlicher Ressourcen (ebd., S. 741 ff.). Dies ermöglicht die Eröffnung stets neuer Verwertungszyklen sowie neuer Märkte. Die kapitalistische Landnahme muss sich deshalb stets *gemeinsam* mit dem Äquivalententausch entwickeln, kann aber nicht in diesem aufgehen, da sie seine ständige Bedingung darstellt.

4   Landnahme und Rechtsgewalt

Diese bei Marx angestellten Beobachtungen sind, angefangen mit Rosa Luxemburg (1975), im 20. Jahrhundert in Konzepten wie dem der „primären Akkumulation" (Frank 1978), der „Akkumulation durch Enteignung" (Harvey 2007) oder der „Landnahme" (Dörre 2009; Dörre in diesem Band) weitergedacht worden. Gerade das Theorem der Landnahme ist an dieser Stelle aufschlussreich, da es die wichtige Rolle von staatlichen Interventionen in der Entwicklung des Kapitalismus anerkennt und dem Begriff der ursprünglichen Akkumulation einen makrosoziologischen Charakter verleiht. Dörre geht dabei ebenso wie Marx davon aus, dass die kapitalistische Akkumulation stets auf zeitliche und räumliche Barrieren stößt, die zum Zweck ihrer Fortführung überwunden werden müssen (Dörre 2009, S. 40). Die These, dass die vollständige Realisierung des Mehrwerts an seinem Produktionsort unmöglich ist, wird also hier wieder aufgenommen. Die Kapitalakkumulation benötigt demzufolge für ihre Fortführung neue, nichtkommodifizierte Territorien, die neue Ressourcen, Rohstoffe und Arbeitsmärkte zur Verfügung stellen können. Landnahme meint somit die Kolonisierung bereits existierender, aber auch durch technologische Innovationen und innergesellschaftlichen Wandel erschlossener Territorien. Hieraus schließt Dörre (ebd., S. 36, S. 41), dass der Kapitalismus entsprechend einer Innen-Außen-Dialektik funktioniert, die die Existenz eines „Außen" konstitutiv benötigt, um die gegenwärtigen Grenzen der Akkumulationskapazität prospektiv zu überschreiten. Das aber geht nicht ohne staatliche Eingriffe und Regelungen sowie direkte körperliche und symbolische Gewalt. Und in diesem Zusammenhang ist die Rolle des Rechts als Rechtsgewalt von grundlegender Bedeutung.

Doch inwiefern? Eine grundlegende Beobachtung zeigt zunächst, dass die Rechtsgewalt, die im Verlauf der kapitalistischen Landnahme staatlicherseits angewandt wird, sich von jener unterscheidet, die der schon voll etablierten Herrschaft des Äquivalententausches entspricht. Wie von Luxemburg beschrieben, ist Letztere den Prinzipien von „Friede, Eigentum und Gleichheit" verpflichtet – was, wie gesehen, gleichwohl realiter bedeutet, dass „Eigentumsrecht in Aneignung fremden Eigentums, Warenaustausch in Ausbeutung, Gleichheit in Klassenherrschaft umschlagen". Im Kontext der Landnahme hingegen haben diese Prinzipien auch pro forma keine Geltung: Hier herrschen „Kolonialpolitik, internationales Anleihesystem, Politik der Interessensphären, Kriege. Hier treten ganz unverhüllt und offen Gewalt, Betrug, Bedrückung, Plünderung zutage" (Luxemburg 1975, S. 397).

In einer Situation der expliziten institutionellen Unterdrückung fungiert das Recht demzufolge weder als motivationale und legitimierende Ressource der kapitalistischen Akkumulation noch tritt es als verdinglichte und fetischisierte soziale Form in Erscheinung. Es fungiert im Gegenteil unverblümt als ein Mittel roher Gewalt in der Hand jener, die das jeweilige Territorium um ihrer Verwertungsinteressen willen beanspruchen. Das heißt aber gleichzeitig auch, dass die von Paschukanis behauptete Analogie von Waren- und Rechtsform unter diesen Bedingungen genauso wenig zutrifft wie die daran anschließende Rechtskritik. Ganz im Gegenteil: Um diesen *anderen* Charakter des Rechts verstehen zu können, ist es unablässig, über Paschukanis' Kritik der Rechtsform hinauszugehen.

Innerhalb einer kapitalistischen Landnahme operiert das Recht mittels verschiedener Besetzungs- und Prekarisierungsprozesse, die je nach Situation und Art des Territoriums stark variieren können. Sie lassen sich sowohl auf der politischen Makroebene beobachten – etwa in den Kommodifizierungspolitiken von Austeritäts- und Privatisierungsordnungen oder den rechtlichen Maßnahmen für die Bodenregulierung – als auch „on the ground" in lokalen Kontexten, etwa im Falle von illegalen Aneignungen von Land („land grabbing") durch private Unternehmen oder der Räumung von Arbeitervierteln infolge von Immobilienspekulationen und Großprojekten.[3] All jene Maßnahmen haben als gemeinsamen Nenner den Umstand, dass sie Ergebnis direkter Staatshandlungen sind, welche die bis dahin bestehenden Besitzverhältnisse modifiziert und damit Räume für Kommodifizierungen erschlossen haben, die für die Wertschöpfung bisher unattraktiv waren (Dörre 2009, S. 30 ff.; Harvey 2007, S. 78). Ermöglicht wird diese Kommodifizierung durch regulatorische Richtlinien, die öffentliche bzw. Gemeingüter privatisieren, öffentliche und soziale Ausgaben kürzen, Einkommenssteuern senken, die Barrieren für den freien Fluss von Kapital mittels Deregulierungspolitiken abbauen oder die sozialen Rechte von Arbeitern beschneiden.

Diese Umstrukturierung bringt die Vertreibung und/oder Prekarisierung der lokalen Bevölkerung mit sich. Einmal von ihrem Boden vertrieben, ist sie gezwungen, ihre Arbeitskraft auf dem Arbeitsmarkt frei zu verkaufen. Dafür muss sie allerdings erst diszipliniert werden – und zwar mit den Mitteln des Rechts. Die Beschneidung sozialer Rechte, die Enteignung von kollektivem Land, die Ausweitung und Verstärkung des Schutzes der Privateigentumsrechte, die Schaffung juristischer Anreize für Privatisierungen, die institutionellen Arrangements zur Förderung freier Märkte sowie schließlich die Kriminalisierung von Armut und Widerstandsbewegungen: alles das sind Maßnahmen zur irreversiblen Durchsetzung des neuen Status quo wie auch zur Disziplinierung der Enteigneten im Sinne der neuen Ordnung. Diese Prozesse sind das Ergebnis legislativer und verfassungsrechtlicher Reformen, die, auf rechtsstaatlichen Verfahren basierend, vonseiten des Staates eingeleitet wurden. Als rechtliche Reformen modifizieren sie kollektive und gemeinschaftliche soziojuristische Organisationen, die sie durch eine privatrechtliche Eigentumsordnung ersetzen. Eine solche Umgestaltung der Rechtsordnung kann exakt als Transition zum System des Äquivalententauschs interpretiert werden. Soziale Gruppen, die ein gemeinschaftliches und nichtkapitalistisches Leben geführt haben, werden über einen Enteignungsakt von den Produktionsmitteln abgeschnitten und untereinander getrennt. Von diesem Akt an sind sie vom Markt abhängig. Die mittelbare Folge jeder derartigen Expropriation ist die (Re-)Kommodifizierung sowie die Umgestaltung vorheriger Rechtsordnungen hin zum bürgerlichen Recht.

Man ist also mit einem Rechtssystem konfrontiert, das ganz explizit die Enteignung, die Besetzung und die Kolonisierung verschiedener Raumformen und bestehender Lebensarten, Beziehungen und Subjektivitäten vorschreibt. Offenkundig illegale Praktiken wie Raub, Eroberungen oder Krieg werden hier nicht kriminalisiert, sondern als notwendiges Übel akzeptiert. Das bürgerliche Recht

---

3   So zuletzt zu beobachten in Rio de Janeiro im Kontext der Fußball-WM 2014 und der Olympischen Spiele 2016, vgl. dazu Vieira da Cunha 2018.

gründet sich demzufolge auf Akten roher Gewalt, die zwar in diversen Varianten der Ausnahme-Jurisdiktion ermöglicht werden, aber in seiner idealisiert-fetischisierten Selbstbeschreibung keinen Platz haben.

Doch auch jenseits der „ursprünglichen" Enteignung und Zerstörung alternativer Rechtsformen kann das Recht zum Mittel werden, um Kommodifizierung zu ermöglichen: Eine Gesetzesreform, eine neue gesetzliche Regelung oder ein Rechtsinstitut, das bei der Transformation des bestehenden Rechts die Ungleichheitsstruktur des Enteignungsaktes legitimiert bis offen vorschreibt, sind probate juristische Mittel, um den notwendigen Raum zur Verfolgung von Akkumulationsinteressen weiter zu erschließen. In dieser Situation gibt es keine Gleichheit oder abstrakte Freiheit, sondern eine explizite und unverhüllte rechtliche Anerkennung von Asymmetrie und Ungleichheit.

5   Ebenen der Rechtsgewalt im Kontext kapitalistischer Landnahmen

Ein genauerer Blick auf die Rolle der Rechtsgewalt in Prozessen der Landnahme zeigt somit, dass diese sich grundsätzlich von dem von Paschukanis beschriebenen „fetischisierten" Charakter des Rechts als „sozialer Form" unterscheidet. Die Herrschaft des Rechts als „soziale Form" ist nämlich unabdingbar geknüpft an die schon etablierte Geltung des Äquivalenzprinzips und an die mit diesem verbundene Omnipräsenz von Lohnarbeitsverhältnissen. Ist die dafür notwendige Monopolisierung des Eigentums in den Händen weniger jedoch noch gar nicht gegeben, hat das Recht eine völlig andere Funktion – nämlich, wie gesehen, die einer offen parteiischen Legitimiationsinstanz der gewaltsamen Zerstörung des nichtkapitalistischen „Außen".

Betrachtet man nun das Vorgehen der Rechtsgewalt, so lassen sich im Wesentlichen drei Ebenen unterscheiden, die im Folgenden jeweils kurz skizziert werden: die symbolische Abwertung des Anderen, die rechtliche Technik der Privatisierung sowie die disziplinierende Funktion des Strafrechts. Alle drei begleiten einander im Verlaufe von Landnahmen und ergänzen sich gegenseitig. Gleichzeitig entspricht die hier vorgestellte Reihenfolge grob dem idealtypischen Verlauf einer Landnahme: Auf die pejorative symbolische Markierung eines minderwertigen „Außen" folgt die rechtliche Vorbereitung der Landnahme durch eine entsprechende Anpassung des Eigentumsrechts und konkret angepasste Privatisierungsgesetze. Die eigentliche polizeilich-militärische Landnahme „on the ground" wird dann begleitet durch eine exzessive und weitestmögliche Ausreizung des Strafrechts, die es erlaubt, jeden auch zivilgesellschaftlichen Widerstand als „terroristisch" zu kriminalisieren und somit gewaltsam zu unterdrücken.

5.1   Othering: Das Andere als das Außen

Obgleich die Rechtsgewalt im Kontext der Landnahme einseitig gewaltsam verfährt, kommt doch auch eine gesetzlich vorgeschriebene Ungleichheit nicht umhin, sich rational zu legitimieren. Zu diesem Zweck operiert die kapitalistische Landnahme auf einer sprachlich-diskursiven Ebene. Maria Backhouse (2015) hat diese Dimension kürzlich erforscht: In ihrer Untersuchung der „grünen Landnahme" im brasilianischen Bundesstaat Pará konnte sie zeigen, dass die Einführung des Ausdrucks der „degradierten Flächen" in Umweltschutzgesetzgebungen maßgeblich an der Übertragung des Landbesitzes von Kleinbesitzern auf Großkonzerne beteiligt war. Es handelt sich hier um einen symbolischen Prozess, in welchem die zu enteignende soziale Gruppe und ihr Raum sprachlich und diskursiv als ein beeinträchtigtes, minderwertiges und rückständiges Anderes etabliert werden.

Die zu dieser Stigmatisierung beitragenden Mechanismen ähneln in großem Maße denen des „Othering", wie Gayatri Chakravorty Spivak (1985) sie beschrieben hat. „Othering" ist ein Instrument, das verwendet wird, um Bilder „anderer Kulturen" als umgekehrte Repräsentationen der eigenen zu projizieren. Dies bedeutet: Mit Rückgriff auf Stereotype werden Darstellungen eines Anderen kreiert, um im Kontrast die eigene kulturelle Identität umso positiver erscheinen zu lassen. Wie Spivak zeigt, war ein solches „Othering" ein integraler Bestandteil kolonialer Herrschaft, um die kulturelle Überlegenheit Europas gegenüber seinen Kolonien plausibel zu machen. Auf der einen Seite stand die europäische Identität, das „Wir", das als rational, modern und individuell dargestellt wird; auf der anderen Seite stand das „Sie", die Kulturen des Rests der Welt, die als veraltet, traditionell, rückständig oder prämodern dargestellt wurden (Costa und Gonçalves 2011, S. 59).

Anders als die Postcolonial Studies suggerieren, ist die kulturelle Reproduktion des Anderen jedoch nicht selbstreferenziell (Said 2003, S. 2 ff.), sondern in den objektiven Bedingungen der Kapitalexpansion begründet. Im Prozess der kapitalistischen Landnahme tragen die erwähnten diskursiven Strukturen dazu bei, die bestehenden Zustände, Leistungen und Beziehungen in einem ent- oder dekommodifizierten Raum als rückständig zu charakterisieren. Diese Darstellung wird stets auf der Grundlage des Vergleichs mit dem angeblich höheren Entwicklungsgrad des kommodifizierten Raums vorgenommen. Dies lässt sich u. a. an den humanistischen und aufklärerischen Rechtsdiskursen und -verträgen zeigen, welche die Völker Afrikas, Asiens oder der Amerikas als irrational und ihre Natur als wild charakterisierten, um deren Eroberung und Kolonisierung im Prozess der ursprünglichen Akkumulation zu legitimieren (Amin 2009, S. 152 ff.). Man kann diese Abwertung aber auch in den aktuellen neoliberalen Diskursen wie z. B. in den Empfehlungen des IWF und der Weltbank an sogenannte Entwicklungsländer finden, welche die besagten Gebiete als „rückständig", „unproduktiv" und „ineffizient" darstellen und damit die Voraussetzungen für ihre Okkupierung durch die „rationale" Marktlogik schaffen (Chimni 2006). Untrennbar assoziiert mit den Akkumulationsinteressen, die die Landnahmen vorantreiben, trägt das Projekt der rechtlichen Modernisierung und Entwicklung ebenso wie jede zivilisatorische Mission zur Charakterisierung eines Anderen bei, das es im Sinne des universellen Forschritts zu enteignen gilt.

Dieser Komplizenschaft entspricht dann auch die Beobachtung, dass das kulturell Andere mit dem nichtkapitalistischen Außen in der Binnenperspektive der Initiatoren und Unterstützer der Landnahmen zusammenfällt. Um die Voraussetzungen für die Expansion des Kapitalismus zu schaffen, werden rechtlich-diskursive Instrumente mobilisiert, die das als abweichend und minderwertig stigmatisierte Andere als ein Außen charakterisieren, das wegen seiner nichtkommodifizierten Merkmale einen ideologisch rückständigen Raum, d. h. eine *degradierte Fläche*, darstellt. Dadurch wird das Andere zu einem Gebiet, das nicht nur angeeignet werden kann, sondern auch im Grunde angeeignet werden *muss*, um sich entwickeln zu können. Diese Dynamik wird in den rechtlichen Diskursen über Slums in Lateinamerika (sogenannte Favelas) deutlich: Da diese gewöhnlich stereotyp als ein Ort des Verbrechens und der Unterentwicklung dargestellt werden, hat sich das Bild der Favelas als „unzivilisiertes" Gebiet verfestigt, das zur Begründung städtischer Umbaumaßnahmen oder zur Immobilienspekulation dienen kann (Wacquant 2005).

5.2 Der Rechtsmechanismus der Privatisierung

Die Charakterisierung des minderwertigen Anderen als zu unterwerfendes und zu zivilisierendes Außen stellt somit eine zentrale Bedingung dar für seine Expropriation und anschließende Kommodifizierung. Das Recht wird hier als ein Werkzeug erkennbar, das es ermöglicht, öffentliche, kommunale oder kollektive Güter und Dienstleistungen gleichermaßen in die Hände privater Marktakteure zu transferieren. Seine allseits bekannten Mechanismen sind hier die Deregulierung, Privatisierung und Öffnung eines bestimmten Sektors für den transnationalen Handel und damit die überlegene Konkurrenz. Auch werden verschiedene institutionelle Arrangements geschaffen: Auktionen und der Verkauf von Betrieben oder öffentlichen Gütern, Konzessionen, öffentlich-private Partnerschaften sowie

Übertragungen des Eigentums, der Verwaltung oder des Managements eines öffentlichen Dienstes an Privatbetriebe (Picciotto 2002). Gemeinsam haben diese institutionellen Arrangements, dass sie die Fähigkeit der Ressourcenallokation von einer kollektiven oder öffentlichen Instanz – d. h. in den meisten Fällen von staatlichen Institutionen – auf Privatunternehmen übertragen. Letztere stellen dann neue produktive Instanzen auf und definieren neue Integrationsnormen für die wirtschaftlichen und technologischen Sektoren sowie für die Arbeitsverhältnisse.

Privatisierungen stellen insofern charakteristische Vorgänge des Kommodifizierungsmoments in einer kapitalistischen Landnahme dar: Sie ermöglichen die Öffnung eines bisher unerschlossenen Marktes, der in der Lage sein soll, die Kapitalflüsse zu absorbieren. Wir haben bereits gesehen, dass dieser Prozess die Trennung von Produzenten und Produktionsmitteln impliziert. Dies wiederum muss keineswegs durch illegale Gewalt, sondern kann ganz legal durch Enteignungsmaßnahmen bewerkstelligt werden, mittels derer der Staat – unter der Begründung einer Förderung des Allgemeinwohls – die Menschen aus ihren Häusern oder von ihrem Grund und Boden vertreibt, um die Gebiete anschließend für die Wertschöpfung umzustrukturieren. Trotz ihrer formalen Rechtmäßigkeit weisen solche Maßnahmen die gleichen Eigenschaften wie Raub auf, da es sich in beiden Fällen um ein einseitiges Vorrecht des Staates handelt, das einer Einwilligung der Betroffenen entbehrt. Die Räumungen von Favelas in Rio de Janeiro im Zuge der städtischen Umbauarbeiten für die Olympischen Spiele 2016, welche – mit der Begründung, dem Allgemeinwohl zu dienen – eine stärkere Eingliederung der Favelas und anderer Wohngebiete der ärmeren Bevölkerung in den Immobilienmarkt und Tourismusbetrieb ermöglichten, haben den gewalttätigen Charakter dieser juristischen Maßnahmen mehr als deutlich gemacht: Die Mobilisierung von Polizeikontingenten und militärischen Einheiten zeigt, dass das Rechtsinstrumentarium bei Enteignungen keinen gleichberechtigten Prozess impliziert (Sánchez und Broudehoux 2013).

Nach diesen Privatisierungsprozessen ist das Individuum, wie schon erwähnt, frei im doppelten Sinn. Einerseits kann es seinen Grundbesitz veräußern, verpachten, verpfänden oder Investitionen für die Verbesserung der Infrastruktur anwerben; andererseits kann bzw. muss es nun die eigene Arbeitskraft verkaufen. Die liberale Literatur hat diesen Praktiken ein Empowerment-Potenzial für die betroffenen Bevölkerungsteile zugeschrieben (Atuahene 2006). Aber stellen sie nicht vielmehr eine Form der Rechtsgewalt dar?

In seiner Arbeit über die Lebensverhältnisse der englischen Bevölkerung während der Phase der ursprünglichen Akkumulation hat E. P. Thompson (1966, S. 212) eine für diese Fragestellung nützliche These formuliert. Nach seiner Ansicht hat die Arbeiterklasse die leichte Verbesserung ihrer Schutzgesetze während der Wende des

18. zum 19. Jahrhundert als katastrophales Ereignis erfahren: Die Umwandlung in einen freien Arbeiter mag einen unmittelbaren Gewinn dargestellt haben, bedeutete aber auch, dass sie nun den kapitalistischen Bedingungen der Ausbeutung ihrer Arbeitskraft unterworfen waren. Wendet man diese These etwa auf die brasilianische Gegenwart an, kann man bestätigen, dass die Verteilung von Eigentumstiteln zwar einen unmittelbaren finanziellen Vorteil darstellt, jedoch gleichzeitig die katastrophale Perspektive der Prekarisierung erst möglich macht (Dörre 2013).

5.3   Massive Anwendung des Strafrechts

Bei der Darstellung der gewalttätigen Usurpation des Gemeindelandes in England identifiziert Marx im Hinblick auf die Regulierung des Landrechts zwei verschiedene historisch-juristische Phasen: Die erste Phase bezieht sich auf den Zeitraum zwischen dem späten 15. und 17. Jahrhundert, als besagte Usurpation nur auf illegale Art und Weise und entgegen expliziter gesetzlicher Verbote praktiziert wurde. In der daran anschließenden zweiten Phase, von Marx datiert ab der Wende zum 18. Jahrhundert, änderte sich das: Die Usurpation wurde gesetzlich geregelt; das Gesetz selbst entwickelte sich zu einem „Vehikel des Raubs von Volksland" (Marx 1962, S. 752).

Beide Momente wurden vom Strafrecht geprägt, das Marx (ebd., S. 761 ff.) als „Blutgesetzgebung" bezeichnet, da es die Enteignung der Bauern historisch begleitete. In dem Maße, wie man die Bauern von ihren Ländereien vertrieb, erlangten diese die komplette Freiheit, ihre Arbeitskraft an die Kapitalisten zu verkaufen. Allerdings wurden sie nicht automatisch und sofort von der industriellen Wirtschaft absorbiert, sodass sich eine wirtschaftlich noch nicht integrierte Masse bildete, die qua Gewalt an die „Disziplin des neuen Zustandes" (ebd., S. 762) gewöhnt werden musste. Aus exakt dieser Perspektive hat Marx das Entstehen diverser „Blutgesetzgebungen" gegen Vagabundage, Armut und Pauperismus in England und Frankreich seit dem 15. Jahrhundert erklärt. In diesem Sinne hat das Strafrecht während des Prozesses der ursprünglichen Akkumulation die Disziplinierung der Arbeitskraft erst ermöglicht.

Auch in den Prozessen der heutigen Landnahme fungiert das Strafrecht als Disziplinierungsmittel. Die Verwendung juristischer Techniken zur Privatisierung von Räumen setzt soziale Gruppen und lokale Bevölkerungen unter Druck, sich von ihren Gemeinschaften und Kollektiven zu lösen und ihre Arbeitskraft in den Städten zu veräußern. Das Strafrecht dient auch hier zur Disziplinierung im Sinne der Marktgesellschaft durch verschiedene Formen der Repression und Kriminalisierung enteigneter Gruppen. Im Kontext ärmerer Volkswirtschaften bedeutet dies eine Anpassung der Arbeitskräfte an prekäre und flexible Arbeitsbeziehungen (Dörre 2013).

Der Blick auf Lateinamerika zeigt, dass die Kriminalisierung der Enteigneten und deren Widerstand in den letzten Jahrzehnten eine Welle von Verhaftungen unter den verschiedensten Anklagen auslöste: unter ihnen die Störung des öffentlichen Friedens, Beamtenbeleidigung, Verletzung der öffentlichen Ordnung, Krawalle, Unruhe, Terrorismus, Volksverhetzung und Verschwörung. Insbesondere die Rechtsinstitute „Terrorismus" und „organisierte Kriminalität" spielen dabei eine besonders wichtige Rolle für die Praxen des Repressionsapparats (Graham 2010). Diese Art von Gesetzen verwendet in großem Umfang mehrdeutige und abstrakte Begriffe, etwa um die vermeintliche Zugehörigkeit einer Person zu einem kriminellen Netzwerk festzustellen und zu bestrafen. Dies ermöglicht die Ausweitung der Repression auf politische und soziale Bewegungen. Da diese in der Regel die Zusammenkunft mehrerer Personen voraussetzen, war es der lateinamerikanischen Justiz, insbesondere in Mexiko und Brasilien, möglich, soziale Bewegungen insgesamt als organisierte Kriminalität zu klassifizieren. Da solcherlei Gesetze außerdem auf jede beliebige Straftat bezogen werden können, erlauben es ihre abstrakten Rechtsbedingungen, jede Person, die in einem indirekten Zusammenhang mit einem dieser Verbrechen steht, also z. B. in der Nachbarschaft eines Tatorts in einem Slum wohnt, als Teil einer kriminellen Organisation zu betrachten. Dies hat zu einer massiven Kriminalisierung der armen Bevölkerung geführt. Wenn man bedenkt, dass diese aus Favela-Bewohnern, Bauern und Indigenen besteht, wird der disziplinarische Charakter der besagten Gesetzgebung offenkundig.

6   Fazit

Auf der Grundlage der oben diskutierten zwei Prinzipien ist es möglich, die Rolle des Rechts bei der Akkumulation des Kapitals zu systematisieren, und zwar entsprechend seiner Stellung zu dieser Akkumulation. In der vom Prinzip der Äquivalenz beherrschten Sphäre des Tauschs fungiert das Recht – wie von Paschukanis beschrieben – als Gewährleistung abstrakter Gleichheit und Freiheit, die mit dem Warenfetischismus verbunden ist, und verbirgt dabei die Aneignung unbezahlter Arbeitszeit. In der vom Prinzip der Expansion dominierten Sphäre der kapitalistischen Landnahme jedoch äußert sich das Recht als explizite Rechtsgewalt und als unverhüllte Vorschrift von Ungleichheit, insofern es den räuberischen Eingriff in Räume und Gruppen ermöglicht, die bislang nicht von der Wertschöpfung beherrscht wurden.

Der idealtypisch erste Akt der kapitalistischen Landnahme geschieht mit der Charakterisierung des (nichtkapitalistischen) Anderen als minderwertiges und rückständiges Außen. Sobald es als solches qualifiziert ist, ist es möglich, durch Rechtsverfahren, die auf die Privatisierung des kollektiven und öffentlichen Raums sowie von Gemeingütern abzielen, Kommodifizierungsprozesse einzuleiten. Diese Techniken zwingen soziale Gruppen und lokal ansässige Bevölkerungen dazu, sich von ihren Gemeinschaften, Kollektiven oder öffentlich bereitgestellten Diensten zu lösen. Dadurch werden Hindernisse beseitigt, die solche Gruppen oder Bevölkerungen davon abhalten, ihre Arbeitskraft zu verkaufen und damit den kapitalistischen Logiken und Notwendigkeiten zu unterwerfen. Fortan wird das Strafrecht zu ihrer Disziplinierung eingesetzt. Wenn der Prozess der Repression und Kriminalisierung enteigneter Gruppen abgeschlossen ist, sind die Personen, die diesen Gruppen angehören, ausreichend vorbereitet, um in das System des Äquivalententauschs einzutreten. Nur nach strafrechtlicher Disziplinierung kann die G–W–G'-Seite der Akkumulation normalisiert werden. Einmal normalisiert, funktioniert das Recht dann anders als während der kapitalistischen Landnahme: Es verzichtet ausdrücklich darauf, Gewalt und Ungleichheit explizit vorzuschreiben, und nimmt die Rechtsform der Äquivalenz an.

Da der kapitalistische Produktionsprozess dazu neigt, in Überakkumulationskrisen zu münden, erreicht er immer wieder einen Punkt, der Expropriationen von zuvor nicht kommodifizierten Räumen erfordert. Die kapitalistische Landnahme mobilisiert das explizit gewaltsame Moment des Rechts, schafft die Voraussetzungen für weiteren Kapitalfluss und damit einen neuen Ort des Äquivalententauschs. Es ist somit möglich, eine letzte Hypothese aufzustellen: Wenn die Kapitalakkumulation das Widerspruchsverhältnis zwischen dem Äquivalenzprinzip und dem Landnahmeprinzip darstellt, dann ergibt sich die soziorechtliche Reproduktion der Akkumulation aus dem Widerspruchsverhältnis zwischen der Rechtsform der Äquivalenz und der expliziten Rechtsgewalt. Die Ausarbeitung dieser Hypothese hängt jedoch von einer dialektischen Form ab, die durch weitere Forschung entwickelt und getestet werden will.

Danksagung: Für ihre kritischen, präzisen und konstruktiven Hinweise danke ich Henri Band, Sophie Bose, Andreas Häckermann, Felix Neubauer, Fabricio Rodriguez und Benjamin Seyd.

Literatur

Amin, S. (2009). *Eurocentrism: Modernity, religion and democracy. A critique of Eurocentrism and culturalism*. New York: Monthly Review Press.

Atuahene, B. (2006). Land titling: A mode of privatization with the potential to deepen democracy. *Saint Louis University Law Journal, 50*, 761–781.

Backhouse, M. (2015). *Grüne Landnahme – Palmölexpansion und Landkonflikte in Amazonien*. Münster: Westfälisches Dampfboot.

Buckel, S. (2010). *Subjektivierung und Kohäsion: Zur Rekonstruktion einer materialistischen Theorie des Rechts*. Weilerswist: Velbrück Wissenschaft.

Chimni, B. S. (2006). Third world approaches to international law: A manifesto. *International Community Law Review, 8*, 3–27.

Costa, S., & Gonçalves, G. L. (2011). Human rights as collective entitlement? Afro-Descendants in Latin America and the Caribbean. *Zeitschrift für Menschenrechte, 2*, 52–70.

Dörre, K. (2009). Die neue Landnahme. Dynamiken und Grenzen des Finanzmarktkapitalismus. In K. Dörre, S. Lessenich & H. Rosa, *Soziologie – Kapitalismus – Kritik. Eine Debatte* (S. 21–86). Frankfurt a. M.: Suhrkamp.

Dörre, K. (2013). Prekarität – ein System ständiger Bewährungsproben. In H.-J. Burchardt, S. Peters & N. Weinmann (Hrsg.), *Arbeit in globaler Perspektive. Facetten informeller Beschäftigung* (S. 29–54). Frankfurt a. M.: Campus.

Elbe, I. (2004). Warenform, Rechtsform, Staatsform. Paschukanis' Explikation rechts- und staatstheoretischer Gehalte der Marxschen Ökonomiekritik. *Grundrisse. Zeitschrift für linke Theorie und Debatte*, (9), 44–53.

Fausto, R. (1987). *Marx: Lógia e Política. Investigação para uma reconstituição do sentido da dialética. Band 2*. São Paulo: Brasiliense.

Frank, A. G. (1978). *World accumulation, 1492–1789*. Basingstoke: Palgrave Macmillan.

Graham, S. (2010). *Cities under siege: The new military urbanism*. London: Verso.

Harvey, D. (2004). The „new" imperialism: Accumulation by dispossession. *Socialist Register, 40*(1), 63–87.

Luxemburg, R. (1975) [1913]. Die Akkumulation des Kapitals. In R. Luxemburg, *Gesammelte Werke*, Bd. 5 (S. 5–411). Berlin: Institut für Marxismus-Leninismus.

Marx, K. (1962) [1867]. Das Kapital. Kritik der politischen Ökonomie. Erster Band. In K. Marx & F. Engels, *Werke (MEW)*, Bd. 23. Berlin: Dietz.

Marx, K. (1964) [1894]. Das Kapital. Kritik der politischen Ökonomie. Dritter Band. In K. Marx & F. Engels, *Werke (MEW)*, Bd. 25. Berlin: Dietz.

Osterhammel, J. (2010). *Die Verwandlung der Welt. Eine Geschichte des 19. Jahrhunderts*. München: C.H. Beck.

Paschukanis, E. (2003) [1924]. *Allgemeine Rechtslehre und Marxismus. Versuch einer Kritik der juristischen Grundbegriffe*. Freiburg: ça ira-Verlag.

Picciotto, S. (2002). Introduction: Reconceptualizing regulation in the era of globalization. *Journal of Law and Society, 29*, 1–11.

Said, E. W. (2003). *Orientalism*. London: Penguin Books.

Sánchez, F., & Broudehoux, A.-M. (2013). Mega-events and urban regeneration in Rio de Janeiro: Planning in a state of emergency. *International Journal of Urban Sustainable Development, 5*, 132–153.

Schacherreiter, J., & Gonçalves, G. L. (2016). The Zapatista struggle for the right to land: Background, context and strategies. In A. Fischer-Lescano & K. Möller (Hrsg.), *Transnationalisation of social rights* (S. 265–303). Cambridge: Intersentia.

Spivak, G. C. (1985). The Rani of simur: An essay in reading the archives. *History and Theory, 24,* 247–272.

Thompson, E. P. (1966). *The making of the english working class.* New York: Vintage Books.

Tobler, H.-W. (2004). Die Revolution und die Entwicklung Mexikos im 20. Jahrhundert. In W. Bernecker et al. (Hrsg.), *Mexiko heute: Politik, Wirtschaft, Kultur* (S. 65–85). Frankfurt a. M.: Vervuert.

Vieira da Cunha, N. (2018). L'expulsion comme mode de gouvernement. Les politiques des favelas à Rio de Janeiro. *L'Année Sociologique, 68,* 135–154.

Wacquant, L. (2005). Zur Militarisierung städtischer Marginalität. Lehrstücke aus Brasilien. *Das Argument, 47*(5–6), 131–147.

"A Moloch demanding the whole world as a sacrifice"[1]
The structures of financial capital in the early 21st century

Éric Pineault

---

1 Introduction

A decade after the great financial crisis, it could be argued that those processes captured by the concept of financialization have not so much slowed as faded into the background as a locus of instability and conflict in capitalist societies. Other contradictions have come to the fore, in particular those rooted in the biophysical scale of the accumulation process, contradictions that we experience and debate as climate change, biodiversity loss, and other ecological limits or boundaries to growth (Pichler et al. 2017). What was once thought to be the defining feature of the accumulation process as a whole now seems to have become a rather trivial facet of advanced capitalism as it exists today.

Usually described as the growing centrality of financial relations, institutions, and systems in the capitalist accumulation process and in social relations in general (Epstein 2005), financialization suggested, in sometimes overly vague ways, a "great transformation" of capitalism (Polanyi-Levitt 2013). This great transformation involves the rise of a new accumulation regime as well as the changing relation between finance and industry and the "financialization of everyday life" (an expression coined very early by sociologist Randy Martin 2002).[2] Increasingly it would seem

---

1   Marx 1969, S. 453.

2   In this way, a state of the art overview by van der Zwan in 2014 usefully divides financialization studies into three complimentary fields of inquiry: 1. The study of financialization as the development of a new accumulation regime, a stage of capitalist development or capitalist type, a field dominated by political economists and heterodox economists; 2. The study of changed relations between finance and industry through the diffusion of shareholder activism and shareholder value norms in productive corporations, changing their governance structures, modes of financing, and how they manage their acquired surplus. A field of study invested by critical management studies, organizational sociology,

© Springer Fachmedien Wiesbaden GmbH, ein Teil von Springer Nature 2019
K. Dörre et al. (Hrsg.), *Große Transformation? Zur Zukunft moderner Gesellschaften*, https://doi.org/10.1007/978-3-658-25947-1_6

that the subjects of capitalist economies are no longer defined as mass producers or mass consumers, but also as subjects of mass finance.

A decade after the great financial crisis, it is not unreasonable to argue that financialization has, in all of its constitutive dimensions, profoundly changed capitalist economies and societies. The epicenter of the 2008 crisis was the United States and to a lesser degree the UK, even if the aftershock of the crisis, being the great recession and ensuing period of politically inflicted austerity, was felt across all advanced capitalist societies, particularly in continental Europe. Most large capitalist corporations continue to feel the pressure of financialization in the specific variant of the shareholder value revolution[3]—a financial governance of non-financial capital that curbs investments, shortens companies' time horizons, and pressures worker incomes. This has been felt to varying degrees across Europe and Asia. A similar form of financial governance of state finance, using the structural adjustment methods tried and tested during the debt crisis of Latin America in the 1980s and 1990s, has emerged as an aftershock to the 2008 crisis and profoundly impacted southern Europe.

And yet, even though this development does involve European private and public financial institutions (large banks and the European Central Bank), one cannot say that all European societies and their economies are equally under the sway of a financialized accumulation regime. Nor could one argue that European citizens and wage-earners have become subjects of mass finance in the same way as their counterparts in North America or the UK. The same can be said (with a slightly lesser degree of certainty because of the opaqueness of the situation in China) of East Asia as well as other parts of the world. Therefore, while financialized accumulation is a pervasive feature of contemporary capitalism, the degree of subsumption of

---

and critical accounting. 3. The study of the financialization of everyday life. This designates the growing individual engagement with financial relations in mundane situations, such as paying for the groceries or planning small (vacations) and large (can I afford to go to college?) life decisions, adoption of financial interpretative frames in daily life, and, finally, the emergence of discourses and practices by various agencies, public and private. The latter aim to produce adequate "financial subjects", for example, financial literacy initiatives or tax reforms which reward individuals who accumulate savings in managed fund accounts. In addition, there is the study of new "financial objects", or how financialization changed the objective world of social practice by producing a financial mode of the existence of things and events, such as ecosystems, natural disasters, or bumper year global corn harvests (Lindo 2018). This third field has attracted scholars from all the social sciences and the humanities in general.

3   This has been well documented since the 1990s (Williams 2000) while the macroeconomic impact of this process of subsumption has also been studied (Tori and Onaran 2018).

the overall accumulation process is highly unequal from one society to another (Roberts and Kwon 2017).

Our task in this paper is thus to arrive at a better understanding of the process of financial accumulation that has emerged as a system with an uneven degree of development across advanced capitalist economies and societies over the last few decades. To this end, we will propose a sociological ideal-type of the financial form of accumulation that allows us to identify the institutional forms that depend on and reproduce financial capital and to model—sociologically—how financial capital mediates industrial circulation. This approach to financialization builds on an idea originally proposed by Paul Sweezy and discussed by John Bellamy Foster in the second edition of his *Theory of Monopoly Capitalism*. According to Foster, the exact words of Sweezy were:

> "We need a theory which integrates finance and production; the circuits of capital of a financial and a real productive character much more effectively than our traditional theories do. [...] I think it will take somebody who starts differently and isn't so totally dominated by M–C–M', the industrial circuit, with financial circuits always being treated as epiphenomenal, not part of essential reality." (Foster 2013)

Following Sweezy, we will build our model using the concepts of "financial and industrial circuits" and we will treat finance as part of the essential reality of capitalism—instead of an epiphenomenal source of instability.

In his own work on the great financial crisis, Foster, with McChesney (2012), explains how in their pioneering analysis of financialization published in 1987, Sweezy and Magdoff proposed a model of advanced capitalism in which a financial superstructure rested on an underlying productive base, both of which require the mediation of credit-money.[4] From this Sweezy-Magdoff-Foster perspective, the dialectic between finance and production has two forms. The first form, central to Marx's *Capital*, Book 3, sees a short cycle of recurring financial asset bubbles which result from the speculative overshoots of accumulation in the superstructure vis-à-vis the economy's productive base. This is contrasted with financialization in the form of longer-term structural change, an actual inversion of the relation between finance and production in the larger accumulation process, where the superstructure becomes the dynamic and determining element while the base

---

4   Foster also shows the parallel between this perspective and Hyman Minsky's two price system model of capitalism (Minsky 1975), where a capital asset price system of finance intertwines with a real current output price system of production, the former determined by financial relations and accumulation, the latter by productive and consumption relations.

becomes the determined element. Foster's argument ties together stagnation of the productive base and a dynamic financial superstructure which becomes the main locus of accumulation (Foster and McChesney 2012).

Yet, the distinction put forward by Sweezy between financial and industrial circulation is not rooted in Book 3 of *Capital*; it actually goes back to Keynes's *Treatise on Money* (Keynes 1953).[5] There, it was used to describe two structurally distinct circuits of a monetary production economy. These circulations combined integrate the determining macroeconomic relations and basic institutions of a capitalist economy (as understood by Keynes in the 1930s as a monetary production economy oriented towards accumulation and structured by class relations between capitalists, rentiers, and wage laborers[6]). And yet curiously, Foster and McChesney, though recognizing that "Keynes, too, distinguished between separate realms of industry and finance" (Foster and McChesney 2012), do not further investigate how Keynes worked in the *Treatise* with these separate spheres as a basis to understand accumulation.

It will be argued that the model of two circulations provided by Keynes lays the foundations for a much more complex and sophisticated institutional analysis of the social structures of financial accumulation in advanced capitalist formations than do Marx and his close followers, such as Hilferding (Pineault 2014). Because Marx's conceptualization of the logic of financial capital is still essential to understanding the logic of financial accumulation, we will start by exploring these insights and comparing them to Keynes's model of two circulations in section 2. In section 3, we will then explore the institutions and structural relations that together form the two great circulations of capitalist economies, focusing more specifically on financial circulation and its three core institutions that have marked the development of financial capitalism in the 20th century, most particularly in the Anglo-Saxon world: large monopolistic banks, funds as non-banking financial intermediaries,

---

5   Rather than to the Marxian corpus of economic analysis where—to my knowledge—these concepts have not been fully developed. Marx does discuss in Book 2 of *Capital* three circuits of capital as different entry points for capital into expanded reproduction, but this points to a radically different set of problems than the ones examined here.

6   Keynes developed the idea of capitalism as a "monetary production economy" by reflecting on Marx's fundamental equation of the capitalist process, M–C–M', which he explicitly referred to in his notes on a theory of monetary production (cf. Dillard 1980). This approach in terms of circulation and monetary circuits must not be confused with "market based" representations of the economy, where production, reproduction, and the production of an accumulable surplus are occluded. The goal of such an analysis is to describe capitalist accumulation as a monetary process, as in Marx's own well-known M–C–M' figure and its more developed forms (Dillard 1980).

and exchanges as spaces of centralization of financial flows. Finally, in section 4, we will derive essential features of contemporary capitalist development from this ideal-type. We will conclude by asking what the dominance of this form of accumulation implies for the stability and viability of growth-based capitalist societies.

2   Marx and Keynes on financial accumulation and circulation

2.1   Marx: M–M' vs. M–C–M'

"Money which begets money", or M–M' is the figure that in the Marxian tradition represents the general form of financial capital and thus the basic social structure of the financial accumulation process in capitalism. In and of itself the figure is an entirely irrational form according to Marx. Its only effectivity becomes apparent if it can somehow latch itself onto some other process in the monetary production economy. Exploring these articulations led Marx, and later Hilferding, to derive various forms and types of financial accumulation, from usury to the circulation of shares and bonds, conceptualized as "fictitious" capital because of its anticipatory nature. In Marx's writings, the one form that remains the focus of his attention is "interest-bearing capital", where the M–M' figure ties itself to the productive accumulation process of industrial capital as expressed in the classical figure M–C–M'—knowing that C here encapsulates a much more complex productive accumulation process of value and surplus value formation implied by the concepts of variable and fixed capital. When approaching M–M', Marx's vocabulary changes and suddenly refers to philosophical concepts that are used much more sparingly in the rest of his economic writings. Capital as M–M' is "alienated and rendered independent of its inner substance", it is a "complete objectification, inversion and derangement", an "automatic fetish" or the "complete fetish" (Marx 1969). Rather than considering this return of the topic of alienation as simply an outburst of rhetoric, we will propose an interpretation of the logic of the M–M' form that refers to its theoretical conceptuality.[7]

---

7   M–M' as interest-bearing capital is not only central to the pages that Marx dedicates to finance in what has come to be called Book 3 of *Capital*, it is also the central figure of the shorter text known as "Revenue and its sources" (Marx 1969), a manuscript that has been published in the addenda of the *Theories of surplus value 3*. As Heinrich (2012) has argued, the notion of a Book 3 of *Capital* is highly problematic given the extensive revision that Engels made to the original manuscripts. The shorter "Revenue and its

The properties and nature of M–M', of financial capital, appear in and are derived by Marx from their tension with the M–C–M' form; more specifically, they are the product of the alienation of the normal form of accumulation. How can this be understood? A starting point is to examine the consequences of the disappearance of "C" in the figure, which also means the disappearance of "C" as the effective mediation of the value process of capital. We go from a relation or process comprised of three "moments" to a simple duality, without a mediating moment—in the M–M' form, money as capital seems to mediate itself. In the M–C–M' figure, money striving to become capital must first accept to become capital's other—being dead or living labor. That is, it must become constant or variable capital. It is only after this change of form that it can valorize itself and become M', whereas financial capital in all its forms actually attempts to valorize itself without this change of form. What does this mediation and non-mediation imply?

We propose exploring this difference in the valorization process via two oppositions, namely that of determination/indetermination and that of reversibility/irreversibility. The M–C–M' form implies that capital in its process of valorization is determined by C, and this determination takes on two forms. In the movement of M to C, money becomes variable capital, that is, it becomes labor income and eventually labor itself as consumed use value. In other words, the valorization process of productive capital necessarily encounters and engages with capital's other, labor. But M also becomes constant capital; and furthermore, as capitalism develops, an ever greater part of M becomes "fixed capital" with significant rotation times. Thus, the "division of labor", both in its technical and social aspects, also determines the valorization process of productive capital.

Now turning to the M–M' figure, it is apparent that we are confronted with a valorization process that explicitly avoids these two determinations: it is characterized by its indetermination, both by labor and by the division of labor. If it is obviously impossible to anticipate a valorization process in capitalism that would have such a foundation, or non-foundation—as critical analysts, what are we to do? One option at this point is to develop an epistemological critique of theories of finance which take for granted this reified concept of capital—Marx himself does so in "Revenue and its sources". But yet another option is to take things further and consider how certain specific social relations and institutional structures create

---

sources" has the advantage of being written entirely by Marx alone, its treatment of financial capital being more conceptual and more focused. Though in another context we have extensively studied the content of Book 3 (Pineault 2014), here we will limit our analysis to the shorter manuscript which contains the essence of what we wish to derive from Marx.

a sphere of valorization that functions as if it was indetermined, and that relates to other valorization processes precisely in a way so as to maintain its supposed autonomy and externality. Indetermination can thus be understood not as an inherent and natural property of financial capital, but as an unstable institutional construct. This will be one of our starting points for the analysis of the financial valorization processes.

M–C–M' also has a processual or temporal nature that is tied to the mediation of the valorization process by C. M that becomes C enters a production process that is irreversible, and it is only after having been produced as C' that surplus value can be realized in circulation and recover its money form as M'. This irreversibility opens a space for contingency and uncertainty, discontinuity and discrepancy. M–M', on the contrary, being mediated by nothing other than itself, has the formal property of reversibility. Qualitatively speaking, there is no difference between either M of the polarity.

> "In its capacity of interest-bearing capital, capital claims the ownership of all wealth which can ever be produced, and everything it has received so far is but an instalment for its all-engrossing appetite. By its innate laws, all surplus-labor which the human race can ever perform belongs to it. Moloch." (Marx 1959, S. 270)

With this property of reversibility, the M–M' form anticipates the production and realization of surplus value as a whole and demands immediately its share according to a ratio which it constructs in its relation to itself. Again, an epistemological critique can show the fictitiousness of such a property if it is thought of as something natural or inherent to capital. But yet again, critical theory can take things further and consider how specific social relations and institutions construct this image of the reversibility of finance capital—which forms the basis of its specific liquidity and constitutes the second important feature of the financial valorization process.

If we take Marx's use of the concepts of fetishism and alienation in his theoretical treatment of the M–M' form seriously, then each of the above dimensions can also be thought of as a specific form of fetishism: indetermination implying the fetish of *intrinsic* value of financial capital, reversibility implying the fetish of *automated realization*, or accumulation through circulation. This fetishized financial capital is as illusionary or as real as the social relations and institutions which produce these properties: when for historic—economic, cultural, and political—reasons these forms are strong, then so is the fetish; when they break down, so does the fetishism.[8] The fetishistic character of M–M' forms the real foundation for the ca-

---

8 This is what leads me to avoid working with the category of "fictitious capital": as all social relations and institutions are "socially constructed", all are to some degree fictions; but

pacity of financial capital to mediate social action and in particular the economic processes of advanced capitalism. This means that attributes of financial capital as M–M' only operate if institutionalized in a specific social structure. We will explore this social structure as a dialectic between two circulations, the industrial and the financial circulation of capital, beginning with an exploration of the way Keynes examined this question in his *Treatise on Money*.

2.2   Keynes: industrial and financial circulation

In his *Treatise on Money*, industrial circulation is defined by Keynes as "the business of maintaining the normal process of current output, distribution and exchange and paying the factors of production their incomes for various duties which they perform from the first beginning of production to the final satisfaction of the consumer." (Keynes 1953, S. 243) This circulation encompasses the M–C–M' form examined above. Whereas financial circulation is defined as "the business of holding and exchanging existing titles to wealth (other than exchanges resulting from the specialization of industry), including Stock Exchange and Money Market transactions, speculation and the process of conveying current savings and profits into the hands of entrepreneurs" (ibid.). This time we are confronted with a circulation that has both a functional aspect—turning profits and savings into investment capital—and a speculative aspect. The latter is derived from secondary markets where pre-existing assets circulate according to a logic akin to the M–M' figure and that imply the properties of indetermination and reversibility.

According to Keynes (ibid., S. 248), industrial circulation is regulated by the "volume and cost of production of current output", while financial circulation is regulated by the volume of trading in financial instruments and mitigated by the desire to hold liquid cash deposits instead of securities (bullishness or bearishness translates into liquidity preference), these two tendencies developing independently of the "volume of output whether of capital-goods or consumption-goods". Financial circulation entails the articulation of monetary liquidity (deposits) to financial liquidity (securities). Keynes also argues that the logic of the secondary market is the prime mover of financial circulation. The volume of production of new financial assets that will enter into circulation has a marginal impact on the overall volume of financial assets in circulation, and it is the dynamic of valorization in this secondary market that will fix the frame for the valorization of new financial assets entering circulation. Moreover, Keynes argues that the dynamics of the secondary

---

social relations and institutions are also real in their capacity to mediate social action.

market for securities and financial assets can have an eviction effect on business investment as income and savings from businesses or households can be drawn away from the primary market—either (depending on market sentiment) towards pre-existing assets in the case of a bubble or towards bank deposits and money market funds in the case of uncertainty and pervasive "bearishness". Either way, in Keynes's view, nothing in the logic of financial circulation guarantees that it will be of a functional nature, efficiently capturing and converting pools of savings and free capital into entrepreneurial and/or corporate investment. On the contrary, according to Keynes, finance is normally dysfunctional, free capital being sucked into bubbles and then spewed out and fleeing into bank deposits or other secure investments in a cycle of boom and bust.

From these initial insights we can draw a bare-bones ideal-type which implies two distinct structures of circulation, each constructed around a specific set of determinations and logics. As stated above, this distinction is processual. We are not distinguishing sectors closed off from one another or radically estranged economic actors, such as fractions of capital. On the contrary, the income and expense flows, investments, and projects of large corporations can participate in one or both circulations (Orhangazi 2008), as can the income, expenses, and savings of wage-earners (Kalman-Lamb 2017). Thus we can envisage a process of financialization of companies that could have an endogenous as well as an exogenous basis; it does not always have to take the form of pressure from a disconnected financial sphere on an industry.

Another important feature that characterizes Keynes's model of the two circulations was his recognition of the centrality of banks and credit-money to both structures. From this perspective, it is neither useful nor accurate to oppose a circulation that is intermediated by banks or a circulation that is somehow disintermediated and totally enclosed in markets where investors and savers meet directly. It is worth extensively citing Keynes on this issue:

> "In actual fact the banking system has a dual function—the direction of the supply of resources for working capital through the loans which it makes to producers to cover their outgoings during the period of production (and no longer), and of the supply pari passu of the current cash required for use in the Industrial Circulation; and, on the other hand, the direction and supply of resources which determines the value of securities through the investments which it purchases directly and the loans which it makes to the Stock Exchange and to other persons who are prepared to carry securities with borrowed bank-money, and of the supply, pari passu, of the savings-deposits required for use in the Financial Circulation to satisfy the bullishness or bearishness of financial sentiment, so as to prevent its reacting on the value and the volume of new investment." (Keynes 1953, S. 347)

Thus in Keynes's view, though the two circulations do have their own structures and dynamics, each does depend on credit-money created by banks—each circulation rests on monetary liquidity and is bank-centered even though, in the case of financial circulation, this monetary liquidity is used to create financial liquidity as credit-money pushes into circulation diverse financial assets in different financial markets, and thus is converted into financial liquidity and forms its basis. Banks are pivotal economic institutions from which both forms of circulation arise, which makes them central to the capitalist accumulation process.

Back in the 1930s, when Keynes wrote the *Treatise*, the institutional structure of financial circulation did not include the massive presence of "funds", which today almost monopolize the capture and allocation of savings, nor could he have foreseen the development of a "shadow banking sector". But as was revealed by the 2008 crisis, both these institutional structures depend on monetary liquidity provided by commercial banks and ultimately by the central bank (Seccareccia 2012). This will be a central tenet of our analysis of financial circulation: banks are essential because they not only produce the instruments which will enter into financial circulation, but they also produce the monetary liquidity which keeps them moving. When this liquidity dries up, as it did at the onset of the financial crisis in August of 2007, financial circulation, for all intents and purposes, stops. Keynes's distinction between industrial and financial circulation is precise and useful for the analysis of financialization because it theorizes both as forms of monetary circulation, each relying on endogenous money being produced and reproduced by the banking system as credit and circulating as bank-money between economic structures, rather than distinguishing between a real barter type productive sector, on the one hand, and a parasitic or fictitious financial sector, on the other, as is too often the case in critical political economy.

Finally, having adopted Keynes's concept of the two circulations as a basic framework, we must not forget the Marxian foundations we uncovered in the previous section. Each circulation is a valorization process, but this does not mean that value, or surplus, originates in either circulation. Instead, it means that capitalist valorization must realize itself in these monetary and financial circuits, and that the form and dynamic of each circulation is marked by this necessity.

3 The institutional structures of industrial and financial circulation

3.1 The institutions of the industrial circuit: banks, companies, and wage-earners

Our next step in developing the ideal-type of financial accumulation will be to map out and characterize the *institutions* that structure financial circulation. To do so, we will start with a brief examination of the industrial circuit, which represents the structure of accumulation and reproduction of productive capital. Industrial circulation can be defined as a classical circuit of M–C–M', with the added institutional specificity that in modern theories of the economic circuit the initial M represents credit-money (instead of commodity money) that is created in a relation between a company and a commercial or loan making bank (Graziani 2003). This credit-money then circulates during the production and consumption process as an endogenous monetary flow in the form of wages (Aglietta 1979; Lavoie 2012; Rochon 1999; Seccareccia 2012).

Thus, industrial circulation is built around three relations between three generic economic actors that together form the basic social structure of the accumulation process in a monetary production economy, such as advanced capitalism: banks, corporations, and wage-earning working class (Pineault 2014) as presented in Figure 1 below.

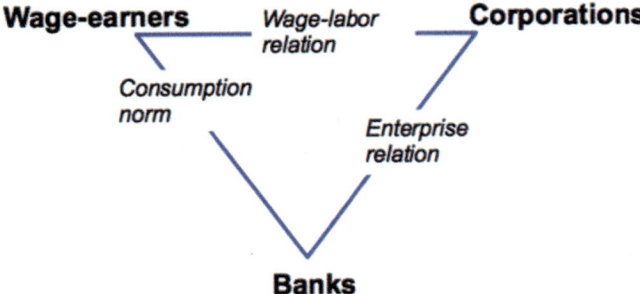

Fig. 1   Basic structure of industrial circulation (Source: author's own representation)

Banks monopolize the capacity of monetary creation through the establishment of credit relations, and capitalist companies engage in the production of goods and services, be they capital or consumer goods. Wage-earners engage, on the one hand, in the production process as workers and laborers and, on the other hand, in the consumption process as wage-earning households. The objective of banks and businesses as capitalist organizations is to accumulate capital, while that of wage-earners is to reproduce a mode of life based on consumption. The circuit is structured around the relations that have been institutionalized between these agents as shown in Figure 2.

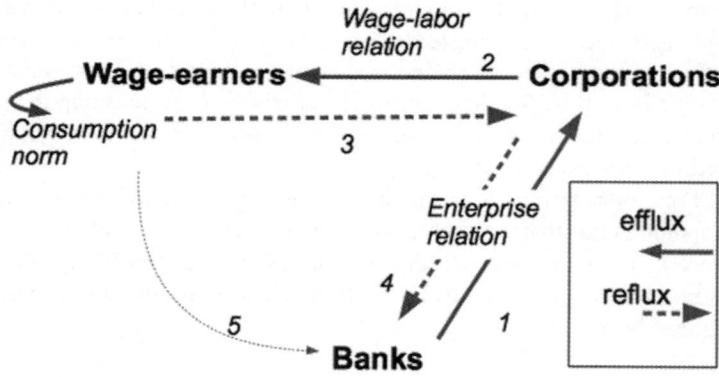

Basic moments of the circuit
1. advances for production and investment
2. wages and capital goods transactions
3. household expenses – consumer goods transactions
4. interest and principal payments
5. savings and deposits

Fig. 2   Industrial circulation as a process (Source: author's own representation)

The initial relation, which sets the flow in motion as an efflux of bank-money, sees businesses demanding and obtaining loans from banks for current production and investment needs. This initial finance appears in a relation we have termed "enterprise". A second set of relations between businesses and wage-earners follows that is built around the formation of the employment relation and productive activities per se that result in a division of labor. At this stage, the credit-money initially credited to business accounts is transferred to laborers as wages. Finally, a third relation forms around mass consumption where once again businesses and wage-earners meet: this relation is structured around a norm that shapes the validation process of production through consumption and the amount of household savings. At this point we have entered the reflux part of the cycle, as money flows back from wage-earners to businesses and from businesses to banks. Credit money having its origin in the bank sector (in contradistinction to commodity money coming out of mines), once it has flowed back, it will cease to exist as loans are paid off. Another possibility is the direct flow of money from wage-earners to banks as savings; in this case, households become creditors to the economy and capitalist companies become debtors.

It is in this circulation that productive capital is formed, fixed, accumulated, and eventually reproduced. It is also in this circulation that a division of labor emerges, both as a result of the form of competition between capitalist companies and of investment in innovative productive or consumer goods. Finally, in this circulation there are financial relations and forms of financial accumulation, but these are entirely determined by and embedded in the structure of industrial circulation: long-term loans emerge as an answer to capitalist investment plans, and household savings held by banks are a residual of wage income expenses on consumption. Of course, loan officers in large banks can sanction the investment plans of capitalist companies, squeeze capitalist profits with higher interest rates, and thus influence the rate of accumulation and the development of the division of labor. But neither case should be considered a form of "financialization".

A final note concerning this bare-bones model of industrial circulation: the state is of course a central actor in a capitalist monetary production economy. While it is beyond the scope of this paper to examine its many roles, two state functions are important to highlight for the sake of argument. The first is the state's role as producer of goods and services in an analogous manner to capitalist companies, however without their profit and accumulation imperative. Thus, the public sector engages in the same structural relations as the capitalist company in the industrial circulation, initially drawing on bank credit-money and then recapturing this efflux in the reflux phase through various fiscal channels (Parguez 2004). Secondly, the state also extends its sovereignty in the capitalist monetary production economy in the form of a public central bank acting as the ultimate guarantor of the liquidity of bank-money in circulation. More than merely protecting savings, even nominally independent central banks must enforce the validity of bank-money as a means of payment and uphold the value of bank-money as a unit of account. The inability to do so results in bouts of hyper-inflation and monetary crises that hamper the accumulation process.

3.2   The institutions of financial circulation: banks, funds, and exchanges

Financial circulation in advanced capitalist monetary production economies implies a different set of economic institutions that form the structural poles around which capital and money will flow. These are: 1. Banks, not as loan making "commercial banks" but as investment banks; 2. Funds, also known as "shadow banks" since the 2008 crisis (Financial Stability Board 2019); and finally 3. Exchanges, bourses and similar institutionalized financial markets. Investment banks produce financial capital that can circulate in various reified forms (e.g. securities, derivatives), and they finance this circulation through credit to other economic actors. Funds mainly engage in the capture and transformation of mass savings into financial capital. Finally, exchanges and exchange-linked institutions such as brokerage houses provide platforms for the centralization of financial transactions with varying degrees of transparency and also engage in the production of new forms of financial instruments (Minsky 1975)—in particular through the financialization of elements in industrial circulation such as commodities or bank-money itself (interest rate and currency derivatives) (Morin 2006).

These three generic institutions form the structural "poles" of financial circulation just as households, corporations, and banks form the poles of industrial circulation, as in Figure 3 below.

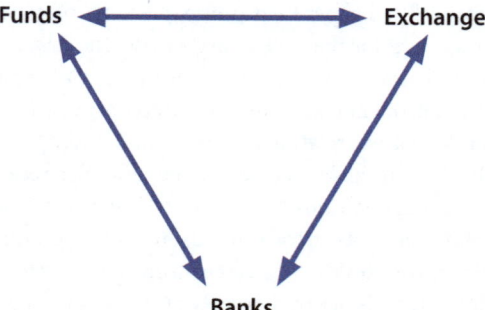

Fig. 3   Basic institutional poles of financial circulation
(Source: author's own representation)

But in contrast to industrial circulation, the flows of financial circulation are not linear; they are not a unidirectional flux and reflux that follows the economic process of production and consumption of an output, as well as investment in the capacity to produce this output. They rather take the form of a complex web of circuits, following the logic of reversibility, which characterizes finance capital in circulation.

This brings us to another important aspect of these flows: they are characterized by a constant and complex interplay between money and liquid financial assets. In financial circulation, monetary liquidity and financial liquidity are constantly enmeshed in one another. Thus—and in contrast to industrial circulation where relations can be reduced to flows of money as payments, abstracting from the counter flows of commodities—financial circulation implies both flows of money and flows of financial capital in the form of securities with characteristics that cannot be compared with those of commodities or those of money (Minsky 1975). This structure of circulation is thus a flow of produced, circulated, and recirculated forms of financial capital, with each move implying a counter flow of money which also must be generated or captured as income and eventually spent in either industrial or financial circulation. The capitalist nature of the monetary production economy implies that each pole is also a site of capital accumulation through a financial process of valorization that obeys the M–M' structure studied above.

The financial relations that emerge from this structure must be understood as concrete processes of valorization and realization of financial capital, just as productive and consumption relations are the locus of valorization and realization of productive capital in industrial circulation. Furthermore, financial capital is more than just signs and money in circulation; it materializes as large and complex incorporated capitalist organizations that occupy and structure each of the above poles. But given the monopolistic tendencies of modern finance capital, these organizations can take on more than one institutional form and develop a coordinated practice across the entire structure of financial circulation.

This is particularly true of the largest global investment banks (Morin 2006; Financial Stability Board 2018). But it is methodologically important to first understand the specific logic of each pole and the constraints and possibilities this implies for the process of finance capital accumulation. We will therefore examine each institutional pole of financial circulation individually to then map out the structure of the flows of financial capital that emerge inside this structure. Finally, we will turn to the question that is at the heart of theories of financialization and bring both models of circulation together to study how financial capital mediates industrial circulation.

As in industrial circulation, *banks* are the foundation or effective base of all financial circulation: they create the credit-money that is needed to push along liquid financial instruments in their various circuits, they are the major producers of the same liquid financial instruments which will circulate (such as stocks, bonds, or securitized assets), and they also manage their circulation to guarantee their liquidity through active trading or credit lending to financial market participants. The function of investment banking primarily involves the production and direct management of financial instruments, while the function of commercial banking in financial circulation involves the provision of credit-money.[9] In financial circulation, banks accumulate through the interest they earn on credit to buyers and sellers of financial instruments, through commissions related to the production of the instruments on behalf of non-financial actors and the management of their circulation, and finally directly through capital gains made by the active trading of instruments, either for market making or directly for speculative motives. This implies that in the sphere of financial circulation, the accumulation process of banking activity at the individual bank level is tied to the volume and churn rate of financial capital. As noted by Seccareccia (2012) and Passarella (2014), but as well as by Keynes in 1930, this contrasts with the income accumulated by banks through their role in industrial circulation where interest ties in directly with the more general level of economic activity and thus is linked ultimately to what GDP measures, while accumulation by banks in the financial sphere is not directly tied to this form of growth—as should be obvious given the principle of indetermination of the M–M' form.[10]

If banks as an institutional pole produce and manage the circulation of M–M' forms of capital by producing financial relations, *funds,* on the other hand, are institutionally defined by their capacity to transform savings into financial capital through the dual activity of "placement" and "arbitrage", or speculation. The category of funds includes classic investment funds, such as mutual funds and pensions funds, but also more opaque speculative structures such as hedge funds and newer exchange traded funds. Funds are the structures that hold, absorb, and sell the securities produced by the banking system. They do not generally have the capacity to create securities or bank-money.[11] However, in the end the 2007/08 crisis revealed that their capacity to engender monetary liquidity is limited, and

---

9   Most large complex banks engage in both types of activities, and those investment banks who still refrain from accessing central bank-money maintain lines of credit with large commercial banks (Financial Stability Board 2019).

10   The autonomy of financial accumulation as we have argued is "relative", being constructed in determinate institutional relations and structures of accumulation.

11   Which is precisely why these institutions were labelled "shadow banks" after the great financial crisis, a term which has now been abandoned by the international regulatory institutions such as the Financial Stability Board, who prefer the more neutral and "for-

at some point they have had to turn to commercial and central banks. It is thus highly important for the analysis of financial circulation to specify that these institutions cannot produce the monetary liquidity on which their activity depends. Their expansion depends on the capture of ever more masses of monetary savings from wage-earners or capitalist elites.

Funds have thus become the predominant holders of securities and important managers of savings in a mass form. They have developed as an organizational veil between households and financial markets, a veil which implies a very peculiar form of property relation based on the institution of the "trust", where households see their savings massified and then transformed into financial capital without ever formally owning the securities or money in which this capital is materialized, nor being able to exercise the financial power inherent to this capital, which is exercised on their behalf by fund managers acting as "trustees" (Pineault 2014). This organizational form does not make these households capitalists, nor rentiers, in the classic understanding of the term. The relationship of saving households to funds is further complicated by the nature of the mechanisms through which mass savings are actually conveyed to the funds. These mechanisms can be embedded in the wage labor relation of industrial circulation, as in the case of pension funds, or can rather arise around the consumption norm if mass savings are captured through the sales effort and are drawn into mutual funds. Either way, the existence of funds creates a mass flow of savings from wage-earning households towards financial markets and a mass counter flow of valorized financial capital in a money form, flows which have decisive quantitative and qualitative impacts on financial circulation: quantitatively, these mass flows are actively managed and can be predicted and planned to a certain extent; qualitatively, the search for profit opportunities (due to the specific form through which fund managers are remunerated) and also the constraint of portfolio diversification create the space for a symbiotic relation with exchanges and banks, as funds must absorb and validate the financial innovations the latter produce (Financial Stability Board 2019).

The third pole of financial circulation is formed around organized *financial exchanges and capital markets*. Their institutional specificity lies in the capacity to organize the circulation of financial capital through the centralization of its flows. Financial exchanges and markets are usually classified according to their degree of formal organization, and here the ideal-type will be the large formal exchanges (NYSE, Euronext, London Exchange) that are organized as independent, for-profit corporations. These dominant actors are everything but passive providers of neutral

---

ward looking" term of non-bank financial intermediaries (NBFIs) (Financial Stability Board 2019).

spaces where buyers and sellers of financial instruments can meet in a transparent and efficient fashion. Their recent development as large oligopolistic companies came about through the collaboration with both banks and funds on financial innovation, producing circuits of new financial instruments in the process (Joly 2019), as well as through a constant effort of capture and concentration of financial circulation. The latter process has involved both the globalization of circuits and their temporal comprehension through electronic trading platforms. The last ten years have seen the "virtualization" of these circuits, as the whole social structure of placement (including transactions, transactors, information relevant to securities trading) has been virtualized as a machine readable and manageable reality.

3.3 The flows of financial circulation and their impact on industrial circulation

Banks, funds, and exchanges constantly relate to each other through flows of money and financial instruments. Three typical flows can be mapped: placement flows, hedge flows, and securitization flows. Each of these also involves the production of financial relations that reach into the structure of industrial circulation and mediate its economic process.

Placement or *financial investment flows* are based on the production and circulation of shares and bonds. They depend on the existence of financial relations that connect with investment activities of capitalist companies in the sphere of industrial circulation. They also connect to state finance through bond markets. Of course, bonds and shares are instruments through which companies and states can access capital markets for investment purposes (Graziani 2003). This has led to a view where financial circulation brings together investment and savings in a functional manner. But as argued in the early 20th century by Keynes, secondary markets dwarf primary markets, and thus the logic of placement is structured by the circulation of pre-existing shares and bonds in circuits that bring together banks, exchanges, and funds. Through this circulation, these instruments acquire the dual properties of reversibility and indetermination. Shares and bonds are "liquid", meaning that they can be converted through trade into bank-money, and, though each title represents claims on defined spheres of the economy in different ways, financial capital escapes the division of labor by being able to flow from one title to another.

Placement originates in the perimeter of investment banks that produce the instruments that will circulate; in the perimeter of exchanges these titles will be exposed to processes of speculative evaluation through trading until a significant proportion will eventually find its way into the portfolios of funds (Froud et al.

2002). The production, circulation, and control of securities structure ownership and creditor relations in advanced capitalism around liquid titles that are constantly in a process of revalorization on secondary markets (Orléan 2014).

Importantly, this process of revalorization is more than a zero sum game among speculators and passive investors. Non-financial actors, large corporations in particular, are constantly interacting in financial circulation to manage this revalorization process not only through communication but through transactions (Lazonick 2008). Thus, revalorization is an important mode of extraction of value from industrial circulation towards financial circulation, as corporations use profits to buy back shares or bonds on top of their income flows tied to dividend and interest payments. Further income flows are captured and maintained within the financial institutions themselves through commissions and service and transaction fees as well as through capital gains through proprietary trading (Crotty 2010). Exchanges and investment banks thus articulate financial and industrial circulation by mediating the relations of capitalist companies to both placement and revalorization.

Hedging flows emerge when financial circulation mediates the risks involved in industrial circulation (LiPuma and Lee 2004). Typically, these take the form of derivatives such as options and futures: they enter into circulation as future rights on the terms of a transaction either in industrial circulation or in financial circulation (Lindo 2018). However, like placement, this initial functional relation, where finance seemingly "serves" productive capital, actually becomes an inverted relation where the hedge engenders the risks it is supposed to mitigate, as in the case of exchange rates or interest derivatives (Morin 2006). Capitalist companies must therefore use derivatives to protect their operations against fluctuations in commodity and currency prices, as well as to avoid interest rate shocks. Commodity derivatives are century-old forms of financial instruments, but since the beginning of the 21st century, their circulation has radically changed as hedge funds and investment banks have developed valorization strategies aimed at specific components of the commodity markets, in particular grains and fossil fuel energy carriers (oil, gas, and derivatives) (Cheng and Xiong 2013).

Securitization flows have also undergone a fundamental change since the beginning of the 21st century (Lavoie 2012). Securitization involves the packaging of massed debts and receivables, which are bilateral financial relations between creditors and debtors, into liquid financial instruments that circulate on the basis of being assigned an intrinsic value (Pineault 2014). Their point of origin in industrial circulation is not production, but consumption relations: the packaged debt in question is consumer debt (although securitization of producer debts does exist as well) that may or may not be tied to collateral, depending on the type of debt. The most common forms of securitized debt are mortgages, credit card debt, car loans, and student debt. The production and circulation of these debts in the United States was at the heart of the instability that led to the 2008 crisis. Yet surprisingly, while this circulation has decreased, it has not ended and in a sense has been "normalized" (Securities Industry and Financial Markets Association 2019).

Tab. 1 Flows and dimensions of financialized accumulation

Flows	Typical form of financial capital	Process of mediation in industrial circulation	Process of accumulation as value extraction	Typical financialization process
placement	shares; bonds	investment and property relations	income flows in the form of dividends interest and share buy-backs; capture and assimilation in financial circulation of corporate gross profits	financialization of productive capital; shareholder value creation in corporations; private equity value extraction through debt instruments
hedging	derivatives on commodities; financial instruments; currency and interest rates	productive transactions and commodity circulation	income flows from hedging fees; capture and assimilation of income as business expenses	financialization of extracted and harvested raw commodities and, by extension, nature; financialization of bank-money
securitization	asset backed securities; money market instruments; CLOs, CDOs	demand and consumption	income flows in the form of interest payments; capture of wage income	financialization of consumption; debt mediated aggregate demand

(Source: author's own representation)

Table 1 summarizes the properties of these three flows and relates each to different dimensions of financialized accumulation. It shows how each flow mediates relations inside industrial circulation and through this mediation extracts income that is then accumulated as financial capital. We can thus combine the two models of circulation (as in Figure 4 below) to obtain a detailed representation of this mediation process. Financial circulation is characterized by an outer circle of flows between its constitutive poles. Furthermore, it encapsulates industrial circulation, which acts as the inner core, or base, of the overall structure. As shown by the dotted arrows, the financial relations that banks and funds can create with wage-earners and corporations are the sources, or base, of the financial capital accumulation process, but they also represent the points of entanglement and mediation between the two circulations. These relations include, on the one hand, the capture and management of savings through funds and the offer of consumer credit by banks (a), and, on the other hand, banks' production and distribution of financing instruments in the form of shares and bonds (b) as well as the production of hedging instruments for corporations (c). It is important to note, finally, that given their position in this model, corporations can make direct transactions in exchanges and financial markets because they are constrained to buy-back shares to validate shareholder expectations or to speculate on their own behalf (Orhangazi 2008). Wage-earners only marginally engage in this type of activity since they mainly relate to financial circulation through banks or funds.

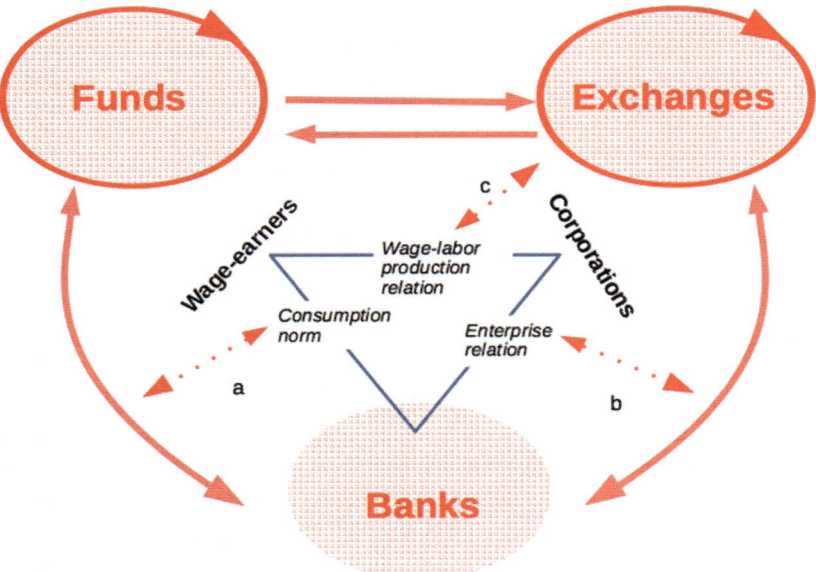

Fig. 4   The mediation of industrial circulation through financial circulation
(Source: author's own representation)

We have theorized financial accumulation as the capacity to mediate the structural moments of industrial circulation: investment, production, and consumption (see Table 2 below). *Placement*, because it rests on the circulation of corporate shares and bonds as well as on public debt, mediates and potentially subsumes property relations between corporations, but also strongly influences the investment decisions of companies and thus how profits are distributed: as retained earnings, as dividends, or as cash for share buy-backs. Finally, because public debt is also part of the circuit of placement, public expenditure and fiscal policy can also be subsumed by financial processes. *Hedging* intervenes in the circulation process of primary commodities and thus impacts and mediates extractive processes (supply of commodity products) and production processes (demand for commodity products). Since the largest segments of commodity markets are tied to money (exchange rates or interest rates), hedging also mediates circulation in general. Finally, *securitization* is tied to the growth of consumer debt and household mortgage debt, and thus has the capacity to mediate the consumption process and determine output demand.

Tab. 2   Financial flows and their objects of mediation

Flow	Object of mediation by financial capital
placement	property relations
	investment decisions
	distribution of profits
	public expenditure and fiscal policy
hedging	extractive process
	production process
	circulation process
securitization	consumption process and demand

(Source: author's own representation)

The development of a fully financialized accumulation regime as a form of capitalism would imply the total subsumption of the economic process through these mediations, in the sense that economic relations between investment, production, circulation, and consumption would be overdetermined by finance. In this vein, Passarella (2014) has proposed a model of financialized effective demand where, in a sense, wages validate consumer debt, and consumer credit is the source of demand for consumer goods and services. This would mean that the relation between wages and consumption in capitalism has not only broken down, but that it has been refined as a financial relation where credit mediates the consumption of the output. Such a model is useful to understand the social relations tied to the financialization of student debt, but it is not an adequate description of existing capitalist economies as a whole (Guay-Boutet 2018). So the above model should also not be assumed to represent the overall accumulation process; it is, however, a useful tool to map the extension of financial mediations into the accumulation process and its consequences, as well as to analyze those institutions which depend on the accumulation of capital in a financial form: banks, funds, and exchanges. In this way, the model presents the basic institutional framework of the financial sphere in advanced capitalist economies and societies.

4   What great transformation?

Have we witnessed in the last decades a profound "great transformation" of capitalism, as the concept of financialization initially implied? We have argued that finance has deeply penetrated the constitutive relations of advanced capitalism: it mediates almost all nodal points of the economic process of capital accumulation and wage-earner reproduction as laid out in the model of industrial circulation.

Yet many of the institutional innovations deemed typical of financialization as an "epoch" of post-Fordist capitalism (Sawyer 2013), such as the development of funds or the generalization of consumer credit and the advent of the ubiquitous credit card, can be traced back to earlier periods of the 20th century. "Mass finance", in the sense of the massification of financial relations inside capitalist society, quickly followed the diffusion of mass production/consumption relations, most particularly in the United States. As early as the 1950s, there were large pension funds institutionally organized to capture mass wage-earner savings, and commercial banks offered an "Everything card" and a "Master Charge" to their wage-earning costumers as early as 1967 (Pineault 2014).

These institutionalized social relations of finance developed slowly and reworked wage-earner relations to savings and credit. Financial institutions actively sought to mold and shape the financial behavior of wage-earners, just as much as they sought to form and shape the way businesses funded their investments, hedged their exposure to risks, and managed their cash flows (Minsky 1985). Financial relations are the means by which financial capital is reproduced and through which capitalist organizations such as banks, funds, and stock exchanges can accumulate. These relations have been actively managed, and innovation is, like in other capitalist enterprises, a defining feature of this management (Minsky 1975).

However, throughout the 20th century, financial innovation was closely regulated—a backlash of the 1929 stock market crash and of the subsequent depression. Financial institutions were functionally differentiated, financial circulation was segmented, and international financial relations and activities in particular were limited—so much so that the 20th century with its capital and current account controls, tight interest rate caps, and directed loan policies has been dubbed a period of "financial repression" by more neoliberal economists (Crotty 2009). A long process of deregulation, started in the 1970s in the wake of the crisis of the Bretton Woods monetary system (Helleiner 1994; Morin 2006), has allowed financial institutions to radically reshape the scope of their activities and their relation to the economy, states, and society.

As was predicted at the onset of this long transformation by post-Keynesian economist Hyman Minsky (Minsky 1985; Crotty 2009; Pineault 2014), this has produced a much more fragile form of capitalism, subject to regular financial crises. A financial cycle of innovation, boom, bust and crisis has emerged alongside the more traditional business cycles that marked the development of capitalism during the 20th century. Financial accumulation, or the accumulation of capital in a financial form, was unleashed first in Anglo-Saxon societies and then progressively in other parts of the advanced capitalist core, though even to this day its development remains highly unequal (Roberts and Kwon 2017).

We have proposed a model of this development based on the emergence of three circuits of valorization, each with its specific M–M' form of capital in circulation, each articulated with different moments of industrial circulation, and each having a different impact on the capitalist accumulation process as a whole. We have furthermore argued that these circuits are structured by the accumulation strategies of three financial institutional forms through which their interrelations as well as relations with corporations, wage-earners, and states produce capital in a financial form, capital that has a valorization process characterized by reversibility and indetermination. In the current conjuncture, this structure is the form that the financial sphere of advanced capitalism has taken on. It has survived the great crisis of 2008, it has escaped regulatory reform, and while it does not determine the accumulation process as a whole, it does bind its trajectory and mark its dynamics in a very strong way.

What does this imply? The conjuncture that corresponds to the period in which financialized accumulation appears predominant is characterized by some typical macroeconomic trends. In the advanced core of "mature" capitalism (Western Europe and North America as well as Japan and to a lesser degree South Korea and Australia), growth has slowed significantly—to a point where theories of secular stagnation that were developed in the 1930s are being debated anew. Private sector investment rates are at historic lows, and in many economies real wage growth has stagnated, while productivity growth has also slowed. In North America, households still depend on debt to sustain their consumption levels, and thus demand is still mediated by securitization. Can all these stylized facts be attributed to the impact of financialization on the accumulation process? There does seem to be a strong correlation between these trends and the mechanisms of mediation that have been explored above, and many heterodox economists have made the argument linking financialization to this conjuncture (Dutt 2006; Sawyer 2013; Lavoie 2014). We could summarize this view as the hypothesis that financialization slows down real accumulation. Yet this slowdown is but one trend connected to financialization; another is increased inequality that is coupled with a neoliberal policy turn that appears as "class struggle from above" (Harvey 2005; Dörre 2016).

Strong macroeconomic growth and robust real accumulation rates have traditionally worked together to mitigate the inner contradictions and class divisions in advanced capitalist societies (Schmelzer 2015). In his initial model of a financialized accumulation regime, regulation theorist Robert Boyer (2000) imagined mechanisms whereby the growth of financial relations, principally through the extension of share ownership among the wage-earning classes, would act as a new regulation of these contradictions. Of course, the actual development of financialization over the last decades has gone in an entirely different direction, as it is primarily through the extension of debt rather than of owning financial assets that most wage-earners are integrated in the financial circulation (Dutt 2006). Household credit acts as a central regulation of demand in many mature capitalist economies (Authers and Leatherby 2019), all the while being the basis for a form of secondary exploitation through financial rents taken on worker incomes (Dörre 2016). But as argued by Lazzarato (2009), if primary wage-labor-based exploitation has traditionally fostered class solidarity, resistance, and struggle, household debt seemingly fosters individualist closure and retreat as well as guilt-based submission to exploitation. Furthermore, seen from a strictly macroeconomic viewpoint, as growth slows, the weight of financial relations on wage-dependent classes becomes ever greater (Dutt 2006). Regulation theory was initially developed to theorize the trajectory of "Fordist accumulation" as a kind of capitalist golden age where a virtuous circle of mechanisms fostered growth, stability, and (relatively) widely shared prosperity among wage-earners (Aglietta 1979).[12] It seems that financialized accumulation works in an opposite manner: like Moloch, mechanisms come together in a vicious

---

12 This interpretation of the postwar capitalist development has been deeply challenged by environmental historians and political ecologists highlighting the material/biophysical and colonial foundations of these three decades of growth (Pichler et al. 2017).

circle of instability, slowed accumulation, and inequality, while rewarding those that control the production and reproduction of financial capital (Baragar and Seccareccia 2008; Foster and McChesny 2012). How long such a configuration can hold in "growth societies" remains an open question (Dörre 2016).

References

Aglietta, M. (1979). *A theory of capitalist regulation*. London: Verso.
Authers J., & Leatherby, L. (2019). The decade of deleveraging didn't quite turn out that way. Bloomberg. https://www.bloomberg.com/graphics/2019-decade-of-debt/. Access date: June 2019.
Baragar, F., & Seccareccia, M. (2008). Financial restructuring: Implications of recent Canadian macroeconomic developments. *Studies in Political Economy, 82*, 61–83.
Boyer, R. (2000). Is a finance-led growth regime a viable alternative to Fordism? A preliminary analysis. *Economy and Society, 29*, 111–145.
Cheng I. H., & Xiong W. (2013). The financialization of commodity markets. NBER Working Paper. http://www.nber.org/papers/w19642. Access date: June 2019.
Crotty, J. (2009). Structural causes of the global financial crisis: A critical assessment of the "new financial architecture". *Cambridge Journal of Economics, 33*(4), 563–580.
Crotty, J. (2010). The bonus-driven "rainmaker" financial firm: How these firms enrich top employees, destroy shareholder value and create systemic financial instability (revised). Working Papers wp209_revised3, Political Economy Research Institute. Amherst: University of Massachusetts.
Dillard, D. (1980). A monetary theory of production: Keynes and the Institutionalists. *Journal of Economic Issues, 14*(2), 255–273.
Dörre, K. (2016). Social classes in the process of capitalist Landnahme: On the relevance of secondary exploitation. *Socialist Studies/Études Socialistes, 6*(2), 43–74.
Dutt, A. K. (2006). Maturity, stagnation and consumer debt: A Steindlian approach. *Metroeconomica, 57*(3), 339–364.
Epstein, G. (2005). Introduction: Financialization and the world economy. In Epstein, G. (Ed.), *Financialization and the world economy* (pS. 3–10). Cheltenham: Edward Elgar.
Financial Stability Board (2018). 2018 list of global systemically important banks (G-SIBs). Basel: Bank for International Settlements. https://www.fsb.org/wp-content/uploads/P161118-1.pdf. Access date: June 2019.
Financial Stability Board (2019). Global monitoring report on non-bank financial intermediation 2018. Basel: Bank for International Settlements. https://www.fsb.org/wp-content/uploads/P040219.pdf. Access date: June 2019.
Foster, J. B. (2013). Introduction to the second edition of the theory of monopoly capitalism. *Monthly Review, 65*(3). https://monthlyreview.org/2013/07/01/introduction-to-the-second-edition-of-the-theory-of-monopoly-capitalism/. Access date: June 2019.
Foster, J. B., & McChesney, R. W. (2012). *The endless crisis*. New York: Monthly Review Press.

Froud, J., Johal, S., & Williams, K. (2002). Financialisation and the coupon pool. *Capital & Class, 26*(3), 119–151.

Graziani, A. (2003). *The monetary theory of production*. Cambridge: Cambridge University Press.

Guay-Boutet, G. (2018). The financialization of Quebec student debt and the theory of monetary circuit: a case for a reinterpretation? *Studies in Political Economy, 99*(3), 285–306.

Harvey, D. (2005). *A short history of neoliberalism*. London: Verso.

Heinrich, M. (2012). *An introduction to the three volumes of Karl Marx's Capital*. New York: Monthly Review Press.

Helleiner, E. (1994). *States and the reemergence of global finance*. Ithaca: Cornell University Press.

Joly, C. (2019). *Le Développement du High Frequency Trading et la formation des bourses multinationales géantes*. Montréal: UQAM.

Kalman-Lamb, G. (2017). The financialization of housing in Canada: Intensifying contradictions of neoliberal accumulation. *Studies in Political Economy, 98*(3), 298–323.

Keynes, J. M. (1953). [1930]. *A treatise on money*. London: Macmillan.

Lavoie, M. (2012). Financialization, neo-liberalism, and securitization. *Journal of Post Keynesian Economics, 35*(2), 215–233.

Lavoie, M. (2014). Crise financière, répartition des revenus et relance par les salaires. *Cahiers de recherche sociologique, 55*, 19–41.

Lazonick, W. (2008). The quest for shareholder value: Stock repurchases in the US economy. *Recherches Économiques de Louvain, 74*, 479–540.

Lazzarato, M. (2009). Neoliberalism in action: Inequality, insecurity and the reconstitution of the social. *Theory, Culture & Society, 26*(6), 109–133.

Lindo, D. (2018). Why derivatives need models: The political economy of derivative valuation models. *Cambridge Journal of Economics, 42*(4), 987–1008.

LiPuma, E., & Lee, B. (2004). *Financial derivatives and the globalization of risk*. Durham: Duke University Press.

Martin, R. (2002). *Financialization of daily life*. Philadelphia: Temple University Press.

Marx, K. (1959). *Capital. A critique of political economy. Vol. iii: The process of capitalist production as a whole*. New York: International Publishers.

Marx, K. (1969). [1867]. "Addenda: Revenue and its sources", in K. Marx, *Theories of surplus value*, vol. 3. Moscow: Progress Publishers.

Minsky, H. (1975). *Keynes*. New York: Columbia University Press.

Minsky, H. (1985). *Stabilizing an unstable economy*. Yale: Yale University Press.

Morin, F. (2006). Le nouveau mur de l'argent. Paris: Seuil.

Orhangazi, O. (2008). Financialisation and capital accumulation in the non-financial corporate sector: A theoretical and empirical investigation on the US economy: 1973–2003. *Cambridge Journal of Economics, 32*(6), 863–886.

Orléan, A. (2014). *The empire of value*. Cambridge: MIT Press.

Parguez, A. (2004). A monetary theory of public finance. *International Journal of Political Economy, 32*(3), 80–97.

Passarella, M. V. (2014). Financialization and the monetary circuit: A macro-accounting approach. *Review of Political Economy, 26*(1), 128–148.

Pichler, M., Schaffartzik, A., Haberl, H., & Görg, C. (2017). Drivers of society-nature relations in the anthropocene and their implications for sustainability transformations. *Current Opinion in Environmental Sustainability, 26–27*, 32–36.

Pineault, E. (2014). Réification et massification du capital financier : une contribution à la théorie critique de la financiarisation à partir de l'analyse de la titrisation. *Cahiers de recherche sociologique, 55,* 117–154.

Polanyi-Levitt, K. (2013). *From the great transformation to the great financialization: On Karl Polanyi and other essays.* London: ZED books.

Roberts, A., & Kwon, R. (2017). Finance, inequality and the varieties of capitalism in post-industrial democracies. *Socio-Economic Review, 15*(3), 511–538.

Rochon, L. P. (1999). *Credit, money, and production: An alternative post-Keynesian approach.* London: Edward Elgar.

Sawyer, M. (2013). What is financialization? *International Journal of Political Economy, 42*(4), 5–18.

Schmelzer, M. (2015). The growth paradigm: History, hegemony, and the contested making of economic growthmanship. *Ecological Economics, 118,* 262–271.

Seccareccia, M. (2012). Financialization and the transformation of commercial banking: Understanding the recent Canadian experience before and during the international financial crisis. *Journal of Post Keynesian Economics, 35*(2), 277–300.

Securities Industry and Financial Markets Association (2019). US abs issuance and outstanding. https://www.sifma.org/resources/research/us-abs-issuance-and-outstanding/. Access date: June 2019.

Tori, D., & Onaran, Ö. (2018). Financialization, financial development and investment. Evidence from European non-financial corporations. *Socio-Economic Review,* https://doi.org/10.1093/ser/mwy044.

van der Zwan, N. (2014). Making sense of financialization. *Socio-Economic Review, 12*(1), 99–129.

Williams, K. (2000). From shareholder value to present-day capitalism. *Economy and Society, 29*(1), 1–12.

Die Entstehung des integralen Kapitalismus

Luc Boltanski und Arnaud Esquerre

1 Einleitung

Es ist mittlerweile allgemein anerkannt, dass die aus dem Bündnis zwischen Kapitalismus und Marktdemokratie entstandene Dynamik, die auf die Depression der 1930er-Jahre und den Zweiten Weltkrieg folgte, in Europa ab den 1970er-Jahren an ihre Grenzen gestoßen ist. Zu dieser Zeit breitete sich in den Unternehmen eine Produktivitätskrise gepaart mit einer Autoritätskrise aus. Diese Situation führte zu höheren Forderungen der Arbeiterschaft, deren Erfolg die Lohnquote zugunsten der Arbeitnehmer[1] veränderte. Viele Veränderungen, die in den 1980er-Jahren einsetzten und bis heute zugenommen haben, können als Maßnahmen betrachtet werden, die darauf abzielen, dem Kapitalismus neuen Schwung zu geben und den Profit wieder anzukurbeln. Unter diesen Maßnahmen waren einige auf die Neuordnung des Produktionsgefüges ausgerichtet: Reengineering, Robotisierung, Auslese unter den Mitarbeitern, Rückbesinnung des Unternehmens auf sein Kerngeschäft, Reduzierung der Lagerbestände, Förderung der Autonomie am Arbeitsplatz, um die direkte Kontrolle durch Selbstkontrolle zu ersetzen, usw. (Boltanski und Chiapello 2003). Eine zweite Serie von Maßnahmen – und hier insbesondere die Deregulierung der Finanzmärkte, die Direktinvestitionen im Ausland ermöglichte – hat dazu beigetragen, den wirtschaftlichen Raum der europäischen Demokratien zu verändern. Diese Prozesse führten, insbesondere in Frankreich und Italien, zu einer Auslagerung eines Großteils der industriellen Produktion in Niedriglohnländer (selbst wenn der profitabelste Teil der Wertschöpfungskette in Europa blieb),

---

[1] Im Folgenden werden zwecks der besseren Lesbarkeit anstelle der weiblichen und männlichen Berufs- bzw. Akteursbezeichnungen nur die maskulinen Formen verwendet, wobei die weiblichen bzw. alle Geschlechter mit eingeschlossen sind, es sei denn, es handelt sich ausschließlich um weibliche Personen.

© Springer Fachmedien Wiesbaden GmbH, ein Teil von Springer Nature 2019
K. Dörre et al. (Hrsg.), *Große Transformation? Zur Zukunft moderner Gesellschaften*, https://doi.org/10.1007/978-3-658-25947-1_7

einer Verlangsamung des Wachstums und einem Anstieg der Arbeitslosigkeit. Die aktuellen Verschiebungen des Kapitalismus in Richtung neuer Bereiche können als eine dritte Entwicklung hin zu einer Ökonomie betrachtet werden, die wir als eine Ökonomie der Anreicherung[2] bezeichnen und die auf der Ausbeutung der Vergangenheit basiert, ohne sich dabei auf eine postindustrielle Ökonomie der Singularitäten (Reckwitz 2017) reduzieren zu lassen.

Diese Verschiebung des Kapitalismus schlägt sich in einer Ausweitung der Marktsphäre und einer Zunahme der Zahl der Personen nieder, die Handel treiben. Die *Konsumgesellschaft*, deren Anprangerung die Periode des starken Wachstums der 1960er-Jahre begleitet hatte, ist einer *Handelsgesellschaft* mit niedrigem Wirtschaftswachstum gewichen, in der ein wachsender Teil der Einkommen nicht mehr nur durch Lohnarbeit erzielt wird, sondern auch durch Handelsaktivitäten und Immobilieneinnahmen. Um diese große Transformation zu verstehen, die die Art und Weise verändert, wie Wohlstand geschaffen wird, und dadurch auch die geographische Verteilung der Güter und die Sozialstruktur, braucht es einen Rahmen, der es ermöglicht, die ökonomische Analyse auf die Diversifizierung der Warenstrukturen zu erweitern. Dieser Rahmen führt zur Hypothese eines *integralen Kapitalismus*, d. h. eines Kapitalismus, der aus einer Vielzahl von Formen der Inwertsetzung[3] Nutzen zieht.

---

2 Im Original: „économie de l'enrichissement". „Enrichissement" kann sowohl mit „Bereicherung" als auch mit „Anreicherung" übersetzt werden. Diese Doppeldeutigkeit – die durchaus intendiert ist und jeder Okkurrenz des Wortes im Artikel anhaftet – lässt sich im Deutschen nicht wiedergeben. Da die kapitalistische Wirtschaft jedoch *per definitionem* auf der Akkumulation von Kapital basiert, d. h. der Bereicherung (einiger), verfehlt die Übersetzung „Ökonomie der Bereicherung" das Spezifische an der von Boltanski und Esquerre analysierten Entwicklung, nämlich dass die (narrative) Anreicherung bestimmter Warenarten heute zu einer wichtigen Quelle der kapitalistischen Bereicherung geworden ist. (Anm. d. Übers.)

3 Im Original: „mise en valeur". „Mettre en valeur" bedeutet ursprünglich etwa „aufwerten, um es (besser) verwerten zu können" und bezieht sich in erster Linie auf (land-) wirtschaftliche Güter wie z. B. Ackerland oder Grundstücke. Mittlerweile überwiegt im allgemeinen Sprachgebrauch der übertragene Sinn des Ausdrucks, nämlich „zur Geltung bringen". Beide standardsprachliche Bedeutungen werden im Artikel von einem weiteren Bedeutungsgehalt überlagert: „einen Wert zuteilen", genauer: „der Sphäre der (ökonomischen) Werturteile zuführen". Am ehesten lässt sich die dreifache Bedeutung des Originals durch den Ausdruck „in Wert setzen" bzw. die im Text häufiger vorkommende substantivierte Form „Inwertsetzung" wiedergeben. Der Begriff „Inwertsetzung" hat zum einen schon Eingang in die Wirtschaftstheorie gefunden, insbesondere im Zusammenhang mit der Einschätzung des (ökonomischen) Werts der von der Natur bzw. den Ökosystemen erbrachten „Leistungen". Zum anderen unterstreicht die Parallele zwischen „in Wert setzen" und „in Szene setzen" ganz im Sinne der Autoren, dass

2 Die Warenstrukturen

Der Tauschprozess eines Dings, das mit einem Preis verbunden ist, also einer Ware, gegen Bargeld würde sich endlos hinziehen, wenn Menschen über keine Dispositive verfügten, die eine Konvergenz oder zumindest eine Annäherung ihrer Urteile ermöglichen, wenn sie mit dem konfrontiert sind, was wir *kommerzielle Prüfungen* nennen können. Diese Dispositive, die imstande sind, Handlungsgründe zu prägen, bezeichnen wir als *Warenstrukturen*.

Diese Strukturen lassen sich in der Umwelt identifizieren und sind gleichzeitig in die anderen kognitiven Mittel integriert, mit denen sich die Akteure in der Wirklichkeit orientieren. Obwohl sie bei verschiedenen Menschen und Gruppen wahrscheinlich teilweise unterschiedlich und ungleich explizit bekannt sind, müssen diese Strukturen mehr oder weniger *gemeinsame* Ressourcen bereitstellen, damit Transaktionen erfolgen können. Sie ermöglichen es den sozialen Akteuren, sich in der Warenwelt zurechtzufinden, die sich andernfalls als undurchsichtige, fast undurchschaubare Totalität darstellen würde. Da Waren Dinge sind, denen ein Preis zuteil wird, können sich in Anlehnung an diese Strukturen auch Urteile über Preise bilden. Das ist der Grund, warum Warenstrukturen nicht mit einer Ordnung der Welt der Gegenstände, zumindest der alltäglichsten Gegenstände, in ihrer Gesamtheit – wie z.B. Jean Baudrillard in *Das System der Dinge* (1991) es mithilfe einer Semiologie versucht hat – in eins fallen. Sie tangieren die Gegenstände nur insofern, als diese mit einem Preis versehen sind, der, da er immer kritisiert werden kann, mit Bezug auf etwas gerechtfertigt werden muss, nämlich den Wert der zum Verkauf angebotenen Gegenstände. Der Bezug auf den Wert tritt nämlich beim Tausch nur dann ein, wenn die am Tausch Beteiligten einen Preis kritisieren wollen oder, umgekehrt, sie sich bemühen, ihn zu rechtfertigen, um auf die Kritik zu antworten oder ihr zuvorzukommen. Der Wert kann daher als ein Dispositiv der *Rechtfertigung des Preises* betrachtet werden.

Kritik und Rechtfertigung sind Vorgänge, die immer auf einem argumentativen Dispositiv basieren und es erfordern, auf Diskurse zu rekurrieren. Wir sprechen deshalb von *Inwertsetzungsformen*, um anzugeben, worauf diese Strukturen wirken. Diese Inwertsetzungsformen ermöglichen es, die Dinge mit den Perspektiven zu verknüpfen, aus denen sie betrachtet werden sollen, um richtig bewertet zu werden. Sie wirken sich nur insofern auf die Warenordnung aus, als sie auf die Zusammensetzung der Diskurse über die als Waren betrachteten, d.h. mit einem Preis verbundenen Dinge einwirken. Aber gerade, weil sie nicht auf die Dinge selbst

---

die Inwertsetzung von Dingen immer auch auf deren „Inszenierung" basiert. (Anm. d. Übers.)

wirken, sondern auf den Diskurs über die Dinge, sind sie strukturiert, wie jeder argumentative Vorgang, der auf dem Gebrauch der Sprache basiert. Und dadurch tragen sie umgekehrt dazu bei, die Strukturierung der Ware zu lenken.

Um zu funktionieren, muss das Feld der Inwertsetzungsdiskurse gleichzeitig plural und einheitlich sein und auf Kategorien basieren, deren Struktur bestehen bleibt, obwohl sie geregelten Veränderungen unterliegen. Wenn nur ein einziger Inwertsetzungsdiskurs für alle Dinge existieren würde (z. B. ein Ausruf der Art „es ist großartig"), hätte der Vergleich zwischen den Dingen keinen ausreichenden Ansatzpunkt, um den Preis jedes Dings zu kritisieren oder zu rechtfertigen. Alles wäre mit allem vergleichbar, was die Warenwelt letztlich in einen amorphen oder chaotischen Zustand zurückversetzen würde. Wenn andererseits aber die Inwertsetzungsformen aus Kategorien bestünden, die nichts miteinander zu tun hätten, würde die Warenwelt dazu tendieren, sich zu zerspalten und in eine Vielzahl von isolierten Einheiten zu zerfallen, zwischen denen sich kein Zusammenhang herstellen ließe, was die Maßeinheit für den Vergleich von Dingen als Waren, d. h. das Dispositiv der Preise, infrage stellen würde. Aus diesem Grund stellt im vorliegenden Fall die Verteilung der Diskurse über die Dinge innerhalb einer Transformationsgruppe – im Sinne von Claude Lévi-Strauss (1994) – eine optimale Darstellungsform dar. Einer der Vorteile dieser Art der Modellierung ist, wie Lévi-Strauss gezeigt hat, dass sie sich in eine mathematische Sprache übersetzen lässt.

Im Falle der Waren, die in unseren Gesellschaften Anlass zu häufigen Transaktionen geben, haben wir vier Inwertsetzungsformen identifiziert, deren Verknüpfung als eine Transformationsgruppe beschrieben werden kann. Diesen Inwertsetzungsformen ist gemeinsam, dass sie die Dinge unter zwei Hauptaspekten erfassen.

Ein erster Aspekt betrifft die Art und Weise, wie das Ding, das Anlass zu einer Transaktion gibt, beschrieben wird, damit die Unterschiede hervorgehoben werden, die ihm bei einem bestimmten Preis einen Vorteil gegenüber anderen Dingen verschaffen können, durch die es ersetzt werden könnte. Auf dieser Achse lassen sich stark differenzierte Dinge von wenig differenzierten Dingen unterscheiden. Ein zweiter Aspekt betrifft die Einschätzung der wahrscheinlichen Preisentwicklung dieses Dings im Laufe der Zeit, d. h. das, was man sein *kommerzielles Potenzial* („puissance marchande") nennen kann. Auf dieser Achse lässt sich Kurzfristigkeit von Langfristigkeit unterscheiden. Jeder dieser Aspekte kann wiederum auf zwei unterschiedliche Weisen spezifiziert werden. Unterschiede können dadurch zur Geltung gebracht („mises en valeur") werden, dass sie in Form einer begrenzten Anzahl von Eigenschaften dargestellt werden, gegebenenfalls unter Rückgriff auf numerische Daten, auf eine Weise, die an Kodifizierung erinnert. In diesem Fall sprechen wir von einer *analytischen* Präsentation. Oder sie können, umgekehrt, dadurch zur Geltung gebracht werden, dass das Ding, das Anlass zu einer Transaktion gibt, mit einer Erzählung verknüpft wird. Dann sprechen wir von einer *narrativen* Präsentation. Betrachtet man nun die Einschätzung des kommerziellen Potenzials, das dem Ding beigemessen wird, stellt man fest, dass sie ebenso zwei Ausprägungen annehmen kann. Diese Einschätzung kann nämlich der Tatsache Rechnung tragen, dass der Preis des Gegenstands aller Wahrscheinlichkeit nach im Laufe der Zeit sinken wird, wie es bei den meisten Gegenständen industrieller Herkunft der Fall ist, deren Preis am höchsten liegt, wenn sie neu sind, und zwangsläufig sinkt, wenn sie auf dem Gebrauchtmarkt gehandelt werden. Oder sie kann umgekehrt zu der Annahme führen, dass der Preis, zu dem das Ding später gehandelt wird, aller Wahrscheinlichkeit nach im Laufe der Zeit steigen wird.

Miteinander kombiniert ergeben diese Möglichkeiten vier Formen der Inwertsetzung von Gegenständen. Die erste bezeichnen wir als *Standardform*. Ihre Herausbildung begleitete die Entwicklung der industriellen Massenproduktion. Bei der Standardform prädominiert eine analytische Präsentation von Dingen, deren Preis sinkt, wenn sie von Neuware zu Gebrauchtgegenständen werden, bevor sie zu Abfall werden, was ihr unabwendbares Schicksal ist. Eine zweite Form herrscht in der Luxus-, Kulturerbe-[4], Kunst- und Kulturbranche vor, die gerade stark expandiert. Die Aktivitäten in diesen Bereichen fassen wir unter Einbeziehung des Tourismus unter dem Ausdruck *Anreicherungsökonomie* zusammen. In diesem Fall stützt sich die Inwertsetzung eines Dings auf eine Erzählung, die meist in der Vergangenheit wurzelt und die Möglichkeit vorgaukelt, dass der Preis des durch diese Erzählung angereicherten Gegenstandes gute Chancen hat, im Laufe der Zeit zu steigen. Wir nennen sie die *Sammlungsform*, um hervorzuheben, dass sie einen Bewertungsmodus von Dingen verallgemeinert, der sich ursprünglich in der Praxis der Sammler herausgebildet hat.

Zwei weitere Formen basieren auf einer anderen Kombination von Präsentationsmodus und kommerziellem Potenzial. Die *Trendform*, die beispielsweise in der Modebranche vorherrscht, bringt, ähnlich wie die Sammlungsform, die Dinge zur Geltung, indem sie diese mit einer Erzählung verknüpft, obwohl in diesem Fall die Erzählung meist nicht von Menschen aus der Vergangenheit handelt, sondern von Persönlichkeiten der Gegenwart, z. B. Stars. Im Unterschied zu Sammlungsgegenständen ist aber das kommerzielle Potenzial der Dinge sehr begrenzt, deren Inwertsetzung sich auf die Mode bezieht. Diese Dinge sind dazu bestimmt, schnell im

---

4   Im Original: „patrimoine". Es entbehrt nicht einer gewissen Ironie, dass das Wort „patrimoine" je nach Kontext sowohl das Kostbarste – das Kultur- und zunehmend auch das Naturerbe (patrimoine culturel, naturel) – als auch das Profanste – den gesamten Besitz, d. h. das Vermögen eines Menschen, Haushalts oder auch Unternehmens (patrimoine économique, financier), ob geerbt oder selbst erarbeitet – bezeichnen kann. (Anm. d. Übers.)

Preis zu sinken, sodass in diesem Bereich typischerweise eine Obsoleszenz herrscht, die zur Anhäufung von Abfällen beiträgt. Eine letzte Inwertsetzungsform rundet die Transformationsgruppe ab. Es handelt sich um das, was wir die *Anlageform* genannt haben. Transaktionen stützen sich auf diese Form, wenn der Tausch im Wesentlichen durch die Gewinnchancen motiviert ist, die der Weiterverkauf des gehandelten Dings mehr oder weniger langfristig verspricht. In diesem Fall treten die intrinsischen Eigenschaften der Sache – zum Beispiel eines versteigerungsfähigen Kunstwerkes – hinter ihre finanziellen Bestimmungen wie z. b. ihre Liquidität zurück, die in eine analytische Präsentation einfließen.

Auf der Grundlage dieser Inwertsetzungsformen entstehen Transaktionsräume, in denen der Preis der Dinge mit unterschiedlichen Typen von Argumenten gerechtfertigt oder kritisiert werden kann. So kann derselbe Gebrauchtwagen, dessen Preis auf dem Gebrauchtmarkt niedrig wäre, da er dort mit der Standardform verbunden wäre, eine erhebliche Preissteigerung erfahren, wenn er in der Sammlungsform in Wert gesetzt wird, in der sein hoher Preis durch eine Erzählung gerechtfertigt wird, die beispielsweise die Tatsache hervorhebt, dass er einst einer berühmten Persönlichkeit gehörte. Schließlich ist darauf hinzuweisen, dass die Dinge nicht durch irgendeine wesentliche Eigenschaft und ein für alle Mal einer bestimmten Inwertsetzungsform zugeordnet sind, sondern von einer Form zur anderen wechseln können. Eine Möglichkeit, den Preis eines Gegenstands zu erhöhen, besteht in der Tat darin, ihn von einer Inwertsetzungsform, bei der sein Preis niedrig ist, zu einer Form zu verschieben, bei der sein Preis Chancen hat, höher auszufallen. Das ist zum Beispiel der Fall, wenn ein gebrauchter Standardgegenstand von der Standard- zur Sammlungsform wechselt oder wenn ein Kunstwerk erworben wird, nicht um eine Lücke in einer Sammlung zu schließen, sondern um gewinnbringend weiterverkauft zu werden, was darauf hinausläuft, es als Anlage zu betrachten.

Dieser Strukturierungsmodus, der sowohl auf die Art, wie die Waren angeordnet werden, als auch auf die Kompetenzen der Akteure wirkt, ist dem Handel förderlich, da er es ermöglicht, die Verkäufe unter sonst gleichen Umständen so durchzuführen, dass um den besten Preis verhandelt wird. Dies wäre nicht der Fall, wenn alle Gegenstände aus der gleichen Perspektive betrachtet würden, was natürlich zur Folge hätte, viele von ihnen zu entwerten. Aufgrund ihrer Pluralität schaffen die Inwertsetzungsformen Räume der Inkommensurabilität, die die Warenwelt strukturieren. Der aus einer bestimmten Perspektive erfasste Wert eines Dings steht in keinem Verhältnis zum Wert anderer Dinge, die aus anderen Perspektiven relevant sind. Die Streuung des Wertes schlägt sich in der Verteilung der Preise nieder. Die Preise der Dinge, die aus unterschiedlichen Perspektiven relevant sind, können in derselben monetären Maßeinheit ausgedrückt werden, ohne dabei gegenübergestellt und verglichen zu werden. Ebenso ist der Wettbewerb zwischen Gegenständen, die zum Beispiel angesichts ihrer Funktion derselben Gattung zugeordnet werden könnten, die aber im Hinblick auf verschiedene Inwertsetzungsformen bewertet werden, sehr abgemildert oder gar inexistent, sodass scheinbar substituierbare Dinge tatsächlich nicht substituierbar sind. Ebenso versteht es sich von selbst, wenn sich die Tauschpartner mit Bezug auf die Standardform koordinieren, dass ein Auto, das frisch aus dem Werk kommt, zu einem höheren Preis präsentiert werden kann als ein für eine ähnliche Nutzung geeigneter Gebrauchtwagen, und zwar aus dem einzigen Grund, dass es *neu* ist. Oder auch, wenn ihre Koordinierung auf der Sammlungsform basiert, dass ein originales Kunstwerk zu einem höheren Preis präsentiert werden kann als eine Kopie, selbst wenn die Kopie perfekt ist, einzig deshalb, weil es sich um das *Original* handelt. Mit anderen Worten zielt die Inwertsetzung darauf ab, *Substitutions*effekte zu behindern und somit den Wettbewerb dadurch einzuschränken, dass sie die Gegenstände spezifiziert, mit denen der zu tauschende Gegenstand konkurrieren kann, d. h. indem sie eine große Zahl anderer potenzieller Anwärter ausschließt. Die Bildung von Monopolen oder Quasi-Monopolen ist – wie Edward Chamberlin (1962) bemerkt hatte – der Endpunkt dieses Prozesses und wahrscheinlich der Traum aller Akteure, die in einem Transaktionsraum tätig werden. In solchen Situationen ist in der Tat die Macht des Anbieters über die Preisfindung am größten und daher auch der kaufmännische Mehrwert – um einen Begriff Fernand Braudels (1990) zu verwenden –, den er sich erhoffen darf.

3   Profit und Mehrwert

Die Inwertsetzungsformen, deren Struktur gerade erläutert wurde, geben sozialen Akteuren Orientierungspunkte, um sich auf Tauschsituationen einzulassen und ein Urteil über Preise zu treffen. Man sollte sich jedoch davor hüten, Warenstrukturen so zu betrachten, als handele es sich dabei um unveränderliche Bestandteile der Wirklichkeit. Sie haben eine historische Dimension: Die Veränderungen, denen Warenstrukturen unterliegen, hängen im Wesentlichen von der Dynamik des Kapitalismus ab. Mit der Entfaltung des Kapitalismus im modernen Europa hat sich in der Tat allmählich ein kaufmännisches Verhältnis zu den unterschiedlichsten Dingen etabliert, das insofern zur Homogenität tendierte, als jedes Ding in eine Ware verwandelt werden konnte, indem es in Erwartung eines Profits gegen Bargeld getauscht wurde, wobei das Geldsystem gleichzeitig mehr oder weniger vereinheitlicht worden ist. Marx machte als einer der ersten auf diesen Prozess aufmerksam. Dieser Homogenisierungsprozess ging jedoch mit einer Ausdifferenzierung der

Gegenstände einher, und zwar je nachdem, wie viel Profit der Handel mit ihnen generieren konnte.

Der Wert knüpft sich an den Profit. Wenn wir annehmen, wie wir es vorgeschlagen haben, dass der Bezug auf den Wert vor allem im Zusammenhang mit dem Tausch nötig ist und wenn es darum geht, den Preis eines Dings zu kritisieren oder ihn gegen Kritik zu rechtfertigen, sehen wir, dass Kritik und Rechtfertigung vor allem die Festlegung der Marge betreffen, d. h. das Verhältnis zwischen einem Preis und anderen möglichen Preisen, die wir *Metapreise* nennen. Als Metapreise bezeichnen wir die Preise, auf die bei Bewertungen oder Verhandlungen Bezug genommen wird, um sie vom erzielten Preis zu unterscheiden, der einem Ding zum Zeitpunkt des Transfers zugemessen wird. Die Spezifizität des Kapitalismus besteht darin, verschiedene Profitzentren konkurrieren zu lassen, die jeweils die Güter, die sie für einen bestimmten Preis in ihren Besitz gebracht haben – ob sie diese nun hergestellt oder gekauft haben – zum optimalen Preis verkaufen wollen, um aus dem Verkauf den maximalen Profit zu erzielen. Es ist leicht einzusehen, dass die Dispositive, die den Wert der zum Verkauf angebotenen Güter zu verteidigen imstande sind, in diesem Rahmen einen wichtigen Platz einnehmen.

Zahlreiche Interpretationen wurden zur Erklärung des Profits vorgeschlagen, insbesondere mit dem Fokus auf Innovation und die Eigenschaften des Unternehmers (Schumpeter 2018), Monopolisierungseffekte zur Einschränkung des Wettbewerbs (Chamberlin 1962), Handeln unter Bedingungen der Unsicherheit mit nicht problematisierbaren Faktoren (Knight 1964) oder auch den Zugang zu Machtpositionen, von denen aus der Wettbewerb ausgeschaltet werden kann (Veblen 1904). Im Feld der Interpretationen des Profits wollen wir aber insbesondere zwei Analysen betrachten, die die Besonderheit haben, den Schwerpunkt auf den *Wert* bei der ersten und auf die *Preise* bei der zweiten zu legen. Beide versuchen zu verstehen, wie der Tausch einer Ware einen Profit generieren kann, der in der Bilanz eines Profitzentrums buchhalterisch, d. h. durch die Marge erfasst wird, welche die Differenz zwischen dem Geldwert dieser Ware in zwei unterschiedlichen Bilanzen objektiviert, die positiv, negativ oder neutral ausfallen kann.

Die erste Erklärung, die von Marx entwickelt wurde, hat die Besonderheit, dass sie auf die menschliche Arbeit fokussiert, die verausgabt werden muss, damit eine Ware eine Form erhält, in der sie getauscht werden kann. Diese Erklärung hebt die Möglichkeit eines Mehrwerts hervor, der durch die Ausbeutung unbezahlter Arbeit (Mehrarbeit) generiert wird.

Die zweite Erklärung konzentriert sich auf den Tauschvorgang selbst. Sie hebt die Differenz zwischen dem Preis, der für eine Ware bezahlt wurde, und dem Preis, zu dem sie weiterverkauft wird, hervor. Damit sich diese Differenz jedoch bei aufeinanderfolgenden Tauschvorgängen zwischen interdependenten Entitäten nicht aufhebt, muss davon ausgegangen werden, dass der Ort und der Zeitpunkt des ersten Tausches – bei dem die Ware gekauft wird – nicht in direkter Wechselwirkung mit dem Ort und dem Zeitpunkt des zweiten Tausches – bei dem die Ware verkauft wird – stehen, mit anderen Worten, dass die Ware eine Verschiebung erfährt. Bei Braudel (1990) ist diese Verschiebung im Wesentlichen geographischer Art (Fernhandel), aber wir werden zu zeigen versuchen, dass sich der Begriff durch die Einbeziehung anderer Arten von Verschiebungen erweitern lässt, die ebenfalls zu einer Preissteigerung der verschobenen Ware führen.

Wenn eine Ware verschoben wird, wird sie bei jeder Zwischenstation auf ihrem Weg aus einer anderen Perspektive betrachtet, je nachdem, welchen Platz sie in der Gesamtheit der gewöhnlichen Dinge einnimmt, von denen sie sich abhebt, sodass der Sinn, der diesem Ding verliehen wird, in Abgrenzung zum Sinn anderer Dinge bestimmt wird. Ebenso kann ihr Preis als relativ bezeichnet werden, wenn sie gehandelt wird, da dieser im Hinblick auf den Preis der anderen Dinge beurteilt wird, die lokal gehandelt werden. Diese Form des Handels setzt den Vergleich zwischen zutiefst asymmetrischen Perspektiven voraus. Die erste ist lokal, die zweite global. Während das Ding, das aus einer lokalen Perspektive betrachtet wird, in Bezug auf den Gesamtzusammenhang bestimmt wird, in den es eingebettet ist und wo sich sein Preis herausbildet, sodass zwei voneinander entfernte Positionen nie „dieselben" Dinge umfassen, besteht die Besonderheit der globalen Perspektive darin, sich in die Lage zu versetzen, den Weg eines Dings zwischen unterschiedlichen Positionen zu verfolgen, wo dessen Preis auf unterschiedliche Weise bestimmt wird, verbunden mit der Einsicht, dass es sich tatsächlich um „dasselbe" Ding handelt, oder darin, wenn man so will, die ganze Handelskette aus einer umfassenden Perspektive zu betrachten.

Der effektivste Kaufmann ist in dieser Hinsicht derjenige, der eine Vielzahl von Perspektiven beherrscht und daher als multivalent bezeichnet werden kann. Die Fähigkeit, sich die Unterschiedlichkeit der Perspektiven zunutze zu machen, macht die Stärke des Fernhandels und vielleicht ganz allgemein der Verschiebung als Komponente des Kapitalismus aus, von dem man annehmen kann, dass er die Eigenschaft hatte und immer noch hat, sich auf Akteure zu stützen, die aus der Kenntnis der unterschiedlichen Inwertsetzungsformen einen Vorteil ziehen. Bei jeder Zwischenstation auf ihrem Weg wird nämlich die Ware zu ihrem lokalen Preis gehandelt, sodass es sinnlos wäre, dem Kaufmann Unlauterkeit vorzuwerfen. Aber die große Asymmetrie zwischen den Akteuren mit einer lokalen und einer globalen Perspektive erzeugt ein Differenzial, das dazu tendiert, den Großteil der Profite in den Händen derjenigen zu akkumulieren, deren Perspektive am breitesten oder, wenn man so will, die umfassendste ist.

Von einer umfassenden Perspektive zu sprechen, ist jedoch eine unzureichende Annäherung, wenn man nicht nach den Dispositiven und Werkzeugen fragt, auf denen sie basiert. Diese Dispositive und Werkzeuge waren es, die in der Neuzeit ferne Handelsexpeditionen begünstigten. Diese gingen bekanntlich weitgehend auf die Initiative der politischen Machtzentren, d. h. der Staaten oder Stadtstaaten zurück, die einzig imstande waren, den risikoreichen Unternehmen, von denen der Erfolg des Fernhandels abhing, sehr unterschiedliche Mittel bereitzustellen, allen voran militärische und navigationstechnische, aber auch intellektuelle Mittel auf dem Gebiet der Geographie, der Kartographie und vielleicht vor allem der Geschichte sowie das Interesse an der sprachlichen und ethnographischen Kenntnis der über die ganze Welt verstreuten indigenen Völker. Die Möglichkeit einer umfassenden Perspektive hing jedoch entscheidend von der Entwicklung von Kommunikationsinstrumenten ab, allen voran der Handelskorrespondenz, der Finanznetzwerke und insbesondere des Wechselbriefs.

4   Die Historizität der Inwertsetzungsformen

Als soziale Formen haben die verschiedenen Arten, Waren in Wert zu setzen, zweifellos eine historische Dimension. Es ist allerdings schwierig und vielleicht vergeblich, ihren Ursprung oder gar ihre Genealogie ausmachen zu wollen. Jede Inwertsetzungsform stellt sich nämlich als ein strukturiertes und relativ zusammenhängendes Ganzes dar und ist gleichzeitig aus mehr oder weniger disparaten Elementen, Überresten früherer Gebilde, mit ihrer jeweils eigenen Geschichte zusammengesetzt, vergleichbar in dieser Hinsicht – wie die Sprache in Wittgensteins berühmter Metapher – mit einer alten Stadt mit ihren Straßen und Häusern aus verschiedenen Epochen und Stilen. So könnte man die Ansicht vertreten, dass die Herstellung von mehr oder weniger ähnlichen Gegenständen in großer Zahl, insbesondere für das Militär, das Aufkommen der Standardform nicht abgewartet hat oder dass diese mit dem Aufkommen des gedruckten Buches entstanden sei. Wie Roger Chartier (2015) betont, kann die Standardisierung jedoch nicht ganz auf den Buchdruck zurückgeführt werden, da der gedruckte Text mindestens bis ins 18. Jahrhundert beweglich war, in dem Sinne, dass Neuauflagen desselben Werkes viele Änderungen mit sich brachten, weil Korrekturen während des Druckes vorgenommen wurden, usw.

In Anknüpfung an viele gegenwärtige Debatten stellt sich auch die Frage, wann Sammlungen auftauchen und welche Gemeinsamkeiten und Unterschiede zwischen alten „Kuriositätenkabinetten" und modernen Sammlungen bestehen. Bezüglich der Trendform kann man sich auch fragen, ob das Interesse an Gegenständen als Zugehörigkeitszeichen und Distinktionsmerkmal ein universelles Phänomen ist oder ob es vielmehr auf die italienischen Fürstentümer des 15. und 16. Jahrhunderts (Guerzoni 2011), die französische Hofgesellschaft des 17. Jahrhunderts oder das England des 18. Jahrhunderts zurückzuführen ist, wo ein neues Verhältnis zu Konsum, Luxus und dem entstand, was Historiker „populuxe" genannt haben (Fairchilds 1993), die damals beliebte Themen für enthusiastische oder kritische Debatten und Essays wurden. Ähnliche Bemerkungen ließen sich über die Anlageform machen. Man könnte wahrscheinlich in mehr oder weniger weit zurückliegenden Zeiten Beispiele für „kostbare" Gegenstände finden, die, wie im berühmten Fall der Tulpenzwiebeln im Holland des 17. Jahrhunderts (Goldgar 2007), zu spekulativen Zwecken schnell zirkulierten oder, umgekehrt, vom Tausch ausgeschlossen und als Schätze verwahrt wurden.

Entgegen der Position, die vor lauter Obsession für Ursachenforschung den Ausgangspunkt immer weiter nach hinten verschiebt und vor lauter Detailverlorenheit oft zur relativistischen und damit historisch desillusionierten Feststellung gelangt, dass es unter der Sonne nie etwas Neues gäbe, vertreten wir eine Position, die erst einmal als strukturell bezeichnet werden kann. Diese Position bemüht sich, die Orte und Zeiten zu identifizieren, in denen sich der Sinn bereits vorhandener Dinge und Praktiken grundlegend wandelt, weil diese aufgrund von Veränderungen, die zunächst nur einen kleinen Teil ihrer Umgebung betreffen und marginal erscheinen können, in neue Konfigurationen eintreten. Im vorliegenden Fall nehmen Veränderungen, die als sehr langsam und beinahe kontinuierlich erscheinen können, wenn man die Dinge als Dinge in den Blick nimmt, einen historisch deutlich ausgeprägteren Charakter an, wenn man die Dinge als Waren betrachtet.

Das Aufkommen der Inwertsetzungsformen ist vor dem Hintergrund der Art und Weise zu verstehen, wie die Dinge im Ancien Régime zirkulierten (Grenier 1996). Wir können erstens im Hinblick auf die Tatsache, dass die Währung damals nicht vereinheitlicht war und daher nicht als gemeinsame Maßeinheit für Preise dienen konnte, und zweitens angesichts der damaligen Bedeutung des Tauschhandels die Hypothese aufstellen, dass der Preis zu dieser Zeit einen weniger zentralen Stellenwert hatte als der, den er mit der Standardform erhalten hat, die auf dem „Neupreis" basiert. Deshalb stellen die Preise im Ancien Régime für einen Historiker, der sie erfassen möchte, „ein buchstäblich unbeschreibliches Durcheinander" (Guerreau 2001, S. 1140) dar. Die Bewegung, die darin besteht, sich von einem Ding wegen seines Preises zugunsten eines anderen abzuwenden, was eine Form der Preiskritik ermöglicht, war dementsprechend wenig relevant oder ineffektiv. Außerdem konnte bei der Herstellung dieser Dinge das gegenseitige Kopieren eine mehr oder weniger große Rolle spielen, ohne dass sich die Frage der Exklusivität oder eines Vervielfältigungsverbots stellte. Monopole für die Vervielfältigung von Industrieerzeugnissen wurden nämlich erst durch die Einführung des Patents und darüber hinaus eines Rechts des geistigen Eigentums möglich. Die Dinge sind nicht durch den Preis prädeterminiert, den der Anbieter für sie erhalten möchte, oder durch die Inszenierung eines Wertes vordefiniert, der zwar ihren Preis rechtfertigen soll, letztendlich aber durch nichts anderes ausgedrückt werden kann als einen Geldbetrag. Mit der Entwicklung der Warenform wird die Verteilung der Dinge zwischen typischen Situationen und Nutzungen, die an praktische Zwänge, d. h. an die Handlungsumstände angepasst sind, nicht abgeschafft. Diese Verteilung steuert aber nicht mehr die Zirkulation von Dingen, die als Waren eher durch den Bezug auf den monetär oder buchhalterisch ausgedrückten Profit bestimmt werden, der explizit oder implizit zum Telos des Tauschs wird. Diese Homogenisierung kann jedoch nicht bis zur Uniformierung gehen – wie einige Analytiker der Standardform zur Zeit ihrer vollen Entwicklung in kritischer Absicht annehmen mochten –, insofern als die Logik des Kapitalismus, der darauf abzielt, aus dem Handel mit jedem Ding den größtmöglichen Profit zu ziehen, eine Diversifizierung der zur Festlegung seines Wertes eingesetzten Mittel erfordert.

Das Dispositiv der Sammlung gilt nicht unmittelbar für alle Gegenstände, deren Tausch und Zirkulation Wohlstand im Rahmen einer Anreicherungsökonomie schaffen. Während es besonders offensichtlich ist, wenn wir beispielsweise den Handel mit Kunstwerken und Antiquitäten betrachten, mag es auf den ersten Blick weniger adäquat erscheinen für Bereiche wie Luxus und Tourismus oder gar für Patrimonialisierungsprozesse, die verwurzelte und nichttransportierbare Dinge betreffen, oder selbst für den breiten und schwammigen Bereich, den wir „Kultur" nennen und der sich teilweise in körperhaften Dingen materialisiert, sich aber auch in Form von Texten, Wörtern, Schemata und „Ideen" manifestiert. Es ist jedoch wahrscheinlich, dass in den Gegenden und Ländern, wo sich der Kapitalismus auf das gestützt hat, was Jean und John Comaroff (2009) das Ethno-Unternehmen oder „ethnicity, Inc." nennen, um zum Teil von einer Produktivwirtschaft zu einer Anreicherungsökonomie überzugehen, das Dispositiv der Sammlung ein Repertoire von Schemata bereitgestellt hat, die neu angeordnet werden konnten, um die Konturen einer erweiterten Form der Inwertsetzung der Dinge zu zeichnen.

Wie sind diese scheinbar getrennten Tätigkeitsbereiche – Luxus, Tourismus, Patrimonialisierung und Kultur – miteinander verknüpft, und warum ist die Sammlungsform zentral für die Anreicherungsökonomie? Wir müssen von den Touristen ausgehen, und insbesondere von den wohlhabendsten Touristen, die am begehrtesten sind und deren wachsende Bedeutung in der heutigen Wirtschaft, vor allem in Frankreich, schon hervorgehoben wurde: Um sie dazu zu bringen, sich zu bewegen, und sie an einen bestimmten Ort eher als an einen anderen zu locken, kann dieser Ort patrimonialisiert werden. Dadurch wird ihre Aufmerksamkeit durch den Rückgriff auf Kultur und insbesondere auf Erzählungen geweckt. Aber wenn man sie einmal herbewegt hat und ihnen eine Geschichte erzählt hat, muss man den Touristen immer noch Dinge verkaufen. Bei diesen Dingen kann es sich allerdings nicht um Standardgegenstände handeln, die sie genauso gut bei sich zu Hause kaufen könnten. Diese Gegenstände müssen sich daher auf die Sammlungsform stützen und fallen dann in die Kategorie der Luxus- oder Premium-Gegenstände. Da die Sammlungsform nicht auf Gebrauch ausgerichtet ist, ermöglicht sie es, die Anhäufung von Dingen zu rechtfertigen, die ansonsten als nahezu ähnlich und damit substituierbar angesehen würden. Wenn sie erweitert wird, stellt sie daher einen starken Kauf- und somit auch Profittreiber dar. Diejenigen, die aus dieser Verkettung den größten Gewinn ziehen, sind bereits die Reichsten, die auch Touristen sein können, aber in anderen Ländern.

Die Entwicklung einer Anreicherungsökonomie ist besonders in Staaten wie Frankreich, Italien und Spanien oder im kleineren Maßstab in Städten oder sogar Stadtvierteln wie der High Line in New York zu beobachten. Diese Veränderungen sind immer in einem *Anreicherungsgebiet* mit günstigen historischen und geographischen Bedingungen verwurzelt. Die Anreicherungsökonomie hängt mit einer originellen Art zusammen, Wohlstand zu schaffen, die auf einer viel intensiveren Ausbeutung spezifischer Vorkommen basiert als es bislang der Fall war, welche aus Ablagerungen bestehen, die sich im Laufe der Zeit angesammelt haben, und deren Verwertung vorzugsweise auf Narrativität basiert: Diese Ökonomie bezieht ihre Substanz aus der Vergangenheit. Dieser Prozess lässt sich mit den Veränderungen vergleichen, die Teile Großbritanniens, zuerst auf sehr lokaler Ebene, zwischen dem späten 18. Jahrhundert und dem ersten Drittel des 19. Jahrhunderts, erfassten, bevor sie sich über die ganze Welt ausbreiteten und die sogenannte erste industrielle Revolution einleiteten. Der Historiker Edward Anthony Wrigley (2010) hat die Ansicht vertreten, dass diese „Revolution" nicht nur das Ergebnis einer Entwicklung der Arbeitsteilung war. Sie resultierte auch, oder vor allem, aus einem Wechsel der zur Schaffung von Wohlstand ausgebeuteten Ressourcen. Bis zum Beginn des 19. Jahrhunderts war die Hauptquelle des Wohlstands organischer Art: Landwirtschaft, Viehzucht, Wolle, Holz, Zugtiere usw. Dann ermöglichte die immer intensivere Ausbeutung von Vorkommen fossiler Rohstoffe und vor allem der Kohle – deren Ursprung freilich organisch ist – die Ausbreitung der Mechanisierung und führte zu einer Verschiebung der Finanzströme.

Um die mit der Entwicklung einer Anreicherungsökonomie einhergehende Veränderung der Zusammensetzung der Gesellschaft zu analysieren, müssen zuerst die Güter identifiziert werden, die man besitzen muss, um in diese Ökonomie investieren zu können, und anschließend muss die Verteilung dieser Güter untersucht werden. Da eine Anreicherungsökonomie vor allem auf der Ausbeutung der Vergangenheit basiert, können sich in ihr diejenigen Güter als rentabel erweisen, die auf die eine oder andere Weise nicht nur aus der Vergangenheit stammen, was generell auf Eigentum zutrifft, sondern auch die Dimension der Vergangenheit indizieren. Es handelt sich um Güter, die diese Dimension mehr oder weniger explizit denotieren oder konnotieren, sei es, dass sie sie semantisch inkorporieren (ein antiker Gegenstand ist nur durch den Bezug auf die Vergangenheit ein solcher) oder dass sie in bestimmten Kontexten mit einer Erinnerungskraft aufgeladen werden (wie ein Parfum, dessen Herstellung industriell ist, dessen Name und Marke aber eine legendäre Vergangenheit heraufbeschwören). Wie sind diese Güter verteilt? Die spontane Antwort ist, dass sich diese Güter in den Händen derjenigen befinden, die alte Gegenstände besitzen, aus denen sie durch Verkauf (Mehrwert) oder, bei Immobilien, Vermietung (Mieteinnahmen) Profit ziehen können, also in den Händen der Besitzer von Vermögenswerten (patrimoine).[5] Diese Antwort ist aber unzureichend, denn Alter ist nicht nur eine physische Eigenschaft, sondern folgt auch einem Bestimmungsmodus narrativer Art. Ein alter Gegenstand ist nicht einfach bloß alt; er ist mit einer Geschichte verbunden, und sein Preis wird zum großen Teil durch den Bezug auf diese Geschichte gerechtfertigt.

Es ist wohl anzunehmen, dass eine Anreicherungsökonomie unterschiedlichen Arten von Akteuren zugute kommt, die auf verschiedene Weise aus der Vergangenheit Profit ziehen können, allen voran denjenigen, die Vermögen besitzen, das sich handeln lässt, wobei dieses in Kapital verwandelt wird, unabhängig davon, ob es sich um ein in Dingen oder in Menschen inkorporiertes Vermögen handelt. Innerhalb dieser beiden Bereiche lassen sich die Akteure grob nach dem Umfang ihres Vermögens hierarchisieren, der im ersten Fall durch eine Schätzung des Metapreises ihrer Vermögenswerte, z. B. aus steuerlichen Gründen oder bei Übertragungen, und im zweiten Fall hauptsächlich an ihrem Bildungsniveau, dem von ihnen ausgeübten Beruf und ihrem Gehaltsniveau gemessen wird. Beide Möglichkeiten schließen einander natürlich nicht aus. Während es nicht häufig vorkommt, dass Sammler, Kunst- und Antiquitätenhändler oder sogar Makler von hochpreisigen Immobilien über keinerlei inkorporiertes kulturelles Kapital verfügen, kommt es hingegen wahrscheinlich sehr häufig vor, dass Besitzer von kulturellem Kapital, selbst von einem hohen Niveau, keine hochpreisigen Vermögensgegenstände besitzen. Daraus lässt sich schließen, dass das in Dingen inkorporierte Vermögen einen größeren Stellenwert hat als das in Menschen inkorporierte Vermögen, insofern als diejenigen, die im Besitz dieser zweiten Vermögensart sind, darauf angewiesen sind, sich in den Dienst derjenigen zu stellen, die ein in Dingen inkorporiertes Vermögen

---

5 Zur Bedeutung von „patrimoine" siehe oben Fußnote 4.

besitzen oder zumindest den Zugang zu ihm kontrollieren, um ihr Vermögen in Wert zu setzen, d. h. in Kapital zu verwandeln.

5   Der integrale Kapitalismus

In den Analysen der Veränderungen des Kapitalismus seit den 1970er-Jahren lag der Schwerpunkt entweder auf dem Wandel der Produktionsorganisation oder auf der Internationalisierung der Finanzwirtschaft, dem Anstieg der Verschuldung sowohl von Staaten als auch von Privatleuten sowie einem im Verhältnis zu den Staatsausgaben zu niedrigen Steueraufkommen. Der Schwerpunkt lag jedoch weniger auf den Veränderungen, die sich auf die Warenwelt und den Handel mit Dingen ausgewirkt haben, die eine zentrale Profitquelle bleiben und somit die Akkumulation des Kapitals ermöglichen.

Außerdem wurden seit den 1960er-Jahren viele Gesellschaften häufig als *Konsumgesellschaften* bezeichnet, wobei betont wurde, dass die Menschen, die mit einer Vielzahl unterschiedlicher Gegenstände konfrontiert waren, diese in einem Umfang kaufen konnten, der nur von den ihnen zur Verfügung stehenden Geldmitteln abhing. Wir vertreten aber die These, dass seit den 2000er-Jahren die Gesellschaften zunehmend auch zu *Handelsgesellschaften* werden, in dem Sinne, dass von den Akteuren erwartet wird, verhandeln zu können, und sie dazu angespornt werden, selbst zu Verkäufern zu werden. Dies ist beispielsweise der Fall, wenn sie aus einer Immobilie Nutzen ziehen, indem sie sie für kurze Zeiträume vermieten, oder im Internet gebrauchte oder Sammlungsgegenstände kaufen und verkaufen.

In dem Maße, wie die Dynamik des Kapitalismus auf Verschiebungen basiert, die zu einer Ausweitung der Kommodifizierung führen (dazu Dörre in diesem Band), neigt sie nicht bloß dazu, die Lebenswelt zu uniformieren – was ihr oft zur Last gelegt wurde, insbesondere im Hinblick auf die Expansion der industriellen Wirtschaft, die für den Verlust lokaler Besonderheiten durch eine globale Vereinheitlichung verantwortlich gemacht wurde. Sie zieht auch aus der Ausbeutung von Differenzen einen Nutzen, sofern diese Differenzen asymmetrisch verteilt sind. Einer der Gründe, warum die Kritik diese Verschiebung des Kapitalismus erst spät erkannt und angemessen berücksichtigt hat, ist, dass der Kapitalismus oft in erster Linie mit der industriellen Wirtschaft und Standardgegenständen gleichgesetzt wurde, während Kunst und Kultur als Orte des Widerstands gegen den Kapitalismus betrachtet wurden. Die kapitalistische Bedrohung wurde dementsprechend in einer Standardisierung der Kunstwerke gesehen, wie von Walter Benjamin in seinem Aufsatz *Das Kunstwerk im Zeitalter seiner technischen Reproduzierbarkeit*

(1980), der die Einzigartigkeit des Originals und die Bedrohung hervorhob, die die Reproduktion für die „Aura" des Kunstwerks bedeutete. Diesem Kapitalismus wurde unterstellt, Kultur zugunsten von „Halbbildung" zu verdrängen, die für Adorno „der vom Fetischcharakter der Ware ergriffene Geist" war (Adorno 1979, S. 108).

Mit der Entwicklung der Anreicherungsökonomie hat jedoch der Kapitalismus aus den verschiedenen Inwertsetzungsformen, die wir analysiert haben, den größtmöglichen Nutzen gezogen. Vor allem dadurch ist es dem Kapitalismus gelungen, die Kommodifizierung auf neue Gegenstände auszuweiten, aus denen er einen maximalen Profit zog, sowohl durch die Senkung des Preises bestimmter Gegenstände (Standard- und Trendform) als auch durch eine Erhöhung des Preises anderer Gegenstände, wenn sie wieder in Umlauf gebracht werden (Sammlungs- und Anlageform).

Um die Spezifizität einer Form des Kapitalismus hervorzuheben, die aus den vier von uns identifizierten Inwertsetzungsformen Nutzen zieht, sprechen wir von *integralem Kapitalismus*. Der integrale Kapitalismus entkommt einer Charakterisierung des Kapitalismus nicht, die den Fokus auf das Erfordernis der unbegrenzten Akkumulation legt. Die Akkumulation verfolgt er aber durch die Ausdehnung der Warenwelt, die Ausbeutung neuer Wohlstandsquellen und die Verknüpfung verschiedener Arten, Dinge in Wert zu setzen und zirkulieren zu lassen, immer mit dem Ziel, den Profit zu maximieren.

Aus dem Französischen übersetzt von Julien Deroin.

Literatur

Adorno, T. W. (1979) [1959]. Theorie der Halbbildung. In T. W. Adorno, *Soziologische Schriften 1* (S. 93–121). Frankfurt a. M.: Suhrkamp.

Baudrillard, J. (1991) [1968]. *Das System der Dinge. Über unser Verhältnis zu den alltäglichen Gegenständen.* Frankfurt a. M.: Campus.

Benjamin, W. (1980) [1935]. Das Kunstwerk im Zeitalter seiner technischen Reproduzierbarkeit. In W. Benjamin, *Gesammelte Schriften*, Bd 1. (S. 431–469). Frankfurt a. M.: Suhrkamp.

Boltanski, L., & Chiapello, È. (2003) [1999]. *Der neue Geist des Kapitalismus.* Konstanz: UVK.

Braudel, Fernand (1990) [1970]. *Sozialgeschichte des 15.–18. Jahrhunderts, Band 2: Der Handel.* München: Kindler.

Chamberlin, E. H. (1962) [1933]. *The theory of monopolistic competition. A re-orientation of the theory of value.* Cambridge: Harvard University Press.

Chartier, R. (2015). *La Main de l'auteur et l'esprit de l'imprimeur.* Paris: Gallimard.

Comaroff, J., & Comaroff, J. L. (2009). *Ethnicity, inc.* Chicago: University of Chicago Press.

Fairchilds, C. (1993). The production and marketing of populuxe goods in eighteenth-century Paris. In J. Brewer & R. Porter (Hrsg.), *Consumption and the world of goods* (S. 228–248). New York: Routledge.

Goldgar, A. (2007). *Tulipmania. Money, honor, and knowledge in the Dutch golden age.* Chicago: The University of Chicago Press.

Grenier, J.-Y. (1996). *L'Économie d'Ancien Régime. Un monde de l'échange et de l'incertitude.* Paris: Albin Michel.

Guerreau, A. (2001). Avant le marché, les marchés: en Europe, XIIIe–XVIIIe siècle. In *Annales. Histoire, Sciences Sociales, 56,* 1129–1175.

Guerzoni, G. (2011). *Apollon et Vulcain. Les marchés artistiques en Italie (1400–1700),* Dijon: Les Presses du réel.

Knight, F. H. (1964). *Risk, uncertainty and profit.* New York: Sentry Press.

Lévi-Strauss, C. (1994) [1962]. *Das wilde Denken.* Frankfurt a. M.: Suhrkamp.

Reckwitz, A. (2017). *Die Gesellschaft der Singularitäten. Zum Strukturwandel der Moderne.* Berlin: Suhrkamp.

Schumpeter, J. A. (2018) [1947]. *Kapitalismus, Sozialismus und Demokratie.* Tübingen: Francke.

Veblen, T. (1904). *The theory of business enterprise.* New Brunswick: Transaction Books.

Wrigley, E. A. (2010). *Energy and the English industrial revolution.* Cambridge: Cambridge University Press.

Teil II
Die Zukunft von Wachstum, Wohlfahrt und Demokratie

1
Die Zukunft der Natur und des Klimas

Modernisierung, Transformation oder Kontrolle?

Die Zukünfte der Nachhaltigkeit

Frank Adloff und Sighard Neckel

1 Einleitung

Seit sich der Begriff der Nachhaltigkeit Ende der 1980er-Jahre öffentlich verbreitet hat, wird mit seiner Verwendung auf Krisenerfahrungen und globale Risiken reagiert (Beck 1986), die wesentlich darin begründet sind, dass sich die Gesellschaften der Gegenwart mit der Vernutzung von Ressourcen konfrontiert sehen, die grundlegend für ihren Bestand sind. Dabei kann es sich um die natürlichen Ressourcen des Ökosystems, die ökonomischen Ressourcen gesellschaftlichen Wohlstands, die sozialen Ressourcen von Fürsorge und Solidarität oder die subjektiven Ressourcen von beruflicher Leistungsfähigkeit und privater Lebensführung handeln. Nachhaltigkeit umfasst die Norm, dass die Bedürfnisse der Gegenwart nicht auf Kosten derjenigen zu verwirklichen seien, die zukünftig ihre Bedürfnisse realisieren wollen (so schon der Brundtland-Bericht von 1987; Birnbacher 1988). Dieses Konzept der Nachhaltigkeit ist mittlerweile von unbestreitbarer gesellschaftlicher Relevanz, auch wenn Kritiker[1] in ihm ob seiner Breite und Vagheit bisweilen nur eine Leerformel erblicken (Finke 2012). Dessen ungeachtet ist Nachhaltigkeit in den letzten 30 Jahren zu einem Leitbegriff gesellschaftlichen Wandels auf der Ebene der Weltkultur (Meyer 2005) avanciert, der von nationalen Gesellschaften, (transnationalen) Organisationen, Städten, Unternehmen und sozialen Bewegungen als normatives Prinzip proklamiert und nicht selten auch institutionalisiert wird. Die 17 „Sustainable Development Goals" der Vereinten Nationen aus dem Jahr 2016 sind hierfür ein Beispiel. Nachhaltigkeit hat damit die Gestalt eines weitgehend

---

[1] Im Folgenden werden zwecks der besseren Lesbarkeit anstelle der weiblichen und männlichen Berufs- bzw. Akteursbezeichnungen nur die maskulinen Formen verwendet, wobei die weiblichen bzw. alle Geschlechter mit eingeschlossen sind, es sei denn, es handelt sich ausschließlich um weibliche Personen.

© Springer Fachmedien Wiesbaden GmbH, ein Teil von Springer Nature 2019
K. Dörre et al. (Hrsg.), *Große Transformation? Zur Zukunft moderner Gesellschaften*, https://doi.org/10.1007/978-3-658-25947-1_8

unbestrittenen Entwicklungsmodells angenommen, hinter dem sich indes sehr unterschiedliche Prozesse, Wert- und Zukunftsvorstellungen verbergen: vom Versuch, eine große sozialökologische Transformation einzuleiten, bis hin zu Nachhaltigkeit als Legitimationsfassade, hinter der sich gegenteilige Praktiken vollziehen.

So sehen etwa Vertreter einer „Green Economy" (UNEP 2011) Nachhaltigkeit als eine künftig unabdingbare Voraussetzung wirtschaftlichen Wachstums an (Jänicke 2012) und setzen auf eine Modernisierung der Gesellschaft mit dem Ziel, bestehende Institutionenordnungen effizient in Richtung Nachhaltigkeit umzubauen. Kritiker einer solchen Sichtweise zielen hingegen auf eine fundamentale gesellschaftliche Transformation ab, da gerade der Zwang zum ökonomischen Wachstum als gravierendes Hindernis einer nachhaltigen Entwicklung hin zur Suffizienz betrachtet wird (Muraca 2014; Adloff und Heins 2015). Demgegenüber steht ein Entwicklungspfad, auf dem das Problem der Nachhaltigkeit durch eine umfassende Politik der Kontrolle bearbeitet wird. Hierbei geht es um soziotechnische Überwachung, um inner- und zwischengesellschaftliche Externalisierung ökologischer Belastungen (Lessenich 2016) sowie um Maßnahmen zur Resilienzsteigerung bestimmter Bevölkerungsgruppen und deren Disziplinierung oder Segregation im Falle von Krisen, Katastrophen und Schocks.

Mit den Begriffen „Modernisierung", „Transformation" und „Kontrolle" sind drei Möglichkeitsräume gesellschaftlichen Wandels bezeichnet, die allerdings nicht die reale Zukunft markieren, sondern anzeigen, welche Imaginationen von Zukunft aktuell konflikthaft ausgetragen werden. Im Folgenden unterbreiten wir einen konzeptionellen Vorschlag, wie die genannten Entwicklungspfade untersucht werden sollten. Die analytischen Begriffe „Imaginationen", „Praktiken" und „Strukturen" werden dabei auf die bereits beobachtbaren Zukünfte von Nachhaltigkeit bezogen. Unser Aufsatz versteht sich als Präsentation eines Forschungsprogramms, das nicht auf alle angesprochenen Fragen bereits Antworten hat. Vielmehr beschreibt es einen analytischen Bezugsrahmen, von dem wir uns weitergehende soziologische Aufschlüsse über Nachhaltigkeit versprechen.[2] In der hier eingenommenen reflexiven Perspektive fungiert Nachhaltigkeit als eine soziologische Beobachtungskategorie, die Auskunft darüber zu geben verspricht, welcher sozialökonomische Wandel sich vollzieht, welche neuartigen Konfliktlinien, Ungleichheiten und Machthierarchien sich herausbilden und welche neuen kulturellen Rechtfertigungsmuster der gesellschaftlichen Ordnung auszumachen sind, wenn Gesellschaften Kriterien von

---

2 Unser analytischer Vorschlag bezieht sich auf die Programmatik unserer DFG-Kollegforschungsgruppe „Zukünfte der Nachhaltigkeit", die 2019 an der Universität Hamburg eingerichtet wurde; siehe: https://www.zukuenfte-nachhaltigkeit.uni-hamburg.de/de.html.

Nachhaltigkeit in ihre Funktionsbereiche, Institutionen und kulturellen Wertmuster integrieren (Neckel et al. 2018).

2   Theoretisches Register: Strukturen, Praktiken, Imaginationen

Die Zukünfte der Nachhaltigkeit sind Kristallisationspunkte ambivalenter Erwartungen: Sie wecken Hoffnungen auf ein „gutes Leben" und evozieren Ängste und Gefühle der Verwundbarkeit. Imaginationen strukturieren die gesellschaftlich vorfindbaren Praktiken der Nachhaltigkeit, die in Politik, Wirtschaft, Zivilgesellschaft und Wissenschaft vollzogen werden und die selbst wiederum strukturierend auf Imaginationen wirken. Praktiken der Nachhaltigkeit sind durch die geronnenen Ergebnisse vorgängiger Praktiken strukturiert und befinden sich stets in Interdependenz mit gesellschaftlichen Institutionen, materiellen Infrastrukturen und dem ökologischen Weltsystem (Elder-Vass 2017).

Infrastrukturen als materielle Komponenten von Gesellschaften sind hier von besonderem Interesse. Sie stehen für die materiellen Einrichtungen, ohne die moderne Gesellschaften nicht funktionieren könnten, da sie deren technisch vermittelte soziale Beziehungen vielfach erst ermöglichen (van Laak 2018). Für Nachhaltigkeit relevante Infrastrukturen beziehen sich etwa auf nicht-fossile Energien, Wasser, Abfallsysteme, privaten und öffentlichen Transport oder globale Wissens- und Kommunikationsstrukturen. Infrastrukturen und Praktiken ihrer Nutzung unterliegen einer Ko-Evolution und bedingen sich gegenseitig: Infrastrukturen ermöglichen multiple Praktiken; gleichzeitig formen Praktiken die Art und Weise ihrer Nutzung und die Imaginationen künftiger Infrastrukturen (Shove 2016). (Infra-)Strukturen präfigurieren nicht nur Praktiken, sondern beeinflussen auch Imaginationen, insofern sie Möglichkeitsräume schaffen, erweitern, aber auch begrenzen. Begrenzungen von Praktiken und Imaginationen gehen jedoch nicht nur von sozio-technischen Infrastrukturen aus, sondern ebenso von den verschiedenen Dimensionen des Erdsystems (Steffen et al. 2015), das die planetaren Grenzen markiert, innerhalb derer menschliches Leben möglich ist.

Der zweite analytische Grundbegriff unseres theoretischen Vorschlags ist der der sozialen Praktiken (Reckwitz 2003). Praktiken beruhen auf einem „know-how" und körperlich verankerten Verhaltensroutinen, weshalb der Materialität von Praktiken, ihren Körpern und Artefakten, ihren impliziten Motiven und Affekten eine besondere Bedeutung zukommt. Praktiken der Nachhaltigkeit (wie Planen, Bewerten, Abgrenzen, Quantifizieren, Vorhersagen, Investieren, Konsumieren,

Mobilisieren, Moralisieren, Reformieren etc.) beruhen auf einem alltäglichen Verständnis und Können, einem „knowing how to go on". Jede Praktik hat materielle Voraussetzungen; insbesondere materielle Infrastrukturen greifen aus in Raum und Zeit und legen fest, welche Praktiken sich entwickeln können. Umgekehrt lassen Infrastrukturen ganz unterschiedliche Nutzungspraktiken zu, die in der Regel eine parallele Entwicklung vollziehen. Nachhaltige Mobilität z. B. verweist nicht nur auf veränderte Bewegungsroutinen, sondern zugleich auf einen Wandel von Infrastrukturen und veränderte Imaginationen (Shove 2017).

Der Begriff der Imagination trägt in unserem analytischen Bezugsrahmen der Tatsache Rechnung, dass Individuen und Gruppen die Welt nicht nur kognitiv begreifen und sprachlich repräsentieren, sondern dass gerade auch Bilder, Vorstellungen, Stimmungen, Gefühle oder Erzählungen menschliches Denken und Handeln prägen. Imaginationen reproduzieren Praktiken und Strukturen, haben aber auch eine kreative Seite, die es ermöglicht, Neues zu schaffen (Adams et al. 2005; Castoriadis 1984). Imaginationen verknüpfen kognitive, evaluative und affektive Dimensionen – Wissen, Werte und Affekte – zu positiven oder negativen Vorstellungswelten, in denen Faktisches und Normatives verschmelzen (Taylor 2004, S. 23 ff.). Insbesondere Bilder und Fiktionen stellen gedankliche Experimentierfelder dar, in denen versuchsweise etwas dargestellt wird, das (noch) nicht gegeben ist (Fluck 1997; Beckert 2016). Mit „Strukturen", „Praktiken" und „Imaginationen" haben wir nunmehr die analytischen Grundbegriffe versammelt, die es uns ermöglichen sollen, die drei Entwicklungspfade Modernisierung, Transformation und Kontrolle gesellschaftstheoretisch näher zu inspizieren.

3   Nachhaltigkeit als Modernisierung

Programme einer nachhaltigen Modernisierung beabsichtigen, durch technologische und soziale Innovationen die Ökobilanz moderner Gesellschaften so entscheidend zu verbessern, dass die Tragfähigkeit des Planeten nicht länger überfordert wird (Huber 2004; Mol et al. 2014). Bestehende Strukturen der modernen Gesellschaft in Politik und Wirtschaft wie liberale Demokratie und kapitalistische Marktwirtschaft sowie zentrale Elemente der modernen Lebensführung wie Individualismus, Konsum, Wohlstandsorientierung und Mobilität sollen dabei nicht grundlegend verändert, sondern den veränderten Rahmenbedingungen ökologischer Restriktionen angepasst werden. So werden Märkte und Wettbewerb nicht als Hemmnisse eines Wandels zur Nachhaltigkeit begriffen, sondern als effizienzsteigernde wirtschaftliche Einrichtungen, die für Praktiken der Nachhaltigkeit nutzbar gemacht werden können – das bekannteste Beispiel für eine solche marktliche „Lösung" von Nachhaltigkeitsproblemen ist der Markt für CO_2-Emissionshandel (Engels 2006).

Entsprechend gelten auch Finanzmärkte als effiziente Instrumente, um die Nachfrage nach Investitionen in nachhaltig wirtschaftende Unternehmen zu steigern, und so hat die Finanzialisierung von Nachhaltigkeit (Feist und Fuchs 2014) Ausdruck in Finanzmarktprodukten wie „Green Bonds" oder „Impact Investing" gefunden (Chiapello und Godefroy 2017). Tatsächlich scheinen die wirtschaftliche Rationalität von Finanzmärkten und die Prinzipien von Nachhaltigkeit auf den ersten Blick Gemeinsamkeiten aufzuweisen: Beide sind geprägt von einer temporalen Ausrichtung auf die Zukunft und beide streben eine zielgerichtete Allokation von Ressourcen an. Bei genauerer Betrachtung wird indes deutlich, dass Zielkonflikte zwischen der Finanzmarktrationalität und einer nachhaltigen Entwicklung bestehen (Besedovsky 2018). Im Finanzwesen geht es darum, zukünftige potenzielle Gewinne bereits in der Gegenwart geltend zu machen. Besonders deutlich wird diese Logik in Verbriefungen, die als gebündelte Kredite oder Anleihen auf Sekundärmärkten gehandelt werden. Investitionen in die Zukunft gelten hier selbst als Produkte, die in der Gegenwart bereits einen Wert haben und verkauft und gekauft werden können. Die temporale Dimension von Nachhaltigkeit gestaltet sich hingegen anders. Hier geht es nicht darum, die Zukunft für die Gegenwart verwertbar zu machen, sondern im Gegenteil darum, zukünftige Handlungsmöglichkeiten zu sichern. Beim Prinzip der Nachhaltigkeit werden potenzielle Zukünfte nicht als gegenwärtige ökonomische Chancen begriffen, vielmehr sollen künftige Kosten bereits in der Gegenwart berücksichtigt werden.

Die Prinzipien von Nachhaltigkeit könnten daher durch eine zunehmende Finanzialisierung weitgehend korrodieren. Dies gilt insbesondere dann, wenn sich die Deutungsmacht über Nachhaltigkeit auf Finanzmarktakteure überträgt und zunehmend Banken, Investoren und Ratingagenturen darüber urteilen, was als nachhaltig gilt und was nicht. So mehren sich die Hinweise, dass die steigende Nachfrage nach nachhaltigen und zugleich profitablen Investitionen Anreize schafft, die Kriterien von Nachhaltigkeit aufzuweichen und den Präferenzen von Investoren anzupassen (Lenz und Neckel 2019). Ève Chiapello (2015) spricht in diesem Zusammenhang von einer „Kolonisierung" gesellschaftlicher Institutionen durch die Bewertungspraktiken des Finanzwesens (zum Thema Finanzialisierung siehe auch Pineault in diesem Band). Die Übertragung der Finanzmarktrationalität und entsprechender Kennzahlen auf Nachhaltigkeit löst offenbar Zielkonflikte aus, die zu Lasten ökologischer Ziele gehen (Kosoy und Corbera 2010).

Derartige Zielkonflikte möglichst zu umgehen, ist die Absicht zahlreicher Programme zur ökologischen Modernisierung, von denen Konzepte wie „Green Growth" und „Green New Deal" gegenwärtig die einflussreichsten sind (Schachtschneider und Adler 2010). Beide Konzepte gehen davon aus, dass mithilfe des technischen Fortschritts das Wirtschaftswachstum vom Ressourcenverbrauch und den damit einhergehenden Emissionen abgekoppelt werden kann, sodass Nachhaltigkeit nicht etwa als Abkehr vom Wirtschaftswachstum, sondern als dessen künftig unabdingbare Voraussetzung verstanden wird. Mittlerweile haben die OECD (2011), die Vereinten Nationen (UNEP 2011), die Weltbank (Hallegatte et al. 2011) und die Europäische Union (European Commission 2010) grüne Wachstumsstrategien explizit zu ihren zukünftigen Entwicklungspfaden erklärt.

Träger von „Green Growth"-Konzepten sind vornehmlich große Unternehmen und Kapitalgruppen, die ihre wirtschaftlichen Interessen auf einen neuen Weltmarkt für emissionsarme Energieerzeugung, effizienzoptimierte Verfahren und grüne Technologien („Greentech") ausrichten. Grüner Kapitalismus verzichtet auf gesellschaftliche Umverteilung und tastet wirtschaftspolitisch den Vorrang der Märkte nicht an. Seine ökonomischen wie ökologischen Kosten und Erträge sind daher gesellschaftlich ungleich verteilt. Während Beschäftigungsgruppen in der fossilen Industrie Anpassungs- und Übergangskrisen zu erwarten haben und die Gesellschaften des Südens fortgesetzt einer „Akkumulation durch Enteignung" (Harvey 2005) ihrer natürlichen Ressourcen ausgesetzt sind, kommen bevorteilte Bevölkerungsgruppen in den Gesellschaften des Nordens in den Genuss einer „selektiven Anpassung", die ihnen weiterhin einen komfortablen Lebensstil in ökologisch privilegierten Inseln des materiellen Überflusses ermöglicht (Davis 2007).

Soziale Spaltungen im ökologischen Umbau zu vermeiden, ist hingegen das Ziel des sozial-libertären „Green New Deal", dessen wichtigste Träger grüne Parteien, zivilgesellschaftliche Akteure, transnationale Netzwerke und NGOs wie der WWF sind (Green New Deal Group 2008). Statt auf großtechnologische Innovationen wird hier auf die Schaffung kommunaler ökologischer Infrastrukturen abgestellt, die nachhaltige Lebensweisen mit demokratischer Mitbestimmung verbinden sollen. Auch in anderer Hinsicht unterscheidet sich das Konzept des „Green New Deal" von marktbasierten Ansätzen wie „Green Growth", da es auf regulatorische Korrekturen der kapitalistischen Wirtschaft abzielt und nicht den Glauben an ökologisch tragfähige Marktkräfte teilt. Doch ist auch der „Green New Deal" letztlich an Wachstums- und Exportförderung gebunden, sodass Steigerungen der Umwelteffizienz womöglich durch die Rebound-Effekte eines wachsenden Konsums zunichtegemacht werden können.

Als Modernisierung konzipiert, dient Nachhaltigkeit einer Erneuerung der kapitalistischen Ökonomie und ihrer Anpassung an veränderte Rahmenbedingungen. Den grünen Kapitalismus der Zukunft stattet sie mit der Imagination eines neuen Fortschrittsoptimismus aus. Beständig neu hervorgebracht werden solche Imaginationen insbesondere dadurch, dass es zu den Eigenheiten des kapitalistischen

Wirtschaftssystems gehört, von „fictional expectations" (Beckert 2016) geleitet zu sein, welche als erdachte Erwartungen und vorgestellte Zukünfte die typischen Dynamiken des Kapitalismus wie Wachstum, Krise, Gewinnsteigerung und Innovation erzeugen.

4 Nachhaltigkeit als Transformation

Viele zivilgesellschaftliche Akteure weltweit betrachten das Modernisierungskonzept von Nachhaltigkeit als ungenügend, da es den ökologischen und sozialökonomischen Herausforderungen der globalen Krisenkonstellation nicht gerecht werde. Stattdessen wird sowohl im Globalen Norden als auch im Süden debattiert, wie eine „große Transformation" hin zu nicht-konkurrenziellen und nicht-wachstumsbasierten Sozialordnungen sowie zu einem radikal anderen gesellschaftlichen Naturverhältnis aussehen könnte (Acosta 2017; Kallis et al. 2015). Auch wenn die Auseinandersetzungen um Begriffe wie „décroissance", sozial-ökologische Transformation, Tiefenökologie, Ökofeminismus, Konvivialität, „postdevelopment", „buen vivir", Commons, solidarische Ökonomie oder Postkapitalismus durchaus unterschiedliche Tendenzen repräsentieren, so scheint doch ein gemeinsamer Bezugspunkt die Auffassung zu sein, dass die natürlichen und sozialen Grundlagen des planetarischen Zusammenlebens nicht durch Prozesse einer weitergehenden Ökonomisierung von Nachhaltigkeit zu schützen sind. Zwischen den verschiedenen intellektuellen und praktischen Strömungen einer transformatorischen Perspektive bestehen daher vielfältige Verbindungen (dazu Eversberg und Muraca in diesem Band).

Das Konzept des *Postkapitalismus* (Mason 2016) etwa setzt auf neue Formen nicht-kapitalistischer Kooperationen, die Wissen und Informationen kollaborativ produzieren und kostenlos im Internet zur Verfügung stellen. Nach dieser Vorstellung entwickeln sich Güter und Dienstleitungen zu digitalen Commons, die jenseits des Marktes angeboten werden. Damit ist die Imagination einer vernetzten Welt verbunden, die sich von marktwirtschaftlichen Zwängen befreit und durch Praktiken des digitalen Teilens und Tauschens getragen wird.

Insbesondere in der Bewertung eines nachhaltigen Wachstums unterscheidet sich der Postkapitalismus deutlich vom Konzept der *Postwachstumsgesellschaft,* dessen theoretischer Kern in der Kritik am kapitalistischen Dynamisierungs- und Wachstumszwang liegt (Dörre et al. 2009; Dörre, Lessenich sowie Rosa in diesem Band). Eng verbunden mit diesem Konzept ist die *Degrowth-Bewegung.* In ihr wird die Auffassung vertreten, dass ohne neue Institutionen, Techniken und Mentalitäten jenseits der Logik von kapitalistischer Effizienzsteigerung, Kommodifizierung und Wirtschaftswachstum künftige Gesellschaften nicht nachhaltig sein können. Degrowth-Initiativen beruhen weitgehend auf den Prinzipien der freiwilligen Assoziation und zivilgesellschaftlichen Selbstorganisation. Ihre Strukturen sind daher relativ schwach, weshalb es ein zentrales Anliegen der Degrowth-Bewegung ist, die einzelnen Projekte und Kooperativen miteinander zu vernetzen. Diese experimentieren vielerorts mit alternativen Praktiken, die eine sozial-ökologisch nachhaltigere Produktions- und Lebensweise versprechen (Paulson 2017), wozu Praktiken der Für- und Vorsorge, der Reparatur, der Wiederverwertung oder der Suffizienz ebenso gehören wie das nichtkommerzielle Teilen und Tauschen (Paech 2012; Schor 2010). Das Konzept der Postwachstumsgesellschaft versteht sich somit als dezidiert kritisch gegenüber herkömmlichen Fortschrittsideen und zugleich als eine positive Imagination von Nachhaltigkeit, da mit der notwendigen Suffizienz auch Prozesse der gemeinschaftlichen Selbstverwirklichung und eines „guten Lebens" einhergehen sollen. Eng verbunden ist damit die Post-Development-Bewegung im Globalen Süden, die modernisierungstheoretische Vorstellungen von Entwicklung kritisiert und eigene Konzepte von Suffizienz und einem guten Leben im Einklang mit der Natur („buen vivir") entwickelt, die dem vorgeblichen Universalismus des Nordens pluriversale Weltbilder entgegenstellen (Escobar 2011; Kothari et al. 2014).

Gesellschaftliche Transformationen zielen darauf ab, mit der Kultur des Wachstums zu brechen und neue Lebensformen zu erproben. Zur soziologischen Analyse bedarf es hierzu einer handlungstheoretischen Perspektive, die auch die affektive Seite von Transformationen in den Blick nimmt. Eingang findet dieser Aspekt im Konzept des *Konvivialismus* (Les Convivialistes 2014), der für eine nicht-utilitaristische Kultur plädiert und die Prinzipien der Gabe, Fürsorge und Anerkennung ins Zentrum rückt (Caillé und Vandenberghe 2015; dazu kritisch van Dyk in diesem Band). Hier existieren Parallelen zum ökofeministischen Diskurs, der seine Aufmerksamkeit darauf richtet, dass im Kapitalismus die vorwiegend weibliche Care-Arbeit ebenso ausgebeutet und abgewertet werde wie die natürlichen Ressourcen (Bauhardt 2011), weshalb das kapitalistische Verständnis von Arbeit und Natur radikal überdacht werden müsse. Des Weiteren knüpft man an das im romanischen Kulturkreis vorfindbare emische Konzept von „convivialité" bzw. „convivencia" an. Die Forschung zur alltäglichen Konvivialität hebt auf die Alltagskompetenzen von Menschen in multikulturellen Settings ab, ihr Zusammenleben in Differenz diskursiv und nicht-diskursiv auszuhandeln (Nowicka und Vertovec 2014).

Die zentrale Imagination dieser Bewegungen ist ein solidarisches und gerechtes Zusammenleben, mit dem sich das Gefühl einer pluriversalen, die Natur miteinschließenden Weltgemeinschaft positiv vermittelt. Strukturell soll die Errichtung einer konvivialen Ordnung von politischen Maßnahmen wie der Förderung einer solidarischen Ökonomie und der Auszahlung eines bedingungslosen Grund- und eines festgelegten Maximaleinkommens begleitet werden (Adloff 2018).

Systematische Überlegungen zu den institutionellen Problemen von Transformationsstrategien legt das Programm der „Realen Utopien" (Wright 2017) vor, das dazu auffordert, nicht-kapitalistische Freiräume zu entwickeln, um von dort aus sozial, politisch und kulturell zu diffundieren. Statt allein auf politische Reformen oder revolutionäre Umwälzungen setzt das Konzept auf demokratisch-egalitäre Projekte, die aus der Zivilgesellschaft heraus entstehen und gesellschaftliche Strukturen schrittweise qua Diffusion verändern. Eine entscheidende Rolle spielen dabei staatliche Akteure, da eine grundlegende gesellschaftliche Transformation nicht gegen, sondern nur mit dem Staat gelingen könne. Wesentliche Praktiken dieser Transformationsperspektive changieren somit zwischen Protest und Kooperation und knüpfen an die Vorstellung eines „demokratischen Experimentalismus" (John Dewey) an.

5 Nachhaltigkeit als Kontrolle

Nachhaltigkeit als Kontrolle stellt sich als dystopischer Entwicklungspfad dar, der sich mit Begriffen wie „globale Apartheid" oder „Fortress World" verbindet (Leggewie und Welzer 2011). Diese autoritäre Zukunftsvariante von Nachhaltigkeit bezieht sich auf die Möglichkeit des ökologischen Notstands, der es notwendig mache, Demokratie zumindest partiell zu suspendieren. Politischer Souverän wäre dann, wer über den ökologischen Ausnahmezustand bestimmt. Den globalen Eliten könnte es so gelingen, sich in geschützte Enklaven zurückzuziehen, während vulnerable Bevölkerungsgruppen Gefahren wie verseuchten Böden, Wirbelstürmen, Überschwemmungen oder Dürren ausgesetzt sind (Sassen 2015).

Unter der Bedingung des ökologischen Notstands stellt sich Kontrolle insbesondere unter die Ägide von „Resilienz" (Zebrowski 2015). Mit Resilienz sind Formen der Bewältigung von Krisenzuständen und der Anpassung an eingetretene Notstände angesprochen (Bonß 2015); sie beschreibt die Kapazitäten ökologischer oder sozialer Systeme, Stressoren und Schocks zu absorbieren, indem sie sich zwar wandeln, dabei aber grundlegende Strukturen und Funktionen beibehalten (Walker und Cooper 2011).

Bei ökologischen Schocks bedeutet resiliente Anpassungsfähigkeit nicht nur, sich an die unmittelbaren Krisenzustände des Erdsystems zu adaptieren, sondern auch deren soziale, ökonomische und geopolitische Folgen zu tragen. Hitzewellen, Überschwemmungen, Nahrungs-, Wasser- und Energieknappheiten können geopolitische

Systeme insgesamt in Krisenzustände stürzen. „Climate Security" wird daher in der politikwissenschaftlichen Beratung bereits zum Kernelement nationaler Sicherheit erklärt, und die US-Regierungsbehörden sind aufgerufen, sich auf die Gefährdungen einzustellen, die bei einer erwartbaren Erderwärmung von über zwei Grad Celsius in den nächsten Jahrzehnten auftreten werden (O'Sullivan 2015). Natürliche Prozesse des Erdsystems werden hierbei nicht mehr länger als unkontrollierbar betrachtet, wie insbesondere die Konzepte zu planbaren Eingriffen in biogeochemische Prozesse dokumentieren (CO_2-Abscheidung und -Speicherung, Reduktion der Sonneneinstrahlung, Eingriffe zur Verhinderung der Übersäuerung der Meere etc.). Hier zeigen sich Zukunftsimaginationen, die expertokratisch verfasst sind, durchzogen von technologischen Kontrollvorstellungen und weitgehend abgekoppelt von normativen Debatten und demokratisch-deliberativen Verfahren (Stirling 2014).

Das Streben nach Sicherheit und Kontrolle zum Zwecke der Nachhaltigkeit steht in einem Spannungsverhältnis zu demokratischen Freiheitsansprüchen, wenn es zu illiberalen Formen der Überwachung und zur Beschneidung von Freiheitsrechten führt. Nachhaltigkeit durch Kontrolle beruht auf einer partikularistischen Ethik. Nicht eine Gesellschaft als Ganzes mag sich als resilient erweisen, vielmehr werden wahrscheinlich einige Bevölkerungsgruppen ihre Anpassungskapazitäten in einem Maße erhöhen, das anderen nicht möglich ist. Dabei hängt die Durchsetzung des Kontrollparadigmas nicht zuletzt von der strukturellen Verteilung von Machtressourcen im globalen Nord-Süd-Verhältnis und den Möglichkeiten zur Enklavenbildung innerhalb von Gesellschaften ab (Brand und Wissen 2017). Strukturell steht die Kontrollgesellschaft der Nachhaltigkeit im Zeichen der Katastrophe, der mit infrastrukturell verankerten technischen, militärischen und staatlichen Mitteln begegnet werden soll. Begrenzung und nicht Verhinderung von Katastrophen orientiert die Praktiken der Segregation, der Externalisierung, der Überwachung und des Zwangs. Ihre Imagination bezieht diese Zukunft von Nachhaltigkeit als eine Welt der ökologischen Spaltung aus dem Wunschbild der Rettung, das sich als Privileg, als Ideal der Immunität oder als Hypertrophie von Sicherheit darstellen kann.

6   Schluss

Bei den hier vorgestellten drei Entwicklungspfaden handelt es sich um eine idealtypische Unterscheidung. Es ist unwahrscheinlich, dass sich einer dieser Entwicklungspfade allein durchsetzen wird. Vielmehr ist zu erwarten, dass Verschränkungen zwischen den Entwicklungspfaden entstehen, zwischen Modernisierung und

Transformation, Transformation und Kontrolle, Modernisierung und Kontrolle. So erwarten Theorien des Postkapitalismus im Zuge der Digitalisierung der Ökonomie und einer damit einhergehenden Senkung der Grenzkosten eine grundsätzliche Infragestellung des Kapitalismus weit über dessen Modernisierung hinaus (Srnicek und Williams 2016). Durch die Entwicklung kollaborativer Gemeingüter würde sich sowohl die Wirtschaft als auch die Lebensweise verändern (Rifkin 2014).

Hinsichtlich der Verschränkung von Transformation und Kontrolle finden sich etwa Tendenzen in der Umweltbewegung, die in der liberalen Demokratie eher ein Hindernis als eine Stütze auf dem Weg in eine nachhaltige Gesellschaft sehen. Dies ist umso erstaunlicher, wenn man sich in Erinnerung ruft, dass der Beginn der grünen Bewegung radikaldemokratisch ausgerichtet war. Heute sind viele Teile der Umweltbewegung auf den Pfad eines wissenschaftlichen Expertendiskurses eingeschwenkt, der vor allem technische Lösungen qua Innovation anvisiert (Stirling 2014). Nachhaltigkeit und Vertiefung der Demokratie werden in der grünen Bewegung längst nicht mehr so eng miteinander verknüpft wie zu Beginn der Bewegung in den 1970er-Jahren. Eine radikale Veränderung der Gesellschaft enthält zudem den Anspruch auf Totalität, fordert sie von ihren Mitgliedern doch einen vollständigen Wandel ihres Lebensstils. Hieraus erwachsen die Gefahren eines ökologischen Tugendregimes, das sich mit den unbestreitbarsten Gründen („Rettung der Erde") zu den weitestgehenden Maßnahmen der sozialen Kontrolle berechtigt sieht.

Vorstellbar ist ebenfalls, dass die wirtschaftliche Modernisierung mit Techniken der Kontrolle des Erdsystems einhergeht, wie dies bei den aufkommenden Projekten des Geo-Engineerings bereits der Fall ist. Doch trägt die Modernisierung der Ökonomie weitere Potenziale für die Ausweitung von Kontrolle in sich: Wenn westliche Gesellschaften aufhören, ökonomisch zu wachsen – was angesichts einer säkularen wirtschaftlichen Stagnation wahrscheinlicher wird (Nachtwey 2016, S. 43 ff.) –, und sich die Institutionenordnung nicht grundlegend verändert, erlebt eine auf Wachstum ausgerichtete Gesellschaft die Krise eines Schrumpfungsprozesses. Barbara Muraca spricht in diesem Zusammenhang vom Ende des Wachstums als einem Refeudalisierungsprojekt (Muraca 2014, S. 59 ff.; Neckel 2013): Ohne neue wohlfahrtsstaatliche Arrangements und Politiken der Umverteilung würden in einer Zeit dauerhafter ökonomischer Schrumpfung die soziale Ungleichheit weiter zunehmen und die Verteilungskämpfe intensiver werden. Dies könnte soziale Konfliktlagen verschärfen und zu neuen Kontrolltechniken gegenüber einer zunehmend prekarisierten Bevölkerung führen. Die Modernisierung der Ökonomie birgt so die Gefahr in sich, dass sie auch das Ableben des demokratischen Kapitalismus einleiten und zu autoritären Gesellschaftsordnungen in Kombination mit einer neoliberalen Ökonomie führen kann (Fraser 2017).

So lassen sich heute bereits aufschlussreiche Verschränkungen der Entwicklungspfade von Nachhaltigkeit registrieren. Welche Entwicklungspfade künftig vorherrschen werden, hängt von einer Vielzahl kontingenter Prozesse ab. Imaginationen von Zukünften können stets auch kreative und transformative Potenziale in sich tragen. Welche Seite im Widerstreit von Modernisierung, Transformation und Kontrolle überwiegt, ist offen und muss durch empirische Sozialstudien zur Nachhaltigkeit erst erforscht werden. Unser theoretischer Bezugsrahmen zielt darauf ab, die Zusammenhänge zwischen den Entwicklungspfaden von Nachhaltigkeit besser zu verstehen und deutlich zu machen, in welcher Weise gesellschaftliche Strukturen, Praktiken und Imaginationen darin verknüpft sind. Von einer Debatte über die in diesem Aufsatz angestellten theoretischen Überlegungen könnte – so hoffen wir – die Soziologie der Nachhaltigkeit und des gesellschaftlichen Wandels insgesamt profitieren.

Literatur

Acosta, A. (2017). Rethinking the world from the perspective of Buen Vivir. https://www.degrowth.info/wp-content/uploads/2016/09/DIM_Buen-Vivir.pdf. Zugegriffen: März 2019.

Adams, S., Blokker, P., Doyle, N. J., Krummel, J., & Smith, J. C. A. (2015). Social imaginaries in debate. *Social Imaginaries, 1*, 15–52.

Adloff, F. (2018). *Politik der Gabe. Für ein anderes Zusammenleben.* Hamburg: Edition Nautilus.

Adloff, F., & Heins, V. (2015). *Konvivialismus. Eine Debatte.* Bielefeld: transcript.

Bauhardt, C. (2011). Gesellschaftliche Naturverhältnisse von der Materialität aus denken. *GENDER. Zeitschrift für Geschlecht, Kultur und Gesellschaft, 3*(3), 89–110.

Beck, U. (1986). *Risikogesellschaft. Auf dem Weg in eine andere Moderne.* Frankfurt a.M.: Suhrkamp.

Beckert, J. (2016). *Imagined futures. Fictional expectations and capitalist dynamics.* Cambridge: Harvard University Press.

Besedovsky, N. (2018). Finanzialisierung von Nachhaltigkeit. In S. Neckel, N. Besedovsky, M. Boddenberg, M. Hasenfratz, S. M. Pritz & T. Wiegand, *Die Gesellschaft der Nachhaltigkeit. Umrisse eines Forschungsprogramms* (S. 25–40). Bielefeld: transcript.

Birnbacher, D. (1988). *Verantwortung für zukünftige Generationen.* Stuttgart: Reclam.

Bonß, W. (2015). Karriere und sozialwissenschaftliche Potenziale des Resilienzbegriffs. In M. Endress & A. Maurer (Hrsg.), *Resilienz im Sozialen* (S. 15–31). Wiesbaden: Springer VS.

Brand, U., & Wissen, M. (2017). *Imperiale Lebensweise. Zur Ausbeutung von Mensch und Natur in Zeiten des globalen Kapitalismus.* München: oekom.

Caillé, A., & Vandenberghe, F. (2015). Neo-classical sociology. The prospects of social theory today. *European Journal of Social Theory, 19*, 1–18.

Castoriadis, C. (1984). *Gesellschaft als imaginäre Institution.* Frankfurt a.M.: Suhrkamp.

Chiapello, È. (2015). Financialisation of valuation. *Human Studies, 38*, 13–35.

Chiapello, È., & Godefroy, G. (2017). The dual function of judgment devices. Why does the plurality of market classifications matter? *Historical Social Research, 42*, 152–188.

Davis, M. (2007). *Planet of slums*. London: Verso.

Dörre, K., Lessenich, S., & Rosa, H. (2009). *Soziologie – Kapitalismus – Kritik. Eine Debatte*. Frankfurt a. M.: Suhrkamp.

Elder-Vass, D. (2017). Material parts in social structures. *Journal of Social Ontology, 3*, 89–105.

Engels, A. (2006). Market creation and transnational rule-making: The case of CO2 emissions trading. In M.-L. Djelic & K. Sahlin-Andersson (Hrsg.), *Transnational governance: Institutional dynamics of regulation* (S. 329–348). Cambridge: Cambridge University Press.

Escobar, A. (2011). Sustainability. Design for the pluriverse. *Development, 54*, 137–140.

European Commission (2010). *Communication from the Commission: Europe 2020 – A European strategy for smart, sustainable and inclusive growth*. Brüssel: European Commission.

Feist, M., & Fuchs, D. (2014). Was heißt hier nachhaltig? In M. Heires & A. Nölke (Hrsg.), *Politische Ökonomie der Finanzialisierung* (S. 225–240). Wiesbaden: Springer VS.

Finke, P. (2012). Das Nachhaltigkeitsgeschwätz. Die erstaunliche Karriere eines Begriffs. *agora42*, (1), 22–29.

Fluck, W. (1997). *Das kulturelle Imaginäre. Eine Funktionsgeschichte des amerikanischen Romans 1790-1900*. Frankfurt a. M.: Suhrkamp.

Fraser, N. (2017). Für eine neue Linke oder: Das Ende des progressiven Neoliberalismus. *Blätter für deutsche und internationale Politik, 62*(2), 71–76.

Green New Deal Group (2008). *A Green New Deal. Joined-up policies to solve the triple crunch of the credit crisis, climate change and high oil prices*. London: New Economics Foundation.

Hallegatte, S., Heal, G., Fay, M., & Treguer, D. (2011). *From growth to green growth*. Policy Research Working Paper. Washington D.C.: World Bank.

Harvey, D. (2005). *Der neue Imperialismus*. Hamburg: VSA.

Huber, J. (2004). *New technologies and environmental innovation*. Cheltenham: Edward Elgar.

Jänicke, M. (2012). *Megatrend Umweltinnovation. Zur ökologischen Modernisierung von Wirtschaft und Staat*. München: oekom.

Kallis, G., Demaria, F., & D'Alisa, G. (Hrsg.). (2015). *Degrowth. A vocabulary for a new era*. London: Routledge.

Kosoy, N., & Corbera, E. (2010). Payments for ecosystem services as commodity fetishism. *Ecological Economics, 69*, 1228–1236.

Kothari, A., Demaria, F., & Acosta, A. (2014). Buen Vivir, Degrowth and Ecological Swaraj. Alternatives to development and the green economy. *Development, 57*, 362–375.

van Laak, D. (2018). *Alles im Fluss. Die Lebensadern unserer Gesellschaft – Geschichte und Zukunft der Infrastruktur*. Frankfurt a. M.: Fischer.

Leggewie, C., & Welzer, H. (2011). *Das Ende der Welt, wie wir sie kannten*. Frankfurt a. M.: Fischer.

Lenz, S., & Neckel, S. (2019). Ethical banks between moral self-commitment and economic expansion. In P. Balsiger & S. Schiller-Merkens (Hrsg.), *The contested morality of markets*. Bingley: Emerald. (im Erscheinen)

Les Convivialistes (2014). *Das konvivialistische Manifest. Für eine neue Kunst des Zusammenlebens*. Bielefeld: transcript.

Lessenich, S. (2016). *Neben uns die Sintflut. Die Externalisierungsgesellschaft und ihr Preis*. Berlin: Hanser.

Mason, P. (2016). *Postkapitalismus. Grundrisse einer kommenden Ökonomie*. Berlin: Suhrkamp.

Meyer, J. W. (2005). *Weltkultur*. Frankfurt a. M.: Suhrkamp.

Mol, A. P., Spaargaren, G., & Sonnenfeld, D. A. (2014). Ecological modernization theory: Taking stock, moving forward. In S. Lockie, D. A. Sonnenfeld & D. R. Fisher (Hrsg.), *Routledge international handbook of social and environmental change* (S. 15–30). London: Routledge.

Muraca, B. (2014). *Gut leben. Eine Gesellschaft jenseits des Wachstums*. Berlin: Wagenbach.

Nachtwey, O. (2016). *Die Abstiegsgesellschaft. Über das Aufbegehren in der regressiven Moderne*. Berlin: Suhrkamp.

Neckel, S. (2013). „Refeudalisierung" – Systematik und Aktualität eines Begriffs der Habermas'schen Gesellschaftsanalyse. *Leviathan, 41*, 39–56.

Neckel, S., Besedovsky, N., Boddenberg, M., Hasenfratz, M., Pritz, S. M., & Wiegand, T. (2018). *Die Gesellschaft der Nachhaltigkeit. Umrisse eines Forschungsprogramms*. Bielefeld: transcript.

Nowicka, M., & Vertovec, S. (2014). Comparing convivialities. *European Journal of Cultural Studies, 17*, 341–356.

OECD (2011). *Towards green growth*. Paris: OECD Publishing.

O'Sullivan, T. M. (2015). Environmental security is homeland security: Climate disruption as the ultimate disaster risk multiplier. *Risk, Hazards & Crisis in Public Policy, 6*, 183–222.

Paech, N. (2012). *Befreiung vom Überfluss*. München: oekom.

Paulson, S. (2017). Degrowth: Culture, power and chance. *Journal of Political Ecology, 24*, 425–448.

Reckwitz, A. (2003). Grundelemente einer Theorie sozialer Praktiken. *Zeitschrift für Soziologie, 32*, 282–301.

Rifkin, J. (2014): *Die Null-Grenzkosten-Gesellschaft*. Frankfurt a. M.: Campus.

Sassen, S. (2015). *Ausgrenzungen. Brutalität und Komplexität in der globalen Wirtschaft*. Frankfurt a. M.: Fischer.

Schachtschneider, U., & Adler, F. (2010). *Green New Deal, Suffizienz oder Ökosozialismus? Konzepte für gesellschaftliche Wege aus der Öko-Krise*. München: oekom.

Schor, J. B. (2010). *Plenitude. The new economics of true wealth*. London: Penguin Press.

Shove, E. (2016). Infrastructures and practice. In O. Coutard & J. Rutherford (Hrsg.), *Beyond the networked city: Infrastructure reconfigurations and urban change in the north and south* (S. 242–258). London: Routledge.

Shove, E. (2017). Matters of practice. In A. Hui, T. R. Schatzki & E. Shove (Hrsg.), *The nexus of practices: Connections, constellations, practitioners* (S. 155–168). London: Routledge.

Srnicek, N., & Williams, A. (2016). *Die Zukunft erfinden. Postkapitalismus und eine Welt ohne Arbeit*. Berlin: Tiamat.

Steffen, W., et al. (2015). Planetary boundaries: Guiding human development on a changing planet. *Science, 347*, 736–748.

Stirling, A. (2014). Transforming power: Social science and the politics of energy choices. *Energy Research & Social Science, 1*, 83–95.

Taylor, C. (2004). *Modern social imaginaries*. Durham: Duke University Press.

UNEP (2011). *Towards a green economy – Pathways to sustainable development and poverty eradication*. Nairobi: United Nations Environmental Program.

Walker, J., & Cooper, M. (2011). Genealogies of resilience: From systems ecology to the political economy of crisis adaptation. *Security Dialogue, 42*, 143–160.

Wright, E. O. (2017). *Reale Utopien. Wege aus dem Kapitalismus*. Berlin: Suhrkamp.

Zebrowski, C. (2016). *The value of resilience. Securing life in the twenty-first century*. London: Routledge.

Grenzen kapitalistischen Wachstums: Sozial-ökologische Konflikte im Süden Chiles

Jakob Graf, Stefan Schmalz und Johanna Sittel

1   Einleitung: Eine trügerische Idylle

Der Süden Chiles erscheint Besucher_innen in der Regel als eine Oase unberührter Natur. In der Region La Araucanía befinden sich atemberaubende Gebirgslandschaften, der wilde Río Imperial und scheinbar endlose Wälder. Bis zum Ende des 19. Jahrhunderts war das Gebiet ein Teil von Wallmapu, dem Land der indigenen Mapuche. Heute leben fast eine Million Menschen in der Region, ein großer Teil davon sind Mapuche. Ein zweiter Blick offenbart jedoch die trügerische Idylle: Die großen Pinien- und Eukalyptuswälder sind nicht natürlichen Ursprungs (Klubock 2014). Es handelt sich vielmehr um großflächige Monokulturen, die von multinationalen Konzernen gepflanzt und bewirtschaftet werden und in komplexe globale Produktionsnetzwerke integriert sind.

Die Holzwirtschaft gilt als drittwichtigster Wirtschaftszweig Chiles. Der Sektor trägt etwa 2 % zum Bruttoinlandsprodukt bei und beschäftigt über 110.000 Personen (INFOR 2018). Die Pflanzungen umfassen heute ein Gebiet der Größe Belgiens. In der Region La Araucanía bedecken sie rund ein Sechstel der Fläche. Zwei Drittel der Holzerzeugnisse im Wert von rund sechs Milliarden US-Dollar werden ins Ausland exportiert. Drei große Konglomerate (Forestal Arauco, CMPC und MASISA)[1] dominieren den Forstsektor[2] in Chile. Forestal Arauco und CMPC produzieren zusammen allein drei Viertel des Holzes, Zellstoffs und Papiers. Die chilenischen Großunternehmen sind heute „Multilatinas", das heißt multinationale Konzerne

---

1   Bei den drei angeführten Firmen handelt es sich um chilenische Firmen. MASISA wird jedoch seit 2002 mehrheitlich von schweizerischem Kapital kontrolliert.
2   Der Forstsektor umfasst in unseren Ausführungen sowohl die Forstwirtschaft als auch die industrielle Holzverarbeitung.

© Springer Fachmedien Wiesbaden GmbH, ein Teil von Springer Nature 2019
K. Dörre et al. (Hrsg.), *Große Transformation? Zur Zukunft moderner Gesellschaften*, https://doi.org/10.1007/978-3-658-25947-1_9

mit Unternehmenssitz in Lateinamerika und Pflanzungen sowie Zellstofffabriken in anderen Ländern wie Argentinien, Brasilien, Uruguay und Venezuela. Allerdings führt die dynamische wirtschaftliche Entwicklung des Forstsektors zu keinem gesellschaftlichen Reichtum. Vielmehr handelt es sich bei La Araucanía um die ärmste Region Chiles. Die wirtschaftlichen Aktivitäten haben zudem zu einer Fülle von Konflikten zwischen dem chilenischen Staat, den Forstunternehmen und den Mapuche beigetragen. Hierbei geht es nicht nur um indigene Landansprüche, sondern auch um ökologische Probleme wie Waldbrände und Wassermangel, die vor allem durch die Trockenheit hervorgerufen werden, die die Forstplantagen mitverursachen.

Die Konflikte in La Araucanía können als ein Beispiel dafür gelten, welche gesellschaftlichen Dynamiken „kapitalistische Landnahmen" (Dörre 2012) in der Peripherie des Weltsystems hervorrufen. Die Einhegung von Land ist eine Voraussetzung für die kommerzielle Verwertung und Erzeugung von Holz. Die vielschichtigen Verteilungs- und Nutzungskonflikte um Land und Erlöse sind also strukturell angelegt, werden aber in der postkolonialen Realität Südchiles in der Sprache von Identität und kultureller Zugehörigkeit ausgetragen.

Im Folgenden wollen wir am Fall der chilenischen Holzwirtschaft genauer herausarbeiten, wie eine extraktivistisch[3] geprägte Form kapitalistischer Landnahme an ökologische und soziale Grenzen stößt und sich daraus ein sozial-ökologischer Konflikt mit den indigenen Mapuche entzündet. Wir beginnen mit einer theoretischen Erörterung von zentralen Begriffen wie Zentrum und Peripherie, peripher-extraktivistischer Landnahme und sozial-ökologischen Konflikten, um dann einen historischen Überblick über die Entwicklung der chilenischen Forstwirtschaft zu geben. Im Hauptteil arbeiten wir anhand unseres empirischen Materials die Grenzen der Expansion des Forstsektors und die Dynamiken sozial-ökologischer Konflikte in der Region La Araucanía heraus. Abschließend diskutieren wir die neuen Wachstumsstrategien der chilenischen Forstunternehmen, die darauf abzielen, bestehende Wachstumsgrenzen zu überwinden.

---

3 Unter „Extraktivismus" verstehen wir die makroökonomische Ausrichtung auf die Ausbeutung natürlicher Ressourcen für den Export bei nur geringfügiger Weiterverarbeitung der Primärprodukte innerhalb des Produzentenlandes (so auch Brand et al. 2016).

2 Grundzüge der peripher-extraktivistischen Landnahme

In der Entwicklungssoziologie wurde oft darauf hingewiesen, dass die Weltwirtschaft hierarchisch strukturiert ist und sich unterschiedliche Zonen in der globalen Arbeitsteilung herausgebildet haben. Während an der Spitze Zentrumsstaaten wie die USA oder Deutschland stehen, die Kapitalgüter, spezialisierte Dienstleistungen und Hochtechnologien produzieren und exportieren, stehen am unteren Ende Peripherieländer, in denen Rohstoffe gewonnen und Agrargüter produziert werden (Wallerstein 2007, S. 23 ff.). Chile war in dieser Arbeitsteilung traditionell ein Land der Semiperipherie, das lange Zeit eine relativ diversifizierte Industriestruktur aufwies, den Schwerpunkt auf den Kupferexport legte und in der Weltwirtschaft eine Mittlerrolle zwischen Peripherie und Zentrum innehatte. Die Wirtschaftsstruktur konzentrierte sich nach der neoliberalen Wende in der Pinochet-Diktatur (1973–1990) auf den Bergbausektor, auf Finanzdienstleistungen und auf den Export von verarbeiteten Primärgütern (z. B. Zellstoff und Lachs). Der Süden Chiles hat in dem extraktivistischen chilenischen Exportmodell traditionell eine periphere Stellung inne. Die Region liefert Primärgüter für den Weltmarkt.

Die Geschichte des Forstsektors und die Konfliktdynamiken in Südchile sind eng mit der peripheren Rolle der Region verbunden. Die großen Profite werden in den höheren Stufen der Wertschöpfungskette des Forstsektors (Weiterverarbeitung zu Papier, Verpackung etc.) und weit entfernt von den südchilenischen Plantagen erwirtschaftet. Die Arbeitsbedingungen und die Entlohnung auf den unteren Stufen der Wertschöpfungskette sind schlecht (Julian und Alister 2018, S. 182 ff.). Hinzu kommt, dass der Forstsektor im Laufe der Zeit immer weiter expandiert ist und so neue geographische Räume für die Kapitalverwertung erschlossen hat. Diese Dynamik ist in ihrer Logik nahe an dem, was Marx als „sogenannte ursprüngliche Akkumulation" (Marx 1962, S. 741 ff.) bezeichnet hatte und später zur Analyse aktueller Prozesse der „kapitalistischen Landnahme" (Dörre 2012 und in diesem Band) aufgegriffen wurde. Wie in früheren Phasen der Geschichte des globalen Kapitalismus geht die Entstehung und Ausdehnung der kapitalistischen Landwirtschaft in Südchile mit der Enteignung und Vertreibung der lokalen Bevölkerung von ihrem Landbesitz einher (dazu Gonçalves in diesem Band). Allerdings führt dieser Prozess nicht zu einer Integration der Bevölkerung als Lohnarbeiter_innen in den industriellen Sektor. Eine Folge sind Unterbeschäftigung und Informalität.

Die peripher-extraktivistische Landnahme ist aber vor allem dadurch geprägt, dass sie Naturressourcen in Wert setzt. Dieser Prozess ist konflikthaft. Die Kapitalakkumulation folgt einer unendlichen Steigerungslogik. Dieser unendlichen Logik stehen jedoch begrenzte Naturressourcen und stoffliche Kreisläufe zwischen

Gesellschaft und Natur gegenüber, die einer Reproduktionslogik folgen. Dieser gesellschaftliche Metabolismus zwischen Mensch und äußerer Natur wird durch die profitbasierte Steigerungslogik gestört, es werden Grenzen der Belastbarkeit und der Expansion erreicht oder sogar überschritten (Toledo 2013; Foster et al. 2010). Wie wir später sehen werden, bestehen im Fall der chilenischen Holzwirtschaft solche Grenzen vor allem auf einer ökologischen (u. a. Bedarf an großen Flächen, Wasser), aber auch auf einer sozialen Ebene (Mapuche-Bevölkerung mit kultureller Bindung an die Region). Die Grenzen für die kapitalistische Landnahme sind nicht starr: Die biophysischen oder stofflichen Barrieren für eine profitable Kapitalakkumulation können durch technische Innovationen verschoben werden; außerdem ist es auch eine Frage der gesellschaftlichen Interessen, wann Grenzen von wem als erreicht angesehen bzw. wann sie zu umkämpften Grenzen werden (Görg 2015). Die peripher-extraktivistische Landnahme führt zu Konflikten, bei denen ländliche Akteure im Mittelpunkt stehen; im Fall der chilenischen Holzwirtschaft bilden die Mapuche die zentrale Konfliktpartei.

3   Die chilenische Forstwirtschaft: Der Staat als Geburtshelfer

Die Geschichte der chilenischen Forstwirtschaft reicht weit zurück. Sie ist das Produkt umfangreicher staatlicher Eingriffe. Das erste Forstgesetz stammt aus dem Jahre 1872. Bereits 1907 wurde eine industrielle Plantage der schnell wachsenden Kieferart „pinus radiata" errichtet (Donoso et al. 2015, S. 213). Der chilenische Staat wurde zum Geburtshelfer der peripher-extraktivistischen Landnahme des Forstsektors. Er förderte das Entstehen großer Plantagenflächen, schuf und finanzierte staatliche und private Unternehmen im Forstbereich wie CMPC und brachte öffentliche Institutionen wie das chilenische Forstinstitut (Instituto Forestal de Chile, 1965) oder die Nationale Forstbehörde (CONAF, 1970) hervor (ebd., S. 214). In den 1930er-Jahren gewann die Entwicklung vor dem Hintergrund der importsubstituierenden Industrialisierung in Chile an Dynamik. Noch Ende der 1960er-Jahre wurden die staatlichen Zellstoffwerke Celulosa Arauco S. A. und Celulosa Constitución S. A. gegründet, um das chilenische Exportmodell zu diversifizieren. Diese erste Entwicklungsphase der Forstwirtschaft war durch Staatseingriffe gekennzeichnet.

Mit dem Militärputsch gegen den sozialistischen Präsidenten Salvador Allende 1973 begann die neoliberale Wende in der Wirtschaftspolitik und damit die zweite Entwicklungsphase der Forstwirtschaft. Seitdem setzte die Pinochet-Diktatur auf eine aggressive Expansion der Forstwirtschaft. Der Staat blieb ein zentraler Akteur der peripher-extraktivistischen Landnahme, privatisierte die ehemaligen Staatsunternehmen jedoch und konzentrierte sich nun auf die Exportförderung. Gleichzeitig wurde eine Million Hektar Land mit monokulturellen Forstplantagen aufgeforstet. Der Staat unterstützte weiterhin das Wachstum des Sektors. Zwischen 1974 und 2013 erhielten die großen Forstunternehmen insgesamt rund 875 Millionen US-Dollar an staatlicher Förderung (González 2015). Als Folge wuchs die Forstindustrie in dieser Zeit doppelt so schnell wie die Gesamtwirtschaft und wurde zum drittwichtigsten Exportsektor des Landes. Zusätzlich kam es zu einer starken Konzentration im Sektor. Zwar unterstützte der Staat die Unternehmen weiterhin finanziell, doch weder kontrollierte er sie noch war er an ihren Profiten beteiligt.

Die dritte Entwicklungsphase begann nach dem Ende der Militärdiktatur im Jahre 1990. Sie war durch eine starke Internationalisierung und ein rasches Wachstum der chilenischen Wirtschaft gekennzeichnet. Zwischen 1990 und 2013 verachtfachte sich das BIP Chiles. Der Forstsektor hatte daran einen bedeutenden Anteil; so stieg etwa die Produktion von Zellstoff im gleichen Zeitraum von 800.000 Tonnen auf über fünf Millionen Tonnen jährlich an (INFOR 2018, S. 84). In den späten 1980er-Jahren zeichnete sich ab, dass die industriellen Kapazitäten Chiles für die Weiterverarbeitung der großen Mengen an Holz aus den Plantagen nicht ausreichen würden (Clapp 1995, S. 287). Die Kapitalzuflüsse schnellten in die Höhe. Mit Hilfe von ausländischem Kapital konnten die großen chilenischen Forstunternehmen ihre Marktmacht vergrößern und die Konzentration von Bodenbesitz vorantreiben (ebd., S. 287 f.). Die chilenischen Unternehmen Forestal Arauco, CMPC und MASISA wurden zu Multilatinas und rangieren heute unter den größten Konzernen der Holz-, Papier- und Verpackungsindustrie weltweit. Im Marktsegment „roher Zellstoff" ist Forestal Arauco mit einem Weltmarktanteil von 25 % sogar der größte Produzent (Donoso und Reyes 2016).

Dank staatlicher Unterstützung und getrieben von der Internationalisierung der Wirtschaft ist somit der Forstsektor zu einem zentralen Wirtschaftszweig in Chile herangewachsen.

4   Konflikte im Forstsektor in La Araucanía und die Grenzen der Landnahme

Die Forstindustrie konzentriert sich im Süden Chiles. Rund 60 % der Plantagenfläche des chilenischen Forstsektors befinden sich in unserer Untersuchungsregion La Araucanía[4] und ihrer nördlichen Nachbarregion Bio Bio (INFOR 2018, S. 19). In La Araucanía hat die peripher-extraktivistische Landnahme eine rasante Entwicklung genommen. Während Anfang der 1970er-Jahre nur wenige Kiefernplantagen und noch keine einzige Eukalyptusplantage existierten, machen sie heute mit insgesamt 493.013 Hektar einen Großteil der Landnutzung in der Region aus. Allein zwischen 2006 und 2016 hat die Plantagenfläche hier um mehr als 13 % zugenommen (ebd.). Rund 40 % der bewaldeten Flächen gehören großen Forstunternehmen. Außerdem existieren heute 44 große und über 200 kleinere Sägewerke sowie sechs Spanplatten- und eine Zellulosefabrik in La Araucanía. Etwa 63 % der regionalen Exporte im Wert von insgesamt 564 Millionen US-Dollar (2017) gehen auf den Forstsektor zurück. Rund 15.000 Personen arbeiten in der Forstindustrie, weitere 23.000 Jobs hängen von ihr ab.

Durch die rasche Expansion der Plantagen entstehen Spannungen, die auf den ersten Blick rein kultureller Art zu sein scheinen, sich auf den zweiten Blick jedoch als klassenspezifische und sozial-ökologische Konfliktdynamiken verstehen lassen. Sie sind Folge der Vermarktlichung der Natur und der sozialen Beziehungen, bei denen ethnische Zuschreibungen eine wichtige Rolle spielen.[5] Genauer betrachtet kommt hier eine komplexe Dynamik zum Tragen: Zum einen sind Teile der örtlichen Mapuche über ihre Lohnarbeit auf den Forstplantagen in den kapitalistischen Verwertungsprozess eingebunden, zum anderen hängt die Mehrzahl der ländlichen

---

4   Unsere Forschungsergebnisse basieren auf einer Untersuchung, die im Rahmen des soziologischen Teilprojekts „Sozial-ökologische Widersprüche kapitalistischer Landnahme: Das Beispiel der Holz- und Wasserwirtschaft in Südchile" des Thematischen Netzwerks „Transnationaler Wandel am Beispiel Patagoniens" (finanziert vom BMBF und vom DAAD; 2015–2020) entstanden ist. Es handelt sich um eine qualitative Studie, die auf 61 leitfadengestützten Interviews mit Experten von Unternehmen, Verbänden, NGOs und des Staates sowie mit Betroffenen der lokalen Bevölkerung, Dokumentenanalysen und teilnehmender Beobachtung basiert. Dabei haben wir zwei Gemeinden intensiv untersucht. Die Auswertung des empirischen Materials erfolgte inhaltsanalytisch. An der Studie waren zahlreiche Personen beteiligt, u. a. Hernán Cuevas, Klaus Dörre, Michèle Foege, Madeleine Holzschuh, Dasten Julián, Anna Landherr und Alexandra Willms. Ihnen gilt unser Dank.

5   Klassendynamiken müssen im postkolonialen Kontext stets auch in ihrer intersektionalen Verschränkung mit ethnischen Zuschreibungen und der Kontinuität von rassifizierenden Einteilungen der Menschen in der Kolonialzeit verstanden werden (Quijano 2016).

(Mapuche-)Haushalte weiterhin in einem relevanten Umfang von subsistenzwirt-schaftlichen Produktionsweisen ab. Teilweise arbeiten sie für die Forstunternehmen, pflanzen selbst schnell wachsende Baumarten für den Verkauf oder verpachten ihr Land an die Forstfirmen. Zugleich spielen traditionelle kulturelle und religiöse Werte und Orte, die eng mit der Natur verbunden sind, eine große Rolle (z. B. heilige Quellen, Friedhöfe und Orte, an denen Heilpflanzen wachsen). Dadurch kommt es häufig auch zu Spaltungslinien innerhalb der indigenen Gemeinden, die heterogene Gruppen mit unterschiedlichen Interessen bilden.

Diese Konfliktdynamik lässt sich entlang zweier Achsen ordnen, einer ökologi-schen und einer sozialen: So stößt das jahrzehntelange Wachstum des Forstsektors, d. h. die peripher-extraktivistische Landnahme, zunehmend auf ökologische und soziale Grenzen (INFOR 2018, S. 33). Die Spannungen entlang dieser Grenzen, die aus der Logik der Kapitalakkumulation und ihrer Einbettung in die kulturelle, ökonomische und stoffliche Umgebung entstehen, schlagen in offene Konflikte zwischen Gruppen und Gemeinden der Mapuche auf der einen sowie dem Staat und der Forstindustrie auf der anderen Seite um.

Die monokulturelle Aufforstung mit Eukalyptus- und Kiefernbäumen führt zu ökologischen Problemen, die das Leben der lokalen bäuerlichen Bevölkerung beein-trächtigen. Durch die Pflanzungen wurde der native Wald weitgehend vernichtet, was das biologische Gleichgewicht zerstörte. Die neuen Pflanzungen werden alle 11 (Eukalyptus) bzw. 25 Jahre (Kiefern) gerodet, damit die kontinuierliche Rohstoff-versorgung für die Holzindustrie gewährleistet bleibt. Diese raschen Erntezyklen haben dramatische Auswirkungen, denn der Eukalyptus und die Kiefern sind „in der Wachstumsphase […] wahre Wasserpumpen" (CONAF-Beschäftigter, S. 21). Ein schnell wachsender Eukalyptusbaum braucht 30 Liter Wasser am Tag. Das senkt den Grundwasserspiegel und verschärft die Trockenperioden. Der sinkende Grundwasserspiegel und Nährstoffgehalt der Böden entziehen vielen Familien die Lebensgrundlage für ihre Subsistenzlandwirtschaft. Während die Forstunternehmen behaupten, die Plantagen hätten nur geringfügige Effekte auf die Verfügbarkeit von Wasser und dessen Mangel läge eher in der steigenden Nachfrage, dem schlech-ten Wassermanagement und dem Klimawandel (so erklärte es uns der Manager eines großen Forstunternehmens), hat die örtliche Bevölkerung ein anderes Bild von der Entwicklung. So berichtete ein Bewohner einer Mapuche-„comunidad"[6], „dass der Eukalyptus […] die großen Wasservorkommen austrocknet, wo wir seit Generationen […] unser Wasser holen. Wir haben alles gemacht, was man so

---

6   Unter „comunidades" verstehen wir ländliche Gemeinschaften, die nicht nur einen juristischen Zusammenhang (die Gemeinde) bilden, sondern auch durch kulturelle, personale und ökonomische Beziehungen miteinander verbunden sind.

in der Landwirtschaft macht, alles, was die Erde hergibt, sei es Mais, Kartoffeln, Gemüse […], ja, und das ging dann alles verloren, es vertrocknete" (Mapuche I). Außerdem sind die Forstplantagen wesentlich anfälliger für Waldbrände als der natürliche Wald. Folglich ist das Waldbrandrisiko während der Trockenperioden stark angestiegen. 2016 und 2017 sind in Chile 72.000 Hektar Forstplantagen und 15.000 Hektar natürlicher Wald abgebrannt (Arauco 2017, S. 34). Darüber hinaus stellt auch die Umweltverschmutzung durch großflächigen Insektizideinsatz und Industrieanlagen ein Problem dar.

Neben den ökologischen Problemen sind auch soziale Grenzen der peripher-extraktivistischen Landnahme zu beobachten. Laut dem Zensus von 2017 zählen über 34 % der Bewohner_innen in La Araucanía zur indigenen Bevölkerung (INE 2018, S. 17). Sie sind durchschnittlich ärmer, haben einen kulturell engen Bezug zur Region und machen einen Großteil der Landbevölkerung aus. Für sie ist die Expansion des Forstsektors nicht nur ein ökologisches Problem, sondern sie stellt auch ihre kulturelle Identität infrage. Die großen Forstunternehmen stehen für sie somit in einer kolonialen Kontinuität der Vertreibung und Ausplünderung ihres Heimatlandes. Dies ist ein wesentlicher Grund, warum sich die Auseinandersetzungen gerade im Norden von La Araucanía zuspitzen. Es handelt sich um Konflikte um Land: Viele der Eukalyptus- und Kiefernplantagen befinden sich auf dem angestammten Land der Mapuche, das ihnen nach den Eroberungskriegen in der zweiten Hälfte des 19. Jahrhunderts qua „Gnadentiteln"[7] oder aktuell aufgrund der ILO-Konvention 169 zugesprochen wurde, die Chile 2008 unterzeichnet hat. Im Laufe der letzten Jahrzehnte gingen große Flächen dennoch in die Hände von Forstunternehmen über. Deshalb besitzen diese weite Teile des Landes rund um die Dörfer im Norden der Region, weshalb es immer wieder zu Nutzungskonflikten mit den Mapuche kommt. Dabei kommen auch kulturelle Aspekte zum Tragen: Für die Mapuche ist Land ein Allgemeingut, das nicht verkauft werden kann. Die Mapuche betonen stets ihre enge Verbindung zur Natur.[8] Soziales und Spirituelles sind untrennbar miteinander verbunden. So ist Land für die Mapuche Lebensgrundlage und gleichzeitig Ort kultureller und religiöser Zeremonien. An traditionellen Feiertagen wie dem jährlichen We-Tripantu-Neujahrsfest, an dem sich die Menschen in lokalen Gewässern waschen, wird die Bedeutung einer intakten Umwelt deutlich. Die kulturell-religiöse Verbindung der Mapuche zur Natur trägt damit zur Verschärfung der Konflikte bei, wie ein Fall aus einer „comunidad" zeigt, wo

---

7   Die sogenannten „Gnadentitel" („títulos de merced") sind Landrechte, die der chilenische
     Staat nach seinem Sieg über die Mapuche diesen Ende des 19. Jahrhunderts zusicherte,
     um sie auf diesem Wege in Reservaten anzusiedeln.

8   „Mapuche" bedeutet übersetzt „Menschen der Erde".

selbst der Friedhof mit Bäumen bepflanzt wurde, sodass heute „die ganze Familie unter der Forstplantage" liege, wie ein Einheimischer berichtet (Mapuche I). Dabei existiert ein großes Ungerechtigkeitsempfinden: „Also die großen Forstunternehmen sind transnationale Unternehmen, und diese Leute nehmen das Geld mit in andere Länder, […] und uns hier geht es schlecht. […] Sie machen uns arm, wie man so sagt, wir haben keine Arbeit" (Mapuche II).

Der forstindustrielle Extraktivismus stößt demnach sowohl in ökologischer als auch in sozialer Hinsicht an Grenzen seiner Expansionsmöglichkeiten. Dieser Prozess bringt einen sozial-ökologischen Konflikt hervor, der sich vorwiegend kulturell artikuliert.

Obwohl der Sektor nur wenige und vor allem saisonale Arbeitsplätze in den „comunidades" schafft, sind auch einige Mapuche – zu teils schlechten Bedingungen – für die Forstindustrie tätig. Auf den Forstplantagen waren im Jahr 2017 insgesamt knapp 3.400 Personen beschäftigt (INFOR 2018, S. 163). In den weiterverarbeitenden Industrien fanden in der Region im selben Jahr weniger als 6.000 Menschen Arbeit (ebd.). All dies verdeutlicht, dass breite Teile der lokalen Bevölkerung – darunter auch die Mapuche – nicht in die exportorientierte Forstwirtschaft integriert werden, sondern auf andere Einkommensquellen angewiesen sind. Diese stehen jedoch häufig in direkter Konkurrenz mit dem Forstsektor, insbesondere um Böden und natürliche Ressourcen. Ungeachtet unterschiedlicher Einschätzungen und Interessenlagen in einigen „comunidades" lässt sich ein starker Diskurs ausmachen, der auf die vollständige Rückeroberung der indigenen Gebiete durch die Mapuche zielt und eine vollständige territoriale Souveränität und Autonomie fordert (Mapuche III).

Dabei kommt es innerhalb der Mapuche und vor allem zwischen diesen und dem Staat zu Auseinandersetzungen. Die lokalen Gemeinschaften greifen auf unterschiedliche Mittel zurück, um ihren Anliegen Gehör zu verschaffen. Diese reichen von Petitionen und öffentlichen Demonstrationen bis hin zu Straßenblockaden, militanten Auseinandersetzungen und Brandstiftungen (vor allem Brandanschläge auf schwere Forstmaschinen).[9] Anfang 2015 gingen in La Araucania rund 45.000 Hektar Wald in Flammen auf (Infor 2018, S. 39), wobei die Zahl der Brandstiftungen durch Mapuche-Aktivist_innen unklar ist. Es sind vor allem regionale Organisationen wie der Unternehmerverband („Multigremial de la Araucanía"), die für derartige Vorfälle Gruppen der Mapuche verantwortlich machen und in eigenen Zusammenschlüssen („Paz en la Araucanía") ein repressives Eingreifen des Staates in

---

9　Die Protestform der „incendios", der Brandschatzungen, bezieht sich dabei auf agrikulturelle Praktiken, die die Mapuche seit Jahrhunderten kennen. Was heute als „bargaining by rioting" verstanden wird, wurde früher genutzt, um Ländereien für die landwirtschaftliche Nutzung vorzubereiten, stellt also eine Tradition der Mapuche dar.

der Region forcieren. Indigene Aktivist_innen und die lokale Bevölkerung sprechen wiederum von gezielten Versuchen, ihnen die Brände in die Schuhe zu schieben, die – so ihre Darstellung – auf das Konto der Unternehmen gehen. So würden einige Forstunternehmen die Plantagen bei Schädlingsbefall selbst anstecken, um an die Versicherungssumme zu gelangen, wie uns ein Mapuche-Aktivist berichtete. Fakt ist jedoch, dass die lokalen Konflikte das Tagesgeschäft der Forstfirmen massiv stören. Für die Region La Araucanía wurden 2016 von dem Unternehmerverband 104 gewaltvolle Konflikte mit Indigenen aufgelistet („Multigremial de la Araucanía 2016"). Mithilfe von Polizei und privaten Sicherheitsfirmen werden die Proteste – oft gewalttätig – niedergeschlagen. Erst im November 2018 wurde ein junger Mapuche bei einem Großeinsatz der Polizei in der Nähe von Temuco erschossen. Juristisch legitimiert werden solche repressiven Maßnahmen auch durch ein Antiterrorgesetz (Ley 18.314), das noch von 1984, also aus der Zeit der Pinochet-Diktatur stammt.

Der Konflikt zwischen Mapuche, Forstunternehmen und Staat ist demnach multidimensional und zeigt die ökologischen und sozialen Grenzen der peripher-extraktivistischen Landnahme auf. Letztlich sind die Anbauflächen für Wälder in La Araucanía begrenzt und umkämpft. Das Zusammenspiel von ökologischen (Wassermangel etc.), sozialen (niedrige Beschäftigungseffekte) und kulturellen Faktoren (Diskriminierung der indigenen Bevölkerung) treibt die Auseinandersetzung auf die Spitze. Das Ergebnis sind zwei Lager, die sich unversöhnlich gegenüberstehen: Während die Forstunternehmen und die lokale Elite ihren Beitrag zur ökonomischen Entwicklung der Region und ihrer politischen Stabilität beteuern, findet sich eine starke Opposition in der Mapuche-Bevölkerung gegen die schleichende Enteignung ihrer Lebensgrundlagen. Diese sieht die Forstunternehmen in einer kolonialen Kontinuität, verspricht sich von ihnen keine ökonomische Entwicklung und macht sie für die ökologische Degradierung der Böden und die Wasserknappheit verantwortlich.

5   Schluss: Zwischen Green Washing und internationaler Expansion

Unsere Untersuchung hat gezeigt, dass die Ausdehnung der chilenischen Forstindustrie als peripher-extraktivistische Landnahme begriffen werden kann. Sie ist ressourcen- und bodenintensiv, aber erzeugt nur in geringem Maße Beschäftigungseffekte. Dies verstärkt kulturelle Spannungen und bedingt eine hohe Zahl an sozial-ökologischen Konflikten. Diese entzünden sich einerseits entlang der ökologischen Folgen der monokulturellen Anbaupraktiken für die lokale Bevölkerung und deren ökonomische Praktiken. Andererseits ist die Konfliktdynamik durch den postkolonialen Kontext gekennzeichnet: Die Ansprüche der lokalen Bevölkerung, der Mapuche, auf ihr Land stehen den Besitzansprüchen der Forstunternehmen gegenüber. Auch wenn die Konfliktursachen und -formen sehr heterogen sind, setzen die lokalen Auseinandersetzungen der Expansion der Forstplantagen auch Grenzen. So kann die Holzproduktion in Südchile heute flächenmäßig kaum mehr wachsen.

Auf diese Situation reagieren die großen Forstunternehmen mit zwei unterschiedlichen Strategien. Die erste Strategie zielt auf ein Green Washing ihrer profitorientierten Praktiken (dazu Adloff und Neckel in diesem Band). Die Unternehmen sollen in einem guten Licht erscheinen, was gerade für viele Kund_innen auf den europäischen und US-amerikanischen Märkten wichtig ist.[10] Auch in Chile sind die grünen Kampagnen der Forstindustrie allgegenwärtig. Auf den offiziellen Webseiten der Firmen wird mit ökologischer und sozialer Nachhaltigkeit geworben. Forestal Arauco stellt beispielsweise den Schutz der Biodiversität als höchste Priorität des Unternehmens dar und investiert 330 Millionen US-Dollar in dieses Vorhaben. Daneben setzen die Forstunternehmen auch darauf, kleine und mittlere Grundbesitzer_innen in ihre Wertschöpfungsketten zu integrieren, ihr Land zu pachten oder mit ihnen Verträge über eine gemeinsame Bepflanzung kleinerer Grundstücke abzuschließen, um auf diese Weise ein weiteres Wachstum der Produktion zu ermöglichen.

Die zweite Strategie setzt auf eine Expansion, die die lokalen Konflikte umgeht. Gerade Forestal Arauco und CMPC Mininco expandieren derzeit in andere lateinamerikanische Länder. Die peripher-extraktivistische Landnahme bedient sich eines „spatio-temporal fix" (Harvey 2005, S. 115 ff.), indem die Widersprüche der Kapitalakkumulation räumlich verlagert und neue Landflächen für die Holzproduktion erschlossen werden. Diese neuen Anbauregionen bergen aufgrund einer niedrigeren Zahl an (indigenen) Bewohner_innen weniger Konfliktpotenziale. Zudem werden auf diese Weise die Standorte diversifiziert und somit die Risiken reduziert. CMPC, MASISA und Forestal Arauco unterhalten inzwischen rund ein Drittel ihrer Plantagenflächen außerhalb Chiles. Forestal Arauco ist dabei das führende Unternehmen. Insgesamt bewirtschaftet es 1,7 Millionen Hektar Waldflächen in Chile, Argentinien, Brasilien und Uruguay (Arauco 2017, S. 33). Dazu kommen Fabriken zur Weiterverarbeitung und Vertriebsstellen in vielen

---

10 Unter Green Washing verstehen wir die Beschönigung von Unternehmenspraktiken vermittels eines Diskurses der ökologischen Nachhaltigkeit. Dieser grüne Unternehmensdiskurs bezieht sich u. a. auf die Vermarktung von (verarbeitetem) Holz als ein nachhaltiges Produkt und wird über internationale Zertifizierungen gestärkt.

anderen Ländern Lateinamerikas und weltweit. So plant Forestal Arauco aktuell, 160 Millionen US-Dollar in Holzplattenfabriken in Mexiko zu investieren. Für die Erschließung neuer Plantagenflächen stellt Brasilien mit seinen riesigen Land- und Waldflächen für die Forstunternehmen einen Markt mit Wachstumspotenzial dar. CMPC hat mittlerweile rund 220.000 Hektar in Brasilien bepflanzt. Forestal Arauco besitzt dort rund 160.000 Hektar Plantagenfläche und plant, diese auf 240.000 Hektar zu erweitern.

Das kapitalistische Wachstum in peripheren Räumen der globalen Arbeitsteilung führt folglich zu einem speziellen Typus der peripher-extraktivistischen Landnahme. Diese stößt jedoch auf ökologische und soziale Grenzen und bringt eine spezifische sozial-ökologische Konfliktdynamik hervor. Für ein Verständnis der globalen Wachstumsdynamik und ihrer Grenzen ist die Untersuchung derartiger Prozesse unverzichtbar.

Literatur

Arauco (2017). Reporte de sostenibilidad 2017. https://www.arauco.cl/chile/reporte-sosteni-bilidad-2017/. Zugegriffen: Jan. 2019.

Brand, U., Dietz, K., & Lang, M. (2016). Neo-extractivism in latin america. One side of a new phase of global capitalist dynamics. *Ciencia Política*, *11*(21), 125–159.

Clapp, R. A. (1995). Creating competitive advantage: Forest policy as industrial policy in Chile. *Economic Geography*, *71*, 273–296.

Donoso, S., & Reyes, R. (2016). La industria de celulosa en Chile, otra „anomalía de merca-do". http://www.elmostrador.cl/noticias/opinion/2016/01/05/la-industria-de-la-celulo-sa-en-chile-otra-anomalia-de-mercado/. Zugegriffen: Jan. 2019.

Donoso, S., Romero, J., Reyes, R., & Mujica, R. (2015). Precedentes y efectos del neolibera-lismo en el sector forestal chileno, y transición hacia un nuevo modelo. In A. Pinol Bazzi (Hrsg.), *Democracia vs. neoliberalismo. 25 años de neoliberalismo en Chile* (S. 210–233). Santiago de Chile: ICAL/RLS/CLACSO.

Dörre, K. (2012). Landnahme, das Wachstumsdilemma und die „Achsen der Ungleichheit". *Berliner Journal für Soziologie*, *22*, 101–128.

Foster, J. B., York, R., & Clark, B. (2010). *The ecological rift. Capitalism's war on the earth.* New York: Monthly Review Press.

González, F. (2015). DL 701: En 40 años 70 % de aportes fueron a grandes forestales. *La Tercera*, 18.07.2015. http://www.latercera.com/noticia/dl-701-en-40-anos-70-de-aportes-fueron-a-grandes-forestales/. Zugegriffen: Jan. 2019.

Görg, C. (2015). Planetarische Grenzen. In S. Bauriedl (Hrsg.), *Wörterbuch Klimadebatte* (S. 239–244). Bielefeld: transcript.

Harvey, D. (2005). *Der neue Imperialismus.* Hamburg: VSA.

INE – Instituto Nacional de Estadísticas (2018). Síntesis de resultados. Censo 2017. https://www.censo2017.cl/descargas/home/sintesis-de-resultados-censo2017.pdf. Zugegriffen: Jan. 2019.

INFOR – Instituto Forestal (2018). Anuario 2018. Boletín Estatistico Nr. 163. Santiago de Chile: Ministerio de Agricultura.

Julian Vejar, D., & Alister Sanhueza, C. (2018): Precariedad(es) laboral(es) en el sector forestal y maderero de la Araucanía. In M. Ramírez & S. Schmalz (Hrsg.), *¿Fin de la bonanza? Entradas, salidas y encrucijadas del extractivismo* (S. 175–193). Buenos Aires: Biblos.

Klubock, T. M. (2014). *La Frontera. Forests and ecological conflict in Chile's frontier territory.* Durham: Duke University Press.

Marx, K. (1962) [1867]. Das Kapital. Kritik der politischen Ökonomie. Erster Band. In K. Marx & F. Engels, *Werke (MEW)*, Bd. 23. Berlin: Dietz.

Multigremial de la Araucanía (2016). Barómetro de conflictos con connotación indígena. Regiones del Bio Bio, Araucanía y Los Ríos. https://www.multigremialaraucania.cl/estudios. Zugegriffen: Jan. 2019.

Quijano, A. (2016). *Kolonialität der Macht, Eurozentrismus und Lateinamerika.* Wien: Turia + Kant.

Toledo, V. M. (2013). El metabolismo social: una nueva teoría socioecológica. *Relaciones,* 34(136), 41–71.

Wallerstein, I. M. (2007). *World-systems analysis. An introduction.* Durham: Duke University Press.

Teil II

2
Die Zukunft von Arbeit und sozialer Reproduktion

Das soziale Band neu knüpfen?
Bürgerschaftliche Sorgedienstleistungen im Schatten von Arbeitsmarkt und Sozialstaat

Tine Haubner

1 Einleitung: Auf der Suche nach einem Dritten Weg

Die Ausgangsthese des vorliegenden Beitrages lautet, dass im Kontext einer „neuen Generation von Sozialpolitiken" (Evers 2008, S. 229) und vor dem Hintergrund abnehmender familialer Sorgekapazitäten im Wohlfahrtsregime der Bundesrepublik die soziale Reproduktion und Integration jenseits von Staat, Markt und Familie zunehmend an Bedeutung gewinnt. Alte Verantwortlichkeiten im Wohlfahrtsdreieck werden gegenwärtig im Kontext eines sozialstaatlichen Strukturwandels und einer „Reproduktionskrise" (Jürgens 2010) neu ausgehandelt. Die Abkehr von einer als generös kritisierten Umverteilungspolitik des Sozialstaates alter Prägung – die im Verdacht steht, ein wachstumsschädigendes „Muster kollektiver Sozialvermögensakkumulation" (Priddat 2003, S. 376) ausgebildet und Investitionen in das Humankapital seiner Bürger*innen versäumt zu haben – hat dabei das Antlitz sozialer Sicherung seit den 1990er-Jahren ebenso nachhaltig verändert wie die Kritik an marktkonformer Globalsteuerung und die sozialpolitische Entdeckung bürgerschaftlichen Gemeinsinns. Die Sozialpolitik sieht sich infolge des „investive turn" nicht länger der Schaffung sozialer Gleichheit verpflichtet, sondern definiert sich stattdessen über ihren Beitrag zum Wirtschaftswachstum (Evers 2008, S. 226). Außerdem haben die Flexibilisierung und Segmentierung der Arbeitsmärkte zu einer Verringerung sozialer Integrationswirkungen (ebd., S. 237) und die Effizienzorientierung des „New Public Managements" zu Qualitätsverlusten im Verwaltungshandeln des Sozialsektors beigetragen (Dahme und Wohlfahrt 2011b, S. 399). Schließlich geraten insbesondere die Sorgekapazitäten der Familien, als traditionelle Stützpfeiler des konservativen deutschen Reproduktionsregimes, im Zangengriff von – demographisch bedingt – steigenden Sorgepflichten und „adult worker"-Modell zunehmend unter Druck. Um das konservativ-familialistische

© Springer Fachmedien Wiesbaden GmbH, ein Teil von Springer Nature 2019
K. Dörre et al. (Hrsg.), *Große Transformation? Zur Zukunft moderner Gesellschaften*, https://doi.org/10.1007/978-3-658-25947-1_10

Reproduktionsregime unter diesen Bedingungen fortzuführen, braucht es einen „dritten Weg" (Giddens 1999) zu sozialer Reproduktion und Integration, der das soziale Band nicht nur jenseits von Markt und Staat, sondern zunehmend auch über die Familie hinaus zu knüpfen vermag.[1] Die Suche nach diesem Weg steht im Zentrum aktueller Sozialpolitiken, die mithilfe normativer Leitbilder von sozialer Investition, Prävention und kommunaler Bürgernähe zivile Gemeinschaften und informelle Netzwerke zunehmend als Stützpfeiler sozialer Integration und Reproduktion ins Visier nehmen.

Dieser Entwicklung kann sich sowohl unter Bezug auf Karl Polanyis Begriff einer „Doppelbewegung" als auch mithilfe der These von einer „doppelten Privatisierung" theoretisch angenähert werden: Mit Blick auf die Entwicklung des Marktsystems seit dem 19. Jahrhundert vertritt Polanyi die These einer „Doppelbewegung" von Markterweiterung auf der einen Seite und Strategien der Markteinschränkung auf der anderen Seite, die den sozial destruktiven Effekten unkontrollierter Marktexpansion zum „Selbstschutz der Gesellschaft" entgegenwirken (Polanyi 1978, S. 182 ff.). Mit Blick auf die Folgen globaler Marktexpansion im Neoliberalismus und die Effekte eines Rückzugs staatlicher Marktbegrenzung auf den Wandel sozialer Reproduktionsbedingungen im 21. Jahrhundert konstatieren Adelheid Biesecker, Christa Wichterich und Uta von Winterfeld hingegen einen Prozess der „doppelten Privatisierung" (Biesecker et al. 2007). Demnach erfolgt nicht nur eine erste Privatisierung in Gestalt der zunehmenden Ökonomisierung von Sorgedienstleistungen und einem sozialstaatlichen Paradigmenwechsel vom Solidarprinzip zur Eigenverantwortung. Parallel vollzieht sich außerdem im Sinne einer zweiten Privatisierung eine Verschiebung von Sorgeverpflichtungen in private Haushalte und die Obhut von Familien. Diese These einer doppelten Privatisierung kann nun schließlich wiederum mit Blick auf die gegenwärtige sozialpolitische Entdeckung der Ressource Gemeinschaft (van Dyk und Haubner 2019) um die These einer weiteren Privatisierung in Gestalt eines Regimes gemeinwohldienlicher Sorgearbeit im Schatten von Markt, Staat und Familie ergänzt werden, in dem die Zivilgesellschaft engagierter Bürger*innen aufgefordert ist, selbsttätig und informell für ihre reproduktiven Belange zu sorgen.

---

1   Die Suche nach ihm kann sich dabei nach wie vor an Anthony Giddens, als einem der prominentesten Vertreter eines „dritten Weges", orientieren: „Die Belebung der Zivilgesellschaft ist ein wesentliches Element der Politik des dritten Weges. […] Staat und Zivilgesellschaft sollten partnerschaftlich zusammenarbeiten, um sich gegenseitig zu fördern, aber auch um sich gegenseitig zu kontrollieren. ‚Gemeinschaft' ist grundlegend für die neue Politik, aber nicht als abstrakter Slogan. Je mehr die Globalisierung voranschreitet und auf die lokale Ebene einwirkt, um so dringlicher wird eine Beschäftigung mit Gemeinschaft" (Giddens 1999, S. 95).

Im Unterschied zu den „Prinzipien des Verhaltens" Reziprozität, Redistribution und Haushaltung zeichnet sich Polanyi (1978, S. 77 ff.) zufolge nur das Prinzip des Tauschhandels durch eine bemerkenswerte Sogwirkung aus: Einzig dieses Prinzip bildet mit dem Markt eine spezifische, die Gesellschaft grundlegend transformierende Institution aus. Dies ist zunächst insofern erstaunlich, als Polanyi den Charakter der Marktform ursprünglich nicht als genuin expansiv, sondern als in seiner gesellschaftlichen Wirkung begrenzt einstuft (ebd., S. 89). Konsequenterweise verdankt sich die im 19. Jahrhundert stattfindende Kolonisierung westlicher Gesellschaften durch ein selbstreferentielles Marktsystem einem „*deus ex machina* in Form staatlichen Eingreifens" (ebd., S. 97) sowie der „institutionelle[n] Trennung der Gesellschaft in eine wirtschaftliche und eine politische Sphäre" (ebd., S. 106). Staatliche Politik fungiert demnach als notwendige Bedingung und zugleich als Brandbeschleuniger einer Entwicklung, bei der sich der sozial-destruktive Marktmechanismus zum verhängnisvollen „Lenker des Schicksals der Menschen" aufschwingt (ebd., S. 108). Die „Gesellschaftssubstanz schlechthin den Gesetzen des Marktes unterzuordnen" (ebd., S. 106), mündet nach Polanyi schließlich in eine „Doppelbewegung" (ebd., S. 112), bei der auf die den gesellschaftlichen Zusammenhalt gefährdende „Warenfiktion" (ebd., S. 108) mit einem schadensausgleichenden Regulativ staatlicher Markteinschränkungen reagiert wird. Solcherart „kompensatorische Auffangmechanismen" (Offe 2006, S. 63), wie sie mit dem Siegeszug der industriekapitalistischen Moderne an die Stelle erodierender traditionaler Gemeinschaften treten, markieren den Ausgangspunkt von Sozialpolitiken alten Typs, die „auf den Aufbau einer neuen Lebensform gerichtet sind, nachdem die überkommene ländliche und kleinbürgerliche Verfassung des Daseins den einzelnen nicht mehr sicher umschließt" (Achinger 1958, S. 23). Diese auf die umfassende Absicherung typischer Lebensverlaufsrisiken abzielende Sozialpolitik hat jedoch ausgedient. Was wir gegenwärtig beobachten, ist eine Doppelbewegung anderen Typs: Statt auf einen bedarfsadäquaten Ausbau öffentlicher Leistungen der Daseinsvorsorge konzentriert sich der Sozialstaat im „Wohlfahrtspluralismus" (Evers und Olk 1996) auf die Rolle eines Managers, der primär sowohl marktförmige als auch gemeinnützige Angebote sowie die informellen Selbsthilfepotenziale der Zivilgesellschaft mobilisiert, stärkt und koordiniert.

In Zeiten wachsender sozialer Spaltungen und einer Reproduktionskrise, die auch die Familie als traditionellen Stützpfeiler informeller Daseinsvorsorge erfasst hat, werden außerdem Fragen nach den künftigen Trägerinstanzen sozialer Reproduktion und sozialer Integration immer drängender. Daher kommt der sozialen Reproduktion und Integration in und durch Gemeinschaften sowie Netzwerken jenseits von Markt, Staat und Familie eine gesteigerte sozialpolitische Bedeutung zu, die sich auch aus den Wissensbeständen der anthropologischen und ethnosoziologischen Forschung (Mauss 1990), der neueren Institutionenökonomik (Williamson

1990) und Netzwerkforschung (Weyer 2014), der feministischen Wohlfahrts- und Care-Forschung (Daly und Lewis 1999; Aulenbacher et al. 2014) sowie aus wirtschaftssoziologischen Forschungsansätzen zur Einbettung des ökonomischen Verhaltens und zum Sozialkapital (Granovetter 1973; Putnam 2000) speist. Dabei ist auch die Erkenntnis zunehmend sozialpolitisch bedeutsam, wonach sich ökonomisches, aber auch (sozial-)staatliches Handeln in kapitalistischen Gesellschaften einer dritten Handlungslogik – je nach theoretischem Kontext als „Netzwerk" (Weyer 2014, S. 20 ff.) oder „soziale Beziehungen" (Mahnkopf 1994) bezeichnet – mitverdankt, die Kontingenz im Rahmen von marktvermittelten Transaktionen mithilfe von Vertrauen in Reziprozitätsbeziehungen bewältigt und soziale Integration stiftet. Zivile Gemeinschaften (wie Nachbarschaften, Quartiersnetzwerke und sich bürgerschaftlich engagierende Bürger*innen) stehen in dem Ruf, in Gestalt von lokalem Wissen und Reziprozitätsbeziehungen sowohl die mangelnde Gemeinwohlorientierung und soziale Integrationsleistung marktförmiger Allokation als auch das insbesondere seit den 1990er-Jahren unablässig konstatierte Risiko staatlicher Ressourcen-Fehlallokation und mangelnder Flexibilität zu kompensieren sowie *last but not least* die abnehmenden Sorgekapazitäten der Familien aufzufangen. Und dieser Hoffnung wird sozialpolitisch aktiv Ausdruck in Gestalt einer staatlichen Förderung bürgerschaftlichen Gemeinsinns verliehen. Diese Förderung und ihre möglichen Effekte in Bezug auf Sorgedienstleistungen sollen nun zunächst anhand aktueller sozialpolitischer Konzepte kritisch diskutiert sowie anschließend anhand einiger empirischer Beispielfälle knapp skizziert werden.

2   „Bürgerschaftliche Sozialpolitik" und die „Herunterzonung von Problemzuständigkeiten"

Die Diagnose einer sozialpolitischen Stärkung von Individualisierung und Eigenverantwortung hat die Wohlfahrtsforschung in den letzten drei Dekaden bestimmt. Demnach vollzieht sich seit Mitte der 1990er-Jahre eine Transformation des Sozialstaates, die anstelle des wohlfahrtspolitisch alimentierten „Passivbürgers" auf das sozialinvestive „Fördern und Fordern" des „Aktivbürgers" abhebt. Ohne von diesem Kurs abzuweichen, tritt allerdings seit einigen Jahren mit der Hinwendung zu Dezentralisierung, Kommunalisierung, neueren Formen der gemeinschafts- und netzwerkbasierten Steuerung sowie der Stärkung von Zivilgesellschaft und deren informeller Daseinsvorsorge eine „bürgerschaftliche Sozialpolitik" die Nachfolge von „Globalsteuerung" und den marktbasierten Steuerungselementen des „New Public Management" an (Dahme und Wohlfahrt 2011b): „Es geht zwar immer auch noch darum, Verwaltungshandeln effizienter zu machen. Dies ist aber nicht mehr ausschließliches Ziel. Vielmehr sollen die Betroffenen zur Lösung gesellschaftlicher Probleme herangezogen werden. Es geht darum, ‚das Selbstregulierungspotential der Gesellschaft zu fördern'" (Benz und Dose 2010, S. 23). Statt einer neoliberalen „pro-market"-Argumentation, die den staatlichen Interventionismus zugunsten der Einbeziehung marktförmiger Steuerungselemente ablehnt, votieren derlei nicht weniger neoliberale „post-market"-Ansätze (Laruffa 2018) für eine präventive Sozialpolitik, die frühzeitig in das individuelle Human- und kollektive Sozialkapital investiert und sowohl den Gemeinsinn als auch betriebswirtschaftliches Denken stärkt.

In diesem Rahmen erfährt auch das Lokale eine Aufwertung (Schulz-Nieswandt 2014), gelten doch Kommunen und Quartiere als Schlüsselorte einer präventiven Sozialpolitik, die idealiter lückenlos auf die Verkettung frühestmöglicher Fördermaßnahmen im individuellen Lebensverlauf setzt, um „die Individuen so [zu] befähigen, dass sie sich und ihre eigenen Potenziale entwickeln können" (Schroeder 2014, S. 8). Im Sinne einer „Territorialisierung des Sozialen" ist diese „Neubestimmung sozialer Nahräume als eigenständiger Ebene des sozialpolitischen Handelns" mit dem Ziel verbunden, „zivilgesellschaftliche Ressourcen für die Bewältigung zentralstaatlich verursachter Probleme zu mobilisieren" (Dahme und Wohlfahrt 2011a, S. 13). Die damit einhergehende „Herunterzonung' sozialpolitischer (Problem-)Zuständigkeiten [dient] in erster Linie der Entlastung des Bundeshaushalts und der Sozialversicherungssysteme" (Brettschneider und Klammer 2017, S. 143), zielt aber auch auf eine finanzielle und organisatorische Entlastung der Kommunen sowie die Erschließung „neue[r] lokale[r] Produktivitätspotenziale" ab (Dahme und Wohlfahrt 2011b, S. 398). Die sozialstaatliche Aktivierung wird dabei durch die Stärkung freiwilligen Engagements und gemeinschaftsbasierter Selbsthilfe in einer „Bürgergesellschaft" mit ihrer „Fähigkeit zur Selbstermächtigung und Selbstorganisation" (Enquete-Kommission 2002, S. 74) im Modus der Gemeinschaft neu akzentuiert. Begriffe wie „Community" und „Gemeinschaft" gehören längst zum festen Repertoire der wohlfahrtsstaatlichen Semantik und Sozialberichterstattung (dazu van Dyk in diesem Band). Prominentes Beispiel ist das Konzept der „sorgenden Gemeinschaften" (Klie 2017), demzufolge auf lokaler Ebene die Verantwortung zwischen Verwaltung, Fachkräften, Angehörigen, Nachbarn und Freiwilligen für das Wohlergehen sorgebedürftiger Mitmenschen neu-subsidiär verteilt werden soll. Dabei kommt dem Staat „die Funktion zu, die Bedingungen zu fördern, aus denen Gemeinschaften entstehen und gepflegt werden. […] Seine Aktivität ist vor allem dort gefragt, wo gemeinschaftliches Leben nicht von sich aus funktioniert oder gefährdet wird" (ebd., S. 124).

Angetrieben von einer kommunalen Haushalts- und Steuerungskrise, den Bindungsverlusten der Familie und einer mit Politikverdrossenheit assoziierten demokratischen Legitimationskrise, kulminiert die Förderung bürgerschaftlichen Engagements im Leitbild der „Bürgerkommune", in der die politische Selbstermächtigung der Aktivbürger mit einer Steigerung der ökonomischen Effizienz Hand in Hand gehen soll (Bogumil et al. 2003, S. 16 ff.). Das daran ausgerichtete kommunale Handeln „will die Defizite des Leitbildes Dienstleistungskommune beheben und erklärt deshalb vor allem den sozialen Zusammenhalt [...] zum Leitstern kommunalpolitischen Handelns [...], ohne allerdings die Effizienz- und Wettbewerbsorientierung des vorhergehenden Leitbildes in Frage zu stellen" (Dahme und Wohlfahrt 2011b, S. 399). In diesem Governance-Modell sozialer Reproduktion und Integration jenseits von Staat, Markt und Familie verbinden sich die Forderungen sozialer Bewegungen – angefangen bei der Frauen-, Ökologie- und Selbsthilfebewegung der 1970er-Jahre bis hin zur aktuellen Commons-Bewegung – mit einem Paradigmenwechsel wohlfahrtsstaatlicher Semantiken zu einer Neubestimmung ordnungspolitischer Leitprinzipien. Der Familie, aber auch der „auf Verschleiß fahrenden" staatlichen Infrastruktur (Gornig et al. 2015) sollen so einerseits durch den Einbezug marktförmiger Steuerungselemente und andererseits durch die Mobilisierung ziviler Gemeinschaften gemeinnützige und gleichzeitig wirtschaftlich operierende Träger von sozialem Zusammenhalt und sozialer Daseinsvorsorge zur Seite gestellt werden. Der Staat nimmt demgegenüber die Rolle des betriebsamen Managers der Freiwilligengesellschaft ein. Seit Ende der 1990er-Jahre wird Engagementpolitik als eigenes Politikfeld etabliert (Evers et al. 2015): 1999 wurde die Enquête-Kommission „Zukunft des bürgerschaftlichen Engagements" ins Leben gerufen, gefolgt von einer „Nationalen Engagementstrategie" (2010), vom Bundesfreiwilligendienst (2011), vom Ehrenamtsstärkungsgesetz (2013) sowie von zahlreichen Modellprojekten und Förderprogrammen auf Bund-, Länder- und Kommunalebene (wie dem Programm „Engagierte Stadt", das 2015 gemeinsam von BMFSFJ und sechs großen Stiftungen ins Leben gerufen wurde). Sie alle sind dem neu-subsidiären Zweck (Sachße 2003) verpflichtet, die Kohäsion der kleinen Netze mithilfe neuer Anreizstrukturen und dem Ziel zu stärken, Inklusion, Teilhabe und Partizipation als kommunale Aufgaben bürgerschaftlicher Selbsthilfe neu zu bestimmen. Infolge dieser Politik wird freiwilliges Engagement mittels staatlicher Fördermittel subventioniert, über Aufwandsentschädigungen monetarisiert, im Rahmen von Qualifizierungskursen semi-professionalisiert und über Koordinationsstellen gemanagt. Dass diese umfangreiche Förderung jedoch auch im Zusammenhang mit der Substitution regulärer Beschäftigung u. a. im öffentlichen Dienst und in der Wohlfahrtspflege steht, wird insbesondere im Zusammenhang mit dem Ausbau und der Altersöffnung des Bundesfreiwilligendienstes und dem

Umstand, dass 73 % der „Bufdis" über 27-jährige ALG-II-Beziehende sind, von gewerkschaftlicher Seite seit Jahren kritisiert (Karger und Klenter 2015).

3 Daseinsvorsorge von unten: Sorgedienstleistungen im Schatten von Arbeitsmarkt und Sozialstaat

Daseinsvorsorge als „die öffentliche Gewährleistung eines Angebots ausgewählter, vom Gesetzgeber als lebensnotwendig eingestufter Güter und Dienstleistungen" (Kersten et al. 2015, S. 8) gewinnt im Kontext der sozialpolitischen Förderung bürgerschaftlicher Selbsthilfe als informelle Daseinsvorsorge „von unten" an Bedeutung: Freiwillige „Demenzpaten" betreuen Pflegebedürftige, die im Stakkato der Minutenpflege das Nachsehen haben. Freiwillige „Jugendbetreuer" und „Lesepaten" geben außerschulisch niedrigschwellig Nachhilfe, fangen benachteiligte Schüler*innen auf und betreuen Schulkinder im Rahmen von Bildungsangeboten, die im Lehrplan keinen Platz finden. Und „Stadtteilkümmerer" sind in abgehängten Quartieren für die sozialen Belange der Bewohner*innen aktiv. Der verstärkte Einsatz dieser informellen „care workforce" kann nicht nur auf einen sozialstaatlichen Kurswechsel und dessen eigensinnige förderpolitische Bearbeitung zivilgesellschaftlicher Forderungen zurückgeführt werden, sondern auch auf die steigende Nachfrage nach kostengünstigen und niedrigschwelligen Sorgedienstleistungen im Kontext der Reproduktionskrise. In verschiedenen Bereichen der Daseinsvorsorge lässt sich dabei eine ähnliche Unterschichtungsdynamik beobachten: Sparzwang und Fachkräftemangel erzeugen, insbesondere im Zusammenspiel mit lokaler Strukturschwäche, (Alters-)Armut und kommunalen Versorgungsdefiziten, Bedarfe nach erschwinglichen Unterstützungsstrukturen bei der schulischen Ganztagsbetreuung, Mobilität, Altenhilfe, Betreuung von Behinderten oder der Integration Geflüchteter.

In personenbezogenen Dienstleistungen wie der Pflege gewinnen dabei nicht nur Assistenz- und Hilfsberufsschöpfungen an Bedeutung (Haubner 2017), auch die äußersten Ränder von Beruflichkeit und Profession fransen im bislang erst in Anfängen erforschten „Dunkelfeld" von freiwilligem Engagement und Maßnahmen des zweiten Arbeitsmarktes aus (Lenhart 2010). Demnach entsteht im Rahmen diverser staatlicher Förderprogramme in Altenhilfe oder Quartiersmanagement nicht nur eine Vielzahl an sozialen Engagementprojekten und Freiwilligendiensten. Auch arbeitsmarktpolitische Maßnahmen, wie die noch immer zum Einsatz kommenden „Arbeitsgelegenheiten mit Mehraufwandsentschädigung" (AGH), die Zeitarbeit (Jäckle et al. 2008) oder die seit 2017 vom Bundesprogramm „Soziale Teilhabe am Arbeitsmarkt" im Umfang von 20.000 Stellen geförderten Maßnahmen für ALG-II-Leistungsempfänger*innen bei frei-gemeinnützigen Trägern gehören hier dazu. Hierbei sind nicht nur die Übergänge zwischen Haupt- und Ehrenamt fließend, wenn Engagierte mitunter für Fachkräfte einspringen (Haubner 2017, S. 304 ff.). Auch die Grenzen zwischen arbeitsmarktpolitischen Maßnahmen und den Kernbereichen der hauptamtlich Beschäftigten sind mitunter diffus, wie im Fall der „Ein-Euro-Jobs" dokumentiert ist.[2] Schließlich sind auch die Übergänge zwischen Engagement und Maßnahmenteilnahme fließend. Häufig wechseln sich Maßnahmenteilnahme und Engagement phasenweise ab. Jobcenter bewerben den Bundesfreiwilligendienst als arbeitsmarktpolitische Alternative (Beller und Haß 2013) oder kooperieren im Rahmen des „Aktionsprogramms Mehrgenerationenhäuser" mit Freiwilligen (BMFSFJ 2011).

Wie besagtes „Dunkelfeld" im Schatten von Arbeitsmarkt und Sozialstaat, von freiwilligem Engagement an der Grenze zu Niedriglohnsektor und zweitem Arbeitsmarkt aussehen kann, sei anhand von vier empirischen Beispielfällen knapp skizziert[3]: Eine Schule in einem kleinen baden-württembergischen Ort versucht dem grassierenden Personalmangel mit der Anwerbung sogenannter „Jugendbegleiter" (freiwillig Engagierte, die im Rahmen eines vom Kultusministerium des Landes geförderten Programms finanziert werden und unterrichtsergänzende Bildungsangebote durchführen oder Hausaufgabenbetreuung anbieten) zu begegnen. Eine ehemalige Einzelhandelskauffrau, die als ehrenamtliche „Jugendbegleiterin" für 8,50 Euro in der Stunde ihr geringes Einkommen als selbstständige Tagesmutter aufbessert, berichtet: „Und jetzt holt man die Leute von überall her halt. Man setzt immer eine Anzeige in der Zeitung, ‚Wir suchen Ehrenamtliche'. Und da meldet sich alles Mögliche." Weil es an vielen Stellen brennt, gleicht ihr Engagement mittlerweile einem Fulltime-Job: „Lesepaten mache ich, […]. In der sozialen Gruppenarbeit in der Schule. Dann mache ich die Sprachförderung mit den Flüchtlingen, dann mache

---

2   „Qualitative Befragungen von ehemaligen AGH-Beschäftigten zeigen ein breites Spektrum der Tätigkeitsfelder auf, die vom […] Holzstapeln über Tätigkeiten in der Grünpflege, die ‚eindeutig auf den ersten Arbeitsmarkt gehören, […]', bis hin zur Krankheitsvertretung der Schulsekretärin oder dem Zeittotschlagen beim Mahjong-Spiel am PC reichen." (Lenhart 2010, S. 26)

3   Die folgenden Interviewauszüge sind dem qualitativ-empirischen Datenmaterial des noch laufenden, seit 2017 von der Hans-Böckler-Stiftung geförderten Projekts „Neue Kultur des Helfens oder Schattenökonomie? Engagement und Freiwilligenarbeit im Strukturwandel des Wohlfahrtsstaats" entnommen. Das Projekt ist an der Friedrich-Schiller-Universität Jena lokalisiert und wird von Silke van Dyk und Tine Haubner verantwortet und von Emma Dowling bearbeitet. Erhoben wird in vier klein- und mittelstädtischen Kontexten in Baden-Württemberg und Brandenburg, mit besonderem Fokus auf die Felder kommunale Infrastruktur, Flüchtlingshilfe und Pflege. Informationen zum Projekt unter: https://www.boeckler.de/11145.htm?projekt=S-2016-142-3%20B.

ich die Mensa-Betreuung. Also Essen mit den Kindern, Hausaufgabenbetreuung. Dann im Kindergarten, da bin ich dann Springer." Und obwohl sie für ihre Arbeit nicht entsprechend qualifiziert ist, springt sie als Ersatz für Lehrkräfte ein („Jetzt war es gerade heftig, dass auch viele Lehrer krank waren. Nachmittags keine Schule war, da musste man dann da die ganzen zwei Klassen auffangen.").

Andernorts kümmert sich eine ehemalige Drogerieangestellte, neben ihrem Minijob als Reinigungskraft, für 9,50 Euro in der Stunde als freiwillige Nachbarschaftshelferin um die Haushalte Pflegebedürftiger, Sucht- und psychisch Kranker. Dabei verrichtet sie auch grundpflegerische Tätigkeiten: „Das dürfen wir ja normalerweise nicht machen, waschen. Dann guckst Du mal in den Mund oder in die Hose und sagst: ‚Zieh dir mal eine andere Hose an.'" Ein erwerbsunfähiger Elektriker engagiert sich derweil für die von Freiwilligen betriebene Mitfahrzentrale seines Wohnortes sowie als ehrenamtlicher Demenzbetreuer, Hospizhelfer und Trauerbegleiter und meint: „ab und zu muss ich auch mal die Bremse reinhauen und sagen: Leute, bis hier geht nicht, denn gebraucht wird immer 24 Stunden".

Schließlich der Fall einer Langzeitarbeitslosen, die seit zehn Jahren bei einer brandenburgischen Tafel in wechselnden Rollen als unbezahlte Freiwillige oder aufwandsentschädigte AGH-Maßnahmenteilnehmerin aushilft: „Also vorher hatte ich 1,30 für ein halbes Jahr, und dann war ich ehrenamtlich, und dann hatte ich mal wieder eine Maßnahme für 1,30, und so hat sich das immer so…" Weil sie und ihr Mann ALG-II beziehen, nutzen sie auch als Kunden das Angebot der Einrichtung, die ohne ihre Unterstützung ihr Angebot nicht aufrechterhalten könnte. Was diese vier Fälle kennzeichnet, ist nicht nur eine mangelnde Einhaltung des gesetzlichen Gebotes der Arbeitsmarktneutralität freiwilliger Dienste (Karger und Klenter 2015), sondern auch eine bemerkenswerte Wahlverwandtschaft zwischen von Sparzwang und gesellschaftlicher Abwertung betroffenen Sorgedienstleistungen und einer ebenfalls von Einkommensarmut und Ausschluss betroffenen Klientel, die sich im Schatten von Sozialstaat und (erstem) Arbeitsmarkt um ihre reproduktiven Belange selbst zu kümmern scheint.

4   Fazit: Ein Regime gemeinwohlorientierter Schattenarbeit und die Folgen doppelter Privatisierung

Der skizzierte staatlich subventionierte Ausbau informeller Angebote der Daseinsvorsorge wird von den krisenhaften Effekten einer doppelten Privatisierung angetrieben, bei der Sorgedienstleistungen nicht nur vermehrt privat-gewerblich organisiert sind, sondern auch zunehmend in die Verantwortung von Privathaushalten verschoben werden (Biesecker et al. 2007). Dabei lässt sich eine Bewegung beobachten, die Polanyis „Doppelbewegung" von Marktexpansion und Markteinschränkung mit dem Ausbau des Dritten Sektors ein neues Element hinzufügt: Die zunehmende privatwirtschaftliche Organisierung von Sorgedienstleistungen in Pflege oder Kinderbetreuung sowie unzureichende staatliche Versorgungsangebote steigern – im Kontext von demographischem Wandel, schrumpfenden familiären Sorgekapazitäten, steigender weiblicher Erwerbsbeteiligung und zunehmender sozialer Ungleichheit – auf der Nachfrageseite den Ausbau niedrigschwelliger, flexibler und kostengünstiger personen- und haushaltsbezogener Dienstleistungen im Schatten von Arbeitsmarkt und Sozialstaat (van Dyk 2018). Die informellen Hilfeleistungen der sogenannten „Alltags-" und „Mobilitätshelfer", „Stadtteilkümmerer", „Integrationslotsen", „Demenz-" oder „Familienpaten", die jenseits arbeitsvertraglicher und häufig auch arbeitsrechtlicher Regularien mitunter Tätigkeiten von Fachkräften verrichten, werden auf der Angebotsseite mithilfe der staatlichen Hilfe zur bürgerschaftlichen Selbsthilfe ausgebaut.

Diese Entwicklung unterscheidet sich grundlegend von der einst als „große Hoffnung des 20. Jahrhunderts" gefeierten fordistischen Expansionsphase des Tertiären Sektors (Fourastié 1954): Verdankte sich die Massenversorgung durch staatlich organisierte Leistungen einer durch die Umverteilung industrieller Produktivitätsgewinne bewirkten Kaufkrafterhöhung, entsteht gegenwärtig im diversifizierten Wohlfahrtspluralismus unter dem Druck steigender Versorgungsbedarfe ein Regime gemeinwohlorientierter Schattenarbeit in den Grauzonen der Wohlfahrtsmärkte. Die arbeitssoziologische Diagnose einer „Verschiebung von der häuslichen Erstellung zur staatlichen oder privatwirtschaftlichen Bereitstellung" von Dienstleistungen (Baethge und Wilkens 2001, S. 12) scheint sich beinahe umgekehrt zu haben: Mit der Privatisierung und Kommodifizierung von Sorgedienstleistungen einerseits und einem sozialinvestiven Sozialstaat, der sich als Manager „diversifizierter institutioneller Arrangements" versteht (Priddat 2003, S. 392), andererseits korrespondiert nun ein weiterer Privatisierungsprozess. Dieser verweist Sorgeverpflichtungen nicht primär in die Obhut familiärer Privathaushalte, sondern führt seine (neu-)subsidiäre Politik mithilfe der verstärkten Aktivierung der informellen Selbsthilfe der Zivilgesellschaft auch jenseits der Familie fort. Dabei wird der Forderung der Commons-Bewegung nach einer „Politik für das Kleinteilige als Wiederentdeckung des Nahraums" jenseits von Markt und Staat (Müller 2014, S. 269) sozialpolitisch durchaus Folge geleistet. Dieser gegenwärtige *modus operandi* einer doppelten Privatisierung spiegelt allerdings den Klassencharakter zunehmend ungleicher Lebensverhältnisse wider und wirft die Frage auf, ob wir tatsächlich „einen Staat [brauchen], der Allmendeprinzipien aktiv unterstützt"

(Helfrich und Bollier 2012, S. 22), oder ob es sich beim Ausbau niedrigschwelliger, informeller Selbsthilfestrukturen im Feld der Sorgearbeit letztlich nicht vielmehr um „poor services for poor people" handelt (Schenk 2014, S. 53).

Literatur

Achinger, H. (1958). *Sozialpolitik als Gesellschaftspolitik. Von der Arbeiterfrage zum Wohlfahrtsstaat*. Hamburg: Rowohlt.

Aulenbacher, B., Riegraf, B., & Theobald, H. (Hrsg.). (2014). *Sorge: Arbeit, Verhältnisse, Regime*. Soziale Welt, Sonderband 20. Baden-Baden: Nomos.

Baethge, M., & Wilkens, I. (2001). „Goldenes Zeitalter" – „Tertiäre Krise": Perspektiven von Dienstleistungsbeschäftigung zu Beginn des 21. Jahrhunderts (Einleitung). In M. Baethge & I. Wilkens (Hrsg.), *Die große Hoffnung für das 21. Jahrhundert? Perspektiven und Strategien für die Entwicklung der Dienstleistungsbeschäftigung* (S. 9–19). Opladen: Leske + Budrich.

Beller, A., & Haß, R. (2013). Experiment Altersöffnung: Politische Ziele und nicht-intendierte Folgen – empirische Befunde aus der Pionierphase des Bundesfreiwilligendienstes. *Voluntaris, 1*(1), 51–72.

Benz, A., & Dose, N. (2010). *Governance – Regieren in komplexen Regelsystemen. Eine Einführung*. 2., aktual. und veränderte Aufl. Wiesbaden: VS Verlag für Sozialwissenschaften.

Biesecker, A., Braunmühl, C. v., Wichterich, C., & Winterfeld, U. v. (2007). Die Privatisierung des Politischen. Zu den Auswirkungen der doppelten Privatisierung. *Femina Politica. Zeitschrift für feministische Politikwissenschaft, 16*(2), 28–40.

BMFSFJ (Bundesministerium für Familie, Senioren, Frauen und Jugend) (2011). *Starke Leistung für jedes Alter. Zukunftsprogramm Mehrgenerationenhäuser*. Berlin: BMFSFJ.

Bogumil, J., Holtkamp, L., & Schwarz, G. (2003). *Das Reformmodell Bürgerkommune. Leistungen – Grenzen – Perspektiven*. Berlin: Edition Sigma.

Brettschneider, A., & Klammer, U. (2017). Editorial. Kommunalisierung der Sozialpolitik – Chancen für präventive Konzepte? *Zeitschrift für Sozialreform, 63*, 141–156.

Dahme, H.-J., & Wohlfahrt, N. (2011a). Einleitung: Kommunale Sozialpolitik – neue Herausforderungen, neue Konzepte, neue Verfahren. In H.-J. Dahme & N. Wohlfahrt (Hrsg.), *Handbuch Kommunale Sozialpolitik* (S. 9–18). Wiesbaden: VS Verlag für Sozialwissenschaften.

Dahme, H.-J., & Wohlfahrt, N. (2011b). Bürgerschaftliche Sozialpolitik. In H.-J. Dahme & N. Wohlfahrt (Hrsg.), *Handbuch Kommunale Sozialpolitik* (S. 395–408). Wiesbaden: VS Verlag für Sozialwissenschaften.

Daly, M., & Lewis, J. (1999). Conceptualising social care in the context of welfare state restructuring. In J. Lewis (Hrsg.), *Gender, social care and welfare state restructuring in Europe* (S. 1–24). Aldershot: Ashgate.

van Dyk, S. (2018). Post-wage politics and the rise of community capitalism. *Work, Employment and Society, 32*, 528–545.

van Dyk, S., & Haubner, T. (2019). Gemeinschaft als Ressource? Engagement und Freiwilligenarbeit im Strukturwandel des Wohlfahrtsstaats. In A. D. Baumgartner & B. Fux (Hrsg.), *Sozialstaat unter Zugzwang? Zwischen Reform und radikaler Neuorientierung* (S. 259–279). Wiesbaden: Springer VS.

Enquete-Kommission „Zukunft des Bürgerschaftlichen Engagements" (2002). *Bürgerschaftliches Engagement: auf dem Weg in eine zukunftsfähige Bürgergesellschaft.* Bericht der Kommission. Drucksache 14/8900 des Deutschen Bundestages. Berlin.

Evers, A. (2008). Investiv und aktivierend oder ökonomistisch und bevormundend? Zur Auseinandersetzung mit einer neuen Generation von Sozialpolitiken. In A. Evers & R. G. Heinze (Hrsg.), *Sozialpolitik. Ökonomisierung und Entgrenzung* (S. 229–249). Wiesbaden: VS Verlag für Sozialwissenschaften.

Evers, A., Klie, T., & Roß, P.-S. (2015). Die Vielfalt des Engagements. Eine Herausforderung an Gesellschaft und Politik. *Aus Politik und Zeitgeschichte, 65*(14–15), 3–9.

Evers, A., & Olk, T. (1996). Von der pflegerischen Versorgung zu hilfreichen Arrangements. Strategien der Herstellung optimaler Beziehungen zwischen formellem und informellen Hilfesystem im Bereich der Pflege älterer Menschen. In A. Evers & T. Olk (Hrsg.), *Wohlfahrtspluralismus. Vom Wohlfahrtsstaat zur Wohlfahrtsgesellschaft* (S. 347–374). Opladen: Westdeutscher Verlag.

Fourastié, J. (1954). *Die große Hoffnung des zwanzigsten Jahrhunderts.* Köln-Deutz: Bund-Verlag.

Giddens, A. (1999). *Der dritte Weg. Die Erneuerung der sozialen Demokratie.* Frankfurt a. M.: Suhrkamp.

Gornig, M., Michelsen, C., & van Deuverden, K. (2015). Kommunale Infrastruktur fährt auf Verschleiß. *DIW Wochenbericht, 82,* 1023–1030.

Granovetter, M. S. (1973). The strength of weak ties. *American Journal of Sociology, 78,* 1360–1380.

Haubner, T. (2017). *Die Ausbeutung der sorgenden Gemeinschaft. Laienpflege in Deutschland.* Frankfurt a. M.: Campus.

Helfrich, S., & Bollier, D. (2012). Commons als transformative Kraft. Eine Einführung. In S. Helfrich & Heinrich-Böll-Stiftung (Hrsg.), *Commons. Für eine neue Politik jenseits von Staat und Markt* (S. 15–23). Bielefeld: transcript.

Jäckle, R., Müller, M., & Werding, M. (2008). Die Wiesbadener „Alltags-Engel". Zeitarbeit in haushaltsnahen Dienstleistungen als arbeitsmarktpolitisches Instrument im SGB II. *ifo Schnelldienst, 61*(21), 16–25.

Jürgens, K. (2010). Deutschland in der Reproduktionskrise. *Leviathan, 38,* 559–587.

Karger, K., & Klenter, P. (2015). Freiwilligendienste zwischen bürgerschaftlichem Engagement und Arbeitsplatzverdrängung. Thesenpapier für den Workshop „Arbeitsmarktneutralität von Freiwilligendiensten" am 16.01.2015 in der DGB Bundesvorstandsverwaltung, Berlin.

Kersten, J., Neu, C., & Vogel, B. (2015). *Regionale Daseinsvorsorge. Begriff, Indikatoren, Gemeinschaftsaufgabe.* Gutachten im Auftrag der Abteilung Wirtschafts- und Sozialpolitik der Friedrich-Ebert-Stiftung. Bonn: Friedrich-Ebert-Stiftung.

Klie, T. (2017). Caring Community – Verständnis und Voraussetzungen moderner lokaler Gemeinschaftlichkeit. In C. Coenen-Marx & B. Hofmann (Hrsg.), *Symphonie – Drama – Powerplay: Zum Zusammenspiel von Haupt- und Ehrenamt in der Kirche* (S. 119–130). Stuttgart: Kohlhammer.

Laruffa, F. (2018). Towards a post-neoliberal social policy? Social investment versus capability approach. *Momentum Quarterly. Zeitschrift für Sozialen Fortschritt, 7,* 171–187.

Lenhart, K. (2010). *Engagement und Erwerbslosigkeit – Einblicke in ein Dunkelfeld.* Expertise erstellt für den Arbeitskreis „Bürgergesellschaft und Aktivierender Staat" der Friedrich-Ebert-Stiftung. Bonn: Friedrich-Ebert-Stiftung.

Mahnkopf, B. (1994). Markt, Hierarchie und soziale Beziehungen. Zur Bedeutung reziproker Beziehungsnetzwerke in modernen Marktgesellschaften. In N. Beckenbach & W. van Treeck (Hrsg.), *Umbrüche gesellschaftlicher Arbeit.* Soziale Welt, Sonderband 9 (S. 65–84). Göttingen: Schwartz.

Mauss, M. (1990). *Die Gabe. Form und Funktion des Austauschs in archaischen Gesellschaften.* Frankfurt a. M.: Suhrkamp.

Müller, C. (2014). Reiche Ernte in Gemeinschaftsgärten. Beim Urban Gardening findet der Homo oeconomicus sein Korrektiv. In S. Helfrich & Heinrich-Böll-Stiftung (Hrsg.), *Commons. Für eine neue Politik jenseits von Staat und Markt* (S. 267–272). Bielefeld: transcript.

Offe, C. (2006). *Strukturprobleme des kapitalistischen Staates. Aufsätze zur Politischen Soziologie.* Veränderte Neuausgabe. Frankfurt a. M.: Campus.

Polanyi, K. (1978). *The Great Transformation. Politische und ökonomische Ursprünge von Gesellschaften und Wirtschaftssystemen.* Frankfurt a. M.: Suhrkamp.

Priddat, B. (2003). Umverteilung: Von der Ausgleichssubvention zur Sozialinvestition. In S. Lessenich (Hrsg.), *Wohlfahrtsstaatliche Grundbegriffe. Historische und aktuelle Diskurse* (S. 373–394). Frankfurt a. M.: Campus.

Putnam, R. D. (2000). *Bowling alone. The collapse and revival of american community.* New York: Simon & Schuster.

Sachße, C. (2003). Subsidiarität: Leitmaxime deutscher Wohlfahrtsstaatlichkeit. In S. Lessenich (Hrsg.), *Wohlfahrtsstaatliche Grundbegriffe. Historische und aktuelle Diskurse* (S. 191–212). Frankfurt a. M.: Campus.

Schenk, M. (2014). Armut und gefährdete Selbst- und Fürsorge. In B. Aulenbacher & M. Dammayr (Hrsg.), *Für sich und andere sorgen. Krise und Zukunft von Care in der modernen Gesellschaft* (S. 53–64). Weinheim: Beltz Juventa.

Schroeder, W. (2014). Vorbeugende Sozialpolitik weiter entwickeln. Diskussionspapier des Landesbüros NRW der Friedrich-Ebert-Stiftung, Ausgabe 1. https://www.fes.de/index.php?eID=dumpFile&t=f&f=2028&token=44125d11013fa835e5b8680156f5fd9edbef48f3. Zugegriffen: Jan. 2019.

Schulz-Nieswandt, F. (2014). Editorial: Die Aufwertung des Lokalen in sozialpolitischen Diskursen. *Sozialer Fortschritt, 63,* 185–186.

Weyer, J. (Hrsg.). (2014). *Soziale Netzwerke. Konzepte und Methoden der sozialwissenschaftlichen Netzwerkforschung.* Oldenbourg: De Gruyter.

Williamson, O. E. (1990). *Die ökonomischen Institutionen des Kapitalismus. Unternehmen, Märkte, Kooperationen.* Tübingen: Mohr (Siebeck).

Arbeitszeitverkürzung für eine nachhaltigere Wirtschaft?

Über mögliche Berührungspunkte zwischen sozial-ökologischen Arbeitszeitkonzepten und gegenwärtiger Tarifpolitik

Steffen Liebig

> *„Eine Arbeitszeitverkürzung kannst du nicht rechnerisch herstellen, sondern du musst von den differenzierten Arbeitszeitrealitäten und den Erfahrungen nach der 35h-Woche ausgehen und dann gucken, wie man neue Zugänge schaffen kann, um schon das Thema Arbeitszeitverkürzung wieder auf die Tagesordnung zu heben, aber in welcher Form, das ist dann immer die Debatte."[1]*

1 Einleitung

Nach langer Zeit steht die Arbeitszeitpolitik wieder weit oben auf der gewerkschaftlichen Agenda in Deutschland. Besonders die letzte Tarifrunde der größten Gewerkschaft IG Metall brachte das Thema in die Schlagzeilen und führte im Ergebnis zu selbstbestimmteren und optional verkürzten Arbeitszeiten für die Beschäftigten, welche die Vereinbarkeit von Familie und Beruf gewährleisten sollen und zusätzliche freie Tage versprechen. Angesichts einer nach wie vor vorherrschenden Sachzwangrhetorik und globalisierter Wertschöpfungsketten ist dies ein bemerkenswerter Erfolg, der über das enge Feld der reinen Tarifpolitik auszustrahlen vermag. Zugleich wird deutlich, dass die gewerkschaftliche Arbeitszeitpolitik gegenwärtig neue Schwerpunkte setzt und im Vergleich zu der allgemeinen Arbeitsverkürzung rund um die Auseinandersetzung um die 35-Stunden-Woche in den 1980er-Jahren andere Modelle und, wie das obige Zitat des Gewerkschaftsfunktionärs belegt, „neue Zugänge" wählt.

---

[1] Das Zitat entstammt einem der Experteninterviews, die der Autor 2017 und 2018 mit Gewerkschaftsfunktionären im Rahmen seines Dissertationsvorhabens geführt hat.

© Springer Fachmedien Wiesbaden GmbH, ein Teil von Springer Nature 2019
K. Dörre et al. (Hrsg.), *Große Transformation? Zur Zukunft moderner Gesellschaften*, https://doi.org/10.1007/978-3-658-25947-1_11

Parallel dazu gewinnt der Diskurs um eine ökologische Transformation von Wirtschaft und Gesellschaft an Auftrieb. Soll die drohende ökologische Katastrophe noch abgewendet werden, dann, so die einhellige Auffassung fast aller klimapolitischen Studien zum Thema, besteht nur noch ein kleines Zeitfenster zum Handeln. In diesem Zusammenhang wird auch eine (deutliche) Arbeitszeitverkürzung begrüßt bzw. gefordert, denn diese soll zur Verringerung der Emissionen und des Stoffdurchsatzes beitragen und Beschäftigung auch bei niedrigem Wachstum sichern.

Obwohl das Thema Arbeitszeitverkürzung also eine wichtige Rolle sowohl in der neueren gewerkschaftlichen als auch in der aktuellen sozial-ökologischen Diskussion spielt, gibt es bislang kaum größere Berührungspunkte zwischen den beiden Lagern. Diese Leerstelle reiht sich in eine gesellschaftliche Situation ein, in der es trotz aller Dringlichkeit an durchsetzungsstarken Kräften für eine sozial-ökologische Transformation mangelt. Darüber hinaus führt im Falle der Arbeitszeitpolitik die gegenseitig fehlende Bezugnahme der Diskussionen zu Auslassungen und Verkürzungen. Deshalb möchte der vorliegende Beitrag die beiden Debattenstränge zusammenbringen und das sozial-ökologische Potenzial der gegenwärtigen tarifvertraglichen Arbeitszeitpolitik im Lichte von Forschungsergebnissen der Ökologischen Ökonomik diskutieren. Anstatt auf die üblichen Frontstellungen zu schauen – z. B. auf das bekannte „jobs versus environment dilemma" (Räthzel und Uzzel 2011), jüngst zu beobachten etwa bei den Auseinandersetzungen um den Verbrennungsmotor (dazu Iwer und Strötzel, Wissen sowie Becker et al. in diesem Band) oder um den Ausstieg aus der Kohleverstromung –, soll der Fokus auf den tatsächlichen oder möglichen Konvergenzen für eine nachhaltigere Arbeitswelt liegen. Entsprechend lautet die leitende Fragestellung, ob es eine Interessenskonvergenz ökologischer und gewerkschaftlicher Akteure in Sachen Arbeitszeitverkürzung geben und sich damit ggf. ein Möglichkeitsfenster für eine sozial-ökologische Transformationspolitik öffnen könnte (ohne freilich zu unterstellen, die Gewerkschaften verträten neuerdings eine Politik der Arbeitszeitverkürzung vorrangig aus ökologischen Motiven).

Erstens wird die These entwickelt, dass es durchaus eine gemeinsame Schnittmenge beim Thema Arbeitszeitverkürzung gibt, diese aber strukturell begrenzt ist, weshalb die erwartbaren Effekte kleiner und anders ausfallen, als einschlägige ökologische und ökonomische Modellierungen nahelegen. Denn freilich wirken sich realpolitische Durchsetzungs- und Umsetzungsfragen sowie Arbeitszeitpräferenzen und heterogene Arbeitszeitrealitäten seitens der Beschäftigten auf die praktizierten Formen tariflicher Arbeitszeitregelungen aus. Letztere müssen folglich für eine Abschätzung der faktisch umsetzbaren Maßnahmen und ihrer erwartbaren ökologischen Effekte stärker berücksichtigt werden. Dies gilt umso mehr, als innerhalb der neuen gewerkschaftlichen Arbeitszeitpolitik die Forderungen nach Zeitsouveränität und selbstbestimmter Flexibilität diejenigen nach einer allgemeinen Arbeitszeitverkürzung auf Wochenstundenbasis ablösen. Deshalb, so die zweite These, führen die individuellen Wahlmöglichkeiten auf der Basis kollektiver Rechte – wie sie für die angestrebten oder tatsächlichen Tarifverträge oftmals charakteristisch sind, wodurch sie sich von einer kollektiven Arbeitszeitverkürzung unterscheiden – dazu, dass nicht nur die voraussichtlichen sozialen, sondern auch die ökologischen Effekte wesentlich vom individuellen Nutzungsverhalten hinsichtlich der Arbeitszeitoptionen und der zusätzlichen freien Zeit abhängen, das in beiden Fällen wiederum von einer Vielzahl gerade auch außerbetrieblicher Faktoren und dem Haushaltskontext der Beschäftigten beeinflusst wird.

2 Arbeitszeit, Wachstum und Ökologie

In der Diskussion um Nachhaltigkeit liegt der Fokus oft stärker auf dem Konsum als auf der Produktion. Allgemein ist „das Thema Arbeit in die Debatte um nachhaltige Entwicklung noch immer wenig integriert" (Diefenbacher 2013, S. 176), und doch gibt es inzwischen eine intensivierte Beschäftigung mit dem Thema „nachhaltige Arbeit" (z. B. AIS 2017; Barth et al. 2016; Schröder und Urban 2018; WSI-Mitteilungen 2019). Gängige Definitionen nachhaltiger Arbeit umfassen zusätzlich zur Regenerationsfähigkeit der durch den Arbeitsprozess berührten natürlichen Umwelt (Umweltschutz) sowie der verausgabten Arbeitskraft (Gesundheitsschutz) u. a. qualifizierte und befriedigende Arbeitsinhalte, ein teilhabesicherndes Einkommen und eine geschlechtergerechte Arbeitsteilung (UNDP 2015; UBA 2007; Becker 2019). Auch wenn die Definitionsmerkmale zuweilen recht ausladend anmuten und es angesichts des politisch stets umkämpften Begriffs der Nachhaltigkeit nicht verwundern kann, dass je nach Urheberschaft verschiedene Aspekte betont werden, fällt doch auf, dass die Frage der Arbeitszeitverkürzung ein wichtiger Bestandteil nahezu jeder Konzeption von nachhaltiger Arbeit ist.

Neben der wesentlichen Forderung nach Umweltverträglichkeit ist die „sozial abgesicherte *Umverteilung von (Erwerbs-)Arbeit durch Arbeitszeitverkürzung* bei gleichzeitiger Erweiterung des Arbeitsbegriffs und der Aufwertung nicht bezahlter, aber gesellschaftlich notwendiger Arbeitsleistungen" zentral (Littig 2012, S. 581; Hervorh. S. L.). Ausschlaggebend hierfür ist – neben den positiven Effekten hinsichtlich Geschlechtergerechtigkeit, Gesundheit und Work-Life-Balance – die begründete Vermutung, dass eine verkürzte Regelarbeitszeit den Stoffdurchsatz der Ökonomie verringern und gleichzeitig die Beschäftigung sichern könnte.

Arbeitszeitverkürzung wäre damit ein naheliegendes Instrument für eine sozial-ökologische Transformation.

Als Hintergrundannahme fungiert, erstens, die sogenannte Produktivitätsfalle, die besagt, dass „if other things do not change, labour productivity improvements mean that someone somewhere loses their job" (Jackson und Victor 2011, S. 102). Insofern ein (starkes) Wirtschaftswachstum aus ökologischen Erwägungen heraus nicht mehr gangbar ist oder aber aus anderen Gründen ausbleibt, bietet sich Arbeitszeitverkürzung als alternativer Weg zur Beschäftigungssicherung an. Zweitens ist eine absolute Entkopplung[2] zwischen steigender volkswirtschaftlicher Wertschöpfung und Umweltverbrauch und Senkenbeanspruchung aller Wahrscheinlichkeit nach nicht oder jedenfalls nicht im erforderlichen Ausmaß möglich (Ward et al. 2016; Schmelzer und Passadakis 2011, S. 33 ff.). Eine vollständige Dematerialisierung der Wirtschaft kann es nicht geben, und eine unbegrenzt steigende Ressourceneffizienz und eine entsprechend abnehmende Materialintensität sind also nicht zu erwarten (Foster et al. 2011, S. 109).

Doch welche sozial-ökologischen Effekte werden Arbeitszeitverkürzungen im Dreieck von Wirtschaftswachstum, Arbeit und Nachhaltigkeit im Einzelnen beigemessen und inwieweit vermögen sie zu einer Verringerung des Ressourcenverbrauchs und der Emissionen beizutragen? Zunächst gibt es viele Hinweise, dass lange Jahresarbeitszeiten in den früh industrialisierten Volkswirtschaften signifikant mit einem hohen ökologischen Fußabdruck (bzw. anderen Umweltindikatoren) korrelieren (Kallis et al. 2013, S. 1559 ff.; Schor 2005). Bei den zugrundeliegenden Mechanismen für diese Korrelation kann zwischen Skalen- und Kompositionseffekten unterschieden werden. Beim erstgenannten Effekt geht es um Quantität und Addition, denn längere Arbeitszeiten tragen als Produktions- und Nachfragefaktor (via Mehrarbeit und Einkommenserhöhung) zur Steigerung des BIP und damit auch zu einer stärkeren Umweltbelastung bei. Beim Kompositionseffekt geht es hingegen um Qualität und Zusammensetzung. Hier ändert sich im Zuge einer Arbeitszeitverkürzung sowohl der Warenkorb als auch die Lebens- und Arbeitsweise von Personen ökologisch vorteilhaft. Einige Studien legen nahe, dass der Skalen-Effekt stärker ist (Fitzgerald et al. 2015; Knight et al. 2013, S. 698).

---

2   In der Literatur wird zwischen relativer und absoluter Entkopplung unterschieden, wobei relative Entkopplung eine Steigerung der Ressourceneffizienz meint. In diesem Fall steigt zwar der absolute Ressourcenverbrauch (oder ein anderer Indikator, z. B. die Treibhausgasemissionen) weiterhin, wenn die Wirtschaft wächst, allerdings mit einer geringeren Wachstumsrate als die wirtschaftliche Wertschöpfung. Absolute Entkopplung hingegen meint einen auch absolut abnehmenden Ressourcenverbrauch trotz steigender Wertschöpfung.

Die wichtigsten sozial-ökologischen Effekte von Arbeitszeitverkürzung lassen sich unterscheiden in solche bzgl. der Produktion, der Nachfrage (beides Skaleneffekte), der Lebensweise (Kompositionseffekt) und des Mobilitätsverhaltens (Skalen- und Kompositionseffekt). Bei den produktionsseitigen Effekten geht es darum, dass aufgrund zunehmender Arbeitsproduktivität die Arbeitszeit gesenkt werden kann. Infolgedessen gibt es kein oder ein weniger starkes Wachstum des Produktionsvolumens und damit eine Stabilisierung bzw. (im Falle einer ebenfalls verbesserten Ressourcenproduktivität und Energieeffizienz) Reduzierung der Umweltbelastung (Antal 2014, S. 282; Hayden und Shandra 2009, S. 591 f.): „productivity gains are invested in liberating time, rather than investment and capital accumulation, this should put brake on output growth" (Kallis et al. 2013, S. 1559). Während dieser Effekt unabhängig von einem Lohnausgleich eintritt, ist dieser bei nachfrageseitigen Effekten entscheidend: Wenn eine erhöhte Arbeitsproduktivität für eine verkürzte Erwerbsarbeitszeit anstelle von Einkommenserhöhungen (oder auch größeren Unternehmensprofiten) genutzt wird, stabilisiert sich die gesamtgesellschaftliche Nachfrage und dementsprechend die Umweltbelastung durch Konsum, bzw. sie steigt weniger stark an (Schor 2016, S. 136 f.). Sollte die Erwerbsarbeitszeit über die Spielräume der Produktivität hinaus, also ohne einen bzw. nicht mit einem vollen Lohnausgleich reduziert werden, sinkt die gesellschaftliche Nachfrage sogar absolut (zum verwandten Konzept der Halbtagsgesellschaft Kopatz 2012, S. 24 ff.).[3]

Zudem gibt es Anhaltspunkte dafür, dass bereits die Verteilung des gegebenen gesamtgesellschaftlichen Erwerbsarbeitsvolumens auf mehr Köpfe, sprich: die Erwerbsarbeitsumverteilung von Über- und Vollbeschäftigten hin zu Unterbeschäftigten und Erwerbslosen qua Arbeitszeitverkürzung, umweltschonende Kompositionseffekte zeitigen würde. Die Länge der (täglichen) Arbeitszeit hat nämlich Rückwirkungen auf die alltägliche Ressourcenintensität: „households scarce in time tend to use more timesaving appliances and technologies, which in general tend to be more environmentally intensive" (Kallis et al. 2013, S. 1559). Entsprechend brauchen ressourcensparende Lebensweisen mehr Zeit, denn „low impact acitivities are typically more time consuming" (Knight et al. 2013, S. 694).[4] Schließlich

---

3 Aufgrund des wesentlich größeren ökologischen Fußabdrucks höherer Einkommensklassen schlagen einige Modelle eine Arbeitszeitverkürzung mit differenziertem Lohnausgleich vor, also einen Lohnverzicht für obere und einen teilweisen bzw. vollständigen Lohnausgleich für mittlere bzw. untere Lohngruppen (Pullinger 2014, S. 17).

4 Manche Vorschläge sehen sogar vor, die formale Erwerbsarbeit so weit zu reduzieren, dass neben ihr (wieder) ein informeller, regionaler, nicht-monetärer und nicht-wachstumsorientierter Subsistenzsektor entsteht (Paech 2016).

könnten sich mobilitätsbedingte Umweltschädigungen reduzieren, sofern durch zusätzliche erwerbsfreie Tage Arbeitswege wegfielen (Kallis et al. 2013, S. 1559).[5]
    Eine noch größere Bedeutung erlangen Arbeitszeitverkürzungen, wenn aus ökologischen Gründen das Wirtschaftswachstum nur noch sehr gering sein bzw. (nahezu) bei Null liegen soll („degrowth"). Hier ist nicht zuletzt die beschäftigungs-politische Wirksamkeit von Arbeitszeitverkürzung zentral, da – gesamtgesellschaft-liches Arbeitsvolumen und Arbeitsproduktivität als stabil vorausgesetzt – eine Verkürzung der individuellen Erwerbsarbeitszeit zu einer vermehrten Nachfrage nach Erwerbsarbeitenden führt.[6] In entsprechenden Modell-Szenarien wird die individuelle Arbeitszeit radikal reduziert, um den Anstieg der Erwerbslosigkeit zu verhindern und dennoch innerhalb eines nachhaltigen Korridors zu wirtschaften. So wird im „low/no-growth"-Modell für Kanada die Arbeitszeit über einen Zeit-raum von 30 Jahren um 15 % verringert, im „degrowth"-Modell gar um drastische 75 %. Entsprechend nehmen auch die Treibhausgasemissionen sowie das BIP pro Kopf und damit der materielle Wohlstand stark ab (Victor 2012, S. 209 ff.). Für Deutschland sieht das Nullwachstum-Modell für den Zeitraum von 2007 bis 2040 eine Arbeitszeitreduzierung um 19,5 % auf eine 30,9-Stunden-Woche und das „de-growth"-Modell eine um 40 % auf eine 23-Stunden-Woche vor (Gran 2017, S. 222 ff.).

3   Zwischenfazit und Leerstellen

Zusammenfassend lässt sich sagen, dass zwar die „ökologisch positiven Effekte einer verkürzten Regelarbeitszeit empirisch nicht umfassend belegt" sind, aber dennoch davon ausgegangen werden kann, dass „Arbeitszeitverkürzung ein wich-tiger Baustein zur Verringerung von Klimawandel und Ressourcenverbrauch ist"

---

5   Bei allen genannten Effekten gibt es freilich Gegentendenzen, und hinsichtlich der realen Effekte bestehen erhebliche Forschungslücken. Beim Mobilitätsverhalten ist der Forschungsstand besonders unbefriedigend. Es ist z. B. denkbar, dass durch zusätzliche (Flug-)Reisen in der Freizeit der Umwelteffekt einer Arbeitszeitverkürzung sogar negativ ausfällt.

6   Die kontroverse und breite Diskussion über die Beschäftigungswirksamkeit von Ar-beitszeitverkürzungen kann an dieser Stelle nicht wiedergegeben werden. Im Ergebnis wird davon ausgegangen, dass wenig bis keine Evidenz für eine negative Beschäfti-gungswirksamkeit vorliegt (Zwickl et al. 2016). Die tatsächlichen Beschäftigungseffekte hängen jedoch von einer Reihe von Kontextfaktoren ab und erreichen aufgrund von Produktivitätszuwächsen und Rationalisierungen (die nicht zuletzt durch Arbeitszeit-verkürzungen selbst forciert werden) quasi nie das rechnerisch mögliche Ausmaß.

(Littig 2017, S. 199). Darüber hinaus ist sie als zentrale (radikale) Maßnahme „in all major degrowth scenarios" (Kallis et al. 2018, S. 299 f.) enthalten.[7] Dennoch bergen die skizzierten Ziele und Effekte beträchtliche (aber auffallend selten thematisierte) Zielkonflikte. Insbesondere der positive beschäftigungspolitische Effekt von Arbeitszeitverkürzung, der mitentscheidend für die soziale Akzeptanz von Arbeitszeitverkürzung als Transformationspolitik sein dürfte, gerät in Konflikt mit den ökologisch vorteilhaften Skaleneffekten auf der Angebots- und Nachfrageseite. Denn wenn durch Arbeitsumverteilung wieder mehr Erwerbslose am Erwerbsleben teilnehmen (bzw. Unterbeschäftigung abgebaut wird), werden weder das gesamtgesellschaftliche Arbeitsvolumen noch die Lohnsumme im angestrebten Umfang stabilisiert oder gar gesenkt. Die positiven ökologischen Effekte von Arbeitszeitverkürzung sind damit keineswegs hinfällig, sie können sich aber erst voll entfalten, wenn von Arbeitslosigkeit, Unterbeschäftigung und Prekarisierung kein größerer sozialer Problemdruck mehr ausgeht, also das Gesamtarbeitsvolumen nicht bloß umgeschichtet werden würde (Liebig et al. 2017).

Noch gravierendere Leerstellen weisen die ökonometrischen Modellierungen und die darauf basierenden Szenarien hinsichtlich des politisch grundsätzlich umkämpften Charakters von Arbeitszeitverkürzungen auf. Bis auf wenige Ausnahmen (Pullinger 2014) werden kaum konkrete Arbeitszeitmodelle für eine praktische Umsetzung diskutiert. Arbeitszeit erscheint eher als beliebig anpassbare Rechengröße denn als konfliktbehafteter Gegenstand, über deren Länge nicht zuletzt soziale und tarifpolitische Auseinandersetzungen entscheiden. Die besonders weit gehenden „degrowth"-Modellierungen behandeln die Variablen Arbeitszeit, Produktionsvolumen, Arbeitsproduktivität und Arbeitslosigkeit als miteinander verbundene, aber quasi gleichberechtigte Variablen.

Freilich gehen auch Vertreter der ökologischen Ökonomie davon aus, dass mit ihren Modellen und Szenarien noch keine Aussagen über deren Durchsetzbarkeit verbunden sind (Gran 2017, S. 179); dies ändert jedoch nichts daran, dass ihnen eine Arbeitszeitverkürzung als konkrete und vielversprechende Politikmaßnahme für mehr Nachhaltigkeit gilt und eingefordert wird. Natürlich wird durch den macht-

---

7 Es sollte jedoch beachtet werden, dass in einem (künftigen) Wirtschaftssystem, das nicht mehr vorrangig auf fossilen Energieträgern beruht, die gesellschaftlich notwendige Arbeitszeit sogar wieder zunehmen könnte, da in diesem Fall ressourcenintensive Techniken durch arbeitsintensive Tätigkeiten ersetzt werden (müssten), menschliche Arbeitskraft relativ zu fossilen Brennstoffen wieder billiger würde und erneuerbare Energieträger aufgrund ihres geringeren Erntefaktors (EROI) voraussichtlich kein Wirtschaften auf einem vergleichbar hohen Energieverbrauchslevel gewährleisten können (Kallis et al. 2012, S. 5). Dies spricht jedoch nicht gegen Arbeitszeitverkürzungen für eine kurz- und mittelfristige Transformationsphase.

politischen Einwand die theoretische Plausibilität der kalkulierten Effekte nicht
widerlegt; und doch muss angemerkt werden, dass das Ausmaß der in den Modellen
angestrebten Arbeitszeitverkürzungen, insbesondere in den „degrowth"-Szenarien,
historisch schlicht beispiellos ist (katastrophale Wirtschaftskrisen mit Massenarbeitslosigkeit ausgenommen) und vor allem von der „politischen Ohnmacht
wachstumskritischer Initiativen" zeugt (Dörre 2017, S. 36 f.).

Schließlich werden die empirischen Arbeitszeitrealitäten kaum beachtet, wodurch wesentliche Trends wie Flexibilisierung, Prekarisierung und die – speziell
für Deutschland – hohe und vor allem weiblich geprägte Teilzeitquote gar nicht in
den Blick kommen. Genau diese Phänomene und Erfahrungen bestimmen aber die
Arbeitszeitpräferenzen der Beschäftigten, welche für die Umsetzungsfrage und die
angestrebte sozial-ökologische Transformation entscheidend sind.

Kurz, all dies macht eine Hinwendung zu konkreten tarifpolitischen Auseinandersetzungen um Arbeitszeit unumgänglich.[8] Tatsächlich kann das Zusammenführen
der Diskussionsstränge für beide Seiten perspektivisch gewinnbringend sein, um
einerseits die Realitätstauglichkeit und Durchsetzungsfähigkeit der modellierten
Szenarien zu erhöhen und andererseits die (gewerkschaftlich angestrebte) Arbeitszeitverkürzung stärker mit der Frage der ökologischen Transformation in
Beziehung zu setzen. Auch die einleitend aufgeworfene Forschungsfrage kann
an dieser Stelle präzisiert werden: Gibt es im Lichte gegenwärtiger Tarifverträge
konkrete Schnittmengen zwischen sozial-ökologischer und gewerkschaftlicher
Arbeitszeitpolitik, und wenn ja, welche mutmaßlichen ökologischen Effekte können
aus den getroffenen Regelungen abgeleitet werden?

4   Gegenwärtige Tarifpolitik zur Arbeitszeit

Während seit Mitte der 1990er-Jahre die Arbeitszeitproblematik in Gewerkschaftskreisen eher mit Fragen der Intensivierung, Flexibilisierung und teilweise auch einer
Verlängerung der Arbeitszeit verknüpft wurde, kamen zuletzt wieder verstärkt
Fragen einer Gestaltung und Verkürzung von Arbeitszeiten auf die Agenda. Zwar
unterscheiden sich die diskutierten bzw. tarifvertraglich durchgesetzten Arbeits-

---

8   Im Folgenden wird die Arbeitszeitregulation vornehmlich im nationalstaatlichen
    bzw. branchentarifvertraglichen Kontext betrachtet. Dies erklärt sich dadurch, dass
    zwar die ökologischen Probleme global sind und auch die referierten Modellierungen
    eine internationale Datengrundlage haben, aber ein effektiver globaler oder auch nur
    supranationaler Regulierungsrahmen für die Arbeitszeit praktisch inexistent ist.

zeitregelungen von Branche zu Branche und in Abhängigkeit von den zugrundeliegenden Beschäftigungsstrukturen, Arbeitszeitnormen sowie nicht zuletzt dem
Organisationsgrad und damit der gewerkschaftlichen Durchsetzungsstärke. Doch
lässt sich eine nahezu vollständige Abkehr von einer allgemeinen Arbeitszeitverkürzung auf Wochenbasis feststellen, wie sie für frühere Arbeitszeitkonflikte und
die meisten Modelle aus der Ökologischen Ökonomik kennzeichnend ist. Wie die
folgende Auswahl von Beispielen der gegenwärtig besonders relevanten gewerkschaftlichen Arbeitszeitpolitik in Deutschland zeigt, kreisen die meisten Ansätze
vielmehr um selbstbestimmte Flexibilisierung, Arbeitsphasen im Lebensverlauf
und individuelle Zeitsouveränität auf Basis kollektiver Rechte.[9]

Die letzte Tarifrunde der IG Metall umfasste eine Reihe von Forderungen zur
Arbeitszeit, welche auch als Einstieg in die lebensphasenspezifische Arbeitszeitpolitik verstanden werden können. Nach Warnstreiks zum Jahreswechsel 2017/18
wurde ein komplexer Tarifvertrag mit der langen Laufzeit von 27 Monaten abgeschlossen. Neben durchschnittlichen Lohnerhöhungen zwischen 3,5 und 4 % (darin
inbegriffen das jährlich auszuzahlende „tarifliche Zusatzentgelt" in Höhe von
27,5 % eines Monatsgehalts) sind zwei Arbeitszeitoptionen enthalten: Zum einen
gibt es für alle Beschäftigen die Möglichkeit, ihre individuelle Arbeitszeit auf 28
Stunden pro Woche zu reduzieren und nach einer selbstgewählten Laufzeit von 6
bis 24 Monaten wieder in die Vollzeit zurückzukehren (in dieser Zeit kommt es
zu entsprechenden Lohneinbußen).[10] Zum anderen besteht für besonders belastete
Beschäftigte mit Kindern oder pflegebedürften Verwandten sowie Schichtarbeitende
die Möglichkeit, das „tarifliche Zusatzentgelt" in eine „tarifliche Freistellungszeit"
von zusätzlich acht freien Tagen pro Jahr umzuwandeln.

Im Organisationsbereich von ver.di stellt sich die tarifpolitische Situation seit
jeher heterogener dar. Niedrige Löhne in vielen Dienstleistungsberufen, geringere
Organisationsgrade und eine hohe Teilzeitquote erschweren eine gewerkschaftli-

---

9   Vgl. für die folgenden Ausführungen die Homepages von IG Metall, ver.di und EVG.
10   Damit wurde das Rückkehrrecht in Vollzeit, dessen gesetzliche Einführung zuvor ge-
     scheitert war und welches das bestehende Recht auf Teilzeit komplementieren sowie die
     sogenannte „Teilzeitfalle" verhindern sollte, auf tarifpolitischem Wege eingeführt. (Es
     sollte jedoch nicht unerwähnt bleiben, dass die Unternehmen für jede Person, die das
     28-Stunden-Modell in Anspruch nimmt, eine Person mit einer 40-Stunden-Wochen-
     arbeitszeit neu anstellen dürfen, wodurch die 35-Stunden-Norm weiter durchlöchert zu
     werden droht.) Nicht zuletzt nach diesem tarifpolitischen Erfolg wurde das Rückkehr-
     recht in Vollzeit inzwischen als sogenannte „Brückenteilzeit" vom Gesetzgeber zum
     Jahresbeginn 2019 eingeführt. Aufgrund der vorgeschriebenen Mindestbetriebsgröße
     von 50 Beschäftigten wird es aber voraussichtlich für zwei Drittel aller erwerbstätigen
     Mütter, die als besonders wichtige Zielgruppe gelten, nicht nutzbar sein.

che Arbeitszeitpolitik. Die extrem große Anzahl einzelner Tarifverträge und die polarisierten Arbeitszeiten verstellen die Möglichkeit allgemeiner Arbeitszeitverkürzungen. Um dennoch eine möglichst vereinheitlichende Position vertreten zu können, erarbeitete die tarifpolitische Grundsatzabteilung das Konzept der „14 freien Verfügungstage" (ver.di 2015): Das Modell sieht vor, dass Vollzeitbeschäftige ihre Arbeitszeit reduzieren; die wöchentliche Arbeitszeit bleibt allerdings die gleiche, und die Reduzierung soll in Form von 14 zusätzlichen freien Tagen erfolgen. Komplementär dazu sollen Teilzeitbeschäftigte ihre wöchentliche Arbeitszeit um das gleiche Stundenvolumen erhöhen können und gleichfalls 14 freie Tage erhalten. Im Ergebnis soll eine Angleichung von Voll- und Teilzeit auf Wochenstundenbasis stattfinden, mehr freie Tage sollen als verbindende arbeitszeitpolitische Forderung von Teil- und Vollzeitbeschäftigten dienen, und einer Arbeitsintensivierung (welche bei einer bloßen Arbeitszeitreduzierung auf Wochenstundenbasis drohen würde) soll entgegengewirkt werden. Allerdings konnte das anspruchsvolle Modell einer Angleichung von Teil- und Vollzeit bislang nirgends tarifpolitisch durchgesetzt werden. Bei der Telekom kam es hingegen 2018 zu einem bemerkenswerten Tarifabschluss durch ver.di, der bereits eine Arbeitszeitverkürzung in Form von 14 freien Tagen festschreibt.

Ebenfalls im Jahr 2018 ist ein interessanter Tarifvertrag zur Arbeitszeit von ver.di und der Deutschen Post AG umgesetzt worden. Dieser sieht neben einer Einmalzahlung von 250 Euro eine Wahloption für die Beschäftigten vor, wonach sie sich im ersten Jahr zwischen 3 % mehr Einkommen oder acht zusätzlichen freien Tagen und im zweiten Jahr zwischen 2,1 % Entgeltsteigerung oder sechs zusätzlichen freien Tagen entscheiden können. Damit ähnelt er einem Tarifvertrag, den die DGB-Eisenbahngewerkschaft EVG bereits 2017 aushandelte und welcher ebenfalls die Wahloption Zeit oder Geld beinhaltet. Hier konnten die Beschäftigten zwischen drei Optionen wählen: 2,6 % Gehaltserhöhung, eine Stunde weniger Arbeit pro Woche oder sechs zusätzliche Urlaubstage pro Jahr.[11] In der folgenden Tarifauseinandersetzung im Winter 2018 erweiterte die EVG das Wahlmodell und sorgte so für seine Verstetigung. Auch darüber hinaus scheint die Wahloption Zeit oder Geld Aufwind in den Gewerkschaften zu haben, wie beispielsweise jüngst der IG-Metall-Tarifvertrag für die nord-westdeutsche Stahlindustrie zeigt, der ebenfalls eine Umwandlung von Geldleistungen in bis zu fünf freie Tagen ab 2020 zulässt (im Fall einer zu starken Nachfrage in den Betrieben soll die Umwandlungsoption allerdings eingeschränkt werden).

5   Soziale und ökologische Arbeitszeitpolitik

---

11   Die Wahloption gleicht damit der bereits älteren „Freizeitoption" in Österreich (Gerold 2017).

Die gegenwärtige gewerkschaftliche Arbeitszeitpolitik ist zunehmend und vermutlich langfristig durch selbstbestimmte und individuelle Arbeitszeitflexibilisierungen sowie lebensphasenspezifische Arbeitszeitmodelle geprägt. Nach den Erfahrungen einer umfangreichen Entgrenzung von Arbeit erweisen sich zusätzliche Urlaubstage als die härteste und beliebteste Währung in Sachen Arbeitszeitverkürzung – die Verkürzung der Wochenstundenzahl hingegen fällt ab. Ebenso stehen weitestgehend fehlende Mitbestimmungsrechte in der betrieblichen Personalpolitik einer allgemeinen Arbeitszeitverkürzung im Wege, die sich ohne entsprechende Leistungsbemessung in einer nochmals verschärften Arbeitsintensivierung niederzuschlagen droht. Die besonders in Deutschland hohe Quote an relativ kurzer und weit überwiegend von Frauen verrichteter Teilzeitarbeit bleibt eine große und bislang nicht befriedigend gelöste Herausforderung. Sie lässt die allgemeine Arbeitszeitverkürzung ins Leere laufen und verweist letztlich auf die ungleiche Verteilung aller gesellschaftlich notwendigen, d. h. auch nicht-erwerbsförmigen (Sorge-)Arbeiten zwischen den Geschlechtern. Nicht zuletzt bestehen nach wie vor beträchtliche arbeitszeitliche Ungleichheiten zwischen West- und Ostdeutschland.

Es ist auffällig, dass innerhalb der Gewerkschaften Arbeitszeitverkürzung fast nie (auch) aus ökologischen Gründen gefordert und erst selten in Zusammenhang mit einer sozial-ökologischen Transformationspolitik gestellt wird (für eine wichtige Ausnahme Reuter 2018).[12] Obwohl mittlerweile beide Themen durchaus breit in der gewerkschaftlichen Debatte angekommen sind, reagieren die Gewerkschaften mit ihrer Arbeitszeitpolitik im engeren Sinne nicht eigens auf ökologische Problemlagen. Die gewerkschaftliche Arbeitszeitpolitik zielt vielmehr notwendigerweise (und freilich zu Recht) auf vielfältige soziale Problemlagen, wie Belastung am Arbeitsplatz, wechselnde Zeitbedürfnisse im Lebenslauf, unternehmensseitige Flexibilisierung etc., die ihrerseits die Form der angestrebten Arbeitszeitmodelle bestimmen. Die Frage, ob diese im Sinne der Ökologischen Ökonomik auch ökologisch vorteilhaft sein könnten und wenn ja, in welchem Ausmaß, bleibt daher zunächst offen.

Wie bereits einleitend erwähnt, sollen zur Beantwortung dieser Frage nachfolgend zwei Thesen entwickelt und diskutiert werden. Die erste These lautet, dass von den aktuellen gewerkschaftlichen Arbeitszeitpolitiken nichtsdestotrotz voraussichtlich auch ökologisch vorteilhafte oder, vorsichtiger ausgedrückt, ökologisch weniger

---

12 Es ist durchaus möglich, dass eruptive Krisen insbesondere in der deutschen Automobilwirtschaft den Zusammenhang von Arbeitszeit und Transformation schon bald auf die Tagesordnung setzen. Bislang hat die einschlägige Debatte um eine sozial-ökologische Transformation der Branche jedoch nicht dazu geführt, Arbeitszeitverkürzung explizit *als* Transformationspolitik ins Auge zu fassen.

nachteilige Effekte ausgehen. Dies liegt wesentlich an den in Abschnitt 2 darge-
stellten Effekten – die weniger starken Beiträge zum Wirtschaftswachstum durch
geringere bzw. weniger stark wachsende Arbeits- und Nachfragevolumina aufgrund
von Arbeitszeitverkürzungen –, allerdings in abgeschwächter und differenzierter
Form. Besonders die Wahloptionen für mehr Zeit anstelle von Lohnerhöhungen
und die verkürzte Vollzeit, „ein Projekt, das zu Bündnissen von Gewerkschaften,
feministischen Care-Initiativen und Degrowth-Bewegung geradezu einlädt" (Dörre
und Becker 2018, S. 52), könnten sich als ökologisch erstrebenswert erweisen.

Das Ausmaß der Schnittmenge zwischen gewerkschaftlicher und ökologischer
Arbeitszeitpolitik ist allerdings strukturell begrenzt, weil das vorrangige Ziel der gewerkschaftlichen Arbeitszeitpolitik nicht in der Reduzierung des gesamtgesellschaftlichen Arbeitsvolumens liegt (Eichmann 2017, S. 100), wie es in den einschlägigen
Modell-Szenarien der Ökologischen Ökonomik intendiert wird (Kallis et al. 2018;
Gran 2017; Victor 2011). Der von der Ökologischen Ökonomik modellierte Mechanismus – mittels Verringerung des Arbeitsvolumens auf das Produktionsvolumen
steuernd Einfluss zu nehmen und somit die Umweltbelastung zu reduzieren – stellt
aber nicht nur kein Ziel gewerkschaftlicher Arbeitszeitpolitik dar, seine Umsetzung
ist im Rahmen praktischer Gewerkschaftspolitik auch gar nicht in dem modellierten
Ausmaß möglich (abgesehen von einer Reaktion auf schwere Rezessionen; hier geht
der Rückgang des Produktionsvolumens aber der Arbeitszeitverkürzung voraus
und nicht etwa umgekehrt).[13] Denn auch die radikalsten Arbeitszeitkämpfe sind
im starken Maße abhängig von dem widersprüchlichen und krisenhaften Prozess
der Kapitalakkumulation, welcher die wesentlichen Rahmenbedingungen vorgibt,
unter denen tarifliche Arbeitszeitpolitik stattfindet.

Wenn also sowohl die tatsächlichen Durchsetzungschancen für eine ökologisch
besonders vorteilhafte, sprich: allgemeine und radikale Arbeitszeitverkürzung auf
dem Feld der Gewerkschaftspolitik perspektivisch nicht gegeben sind als auch die
praktisch umgesetzten Arbeitszeitpolitiken nicht die Form und den Umfang annehmen, wie sie den Modellen der Ökologischen Ökonomik zugrunde liegen, dann gilt
es, die ökologischen Effekte der gegenwärtig umgesetzten Arbeitszeitmodelle und
ihre Potenziale für die nahe Zukunft auszuloten. Auf Basis dessen können dann
ggf. Berührungspunkte der gewerkschaftlichen Tarif- und Arbeitszeitpolitik mit
der sozial-ökologischen Transformationspolitik bestimmt werden.

---

13 De facto ist dies ebenfalls kein Ziel staatlicher Politik und kann auch schwerlich zu einem
    solchen werden, was hier aber nicht im Mittelpunkt stehen soll. Genauso wenig stellt in
    einer profitorientierten Wirtschaftsweise der Rückgang des Produktionsvolumens ein
    anstrebenswertes Ziel dar.

In diesem Kontext lautet die zweite These, dass bei den neuen optionalen Arbeitszeitmodellen mit einer erhöhten individuellen Zeitsouveränität – im Gegensatz zur klassischen kollektiven Arbeitszeitverkürzung auf Wochenstundenbasis – die Verkürzung der Arbeitszeiten und deren ökologische Effekte weitgehend von privaten Entscheidungen abhängig sind. Welche ökologischen Effekte realistischerweise von der gegenwärtigen Tarifpolitik erwartet werden dürfen, lässt sich daher nur mit Blick auf den Haushaltskontext und das individuelle Nutzungsverhalten der Beschäftigten beantworten, das von vielfältigen, auch außerbetrieblichen Faktoren beeinflusst wird.

Dies kann anhand des Umganges der Beschäftigten mit den oben vorgestellten Tarifverträgen und den Wahlmöglichkeiten, die sie ihnen bieten, näher illustriert werden. In der Metall- und Elektroindustrie entschieden sich in vielen Betrieben bis zu 90 % aller Antragsberechtigten für freie Tage anstele des tariflichen Zusatzentgelts (Boewe 2018), was unter sozial-ökologischen Gesichtspunkten nur begrüßenswert sein kann. Die Nachfrage nach der temporären und verkürzten Vollzeit von 28 Stunden pro Woche – sozial-ökologisch mindestens ebenso begrüßenswert – fällt hingegen merklich zurückhaltender aus. Sicherlich spielen hierfür finanzielle Aspekte wie der fehlende Lohnausgleich eine große Rolle.

So bemerkenswert es einerseits ist, dass in einer nach wie vor männlich geprägten Branche die IG Metall eine tarifliche Option auf kurze Vollzeit erfolgreich durchgesetzt und damit „einen weiten Arbeitsbegriff [politisiert]" hat (Dörre 2019, S. 84), so sehr hängt andererseits ihre praktische Umsetzung und die Etablierung einer entsprechenden Arbeitszeitnorm in den Betrieben auch von der (Änderung der tradierten) Arbeitsteilung in den Privathaushalten der Beschäftigten ab. Sollen von der verkürzten Vollzeit, die in der vorliegenden Variante eben optional und nicht etwa obligatorisch oder allgemein ist, spürbare ökologische Effekte ausgehen, muss sich ihre Akzeptanz und Nutzung wohl noch wesentlich verbreitern. Dazu würde vor allem eine egalitärere Aufteilung der nicht-erwerbsförmigen (Sorge-) Arbeiten in den Haushalten beitragen. Perspektivisch wird sich die kurze Vollzeit *für alle* nur als verallgemeinerte Arbeitszeitnorm durchsetzen, wenn es gelingt, den Arbeitsmarkt geschlechtergerechter zu gestalten und „überlange Wochenarbeitszeiten bestimmter Beschäftigtengruppen zu einem Konflikt- und Verhandlungsthema in der Öffentlichkeit und im Betrieb zu machen" (Lehndorff 2017, S. 164). Falls dies nicht gelingt, werden sich auch in Zukunft die lange (männliche) Vollzeit und die – vor allem in Deutschland verbreitete – besonders kurze (weibliche) Teilzeit weiterhin wechselseitig bedingen und somit die breite Umsetzung der kurzen Vollzeit für alle blockieren.

Obwohl der besprochene Tarifvertrag der IG Metall hierfür zunächst eine günstige Ausgangslage schafft, ist noch nicht absehbar, inwieweit er tatsächlich dazu beiträgt, eine egalitäre Verteilung *aller* Arbeiten zu befördern. Tatsächlich birgt das tarifpolitische Regelwerk unter bestimmten Voraussetzungen sogar die Gefahr einer Vertiefung der geschlechtlichen Arbeitszeitpolarisierung – nämlich wenn hauptsächlich weibliche Beschäftige ihre Arbeitszeit auf 28 Stunden pro Woche verkürzen würden, die Unternehmen im Gegenzug von der eingeräumten Möglichkeit Gebrauch machen, dafür mehr Beschäftigte mit einer Arbeitszeit von 40 Stunden pro Woche einzustellen, und diese wiederum hauptsächlich Männer wären. Durch diesen Ausgleichsmechanismus könnte die optional verkürzte Vollzeit zudem nicht beschäftigungswirksam werden, und es entstünde kein positiver ökologischer Effekt hinsichtlich der Reduzierung des Arbeitsvolumens. Kurz, die neuen Tarifverträge bieten mit ihren Optionsmodellen den Beschäftigten einen weitreichenden Spielraum, den diese nicht nur mit Blick auf ihre betriebliche, sondern auch in Abhängigkeit von ihrer individuellen oder familiären Situation nutzen (oder auch nicht).

Offenbar kommt insbesondere den Wahlmodellen, die den Beschäftigten die individuelle Option zwischen Entgelterhöhung oder zusätzlichen freien Tagen bieten und die in unterschiedlicher Form inzwischen von der IG Metall, ver.di und vor allem der EVG tarifvertraglich umgesetzt wurden, eine herausgehobene Attraktivität zu. Nicht nur in der Metall- und Elektroindustrie, sondern auch in anderen Sektoren schlägt das Wahlverhalten der Beschäftigten bemerkenswert oft in Richtung freie Zeit aus. Da z. B. bei der Bahn AG mit 56 % aller Beschäftigen überraschend viele für die Option der freien Tage votierten, muss der Konzern dies mit ca. 3.000 Neueinstellungen kompensieren.[14] Frauen, Beschäftigte zwischen 45 und 55 Jahren und Personen in Ostdeutschland wählten überdurchschnittlich oft die freie Zeit; die jeweilige Höhe des Einkommens scheint hingegen keinen signifikanten Einfluss auf die Wahl ausgeübt zu haben. Mehr noch als bei den klassischen Formen der Arbeitszeitverkürzung ergeben sich bei diesen individuellen Wahlmodellen weitergehende Forschungsbedarfe, um ihre ökologische Bilanz abschätzen zu können. Wann wählen die Beschäftigten die zusätzlichen freien Tage und vor allem: wie verwenden sie diese? Wie ressourcenintensiv wird die zusätzliche freie Zeit genutzt?

---

14 Die Verkürzung der wöchentlichen Arbeitszeit wählten hingegen lediglich 2 %; siehe: https://www.evg-online.org/meldungen/details/news/mehr-als-jeder-zweite-bei-der-db-ag-entscheidet-sich-fuer-mehr-urlaub-evg-wahlmodell-ein-erfolg/. Zugegriffen: Febr. 2019.

Bisherige Studien weisen darauf hin, dass der ökologische Rebound-Effekt von zusätzlicher freier Zeit[15] die möglichen vorteilhaften ökologischen Effekte zwar erheblich bzw. um bis zu 50 % einschränkt, aber insgesamt nicht überkompensiert (Buhl und Acosta 2016). Im Falle zusätzlicher freier Tage hängen die ökologischen Effekte maßgeblich davon ab, wie diese individuell und auf Haushaltsebene genutzt werden. Zwar wird einzelnen freien Tagen in der Werkwoche bzw. einer 4-Tage-Woche ein besonders vorteilhafter ökologischer Effekt zugemessen (King und van den Bergh 2017); doch die tariflichen Wahlmodelle lassen auch geblockte freie Tage zu, die ggf. für zusätzliche (Fern-)Reisen genutzt werden können, was ökologisch nachteilig wäre. Es kann vermutet werden, dass ökologisch vorteilhafte Effekte der Wahlmodelle vor allem dann zu erwarten sind, wenn die zusätzlichen freien Tage einzeln genommen werden, um Arbeitsstress und gesundheitliche Belastungen auszugleichen, und damit kein erhöhtes Mobilitätsaufkommen verbunden ist. In diesem Kontext wird es perspektivisch von wesentlicher Bedeutung sein, zu einer politischen Preisregulierung aller Güter zu kommen, welche ihre ökologischen Kosten internalisiert. Dies erscheint umso wichtiger, als erst durch eine entsprechende ökologische Besteuerung von Waren und Dienstleistungen Anreize für eine ökologisch nicht-destruktive Nutzung der zusätzlichen freien Zeit geschaffen werden.[16]

Zudem würde auch bei den Wahlmodellen – ähnlich wie bei der kurzen Vollzeit beschrieben – eine egalitärere Aufteilung der nicht-erwerbsförmigen und reproduktiven (Sorge-)Arbeiten eine positive ökologische Wirkung erwarten lassen, sofern dies zur Nutzung der einzelnen freien Tage für diese Arbeiten auch durch Männer führt. Dazu ist freilich ein gesellschaftlicher Wandel vonnöten, der über die Arbeitszeitpolitik im engeren Sinne weit hinaus geht. Dennoch könnten die hier vorgestellten Tarifverträge wichtige materielle und institutionelle Voraussetzungen dafür darstellen.

Zusammenfassend kann man sagen, dass eine Arbeitszeitverkürzung zwar kein sozial-ökologisches Allheilmittel darstellt. Doch sollte sie genauso wenig geringgeschätzt werden, denn sie kann durchaus für positive soziale *und* ökologische Ziele dienen. Insgesamt erscheint es also angebracht, Arbeitszeitverkürzung „als *ein[en]* relevante[n] Ansatz zur Verringerung der Umwelt- und Klimabelastung

---

15 Gemeint ist der zusätzliche Ressourcenverbrauch, der durch (Freizeit-)Aktivitäten in der zusätzlichen freien Zeit verursacht wird. Er steht den ressourcensparenden Effekten der Arbeitszeitverkürzung gegenüber.

16 Diese Schlussfolgerung liegt erst recht nahe, wenn der Befund der wenigen skeptischen Studien zu den Folgen der Arbeitszeitverkürzung zutreffen sollte, wonach der ökologische Effekt von Arbeitszeitverkürzungen in den Hocheinkommensländern ab der Jahrtausendwende negativ ausgefallen sei (Shao und Rodríguez-Labajos 2016).

anzusehen" (Eichmann 2017, S. 98). Die Verbreitung von Arbeitszeitverkürzungen und die tatsächlichen ökologischen Effekte der konkreten tarifpolitischen Arbeitszeitverkürzungen hängen jedoch auch von außerbetrieblichen Kontextfaktoren ab, insbesondere einer ökologischen Preis- und Steuerreform sowie nicht zuletzt einer egalitäreren Teilung der unbezahlten, reproduktiven Arbeiten in den Haushalten. Insofern ökologisch motivierte Akteure an einer möglichst hohen sozialen Akzeptanz und einer breiten Umsetzung von Arbeitszeitverkürzung interessiert sind, täten sie gut daran, sich den gegebenen Arbeitszeitrealitäten und den tarifpolitischen Auseinandersetzungen um Arbeitszeit zuzuwenden.

Literatur

AIS (2017). Nachhaltige Arbeit. *Arbeits- und Industriesoziologische Studien, 10*(2).

Antal, M. (2014). Green goals and full employment: Are they compatible? *Ecological Economics, 107,* 276–286.

Barth, T., Jochum, G., & Littig, B. (Hrsg.). (2016). *Nachhaltige Arbeit. Soziologische Beiträge zur Neubestimmung der gesellschaftlichen Naturverhältnisse.* Frankfurt a. M.: Campus.

Becker, K. (2019). Exkludierende Nachhaltigkeit durch betriebliche Macht- und gesellschaftliche Ungleichheitsverhältnisse. *WSI-Mitteilungen, 72,* 75–77.

Boewe, J. (2018). Zeit ist wichtiger als Geld. Metall-Tarif: Vor allem Schichtarbeiter wollen lieber mehr freie Tage, die „verkürzte Vollzeit" ist weniger nachgefragt. *neues deutschland,* 12.11.2018, https://www.neues-deutschland.de/artikel/1105540.arbeitszeit-zeit-ist-wichtiger-als-geld.html?fbclid=IwAR2Mu5GFvWCLXA0MbswvcvYP2SSf_QzCmoZVW4C-q91HxeWnA-pxdA0DpQnc. Zugegriffen: Febr. 2019.

Buhl, J., & Acosta, J. (2016). Work less, do less? Working time reductions and rebound effects. *Sustainability Science, 11,* 261–276.

Diefenbacher, H. (2013). Wege aus der Wachstumsgesellschaft. Die Bedeutung einer Veränderung der Rolle von Wachstum und Arbeit in einer Postwachstumsgesellschaft. In H. Welzer & K. Wiegandt (Hrsg.), *Wege aus der Wachstumsgesellschaft* (S. 158–180). Frankfurt a. M.: Fischer.

Dörre, K. (2017). Nach dem schnellen Wachstum: Große Transformation und öffentliche Soziologie. In B. Aulenbacher, M. Burawoy, K. Dörre & J. Sittel (Hrsg.), *Öffentliche Soziologie. Wissenschaft im Dialog mit der Gesellschaft* (S. 33–67). Frankfurt a. M.: Campus.

Dörre, K. (2019). Weniger arbeiten, besser leben, Grundzeit für alle – eine Zukunftsperspektive gewerkschaftlicher Politik. In L. Schröder & H.-J. Urban (Hrsg.), *Gute Arbeit, Ausgabe 2019. Transformation der Arbeit – Ein Blick zurück nach vorn* (S. 83–88). Frankfurt a. M.: Bund-Verlag.

Dörre, K., & Becker, K. (2018). Nach dem raschen Wachstum: Doppelkrise und große Transformation. In L. Schröder & H.-J. Urban (Hrsg.), *Gute Arbeit, Ausgabe 2018. Ökologie der Arbeit* (S. 35–58). Frankfurt a. M.: Bund-Verlag.

Eichmann, H. (2017). Arbeitszeitverkürzung als Ansatzpunkt gewerkschaftlicher Klimapolitik? In U. Brand & K. Niedermoser (Hrsg.), *Gewerkschaften und die Gestaltung einer sozial-ökologischen Gesellschaft* (S. 93–127). Wien: ÖGB.

Fitzgerald, J. B., Andrew, K. J., & Clark, B. (2015). Energy consumption and working hours: A longitudinal study of developed and developing nations, 1990–2008. *Environmental Sociology, 1*, 213–223.

Foster, B., Clark, B., & York, R. (2011). *Der ökologische Bruch. Der Krieg des Kapitals gegen den Planeten*. Hamburg: Laika.

Gerold, S. (2017). Die Freizeitoption: Perspektiven von Gewerkschaften und Beschäftigten auf ein neues Arbeitszeitinstrument. *Österreichische Zeitschrift für Soziologie, 42*, 195–204.

Gran, C. (2017). *Perspektiven einer Wirtschaft ohne Wachstum. Adaption des kanadischen Modells LowGrow an die deutsche Volkswirtschaft*. Marburg: Metropolis.

Hayden, A., & Shandra, J. M. (2009). Hours of work and the ecological footprint of nations: An exploratory analysis. *Local Environment, 14*, 575–600.

Jackson, T., & Victor, P. (2011). Productivity and work in the „green economy": Some theoretical reflections and empirical tests. *Environmental Innovation and Societal Transitions, 1*, 101–108.

Kallis, G., Kerschner, C., & Martinez-Alier, J. (2012). The economics of degrowth. *Ecological Economics, 84*, 172–180.

Kallis, G., Kalush, M., O'Flynn, H., Rossiter, J., & Ashford, N. (2013). „Friday off": Reducing working hours in Europe. *Sustainability, 5*, 1545–1567.

Kallis, G., Kostakis, V., Lange, S., Muraca, B., Paulson, S., & Schmelzer, M. (2018). Research on degrowth. *Annual Review of Environment and Resources, 43*, 291–316.

King, L. C., & van den Bergh, J. C. J. M. (2017). Worktime reduction as a solution to climate change: Five scenarios compared for the UK. *Ecological Economics, 132*, 124–134.

Knight, K. W., Rosa, E. A., & Schor, J. B. (2013). Could working less reduce pressures on the environment? A cross-national panel analysis of OECD countries, 1970–2007. *Global Environmental Change, 23*, 691–700.

Kopatz, M. (2012). *Arbeit, Glück und Nachhaltigkeit. Warum kürzere Arbeitszeiten Wohlbefinden, Gesundheit, Klimaschutz und Ressourcengerechtigkeit fördern*. Wuppertal: Wuppertal Institut für Klima, Umwelt, Energie.

Lehndorff, S. (2017). Aktivierende Arbeitszeitregulierung oder „neuer Flexibilitätskompromiss"? In T. Schulten, H. Dribbusch, G. Bäcker & C. Klenner (Hrsg.), *Tarifpolitik als Gesellschaftspolitik* (S. 158–176). Hamburg: VSA.

Liebig, S., Köhler, C., & Koepp, R. (2017). Bedingungen und Optionen der Arbeitspolitik für die Postwachstumsgesellschaft. In F. Adler & U. Schachtschneider (Hrsg.), *Postwachstumspolitiken. Wege zur wachstumsunabhängigen Gesellschaft* (S. 183–196). München: oekom.

Littig, B. (2012). Von Rio 1992 zu „Rio+20". Arbeit im Kontext der aktuellen Nachhaltigkeitsdiskussion. *WSI-Mitteilungen, 65*, 581–588.

Littig, B. (2017). Umweltschutz und Gewerkschaften – eine langsame, aber stetige Annäherung. In U. Brand & K. Niedermoser (Hrsg.), *Gewerkschaften und die Gestaltung einer sozial-ökologischen Gesellschaft* (S. 195–202). Wien: ÖGB.

Paech, N. (2016). Postwachstumsökonomik als Reduktionsprogramm für industrielle Versorgungssysteme. In AK Postwachstum (Hrsg.), *Wachstum – Krise und Kritik* (S. 135–157). Frankfurt a. M.: Campus.

Pullinger, M. (2014). Working time reduction policy in a sustainable economy: Criteria and options for its design. *Ecological Economics, 103*, 11–19.

Räthzel, N., & Uzzel, D. (2011). Trade unions and climate change: The jobs versus environment dilemma. *Global Environmental Change, 21*, 1215–1223.

Reuter, N. (2018). Ökologische Chancen einer Dienstleistungsökonomie. In L. Schröder & H.-J. Urban (Hrsg.), *Gute Arbeit, Ausgabe 2018. Ökologie der Arbeit – Impulse für einen nachhaltigen Umbau* (S. 59–73). Frankfurt a. M.: Bund-Verlag.

Schmelzer, M., & Passadakis, A. (2011). *Postwachstum. Krise, ökologische Grenzen und soziale Rechte.* Hamburg: VSA.

Schor, J. B. (2005). Sustainable consumption and worktime reduction. *Journal of Industrial Ecology, 9*, 37–50.

Schor, J. B. (2016). *Wahrer Wohlstand. Mit weniger Arbeit besser leben.* München: oekom.

Schröder, L., & Urban, H.-J. (Hrsg.). (2018). *Gute Arbeit, Ausgabe 2018. Ökologie der Arbeit – Impulse für einen nachhaltigen Umbau.* Frankfurt a. M.: Bund-Verlag.

Shao, Q., & Rodríguez-Labajos, B. (2016). Does decreasing working time reduce environmental pressures? New evidence based on dynamic panel approach. *Journal of Cleaner Production, 125*, 227–235.

UBA (2007). *Beiträge der Gewerkschaften zu einer innovationsorientierten Umweltpolitik.* Dessau: Umweltbundesamt.

UNDP (2015). *Bericht über die menschliche Entwicklung 2015. Arbeit und menschliche Entwicklung.* Berlin: Wissenschafts-Verlag.

ver.di (2015). *Mehr Zeit für mich. Impulse für eine neue arbeitszeitpolitische Debatte.* Berlin: Tarifpolitische Grundsatzabteilung ver.di.

Victor, P. A. (2012). Growth, degrowth and climate change: A scenario analysis. *Ecological Economics, 84*, 206–212.

Ward, D. W., Sutton, P. C., Werner, A. D., Costanza R., Mohr, S. H., & Simmons, C. T. (2016). Is decoupling GDP growth from environmental impact possible? *PLoS ONE, 11*(10), 1–14.

WSI-Mitteilungen (2019). Nachhaltige Arbeit: machtpolitische Blockaden und Transformationspotenziale. Schwerpunktheft. *WSI-Mitteilungen, 72*(1).

Zwickl, K., Disslbacher, F., & Stagl, S. (2016). Work-sharing for a sustainable economy. *Ecological Economics, 121*, 246–253.

Teil II

3

Die Zukunft der Mobilität

Kommodifizierte Kollektivität?
Die Transformation von Mobilität aus einer Polanyi'schen Perspektive

Markus Wissen

1 Der schwierige Abschied von der individuellen Automobilität

Das im Globalen Norden seit Mitte des 20. Jahrhunderts vom motorisierten Individualverkehr auf der Grundlage des Verbrennungsmotors dominierte Mobilitätssystem befindet sich in einem grundlegenden Umbruch. Dieser ist insofern bemerkenswert, als er weniger von strategischen Entscheidungen in der Verkehrspolitik als vielmehr von veränderten Mobilitätspraxen, technischen Innovationen, damit einhergehenden Verschiebungen im Kräfteverhältnis zwischen verschiedenen Kapitalfraktionen sowie der Politisierung der sozial-ökologischen Folgen der fossilistischen Automobilität vorangetrieben wird. Ein strategisches Projekt „Mobilitätswende", das analog zu der seit Anfang der 1990er-Jahre vorangetriebenen „Energiewende" im Strom- und Wärmesektor verfolgt würde, ist in Deutschland nicht in Sicht.[1] Im Gegenteil, die Interessen der erdölbasierten Autoindustrie sind in den Staatsapparaten nach wie vor derart stark verankert, dass sich der zu beobachtende Transformationsprozess gegen sie vollzieht und politisch eher blockiert als gefördert wird.[2]

---

1   Einige andere europäische Länder haben dagegen das Aus für Fahrzeuge mit Verbrennungsmotor angekündigt. In Großbritannien und Frankreich sollen diese ab 2040, in Norwegen bereits ab 2025 verboten sein.

2   Eine Parallelität besteht hingegen darin, dass die deutsche Autoindustrie neue Mobilitätstrends und Antriebstechnologien ebenso wenig ernst genommen hat wie die großen Energiekonzerne den Wandel hin zu den erneuerbaren Energien – dies, obwohl sie selbst bereits in den 1980er-Jahren vielversprechende Ansätze in Richtung Elektromobilität und autonomes Fahren entwickelt hatte. Siehe den instruktiven Überblick bei Balser et al. (2019).

© Springer Fachmedien Wiesbaden GmbH, ein Teil von Springer Nature 2019
K. Dörre et al. (Hrsg.), *Große Transformation? Zur Zukunft moderner Gesellschaften*, https://doi.org/10.1007/978-3-658-25947-1_12

Dazu kommt, dass sich eine Transformation von Mobilität deutlich stärker auf die Alltagspraxen und -wahrnehmungen vieler Menschen auswirkt als dies bei der Energiewende der Fall ist. Letztere bedeutet zweifellos einen gravierenden Einschnitt für jene ArbeiterInnen und ihre Familien, deren Lebensunterhalt bislang an die Extraktion von Braunkohle gebunden war. Doch dieser Einschnitt betrifft nahezu ausschließlich die unmittelbaren ProduzentInnen. Für den Gebrauchswert von Elektrizität im Alltag der KonsumentInnen[3] macht es – eine sozialverträgliche Gestaltung der Energiewende vorausgesetzt – keinen Unterschied, ob der Strom auf der Basis von Sonne und Wind oder mittels der Verbrennung von fossilen Energieträgern erzeugt wird.

Das stellt sich im Fall einer Mobilitätswende anders dar. Hier geht es nicht nur um viele (im Vergleich zum Bergbau und der Stromerzeugung sogar um deutlich mehr) Arbeitsplätze in einer ökonomischen Schlüsselbranche, sondern auch um grundlegende Veränderungen auf der „Konsum"-Seite. Während bei der Elektrizität die Form der Energieerzeugung ihrer konkreten Nutzung äußerlich bleibt, hat die Organisation des Mobilitätssystems weitreichende Auswirkungen auf die gesellschaftlichen Praxen, die es ermöglicht. Ob Mobilitätsbedürfnisse vorrangig mit dem Verbrennungsmotor-getriebenen Pkw, mit dem Fahrrad, zu Fuß oder mit dem öffentlichen Personentransport befriedigt werden, ist wesentlich für die Wirtlichkeit oder „Unwirtlichkeit unserer Städte" (Mitscherlich 1972); es beeinflusst die Gesundheit der StadtbewohnerInnen und entscheidet darüber, ob sich Kinder und alte Menschen gefahrlos im öffentlichen Raum bewegen und sich diesen aneignen können; und vermittelt über die Ko-Konstitution von Mobilitätssystem und Siedlungsstruktur wirkt es sich auf die Möglichkeit aus, Lohnarbeit und sorgende Tätigkeiten miteinander zu verbinden (Bauhardt 2007).

Dazu kommt, dass Mobilität mehr ist als materielle Beweglichkeit in Raum und Zeit. Sie ist symbolisch hochgradig aufgeladen. Die „Liebe zum Automobil" (Sachs 1984) lässt sich nicht allein damit erklären, dass es Menschen schnell von einem Ort zum anderen transportiert. Das Auto ist auch ein Symbol für Freiheit, Fortschritt und Männlichkeit (Paterson 2007, S. 47 ff., S. 134), und es fungiert als Medium der Einübung in die kapitalistische Konkurrenz: „Der Massenautomobilismus", so schreibt André Gorz, „ist die Konkretisierung eines vollständigen Triumphs der bürgerlichen Ideologie auf der Ebene der Alltagspraxis: er begründet und unter-

---

3   Wenn hier von „KonsumentInnen" die Rede ist, dann bezieht sich das auf die Nutzung von Elektrizität. Die durch diese ermöglichten Aktivitäten selbst können ebenso konsumtiv (Fernsehen, Musik hören etc.) wie (re-)produktiv (Kochen, Staubsaugen, Autos bauen etc.) sein.

hält die trügerische Vorstellung, dass sich jedes Individuum *auf Kosten aller* mehr Geltung verschaffen und bereichern kann" (2009, S. 53).

Vor diesem Hintergrund wird verständlich, dass es sich bei der Transformation von Mobilität um einen höchst voraussetzungsreichen und umkämpften Prozess handelt. Obwohl es im Unterschied zur Energiewende oft an strategischen Orientierungen seitens des Staates mangelt, findet er statt. Vorangetrieben wird er weniger verkehrs- als umwelt-, gesundheits- und industriepolitisch sowie durch Konkurrenz und sich verändernde Alltagspraxen. Dabei sind nicht nur starke ökonomische Interessen zu überwinden bzw. zu transformieren, sondern auch materielle und symbolische Mobilitätspraxen, die tief in die Lebensweise innerhalb kapitalistischer Gesellschaften eingelassen sind.

Im Folgenden werden die bereits erkennbaren Konturen der Transformation von Mobilität skizziert und aus einer von Karl Polanyi (1995) inspirierten Perspektive analysiert. Für Polanyi sind kapitalistische Gesellschaften strukturell widersprüchlich und krisenhaft, weil sie dazu tendieren, durch die Kommodifizierung von Arbeitskraft, Natur und Geld ihre eigenen Voraussetzungen zu untergraben, und deshalb immer wieder gesellschaftliche Gegenbewegungen zugunsten einer Dekommodifizierung hervorrufen. In der Krise der Jahre 2008 ff. geschah genau dies. Die jahrzehntelange Kommodifizierung von immer mehr gesellschaftlichen Bereichen spitzte sich krisenhaft zu, Gegenbewegungen unterschiedlichen Typs tauchten auf und ein noch immer andauernder, von (De-)Kommodifizierungskämpfen geprägter Suchprozess setzte ein.

Am Beispiel der Mobilität lässt sich das gut beobachten. Deren Transformation besteht wesentlich darin, dass der individuelle Besitz und die individuelle Nutzung eines Autos zunehmend von einer kollektiven (Auto-)Mobilität flankiert oder gar zurückgedrängt werden. Die entscheidende Frage dabei ist, welche Form diese Kollektivität annimmt und wer sie kontrolliert: Handelt es sich um eine „kommodifizierte Kollektivität", die von (miteinander konkurrierenden) etablierten und neuen Privatunternehmen der Mobilitätsbranche kontrolliert und warenförmig unter der Maxime der Profitmaximierung betrieben wird? Oder öffnet sich eine Chance, Mobilität nicht nur kollektiv zu gestalten, sondern auch zu dekommodifizieren, das Mobilitätsangebot mithin an demokratisch auszuhandelnden Mobilitätsbedarfen zu orientieren? Es sind diese miteinander konfligierenden Logiken der Kommodifizierung und Dekommodifizierung, die der gegenwärtigen Transformation von Mobilität zugrundeliegen. Bevor ich sie näher analysiere, stelle ich zunächst auf einer deskriptiven Ebene die stattfindenden und sich abzeichnenden Veränderungen dar.

2   Konturen einer Transformation

Drei ineinander verschränkte Entwicklungen charakterisieren die derzeitige Transformation von Mobilität. *Erstens* zeichnet sich ab, dass der Verbrennungsmotor tendenziell dem Hybrid- und dem Elektroantrieb weicht. Hintergrund sind politische Regulierungen, die sich ihrerseits auf die Politisierung der ökologischen und gesundheitlichen Folgen fossilistischer Automobilität zurückführen lassen. So müssen die Autohersteller den neuen CO_2-Grenzwerten der EU vom Dezember 2018 zufolge die CO_2-Emissionen ihrer Fahrzeugflotten bis 2030 um 37,5 % gegenüber 2021 senken. Der Treibstoffverbrauch dürfte dann durchschnittlich nur noch 2,6 Liter Benzin oder 2,3 Liter Diesel pro 100 Kilometern betragen. Dies ist nur mit einer Erhöhung des Anteils von Plug-in-Hybriden und Elektro-Autos an den Fahrzeugflotten zu schaffen (Albert-Seifried und Seifried 2018).[4] Neben den EU-Regeln sind lokale Maßnahmen zur Luftreinhaltung und die Elektro-Auto-Quote auf dem stark wachsenden chinesischen Markt, wo die deutschen Hersteller mittlerweile rund ein Drittel ihrer Jahresproduktion absetzen, weitere wichtige Treiber beim Wechsel der Antriebstechnologie (Kriener 2017; Bochum 2018).

Wie schnell sich der Übergang von der fossilistischen zur Elektro-Automobilität in Ländern wie Deutschland vollzieht, ist jedoch keineswegs klar. In der Batteriezellenproduktion, dem Herzstück der neuen Antriebstechnik, sind koreanische, japanische und chinesische Unternehmen den deutschen OEMs (Original Equipment Manufacturers) voraus (Petschow et al. 2018, S. 34). Und angesichts des infolge der Elektrifizierung zu erwartenden starken Beschäftigungsabbaus bei den OEMs sowie entlang der Wertschöpfungskette, der durch die negativen Beschäftigungseffekte von Produktivitätssteigerungen noch verschärft werden dürfte (Fraunhofer IAO 2019; dazu auch Iwer und Strötzel sowie Becker et al. in diesem Band), argumentieren GewerkschaftsvertreterInnen gegen einen baldigen Ausstieg aus der fossilistischen Mobilität und setzen stattdessen auf die „Kombination eines immer effizienteren Verbrennungsmotors mit der kontinuierlichen Marktdurchdringung von Elektrofahrzeugen" (Iwer und Speidel 2017, S. 20). Das „bisher äußerst stabil auf den Verbrennungsmotor ausgerichtete sozio-technische

---

4   Plug-in-Hybride sind sowohl mit einem Verbrennungs- als auch mit einem Elektromotor und einer an der Steckdose aufladbaren Batterie ausgestattet. Ebenso wie reine Elektro-Autos gehen sie mit null Emissionen in die Berechnungen des Flottenwerts ein. Faktisch ist aber gerade die Batteriezellen-Produktion sehr CO_2-intensiv. Und in der Nutzung emittieren Elektroantriebe nur dann kein CO_2, wenn sie vollständig mit Strom aus erneuerbaren Energien betrieben werden (Hartung 2018; Brunnengräber und Haas 2018).

System" (Petschow et al. 2018, S. 32) in Deutschland und Europa verfügt mithin über nicht unwesentliche Beharrungskräfte.[5]

Ein in der Debatte über Elektro-Automobilität bislang kaum thematisierter Aspekt sind die geschlechtlichen Konnotationen unterschiedlicher Antriebe. Für die Frühzeit der Automobilität findet sich diesbezüglich bei David Gartman eine interessante Beobachtung: „[W]hen women in this early period gained access to automobility, gender ideology segregated them in a different type of automobile, the electric car. Gasoline-powered cars were said to be too smelly, noisy, powerful, and difficult to operate and maintain for women. Cars driven by electric motors were considered more appropriate for women, for they were quieter, cleaner and less mechanical. The major limitation of electric cars – their short range of travel between battery charges – was held to be unproblematic for women, since they were forbidden to stray far from home anyway" (2004, S. 174). Daran anknüpfend ließe sich fragen, inwieweit sich die Beharrungskräfte der fossilistischen Automobilität, die in Deutschland die Durchsetzung des Elektro-Antriebs hemmen, auch aus der strukturellen Affinität zwischen einer kompetitiv-rücksichtslosen – eben deshalb aber im (neoliberalen) Kapitalismus hegemonialen – Männlichkeit einerseits und zunehmend hoch-motorisierten und aggressiv-designten fossilistischen Automobilen andererseits speisen (Paterson 2007, S. 47 f.; Brand und Wissen 2017, S. 125 ff.).

Die *zweite* Entwicklung besteht in einer Neujustierung des Verhältnisses von Pkw-Besitz und Pkw-Nutzung. Neben dem stationsungebundenen Carsharing, wie es in deutschen Städten etwa von Daimler und BMW betrieben wird, haben in jüngerer Zeit Ridesharing-Angebote an Bedeutung gewonnen, die von sogenannten Transportation Network Companies (TNCs) vermittelt werden. Die TNCs, unter denen Uber und Lyft international zu den größten und bekanntesten gehören, fungieren dabei als Plattformen, die FahrerInnen über eine App oder eine Website mit Fahrgästen in Verbindung bringen und dafür eine Gebühr kassieren. Die Angebote sind vielfältig. Sie reichen von individuellen Taxi-Diensten (Ride-Hailing) bis hin zum *Pooling* von Fahrten, bei dem mehrere Fahrgäste, die sich von unterschiedlichen Ausgangspunkten aus in dieselbe Richtung bewegen, gemeinsam transportiert werden. Ein Algorithmus ermittelt die günstigste Route. Ride-Pooling-Dienste werden in deutschen Städten unter anderem von dem Unternehmen Clever Shuttle angeboten, einem ehemaligen Start-up, das seit August 2018 mehrheitlich zur Deutschen Bahn gehört. In der Berliner Innenstadt betreiben die BVG (Berliner Verkehrsbetriebe) und Daimler den Ride-Pooling-Dienst „Berl-

---

5   Das gilt auch für andere Formen fossilistischer Fortbewegung, vor allem den boomenden Flugverkehr (für Europa siehe etwa BMVI 2018, S. 334), der aber hier nicht näher betrachtet werden kann.

König" in öffentlich-privater Partnerschaft. Auch die OEMs versuchen, auf dem entstehenden Markt Fuß zu fassen. So bietet das zu VW gehörige Unternehmen MOIA in Hamburg und Hannover einen Ride-Pooling-Dienst an; und Daimler betreibt den Mobilitätsdienstleister Moovel, den es 2019 zusammen mit seinem Carsharing-Dienst Car2go in ein Gemeinschaftsunternehmen mit BMW einbrachte.[6] Ein Kennzeichen dieser Entwicklungen ist ihre sozial-räumliche Exklusivität. Statt in ländlichen und suburbanen Räumen, die mit Bussen und Bahnen meist nur schwer zu erschließen sind, ein flexibles und bedarfsorientiertes Mobilitätsangebot zu machen, konzentrieren sich Car- und Ridesharing-Anbieter auf die lukrativen Strecken in urbanen Gebieten, wo sie mit dem öffentlichen Personentransport und anderen nachhaltigen Mobilitätsformen konkurrieren. Der Autoverkehr wird dabei kaum eingeschränkt. Erste Untersuchungen deuten im Gegenteil darauf hin, dass sowohl Car- als auch Ridesharing den Autoverkehr verstärken (Öko-Institut und ISOE 2018; Schaller 2018). Dieselben Untersuchungen verweisen auf die soziale Exklusivität in der Nutzung. Von Carsharing-Angeboten fühlten sich „idealtypisch jüngere Männer mit überdurchschnittlicher Bildung und überdurchschnittlichem Einkommen" angezogen (Öko-Institut und ISOE 2018, S. 117), und die NutzerInnen des Ridesharing seien „relatively young and mostly affluent and well-educated" (Schaller 2018, S. 1). Widerstand gegen das Vordringen neuer Anbieter von Mobilitätsdienstleistungen, vor allem von Ride-Hailing-Diensten, kommt in Deutschland aus der Taxi-Branche. Deren VertreterInnen fürchten, dass eine Lockerung der bislang strengen Zulassungsregeln für die Branche die geltenden sozialen Standards untergrabe, zu einer Zunahme des Autoverkehrs führe und die Taxiunternehmen in ihrer Existenz bedrohe. Entsprechend umkämpft ist ein Vorstoß des Bundesverkehrsministeriums vom Februar 2019, die Taxi-Branche mittels einer Novellierung des Personenbeförderungsgesetzes zu deregulieren.[7]

Drittens deutet sich an, dass der Fahrer bzw. die Fahrerin hinter dem Steuer an Bedeutung verliert, und zwar in dem Maße, wie das Fahrzeug – gesteuert von Algorithmen, die über Sensoren mit Informationen versorgt werden – an „Autonomie" gewinnt. Die internationale Society of Automotive Engineers unterscheidet fünf Autonomiestufen, wobei das Unterscheidungskriterium das Ausmaß ist, in dem das Fahrzeug die Längsführung (Beschleunigen und Bremsen) und die Querführung

---

6   Um einen Eindruck von der Entwicklungsdynamik des Ridesharing zu erhalten, lohnt ein
     Blick auf die Erfahrungen, die US-amerikanische Städte damit in jüngerer Zeit gemacht
     haben: „TNCs have more than doubled the overall size of the for-hire ride services sector
     since 2012, making the for-hire sector a major provider of urban transportation services
     that is projected to surpass local bus ridership by the end of 2018" (Schaller 2018, S. 1).
7   Siehe das „Thema des Tages" der Süddeutschen Zeitung vom 20. Februar 2019, S. 2.

(Lenken) vom Fahrer bzw. von der Fahrerin übernimmt (Daum 2018, S. 43 ff.). Auf der niedrigsten Autonomiestufe greifen etwa Brems- und Spurhalteassistenten in Ausnahmesituationen ein; ebenso wie auf den folgenden drei Stufen bleibt die oder der Fahrende aber jederzeit verantwortlich. Erst auf der fünften und höchsten Stufe fährt das Auto vollständig autonom; „erst hier kann auf die Fahrer*innen ganz verzichtet werden, sie werden zu Passagier*innen" (ebd., S. 43).

Die Entwicklung hin zum autonomen Fahren verläuft keineswegs reibungslos und zwangsläufig in den Bahnen, die der technische Fortschritt vorzeichnen würde. Stattdessen ist sie ebenso umkämpft wie die Elektrifizierung der Automobilität und die mögliche Verschiebung vom Besitzen zum Nutzen von Fahrzeugen. Bei der politischen Regulierung des autonomen Fahrens entzünden sich Konflikte etwa an datenschutzrechtlichen und ethischen Fragen. Auf der Ebene des industriellen Paradigmas kämpfen die etablierten OEMs mit Hightech-Firmen um die Vorherrschaft auf dem Mobilitätssektor. Da die Softwarekomponenten eines Autos mit jeder Autonomiestufe wichtiger werden, laufen die OEMs, sofern sie nicht selbst die entsprechende Technologie entwickeln, Gefahr, „zu bloßen Zulieferern von Hardware für die Datenfirmen aus dem Silicon Valley zu werden" (Daum 2018, S. 65).[8]

Schließlich zeichnen sich Konflikte auf der Ebene der automobilen Subjektivität und des Geschlechterverhältnisses ab (Haas 2018). Mit dem autonomen Fahren steht nichts weniger zur Disposition als „das alte, ekstatisch-suizidale James-Dean-Modell des Autofahrens" (Häntzschel 2016). Insofern ist die Stabübergabe vom Fahrer zum Algorithmus weit mehr als nur ein technischer Prozess mit noch offenen ethischen und rechtlichen Fragen. Selbst wenn letztere beantwortet und alle technischen Voraussetzungen geschaffen sind, dürfte sich der deutsche Autofahrer nur allmählich daran gewöhnen, dass nicht nur das aggressive Dröhnen des Verbrennungsmotors dem sanften Brummen des Elektroantriebs weicht, sondern er darüber hinaus auch noch die Kontrolle über das Lenkrad abgeben soll.

---

8 Ein technologischer Vorreiter ist die US-Firma Waymo. Sie ging aus einem Google-Projekt zum autonomen Fahren hervor und gehört ebenso wie Google zu der Holding Alphabet. Um den technologischen Vorsprung von Waymo einzuholen, hat Daimler zusammen mit Bosch das Projekt „Athena" auf den Weg gebracht. In dessen Rahmen arbeiten IngenieurInnen beider Unternehmen zusammen an der Entwicklung der für das autonome Fahren in urbanen Räumen nötigen Technologie. Siehe hierzu Mayr (2018). Zudem kündigten Daimler und BMW im Februar 2019 an, bei der Entwicklung der Technologien für autonomes Autobahnfahren und Einparken zusammenzuarbeiten.

3   Kommodifizierung vs. Dekommodifizierung der Mobilität

Die drei skizzierten Entwicklungen kreuzen sich an mehreren Stellen. So werden Car- und Ridesharing-Fahrzeuge zum Teil von Elektromotoren angetrieben; und autonom fahrende Elektro-Shuttles befinden sich im Testbetrieb, mancherorts sogar schon im regulären Einsatz (Daum 2018, S. 50 f.). Die Konflikte, die sich an den Veränderungsprozessen entzünden, scheinen sich dagegen entlang von drei unterschiedlichen Linien zu bewegen: fossil vs. elektrisch, individuell vs. kollektiv, manuell vs. autonom. Bei näherem Hinsehen wird jedoch noch eine vierte Linie sichtbar, die die drei anderen kreuzt, die auf ihnen stattfindenden Konflikte mitstrukturiert und von diesen selbst dynamisiert wird, nämlich kommodifiziert vs. dekommodifiziert.

„Kommodifizierung" von Mobilität würde *erstens* bedeuten, dass diese künftig primär als private Dienstleistung angeboten wird, deren Inanspruchnahme von der Kaufkraft abhängig ist. *Zweitens* würde die Restrukturierung der Autoindustrie einer Marktlogik folgen, auf die die Beschäftigten kaum Einfluss haben. Der öffentlich-kollektive Personentransport würde, *drittens*, in einen Wettbewerb mit privaten Systemen geraten, in denen krisengeschüttelte Autokonzerne ein neues Anlagefeld entdecken. Und *viertens* würden sozial-ökologisch positive Effekte von der Wachstumslogik überkompensiert, der eine kommodifizierte Mobilität unweigerlich unterworfen ist.

Dagegen zeichnete sich eine „Dekommodifizierung" durch folgende Eigenschaften aus: Mobilität würde *erstens* nach der Maßgabe eines offenen, kaufkraftunabhängigen und die gesellschaftliche Teilhabe aller ermöglichenden Zugangs transformiert. *Zweitens* übernähmen die Beschäftigten der Autoindustrie eine aktive Rolle in deren Konversion. *Drittens* würden die demokratischen Potenziale kollektiver Mobilität ausgeschöpft. Und *viertens* würde die Mobilitätswende als Chance begriffen, nicht nur das Wie von Fortbewegung, sondern auch das Wozu und das Wieviel zu problematisieren.

Wahrscheinlich sind Mischformen, in denen kommodifizierte und dekommodifizierte Formen von Mobilität miteinander verbunden werden. Aber auch dann stellt sich die Frage nach dem grundlegenden Charakter der Transformation, der sich etwa daran festmacht, ob marktförmige Dienstleistungen in eine Logik der Dekommodifizierung eingebettet sind oder ob der Markt zum dominierenden gesellschaftlichen Organisationsprinzip wird. Eine gesellschaftliche Einbettung wäre z. B. gegeben, wenn private, tarifvertraglich abgesicherte, Ride-Pooling-Dienste mit einer flexiblen Versorgung suburbaner und ländlicher Räume beauftragt würden, die vom ÖPNV nur schwer zu versorgen sind. Umgekehrt würde die Kommodifizierungslogik dominieren, wenn private Ride-Pooling-Dienste zu Dumping-Konditionen mit öffentlichen Anbietern um die lukrativen innerstädtischen Strecken konkurrierten. Letztlich geht es darum, wer den Transformationsprozess zu wessen Nutzen und auf wessen Kosten kontrolliert und gestaltet. Die Antwort darauf wird für die künftige soziale, ökologische und demokratische Qualität von Mobilität entscheidend sein, und zwar sowohl im Hinblick auf die Produktion von Transportmitteln als auch im Hinblick auf die Organisation von Mobilitätsdienstleistungen.

In der *Produktion* konkurrieren, wie gesehen, unterschiedliche Kapitalfraktionen um die Vorherrschaft bei der Technologieentwicklung. Gleichzeitig geht es um die Quantität und Qualität von Arbeitsplätzen, vor allem in der Automobilindustrie. Die Logik der Kommodifizierung steht dabei kaum zur Disposition: So drehen sich die Konflikte um die Technologieführerschaft nicht um die Frage, mit welchen Mitteln Mobilitätsbedürfnisse, über die sich die Gesellschaft zuvor in einem demokratischen Prozess verständigt hätte, am besten befriedigt werden könnten. Stattdessen geht es darum, welche Branchen, Unternehmen und Standorte von einer Technologie- und Produktentwicklung profitieren, deren Richtung von der globalen Konkurrenz, im Falle der Elektro-Automobilität auch von Quoten und politisch festgelegten Grenzwerten für Emissionen, diktiert wird. Die Quantität und Qualität von Arbeitsplätzen wird als Funktion einer Modernisierung gesehen, in deren Rahmen ökonomische, ökologische und beschäftigungspolitische Aspekte austariert werden sollen.

Ist der Mobilitätssektor also produktionsseitig von einer verfestigten und allenfalls ökologisch modernisierten Logik der Kommodifizierung geprägt, so gewinnt bei der Organisation von *Mobilitätsdienstleistungen* ein Konflikt zwischen kommodifizierenden und dekommodifizierenden Kräften an Dynamik. Bei diesem geht es nicht nur darum, ob Mobilität künftig primär elektrisch, kollektiv und zunehmend in Form autonomer Fahrzeuge angeboten wird. Es stellt sich vor allem auch die Frage, *unter welchen Bedingungen* dies geschieht: unter öffentlicher Kontrolle – als dekommodifizierte, gebrauchswertorientierte Kollektivität – oder unter privater Kontrolle – als kommodifizierte, tauschwertorientierte Kollektivität. Dieser Konflikt wird umso virulenter, je stärker die OEMs aufgrund der Krise ihres traditionellen Geschäfts darauf angewiesen sind, sich neue Geschäftsfelder zu erschließen. Dabei wird kaum erwähnt, geschweige denn akzeptiert, dass vor allem in europäischen Städten ein Großteil der Mobilität schon seit geraumer Zeit elektrisch, kollektiv und dem Prinzip der Daseinsvorsorge folgend organisiert ist: in Form von öffentlichen und teilsubventionierten Nahverkehrssystemen. Die Protagonisten der Kommodifizierung unter den OEMs scheinen vielmehr anzustreben, genau dies zu ändern und den öffentlichen Systemen auf lukrativen Strecken eine zahlungskräftige und auf Flexibilität Wert legende Kundschaft streitig zu machen (Krull 2017). Sie konkurrieren dabei nicht nur mit neuen privaten (Uber, Lyft etc.) und etablierten öffentlichen Anbietern von Mobilitätsdienstleistungen, sondern auch mit erstarkenden Initiativen und staatlich-politischen Akteuren, die sich die Rückeroberung des öffentlichen Raums zugunsten von RadfahrerInnen, FußgängerInnen und NutzerInnen des öffentlichen Personentransports zum Ziel gesetzt haben.

4 Gesellschaftliche Macht für eine sozial-ökologische Transformation

Beide – die Dienstleistungs- und die Produktionskonflikte, die Auseinandersetzung um die Lebens- und die Produktionsweise, wie sie exemplarisch im Mobilitätssektor ausgetragen werden – hängen eng miteinander zusammen. In der Produktionssphäre, d. h. in möglichen Arbeitskämpfen und in den Konflikten zwischen OEMs und Hightech-Unternehmen entscheidet sich, welche Technologien und Produkte unter welchen Arbeitsbedingungen sowie zur Befriedigung welcher und wessen Bedürfnisse künftig zur Verfügung stehen. Die Dienstleistungskonflikte wirken darauf zurück. Sie tun dies umso mehr, je stärker die Gewerkschaften die Beschäftigten nicht länger auf ihre Rolle als LohnarbeiterInnen reduzieren, sondern sich als Organisationen neu erfinden, die sich auch, und gemeinsam mit progressiven sozial-ökologischen AkteurInnen,[9] für eine Verbesserung der allgemeinen Lebensbedingungen ihrer Mitglieder und der Gesellschaft insgesamt, in diesem Fall: für eine sozial-ökologische und demokratische Transformation des Mobilitätssystems, engagieren (Räthzel und Uzzell 2011; Wissen und Brand 2019). Unter dieser Voraussetzung werden die Möglichkeiten einer grundlegenden sozial-ökologischen Transformation der Mobilität sichtbar.

Hilfreich könnte es in diesem Zusammenhang sein, die Konversionsdebatten seit den 1970er-Jahren aufzuarbeiten,[10] in denen genau diese Probleme einer gebrauchswertorientierten, die Herrschaft des Tauschwerts überwindenden Transformation der Automobilindustrie und des Mobilitätssystems schon erörtert wurden. So wies etwa Dieter Marcello 1980 darauf hin, dass sich die „Fragen zur Krise der Automobil-

---

9 Im Mobilitätssystem etwa mit Verbänden wie dem Verkehrsclub von Deutschland (VcD) oder der Radverkehrsinitiative „Changing Cities".

10 Siehe Pickshaus und Waclawczyk (2019) für einen Überblick und Dörre und Becker (2018) sowie Urban (2018) für eine Aktualisierung der Überlegungen zu Konversion und Wirtschaftsdemokratie.

industrie zusammen mit den Fragen zum Auto in der Krise" stellen, und er verband diese Beobachtung mit dem Vorschlag einer (gewerkschaftlichen) Umorientierung (Marcello 1980, S. 53): „Wenn wir nicht nur Arbeitsplätze fordern, sondern nach dem Sinn und Zweck dieser Arbeit fragen, und die Beschäftigten in dieser Richtung Druck erzeugen, auch auf die IG Metall, können wir davon wegkommen, in den 90er Jahren Sozialpläne aufstellen zu müssen, und stattdessen alternative Produkte für ein alternatives Verkehrssystem bauen". Ähnliche Überlegungen wurden in den frühen 1990er-Jahren (IG Metall und Deutscher Naturschutzring 1992) sowie im Zuge der Krise 2008/09 (Urban 2011) von gewerkschaftlicher Seite entwickelt. Heute sind sie aktueller denn je. Und die Chance, sie wieder offensiv in die Debatte einzubringen, erscheint angesichts der Delegitimierung der Autoindustrie durch den Abgasskandal als gegeben.

Damit soll nicht das organisationspolitische Dilemma geleugnet werden, das sich ergibt, wenn sich Gewerkschaften zu Vorreitern für eine grundlegende sozial-ökologische Transformation des Mobilitätssystems machen. Die Automobilindustrie inklusive Zulieferer beschäftigt bekanntlich nicht nur über 800.000 Menschen, sie ist auch eine Bastion gewerkschaftlicher Organisationsmacht (dazu auch Iwer und Strötzel in diesem Band). Dennoch stellt sich die Frage, ob angesichts des wohl unausweichlichen Wandels der Branche sowie angesichts der Dramatik von Entwicklungen wie dem Klimawandel eine offensivere sozial-ökologische Strategie nicht nur politisch notwendig ist, sondern auch mittelfristig die gewerkschaftliche Handlungsfähigkeit stärkt – nämlich dadurch, dass der Verlust an Organisationsmacht durch den Zugewinn an gesellschaftlicher Macht kompensiert wird.[11] Die strategische Perspektive wäre eine breite sozial-ökologische Transformationsbewegung. Zu dieser hätten die Gewerkschaften mit ihrer Konflikterfahrung und dem Wissen ihrer Mitglieder um die Organisation komplexer Produktionsprozesse einen entscheidenden Beitrag zu leisten.

Danksagung Ich danke Uli Brand, Timo Daum und der Redaktion dieses Bandes für wertvolle Hinweise. Der Aufsatz beruht auf meiner Arbeit im Rahmen des vom österreichischen Klima- und Energiefonds (KLIEN) geförderten Projekts „Social-Ecological Transformation: Industrial Conversion and the Role of Labour (CON-LABOUR)".

---

11 Siehe dazu auch den „Social Power Approach" der Trade Unions for Energy Democracy (Treat und Sweeney 2018).

Literatur

Albert-Seifried, S., & Seifried, D. (2018). Strengere Flottenverbrauchs-Grenzwerte nützen dem Klima nichts. Klimareporter. https://www.klimareporter.de/verkehr/verschaerfte-flottenverbrauchs-grenzwerte-nuetzen-nicht-dem-klima. Zugegriffen: Febr. 2019.

Balser, M., Bauchmüller, M., Becker, J., Hägler, M., & Heidtmann, J. (2019). Wunsch und Wirklichkeit. 2019 soll das Jahr des E-Autos werden, sagen die Manager der deutschen Autoindustrie. *Süddeutsche Zeitung*, 05./06.01.2019, 11–13.

Bauhardt, C. (2007). Feministische Verkehrs- und Raumplanung. In O. Schöller, W. Canzler & A. Knie (Hrsg.), *Handbuch Verkehrspolitik* (S. 301–319). Wiesbaden: VS Verlag für Sozialwissenschaften.

BMVI (Bundesministerium für Verkehr und digitale Infrastruktur) (2017). *Verkehr in Zahlen 2017/18.* Hamburg: DVV Media Group.

Bochum, U. (2018). Transformation der Automobilindustrie? *Sozialismus, 12,* 50–54.

Brand, U., & Wissen, M. (2017). *Imperiale Lebensweise. Zur Ausbeutung von Mensch und Natur im globalen Kapitalismus.* München: oekom.

Brunnengräber, A., & Haas, T. (2018). Vom Regen in die Traufe: die sozial-ökologischen Schattenseiten der E-Mobilität. Reaktion auf drei Beiträge in GAIA zum Thema Rohstoffversorgung für die Energiewende. *GAIA, 27*(3), 273–276.

Daum, T. (2018). *Das Auto im digitalen Kapitalismus. Dieselskandal, Elektroantrieb, autonomes Fahren und die Zukunft der Mobilität.* Berlin: Rosa-Luxemburg-Stiftung. https://www.rosalux.de/fileadmin/rls_uploads/pdfs/sonst_publikationen/Das_Auto_im_digitalen_Kapitalismus.pdf. Zugegriffen: Febr. 2019.

Dörre, K., & Becker, K. (2018). Nach dem raschen Wachstum: Doppelkrise und große Transformation. In L. Schröder & H.-J. Urban (Hrsg.), *Gute Arbeit, Ausgabe 2018. Ökologie der Arbeit – Impulse für einen nachhaltigen Umbau* (S. 35–58). Frankfurt a. M.: Bund-Verlag.

Fraunhofer IAO (2019). *ELAB 2.0. Wirkung der Fahrzeugelektrifizierung auf die Beschäftigung am Standort Deutschland.* Stuttgart: Fraunhofer-Institut für Arbeitswirtschaft und Organisation.

Gartman, D. (2004). Three ages of the automobile. The cultural logics of the car. *Theory, Culture & Society, 21,* 169–195.

Gorz, A. (2009). *Auswege aus dem Kapitalismus. Beiträge zur politischen Ökologie.* Zürich: Rotpunktverlag.

Haas, T. (2018). Das Ende des Autos, wie wir es kannten? Automobile Subjektivitäten im Wandel. *PROKLA, 48,* 545–559.

Häntzschel, J. (2016). Abschied vom Cowboy. *Süddeutsche Zeitung*, 17.08.2016, 9.

Hartung, A. (2018). Elektro-Pkw – eine ökologische Modernisierung der Automobilität? *PROKLA, 48,* 561–567.

IG Metall & Deutscher Naturschutzring (Hrsg.). (1992). *Auto, Umwelt, Verkehr. Umsteuern, bevor es zu spät ist. Verkehrspolitische Konferenz der IG Metall und des Deutschen Naturschutzrings.* Köln: Bund-Verlag.

Iwer, F., & Speidel, F. (2017). Neue Abgasnormen und Antriebstechnologien als Chance nutzen – die IG Metall im automobilen Strukturwandel. *spw. Zeitschrift für sozialistische Politik und Wirtschaft*, (2), 19–22.

Kriener, M. (2017). China elektrisiert. Ein Blick in die Zukunft der Autoindustrie. *Le Monde diplomatique*, 09.02.2017.

Krull, S. (2017). Autokrieg. Krise und Zukunft einer Schlüsselindustrie. *Sozialismus, 43*(5), 40–44.

Marcello, D. (1980). Das Produkt Auto. *Wechselwirkung, 2,* 52–53.

Mayr, S. (2018). Im Namen der Göttin. Im Projekt Athena tüfteln Daimler und Bosch mit vereinten Kräften am Roboterauto. Es gilt, den Vorsprung des amerikanischen Rivalen Waymo aufzuholen – und das Überleben in der neuen Welt der Mobilität zu sichern. *Süddeutsche Zeitung,* 29.11.2018, 20.

Mitscherlich, A. (1972). *Die Unwirtlichkeit unserer Städte. Anstiftung zum Unfrieden.* Frankfurt a. M.: Suhrkamp.

Öko-Institut & ISOE (2018). *share – Wissenschaftliche Begleitforschung zu car2go mit batterieelektrischen und konventionellen Fahrzeugen. Forschung zum free-floating Carsharing.* Abschlussbericht. Berlin: Öko-Institut & Institut für sozial-ökologische Forschung. https://www.oeko.de/aktuelles/2018/studie-share-mehrjaehrige-untersuchung-zu-free-floating-carsharing-abgeschlossen/. Zugegriffen: Jan. 2019.

Paterson, M. (2007). *Automobile politics. Ecology and cultural political economy.* Cambridge: Cambridge University Press.

Petschow, U., Uhle, C., & Böing, H. (2018). *Mobilitätswende – Die deutsche Automobilindustrie im Umbruch.* Werkbericht Nr. 8. Berlin: Denkwerk Demokratie & Institut für ökologische Wirtschaftsforschung. https://www.denkwerk-demokratie.de/wp-content/uploads/2018/02/DD_Werkbericht_8-fin.pdf. Zugegriffen: Mai 2019.

Pickshaus, K., & Waclawczyk, M. (2019). Arbeit und Ökologie in der Transformationsperspektive. In L. Schröder & H.-J. Urban (Hrsg.), *Gute Arbeit, Ausgabe 2019. Transformation der Arbeit – Ein Blick zurück nach vorn* (S. 91–103). Frankfurt a. M.: Bund-Verlag.

Polanyi, K. (1995) [1944]. *The Great Transformation. Politische und ökonomische Ursprünge von Gesellschaften und Wirtschaftssystemen.* Frankfurt a. M.: Suhrkamp.

Räthzel, N., & Uzzell, D. (2011). Trade unions and climate change: The jobs versus environment dilemma. *Global Environmental Change, 21,* 1215–1223.

Sachs, W. (1984). *Die Liebe zum Automobil. Ein Rückblick in die Geschichte unserer Wünsche.* Reinbek: Rowohlt.

Schaller, B. (2018). *The new automobility: Lyft, Uber and the future of American cities.* New York: Schaller Consulting. http://www.schallerconsult.com/rideservices/automobility.pdf. Zugegriffen: Febr. 2019.

Treat, J., & Sweeney, S. (2018). *Trade unions and just transition. The search for a transformative politics.* TUED Working Paper No. 11. New York: Trade Unions for Energy Democracy. http://www.rosalux-nyc.org/wp-content/files_mf/tuedworkingpaper11_web.pdf. Zugegriffen: Mai 2019.

Urban, H.-J. (2011). Umbau statt Krise? Gute Arbeit – Umwelt – Mobilität. In M. Candeias, R. Rilling, B. Röttger & S. Thimmel (Hrsg.), *Globale Ökonomie des Autos. Mobilität, Arbeit, Konversion* (S. 162–169). Hamburg: VSA.

Urban, H.-J. (2018). Ökologie der Arbeit. Ein offenes Feld gewerkschaftlicher Politik? In L. Schröder & H.-J. Urban (Hrsg.), *Gute Arbeit, Ausgabe 2018. Ökologie der Arbeit – Impulse für einen nachhaltigen Umbau* (S. 329–349). Frankfurt a. M.: Bund-Verlag.

Wissen, M., & Brand, U. (2019). Working-class environmentalism und sozial-ökologische Transformation. Widersprüche der imperialen Lebensweise. *WSI-Mitteilungen, 72,* 39–47.

Das Wertschöpfungssystem „Automobil" im Umbruch
Soziale und ökologische Transformation zusammendenken

Karina Becker, Martin Ehrlich und Madeleine Holzschuh
Unter Mitarbeit von Thomas Engel und Johanna Sittel

1 Wohin steuert die deutsche Autoindustrie?

Was derzeit bereits realpolitisch in Form von lokalen Dieselfahrverboten Umsetzung findet und von Automobilkonzernen wie Volkswagen für die nahe Zukunft angekündigt ist – ein rascher Umstieg vom Verbrennungsmotor auf Elektromobilität verbunden mit einem Stellenabbau im fünfstelligen Bereich – sind erste Anzeichen eines tiefgreifenden Umbruchs der Automobilindustrie. Den gesellschaftspolitischen Hintergrund dieser Entwicklungen bildet das Obsoletwerden eines auf fossilen Energien beruhenden Wachstumstyps (Dörre 2012; Dörre und Becker 2018). Lange Zeit als Indikator für die Mehrung gesellschaftlichen Reichtums fraglos akzeptiert, werden die sozialen und ökologischen Kosten dieses Wachstumsmusters heute infrage gestellt. So setzt sich zunehmend die Erkenntnis durch, dass die Wohlfahrtsgewinne des industriellen Kapitalismus national wie global höchst ungleich verteilt und um den Preis eines beschleunigten Energie- und Ressourcenverbrauchs sowie steigender CO_2-Emissionen generiert werden. Der sich daran entzündende soziale und ökologische Gesellschaftskonflikt hat nunmehr die deutsche Wirtschaft und deren industrielles Herzstück, das Wertschöpfungssystem „Automobil" erreicht. Zwar können die deutschen Automobilkonzerne und ihre großen Systemzulieferer (Original Equipment Manufacturer, OEM, deutsch: Erstausrüster), an Gewinnen und ökonomischen Leistungsparametern gemessen, seit dem erneuten Anziehen der Konjunktur 2009 bis heute in erster Linie Erfolge vermelden, allerdings wird sich dieser Kurs nicht ungebrochen fortsetzen lassen. Zu vielgestaltig und umfassend sind die aktuellen Herausforderungen: Die Europäische Union konfrontiert die Branche mit Richtlinien und Auflagen für eine drastische CO_2-Reduktion. Einige Länder, wie Frankreich und England, zielen auf ein Verbot von Verbrennungsmotoren. China – der wichtigste Markt der deutschen Automobilbauer – treibt die Transformation in Richtung E-Mobilität rasant voran und erhöht so den Innovati-

© Springer Fachmedien Wiesbaden GmbH, ein Teil von Springer Nature 2019
K. Dörre et al. (Hrsg.), *Große Transformation? Zur Zukunft moderner Gesellschaften*, https://doi.org/10.1007/978-3-658-25947-1_13

onsdruck für die Hersteller und ihre Zulieferer. Der neue Protektionismus der USA verschließt globale Marktzugänge, und auch der deutsche Binnenmarkt bietet weniger Absatzmöglichkeiten. Derzeit werden drei von vier in Deutschland hergestellten Fahrzeugen exportiert. Mittelfristig wollen alle deutschen Automobilhersteller und alle großen Zulieferer nur noch die Teile und Autos produzieren, die sie in Europa absetzen können (Iwer 2018, S. 87). Hinzu kommen neue Mobilitätsmuster (Connected Car, autonomes Fahren), neue Wettbewerber (Tesla) und neue digitale Produktionstechnologien und Geschäftsprozesse (Industrie 4.0).

Diese Entwicklungen stehen zusammengenommen für einen hohen Transformationsdruck, der sich nicht nur auf die Produkte der Automobilindustrie richtet, sondern auch auf die Produktionsprozesse, mithin auf das gesamte Wertschöpfungssystem mit seinen komplexen Zuliefernetzwerken. Was zukünftig von wem und wo zur Gewährleistung der (Auto-)Mobilität produziert werden wird, ist alles andere als ausgemacht. Auch deshalb, weil stark umkämpft ist, wie grundlegend die sozialökologischen Herausforderungen in Richtung eines Strukturwandels der Mobilität und des Verkehrssystems angegangen werden. Geradezu weltanschaulich konfrontativ stehen sich derzeit in dieser Frage verschiedene Forderungen und Standpunkte gegenüber. Während sich vor allem Umweltverbände für einen radikalen ökologischen Umbau durch ein Ende des automobilen Individualverkehrs (WWF et al. 2014) einsetzen, haben die deutschen Automobilhersteller lange versucht, ihre Markterfolge mittels ihrer konventionellen Antriebstechnologie (Otto- und Dieselmotoren) fortzuschreiben und neue Entwicklungen eher verhalten selbst vorangetrieben. Neben anderen Schwierigkeiten verweisen die Unternehmen auch auf die Beschäftigungsrisiken, die etwa mit dem Übergang zur E-Mobilität verbunden sind, und fordern in dem Zusammenhang mehr staatliche Unterstützung. Die Industriegewerkschaft Metall (IG Metall) befindet sich diesbezüglich in einem Dilemma, ist sie doch gehalten, die Interessen der Arbeitnehmer*innen von Endherstellern und Zulieferern, der Konsument*innen und Befürworter*innen von (Diesel-)Pkws und der Bürger*innen mit ihrem Anspruch auf saubere Luft auszutarieren (dazu auch Iwer und Strötzel in diesem Band).

Mittlerweile gibt es eine Reihe von Studien, die relativ präzise vorrechnen, dass der Strukturwandel Arbeitsplätze kosten wird. Zwar werden neue Stellen in der IT-Branche und im Bereich Forschung und Entwicklung (F&E) entstehen, im Vergleich zur Produktion von Verbrennungsmotoren wird sich die Zahl der Arbeitsplätze bei den Autoherstellern und Zulieferern jedoch um vorsichtig geschätzt eine Viertelmillion verringern (Fraunhofer ISI 2017). Der nachfolgende Beitrag präsentiert die Befunde einer Studie[1], die die Situation der Zulieferindustrie in einer Region in den Neuen Bundesländern untersucht hat, die nicht das erste Mal mit massiven Beschäftigungsverlusten und einem grundlegenden Strukturwandel konfrontiert ist, dessen Folgen bis heute nachwirken. Es handelt sich um einen aktuellen Stimmungsbericht über den bestehenden sozialökologischen Transformationskonflikt innerhalb des Industriebereichs, der die größten Veränderungen zu erwarten hat.

Zwei Fragen standen bei unserer Untersuchung in der Thüringer Automobilindustrie im Vordergrund: Uns interessierte, erstens, ob und wie die neuen Herausforderungen in den Thüringer Zulieferunternehmen diskutiert und verhandelt werden (2.1). Zweitens erfragten wir, auf welche Weise sich die betrieblichen und überbetrieblichen Akteure strategisch mit dem Transformationsdruck auseinandersetzen und wie zukunftsfähig die Unternehmen sind (2.2). Die empirische Basis setzt sich aus zwölf Betriebsfallstudien zusammen, für die wir Interessenvertreter*innen, Beschäftigte und Geschäftsführungen interviewt haben sowie, wenn möglich, Betriebsbegehungen durchgeführt und betriebsbezogene Dokumente ausgewertet haben. Zudem haben wir leitfadengestützte Interviews mit insgesamt dreizehn Expert*innen aus der IG Metall, der Wissenschaft, der Politik sowie mit Verbändevertreter*innen geführt. Ausgehend von einem kurzen Überblick über die Branche werden die Ergebnisse dieser Studie in zusammenfassender Form präsentiert. Im letzten Abschnitt werden Schlussfolgerungen abgeleitet, die unter anderem auf eine beteiligungsorientierte, demokratische und bürgernahe Industriepolitik zielen.

2 Erhöhter Transformationsdruck auf verlängerte Werkbänke: Das Beispiel Thüringen

Bereits 2016 haben wir uns in einer Vorgängerstudie mit der Thüringer Automobilindustrie beschäftigt und aktuelle Herausforderungen benannt (Butollo et al. 2016). Mit rund 60.000 Beschäftigten, hauptsächlich in der Zulieferindustrie, kommt der Branche im Freistaat eine hohe Beschäftigungsrelevanz zu. Dabei handelt es sich zum größten Teil um kleine und mittlere Betriebe (KMU), die in der Wertschöpfungskette eher nachrangig positioniert sind. Die Beziehung zu den OEMs ist durch eine ausgeprägte Machtasymmetrie gekennzeichnet, die sich in enormen Flexibi-

---

1 Es handelt sich um das von der Stiftung Neue Länder geförderte Projekt „Arbeitnehmerperspektiven auf die Konversionschancen der Automobilindustrie in Thüringen" (KonvAT). Das Projekt wird von Klaus Dörre geleitet.

litätserwartungen, rigiden Preisvorgaben und hohen Qualitätsansprüchen äußert. Viele der Zulieferunternehmen agieren als verlängerte Werkbank, d. h. sie verfügen über keinen eigenen Marktzugang und betreiben keine über Prozessoptimierung hinausgehende Forschungs- und Entwicklungsaktivitäten. Die Umsätze des Gros dieser Unternehmen liegen nach Einschätzungen des Thüringer Branchenverbandes jährlich im einstelligen bzw. im niedrigen zweistelligen Millionenbereich. Viele der Zulieferer gehören zu Konzernen mit Sitz in Westdeutschland oder im Ausland, was die Entscheidungskompetenzen des lokalen Managements stark einschränkt. In der ostdeutschen Transformationszeit nach der Wende 1989/90 hat die Mehrzahl der Betriebe Phasen des Beschäftigungsabbaus erlebt und ihr Überleben mit einer Niedriglohnstrategie erkauft, die von unterschiedlichen Landesregierungen in der Vergangenheit explizit als Wettbewerbsstrategie propagiert wurde. Ein weiteres Kennzeichen der Thüringer Automobilindustrie ist der Mangel an OEMs und eine hohe Abhängigkeit der Zulieferer von den Mutterkonzernen. Eine geringe Eigenkapitalbasis, eine hohe Investitionszurückhaltung, fehlende Forschungs- und Entwicklungskapazitäten, mangelnde Managementkompetenzen, überalterte Belegschaften und wachsende Fachkräfteengpässe sind weit verbreitete Strukturprobleme. Auf diesen Erkenntnissen aufbauend haben wir in der aktuellen Studie erfragt, wie die Zulieferunternehmen die einleitend skizzierten Herausforderungen bewerten.

2.1   Problembewusstsein der Akteure

Ein zentraler Befund der neuen Erhebung ist, dass es sich bei der Diskussion um Transformation oder gar Konversion[2] in erster Linie um einen Expert*innendiskurs handelt, der vor allem in der IG Metall, teilweise aber auch von Verbänden geführt wird. In der Unternehmenspraxis spielt der Transformationsdruck hingegen (bislang) eine untergeordnete Rolle, da er von den Herausforderungen des operativen Geschäfts überlagert wird. Für die betrieblichen Akteure sind Fragen, die sich etwa um eine mögliche Standortverlagerung, um einen bevorstehenden Stellenabbau oder den Zwang zur Internationalisierung drehen, weitaus präsenter. Ihre strategischen Überlegungen sind am ehesten hierauf orientiert. Generell überwiegt eine Relativierung des Anpassungsdrucks, insbesondere hinsichtlich des zeitlichen Rahmens, der dafür zur Verfügung steht. Viele Befragte gehen da-

---

2   Unter Transformation verstehen wir branchengetriebene Veränderungsprozesse wie z. B. die Anpassung an neue Antriebsformen, unter Konversion hingegen eine Umorientierung betrieblicher Akteure auf Produkte einer anderen Branche.

von aus, dass der Verbrennungsmotor trotz rückläufiger Marktanteile noch lange Zeit die primäre Antriebstechnologie bleiben wird. Die E-Mobilität werde seitens der Politik „herbeigeredet", so ein Betriebsrat, der wie viele betriebliche Akteure auf Probleme für ihre Einführung, wie z. B. die fehlende Infrastruktur, verweist.

> „Das ist schon Thema, die Elektromobilität. Aber das geht nicht in zehn Jahren. Natürlich tun die Ingenieure daran arbeiten, aber das braucht noch Jahre, bis das wirklich so durchschlägt, dass man richtig was merkt. Es fehlt ja eigentlich auch, wie sie jetzt immer reden, Elektroauto, Elektroauto. Die ganze Infrastruktur von ganz Deutschland gibt das doch gar nicht her. Die haben doch noch nicht einmal Internet für alle in ordentlicher Qualität. Wo sie schon Jahre daran arbeiten, und ich nehme an, also 20, 30 Jahre ist die Infrastruktur eventuell so weit."

Hinzu kommt, dass die aktuell gute Auftragslage vieler Thüringer Unternehmen eine etwaige Strukturanpassung regelrecht ausbremst. Die Mehrzahl der Zulieferunternehmen hat zum Untersuchungszeitpunkt (2018/2019) volle Auftragsbücher – häufig mit einer Perspektive bis 2021 oder sogar 2023 – bei gleichwohl anhaltend hohem Wettbewerbs- und Verlagerungsdruck. Die hohe Auslastung verstellt den Blick der Interessenvertreter*innen und Beschäftigten dafür, dass dieser auf dem konventionellen Antriebsstrang (Otto- oder Dieselmotor) basierende konjunkturelle Aufschwung voraussichtlich schon bald zu Ende gehen wird. Über diesen zeitlichen Horizont hinaus schauen vor allem die Vertreter*innen der IG Metall, weniger die betrieblichen Interessenvertreter*innen. In unseren Interviews konstatierten wir Abstufungen in der Problemwahrnehmung, die mit zunehmender Distanz vom operativen Geschäft und von der derzeitigen Auftragslage tendenziell zunimmt. Das Management der Thüringer Zulieferbetriebe verfolgt primär eine Wettbewerbsstrategie, die auf vergleichsweise niedrige Kosten, eine hohe Qualität und knapp bemessene Liefertermine setzt. Damit führt es die eingeübten Handlungsmuster der letzten Jahre fort, die sich mit gewisser Distanz als „last man standing"-Verhalten bezeichnen lässt und von einem interviewten Betriebsrat wie folgt auf den Punkt gebracht wurde: „Wir reiten das Pferd, bis es tot ist".

Viele der von uns interviewten betrieblichen Akteure verfügen über langjährige Krisenerfahrungen aus dem ostdeutschen Transformationsprozess. Einerseits resultiert daraus eine hohe Anpassungs- und Bewältigungskompetenz angesichts einer Unternehmensentwicklung, die von Unsicherheit und Improvisationsanforderungen geprägt war. Andererseits führt diese Erfahrung dazu, dass sie das anstehende Ausmaß der Veränderungen bis hin zu einer notwendig werdenden Konversion unterschätzen. Jüngere, regional gebundene Beschäftigte, die über diese Transformationserfahrung nicht verfügen und noch einen Großteil des Berufslebens vor sich haben, haben tendenziell größere berufliche Zukunftsängste.

Vereinzelt wird auch die Angst vor einer zweiten Wende und einer Wiederholung von Deindustriealisierungsszenarien geäußert.

2.2   Zukunftsfähigkeit der Zulieferbetriebe

In einem zweiten Analyseschritt betrachten wir die Zukunftsfähigkeit der Thüringer Automobilzulieferindustrie im Allgemeinen und der untersuchten Fallbetriebe im Besonderen. Nach Ansicht von Branchenexpert*innen hat ein Teil der Thüringer Zulieferbetriebe bereits heute Probleme mit der Qualität und der Liefertreue und droht aus der Wertschöpfungskette herauszufallen. Das Lohnniveau ist niedrig, ebenso das Qualifikationsniveau. Häufig handelt es sich hierbei um Nischenproduzenten mit einem schmalen Produktsortiment.[3] Um einzuschätzen, wie gut die untersuchten Unternehmen in der Lage sind, die zukünftigen Herausforderungen zu bewältigen, haben wir verschiedene Faktoren in den Blick genommen. Als zentral erachten wir zum einen die Abhängigkeit vom konventionellen Antriebsstrang und zum anderen die Strategiefähigkeit, für die in erster Linie die Stellung innerhalb der Wertschöpfungskette, die Eigentümerverhältnisse sowie die Kapitalstärke bestimmend sind. Die im Projekt untersuchten Automobilunternehmen haben wir anhand dieser beiden Dimensionen in einem Diagramm verortet (Abb. 1). Hierbei zeigte sich zunächst, dass sechs der zwölf Unternehmen im Sample ganz oder in hohem Maße vom konventionellen Antriebstrang abhängig sind. Wie oben ausgeführt, ist das Problembewusstsein hinsichtlich dieser Abhängigkeit eher gering. Nur in zwei Fällen wird ein „sehr starker Beschäftigungsabbau" bzw. der „Wegfall von einem Drittel aller Arbeitsplätze" befürchtet.

Das geringe Problembewusstsein geht Hand in Hand mit einem gewissen Fatalismus, der der geringen Strategiefähigkeit vieler Unternehmen geschuldet ist. Lediglich drei der zwölf Fallbetriebe sind rechtlich eigenständig. Alle anderen sind Tochterunternehmen vor allem westdeutscher, chinesischer und amerikanischer Konzerne. Die Weichen werden an den Entwicklungsstandorten gestellt, vor Ort bestehen kaum Möglichkeiten, auf strategische Entscheidungen Einfluss zu nehmen. Das lokale Management konzentriert sich darauf, attraktiv für das Mutterunternehmen zu sein, was in der Regel bedeutet, eine hohe Flexibilität zu gewährleisten und die Bereitschaft für Mehrarbeit aufzubringen. In einem Fallbetrieb gab es vier

---

3   Klein- und Kleinstunternehmen sind maßgeblich in der Erstellung von Vorprodukten sowie Werkstoffen zu finden, während die Komponentenproduktion (Fahrwerk, Instrumente, Elektrik, Karosserieelemente, Motoren etc.) in den größeren Unternehmen ab 100 Beschäftigten stattfindet.

Eigentümerwechsel innerhalb der vergangenen zehn Jahre. Die Eigentümer haben kaum investiert, der Maschinenpark ist zum Teil 20 bis 25 Jahre alt. Der aktuelle Investor plant, weitere Zulieferer in Europa aufzukaufen, und verspricht deutliche Auftragszuwächse innerhalb der nächsten Jahre. Der Betriebsrat ist skeptisch und vermutet als primäres Ziel, Kundenkontakte zu OEMs abzugreifen. Sollte sich die Auftragslage verbessern, fehlt es an qualifiziertem Personal.[4] Vielen erfahrenen Instandhalter*innen und Maschineneinrichter*innen wurde gekündigt. Ein Wissenstransfer findet ebenso wenig statt wie Qualifizierungsaktivitäten – selbst in Zeiten schlechter Auftragslage.[5]

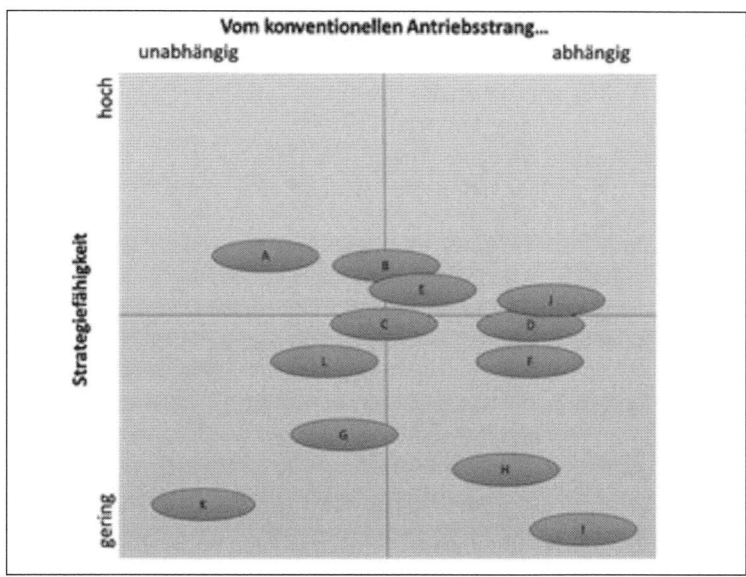

Abb. 1   Zukunftsfähigkeit der Zulieferbetriebe

---

4   Hiermit konfrontiert, antwortete die lokale Geschäftsführung: „Ja, da stolpern wir dann mal kurz". Aus Sicht der Interessensvertretungen und Beschäftigten fällt das Unternehmen hingegen „richtig auf die Fresse".

5   Stattdessen wird das Personal zum Befragungszeitpunkt für Maler- und Gartenarbeiten am Standort eingesetzt.

Konstitutiv für die fehlende oder geringe Strategiefähigkeit der untersuchten Unternehmen ist, dass Gegenwart und Zukunft von den OEMs diktiert werden. Die Schwierigkeiten einer langfristigen strategischen Planung bringt ein Betriebsrat folgendermaßen auf den Punkt: „Wir beschäftigen uns im Unternehmen nicht mit großen Zukunftsfragen, wir kämpfen mit täglichen Problemen. [...] Es ist nichts mehr planbar, es ist ein tägliches Auf und Ab [der Abrufe durch die OEM, K. B.]". Beispiele, in denen sich Zulieferunternehmen mit großen Endherstellern angelegt haben, sind bekannt und schrecken ab, weil sie zu massiven Arbeitsplatzverlusten aufgrund wegbrechender Aufträge führten. Auch in unserem Sample gibt es den Fall eines Betriebes, der sich, ausgelöst durch einen verlorenen Rechtsstreit mit einem OEM, in einem Insolvenzverfahren befindet.

Sofern es sich bei den KMU um selbstständige Unternehmen mit eigenständiger Entscheidungsgewalt handelt, ist deren Kapitalbasis gering. Eigenkapitalprogramme der Thüringer Aufbaubank haben die Investitions- und Innovationsspielräume für die KMU nicht wesentlich verbessert. Es besteht weiterhin eine starke Außenabhängigkeit der Branche, was eine strategische Umorientierung beispielsweise in Richtung einer stärker innovationsgetriebenen Entwicklung oder auf Zukunftsfelder wie Elektroantriebe oder E-Mobilität erschwert. Branchenexpert*innen sind sich darüber einig, dass die Mehrzahl der Zulieferunternehmen in Thüringen verlängerte Werkbänke sind, und auch die betrieblichen Akteure bezeichnen ihr Unternehmen in der Regel so. Eines der Unternehmen steht beispielhaft für viele Zulieferer, deren Zukunftsperspektiven trotz starkem Beschäftigungsaufbau und kontinuierlichem Produktions- und Umsatzwachstum unsicher sind. Als reines Montagewerk für Benzin- und Dieselmotoren beliefert es weltweit Standorte eines Premiumherstellers. Es handelt sich einerseits um einen hocheffizienten Betrieb mit moderner Fertigungstechnik, andererseits aber auch um einen hochgradig vom Mutterkonzern abhängigen Standort ohne eigene Forschungs- und Entwicklungsaktivitäten. Nahezu alle Entscheidungen werden in der Zentrale getroffen, selbst die Organisation der Logistik liegt nicht in der alleinigen Verantwortung des Betriebes. Das Management hofft, bei der elektrischen Antriebssteuerung zum Zuge zu kommen, betont aber, in Konkurrenz zu vielen anderen Standorten des Konzerns zu stehen.

Wichtige Innovationsimpulse für die Industrieunternehmen werden zukünftig in einer Digitalisierung von Produktions- und Geschäftsprozessen gesehen. Vor allem durch die Integration von Echtzeitdaten und die Nutzung intuitiver Mensch-Maschine-Schnittstellen werden wandlungsfähigere Produktionssysteme und in der Folge erhebliche Flexibilitäts- und Produktivitätsgewinne prognostiziert (Olle et al. 2018, S. 43). Erwartungsgemäß ist die Mehrzahl der kleinen und mittleren Zulieferunternehmen in Thüringen von der Zukunftsvision einer Industrie 4.0 weit entfernt. Ein Branchenexperte in Thüringen bezeichnet die aktuelle Situation als „Industrie 1.5" und verweist auf die Zeit- und Kapitalintensität von Digitalisierungsprojekten als zentrale Hemmfaktoren für die zahlreichen kleinen und mittleren Unternehmen. In der Folge ist die aktuelle Situation von einer Ungleichzeitigkeit gekennzeichnet: In einigen wenigen Standorten wird die Digitalisierung in großen Investitionsprojekten umfassend vorangetrieben, wohingegen in der Fläche kleine Insellösungen dominieren.

Das Fehlen von Konzernzentralen und F&E-Abteilungen trägt entscheidend zur geringen Innovationsfähigkeit bei. Ein weiteres Hemmnis ist die Altersstruktur in vielen Thüringer Zulieferbetrieben. Im Mittel sind die Belegschaften zwischen 40 und 50 Jahre alt, in zwei der Betriebe liegt das Durchschnittsalter sogar über 50 Jahre. Viele betriebliche Akteure erreichen in den kommenden Jahren das Renteneintrittsalter, sodass die anstehenden Transformationsprozesse für ihr eigenes Erwerbsleben eine vergleichsweise geringe Rolle spielen (werden). Gefragt nach der Zukunft des Standortes, verwenden viele Betriebsräte ihr Ausscheiden aus dem Berufsleben als zeitliche Referenz. Ziel ist es, bis zur eigenen Verrentung „durchzuhalten". Folglich sind es vor allem die jüngeren Interessenvertreter*innen und Beschäftigten, die ein größeres Problembewusstsein hinsichtlich der bevorstehenden Transformationsprozesse haben.

Mit dem Anstieg verrentungsbedingter Austritte und vor dem Hintergrund einer veränderten Arbeitsmarktsituation nehmen die Fachkräfteengpässe zu. Im Zuge dessen registrieren Personalverantwortliche und Betriebsräte, dass vor allem bei jüngeren Arbeitnehmer*innen die Bereitschaft sinkt, bei der Entlohnung und den Arbeitsbedingungen ähnlich große Zugeständnisse zu machen, wie es bei der Vorgängergeneration der Fall war. Eine tariflich abgesicherte, flexiblere Arbeitszeit spielt für viele Beschäftigte eine zunehmend wichtige Rolle. Es zeigt sich, dass das weit verbreitete Niedriglohnregime an seine Grenzen stößt und sich die Billigstrategie der Vergangenheit nicht ohne weiteres fortführen lässt. Gleichzeitig werden Lohnsteigerungen aufgrund der hohen Standortkonkurrenz selbst von einigen Betriebsrät*innen ambivalent bewertet.

3   Fazit: Die Bedeutung einer aktiven, beteiligungsorientierten Industriepolitik zur Bearbeitung sozialökologischer Transformationskonflikte

Der Druck auf die Automobilzulieferindustrie erhöht sich durch das Vorantreiben der E-Mobilität, aber auch durch die fortschreitende Digitalisierung, sich verändernde Geschäftsprozesse und neue Mobilitätskonzepte derzeit massiv. Mit Blick auf die Akteure der zuliefernden Unternehmen in der Wertschöpfungskette „Automobil" stellen wir fest, dass dieser Druck sich kaum in längerfristige Strategien übersetzt und kein greifbarer Diskurs auf der betrieblichen Ebene unter Einbeziehung der Belegschaften stattfindet. Dieser Befund gilt nicht nur für die Thüringer Unternehmen. In der von der IG Metall im Frühjahr 2019 durchgeführten Befragung „Transformationsatlas"[6], in der Betriebsräte in 1.964 Betrieben u. a. dazu Auskunft gaben, ob es in ihrem Betrieb eine Strategie zur Bewältigung der Herausforderungen gibt, die durch die Transformation entstehen, wurde dies von 18 % der Befragten verneint. In weiteren 19 % der Betriebe sind nach Beurteilung der Betriebsräte teilweise Strategien vorhanden. In mehr als der Hälfte der Betriebe fehlen nach Auffassung der Betriebsräte Strategien weitgehend oder gar komplett.

Für die Thüringer Untersuchungsregion können wir dies, erstens, darauf zurückführen, dass die Unternehmen die Dramatik des Wandels unterschätzen und ihnen, zweitens, die Ressourcen fehlen, um eine eigenständige Strategie zu entwickeln und den Strukturwandel mitzugestalten. Eine Transformation und erst recht Konversion setzt Produkt- und Prozessinnovationen voraus, die viele der Thüringer KMU derzeit überfordern. Erwartet wird, dass sie von größeren Zulieferunternehmen geleistet werden, die über eigene F&E-Aktivitäten verfügen. Derer gibt es in Thüringen jedoch nur sehr wenige. Darüber hinaus ist bei großen Unternehmen mit zentraler F&E nicht gesichert, dass der ostdeutsche Standort davon profitiert. Dies vor Augen formuliert ein Gewerkschaftsvertreter seine Auflösungsprognose für Unternehmen mit einer nachrangigen Position in der Wertschöpfungskette „Automobil": „Viele unserer Unternehmen wird es in wenigen Jahren nicht mehr geben, wenn sie nicht statt Autoteile zum Beispiel Kochtöpfe herstellen".

Aus einer radikalökologischen Perspektive ist das Verschwinden von (konventionellen) Automobilzulieferunternehmen weniger ein Problem denn Teil der Lösung. Eine solche Position verschließt allerdings die Augen vor den sozialen Verwerfungen, die hieraus resultieren. In der bis vor kurzem noch von Deindustrialisierungspro-

---

6   Siehe https://www.igmetall.de/politik-und-gesellschaft/zukunft-der-arbeit/digitalisierung/transformation-viele-arbeitgeber-haben-keine-strategie. Zugegriffen: Juni 2019.

zessen und Abwanderungen geprägten ostdeutschen Untersuchungsregion würden große Beschäftigungsverluste in der Automobilindustrie zu erheblichen materiellen Wohlstandsverlusten, gesellschaftlichen Spaltungsprozessen und einer Hinwendung zu populistischen Positionen führen. Die Krise des Wertschöpfungssystems „Automobil" steht daher beispielhaft für sozialökologische Transformationskonflikte, deren Lösung zwingend ein Zusammendenken von beschäftigungs-, industrie- und umweltpolitischen Zielen erfordert.

Aus den Gesprächen mit überbetrieblichen Branchenexpert*innen und den empirischen Befunden unserer Studie leiten wir folgende Schlussfolgerungen ab: Gerade vor dem Hintergrund des beschleunigten Transformationsdrucks der Automobilindustrie wird es den Zulieferunternehmen kaum möglich sein, aus eigener Kraft eine größere Handlungsmacht und Strategiefähigkeit zu entwickeln. Es bedarf daher einer regionalen Strukturpolitik als Teil einer umfassenderen Industriepolitik, die die Rahmenbedingungen für Transformations- und Konversionsprozesse schafft. Dazu gehören an Kriterien „guter Arbeit"[7] geknüpfte temporäre Übernahmen, Landesbürgschaften, finanzielle Unterstützungen oder stille Beteiligungen von bzw. an Unternehmen durch das Bundesland Thüringen. Industriepolitik sollte dabei beteiligungsorientiert, demokratisch und bürgernah organisiert werden, das heißt, sie muss sowohl unter Einbezug der Beschäftigten wie auch der Bürger*innen insgesamt stattfinden und sich dabei dem Ausbau der Infrastruktur ebenso widmen wie der Unterstützung von Forschungs- und Entwicklungsaktivitäten sowie der Frage nach Qualifizierungsmöglichkeiten für Beschäftigte im Transformationsprozess. Folgt man den Aussagen der von uns interviewten Expert*innen und Betriebsratsvertreter*innen, so spielt in Thüringen die Industriepolitik bisher allenfalls eine untergeordnete Rolle. Nur wenige betriebliche und überbetriebliche Akteure nehmen ein proaktives politisches Handeln wahr. Vielmehr wird konstatiert, dass die Umbrüche und ihre arbeitsmarktpolitischen Folgen unterschätzt werden. Insgesamt wird der Politik aktuell nicht viel zugetraut. Die Beschränkung von Landesregierung und Gewerkschaften auf Krisenrettungsversuche des einzigen Endherstellers für Autos in der Region bestärkt das Gefühl vieler Unternehmensakteure, allein gelassen und benachteiligt zu werden. Zulieferbetriebe in Konzernstrukturen sind zwar besser eingebunden, ihre nachrangige Stellung in der Wertschöpfungskette bewirkt jedoch eine vergleichbare Wahrnehmung

---

7   Die interviewten Betriebsrät*innen und Beschäftigten nennen in diesem Zusammenhang stabile Arbeitsverhältnisse, angemessene Entlohnungsstrukturen und formalisierte Vereinbarkeitsregeln, aber auch eine Limitierung der Leiharbeitsquote, wie sie die Vorgängerregierung bereits durchgesetzt hatte.

der Nicht-Beteiligung und belässt die Geschäftsführungen und Belegschaften als potenzielle Transformationsakteure in der Warteschleife.

Seitens der betrieblichen und überbetrieblichen Interessenvertretungen wird eine Strategiefähigkeit auf inhaltlich neuem Niveau benötigt, die sich unbequemen Fragen nicht verschließt und an deren Erörterung die Beschäftigten beteiligt werden. Wollen die Gewerkschaften und die Politik nicht Gefahr laufen, einen Teil der Gesellschaft zu verlieren, muss mit den Belegschaften ein offener und ehrlicher Diskurs darüber geführt werden, inwiefern die Produkte und Produktionsweisen des eigenen Betriebs auf einem zukunftsfähigen und nachhaltigen Geschäftsmodell beruhen, welche (z. B. ökologischen) Kosten damit verbunden sind und in welchem Verhältnis diese zu den Interessen anderer Bevölkerungsgruppen stehen. Auf diese Weise scheint es uns am ehesten denkbar, ein grundsätzliches Bewusstsein bei den Beschäftigten dafür zu verankern, dass die Industrie und ihre Akteure eine gesellschaftspolitische Verantwortung haben, die der Tatsache Rechnung trägt, dass das fossilistische Wachstumsmodell an seine Grenzen stößt. Aktuell ist dieses Bewusstsein noch sehr gering ausgeprägt. In den untersuchten Thüringer Zuliefer-unternehmen argumentieren Beschäftigte eher selten ökologisch und problematisieren nur in Ausnahmefällen Produkte und Produktionsweisen. Die Themenfelder Nachhaltigkeit und Konversion werden stattdessen von Fragen der Entlohnung, der Arbeitsqualität und vor allem der Beschäftigungssicherheit überlagert.

Zu einer „nach vorne" gerichteten Debatte um die Zukunft des Wertschöpfungssystems „Automobil" gehört daher zwingend ein Nachdenken über neue Beschäftigungsmöglichkeiten, die gesellschaftliche Entwicklungstrends und darauf basierende Produkte zum Ausgangspunkt nehmen. Bewegt sich das angeführte Zitat des Gewerkschaftsfunktionärs noch im konventionellen Fertigungsbereich (Kochtöpfe), scheint es uns vielversprechender, beispielsweise neue Möglichkeiten zum Ausbau des öffentlichen Nah- und Fernverkehrs anzuvisieren. Dieser Schritt muss die Mobilitätsanforderungen von Beschäftigten und Bürger*innen insbesondere in den ländlichen Regionen einbeziehen, deren Erwerbs- und Sorgearbeiten derzeit vielfach nur durch den Individualverkehr geleistet werden können. Die Akzeptanz künftiger Mobilitätskonzepte wird an der Berücksichtigung sozialer und ökologischer Aspekte und deren Austarieren gemessen. Dafür kann der gewerkschaftliche Ansatz einer Dialog- und Beteiligungsorientierung eine Schlüsselrolle spielen.

Neben der Akzeptanz gilt es auch die Kompetenzen von Beschäftigten in den Blick zu nehmen. Besonders die Unternehmen in der Metallzerspanung und -verarbeitung verfügen über die nötigen Maschinen und eine Qualifikationsstruktur, mit deren Hilfe die Fertigung anderer Produkte realisierbar ist. In diesen Unternehmen sind es weniger die mangelnde Infrastruktur und unzureichende Kompetenzen der Mitarbeiter*innen, die einen Pfadwechsel in Richtung Konversion derzeit hemmen, als vielmehr die fehlenden Handlungsspielräume des Managements sowie die nötigen Freiräume, über Alternativen nachzudenken und etwa auf Übergangsarbeitsmärkte zurückgreifen zu können.

Wir haben aber auch in Unternehmen geforscht, die einen hohen Weiterbildungs- und Qualifizierungsbedarf zur Realisierung eines beschäftigungssichernden Strukturwandels artikulieren. Die Ermittlung des Personalbedarfs und die Qualifizierung für sich verändernde oder neue Tätigkeiten ist zwar von zentraler Bedeutung, erfolgt in den Betrieben der IG-Metall-Befragung jedoch nur in 45 % der Fälle systematisch.

Ein Transformationskurzarbeitergeld, wie es die IG Metall bereits seit einigen Jahren fordert, kann dafür verwendet werden, Beschäftigte innerhalb ihrer Betriebe für zukünftige Anforderungen zu qualifizieren und Zeiten des Produktionsstillstands zu überbrücken. Um die Herausforderungen einer sozialökologischen Transformation zu bewältigen, müssen sich Wirtschaft und Staat in angemessener Weise an den Kosten des wachsenden Weiterbildungsbedarfs beteiligen. Zudem sollten Bildungseinrichtungen wie Universitäten und Fachhochschulen für betriebliche Praktiker*innen (ohne Abitur) geöffnet werden, denn in diesen Institutionen werden Konzeptionen für den Wandel vorangetrieben, kooperativ Expertisen verschiedener Disziplinen verknüpft und Freiräume für Kreativität und Wissensaustausch angeboten.

Die genannten Aspekte illustrieren, dass der Strukturwandel verschiedene Politikbereiche von der Forschungs- und Innovationspolitik über die Infrastrukturpolitik, Arbeitsmarkt- und Bildungspolitik bis hin zur Energie- und Verkehrspolitik einbeziehen sollte. Die Vorschläge orientieren darauf, das Produzent*innenwissen der Beschäftigten in der Autozulieferindustrie zu mobilisieren und weiterzuentwickeln. Den Gewerkschaften kommt dabei auch die Rolle zu, die Beschäftigten zu Akteuren zu ermächtigen, die sich selbstbewusst in diesen Transformationsprozess einbringen.

Literatur

Butollo, F., Ehrlich, M., Engel, T., Füchtenkötter, M., Holzschuh, M., Schmalz, S., Seeliger, M., Singe, I., Sittel, J., & Dörre, K. (2016). *Expertise zur Zukunftsfähigkeit der Autozulieferindustrie in Thüringen*. Economic Sociology Working Paper, Nr. 13. Jena: Friedrich-Schiller-Universität Jena.

Dörre, K. (2012). Landnahme, das Wachstumsdilemma und die „Achsen der Ungleichheit". *Berliner Journal für Soziologie, 22*, 101–128.

Dörre, K., & Becker, K. (2018). Nach dem raschen Wachstum. Doppelkrise und große Transformation. In L. Schröder & H.-J. Urban (Hrsg.), *Gute Arbeit, Ausgabe 2018. Ökologie der Arbeit – Impulse für einen nachhaltigen Umbau* (S. 35–59). Frankfurt a. M.: Bund-Verlag.

Fraunhofer ISI (2017). *Perspektiven des Wirtschaftsstandorts Deutschland in Zeiten zunehmender Elektromobilität.* Working Paper Sustainability and Innovation, Nr. S 09/2017. Karlsruhe: Fraunhofer ISI.

Iwer, F. (2018). Ökologischer Umbau der Automobilindustrie – die neue Herausforderung. In L. Schröder & H.-J. Urban (Hrsg.), *Gute Arbeit, Ausgabe 2018. Ökologie der Arbeit – Impulse für einen nachhaltigen Umbau* (S. 84–104). Frankfurt a. M.: Bund-Verlag.

Olle, W., Plorin, D., & Chmelik, R. (2018). Wege zur Zukunftsfähigkeit der Automobilzulieferindustrie in Thüringen. Trendscouting, Bestandsaufnahme/Tiefenanalyse, Handlungsempfehlungen. Gesamtstudie des Chemnitzer Automotiv Institut in Zusammenarbeit mit dem Netzwerk automotiv thüringen e. V. im Auftrag des Thüringer ClusterManagement in der Landesentwicklungsgesellschaft Thüringen. Erfurt.

WWF, BUND, Germanwatch, NABU, & VCD (2014). *Klimafreundlicher Verkehr in Deutschland. Weichenstellungen bis 2050.* https://www.bund.net/fileadmin/user_upload_bund/ publikationen/mobilitaet/mobilitaet_klimafreundlicher_verkehr_in_deutschland_01. pdf. Zugegriffen: Mai 2019.

Verkehrswende und ökologischer Umbau der Automobilindustrie

Strategische Herausforderungen für die IG Metall

Frank Iwer und Maximilian Strötzel

1   Einleitung

In den letzten Monaten hat die Debatte über die Lage und Zukunft der Automobilindustrie mit apokalyptischen Szenarien nicht gespart. Betrug und Kartellvorwürfe in nie gesehenem Ausmaß, die große klimapolitische Verantwortung, dreckige und verstopfte Innenstädte – die Branche steht im Zentrum von ideologischen Deutungskämpfen über die Gestaltung einer neuen Industrie, einer neuen Wirtschaft und wird von populistischen ParteistrategInnen dankend herangezogen, um sich in diesem Kampf zu profilieren. Auch im dauerhaft hohen WählerInnenzuspruch für die Grünen spiegelt sich, dass nach der Kohle das Auto in den Fokus der Klimadebatte gerückt ist. Die Standpunkte reichen von einem schlichten „Weiter so" bis zu einem generellen Verbot von Verbrennungsmotoren ab 2030. Dabei handelt es sich bei den Fragen nach einem zukunftsfähigen Verkehr und einer nachhaltigen Mobilität um äußerst komplexe Fragen, auf die es kaum die eine richtige Antwort gibt. Die überforderte Politik heizt derweil mit ersten Einfahrverboten in die Städte für sämtliche Dieselfahrzeuge den Vertrauensverlust in ihre eigene Gestaltungskraft kräftig an.

Bei so weitreichenden Entwicklungen bedarf es jedoch der politischen Steuerung auch auf einer anderen Ebene, nämlich bei den vielfältigen technologischen und ökonomischen Veränderungstrends. Noch ist offen, ob die Megatrends der Branche – Dekarbonisierung, Digitalisierung und weitere Globalisierung – einen evolutionären oder disruptiven Verlauf nehmen werden. Manches deutet darauf hin, dass es aufgrund eines nach wie vor wachsenden Weltmarktes sowie der technischen wie sozialen Hemmnisse für eine schnelle Mobilitätswende durchaus auch einen längeren Übergangszeitraum von zehn bis 15 Jahren geben könnte. Doch Indizien für eine radikale Marktveränderung über die Produkte gibt es genauso. Das hochkomplexe Zusammenwirken von erstarkendem Nationalismus, Handelskonflikten, technologie- und marktbedingten Unsicherheiten und unklaren

© Springer Fachmedien Wiesbaden GmbH, ein Teil von Springer Nature 2019
K. Dörre et al. (Hrsg.), *Große Transformation? Zur Zukunft moderner Gesellschaften*, https://doi.org/10.1007/978-3-658-25947-1_14

Regulierungsversuchen der Politik macht jede Vorausschau über mehrere Jahre hinweg unseriös. Sicher ist nur die Tatsache einer neuen Qualität der Veränderung. Für die IG Metall steht viel auf dem Spiel, denn die tariflich und betrieblich gut regulierten Arbeitsplätze in der Branche werden in Menge und Qualität kaum so erhalten werden können. Die Ausgangsbedingungen der verschiedenen Standorte reichen dabei von Vollauslastung bis hin zu Schließtagen, die heute schon angemeldet werden. Der Beitrag argumentiert nachfolgend, dass in diesem umfassenden Transformationsprozess der Produkte, aber auch der gesamten gesellschaftlichen Mobilitätskultur, eine kohärente, demokratisch legitimierte Regulierung erfolgsentscheidend ist. Zentrale Merkmale dieser Regulierung sind die frühzeitige Integration konfligierender Positionen[1], ein offener Umgang mit den daraus entstehenden Zielkonflikten und die Gewährleistung höchstmöglicher Legitimität durch umfassende Beteiligungsformen. Leider bestand die bisherige Politik der Bundesregierung eher darin, Konflikte zu dethematisieren, Verantwortungen wegzudelegieren und zu beschwichtigen, wo die Probleme unübersehbar waren. Diese Form der Nicht-Regulierung vertagt die Probleme der Transformation nicht, sondern verstärkt sie. Die Einfahrverbote für Diesel-Autos zeigen das exemplarisch und sind ein erschreckendes Beispiel dafür, wie eine Politik der Vermeidung Zielkonflikte – zwischen Stickoxid- und CO_2-Reduzierung, zwischen AnwohnerInnen und PendlerInnen, zwischen ÖPNV-Ausbau und individueller Mobilität, zwischen Verbotsbeschlüssen und Beschäftigungseffekten – weiter zuspitzt. Hier sieht sich die IG Metall als ein wichtiger Akteur, der als Vertretungsorganisation der Beschäftigten dieser Branche im Zentrum der kontroversen Interessen steht und umfassend zur Legitimität einer ausgewogenen Regulierung beitragen kann.

Eine aus unserer Sicht erfolgreiche Transformation dieser Schlüsselindustrie mit sicheren Perspektiven für die Beschäftigten braucht eine aktive und eigenständige Einflussnahme der IG Metall sowohl auf die Politik wie in den Unternehmen. Das erfordert eine konzeptionelle Weiterentwicklung der eigenen Positionen genauso wie eine kritische Überprüfung der eigenen Handlungsfähigkeit. Leitfragen unseres Beitrages sollen sein:

- Wie positioniert sich die IG Metall zur Erreichung der Klimaschutzziele?
- Welche Anforderungen stellt sie an Mobilitätskonzepte der Zukunft?

---

1   Ein Beispiel waren die umstrittenen Kriterien, die an die CO_2-Regulierung von Neufahrzeugen auf der europäischen Ebene angelegt wurden: Dort sollten neben dem Einsparpotenzial einer Maßnahme die industrielle Umsetzbarkeit, die Kostenbelastung der AutofahrerInnen sowie die erwarteten Beschäftigungseffekte einbezogen werden. Diskutiert wurde in der Schlussphase, wie in einer Preisverhandlung, hauptsächlich über das Reduktionsniveau.

- Welche Entwicklungsstrategien verfolgt sie in den Kernunternehmen der Branche?
- Und nicht zuletzt: Welche Durchsetzungsoptionen hat sie – sei es im Betrieb oder in den politischen Arenen?

Entlang dieser vier Fragen möchten wir die Veränderungsdynamiken und die darin liegenden Risiken, Widersprüche und Konfliktpotenziale für diese Schlüsselindustrie aus Sicht der IG Metall näher ausleuchten. Einleitend werden wir den Transformationsprozess zunächst entlang seiner Treiber beschreiben (Abschnitt 2) und dann zeigen, wie wir die Rolle der verantwortlichen Akteure (Politik und Unternehmen) sehen (3). Danach kommen wir auf die daraus resultierenden Konsequenzen und Zielkonflikte bei der Transformation zur Elektromobilität (4) und die zentralen Auswirkungen der konkreten CO_2-Regulierung im Pkw-Verkehr auf die Beschäftigung (5) zu sprechen. Im Anschluss weiten wir den Blick auf die für die Klimaschutzziele notwendige sektorübergreifende Regulierung (6). Abschließend geht der Beitrag darauf ein, was die Anforderungen an eine neue Betriebspolitik sind (7).

2   Transformationstreiber der Automobilindustrie

Mit ihren fast 900.000 unmittelbar Beschäftigten und über 400 Mrd. Euro Jahresumsatz, den höchsten Forschungs- und Entwicklungsausgaben und einer überdurchschnittlich hohen Tarifbindung ist die Automobilbranche nicht nur industrie- und beschäftigungspolitisch, sondern auch volkswirtschaftlich von zentraler Bedeutung. All diese Leistungen, die weit auf andere Branchen und Beschäftigung ausstrahlen, stehen nun zur Disposition. Die beiden Hauptreiber der Veränderungen sind dabei die Megatrends der Digitalisierung und der Dekarbonisierung.[2]

Die *Digitalisierung und Automatisierung* der Fahrzeuge bewirkt eine viel gravierendere Veränderung als „nur" die Realisierung neuer Antriebskonzepte. Neue Produkte, neue digitale Dienste, der Trend in Richtung „Nutzen statt Besitzen" von Fahrzeugen sowie das Auftreten neuer Wettbewerber wie Uber sind hier wesentliche Elemente. Auf der Seite der Produktion sind gleichfalls erhebliche Umbrüche zu beobachten. Neue Automatisierungstrends, etwa durch den Einsatz von Leichtbaurobotern, oder neue Abläufe mithilfe von Konzepten zur Industrie

---

2   Die Branche wird auch von der Gleichzeitigkeit weiterer Globalisierungs- und Deglobalisierungsprozesse und von der demografischen Entwicklung der Belegschaften geprägt. Diese Faktoren werden hier aber aus Platzgründen nur am Rande betrachtet.

4.0 halten bereits Einzug in die Fabriken. Und da unter dem Ideal eines „globalen Produktionsnetzwerkes" zugleich die Vor-Ort-Produktion in den zentralen Regionen deutlich zunimmt, verstärkt sich der Druck auf die Beschäftigung im Exportland Deutschland quantitativ wie qualitativ.

Die Klimaschutz-Verpflichtungen aus dem Pariser Abkommen zur *Dekarbonisierung* sind der zweite zentrale Treiber für die Transformation der Automobilindustrie hin zur beschleunigten Einführung neuer Antriebstechnologien und insbesondere der E-Mobilität. Die deutsche Bundesregierung hat im Rahmen des „Klimaschutzplans" (KSP) vereinbart, den CO_2-Ausstoß im Verkehrssektor bis 2030 gegenüber dem Jahr 1990 (163 Mio. Tonnen; 2017 lag er etwa bei 171 Mio. Tonnen) um 40 bis 42 % zu senken.[3] Solche ambitionierten Zielgrößen verlangen zwingend eine möglichst breit angelegte Veränderung der Antriebstechnologien. Da der motorisierte Individualverkehr zu über 60 % zu den CO_2-Emissionen im Verkehrssektor beiträgt, ist die Grenzwertbestimmung der herstellerspezifischen Flottendurchschnitte ein zentraler Stellhebel. Im Dezember 2018 einigte sich die EU über neue CO_2-Grenzwerte. Neue Pkw und leichte Nutzfahrzeuge müssen bis zum Jahr 2020/21 den Grenzwert von 95 Gramm CO_2 pro Kilometer im Flottendurchschnitt einhalten. Nach einem konfliktreichen Aushandlungsprozess, der bis in das Kabinett der Bundesregierung hineinreichte, wurde man sich schließlich einig: Bis 2030 müssen die Hersteller nun gewährleisten, dass die von ihnen zugelassenen Pkw 37,5 % und leichte Nutzfahrzeuge 31 % weniger CO_2 ausstoßen als 2021. Für das Zwischenziel 2025 ist die Zielmarke 15 % Reduktion. Der Verbrennungsantrieb bietet nach Abschätzungen der IG Metall noch ein CO_2-Minderungspotenzial von 12 bis 15 %. Wir setzen uns in den Unternehmen zusammen mit den Betriebsräten dafür ein, diese Potenziale zu realisieren. Die Diesel-Technologie spielt an dieser Stelle noch eine wichtige Rolle. Zugleich drängen wir darauf, auch die nötigen Investitionen zur Erschließung der neuen Antriebskonzepte bereitzustellen, denn nur dadurch können die ambitionierten politischen Vorgaben erreicht werden.

Die IG Metall geht davon aus, dass die genannten Zielwerte nur über einen stark beschleunigten Markthochlauf von Elektroautos (BEV und PHEV[4]) erreicht werden können; für 2030 müssten das im deutschen Markt etwa 50 % bei den Neuzulassungen sein. Für die Branche wird das schwierig: Seit 125 Jahren haben die deutschen Hersteller, gestützt auf ihr breites Zuliefernetzwerk, eine spezialisierte Forschungs- und Hochschullandschaft sowie auf einen eng mit ihnen verbundenen

---

3   Der Pkw-Bereich trug 2016 60,6 % zu den CO_2-Emissionen im Verkehrssektor bei, der Lkw-Verkehr weitere 35,3 %. Transnationale Flüge wurden nicht berücksichtigt. Daten nach UBA 2018 (BMU 2018).

4   Batterieelektrische Fahrzeuge (BEV) und Plug-in-Hybride (PHEV).

Maschinenbau unangefochten die technologische Vorreiterrolle bei den konventionellen Antrieben inne. Diese war der Schlüssel für die großen Markterfolge gerade in den letzten Jahren und damit auch für die Stabilität der Beschäftigung und Mitbestimmungsstrukturen.

Das stellt sich bei den neuen Antriebskonzepten vielfach anders dar. Ob in der Hybridtechnik, bei Elektromotoren oder dem Batterie-Know-how, in allen Schlüsseltechnologien gibt es zum Teil signifikante Vorsprünge bei Herstellern und Zulieferern aus Ostasien. Der globale Leitmarkt für E-Mobilität ist schon heute China, während Deutschland das Ziel, eine Million E-Fahrzeuge bis 2020 auf die Straße zu bringen, kleinlaut für gescheitert erklärt hat.

Dennoch setzt die IG Metall sich für das Klimaschutzvorhaben von Paris und den dafür notwendigen Strukturwandel in der Automobilindustrie hin zur E-Mobilität ein. Die Klimaschutzziele der Bundesregierung und die hohe Verantwortung der Branche über ihre Produktion sind für uns wichtige Vorgaben. Die Erzeugung eines gesellschaftlichen Konsenses in dieser Frage ist notwendig, um uns eine lebenswerte Umwelt zu erhalten. Werden die zwangsläufig entstehenden Zielkonflikte auf dem Weg dorthin aber nicht ernst genommen und zugunsten einer abstrakten Erfolgserzählung von massenhaften neuen Green Jobs verdrängt, steigt die Attraktivität von populistischen „Lösungsvorschlägen", die auf eine Totalverweigerung der Diskussion hinauslaufen. Und schließlich wäre ein solcher Umgang mit der Klima- und Umweltfrage auch beschäftigungspolitisch falsch: Ein Scheitern beim Erreichen der Ziele würde bedeuten, dass diese Leitbranche international immer weiter an Bedeutung verliert – und damit wäre auch die Sicherung von Beschäftigung eine Illusion.

Vor der Automobilindustrie und den Beschäftigten liegen also enorme Umwälzungsprozesse. Von einem erfolgreichen Strukturwandel kann nur dann gesprochen werden, wenn es gelingt, die anspruchsvollen umwelt-, industrie- und beschäftigungspolitischen Ziele im Gleichgewicht zu halten, hierfür tragfähige gesellschaftliche Mehrheiten zu gewinnen und unvermeidliche Zielkonflikte im Interesse der Beschäftigten sachgerecht zu lösen (dazu auch Becker et al. in diesem Band).

3   Die Industrie alleine kann es nicht richten – von der Antriebs- zur Mobilitätswende

Zugleich wird offenkundig, dass die Automobilindustrie allein die nötige Wende der Antriebskonzepte nicht realisieren kann. Selbst das Ziel, bis 2030 eine Zulassungsquote von 50 % elektrisch angetriebenen Fahrzeugen zu erreichen, ist äußerst voraussetzungsvoll, und noch sind zu viele Punkte ungeklärt. Das betrifft zum einen die öffentlich diskutierten Themen wie Kundenverhalten, Kaufpreis oder Lebenszyklus der E-Fahrzeuge. Zum anderen stellen sich viele offene Fragen rund um die Batterietechnologie, insbesondere hinsichtlich der Herkunft der Zellen, der indirekten CO_2-Belastung bei ihrer Herstellung sowie der Rohstoff- und Entsorgungsproblematik (Beschaffung, effizienter Einsatz und Recycling).

Letztlich entscheidend wird jedoch sein, wie der zusätzlich benötigte Strom erzeugt wird und ob die erforderliche Infrastruktur bereitgestellt werden kann. Damit ist nicht primär die hinreichende Abdeckung mit Ladesäulen gemeint. Diese kann mit entschiedenem Handeln und öffentlicher Förderung durchaus gelingen, auch wenn die Betreiber auf absehbare Zeit dabei draufzahlen werden. Noch wesentlicher ist die Kapazität und Lastfähigkeit der Stromnetze, insbesondere der regionalen Verteilernetze. Diese sind flächendeckend nicht auf die entstehenden Spitzenbelastungen ausgelegt und könnten regelmäßig kollabieren. Das verweist auf ein brisantes politisches Problem: Die klimapolitisch erwünschte Verkehrswende kann nur im direkten Zusammenspiel mit der Energiewende gelingen. So hoch der Wirkungsgrad elektrischer Antriebe im Fahrzeug auch ist, die dazu notwendige Energie muss klimaneutral erzeugt, gespeichert, transportiert und ins Fahrzeug gebracht werden. Solange unklar ist, wie der Strom von den Offshore-Windparks stabil in die Industriezentren kommen kann, sind wir hiervon noch weit entfernt.

Zwingende Voraussetzung für eine derartige Neuausrichtung ist, dass sich alle Akteure auf eine kohärente Politik verständigen. Natürlich muss zunächst die Automobilindustrie ihren Beitrag leisten: durch entsprechende und bezahlbare Fahrzeuge sowie die Bereitstellung attraktiver Dienstleistungen. Das Ziel muss ein optimales Zusammenspiel aus adäquater Energie- und Ladeinfrastruktur, zusätzlichen Kaufanreizen und letztlich auch einem veränderten Mobilitätsverhalten vor allem in den Ballungsräumen sein.

Neben der Industrie kommt der Politik in mehrfacher Hinsicht eine zentrale Rolle für die Bewältigung der anstehenden Transformation zu. Das beginnt bei den regulativen Vorgaben aus Brüssel und Berlin, die nicht nur auf CO_2-arme Antriebskonzepte zielen dürfen. Sie müssen vielmehr größere Zusammenhänge – z. B. neue Mobilitätskonzepte in Ballungsräumen – mitdenken und zugleich ökonomische, industrielle und beschäftigungspolitische Konsequenzen beachten.

Im Rahmen der neuen Mobilitätskommission „Nationale Plattform Zukunft der Mobilität" (NPM) wird genau das versucht. Neben sechs (!) Ministerien sind hier vom Fahrradverband bis VW alle relevanten Interessengruppen vertreten und sollen in sechs Arbeitsgruppen Szenarien für eine Mobilitätswende entwickeln. Die AG 1, die mit der Erreichung der Sektorziele für die CO_2-Emissionen betraut ist, musste mit einem besonderen Zeitdruck die Arbeit aufnehmen. Ihre Aufgabenstellung ist, Instrumente zu definieren, mit denen das Emissionsvolumen von 163 Mio. Tonnen CO_2 1990 auf 95 bis 98 Mio. Tonnen 2030 (was einer Reduktion von 40 bis 42 % entspricht) unter Berücksichtigung aller betroffenen Akteure reduzierbar ist. Im März 2019 wurde der Bundesregierung ein Zwischenbericht mit Maßnahmen vorgelegt, die nach CO_2-Minderungspotenzial, Kosten und politischen und gesell- schaftlichen Bedingungsfaktoren aufgeschlüsselt wurden. Die Haupthebel wurden in der Marktdurchdringung mit Elektroautos (10 Mio. Fahrzeuge bis 2030) und dem Nutzen der Effizienzpotenziale der konventionellen Antriebe gesehen: Eine Reduktion der CO_2-Emissionen auf 128 Mio. Tonnen ist dadurch möglich. Dieses Ziel ist nach Einschätzung der Beteiligten hochambitioniert, mit einer entschie- nen und unverzüglich einsetzenden politischen Regulierung (Ladeinfrastruktur und Verteilnetze, Kaufprämien, Bepreisung des Fahrstroms, Miet- und Baurecht, Busspurnutzung, Parkplatzmanagement, veränderte Dienstwagenregelung)[5] und unternehmerischen Entscheidung (Investitionen in Batterietechnologie, E-Ma- schinen und Leistungselektronik) aber grundsätzlich machbar. Einig war sich die Arbeitsgruppe auch darin, dass diese Maßnahmen für die Erreichung des Redukti- onsziels auf 95 bis 98 Mio. Tonnen nicht reichen. Das Delta ist im Wesentlichen mit der Verlagerung des Verkehrs auf den ÖPNV zu erreichen. Hier sind die Kommu- nen aufgerufen, Fahrradwege auszubauen, und Unternehmen sollten betriebliche Shuttle-Services einrichten, um den BerufspendlerInnen-Verkehr zu mindern. Die genauen erhofften Effekte, zumal bei einer Projektierung auf elf Jahre, gerieten dabei oft ins Spekulative. Der angepeilte Zielwert konnte durch die gemeinsam getragenen Maßnahmen rein rechnerisch nicht erreicht werden. Die IG Metall zieht daraus den Schluss, dass es angezeigt ist, schleunigst die wirkmächtigsten Instrumente in Gesetzgebungsverfahren zu überführen, ohne mit ideologischen Debatten über Detail-Lösungen den Weg zu gesellschaftlichen Konsensmaßnahmen zu verbauen. Die Abstimmung der verschiedenen Ressorts, Ministerien und Behörden auf allen Verwaltungsebenen benötigt kostbare Zeit, die durch eine falsche Priorisierung nicht noch in die Länge gezogen werden darf. An der konkreten Ausgestaltung der Maßnahmen auf Unternehmens- und Betriebsebene beteiligt sich die IG Metall selbstverständlich im Interesse der Beschäftigten.

---

5   Zu anderen Maßnahmen wie z. B. einem Bonus-Malus-System oder einem generellen Tempolimit gab es kontroverse Standpunkte. Auch über den Effekt von synthetischen Kraftstoffen war man sich nicht einig.

4   Beschäftigungsbilanzen und Umbruchdynamiken: Diversität und Ungleichzeitigkeit von Konflikten

Ein Kernthema für die kommenden Jahre ist die Beschäftigungsbilanz der anstehenden Transformation. Das gilt nicht nur für die IG Metall, die Betriebsräte und die Beschäftigten der Automobilindustrie, sondern gleichermaßen für die Politik und die BefürworterInnen einer radikaleren Umweltregulation. Denn davon, ob es gelingt, die damit verbundenen Folgen sozialverträglich zu gestalten, wird maßgeblich die gesellschaftliche Akzeptanz des Gesamtprojektes abhängen.

Eine belastbare Prognose zu geben, ist allerdings heute noch schwierig. Denn neben den Folgen aus einer Veränderung der Antriebstechnologien werden die nächsten 10 bis 15 Jahre massiv von der Neuausrichtung der globalen Produktionsnetzwerke geprägt sein. Da auch aufgrund der handelspolitischen Entwicklungen tendenziell die Produktion auf die Triadenregionen aufgeteilt wird, findet in Europa die Herstellung von Fahrzeugen vorwiegend nur noch für den Binnenmarkt statt. So werden die Produktivitätszuwächse nicht mehr durch ein signifikantes Mengenwachstum zu kompensieren sein. Das wird überproportional die Arbeitsplätze in der Produktion treffen und sich mit den Beschäftigungseffekten des Technologiewandels überlagern.

Deshalb gehen wir auch – anders als die EU-Kommission – nicht von einer neutralen oder leicht positiven Arbeitsmarktentwicklung durch die CO_2-Regulierung bis 2030 aus. Ganz zu schweigen von den Berechnungen der European Climate Foundation (2017), die umso größere positive Effekte erwartet, je höher der Anteil von batterieelektrischen Fahrzeugen ist. Die Studie der ECF unterstellt dafür ein ökonomisches Modell, bei dem die gesamten „eingesparten" Importaufwendungen für Erdöl konsumtiv verwendet werden. Aus den daraus entstehenden Nachfrageeffekten werden dann vielfältige Dienstleistungsarbeitsplätze rechnerisch abgeleitet. Aspekte wie die Qualität dieser neuen Arbeitsplätze, deren Tätigkeitsfeld, Standort oder notwendige Qualifikation spielen in den Betrachtungen dieser Studie keine Rolle. Genauso wenig haltbar sind aus Sicht der IG Metall apokalyptische Szenarien, wie sie etwa vom IFO-Institut erstellt wurden. Dem dabei ermittelten Beschäftigungseinbruch um 600.000 Industriearbeitsplätze lag als Modell ein generelles Verbot von Verbrennungsmotoren bis zum Jahr 2030 zugrunde (Falck et al. 2017).

Die Beschäftigungseffekte durch die Veränderungen im Antriebsstrang sind sehr komplex und zum Teil auch ambivalent. Schon ein kompletter Wechsel von Diesel- zu Ottomotoren würde aufgrund der geringeren Komplexität und Wertschöpfung zu einem Verlust von zirka 15.000 bis 20.000 Arbeitsplätzen führen. Eine Elektrifizierung des Antriebsstrangs führt zu einer deutlichen Reduktion der verbauten Teile und ebenfalls zu einer geringeren Komplexität. Auf der anderen Seite würde der vermehrte Einsatz von Plug-in-Hybriden sogar leicht positive Effekte haben, da dort zwei komplexe Technologien gleichzeitig verbaut werden.

Allerdings könnten auch neue Arbeitsplätze entstehen, vor allem rund um den Bereich der Batterietechnologie. Wenn es gelingt, auch für diese Technologie eine vollständige Wertschöpfungskette in Deutschland zu etablieren, würde die Bilanz in der Summe wieder etwas verbessert. Hinzu kommt, dass in den nächsten 15 Jahren bei Weitem nicht mit einer vollständigen Umstellung auf elektrische Antriebe zu rechnen ist; der geforderte Anteil von 37,5 % CO_2-Reduktion bei den zugelassenen Pkw im Jahr 2030 entspricht, wie schon erwähnt, einer Elektro-Quote von 50 % bei den Neuzulassungen. Damit erhöht sich aber zugleich die Komplexität in den Montagewerken der Automobilhersteller deutlich, weil nochmals mehr Fahrzeugtypen und Technologien gleichzeitig beherrscht werden müssen.

Um daher zu einer belastbaren Abschätzung der Effekte aus Technologiewandel und Produktivität bis 2030 zu kommen, hat die IG Metall mit Unterstützung des Fraunhofer IAO ein größeres Verbundvorhaben zusammen mit Betrieben der Autohersteller und Zulieferer durchgeführt (ELAB 2.0; Fraunhofer IAO 2018). In dieser Studie ergaben sich bis 2030 schon erhebliche Veränderungen. Es wird erwartet, dass von den heute 212.000 Arbeitsplätzen, die im engeren Sinn mit der Produktion von Antriebskomponenten verbunden sind, knapp 150.000[6] entfallen. Diese Zahl ist saldiert und fällt um 35.000 Arbeitsplätze positiver aus, wenn alle neuen elektrischen Komponenten in der heutigen Wertschöpfungskette gefertigt würden oder die neuen Wertschöpfungsketten hierzulande entstehen. Das allerdings wird sich nicht in einer Art Automatismus einstellen. Aus diesen Zahlen ergibt sich also ein erheblicher Qualifizierungsbedarf, da es auch bei den „konventionellen" Komponenten erhebliche technologische Veränderungen geben wird. In diesem Szenario wird etwa jeder und jede Sechste der heute in der Autoindustrie Beschäftigten jedoch nur dann eine Perspektive haben, wenn die Zeit zur Erlernung neuer Kompetenzen genutzt werden kann – eine große Herausforderung für die Betriebe, die Betriebsräte und nicht zuletzt die KollegInnen selber.

Für die Bewertung dieses Szenarios ist es wichtig zu wissen, dass es sich aus Sicht der IG Metall nicht um ein „worst case"-Szenario handelt. Es unterstellt für 2030 einen Anteil batterieelektrischer Fahrzeuge von 25 %; das ist weit entfernt von den Szenarien, die inzwischen von der EU vorgegeben wurden. Und es unterstellt einen Anteil von 15 % Plug-in-Hybriden, die, wie oben ausgeführt, einen positiven Beschäftigungseffekt in die Bilanz einbringen. Besonders negativ könnte

---

6   Diese Zahl ist das Ergebnis einer Neuberechnung nach der Festsetzung der Reduktionsziele nach 2021. Ursprünglich wurde mit einer Reduktion von 30 % CO_2 bis 2030 gerechnet, wobei der Brutto-Beschäftigungseffekt bei etwa 100.000 Betroffenen lag.

aber ein weiterer Effekt das Ergebnis beeinflussen: Wir haben in diesem Projekt
die betriebswirtschaftlichen Folgeeffekte nicht betrachtet. Diese drohen aber insbesondere für kleine und mittelgroße Zulieferer, die etwa auf Motorkomponenten
oder Abgasanlagen spezialisiert sind. Wenn in solchen Betrieben 25 % Kapazität
aus der Verbrennertechnologie entfallen, werden die Betriebsergebnisse schnell
tiefrot, auch wenn der Standort ansonsten gut ausgelastet ist. Es droht dann eine
beschleunigte Konzentration und Verlagerung der Produktion.

Deshalb greift es auch zu kurz, nur die saldierten Zahlen zu betrachten. Die IG
Metall geht davon aus, dass die konkreten Effekte je nach Betrieb, seiner Stellung
in der Wertschöpfungskette und seinem technischen und finanziellen Potenzial
höchst unterschiedlich ausfallen werden. Die Endhersteller und die großen Zulieferer
haben gute Chancen, das heutige Beschäftigungsniveau zu stabilisieren, wenn es
gelingt, die Fertigung der neuen Technologien an den heutigen Standorten durchzusetzen. Vielfach schwieriger wird dies für mittelgroße und kleinere spezialisierte
Zulieferer, die gefordert sein werden, sich neue Produkte und Geschäftsmodelle
auch jenseits der Automobilindustrie zu erschließen. Gleichzeitig erfüllen sie oft
eine wirtschaftsstrukturelle Schlüsselrolle in ihrer Region, sodass sich die negativen Beschäftigungseffekte etwa in angrenzenden Dienstleistungsbereichen schnell
potenzieren können. Ähnliches gilt für die finanzielle Ausstattung öffentlicher
Einrichtungen. Die regionalpolitischen Folgen können die sozialen Spaltungsten-
denzen, die erst jüngst in einigen Studien (Fink et al. 2019; Seils und Baumann
2019) wieder untersucht wurden, noch empfindlich verschlimmern. Doch auch
größere Zulieferer kämpfen teilweise schon jetzt mit Nachfragerückgängen, weil
die Hersteller Wertschöpfungsteile Re-Insourcen.

Hinzu kommt: Die negativen Auswirkungen werden nicht gleichzeitig auftreten,
quasi als „großer Angriff", wie es in der Krise 2008/09 der Fall war. Für die politische
Verarbeitung innerhalb der IG Metall und die Entwicklung von strategischen Konzepten sind diese Differenzierungen alles andere als einfach. Obwohl es einerseits
erforderlich ist, den systemischen Charakter dieser Transformation zu verstehen
und politisch anzugehen, wird er andererseits überwiegend konkret in Form von
vielfältigen unterschiedlichen und ungleichzeitigen betrieblichen Konflikten.

5   Klimaschutzziele und der Konflikt um eine „gute Regulation"

Auf der Klimakonferenz in Paris hat sich der Großteil der internationalen Staatengemeinschaft völkerrechtlich dazu verpflichtet, die Reduzierung der CO_2-Emissionen umzusetzen. Innerhalb der EU ist bis 2030 eine CO_2-Minderung um 40 % gegenüber 1990 fest vereinbart. Deutschland wollte diesen Wert bereits 2020 erreichen, wird dies jedoch deutlich verfehlen. Dennoch hatte sich schon die alte Bundesregierung im Rahmen des Klimaschutzplans auf eine überproportionale Absenkung bis 2030 um mindestens 55 % verständigt (BMU 2016, S. 8), allerdings noch mit dem Vorbehalt, die technische und soziale Umsetzbarkeit in den einzelnen Sektoren zu überprüfen. Die jetzige Große Koalition will diesen Prozess weiterführen und aus den bisherigen Plänen ein verbindliches Klimaschutzgesetz entwickeln.

Mit diesen Rahmenbedingungen ist das Ob der Klimaschutzpolitik entschieden; das gilt auch und gerade für den Verkehrssektor, der als einziger Sektor seit 1990 keinerlei Beiträge zur CO_2-Minderung erbracht hat. Denn die unstrittig erreichten technischen Verbesserungen wurden durch die seit der Nachwendezeit drastisch gestiegene Anzahl und Fahrleistung der Fahrzeuge vollständig kompensiert (Rebound-Effekt). Unstrittig ist daher auch, dass ein erheblicher Teil der notwendigen Reduzierungen aus einer Veränderung der Antriebskonzepte kommen muss und durch die Automobilindustrie zu leisten ist.

Damit unterscheidet sich die derzeitige Umbruchsituation substanziell von den Debatten innerhalb der IG Metall zu Beginn der 1990er-Jahre mit Kongressen und Publikationen unter der Überschrift „Auto, Umwelt und Verkehr". Ausgangspunkt damals waren im Kern die Befürchtungen um endliche Erdölreserven sowie die einer generellen Überlastung der globalen Umwelt. Dieser Diskurs war aber in den 1990er-Jahren – trotz aller sachlichen Berechtigung – noch weit davon entfernt, unmittelbar politikrelevant zu werden. Zudem verschob sich der Fokus der Politik sehr schnell auf die Bewältigung der Vereinigungslasten, und die Automobilindustrie selbst geriet 1993/94 in eine massive Absatz- und Strukturkrise. Strategische Neuausrichtung bedeutete damals die schnelle Erschließung der asiatischen Märkte und die Etablierung von Niedriglohnstandorten in Osteuropa.

Auch wenn das Ob entschieden ist, bedeutet das keineswegs eine widerspruchsarme oder gar konfliktfreie Situation. Es ist nach wie vor nicht eindeutig klar, in welchen Schritten und in welchem Tempo diese globalen Ziele erreicht werden können. So forderte etwa der Umweltausschuss des Europaparlaments, den Vorschlag der Kommission zu den CO_2-Grenzwerten drastisch zu verschärfen: Statt um 30 % soll der CO_2-Ausstoß von Neufahrzeugen um 45 bis 50 % abgesenkt werden. Und die deutschen Umweltverbände BUND, DUH, NABU und VCD (2018) hielten in einem gemeinsamen Papier die Reduzierung um 60 bis 70 % für zwingend erforderlich.

Auch mit dem letztlich vereinbarten Ambitionsniveau von 37,5 % befindet sich die Industrie in einem Bereich, der nur mit einem beschleunigten Hochlauf der neuen Antriebstechnologie zu erreichen ist. Somit geht es im Kern um die konkrete Durchsetzung alternativer Antriebskonzepte im Massenmarkt. Das Ziel, bis 2020 in Summe eine Million Elektrofahrzeuge zugelassen zu haben, hat die Bundesregierung aufgegeben. Für die Sektorziele im Verkehr müssten aber in Deutschland laut den Ergebnissen der NPM bis 2030 zehn Millionen Fahrzeuge auf den Straßen sein. Aktuell sind es etwa eine viertel Million, wenn man die Plug-in-Hybride mitzählt. Schon allein diese Zahlen machen deutlich, wie groß die Anstrengungen in den Unternehmen wie in der Gesellschaft sein müssen.

Vor diesem Hintergrund ist auch das Drängen der Umweltverbände oder von Teilen der Sozialdemokratie nach schärferen Zielvorgaben wenig hilfreich. Zum einen sind die Ziele in dem geforderten Zeitraum technisch nicht realisierbar und haben eher einen voluntaristischen Charakter. Und zum anderen dreht sich die Debatte dadurch immer mehr um Bekenntnisse statt um konkrete Realisierungsschritte. So steht es auch im Koalitionsvertrag: „Wir bekennen uns zu den national, europäisch und im Rahmen des Pariser Klimaschutzabkommens vereinbarten Klimazielen 2020, 2030 und 2050 für alle Sektoren."

Bekenntnisse sind jedoch nur sehr eingeschränkt wirksame Instrumente der Regulation. Doch die ist jetzt notwendig. Eine kohärente verkehrs-, energie-, industrie- und arbeitsmarktpolitische Strategie mit konkreten Umsetzungsschritten müsste jetzt mit aller Kraft angegangen werden. Die Zwischenergebnisse der AG 1 aus der NPM geben dafür eine nützliche Grundlage, auch wenn sie nicht bis ins Detail konsensual ausformuliert sind. Der Umgang mit diesen Ergebnissen wird in den nächsten Wochen und Monaten zeigen, ob die Verantwortlichen in der Lage sind, ihrer Aufgabe der Ausarbeitung einer solchen klaren, kohärenten Regulierung gerecht zu werden. Das wäre im Sinne der Automobilindustrie, der dort Beschäftigten, der Umwelt und der Gesellschaft. Und wenn dann die CO_2-Minderung 2030 größer ausfällt als heute absehbar, hätte niemand etwas dagegen einzuwenden.

6   Mobilitätskonzepte der Zukunft und soziale Polarisierung

Die Ausgestaltung und Umsetzung der neuen CO_2-Regulierung für Neufahrzeuge dürfte sich allerdings noch nicht als die zentrale Herausforderung für die Anpassungsfähigkeit der Autoindustrie und der Gesellschaft an eine anspruchsvolle Klimapolitik herausstellen. Viel weitreichendere Veränderungen werden sich aus der Planung für ein Klimaschutzgesetz (KSG) ergeben, in dem feste Vorgaben für die einzelnen Sektoren beschlossen werden sollen, angelehnt an die Sektorziele aus dem schon bekannten Klimaschutzplan (KSP). Die realen Entwicklungen der CO_2-Emissionen zeigen bisher einen eher problematischen Verlauf: Bis 2014 wurden sie zwar um 26 % reduziert. Seitdem stagnieren sie jedoch, insbesondere, weil sich das Wirtschafts- und Bevölkerungswachstum viel dynamischer entwickelt haben als geplant. Auch deshalb wird allen Bekenntnissen zum Trotz das angepeilte Ziel für 2020 (–40 %) deutlich verfehlt werden.

Im Zuge der Erarbeitung des KSG sollen aus diesen Gesamtzielen verbindliche Vorgaben für die einzelnen Sektoren – Energie, Industrie, Verkehr, Gebäude, Landwirtschaft – abgeleitet werden. Ein wichtiger Teil dieses Prozesses ist an die sogenannte „Kohlekommission" übertragen worden. Diese sollte prüfen, wie ein schnelleres Herunterfahren der kohlebasierten Stromerzeugung möglich ist und welche industrie-, regional- und arbeitsmarktpolitischen Flankierungen hierfür nötig wären. Ende Januar 2019 wurden die Ergebnisse der Kommission vorgestellt. Demnach soll frühestens 2035, spätestens 2038 das letzte Kohlekraftwerk vom Netz gehen. Bis 2022 gibt es einen konkreten Abschaltplan, der die Kraftwerke, deren Leistung und die entsprechende CO_2-Last definiert. In dieser Phase soll es zu einer Reduktion der CO_2-Emissionen im Energiesektor von 45 % gegenüber 1990 kommen (bis 2014 wurden 23 % erreicht, das anvisierte Ziel bis 2030 ist laut KSP 61 bis 62 %). Für die Phase nach 2022 wurde das Ziel festgelegt, diesen Ausstiegspfad zu verstetigen, ohne konkrete Kraftwerke zu benennen. Nur die Zielgröße der Energiegewinnung aus Braun- und Steinkohle wurde definiert. Bis 2025 soll ein „substanzieller Zwischenschritt" von 10 Mio. Tonnen CO_2-Minderung erreicht sein. Sogenannte „Impact Assessments" sollen 2023, 2026 und 2029 die erreichten Zwischenstände nach umwelt-, beschäftigungs- und regionalpolitischen Gesichtspunkten evaluieren und die entsprechenden Instrumente des Ausstiegs nachjustieren. Für die Erreichung dieses Ziels wurden Mittel in Höhe von 40 Mrd. Euro – entsprechend den Vorschlägen der Kohlekommission – bereitgestellt. Den Großteil trägt dabei der Bund. Die betroffenen Bundesländer NRW, Sachsen, Sachsen-Anhalt und Brandenburg dürfen diese Mittel für Projekte in den Bereichen der wirtschaftlichen und Strukturentwicklung, dem Naturschutz, der Raumentwicklung und dem Tourismus nutzen.

Im Verkehrssektor ist man so weit noch nicht, doch die ersten Schritte sind getan. Die Maßnahmen, die die Klima-AG der NPM vorgestellt hat, wurden bereits erläutert. Allerdings ist die Transformation dieses Sektors ungleich komplexer. So ist der oben angesprochene Wachstumseffekt noch stärker ausgeprägt als in den anderen Sektoren: Sämtliche fahrzeugbezogenen Effizienzgewinne wurden durch die drastische Zunahme des Verkehrs, der Anzahl der Fahrzeuge, der höheren Fahrleistung und auch durch die neue Rolle Deutschlands als Transitland kompensiert. Dadurch steigt der Druck erheblich an, nicht nur nach Meinung der Umweltverbände, sondern zunehmend auch aus den anderen Richtungen. Damit werden aber die Zielkonflikte immer schärfer zutage treten, die das Alltagsverhalten der Menschen ebenso betreffen wie die Funktionsfähigkeit von Produktion und Reproduktion, insbesondere in den Ballungsräumen. Hierzu einige exemplarische Beispiele.

Ein Konzept des Öko-Instituts sieht vor allem fiskalische Instrumente vor, insbesondere die Einführung einer kilometerbezogenen Maut von 9 Cent für Pkw. Für DurchschnittsfahrerInnen wäre das eine zusätzliche Belastung von ca. 1.500 Euro im Jahr. Dadurch soll der motorisierte Individualverkehr um 40 % zurückgehen, der ÖPNV hingegen um 80 % ansteigen. Auch in der NPM wurde mit verschiedenen CO_2-Preisen und City-Maut-Modellen gerechnet. Gerade über die Preiselastizität von Benzin und Diesel gab es aber Uneinigkeit. Das Problem damit ist: Der Verteilungseffekt tritt unmittelbar ein, die gewünschte klimapolitische Lenkungswirkung ist aber hochgradig unsicher.

So haben die PendlerInnenbewegungen gerade in den letzten Jahren zugenommen. Das gilt nicht nur hinsichtlich ihrer absoluten Zahl, sondern insbesondere für die mittlere Wegereichweite, die auf 10,5 km gestiegen ist. Hinzu kommt, dass dieser Anstieg überproportional bei niedrig- und mittelqualifizierten Beschäftigten anzutreffen ist. Ursache hierfür ist vor allem die drastische Verteuerung der Miet- und Lebenshaltungskosten, die dazu führen, dass BezieherInnen unterer Einkommen aus den Zentren in die Peripherie abgedrängt werden. Dies hat zwei miteinander zusammenhängende Folgen: mehr Verkehr und mehr soziale Spaltung.

Für diesen Personenkreis ist aber eine Substitution der Autofahrten nicht zu erwarten, denn Pendeln ist in der Regel erzwungener Verkehr und keine individuelle Präferenz. Da aber die Ballungsräume schneller wachsen als die ÖPNV-Angebote, ist auch ein Umstieg auf den öffentlichen Nahverkehr höchstens eine mittelfristige Option. Zudem ist der Nahverkehr heute zu den Stoßzeiten in den besagten urbanen Zentren hoffnungslos überlastet und nicht mehr aufnahmefähig. Große Infrastrukturprojekte sind teuer und dauern oft Jahrzehnte (Stuttgart 21). Deshalb wird gerne über die fahrrad- und fußgängerInnenfreundliche Stadt als Ausweg gesprochen. Das ist wünschenswert, ist aber keine Alternative für Pendlerdistanzen von über 10 km.

Selbst die scheinbar einfache Frage nach Einfahrtverboten oder der Erhebung einer City-Maut weist solche Züge auf. Denn entschieden würde darüber letztlich von den EinwohnerInnen der Kernstädte, die daher starke Anreize haben, *ihre* Umweltkonditionen zu optimieren. Für das Aushandeln von regionalen Mobilitätskompromissen zwischen Kernstädten und Umland oder zwischen EinwohnerInnen und EinpendlerInnen gibt es bisher kein politisches Verfahren.

Eine wirksame und zwischen den Einzelinteressen sensibel austarierte Klimaschutzpolitik verlangt also nach einer Integration von ökologischen, ökonomischen und demokratiepolitischen Maßstäben. Dabei kommt die traditionelle Top-down-Regulation über technische Vorgaben und fiskalische Anreize an ihre Grenzen. In dem Maße, in dem Klimapolitik in die Alltagsroutinen und Lebensweisen der Menschen eingreift, braucht sie deren aktive Mitwirkung, um ihre Legitimation dauerhaft zu garantieren. Verbote können zunächst unmittelbar wirksam sein, dürften allein aber eher dazu führen, die Akzeptanz dieses globalen Großprojekts zu untergraben.

Ohne neue Formen der Beteiligung – man könnte auch sagen: ohne umfassende Demokratisierung – der Menschen und Institutionen wird nach Überzeugung der IG Metall der Klimaschutzplan 2030 scheitern. Neben der fachlichen Verzahnung von Energie- und Mobilitätswende muss eine deutlich stärkere Abstimmung der politischen Ebenen treten, in denen auch die Regionen an Bedeutung gewinnen. In Sicht ist ein solches Politikkonzept indes nicht.

7 Neue Betriebspolitik – Konfliktfähigkeit für langfristige Zukunftskonzepte

Hauptakteure der Veränderungen rund um die klimapolitische Verkehrswende sind zuallererst die Unternehmen der Automobilindustrie. Sie prägen mit ihren Entscheidungen über Technologien und Produkte maßgeblich sowohl Richtung und Tempo der Veränderung als auch die strukturellen Rahmenbedingungen. Manche Entscheidungen sind in den Unternehmen und in der Branche umstritten, auch wenn die generelle Grundrichtung geklärt scheint. Ein prägnantes Beispiel hierfür ist die Batteriezellfertigung: Die Unternehmen wollen in diese Fertigung nicht investieren, da sie die Zellen für Warenprodukte halten, die bedarfsgerecht und günstig auf dem Weltmarkt zu beschaffen sind. Die IG Metall ist gemeinsam mit den Gesamtbetriebsratsvorsitzenden der Automobilindustrie der Auffassung, dass die Batteriezelle eine Schlüsselkomponente der E-Mobilität ist, bei der sich die Branche nicht von Anfang an von asiatischen Lieferanten abhängig machen darf. Wir wollen, dass die komplette Wertschöpfungskette einschließlich der Batteriezelltechnik hier im Lande realisiert wird. Dazu zählen auch Fragen des Recyclings der Batterien und die Etablierung möglichst geschlossener Wertstoffkreisläufe. Technologie, Know-how, Entwicklungsfähigkeit und Beschäftigung sollen hierzulande verfügbar sein.

Ähnliche Fragen stellen sich im Bereich der Produktstrategie: Werden ausschließlich batterieelektrische Fahrzeugkonzepte verfolgt oder auch Hybride, Wasserstofffahrzeuge und Erdgasantriebe? Natürlich ist eine solche Vielfalt teuer und bindet Investitionen. Sie bietet aber auch Potenziale zur CO_2-Minderung und dient sowohl der Absicherung von Beschäftigung als auch von Zukunftsperspektiven für die Unternehmen. Denn ein einziger „Königsweg" für den Antrieb ist nicht erkennbar. Zwischen den Konzernführungen in der Autoindustrie ist darüber mittlerweile ein offener Dissens ausgebrochen. Der Vorstandsvorsitzende des VW-Konzern Herbert Diess setzt in dieser Frage voll auf den batterieelektrischen Antrieb, während seine Konkurrenten nach wie vor technologieoffen entwickeln wollen. Auch der Automobilverband VDA hält das für die richtige Strategie.

Mindestens ebenso bedeutsam ist die Frage nach den zugehörigen Standortkonzepten: Wo werden neue und zukunftsträchtige Technologien industrialisiert und angesiedelt? Werden die elektrischen Komponenten in den Stamm-Standorten gefertigt, werden sie primär in den osteuropäischen Werken realisiert, oder geht man damit gleich nach Indien, China oder Korea? Hier sind wir zusammen mit den Betriebsräten auf dem Weg, über Standortvereinbarungen die Weichen dafür zu stellen, dass bis 2025 und möglichst darüber hinaus die Beschäftigten durch entsprechende Investitionsentscheidungen eine greifbare Perspektive im Transformationsprozess erhalten.

Durchaus als ermutigendes Beispiel kann hier die Auseinandersetzung um die Ansiedlung von elektrischen Antriebskonzepten im Daimler-Werk Untertürkheim im Sommer 2017 dienen. Angesichts einer längerfristig hohen und sicheren Auslastung hatte die Unternehmensleitung erwartet, dass ihre Planungen in Richtung eines weitgehenden Fremdbezugs dieser Zukunftstechnologien wenig beachtet werden. Den IG-Metall-Vertrauensleuten und Betriebsräten ist es aber in einer intensiven Aufklärungsarbeit gelungen, die eminente Bedeutung solcher Kompetenzen für die langfristige Zukunftsfähigkeit des Werks zu verdeutlichen. Nachdem die Mobilisierung durch Versammlungen, Überstundenablehnung u. ä. mehrfach zum Bandstillstand im Montagewerk Sindelfingen führte, lenkte die Konzernleitung schließlich ein und vereinbarte ein entsprechendes Zukunftskonzept.

Auch bei dem wichtigen Zulieferer Schaeffler ist es zu einer Zukunftsvereinbarung gekommen. Sie regelt den Einsatz eines paritätisch besetzten Steuerkreises, der über das für Betriebsräte originäre Geschäft der Organisierung von Qualifizierungsprozessen hinaus Investitions- und Standortstrategien entwickelt. Gegen das Veto der ArbeitnehmerInnenvertretung kann in diesen Feldern nicht entschieden werden. Auch bei Bosch kam es 2018 zu einer ähnlichen Vereinbarung. Hier konnten Transformationsprozesse genutzt werden, um Mitbestimmungsräume teilweise über die Grundlagen des BetrVG hinaus auszuweiten.

Diese Erfahrungen werden für die Weiterentwicklung der IG-Metall-Betriebspolitik durchaus Modellcharakter haben. Wir drängen in den nächsten Jahren darauf, möglichst viele solcher Zukunftsvereinbarungen zu realisieren, damit die Transformation nicht nur als Abwehr von Arbeitsplatzverlusten erfahren und umkämpft wird, sondern als Sicherung von Zukunftschancen und entsprechenden Optionen. Dieses Ziel wird nur begrenzt im Rahmen sozialpartnerschaftlicher Arrangements zu regeln sein und erfordert die Realisierung einer eigenen Analyse-, Strategie- und Konfliktfähigkeit in den Betrieben und Konzernen.

Eine zentrale Herausforderung in den Betrieben dürfte dabei das Thema Qualifizierung sein. Noch schneller als bisher werden sich die Abläufe und Anforderungen an die Arbeit verändern. Auf Basis einer Erstausbildung wird es auch in der Automobilindustrie keine lebenslange Beschäftigungsperspektive mehr geben. Regelmäßige Weiterbildung, die Chance zur beruflichen Neuorientierung und darauf ausgelegte Systeme der Personalplanung müssen zur Selbstverständlichkeit werden. Von einer Umsetzung dieses Anspruchs aber sind die meisten Betriebe noch weit entfernt, sowohl in den Personalabteilungen als auch in den Betriebsratsgremien.

Die konzeptionelle Weiterentwicklung und Verbreiterung einer so beschriebenen aktiven Betriebspolitik wurde auf dem Transformationskongress der IG Metall 2018 diskutiert. Daran anknüpfend hat die IG Metall in den letzten Monaten an einem Transformationsatlas gearbeitet, in dem fast 2.000 Betriebe ihre spezifische Betroffenheit entlang eines standardisierten Fragebogens beschrieben haben. Diese Unternehmen beschäftigen über 1,7 Mio. ArbeitnehmerInnen aus allen IG-Metall-Branchen (und damit 25 % der Beschäftigten dieser Branche). Damit soll die Entwicklung einer gezielten Betriebs-, Tarif-, aber auch regionalen Strukturpolitik unterstützt werden. Es besteht ein breiter Konsens darüber, dass wir Schritte in diese Richtung gehen müssen und dabei auch neue Formen der Bearbeitung der anstehenden Probleme unter Beteiligung der KollegInnen finden müssen. Darin dürfte denn auch der zweite markante Unterschied zu den Debatten 1989/90 bestehen: dass die Konflikte um die Zukunftsausrichtung von Betrieben und Unternehmen ins Zentrum der Politik gerückt und mit Blick auf den Gewerkschaftstag 2019 auch mit den zugehörigen organisations- und bildungspolitischen Schlussfolgerungen verbunden werden.

Literatur

BMU (2016). Klimaschutzplan 2050. https://www.bmu.de/fileadmin/Daten_BMU/Download_PDF/Klimaschutz/klimaschutzplan_2050_bf.pdf. Zugegriffen: Juni 2019.

BMU (2018). Klimaschutz in Zahlen: Der Sektor Verkehr. Bundesministerium für Umwelt, Naturschutz, Bau und Reaktorsicherheit. https://www.bmu.de/fileadmin/Daten_BMU/ Download_PDF/Klimaschutz/klimaschutz_zahlen_2018_verkehr_bf.pdf. Zugegriffen: Mai 2019.

BUND, DUH, NABU & VCD (2018). Klimaschutz braucht ambitionierte Verbrauchsgrenzwerte für Pkw. Bewertung des EU-Kommissionsvorschlags zur Fortschreibung der Verordnung der CO2-Flottengrenzwerte für Pkw für die Jahre 2025 und 2030. https:// www.vcd.org/fileadmin/user_upload/Redaktion/Themen/Auto_Umwelt/CO2-Grenzwert/2018-04-13_CO2-Grenzwerte_Positionspapier_final.pdf. Zugegriffen: Juni 2019.

European Climate Foundation (2017). Klimafreundliche Autos in Deutschland: Überblick der sozioökonomischen Auswirkungen. https://europeanclimate.org/wp-content/ uploads/2017/10/ECF_DE_CARS_V10.3A_SinglePages.pdf. Zugegriffen: Juni 2019.

Falck, O., Ebnet, M., Koenen, J., Dieler, J., & Wackerbauer, J. (2017). *Auswirkungen eines Zulassungsverbots für Personenkraftwagen und leichte Nutzfahrzeuge mit Verbrennungsmotor*. ifo Forschungsberichte, Nr. 87. https://www.ifo.de/DocDL/ifo_Forschungsberichte_87_2017_Falck_etal_Verbrennungsmotoren.pdf. Zugegriffen: Juni 2019.

Fink, P., Hennicke, M., & Tiemann, H. (2019). *Ungleiches Deutschland. Sozioökonomischer Disparitätenbericht 2019*. Bonn: Friedrich-Ebert-Stiftung. https://library.fes.de/pdf-files/ fes/15400–20190528.pdf. Zugegriffen: Juni 2019.

Fraunhofer IAO (2018). Weichenstellung für die Automobilindustrie. Studie untersucht Auswirkungen von Elektromobilität auf die Beschäftigung in der Antriebsstrangherstellung in Deutschland. https://www.iao.fraunhofer.de/lang-de/presse-und-medien/ aktuelles/2037-weichenstellung-fuer-die-automobilindustrie.html. Zugegriffen: Juni 2019.

Seils, E., & Baumann, J. (2019). *Verfügbare Haushaltseinkommen im regionalen Vergleich*. WSI Verteilungsmonitor. https://www.boeckler.de/pdf/wsi_vm_verfuegbare_einkommen.pdf. Zugegriffen: Juni 2019.

Community-Kapitalismus
Die Rekonfiguration von Arbeit und Sorge im Strukturwandel des Wohlfahrtsstaats

Silke van Dyk

1 Einleitung

Der Wandel von Arbeit wird soziologisch vor allem hinsichtlich der Deregulierung und Prekarisierung von Erwerbsarbeit sowie des Mangels an Fachkräften diskutiert. Geht es um Fragen der Sorge und Versorgung, standen lange die Privatisierung und Ökonomisierung vormals öffentlicher Leistungen und Infrastrukturen im Spannungsfeld von Markt und Staat im Zentrum. Feministische Wissenschaftler*innen haben diese Perspektive erweitert und den Blick für Prozesse doppelter Privatisierung geöffnet – als Vermarktlichung einerseits und als Verlagerung vormals öffentlicher Leistungen in Privathaushalte andererseits. Das damit konturierte Dreieck aus Markt, Staat und Familie enthält allerdings eine gewichtige Leerstelle, die für das Verständnis von Arbeit und Sorge im Strukturwandel des Wohlfahrtsstaats von wachsender Bedeutung ist: die Zivilgesellschaft. Wir beobachten gegenwärtig, so die These des Beitrags, eine Verzivilgesellschaftlichung der sozialen Frage, die auf die Aktivierung nicht-erwerbsförmiger Sorgetätigkeiten im Rahmen einer sozialpolitischen Gabenökonomie zielt. Es geht um unbezahlte oder geringfügig entschädigte Tätigkeiten jenseits von Staat, Markt und Familie, die – mobilisiert durch eine Gemeinschaftsethik – einen Beitrag zur sozialen Infrastruktur und Daseinsvorsorge leisten sollen: Ehrenämter, Freiwilligenarbeit, zivilgesellschaftliches Engagement, Nachbarschaftsprojekte, Pflegekollektive, Community Gardening, Mehrgenerationenhäuser, Repair-Cafés, Service-Learning an Schulen oder Open-Source-Projekte geben einen Eindruck davon, wie heterogen diese Post-Erwerbssphäre der Gegenwart ist.

Ziel des Beitrags ist es, die sozio-ökonomischen und politischen Rahmenbedingungen dieser Konjunktur zu skizzieren und die Entstehung einer Konfiguration herauszuarbeiten, die ich Community-Kapitalismus nenne (van Dyk 2018): In

© Springer Fachmedien Wiesbaden GmbH, ein Teil von Springer Nature 2019
K. Dörre et al. (Hrsg.), *Große Transformation? Zur Zukunft moderner Gesellschaften*, https://doi.org/10.1007/978-3-658-25947-1_15

Zeiten der „Dezentralisierung von Sozialpolitik" (Möhle 2001, S. 271) und der „Wiederkehr der sozialen Unsicherheit" (Castel 2009, S. 21) wird der „Imperativ der Partizipation" (Bröckling 2005, S. 22) zum Dreh- und Angelpunkt eines Kapitalismus, der unbezahlte Tätigkeiten jenseits der Familie verstärkt als neue Ressourcen erschließt. Zu beobachten ist dabei eine spannungsvolle doppelte Bewegung: So sind wir einerseits Zeug*innen eines Gemeinsinn- und Community-Booms „von oben", im Sinne einer staatlich induzierten Politik der Krisenbewältigung. Andererseits ist die Renaissance von Gemeinsinn und Community aber auch fest verankert in (linken) Bewegungen und programmatischen Ansätzen „von unten". Angesichts dieser breiten Anschlussfähigkeit gilt es im Folgenden, nicht nur die problematischen Facetten einer Verzivilgesellschaftlichung der sozialen Frage auszuleuchten, sondern auch die potenzielle Hegemoniefähigkeit des Community-Kapitalismus in Zeiten der Krise des Neoliberalismus in den Blick zu nehmen.

2   Community im aktivierenden Sozialstaat

Die Re-Vitalisierung von gemeinschaftsförmiger Solidarität ist eingebettet in das Zusammenspiel des wohlfahrtsstaatlichen Paradigmenwechsels zum aktivierenden Sozialstaat mit dem Wandel der Geschlechterverhältnisse und der Alterung der Gesellschaft. Seit den 1990er-Jahren steht eine vom Verschuldensprinzip entkoppelte, auf soziale Rechte rekurrierende soziale Sicherung zunehmend zur Disposition. Im Zentrum des Aktivierungsparadigmas steht ein Prozess multipler Grenzverschiebungen: Zu beobachten ist der „tendenzielle Übergang von der ‚Staatsversorgung' zur Selbstsorge, von der öffentlichen zur privaten Sicherheitsverantwortung, vom kollektiven zum individuellen Risikomanagement" (Lessenich 2009, S. 136). Hierbei handelt es sich nicht um einen Rückzug des Staates, sondern um einen Wandel der sozialstaatlichen Steuerungslogik, der zufolge (potenzielle) Leistungsempfänger*innen zunehmend weniger als Träger*innen von Rechten und verstärkt als zur Eigenverantwortung Verpflichtete gelten (dazu auch Haubner in diesem Band). Diese neue Steuerungslogik geht mit umfassenden Einschnitten in sozialstaatliche Sicherungssysteme sowie einer zunehmenden Unterfinanzierung der öffentlichen Infrastruktur einher (Gornig et al. 2015). Die aktuelle Entwicklung der öffentlichen Finanzen lässt den lange Zeit debattenprägenden Verweis auf den Sachzwang der leeren Kassen verblassen, wodurch einmal mehr deutlich wird, dass der sozialpolitische Paradigmenwechsel hin zum aktivierenden Sozialstaat stets mehr war und ist als ein reines Sparprogramm. Es geht um eine Neuinterpretation des Sozialstaatsgebots, die auf „eine normativ-ideologische Neuprogrammierung des informellen sozialen Hilfe- und Verantwortungssystems hinzielt" (Dammert 2009, S. 68).

Diese Entwicklung ist eng mit dem Wandel der Geschlechterverhältnisse verbunden, welcher durch die spannungsvolle Gleichzeitigkeit von Veränderung und Beharrungskraft gekennzeichnet ist: Immer mehr Frauen sind erwerbstätig und stehen nicht mehr ganztägig als „heimliche Ressource der Sozialpolitik" (Beck-Gernsheim 1991, S. 66) zur Verfügung. Beharrungskräftig ist hingegen – wie zahlreiche Studien belegen (z. B. Koppetsch und Speck 2015) – die häusliche Arbeitsteilung zwischen den Geschlechtern, bleibt hier doch, der Erwerbseinbindung zum Trotz, die vorrangige Zuständigkeit der Frau bestehen. Zwar ist im Bereich der Kinderbetreuung eine Expansion der öffentlichen Infrastruktur zu konstatieren, tatsächlich aber deckt das erweiterte Angebot nur annähernd den Bedarf; zudem werden zentrale Aufgaben der ganztägigen Kinderbetreuung bereits heute über geringfügig entschädigte Freiwillige abgedeckt, so beispielsweise die Hausaufgabenbetreuung in Ganztagsschulen (Pinl 2013, S. 50 f.). Das tatsächliche Ausmaß der „Dienstleistungslücke" (Geißler 2002, S. 20) wird aber erst im Kontext des demografischen Wandels erkennbar, da durch die steigende Lebenserwartung und die Alterung der Gesellschaft die Betreuung und Pflege älterer Menschen zusätzliche sorgende Kräfte binden (Klie 2014). Obwohl mit der Einführung der Pflegeversicherung im Jahr 1995 eine antizyklische Expansion des Sozialstaats stattgefunden hat, ist diese Versicherung doch von Anfang an als „Teilkasko-Versicherung" angelegt worden, die familiäre und private Pflegeleistungen voraussetzt bzw. auf diese angewiesen bleibt (Haubner 2017). Wer aber übernimmt diese Aufgaben, wenn immer weniger Frauen ganztägig und unbezahlt zur Verfügung stehen?

Vor allem feministische Autor*innen haben auf die konstitutive Bedeutung unbezahlter Sorgearbeit im Kapitalismus hingewiesen und aufgezeigt, dass das kapitalistische System für seine soziale Reproduktion auf systemfremde Elemente angewiesen ist, die nicht vollständig kapitalisier- und rationalisierbar sind (Federici 2012, dazu auch Dörre sowie Gonçalves in diesem Band). Die Nachfrage nach unbezahlter Arbeit ist somit systemisch bedingt und lenkt angesichts der gegenwärtigen Krise der sozialen Reproduktion (Jürgens 2010) den Blick auf neue Felder und Akteure (Dowling und Harvie 2014, S. 882 f.). Gerade weil die kapitalistische Marktwirtschaft konstitutiv auf ein nicht marktförmiges „Anderes" angewiesen ist, spielen in gesellschaftlichen Umbruchphasen „auch Neukonstruktionen bestimmter nichtkapitalistischer Räume" (Kalmring 2013, S. 95) eine zentrale Rolle – eine bislang viel zu wenig analysierte Dynamik. Die Formation des Community-Kapitalismus stellt eine solche Neukonstruktion dar, die Engagement, Freiwilligenarbeit, Nachbarschaftshilfe, Community-Projekte und digitale Netzwerke als (kostenlose oder kostengünstige) Ressourcen zur Lösung der Reproduktionskrise erschließt.

In der Begründung des Gesetzesentwurfs zum 2013 verabschiedeten Ehrenamtsstärkungsgesetz heißt es paradigmatisch: „In Zeiten knapper öffentlicher Kassen
gewinnt die Förderung und Stärkung der Zivilgesellschaft an Bedeutung, denn die
öffentliche Hand wird sich wegen der unumgänglichen Haushaltskonsolidierung
auf ihre unabweisbar notwendigen Aufgaben konzentrieren müssen. Es ist daher
notwendig, Anreize für die Bereitschaft zum bürgerschaftlichen Engagement zu
stärken." (Deutscher Bundestag 2012, S. 8) Es geht um die Indienstnahme der „Ressource Gemeinschaft" und damit weniger um einen das unternehmerische Selbst
zentrierenden Neoliberalismus als um eine „Big Society" (David Cameron), in der
sich liberale und kommunitaristische Traditionen mit Vorstellungen einer „neuen
Subsidiarität" verbinden (Klie 2014, S. 191): Subsidiarität wird vom Strukturprinzip
des deutschen Wohlfahrtsstaats zu einem Prinzip der Staatsentlastung durch Responsibilisierung der Bürger*innen als Engagierte. Diese Responsibilisierung zielt
auf eine dreistufige „Verantwortungsgesellschaft" im Sinne Amitai Etzionis und
akzentuiert neben der Eigenverantwortung auf der Ebene der Person und der Familie
zunehmend die dritte Verantwortungsstufe auf der Ebene der Nachbarschaften,
Gemeinden und Gemeinschaften (Etzioni 1997, S. 236 ff.). Die staatliche Aktivierung dieser dritten Verantwortungsstufe kann als „Regieren durch Community"
(Rose 2000, S. 81) bezeichnet werden. Konkret geschieht dies auf drei Wegen: (1)
durch die programmatische Anrufung und Aufwertung freiwilligen Engagements,
z. B. in Gestalt zahlreicher Veranstaltungen, Preise und Würdigungen und der
Verabschiedung einer Nationalen Engagementstrategie (2010); (2) durch konkrete
Förderprogramme und Policy-Instrumente: vom Bundesfreiwilligendienst und
dem Bundesprogramm „Engagierte Stadt" über Qualifizierungs- und Coaching-
programme für Engagierte und die Förderung von Mehrgenerationenhäusern bis
hin zur Verankerung aufwandsentschädigten Engagements in der Pflegeversicherung oder der Etablierung von Service-Learning-Modulen an Schulen, durch die
Schüler*innen schon früh an freiwilliges Engagement herangeführt werden sollen;
(3) durch eine Politik des Unterlassens und (Ein-)Sparens, die Bürger*innen aktiviert, die entstehenden Lücken der Infrastruktur und Daseinsvorsorge selbsttätig
zu schließen – zum Beispiel in der Flüchtlingshilfe oder bei den Tafeln, aber auch
in lokalen Bibliotheken, Kultureinrichtungen oder Bürgerbussen (als Überblick zu
diesem Dreischritt: van Dyk und Haubner 2019).[1]

---

1   Dass nicht nur von politischer Seite ein strategisches Interesse an diesen Ressourcen
    besteht, zeigt ein Statement der Caritas: „Bürgerschaftliches Engagement ist systemre-
    levant, nachhaltig und erbringt eine ausgezeichnete Rendite – ohne Risiko. Eine klare
    Kaufempfehlung." (Ginger 2010)

Interessanterweise ist dieses „Regieren durch Community" nun durchaus anschlussfähig an Community-Diskurse und kooperative Praktiken in sozialen Bewegungen und Alternativökonomien, wie die eingangs skizzierte Heterogenität des Feldes bereits erahnen lässt.

3 Community-Boom „von unten"

Wir erleben gegenwärtig den Boom von Alternativprojekten jenseits von Markt, Staat und Familie – aufgerufen durch Schlagworte wie Caring Community, Sharing Economy, Commons, Konvivialismus –, die sowohl das Prinzip des (Privat-) Eigentums und Profits als auch den staatlichen Zugriff auf die Daseinsvorsorge infrage stellen. Diese Ansätze begegnen der Anonymität staatlicher Strukturen, den im wohlfahrtsstaatlichen Wandel entstehenden Versorgungslücken sowie der Profitorientierung der Marktgesellschaft mit der Wiederbelebung gemeinschaftsbasierter Ideen und Praktiken; Teilhabe und Solidarität im Kleinen, der Aufbau neuer sozialer Beziehungen sowie die Erprobung neuer Formen des Wirtschaftens stehen im Zentrum (Habermann 2016; Helfrich und Heinrich-Böll-Stiftung 2014). Technologische Entwicklungen und die Rolle der „Social Media" dynamisieren diese Entwicklung und ermöglichen neue Formen des Teilens, der Kooperation und der gemeinsamen Nutzung von Gütern, Wissen und Räumen (Loske 2015).

Auch an konzeptionellen Ansätzen, die auf gemeinschaftsförmige Solidaritäten setzen, mangelt es derzeit nicht. Von Frankreich ausgehend hat sich eine illustre Runde linker Wissenschaftler*innen – von Chantal Mouffe und Ève Chiapello über Serge Latouche und Alain Caillé bis hin zu Susan George und Éva Illouz – zusammengefunden und ein Konvivialistisches Manifest für eine „neue Kunst des Zusammenlebens" (Les Convivialistes 2014) verfasst. Das Manifest kreist um die Idee gemeinschaftlicher, ressourcenschonender (Für-)Sorge, die auf dem „Prinzip der gemeinsamen Menschheit" (ebd., S. 61; Hervorh. weggel.) basiert und „unterhalb der Ebene des Staates und des Markts für die Vermehrung gemeinsamer und assoziativer Tätigkeiten" eintritt (ebd., S. 66). In der Einleitung zur deutschen Übersetzung wird die grundlegend post-erwerbsgesellschaftliche Perspektive des Manifests deutlich: „Der unentgeltlich freie Austausch unter den Menschen kann als Basis einer konvivialen sozialen Ordnung gelten, die sich abgrenzt von einer allein materiell und quantitativ-monetär definierten Version von Wohlstand und des guten Lebens." (Adloff 2014, S. 25 f.) Soziale Ungleichheit oder Armut spielen in diesem Zusammenhang keine Rolle, und auch die potenziell prekaritätsfördernden Implikationen einer unentgeltlichen Tätigkeitsgesellschaft finden keine Erwähnung.

Im Konvivialistischen Manifest sind nicht soziale Rechte, sondern „[d]ie Fürsorglichkeit und die Gabe [...] die konkrete und unmittelbare Umsetzung der allgemeinen Abhängigkeit des Menschen in die Praxis" (Les Convivialistes 2014, S. 57).

In eine ähnliche Richtung zielen Ansätze alternativen Wirtschaftens, die auf Gemeingüter- und Commons-Basis funktionieren. „Commons lassen sich im Wesentlichen als institutionelles, rechtliches und infrastrukturelles Arrangement für ein Miteinander – das Commoning – beschreiben, bei dem Nutzung, Erhaltung und Produktion vielgestaltiger Ressourcen gemeinsam organisiert und verantwortet werden. Die Regeln des Commoning werden (idealerweise) im gleichberechtigten Miteinander von peers festgelegt [...]. Dieses Miteinander wurde und wird in unterschiedlicher Ausprägung von Gemeinschaften auf der ganzen Welt praktiziert." (Acksel et al. 2015, S. 134) Ähnlich wie im Konvivialistischen Manifest geht es um alternative Formen der Solidarität jenseits von Markt, Staat und Familie. Der Gemeinschafts- und Gemeinsinnbezug ist auch hier zentral: „No commons withouth community" (Caffentzis und Federici 2014, S. 102). Konkrete soziale Bindungen treten an die Stelle abstrakter sozialer Rechte, Fragen des Wohlfühlens, der Verbundenheit und Sympathie stehen im Zentrum der Vergemeinschaftung (Acksel et al. 2015, S. 140).

Commoning wird in vielen Feldern als praktische Reaktion auf Staats- und Marktversagen analysiert, wobei Wert darauf gelegt wird, dass aus der Not durchaus tragfähige und in emanzipatorischer Hinsicht zukunftsweisende Projekte entstehen, „neue Foren der Reproduktions-Zusammenarbeit [...], die die Richtung zu einer Welt außerhalb kapitalistischer Verhältnisse weisen" (Federici 2013, S. 50 f.). Ob und inwiefern Alternativökonomien tatsächlich über die kapitalistischen Verhältnisse hinausweisen (können), ist eine kontrovers diskutierte Frage, werden hier doch sowohl Spielräume für praktizierte Alternativen jenseits von Markt und Staat eröffnet als auch neue Ressourcen in Zeiten der Reproduktionskrise erschlossen (z. B. Caffentzis und Federici 2014; dazu auch Williams und Satgar in diesem Band). Für eine kritische Diskussion dieser Ambivalenz erweist es sich als hinderlich, dass sowohl im Konvivialistischen Manifest als auch in weiten Teilen der Commons-Debatte eine Kapitalismusanalyse vorherrschend ist, die den Kapitalismus zu eng nur als Marktwirtschaft auffasst und alle anderen ökonomischen Formen als nicht-kapitalistische affirmiert (kritisch van Dyk 2016, S. 252 ff.) – und damit den Blick auf deren konstitutive Funktion und Bedeutung für die Reproduktion des Systems verstellt. Insgesamt ist in der Bandbreite von Commons-Ansätzen[2] ein starker Anti-Etatismus vorherrschend, der sich als anschlussfähig an eine neolibe-

---

2   Die Commons-Perspektiven sind sehr heterogen und reichen von eher staatstragenden Ansätzen des bürgerschaftlichen Engagements in einer Mixed Economy – so im Ansatz

rale Sozialstaatskritik erweisen kann, wie das folgende Statement zeigt: „Durch die starke Zentrierung auf den fürsorglichen, aber patriarchalen Sozialstaat ist dieser Bereich [die Zivilgesellschaft; S. v. D.] aus dem Blick geraten. Seine Bedeutung wurde kaum wahrgenommen, weil wir unsere Forderungen an den Staat gerichtet und die Wohlstandssicherung delegiert haben. Mit dem Wegbrechen sozialstaatlicher Sicherungen wird dieser Bereich nun wieder wichtiger." (Kratzwald 2014, S. 81)[3]

Der Community-Boom „von unten" beschränkt sich natürlich nicht auf das programmatische Beispiel des Konvivialismus und das Praxisfeld der Commons, die hier exemplarisch herangezogen wurden, sondern prägt z. b. auch die feministische Care-Revolution-Debatte (Winker 2015) und lokale Caring-Community-Initiativen; im US-amerikanischen Kontext spielen zudem Ansätze des Empowerments von benachteiligten Gruppen durch Community Development eine zentrale Rolle (Emejulu und Scanlon 2016). Ein ganz eigenes Feld sind schließlich die an Bedeutung gewinnenden Online-Communities und digitalen Netzwerke, in denen ebenfalls unbezahlte Aktivitäten eine zentrale Rolle spielen – wie z. B. im Fall von Wikipedia.

4   Die Community und der Sozialstaat

Der Umstand, dass die Verzivilgesellschaftlichung der sozialen Frage gleichermaßen von unten wie von oben forciert wird, trägt wesentlich zur Wirkmächtigkeit und Brisanz dieser Entwicklung bei. Als zentrales, identitätsstiftendes Moment erweisen sich dabei Gemeinschafts- und Gemeinsinnbezüge, die auf die Affirmation mikro-moralischer Sozialbeziehungen zielen und bei vielen Akteuren mit einer gewissen „romance of community" (Joseph 2002) einhergehen. Für das Verständnis des hegemonialen Potenzials der Formation Community-Kapitalismus lohnt hier ein zweiter Blick, scheint doch der Gemeinschaftsbezug wesentlicher Motor der Mobilisierung unbezahlter Arbeit zu sein.

---

der Nobelpreisträgerin Elinor Ostrom (2009) – bis hin zu post-kapitalistischen Perspektiven (z. B. Caffentzis und Federici 2014).

3   Die Kritik an sozialstaatlichen Strukturen und Akteuren ist nicht neu: Doch während sie in den sozialen Bewegungen der 1970er- und 1980er-Jahre einem Geist der gesellschaftlichen Selbstbemächtigung gegenüber dem (stark auftretenden und regulierenden) Staat entsprang und auf mehr Partizipation und Autonomie zielte (Doering-Manteuffel und Raphael 2012, S. 50 f.), verkennen aktuelle Kritiken häufig, dass an die Stelle des fordistischen, regulierend-paternalistischen Staates längst ein flexibel aktivierender Staat getreten ist – womit sich auch die Bedingungen der Kritik verändert haben.

Der Ausdruck „Gemeinschaft" trägt nicht nur eine unbestimmt positive Be-
deutung, sondern vermittelt, wie Zygmunt Bauman unterstrichen hat, ein gutes
Gefühl: „It feels good: whatever the word ‚community' may mean, it is good ‚to
have a community'" (Bauman 2010, S. 1). Als Alltagsbegriff evoziert „Gemeinschaft"
Qualitäten wie Homogenität, Unmittelbarkeit, Natürlichkeit, Lokalität und Nähe,
persönliche Bindung, Solidarität und Harmonie im Sinne identischer Interessen
(Creed 2006, S. 4 f.). Die positiven Alltagsbezüge sind eingebettet in eine lange
Diskursgeschichte der Gemeinschaft als Antipoden des modernen Kapitalismus
mit seinen entfremdenden Effekten. Variationen und Konzeptualisierungen der
Dichotomie von Gemeinschaft und Gesellschaft begleiten die Soziologie seit ihren
Anfängen, und die Idee der Ablösung kleinräumiger, konkreter Sozialbeziehungen
durch abstrakte, institutionell vermittelte und rationalisierte Bezüge macht den
Kern der Modernisierungstheorien aus.

Die verbreiteten, Harmonie, natürliche Bindung und Homogenität akzentuieren-
den Perspektiven werden seit einiger Zeit von einem kritischen Diskurs begleitet,
der auch die angesprochenen Community-Bewegungen und Alternativökonomien
prägt. Im Rekurs auf die zunehmende empirische Evidenz posttraditionaler Gemeinschaften wird das Gemeinschaftskonzept von seiner vormodernen, essenzi-
alisierenden Bestimmung und der damit verbundenen Schicksalhaftigkeit und
Zwangsförmigkeit gelöst. Gemeinschaften haben demzufolge gerade keine vorgängige
Essenz oder Bestimmung, sondern sind gekennzeichnet durch „Commitment" und
Gefühle der Zugehörigkeit (Amid 2012, S. 6 f.), eine „inessential commonality, a
solidarity that in no way concerns an essence" (Agamben 1993, S. 19). Sie erweisen
sich damit als heterogene, dynamische Entitäten mit freiwilliger und wandelbarer
Mitgliedschaft: das „Wir" wird „vom Schicksal zur Aufgabe" (Hitzler et al. 2009,
S. 10). Diese Versuche einer Neubestimmung bzw. Rehabilitierung von Gemein-
schaft sind nicht ohne Kritik geblieben. So war Jacques Derrida der Überzeugung
– und die Empirie scheint ihm Recht zu geben –, dass die Illusion einer natürlichen
Zusammengehörigkeit so wirkmächtig ist, dass sie die Versuche, den Begriff der
Gemeinschaft zu rehabilitieren, fortwährend durchkreuzt: „Bejaht, verneint oder
neutralisiert, stets gingen diese gemeinschaftlichen, ‚kommunitaristischen' oder
‚kommunalen' Werte mit dem Risiko einher, den Bruder wiederkehren zu lassen."
(Derrida 2002, S. 399)

Die Arbeiten von Roberto Esposito zeigen zudem, dass der entscheidende Punkt
von Gemeinschaften nie allein die Essenz und Schicksalhaftigkeit war, sondern vielmehr das, was sich die Gemeinschaftsmitglieder „schulden" – ein Sachverhalt, der
im kritischen Gemeinschaftsdiskurs unterbelichtet bleibt: „Welches ist die ‚Sache',
die die Mitglieder der Gemeinschaft gemein haben? Und ist es wirklich ‚etwas' im
positiven Sinne? Ein Gut, eine Substanz, ein Interesse? [...] Daraus ergibt sich, daß

communitas die Gesamtheit von Personen ist, die nicht durch eine ‚Eigenschaft‘, ein ‚Eigentum‘, sondern eben durch eine Pflicht oder durch eine Schuld vereint sind." (Esposito 2004, S. 15) Was die Gemeinschaft charakterisiert, sei „kein Haben, sondern im Gegenteil eine Schuld, ein Pfand, eine zu-gebende-Gabe" (ebd., S. 16). Mit der Figur der Gabe ruft er die Zweiwertigkeit von „Gabe und Verpflichtung, Wohltat und Leistung, Zusammenschluss und Bedrohung" (ebd., S. 26) auf und damit die Kehrseiten der sozialen Einbindung von Individuen über persönliche Schuld und Verpflichtung.

Mit Esposito kann die Entstehung des Community-Kapitalismus als Wiederkehr der Gabe in den sozialpolitischen Diskurs verstanden werden. Die im Folgenden (Abschnitt 5) zu erörternden Implikationen dessen bleiben im neueren, posttraditionalen Gemeinschaftsdiskurs jedoch unverstanden, da ein wesentliches Bestimmungskriterium von Gemeinschaft (in Abgrenzung zur Gesellschaft) gerade nicht hinterfragt wird bzw. sogar als zentraler Bezugspunkt einer emanzipatorischen Re-Akzentuierung von Gemeinschaft dient: Dies betrifft die Unmittelbarkeit, Personalität und Emotionalität sozialer Bezüge in Gemeinschaftskontexten, die – bereinigt um Fragen der Schuld, Abhängigkeit und Verpflichtung – affirmiert und der abstrakten Rationalität, Anonymität und Mittelbarkeit von Vergesellschaftung entgegengestellt werden. Espositos Arbeiten sensibilisieren hingegen für die Problematik dieser einseitigen Wertigkeit und lenken den Blick von der „Communitas" auf die „Immunitas" als Entlastung von der zu gebenden Gabe, wobei er den Vertrag als zentrale Institution des „immunitären Projekts der Moderne" (ebd., S. 25) identifiziert. Vertrag und Recht haben demzufolge das Potenzial, die „vergifteten Früchte" (ebd., S. 27) der Gabe zu neutralisieren – eine Perspektive, die in der aktuellen Affirmation posttraditionaler Gemeinschaften absent ist.[4]

Last but not least verdeckt diese Affirmation, dass die kritische Neubestimmung von Gemeinschaft als freiwillig gewähltes Commitment hochgradig anschlussfähig ist an Prämissen des flexiblen Kapitalismus. Es ist diese Form der Gemeinschaft als gewählte Aufgabe, die erst die Voraussetzungen dafür schafft, dass sie zum Gegenstand der Steuerung durch Aktivierungspolitiken werden kann. Die zuvor skizzierte Aktivierung gemeinschaftlicher (Für-)Sorge im Sozialstaat zeigt, dass es hier gerade nicht um eine Rückbesinnung auf traditionelle Gemeinschaften und primäre soziale Netze der Familie geht, sondern um die Erschließung neuer,

---

4   Dass es derzeit um die Neubestimmung des Verhältnisses von Rechten und Verpflichtungen geht, zeigt prominent auch das Plädoyer des Ökonomen Paul Collier – ehemaliger Leiter der Forschungsabteilung der Weltbank – für einen sozialen Kapitalismus, der auf einer neuen Gemeinschaftsethik basiert: „Eine Gesellschaft, der es gelingt, viele Verpflichtungen zu erzeugen, kann großzügiger und harmonischer sein als jene, die sich ausschließlich auf Rechte verlässt." (Collier 2019, S. 71)

posttraditionaler Gemeinschaften und ihrer Sorgequalitäten. Die im kritischen Gemeinschaftsdiskurs verbreitete Position, die Überwindung der feudalen und traditionalen Restbestände des Gemeinschaftskonzepts leite automatisch in eine emanzipatorische Gemeinschaftsperspektive über, verkennt die Einbettung posttraditionaler Gemeinschaften in die politökonomischen Bedingungen des flexiblen Kapitalismus.

Nikolas Rose hat in seinen Arbeiten die neue Qualität der Regierung der „Communitas" im flexiblen Kapitalismus herausgearbeitet: „Die ‚Community' [wird] aufgrund einer Vielzahl wissenschaftlicher Darstellungen, Forschungen und statistischer Untersuchungen zu einer kalkulierbaren Größe und damit zur Voraussetzung und zum Gegenstand von Techniken des Regierens." (Rose 2000, S. 105) Diese Steuerung setzt dezidiert darauf, dass „die individuellen Selbstregulierungspotenziale im gesamten Spektrum der Schauplätze und Orte genutzt werden, das heißt in Initiativen, Vereinen, ‚Kiez'-Projekten, Interessengruppen und natürlich in den ‚Communities'" (ebd.). Es ist dieser Modus der Steuerung, der den ambivalenten Charakter der Indienstnahme der Ressource Gemeinschaft zu erkennen hilft, wird hier doch deutlich, dass an die Stelle der Zwangsförmigkeit traditionaler Gemeinschaften nicht die Freiheit, sondern die Regierung posttraditionaler Gemeinschaften im Modus der Freiwilligkeit getreten ist.

Offen bleibt in den durch die Foucault'sche Gouvernementalitätsperspektive inspirierten Arbeiten zur „Regierung durch Community" (auch Bröckling 2005) jedoch, welche konkreten (materiellen) Folgen dies für die Organisation von Arbeit und Sorge im Gegenwartskapitalismus hat.

5   Community-Kapitalismus revisited

Welche Probleme sind damit verbunden, wenn Gemeinschaften nicht nur Zielgröße und Modus politischer Steuerung, sondern auch und vor allem Ressource in Krisenzeiten werden? Zunächst ist im sozialpolitischen Feld der Versuch zu beobachten, „Gemeinschaft zum Gesellschaftsmodell zu verallgemeinern" (Vobruba 1986, S. 226) und damit strukturelle polit-ökonomische Konflikte und soziale Interessengegensätze zu verschleiern. Das einflussreiche Erbe traditionaler Gemeinschaften, das die Zuschreibungen der sozialen Nähe, Homogenität und Harmonie bis in die Gegenwart fortschreibt, bedingt eine explizite Dethematisierung von Klassenverhältnissen, die breit anschlussfähig ist. In der häufig romantisierten Verallgemeinerung von Gemeinschaftsbezügen identifiziert Georg Vobruba „die Sehnsucht der Bürger nach der Stilllegung der Dynamik des Gesellschaftskonflikts, die Sehnsucht nach einem Kapitalismus ohne Proletariat" (ebd.). Entscheidend ist hier, dass die Kritik an der Verallgemeinerung ansetzt, dass es also gerade nicht um die Kritik jeglicher gemeinschaftlicher Fürsorge in reziproken Beziehungen von Subjekten geht, sondern um eine Problematisierung, die dort einsetzt, wo eine „Gesellschaft der Fürsorglichkeit" etabliert werden soll.

Was spricht gegen eine solche Gesellschaft? Auf den ersten Blick klingt die Sprache des Konvivialismus und der Commons verlockend: neues Miteinander, Kultur des Helfens, Kunst des Zusammenlebens, Geist der Fürsorglichkeit; mit Esposito jedoch erschließen sich die Kehrseiten der persönlichen Abhängigkeit, Schuld und Verpflichtung, die sich zu einer moralischen Affizierung sozialer Sicherheiten zusammenfügen. Hier geht es um die Preisgabe einer wesentlichen Errungenschaft im modernen Wohlfahrtsstaat: die Entkoppelung von sozialer Sicherung und sozialen Beziehungen durch die Gewährung sozialer Rechte, so z. B. in den – historisch allerdings zunächst den männlichen Lohnarbeitern vorbehaltenen – Sozialversicherungen. Es geht an dieser Stelle nicht um eine entproblematisierende Würdigung des Sozialstaats als Sozialversicherungsstaat, der stets (auch) ein spaltender und ungleichheitsstiftender Sozialstaat war und ist (Lessenich 2012, S. 25 ff.); es geht vielmehr um das Versicherungs*prinzip*, das als Politik und Risikoteilung der großen Zahl funktioniert und gerade durch die Entkoppelung von sozialer Sicherung und sozialen Beziehungen – bei allen Problematiken, die das mit sich bringt – eine Form der Verlässlichkeit und Autonomiegewinnung schafft (Ewald 1989). Das Risiko bzw. der Schaden werden entindividualisiert und entmoralisiert, an die Stelle klassischer gemeinschaftsbasierter Solidaritätsformen (und ihrer Ausschlüsse) tritt ein anonymer Ausgleichsmechanismus. In weiten Teilen der Commons-Debatte werden ebenso wie im Konvivialistischen Manifest die entfremdenden Effekte eines solchen Systems – nicht zu Unrecht – problematisiert, ihre autonomiefördernden Implikationen aber verkannt. Unterschätzt wird, dass eine Gesellschaft fürsorglicher Gemeinschaften und mikro-moralischer Reziprozitäten strukturell voraussetzungsvoll ist und Vertrauen und Kooperationsbereitschaft vor allem dort entstehen, wo ein größtmögliches Maß an sozialer Gleichheit institutionell und für alle Bürger*innen gewährleistet wird – wie Richard Wilkinson und Kate Pickett (2012) in ihrer Studie *Gleichheit ist Glück* im Ländervergleich belegen. So fraglos unverzichtbar und existenziell soziale Nähe und soziale Bindungen sind, so wichtig ist es, das Spannungsfeld von Verbundenheit und Autonomie im Blick zu behalten, denn Autonomie ist – um es mit Adorno zu formulieren – nicht zuletzt „die Kraft zur Reflexion, zur Selbstbestimmung, *zum Nicht-Mitmachen*" (Adorno 2015, S. 92; Hervorh. S. v. D.). Institutionalisierte soziale Rechte entlasten vom Imperativ des permanenten Mitmachens, sie entkoppeln das Recht auf Sorge und Versorgung vom persönlichen Charakter, sie schaffen Bedingungen, unter denen auch diejenigen versorgt, aufgefangen oder gepflegt werden, die sich nicht durch Liebenswürdigkeit, Passfähigkeit oder Dankbarkeit qualifiziert haben.

Neben dieser grundsätzlichen Problematik der Umstellung vom Recht auf die Gabe zeichnet sich eine bis heute kaum analysierte Entwicklung ab – die der Prekarisierung, Informalisierung und Deprofessionalisierung von Arbeit im Gewand von Engagement, Nachbarschaftshilfe und Freiwilligenarbeit (Dowling und van Dyk 2018; van Dyk und Haubner 2019). Die auch im kritischen Gemeinschaftsdiskurs evidente Affirmation nicht marktförmiger und nicht entlohnter Leistungen im sozialen Nahraum verschließt den Blick vor den sozialen und ökonomischen Bedingungen, unter denen diese Leistungen erbracht werden. Gegenwärtig ist im Feld des Engagements und der Freiwilligenarbeit ein besonderes Paradox zu beobachten: Verglichen mit der Zwangsförmigkeit und schicksalhaften Zugehörigkeit zu traditionalen Gemeinschaften zeichnen sich posttraditionale Gemeinschaften durch „eine (so gut wie) ‚unheilbare‘ strukturelle Labilität" (Hitzler et al. 2009, S. 18) aus, die untrennbar mit der konstitutiven Freiwilligkeit der Zugehörigkeit verbunden ist. Diese Labilität übersetzt sich in eine begrenzte Verlässlichkeit der Gabe freiwilliger Arbeit, die immer weniger über lebenslange Bindungen oder religiöse Zugehörigkeit dauerhaft gewährleistet wird – eine Veränderung, die seit den 1980er-Jahren auch als Strukturwandel des Ehrenamts diskutiert wird (Braun 2001). Die Ressource „Gemeinschaft" wird also ausgerechnet zu dem Zeitpunkt, da sie in forcierter Weise zu erschließen gesucht wird, weniger plan- und kalkulierbar. Eine Antwort auf dieses Problem ist paradoxerweise Geld – und das in einem Feld, das sich gerade dadurch auszeichnet, jenseits von Markt und Staat über Gemeinsinn zu mobilisieren. Der Mangel an Engagierten in Bereichen, die auf Verlässlichkeit und Dauerhaftigkeit angewiesen sind – so z. B. in der Pflege oder der schulischen Ganztagsbetreuung –, wird verstärkt durch monetäre Aufwandsentschädigungen zu beheben versucht, die in der Regel deutlich unterhalb des Mindestlohns liegen. Jenseits arbeitsvertraglicher und tarifrechtlicher Standards entsteht somit im Gewand von Freiwilligkeit und Gemeinsinn ein Graubereich nicht erwerbsförmiger Arbeit mit hohem Verdienstlichungsgrad und niedriger Quasi-Bezahlung (Beyer et al. 2015; Dowling und van Dyk 2018). Das von allen Seiten hoch gelobte freiwillige Engagement birgt so das Potenzial, zu einem Motor der Informalisierung und Prekarisierung zu werden.

Der stark affirmative Bezug auf Engagement und Freiwilligenarbeit, die omnipräsente Charakterisierung von Freiwilligen als Helden und Engel des Alltags[5]

---

5   Dies zeigen erste Ergebnisse einer Diskursanalyse im Forschungsprojekt „Schattenökonomie oder Neue Kultur des Helfens? Engagement und Freiwilligenarbeit im Strukturwandel des Wohlfahrtsstaats", das – gefördert von der Hans-Böckler-Stiftung –

verstellen zudem den Blick auf die Qualität der geleisteten Hilfe, deren positiver Gehalt zumeist vorausgesetzt wird. Die Frage, was es für die Professionalität der Leistungen bedeutet, wenn fachlich nicht einschlägig qualifizierte Freiwillige Aufgaben übernehmen, die eigentlich eine pflegerische, didaktische oder sozialpädagogische Ausbildung erfordern würden – vom Deutschunterricht über Kinderbetreuung, Pflegedienstleistungen und Dolmetschertätigkeiten bis hin zu zielgruppenspezifischer Sozialarbeit –, bleibt häufig ungestellt. Für den Pflegebereich hat Tine Haubner aufgezeigt, dass angesichts eklatanter Versorgungsdefizite in Haushalten und Einrichtungen regelmäßig qualifikatorische Grenzüberschreitungen stattfinden, wenn angelernte Freiwillige grund- und behandlungspflegerische Aufgaben übernehmen (Haubner 2017, S. 308 f.). Angewiesen auf diese Leistungen sind vor allem jene Menschen, denen es an Ressourcen mangelt, um die staatlichen Versorgungslücken über einen privaten Zukauf an professionellen Dienstleistungen zu kompensieren. Die Etablierung einer sozialpolitischen Gabenökonomie im Community-Kapitalismus betrifft deshalb nicht alle Bürger*innen in gleicher Weise: zu beobachten ist in einigen Feldern vielmehr die Entstehung von „poor services for poor people" (Schenk 2014, S. 53), die die zunehmende soziale Ungleichheit weiter verschärft.

6   Ausblick

Die Verzivilgesellschaftlichung der sozialen Frage hat aufgrund der breiten Anschlussfähigkeit des Gemeinschaftskonzepts das Potenzial, zu einem hegemoniefähigen Projekt zu werden. Die Kombination aus Post-Erwerbs- und Gemeinschaftspolitik bietet eine Antwort auf multiple Krisen der Gegenwart, indem sie funktionale Lösungen für die Reproduktionskrise mit einer legitimationsstiftenden Antwort auf die Hegemoniekrise des Neoliberalismus verbindet, der seit der Finanz- und Wirtschaftskrise 2008 ff. zunehmend für seine sozialen Verwerfungen kritisiert wird.[6] Die Entstehung einer neuen politischen Ökonomie der Wertabschöpfung und Kostenreduktion geht einher mit einer moralischen Ökonomie, die das emotionale

---

von der Verfasserin gemeinsam mit Tine Haubner und Emma Dowling an der Friedrich-Schiller-Universität Jena bearbeitet wird (Dowling und van Dyk 2018).

6   Auch hier sind die aktuellen Arbeiten des ehemaligen Weltbank-Ökonomen Paul Collier paradigmatisch, konstatiert er doch, dass der moderne Kapitalismus zwar das Potenzial habe „uns allen beispiellosen Wohlstand zu bringen, aber er ist moralisch bankrott und steuert geradewegs auf eine Tragödie zu" (Collier 2019, S. 45). Seine Antwort auf die diagnostizierten Irrwege des *Homo oeconomicus* ist eine neue Ethik der Gemeinschaft, durch die gesellschaftlicher Zusammenhalt gestiftet werde.

und affizierende Potenzial von Freiwilligkeit, Gemeinsinn und Gemeinschaft nutzt, wodurch „erfolgreich" die prekären und ausbeuterischen Folgen dieser „Lösung" verschleiert werden (van Dyk 2018, S. 539). Da mit dieser doppelten Antwort auf aktuelle Krisendynamiken die Parameter der Reproduktionsbedingungen des Systems grundlegend neu verhandelt werden, ist der Community-Kapitalismus eine Formation neuer Qualität, deren politische Ökonomie es zu untersuchen gilt – und damit weit mehr als nur ein „neoliberalism with a community face" (MacLeod und Emejulu 2014, S. 430).

Um das hegemoniale Potenzial des Community-Kapitalismus zu verstehen, ist es schließlich erforderlich, die Sehnsucht vieler Menschen nach gemeinschaftsförmigen Lösungen ernst zu nehmen. Es ist eine Sehnsucht nach dem Anderen des Kapitalismus, eine Sehnsucht nach weniger entfremdeten, unmittelbaren, solidarischen Verhältnissen. Historisch war die Antwort auf diese Sehnsucht der Kommunismus – eine Antwort, die seit geraumer Zeit in alternativen Bewegungen, Initiativen und NGOs neu formuliert wird: „they make this absence present but they give it another name, the name Community" (Joseph 2002, S. 73). Die verbreitete Romantisierung von Gemeinschaft als antikapitalistisches Refugium verstellt dabei den Blick auf die politische Ökonomie der Indienstnahme von Gemeinschaft als Ressource und dethematisiert die Konflikte und Interessengegensätze im Gegenwartskapitalismus. Das bedeutet nicht, dass posttraditionale Gemeinschaften kein emanzipatorisches Potenzial bergen, dass sie nicht Quellen der Kritik und der Entwicklung alternativer Formen des Arbeitens und Lebens sein können. Solange aber die problematischen Implikationen der systematischen Indienstnahme unbezahlter Tätigkeiten jenseits von Markt, Staat und Familie negiert oder gar als Tätigkeitsgesellschaft der Zukunft entproblematisiert werden, solange gerade die Frage der Lohnarbeit in der Verklärung des Gemeinsamen und Unentgeltlichen ausgeblendet bleibt, solange dürfte dieser Samen nicht in emanzipatorischer Weise sprießen.

Literatur

Acksel, B., Euler, J., Gauditz, L., Helfrich, S., Kratzwald, B., Meretz, S., Stein, F., & Tuschen, S. (2015). Commoning. Zur Kon-struktion einer konvivialen Gesellschaft. In F. Adloff & V. M. Heins (Hrsg.), *Konvivialismus. Eine Debatte* (S. 133–145). Bielefeld: transcript.
Adloff, F. (2014). „Es gibt schon ein richtiges Leben im falschen." Konvivialismus – zum Hintergrund einer Debatte. In Les Convivialistes, *Das konvivialistische Manifest. Für eine neue Kunst des Zusammenlebens* (S. 7–31). Bielefeld: transcript.

Adorno, T. W. (2015). *Erziehung zur Mündigkeit. Vorträge und Gespräche mit Hellmut Becker 1959–1969*. Berlin: Suhrkamp.

Agamben, G. (1993). *The coming community*. Minneapolis: University of Minnesota Press.

Amit, V. (2012). Community and disjuncture. In V. Amid & N. Rapport (Hrsg.), *Community, cosmopolitanism and the problem of human commonality* (S. 3–73). London: Pluto Press.

Bauman, Z. (2001). *Community: Seeking safety in an insecure world*. Cambridge: Polity.

Beck-Gernsheim, E. (1991). Frauen – die heimliche Ressource der Sozialpolitik? Plädoyer für andere Formen der Solidarität. *WSI-Mitteilungen, 44*(2), 58–66.

Beyer, T., Embacher, S., Jakob, G., & Klie, T. (2015). *Zwischen Erwerbsarbeit und Engagement. Die Debatte um das Geld im bürgerschaftlichen Engagement*. Bonn: Stiftung Mitarbeit.

Braun, S. (2001). Bürgerschaftliches Engagement – Konjunktur und Ambivalenz einer gesellschaftspolitischen Debatte. *Leviathan, 29*, 83–109.

Bröckling, U. (2005). Gleichgewichtsübungen. Die Mobilisierung des Bürgers zwischen Markt, Zivilgesellschaft und aktivierendem Staat. *spw. Zeitschrift für sozialistische Politik und Wirtschaft*, (142), 19–22.

Caffentzis, G., & Federici, S. (2014). Commons against and beyond capitalism. *Community Development Journal, 49*, 92–105.

Castel, R. (2009). Die Wiederkehr der sozialen Unsicherheit. In R. Castel & K. Dörre (Hrsg.), *Prekarität, Abstieg, Ausgrenzung* (S. 21–34). Frankfurt a. M.: Campus.

Collier, P. (2019). *Sozialer Kapitalismus! Mein Manifest gegen den Zerfall unserer Gesellschaft*. München: Siedler.

Creed, G. W. (2006). Reconsidering community. In G. W. Creed (Hrsg.), *The seductions of community: Emancipations, oppressions, quandaries* (S. 3–22). Santa Fe: School of American Research Press.

Dammert, M. (2009). *Angehörige im Visier der Pflegepolitik. Wie zukunftsfähig ist die subsidiäre Logik der deutschen Pflegeversicherung?* Wiesbaden: VS Verlag für Sozialwissenschaften.

Derrida, J. (2002). *Politik der Freundschaft*. Frankfurt a. M.: Suhrkamp.

Deutscher Bundestag (2012). Entwurf und Begründung eines Gesetzes zur Entbürokratisierung des Gemeinnützigkeitsrechts. Drucksache 17/11316, Berlin.

Doering-Manteuffel, A., & Raphael, L. (2012). *Nach dem Boom. Perspektiven auf die Zeitgeschichte*. Göttingen: Vandenhoek & Ruprecht.

Dowling, E., & van Dyk, S. (2018). Die Schattenseiten des Engagements. Silke van Dyk und Emma Dowling im Gespräch mit Friederike Bahl. *Soziopolis*, 14.11.2018. https://soziopolis.de/beobachten/wirtschaft/artikel/die-schattenseiten-des-engagements/. Zugegriffen: Juni 2019.

Dowling, E., & Harvie, D. (2014). Harnessing the social: State, crisis and (big) society. *Sociology, 48*, 869–886.

van Dyk, S. (2016). Vorwärts in die Vergangenheit: Postwachstum als Gemeinschaftsprojekt? In AK Postwachstum (Hrsg.), *Wachstum – Krise und Kritik* (S. 245–268). Frankfurt a. M.: Campus.

van Dyk, S. (2018). Post-wage politics and the rise of community capitalism. *Work, Employment and Society, 32*, 528–545.

van Dyk, S., & Haubner, T. (2019). Gemeinschaft als Ressource? Engagement und Freiwilligenarbeit im Strukturwandel des Wohlfahrtsstaats. In D. Baumgartner & B. Fux (Hrsg.), *Sozialstaat unter Zugzwang*. Wiesbaden: Springer VS. (im Erscheinen)

Emejulu, A., & Scanlon, E. (2016). Community development and the politics for social welfare. *Community Development Journal, 51*, 42–59.

Esposito, R. (2004). *Communitas: Ursprung und Wege der Gemeinschaft.* Zürich: diaphanes.

Etzioni, A. (1997). *Die Verantwortungsgesellschaft. Individualismus und Moral in der heutigen Demokratie.* Frankfurt a. M.: Campus.

Ewald, F. (1989). Die Versicherungs-Gesellschaft. *Kritische Justiz, 22,* 385–393.

Federici, S. (2012). *Aufstand aus der Küche. Reproduktionsarbeit im globalen Kapitalismus und die unvollendete feministische Revolution.* Münster: edition assemblage.

Federici, S. (2013). Ursprüngliche Akkumulation, Globalisierung und Reproduktion. In M. Backhaus, O. Gerlach, S. Kalmring & A. Nowak (Hrsg.), *Die globale Einhegung – Krise, ursprüngliche Akkumulation und Landnahmen im Kapitalismus* (S. 40–52). Münster: Westfälisches Dampfboot.

Geissler, B. (2002). Die Dienstleistungslücke im Haushalt. In C. Gather, B. Geissler & M. S. Rerrich (Hrsg.), *Weltmarkt Privathaushalt* (S. 30–49). Münster: Westfälisches Dampfboot.

Ginger, C. (2010). Gewinnbringer Ehrenamt. *neue caritas, 111*(8). https://www.caritas.de/neue-caritas/heftarchiv/jahrgang2010/artikel/gewinnbringer-ehrenamt. Zugegriffen: März 2018.

Gornig, M., Michelsen, C., & van Deuverden, K. (2015). Kommunale Infrastruktur fährt auf Verschleiß. *DIW Wochenbericht, 82*(43), S. 1023–1030.

Habermann, F. (2016). *Ecommony. UmCARE zum Miteinander.* Sulzbach: Ulrike Helmer.

Haubner, T. (2017). *Die Ausbeutung der sorgenden Gemeinschaft. Laienpflege in Deutschland.* Frankfurt a. M.: Campus.

Helfrich, S., & Heinrich-Böll-Stiftung (Hrsg.). (2014). *Wem gehört die Welt? Zur Wiederentdeckung der Gemeingüter.* München: oekom.

Hitzler, R., Honer, A., & Pfadenhauer, M. (2009). Zur Einleitung: „Ärgerliche" Gesellungsgebilde? In R. Hitzler, A. Honer & M. Pfadenhauer (Hrsg.), *Posttraditionale Gemeinschaften* (S. 9–31). Wiesbaden: VS Verlag für Sozialwissenschaften.

Joseph, M. (2002). *Against the romance of community.* Minneapolis: University of Minnesota Press.

Jürgens, K. (2010). Deutschland in der Reproduktionskrise. *Leviathan, 38,* 559–587.

Kalmring, S. (2013). Die Krise als Labor gesellschaftlicher Entwicklungen. In M. Backhouse, O. Gerlach, S. Kalmring & A. Nowak (Hrsg.), *Die globale Einhegung – Krise, ursprüngliche Akkumulation und Landnahmen im Kapitalismus* (S. 72–111). Münster: Westfälisches Dampfboot.

Klie, T. (2014). *Wen kümmern die Alten? Auf dem Weg in eine sorgende Gesellschaft.* München: Pattloch.

Koppetsch, C., & Speck, S. (2015). *Wenn der Mann kein Ernährer mehr ist.* Berlin: Suhrkamp.

Kratzwald, B. (2014). Commons und das Öffentliche. In S. Helfrich & Heinrich-Böll-Stiftung (Hrsg.), *Commons. Für eine neue Politik jenseits von Markt und Staat* (S. 79–84). Bielefeld: transcript.

Les Convivialistes (2014). *Das konvivialistische Manifest. Für eine neue Kunst des Zusammenlebens.* Bielefeld: transcript.

Lessenich, S. (2009). Mobilität und Kontrolle. Zur Dialektik der Aktivgesellschaft. In K. Dörre, S. Lessenich & H. Rosa, *Soziologie – Kapitalismus – Kritik. Eine Debatte* (S. 126–177). Frankfurt a. M.: Suhrkamp.

Lessenich, S. (2012). *Theorien des Sozialstaats zur Einführung.* Hamburg: Junius.

Loske, R. (2015). Sharing Economy: Gutes Teilen, schlechtes Teilen? *Blätter für deutsche und internationale Politik, 60*(11), 89–98.

MacLeod, A., & Emejulu, A. (2014). Neoliberalism with a community face? *Journal of Community Practice, 22*, 430–450.

Möhle, M. (2001). *Vom Wert der Wohlfahrt. Normative Grundlagen des deutschen Sozialstaates.* Wiesbaden: Westdeutscher Verlag.

Ostrom, E. (2009). *Gemeingütermanagement – eine Perspektive für bürgerschaftliches Engagement.* München: oekom.

Pinl, C. (2013). *Freiwillig zu Diensten? Über die Ausbeutung von Ehrenamt und Gratisarbeit.* Frankfurt a. M.: nomen.

Rose, N. (2000). Tod des Sozialen? Eine Neubestimmung der Grenzen des Regierens. In U. Bröckling, S. Krasmann & T. Lemke (Hrsg.), *Gouvernementalität der Gegenwart* (S. 72–109). Frankfurt a. M.: Suhrkamp.

Schenk, M. (2014). Armut und gefährdete Selbst- und Fürsorge. In B. Aulenbacher & M. Dammayr (Hrsg.), *Für sich und andere sorgen. Krise und Zukunft von Care in der modernen Gesellschaft* (S. 53–64). Weinheim: Beltz Juventa.

Vobruba, G. (1986). Die populistische Anrufung der Gemeinschaft. In H. Dubiel (Hrsg.), *Populismus und Aufklärung* (S. 221–247). Frankfurt a. M.: Suhrkamp.

Wilkinson, R., & Pickett, K. (2012). *Gleichheit ist Glück. Warum gerechte Gesellschaften für alle besser sind.* Berlin: Haffmans & Tolkemitt.

Winker, G. (2015). *Care Revolution. Schritte in eine solidarische Gesellschaft.* Bielefeld: transcript.

Für eine intersektionale Perspektive auf globale sozial-ökologische Ungleichheiten

Maria Backhouse und Anne Tittor

1 Einleitung

Die sozialen Ungleichheiten im Weltmaßstab sind eklatant. Die Bewegung „Occupy Wall Street" in den USA brachte es griffig auf den Punkt: Das reichste eine Prozent der Menschheit besitzt so viel wie die anderen 99 %. Und Oxfam weist darauf hin, dass acht Männern – das Geschlecht ist hier keinesfalls zufällig – genauso viel gehört wie der ärmeren Hälfte der gesamten Menschheit, d. h. 3,6 Milliarden Menschen (Kaltmeier und Breuer 2019; Oxfam 2017). Wie zahlreiche Studien, aber auch die Nachhaltigkeitsziele der Vereinten Nationen unterstreichen, ist es mittlerweile Konsens, dass diese globalen sozialen Ungleichheiten untrennbar mit der ökologischen Krise verflochten sind, wie sie sich etwa im Fall des Klimawandels zeigt. Denn die Reichen dieser Welt tragen mit ihrem Lebensstil im besonderen Maße zum Klimawandel bei, sind aber seinen negativen Folgen, wie z. B. Wirbelstürmen, Ernteeinbrüchen oder Überschwemmungen, am wenigsten ausgesetzt. Eine Oxfam-Studie schätzt, dass 10 % der Weltbevölkerung gegenwärtig knapp die Hälfte aller klimaschädlichen Emissionen verursachen; auf die ärmere Hälfte der Menschheit entfallen dagegen nur etwa 10 % der CO_2-Emissionen (Oxfam 2015). Auch wenn die Eliten aus den BRICS-Ländern wie China, Indien oder Brasilien einen wachsenden Anteil an den globalen Emissionen haben, leben die Hauptverursacher*innen nach wie vor in den westlichen Zentren (ebd.). In diesen globalen sozial-ökologischen Ungleichheiten dauern somit die historisch gewachsenen Asymmetrien zwischen den Zentren und (Semi-)Peripherien fort (dazu auch Graf et al. sowie Gonçalves in diesem Band).

© Springer Fachmedien Wiesbaden GmbH, ein Teil von Springer Nature 2019
K. Dörre et al. (Hrsg.), *Große Transformation? Zur Zukunft moderner Gesellschaften*, https://doi.org/10.1007/978-3-658-25947-1_16

Wir gehen davon aus, dass die miteinander verwobenen sozialen Strukturkategorien Klasse, Geschlecht und „*race*"[1] neben anderen Faktoren wie dem Wohnort maßgeblich beeinflussen, wie jemand zum Klimawandel beiträgt oder seinen Folgen ausgesetzt ist. Deshalb argumentieren wir im vorliegenden Artikel, dass die Analyse von globalen sozial-ökologischen Ungleichheiten eine intersektionale Perspektive benötigt. Deren Konzeptualisierung und empirische Anwendung steht aber noch aus. Wie wir im Verlauf des Artikels begründen werden, geben insbesondere marxistisch-feministische Ansätze mit ihrer Fokussierung auf die verwobenen (Re-)Produktionsverhältnisse wichtige Impulse. Wir sind nicht die ersten, die eine intersektionale Perspektive auf sozial-ökologische Ungleichheiten einfordern. Trotzdem liegt sie bisher nur in Ansätzen vor, weshalb wir uns im Folgenden – auch aus Gründen des Umfangs – auf die Skizze eines Forschungsprogramms in Anknüpfung an die Politische Ökologie und an marxistisch-feministische Beiträge zur Konzeptualisierung von Intersektionalität beschränken.

Ausgehend von einer kurzen Verortung in der globalen sozialen Ungleichheitsforschung und Politischen Ökologie beschreiben wir im nachfolgenden Abschnitt anhand empirischer Studien, die die global ungleiche Verursachung des Klimawandels untersuchen, welche analytischen Implikationen eine globale bzw. transnationale sozial-ökologische Ungleichheitsperspektive hat. Mit der Fokussierung auf die ungleiche Verursachung des Klimawandels nehmen wir uns in diesem Beitrag aus Platzgründen nur einen Ausschnitt von sozial-ökologischen Ungleichheiten vor und klammern viele andere Aspekte aus. Diese Schwerpunktsetzung erscheint uns gerechtfertigt, da die ungleiche Verursachung des Klimawandels in unserem westeuropäischen Kontext besonders relevant ist und entsprechend zunehmend thematisiert wird (Brand und Wissen 2017; Lessenich 2016). Im dritten Abschnitt skizzieren wir Anknüpfungspunkte bei feministisch-marxistischen Autor*innen und der feministischen Politischen Ökologie für ein Forschungsprogramm zur Entwicklung einer intersektionalen Analyseperspektive. Zum Schluss diskutieren wir, welche politischen Implikationen diese Überlegungen für die Entwicklung transnationaler sozial-ökologischer Transformationsbewegungen haben könnten.

---

1   Mit der englischen Schreibweise und Kursivsetzung unterstreichen wir, was wissenschaftlich Konsens ist: Es gibt keine „Rassen"; nichtsdestotrotz gibt es spezifische Herrschafts- und Ausbeutungsverhältnisse entlang rassistischer Zuschreibungen, die je nach historischem und regionalem Kontext variieren. Siehe dazu etwa Hall (2000).

2   Globale sozial-ökologische Ungleichheiten

Wir knüpfen an die globale soziale Ungleichheitsforschung an, wie sie u. a. von Göran Therborn (2014), Roberto P. Korzeniewicz und Timothy P. Moran (2012) und Manuela Boatcă (2015) vorgelegt wurde. Ein gemeinsames Anliegen ist den Autor*innen die Überwindung des sogenannten „methodologischen Nationalismus", indem statt nationalstaatlicher Untersuchungseinheiten transnationale Ungleichheiten zwischen sozialen Gruppen in unterschiedlichen Ländern und Regionen der Welt in den Blick genommen werden. Dabei fokussieren die Untersuchungen nicht nur auf den Vergleich von Einkommen, Gesundheit oder Bildung, sondern auch auf die Intersektionalität von Staatsbürgerschaft und Geschlechterverhältnissen (Roth und Boatcă 2016). Der Zusammenhang von sozialen Ungleichheiten mit ökologischen Bedrohungslagen wird aber in diesem Debattenfeld bisher nur gestreift und steht nicht im Fokus der konzeptionellen oder empirischen Arbeiten (Dietz 2014, S. 2). Dabei wird dieser schon seit den 1980er-Jahren in der Politischen Ökologie hergestellt.

Das Debattenfeld der Politischen Ökologie grenzt sich von der Annahme ab, dass in der ökologischen Krise alle Menschen weltweit im gleichen Boot sitzen. Ihr politisches Anliegen ist es, Umweltprobleme als gesellschaftlich geprägte zu denaturalisieren und auf diese Weise zu repolitisieren (Bryant und Bailey 2005; Robbins 2010). Während viele politisch-ökologische Studien auf die lokale Mikroebene beschränkt sind, haben radikalgeografische Analysen (Harvey 1996; Smith 1984) schon früh die räumlich ungleichen Entwicklungen des Naturverbrauchs im Weltmaßstab konzeptualisiert (Görg 2007, S. 132). Ohne von Intersektionalität zu sprechen, verweisen insbesondere die sozialen Bewegungen und Studien zur „environmental justice" auf die Zusammenhänge von rassistischer Diskriminierung und Gefährdung durch Umwelt- und Industrieschäden (Acselrad et al. 2008; Bullard 2000). Mittlerweile gibt es Bestrebungen, diese lokalen sozialen Bewegungen global aufeinander zu beziehen (Martinez-Alier et al. 2016).

Wir schlagen vor, diese beiden Debattenfelder über ihre *globale Perspektiveinnahme* zu verbinden sowie eine Erweiterung der globalen sozialen Ungleichheitsforschung um die *sozial-ökologische* Einsicht vorzunehmen, dass Gesellschaft und Natur in einem untrennbaren Wechselverhältnis stehen (Görg 2003). So gesehen ist es kein Naturgesetz, wenn Umweltereignisse besonders für arme Gruppen in peripheren Regionen zu einer existenziellen Katastrophe werden, sondern die Konsequenz eklatanter globaler sozialer Ungleichheiten. Auch der Klimawandel ist, wie weitgehend Konsens ist, menschengemacht. Aus der von uns präferierten politökonomischen Sicht ist es allerdings nicht *die* Menschheit, die die ökologische Krise verursacht, sondern die kapitalistische Produktionsweise, deren Energie- und

Ressourcenverbrauch in den letzten 200 Jahren eine nie dagewesene Größenordnung erreicht hat und deshalb ihre eigene materielle Grundlage zu untergraben
droht (Altvater 1987; dazu auch Lessenich sowie Dörre in diesem Band). So wie
die Menschen unterschiedlich in den Produktions- und Reproduktionsprozess
des globalen Kapitalismus eingebunden sind, sind sie auch in ihrem Ressourcenverbrauch sehr ungleich an der Übernutzung der Natur beteiligt. Dieser Aspekt
wird deutlicher, wenn wir uns aktuellen empirischen Studien zuwenden, die den
ungleichen Anteil von Individuen und Gruppen am Klimawandel im Weltmaßstab
untersuchen. Dabei ist uns bewusst, dass die Studien weder erkenntnistheoretisch
noch methodisch zusammengeworfen werden können. Uns geht es darum zu zeigen,
dass unterschiedliche empirische Untersuchungen allein durch ihre globale bzw.
transnationale Perspektive zu ähnlichen Ergebnissen kommen, und zu diskutieren,
wie zukünftige Forschungen über diese Studien hinausgehen könnten.

In ihrer Studie zur ungleichen Verursachung des Klimawandels fokussieren Lucas
Chancel und Thomas Piketty auf die individuellen, konsumbasierten CO_2-Emis-
sionen im globalen Maßstab (Chancel und Piketty 2015). Ihr Anliegen ist es zu
berechnen, wie die Kosten für Klimaanpassungsmaßnahmen zwischen den (Semi-)
Peripherien und Zentren nach dem Verursacherprinzip verteilt werden könnten.
Die Autoren bestreiten nicht die Bedeutung der durch die Industrien und Konzerne
verursachten Emissionen, zu denen es national aggregierte Daten gibt, die meist
diskutiert werden. Doch ihr Fokus auf den individuellen Konsum ermöglicht ein
anderes Verständnis sozial-ökologischer Ungleichheiten im globalen Maßstab.

Die 50 % „Bottom"-Emittierenden der Menschheit sind zusammengenommen
nur für 13 % der globalen konsumbasierten CO_2 Emissionen verantwortlich. Demgegenüber entfällt auf die 10 %, die am meisten emittieren, ein Anteil von 45 % aller
Emissionen. Auch wenn sich unter Letzteren zunehmend auch Bürger*innen aus
den (Semi-)Peripherien – insbesondere aus China – finden, leben die meisten von
ihnen in Nordamerika und Westeuropa (ebd., S. 31). Die Studie kommt zu dem
Ergebnis, dass sich China und anteilig auch andere semiperiphere Länder stärker
an der Finanzierung der Klimaanpassungskosten beteiligen müssten. Der Großteil
der Anpassungskosten müsste jedoch nach wie vor von den USA und Westeuropa
getragen werden[2] – insbesondere, wenn der historische CO_2-Ausstoß der frühen

---

2   Nun mögen manche einwenden, dieser Fokus würde die Rolle des Globalen Nordens
    bei der CO_2-Verursachung überbetonen. So schreiben die Autoren der Studie auch
    selbst in einer Fußnote: „Looking at consumption-based emissions (as we do below)
    rather than production-based emissions would increase the share and responsibility
    for developed countries" (Chancel und Piketty 2015, S. 15). Dem ist entgegenzuhalten,
    dass viele Produkte aus der (Semi-)Peripherie deshalb in die Industrieländer exportiert
    werden, weil diese erst die Nachfrage erzeugen und die Produkte konsumieren, die

Industriezentren über die letzten 200 Jahre mit einberechnet wird (ebd., S. 35 ff.). Gleichzeitig verdeutlicht die transnationale Untersuchungsperspektive, dass, wenn man die Individuen unabhängig von ihren Herkunftsländern betrachtet, sich die Ungleichheiten hinsichtlich der Verursachung des Klimawandels auf globaler Ebene zwischen 1998 und 2013 vergrößert haben. Das jeweils reichste eine Prozent der Bevölkerung in den USA, Luxemburg, Singapur, Saudi-Arabien und Kanada kommt auf einen jährlichen CO_2-Ausstoß von über 200 Tonnen pro Person und Jahr. Im Kontrast dazu liegen die Emission der jeweils ärmsten 10 % der Bevölkerung in Mozambique, Malawi, Ruanda, Sambia oder Honduras bei 0,09 bis 0,16 Tonnen CO2 pro Person und Jahr und betragen damit rund 1/2000 (ebd., S. 29). Um die „top emitters" für den Klimaschutz zur Kasse bitten zu können, schlagen die Autoren eine globale, progressive „carbon tax" vor sowie die unterschiedlich starke Besteuerung von Flugtickets, um damit Klimaanpassungsmaßnahmen zu finanzieren.

In eine ähnliche Richtung weisen die Analysen von Marko Ulvila, Kristoffer Wilén und Jarna Pasanen.[3] Auch sie blicken in transnationaler Perspektive auf die Hauptverursacher*innen des Klimawandels. Die Autor*innen arbeiten mit einem Klassenbegriff, der allerdings nicht auf die Produktionsverhältnisse, sondern auf die Grundbedürfnisse und kulturellen Konsummuster bezogen wird: Klassen werden danach unterschieden, ob sie in der Lage sind, ihre Grundbedürfnisse zu decken (wozu sie Nahrung, Wohnung und Gesundheit sowie sozio-kulturelle Bedürfnisse wie Respekt und Freiheit zählen), und wie sie durch ihren Lebensstil zu den globalen CO_2-Emissionen beitragen (ökologische Nachhaltigkeit). Auf dieser Grundlage unterscheiden sie die überkonsumierende, die nachhaltige und die ums Überleben kämpfende Klasse („struggling class"). Wer mehr als zwei Tonnen CO_2-Emissionen

---

bei der Produktion entstehenden Emissionen aber nicht bei ihnen verbucht werden. Dies wird in der Literatur als „rich country illusion"-Effekt diskutiert (Santarius 2016, S. 82). Würde man beispielsweise die Emissionen, die aufgrund der Produktion von Gütern entstehen, die nicht in Deutschland hergestellt, aber dort konsumiert werden, in die deutschen Emissionen einberechnen, hätten sich diese von 1995 bis 2005 nicht verringert, sondern sie wären leicht gestiegen. „Im Jahr 2008 waren fast ein Drittel der konsumbasierten Emissionen von Deutschland nicht Teil der offiziellen bundesdeutschen Klimabilanz" (ebd.).

3 Bei dem Text von Ulvila und Pasanen (2009) handelt es sich um einen Beitrag für ein für eine breitere Öffentlichkeit geschriebenes Buch, das Wege aufzeigen möchte, wie eine nachhaltige Kultur jenseits des Wachstumszwangs entwickelt werden könnte. Das Herzstück der Argumentation ist, dass globale Gerechtigkeit nur hergestellt werden kann, wenn die überkonsumierenden Klassen ihren Konsum erheblich reduzieren. Der Buchbeitrag von Ulvila und Wilén (2017) verfolgt das gleiche Argument, bettet es aber stärker in die wissenschaftliche Debatte rund um das Anthropozän und den Nexus von Einkommen, Konsum und Ressourcenverbrauch ein.

pro Kopf und Jahr verursacht, zählt in ihrem Verständnis zur überkonsumierenden Klasse, wer seine Grundbedürfnisse nicht befriedigen kann, zur „struggling
class". Sie kommen zu dem Ergebnis, dass die Größe der überkonsumierenden
Klasse inzwischen auch in vielen Regionen des Globalen Südens wächst (Ulvila
und Pasanen 2009; Ulvila und Wilén 2017). Gegenwärtig lebt die Hälfte dieser
überkonsumierenden Klasse im Globalen Süden, die andere Hälfte in den reichen
OECD-Ländern; allerdings ist ihr Anteil an der jeweiligen Landesbevölkerung
sehr unterschiedlich. In Westeuropa, den USA, Neuseeland und Australien zählen
über 80 % der Bevölkerung zu den überkonsumierenden Klassen. Die Autor*innen
schätzen, dass Männer in der überkonsumierenden Klasse etwa zwei Drittel, in der
nachhaltigen Klasse etwa die Hälfte und in der „struggling class" nur ein Drittel
ausmachen (Ulvila und Wilén 2017, S. 130). Für die Autor*innen kann es deshalb
nicht *eine* für alle geltende sozial-ökologische Transformationsperspektive geben,
stattdessen schlagen sie verschiedene Strategien vor: Für die überkonsumierende
Klasse fordern sie eine Reduzierung des Naturverbrauchs ein. Für die nachhaltige
Klasse empfehlen sie eine Suffizienzstrategie, die zugleich deren Lebensqualität
hebt. Und für die „struggling class" fordern sie eine „Empowerment"-Strategie,
damit auch sie ihre Grundbedürfnisse befriedigen kann.

Alle vorgestellten Studien zeigen, dass mit der Verschiebung der empirischen
Untersuchungseinheiten weg von nationalen hin zu individuellen Emissionen die
sozial-ökologischen Ungleichheiten innerhalb der Länder und auch zwischen den
Bevölkerungsgruppen verschiedener Ländern im globalen Vergleich in ihrem
Ausmaß noch deutlicher werden. Die historisch gewachsenen Ungleichheiten
zwischen den Ländern[4] werden durch diese transnationale Betrachtungsweise
also nicht negiert, sondern in ihrer globalen Dimension konturiert. Sowohl in
den Arbeiten von Ulvila, Wilén und Parsanen als auch in der eingangs genannten
Oxfam-Studie (2015) wird angedeutet, dass sozial-ökologische Ungleichheiten von
Klassen- und Geschlechterverhältnissen überlagert werden. Diese Beobachtung gilt

---

4   Legt man die historischen produktionsbasierten Emissionen zugrunde, zeigen sich klare
    globale Asymmetrien. So entfallen seit der ersten industriellen Revolution (Ende des 18.
    Jahrhunderts) bis heute knapp 50 % aller globalen CO_2-Emissionen auf Europa, Nord-
    amerika, Japan und Australien (Chancel und Piketty 2015, S. 15). Bei dieser Berechnung
    sind die Emissionen, die durch die Kolonialherrschaft und den mit ihr verbundenen
    Rohstoffabbau und -export verursacht wurden, noch gar nicht bei den Kolonialmächten
    verbucht. Bei der Betrachtung im Zeitverlauf wird deutlich, dass sich die Zentren der
    CO_2-Emissionen geografisch verschoben und deren Anteile verkleinert haben. Um 1820
    entfielen auf Westeuropa noch ca. 95 % der globalen Emissionen. 100 Jahre später war
    Nordamerika mit einem Anteil von ca. 50 % an den globalen Emissionen zum größten
    Emittenten aufgestiegen. Heute ist China mit fast 25 % der weltweit größte CO_2-Emittent
    (ebd.).

es aus einer Intersektionalitätsperspektive genauer auszuloten und konzeptionell zu bestimmen. Dies erfordert aber eine Herangehensweise, die über den Fokus auf die Einkommens- und Konsumverhältnisse hinausgeht und nach den darunterliegenden transnationalen Produktions- und Reproduktionsverhältnissen fragt.

3   Globale sozial-ökologische Ungleichheiten und Intersektionalität

Die Intersektionalitätsdebatte wurde in den USA von schwarzen Feminist*innen initiiert, um die Interdependenzen unterschiedlicher sozialer Strukturkategorien, insbesondere Geschlecht, Klasse und „*race*", in den Blick zu bekommen. Ausgangspunkt waren die spezifischen Diskriminierungserfahrungen schwarzer Frauen, die sich von denen weißer Frauen und schwarzer Männer unterscheiden, aber nicht als die Summe von Klassenzugehörigkeit, Sexismus und Rassismus beschrieben werden können. So war die Forderung nach einer intersektionalen Betrachtungsweise zunächst eine Intervention in die feministische Theoriebildung (Soiland 2008). Als Schlüsseltext wird meist auf einen Aufsatz von Kimberlé Crenshaw (1989) verwiesen, die diesen Begriff erstmals prägte. Viele Autor*innen unterstreichen, dass der Anspruch der Intersektionalitätsperspektive „so alt wie die feministische Theoriebildung selbst" ist (Soiland 2008) sowie von anderen, nicht-westlichen feministischen Bewegungen wie den lateinamerikanischen Chicanas mitbegründet (Zapata Galindo 2013) oder bereits von nicht-westlichen und von schwarzen Theoretiker*innen seit dem 19. Jahrhundert vorweggenommen worden ist (Bohrer 2018). Es ist unmöglich, an dieser Stelle dem breiten Debattenfeld um die Intersektionalität gerecht zu werden, da sich unter diesem Begriff unterschiedliche theoretische und politische Strömungen des Feminismus versammeln (Davis 2008). Es handelt sich um eine Perspektiveinnahme, die sich je nach Erkenntnisinteresse „auf Identifikationen, Ungleichheitslagen, Ungleichheits- und Diskriminierungs*erfahrungen* oder auf gesellschaftliche Herrschaftsverhältnisse und deren Interdependenzen" bezieht (Knapp 2008, Hervorh. i. Orig.).

Wir stimmen der von einigen Autorinnen vorgebrachten Kritik zu, dass sich viele Arbeiten zur Intersektionalität auf die Mikroebene der subjektiven Diskriminierungserfahrungen und Identitätspolitiken beschränken und dabei Makrostrukturen globaler sozialer Ungleichheiten in den Hintergrund rücken (Boatcă 2015; Klinger 2012; Klinger und Knapp 2007; Soiland 2008). Klassenanalysen werden aus Sorge vor einem Klassenreduktionismus bisweilen vernachlässigt oder den anderen Diskriminierungsachsen wie Sexismus und Rassismus untergeordnet (Bohrer

2018, S. 54). Anstatt von Klassenverhältnissen ist dann häufig von „Klassismus" die Rede, womit Diskriminierungserfahrungen aufgrund von sozialer Herkunft gemeint sind. Hinzu kommt, dass in der Intersektionalitätsdebatte bislang die Ökologiefrage aus Angst vor Naturalisierungen von Sexismus oder Rassismus nur rudimentär behandelt wird (Kaijser und Kronsell 2013, S. 425).

Trotzdem halten wir an der Intersektionalitätsperspektive fest. Die noch einzulösende Herausforderung ist, das interdependente Verhältnis zwischen den genannten Strukturkategorien gesellschaftstheoretisch (Soiland 2008) unter Einbeziehung der Politischen Ökologie zu konzeptualisieren – allerdings ohne es von den Kapitalverhältnissen abzuleiten (Knapp 2008). Ansatzpunkte dafür finden sich etwa bei Ashley J. Bohrer (2018) und Judith Whitehead (2016), die versuchen, die Intersektionalitätsperspektive auf Diskriminierungserfahrungen mit der feministisch-marxistischen Debatte um Reproduktion zu verbinden. Beide beziehen dabei postkoloniale Einsichten über die Kontinuitäten kolonialer Herrschaftsverhältnisse ein. Ein gemeinsamer Ausgangspunkt sind feministische Interpretationen der fortgesetzten ursprünglichen Akkumulation (Federici 2012; Mies 1986), denen zufolge sich mit dem Kapitalismus nicht nur die Lohnarbeit, sondern auch die historische Figur der Hausfrau, der transatlantische Sklavenhandel und koloniale Ausbeutungsformen wie Schuldknechtschaftssysteme herausbildeten – mit weitreichenden sozio-ökonomischen Folgen bis heute. Die zentrale Annahme ist, dass der Kapitalismus[5] auf die unbezahlte Reproduktionsarbeit ebenso wie auf die direkte oder indirekte Ausbeutung von Menschen des Globalen Südens angewiesen war und ist (Bohrer 2018, S. 65). Das Patriarchat, der Kolonialismus oder der Imperialismus sind demzufolge keine Unterdrückungsverhältnisse, die außerhalb des Kapitalismus stehen und sich mit diesem irgendwie überschneiden, sondern sie wurden in den uns heute bekannten Formen erst vom Kapitalismus mit hervorgebracht (ebd.). Dafür wurden in unterschiedlichen historischen, geografischen und kulturellen Kontexten vorkapitalistische ethnisierte und geschlechterbezogene Herrschaftsverhältnisse rekonfiguriert (Whitehead 2016). Die globalen sozialen Ungleichheiten im Kapitalismus können somit weder mit einem ausschließlichen noch priorisierenden Fokus auf die Klassen- oder Geschlechterverhältnisse oder den Rassismus verstanden werden. Vielmehr stellt sich die Frage, wie innerhalb der transnationalen kapitalistischen Produktions- und Reproduktionsverhältnisse

---

5   Wir fassen den Kapitalismus als ein Verhältnis auf. Dies impliziert, dass die genannten Strukturkategorien nicht nur gesellschaftlich hergestellt und (re-)produziert werden, sondern auch umkämpft und veränderbar sind. Das hat auch Implikationen für eine sozial-ökologische Transformationsperspektive, wie im nächsten Abschnitt diskutiert wird.

interdependente Herrschaftsverhältnisse so eingebunden werden, dass spezifische soziale Gruppen stärker ausgebeutet werden als die anderen. Dies erfordert eine historisch und regional kontextsensible Herangehensweise, die transnationale Verflechtungen unterschiedlicher interdependenter Herrschafts- und Ausbeutungsverhältnisse untersucht.

Eine Erweiterung dieser intersektionalen Untersuchungsperspektive auf sozial-ökologische Ungleichheiten kann mit der feministischen Politischen Ökologie angedacht werden, wie sie von Bina Agarwal schon in den 1990er-Jahren in Abgrenzung vom Essenzialismus des Ökofeminismus formuliert wurde (Agarwal 1998). Die besondere Betroffenheit von Frauen von Umweltdegradierungen und die Art des Umgangs damit sind vor allem von ihrer Position innerhalb der spezifischen geschlechtlichen und klassenbezogenen Arbeitsteilung im Kapitalismus geprägt. Auch dass Frauen in manchen Regionen Wissen zu nachhaltigen landwirtschaftlichen Praktiken besitzen, ist nicht auf ihre vermeintlich geschlechtsbedingte besondere Naturverbundenheit zurückzuführen, sondern ebenfalls gesellschaftlich vermittelt. „Women's and men's relationship with nature needs to be understood as rooted in their material reality, in their specific forms of interaction with the environment. Hence, insofar as there is a gender and class (/caste/race)-based division of labour and distribution of property and power, gender and class (/caste/race) structure people's interactions with nature and so structure the effects of environmental change on people, and their responses to it" (ebd., S. 197). Menschen werden somit nicht nur ungleich in die Produktions- und/oder Reproduktionssphäre eingebunden, sondern sind dadurch auch unterschiedlich stark an Umweltdegradierungen beteiligt oder ihnen ausgesetzt.

In Bezug auf die Untersuchung der ungleichen Verursachung des Klimawandels würde die von uns skizzierte intersektionale Perspektive nicht nur auf die noch ausstehende transnationale Untersuchung ungleicher CO_2-Emissionen von Frauen und Männern fokussieren – auch wenn diese Daten sicherlich einen wichtigen Ausgangspunkt für die politische Debatte bieten. Vielmehr stellt sich die Frage, welche Verhältnisse und Mechanismen dazu führen, dass bestimmte Menschen stärker an der Ressourcenübernutzung beteiligt sind als andere. Deshalb ist es notwendig, über die Erfassung von ökonomischen Daten hinaus auch kontextbezogene Analysen zu den spezifischen (Re-)Produktionsverhältnissen und damit artikulierten Machtverhältnissen durchzuführen, um das „Warum" der sozial-ökologischen Ungleichheiten zu verstehen. Dies erfordert ein historisches Vorgehen, das die postkolonialen Kontinuitäten der Asymmetrien zwischen Zentren und (Semi-)Peripherien mitdenkt. Eine große Forschungslücke ist die Konzeptualisierung und empirische Untersuchung der transnationalen Verflechtungen von Ausbeutungsverhältnissen z. B. von Prekären in den Zentren und Peripherien, die sehr unterschiedlich zum Klimawandel beitragen. Eine solche transnationale Intersektionalitätsperspektive ist auch deshalb notwendig, um zu verhindern, dass die Prekären dieser Welt gegeneinander ausgespielt werden, und stattdessen Ansatzpunkte zu diskutieren, wie die unterschiedlichen Kämpfe in den Regionen solidarisch aufeinander bezogen werden können.

4   Politische Implikationen für solidarische globale Transformationsbewegungen

Die empirischen Studien zur ungleichen Verursachung des Klimawandels sind wichtig, um die sozial-ökologische Krise zu repolitisieren und dafür zu sensibilisieren, dass global gesehen unterschiedliche sozial-ökologische Transformationsstrategien verfolgt werden müssen. Die politischen Strategien sollten aber nicht dabei stehenbleiben, die sozial-ökologischen Ungleichheiten nur zu konstatieren und ausschließlich bei den Konsumgewohnheiten anzusetzen. Die Verursacher*innen des Klimawandels stärker individuell zur Kasse zu bitten, ist zwar ein wichtiger erster Schritt, von dem gegenwärtig zu wenig Gebrauch gemacht wird. Dabei sollten aber nicht nur die privaten Haushalte (wie bei Otto et al. 2019), sondern vor allem auch die Konzerne für hohe Emissionen besteuert werden.

Der Fokus auf die Konsumgewohnheiten verkennt tendenziell die Eingebundenheit der meisten Individuen in die kapitalistischen gesellschaftlichen Strukturen, die ihrerseits selbst zu Treibern des Klimawandels werden. In diese Strukturen sind Menschen eingebettet, auch jenseits ihres individuellen Lebensstils und der mit ihm verbundenen Konsumentscheidungen. Deshalb ist es unseres Erachtens wichtig, die zugrundeliegenden gesellschaftlichen Verhältnisse in den Blick zu bekommen, die auch die Verflechtungen unterschiedlicher Ausbeutungs- und damit artikulierter Diskriminierungsverhältnisse nicht ausklammern.

Es bedarf daher der Entwicklung einer kritischen Analyseperspektive auf die globalen sozial-ökologischen Ungleichheiten, die auch die interdependenten sozialen Strukturkategorien Klasse, Geschlecht und „race" einbezieht. Dies wird mittlerweile von vielen eingefordert, steht aber bislang noch aus. Auch wir konnten nur Ansatzpunkte skizzieren. Gelingt die Fokussierung auf die (Re-)Produktionsverhältnisse, entsteht auch ein anderes Verständnis für die Herausforderung, auf einer solidarischen Basis Allianzen zwischen unterschiedlichen Klassen und Gruppen herzustellen, um die miteinander verwobenen (Re-)Produktionsverhältnisse des Kapitalismus zu verändern oder gar zu überwinden.

Wichtige Ansatzpunkte hierfür gibt es bereits bei einigen sozialen Bewegungen, die auf unterschiedlichen politischen Ebenen (von lokal bis global) agieren und in denen einige kritische Akteur*innen den Zusammenhang von globalen sozialen Ungleichheiten und sozial-ökologischer Krise explizit herstellen (dazu auch Brand und Welzer sowie Eversberg und Muraca in diesem Band). Die oben bereits erwähnte „environmental justice"-Bewegung hat in lokalen Kämpfen in den (Semi-) Peripherien und Zentren sowie ihren transnationalen Vernetzungsaktivitäten zahlreiche Konzepte wie Umweltrassismus, Biopiraterie, ökologische Schulden, Ernährungssouveränität oder Wassergerechtigkeit entwickelt, um damit politisch gegen transnationale sozial-ökologische Ungleichheiten vorzugehen (Martinez-Alier et al. 2016, S. 731). Die „climate justice"-Bewegung begreift den Klimawandel als umfassende Krise der gesellschaftlichen Naturverhältnisse und setzt sich für Suffizienz und eine radikale Transformation im Globalen Norden ein (Görg und Bedall 2013, S. 77). Auch die Bewegung „Fridays for Future" knüpft an die Forderung nach Klimagerechtigkeit an, wobei sie diese als Frage der Generationengerechtigkeit artikuliert. All diese Bewegungen repräsentieren unterschiedliche Ansätze für sozial-ökologische Transformationsprojekte, die weit über die Bemühungen der internationalen Klimapolitik hinausgehen.

Literatur

Acselrad, H., Mello, C. C. d. A., & Bezerra, G. d. N. (2008). *O que é justiça ambiental*. Rio de Janeiro: Garamond.

Agarwal, B. (1998). The gender and environment debate. In R. Keil, D. V. J. Bell, P. Penz & L. Fawcett (Hrsg.), *Political ecology. Global and local* (S. 193–219). London: Routledge.

Altvater, E. (1987). *Sachzwang Weltmarkt. Verschuldungskrise, blockierte Industrialisierung und ökologische Gefährdung – der Fall Brasilien*. Hamburg: VSA.

Boatcă, M. (2015). *Global inequalities beyond Occidentalism*. Farnham: Ashgate.

Bohrer, A. J. (2018). Intersectionality and marxism. A critical historiography. *Historical Materialism, 26*(2). http://www.historicalmaterialism.org/articles/intersectionality-and-marxism. Zugegriffen: Mai 2019.

Brand, U., & Wissen, M. (2017). *Imperiale Lebensweise. Zur Ausbeutung von Mensch und Natur in Zeiten des globalen Kapitalismus*. München: oekom.

Bryant, R. L., & Bailey, S. (2005). *Third world political ecology*. London: Routledge.

Bullard, R. D. (2000). *Dumping in Dixie. Race, class, and environmental quality*. Boulder: Westview Press.

Chancel, L., & Piketty, T. (2015). *Carbon and inequality: from Kyoto to Paris. Trends in the global inequality of carbon emissions (1998–2013) & prospects for an equitable adaptation fund*. Paris: Paris School of Economics. http://piketty.pse.ens.fr/files/ChancelPiketty2015. pdf. Zugegriffen: Mai 2019.

Crenshaw, K. (1989). Demarginalizing the intersection of race and sex: A black feminist critique of antidiscrimination doctrine, feminist theory and antiracist politics. *The University of Chicago Legal Forum*, (1), 139–167.

Davis, K. (2008). Intersectionality as buzzword: A sociology of science perspective on what makes a feminist theory successful. *Feminist Theory, 9*(1), 67–85.

Dietz, K. (2014). *Researching inequalities from a socio-ecological perspective*. Working Paper Nr. 74. Berlin: Freie Universität Berlin. http://www.desigualdades.net/Resources/Working_Paper/74-WP-Dietz-Online.pdf. Zugegriffen: Mai 2019.

Federici, S. (2012). *Caliban und die Hexe. Frauen, der Körper und die ursprüngliche Akkumulation*. Wien: Mandelbaum.

Görg, C. (2003). *Regulation der Naturverhältnisse. Zu einer kritischen Theorie der ökologischen Krise*. Münster: Westfälisches Dampfboot.

Görg, C. (2007). Räume der Ungleichheit: Die Rolle gesellschaftlicher Naturverhältnisse in der Produktion globaler Ungleichheiten am Beispiel des Millenium Ecosystem Assessments. In C. Klinger, G.-A. Knapp & B. Sauer (Hrsg.), *Achsen der Ungleichheit. Zum Verhältnis von Klasse, Geschlecht und Ethnizität* (S. 131–150). Frankfurt a. M.: Campus.

Görg, C., & Bedall, P. (2013). Antagonistische Positionen. Die Climate-Justice-Koalition vor dem Hintergrund der Theorie gesellschaftlicher Naturverhältnisse. In M. Dietz & H. Garrelts (Hrsg.), *Die internationale Klimabewegung. Ein Handbuch* (S. 75–106). Wiesbaden: Springer VS.

Hall, S. (2000). Rassismus als ideologischer Diskurs. In N. Räthzel (Hrsg.), *Theorien über Rassismus* (S. 7–16). Hamburg: Argument.

Harvey, D. (1996). *Justice, nature, and the geography of difference*. Cambridge: Blackwell Publishers.

Kaijser, A., & Kronsell, A. (2013). Climate change through the lens of intersectionality. *Environmental Politics, 23*, 417–433.

Kaltmeier, O., & Breuer, M. (2019). Social inequality. In A. Tittor, O. Kaltmeier, D. Hawkins & E. Rohland (Hrsg.), *The Routledge handbook to political economy and governance in the Americas*. New York: Routledge. (im Erscheinen)

Klinger, C. (2012). Für einen Kurswechsel in der Intersektionalitätsdebatte. http://portal-intersektionalitaet.de/uploads/media/Klinger.pdf. Zugegriffen: Mai 2019.

Klinger, C., & Knapp, G.-A. (2007). Achsen der Ungleichheit – Achsen der Differenz: Verhältnisbestimmungen von Klasse, Geschlecht, „Rasse"/Ethnizität. In C. Klinger, G.-A. Knapp & B. Sauer (Hrsg.), *Achsen der Ungleichheit. Zum Verhältnis von Klasse, Geschlecht und Ethnizität* (S. 19–41). Frankfurt a. M.: Campus.

Knapp, G.-A. (2008). Kommentar zu Tove Soilands Beitrag. *querelles-net. Rezensionszeitschrift für Frauen- und Geschlechterforschung,* (26). https://www.querelles-net.de/index. php/qn/article/view/695/703. Zugegriffen: Mai 2019.

Korzeniewicz, R. P., & Moran, T. P. (2012). *Unveiling inequality. A world-historical perspective*. London: Sage.

Lessenich, S. (2016). *Neben uns die Sintflut. Die Externalisierungsgesellschaft und ihr Preis*. Berlin: Hanser.

Martinez-Alier, J., Temper, L., Del Bene, D., & Scheidel, A. (2016). Is there a global environmental justice movement? *The Journal of Peasant Studies, 43*, 731–755.

Mies, M. (1986). *Patriarchy and accumulation on a world scale: Women in the international division of labour.* London: Zed Books.

Otto, I. M., Kim, K. M., Dubrovsky, N., & Lucht, W. (2019). Shift the focus from the super-poor to the super-rich. *Nature Climate Change, 9,* 82–84.

Oxfam (2015). Extreme carbon inequality. Why the Paris climate deal must put the poorest, lowest emitting and most vulnerable people first. https://www.oxfam.de/system/files/oxfam-extreme-carbon-inequality-20151202-engl.pdf. Zugegriffen: Mai 2019.

Oxfam (2017). An economy for the 99 %. https://www.oxfam.de/system/files/sperrfrist_20170116–0101_economy-99-percent_report.pdf. Zugegriffen: März 2019.

Robbins, P. (2010). *Political ecology: A critical introduction.* Chichester: Wiley-Blackwell.

Roth, J., & Boatcă, M. (2016). Staatsbürgerschaft, Gender und globale Ungleichheiten. *Feministische Studien, 34,* 189–206.

Santarius, T. (2016). Entkoppelung. In S. Bauriedl (Hrsg.), *Wörterbuch Klimadebatte* (S. 81–86). Bielefeld: transcript.

Smith, N. (1984). *Uneven development. Nature, capital, and the production of space.* New York: Blackwell.

Soiland, T. (2008). Die Verhältnisse gingen und die Kategorien kamen. *Intersectionality* oder Vom Unbehagen an der amerikanischen Theorie. *querelles-net. Rezensionszeitschrift für Frauen- und Geschlechterforschung, (26).* https://www.querelles-net.de/index.php/qn/article/viewArticle/694/702. Zugegriffen: Mai 2019.

Therborn, G. (2014). *The killing fields of inequality.* Hoboken: Wiley.

Ulvila, M., & Pasanen, J. (2009). Transformation scenarios to sustainable economy and equality. In M. Ulvila & J. Pasanen (Hrsg.), *Sustainable futures: Replacing growth imperative and hierarchies with sustainable ways* (S. 13–86). Helsinki: Ministry of Foreign Affairs of Finland. http://www.ymparistojakehitys.fi/susopapers/Sustainable_Futures.pdf. Zugegriffen: Mai 2019.

Ulvila, M., & Wilén, K. (2017). Engaging with the Plutocene: Moving towards degrowth and post-capitalist futures. In P. Heikkurinen (Hrsg.), *Sustainability and peaceful coexistence for the Anthropocene* (S. 119–139). New York: Routledge.

Whitehead, J. (2016). Intersectionality and primary accumulation. *Monthly Review, 68*(6). https://monthlyreview.org/2016/11/01/intersectionality-and-primary-accumulation/. Zugegriffen: Mai 2017.

Zapata Galindo, M. I. (2013). Intersektionalität und Gender Studies in Lateinamerika. *Querelles. Jahrbuch für Frauen- und Geschlechterforschung, 16.* http://www.querelles.de/index.php/qjb/article/view/7. Zugegriffen: Mai 2019.

Alltag und Situation
Soziokulturelle Dimensionen sozial-ökologischer Transformation

Ulrich Brand und Harald Welzer

Culture is key and essential and as my crew says
„culture eats strategy for breakfast".
(Elandria Williams, Aktivistin in den USA)

1   Einleitung

Die gegenwärtige Situation in den westlichen Demokratien ist von einer über alle politischen Lager hinweg konstatierten „multiplen Krise" gekennzeichnet (vgl. zum Begriff der „Vielfachkrise" Demirovic et al. 2011). Diese Diagnose folgt vor allem aus der Erosion vormaliger Gewissheiten, etwa dass der ökonomischen Liberalisierung notwendig die politische folgen würde, die liberale Demokratie das langfristig überlegene politische System sei oder die ökologische Krise mit den bestehenden politischen und wirtschaftlichen Institutionen erfolgreich bearbeitet werden könne. Zwar gibt es durchaus und vermehrt Proteste sowie ein verbreitetes Unbehagen an den zunehmenden Problemen immer weiterer kapitalistischer Expansion und Eskalation (Dörre und Becker 2018; Rosa 2018, S. 62 ff.). Jüngere Beispiele hierfür sind die Auseinandersetzungen um den Hambacher Forst (Berger 2018) oder die SchülerInnen-Bewegung „Fridays for Future". Gleichzeitig existiert kein umfassendes positives Entwicklungsmodell oder gar eine utopische und mobilisierende Erzählung eines krisentauglich modernisierten Globalen Nordens (Schulz 2016; Welzer 2019). Ein mögliches Gegenmodell zur Hyperkonsumgesellschaft und ihrer Warenästhetik wird zwar in Ansätzen wissenschaftlich diskutiert, aber insgesamt ist kaum zu erkennen, ob und wie dies eine machtvolle soziale Bewegung inspirieren könnte. Es herrscht eine dystopische und konsumistische „Kultur der Zukunftsverhinderung" (Welzer 2019, S. 55).

© Springer Fachmedien Wiesbaden GmbH, ein Teil von Springer Nature 2019
K. Dörre et al. (Hrsg.), *Große Transformation? Zur Zukunft moderner Gesellschaften*, https://doi.org/10.1007/978-3-658-25947-1_17

Die aktuelle Transformationsdebatte (WBGU 2011; Nalau und Handmer 2015; Schneidewind 2018; Sutterlütti und Meretz 2018; Überblick in Brand 2016; Kritik etwa von Biesecker und Winterfeld 2013) scheint zudem von einer Art strategisch-rationalistischem Subjektmodell geleitet zu sein und davon auszugehen, dass mit guten Argumenten, angemessenen Strategien und wachsender Macht ausgestatteten Alternativprojekten Transformationsprozesse vorangetrieben werden könnten. Dem Staat wird dabei eine wichtige Rolle zugeschrieben. Der Wissenschaftliche Beirat der Bundesregierung Globale Umweltveränderungen (WBGU 2011, S. 217) fordert in seinem prominenten Hauptgutachten von 2011 einen „gestaltenden und aktivierenden Staat". Dabei sollen die geeigneten Rahmenbedingungen geschaffen werden, aber auch „auf verschiedenen Ebenen geeignete Experimentier- und Spielräume [...], die es ermöglichen, wissenschaftliche Erkenntnisse und technologische Innovationen, die für eine Umsetzung der Transformation erforderlich sind, fortlaufend zu berücksichtigen und in die sozialen Lebenswelten einzubauen" (ebd.). Wissenschaft und Technologie sind demzufolge die Antriebskräfte der Transformation, der Staat soll dafür die Bedingungen schaffen und die Menschen eine solche Transformation umsetzen. Dabei weisen kritische Beiträge darauf hin, dass die Legitimität eines Staates zwar durchaus von einer gelingenden Umweltpolitik abhängig ist, nämlich von sauberer Luft, Wasser u. a., aber eben auch von einer expansiven kapitalistischen Ökonomie und einer im Vergleich zu anderen Ländern und Regionen materiell relativ vorteilhaften Einbindung in die internationale Arbeitsteilung (Hausknost 2017; Görg et al. 2017).

Wenn in einem anderen Strang der Transformationsdebatte auf „change agents" und „Reallabore" als Experimentierräume der Transformation gesetzt wird, dann geht es um Erfahrungen und veränderte Praktiken (WBGU 2011, S. 256 ff.; GAIA 2016). Aber hier bleibt weitgehend unklar, wie die von den Nischenakteuren und ihren Reallaboren praktizierten Übergänge gesellschaftlich verallgemeinert werden könnten. In der Hoffnung auf ein Mainstreaming („Von der Nische in den Mainstream") sozial-ökologischer Praktiken wird zudem übersehen, dass ein entwickelter Marktkapitalismus ja gerade mittels der Entdeckung und Situierung ständig neuer Nischen funktioniert und nicht daran interessiert ist, dass diese sich in ein vereinheitlichendes Modell übersetzen. Insofern verkennt die Hoffnung auf ein erfolgreiches Mainstreaming sozial-ökologischer Praktiken die wirtschaftliche und gesellschaftliche Systemlogik.

Die Hoffnung, eine „große Transformation" über das gute Beispiel von Nischenakteuren befördern zu können, könnte sich mithin als illusionär erweisen. Im Gegenteil zeigen ja zahllose Beispiele von Greenwashing bis zur „nachhaltigen Geldanlage", wie leicht alternativ angelegte Strategien vom Kapitalismus inkorporiert werden können (Seele und Gatti 2017; Brad et al. 2018). Ausdruck findet diese Geschmeidigkeit etwa in den unterschiedlichen Formen von unternehmerischer Gesellschaftsverantwortung (Corporate Social Responsibility, CSR) ebenso wie in der Inflation von Siegeln, die unterschiedlichste Produkte als ökologisch, fair gehandelt, energieeffizient und nachhaltig kennzeichnen. Dadurch wird der Sachverhalt verdeckt, dass ein Konsum, der sowohl von den Produktmengen her als auch den Produkten selbst einer beständigen Steigerungslogik folgt (man denke nur an die paradigmatischen Beispiele SUVs oder TV-Bildschirme), per se alle Nachhaltigkeitsziele systematisch verfehlen muss (Paech 2013).

Daher problematisiert die Degrowth-Perspektive „im Kern die technologisch und institutionell gestützte Eskalationslogik der Gesellschaften des globalen Nordens" (Eversberg 2017, S. 232; Brand und Schickert 2019). Und sie ist, soweit man sehen kann, auch von den kapitalistischen Marktakteuren bislang nicht zu vereinnahmen. Deshalb würden wir die Degrowth-Perspektive auch nicht als Nischenansatz verstehen (so etwa Blühdorn et al. 2018), sondern als politischen Stachel, der auch andere Akteure – etwa die Gewerkschaften oder progressive UnternehmerInnen – und gesellschaftliche Institutionen wie etwa die Wissenschaft zu politisieren versucht (dazu auch Eversberg und Muraca in diesem Band), gerade indem sie auf der Systemebene ansetzt und nicht systemimmanent bleibt wie viele Strategien der „Grünen Ökonomie".

Damit sind wir beim Kern des Problems aktueller Transformationsperspektiven, das wir in diesem Beitrag genauer umreißen wollen: Denn offen bleibt bisher die Frage, wie die Postwachstumsperspektive jenseits impliziter Bezugnahmen in einzelnen konkreten Protesten, wie beispielsweise jene von „Ende Gelände" für den Ausstieg aus der Förderung und Verstromung von Braunkohle oder jene der Klimastreikbewegung „Fridays for Future" (siehe unten), in eine breite soziale Bewegung übersetzt werden könnte. Schon die Schwierigkeit, einen positiven Begriff für das zu finden, was politisch angestrebt wird, deutet das Problem an. Aber gerade in den jeweiligen konkreten Protesten werden wichtige Lernprozesse gemacht, weshalb die lebensweltliche Insuffizienz der Postwachstumsperspektive ein Problem ist (Konzeptwerk Neue Ökonomie und DFG-Kolleg Postwachstumsgesellschaften 2017; Brand und Krams 2018).

Die wissenschaftliche Diskussion hat eine verwandte Schwäche. Denn ein gemeinsames Defizit der aktuell vorgeschlagenen und debattierten Transformationsstrategien liegt aus unserer Sicht darin, dass sie kulturell weitgehend blind sind und zu wenig mit dem subjektiven Eigensinn der Akteure rechnen: Das allgemein steigende Klimabewusstsein kann etwa den Verkauf von SUVs ankurbeln, weil die KäuferInnen annehmen, dass der Erwerb solcher Fahrzeuge in naher Zukunft verteuert oder gar verboten wird. Auch können gut gemeinte Ansätze tendenziell ins Gegenteil verkehrt werden, indem nämlich Markt- und Profitlogiken diese instrumentalisieren. Ein Beispiel von vielen ist das moderne Carsharing, das allem Anschein nach zu einem höheren Mobilitätsaufkommen führt anstatt zu weniger Automobilität (Öko-Institut und ISOE 2018).[1]

Im Folgenden entwickeln wir zunächst knapp einen theoretischen Rahmen, um die tief verankerten Beharrungskräfte der Nicht-Nachhaltigkeit genauer einordnen zu können. Im Anschluss daran argumentieren wir, dass einerseits die Kontingenz von Protest, aber andererseits auch die Rolle alltagsweltlicher Verhältnisse stärker in Bezug auf Transformationsprozesse berücksichtigt werden sollten. Damit können gegen-kulturelle Bewegungsdynamiken besser verstanden werden, was wir am Beispiel der aktuellen Bewegung „Fridays for Future" knapp ausführen werden. Im Anschluss daran skizzieren wir drei Möglichkeiten, wie sozial-ökologische Proteste und Aufbrüche gesellschaftlich verstetigt und verallgemeinert werden können: mittels eines „radikalen Reformismus" als Transformationsperspektive, mittels „Einstiegsprojekten" als auf die Politisierung konkreter Probleme und Lebensverhältnisse abzielende Handlungsmöglichkeiten und mittels Geschichten erfolgreicher Transformationen als Partitur, gelingendes Leben vorstellbar zu machen.

2   Sozialpsychologie und Hegemonietheorie

Eine wiederkehrende Klage von KlimawissenschaftlerInnen und anderen Nachhaltigkeitsakteuren lautet, dass sich Menschen nicht entsprechend ihres Wissens verhalten. Strukturell verwandt damit ist die oft marxistisch inspirierte Verwunderung darüber, dass Menschen politische Optionen gegen ihre eigenen „objektiven Interessen" wählen. Aber diese Klage und Verwunderung sind aus sozialpsychologischer Sicht gegenstandslos, denn Menschen zeichnen sich insbesondere in modernen, funktional differenzierten Gesellschaften dadurch aus, dass sie sich

---

1   Die vom Öko-Institut, dem Frankfurter Institut für sozial-ökologische Forschung und car2go durchgeführte und vom Umweltministerium geförderte Studie zum Carsharing kommt zu dem Ergebnis, „dass es sowohl in Stuttgart als auch in Köln/Frankfurt in Zusammenhang mit der Nutzung von free-floating Carsharing unter den derzeitigen Rahmenbedingungen nicht zu einer Reduktion der Anzahl von Pkw im Straßenraum kommt. Bis zu 2,6 % der Nutzerinnen und Nutzer schaffen aufgrund der Nutzung von Carsharing ihren Pkw ab. Die dadurch erzielte Minderung des privaten Pkw-Bestands – bezogen auf die heutige Größe der Nutzergruppe – ist dennoch geringer als die Anzahl der eingesetzten car2go-Fahrzeuge: den Studienergebnissen folgend ersetzt in Stuttgart ein car2go-Fahrzeug 0,3 bis 0,8 private Pkw, in Köln/Frankfurt werden 0,3 bis 0,7 private Pkw durch ein car2go Fahrzeug ersetzt" (Öko-Institut und ISOE 2018, S. 84).

widersprüchlich verhalten können müssen, weil sie viele unterschiedliche Rollen-anforderungen zu bewältigen haben. Widersprüche zwischen Wissen und Handeln sind Teil der Alltagsroutine und werden nicht als problematisch empfunden, wes-halb es eine falsche Erwartung ist, dass es ein subjektives Bedürfnis gäbe, solche „gaps" zu schließen. Deshalb kann man ohne Weiteres die imperiale Lebensweise beklagen und sie zugleich pflegen; ebenso zwanglos kann man den Klimawandel skandalisieren, aber dauernd Flugzeuge besteigen – das psychologische Potenzial, kognitive Dissonanzen zu bewältigen, ist grenzenlos (Ernst 2010; Kuckartz 2010; Welzer 2013).

Umgekehrt kann man nicht das Geringste über CO_2 oder den Globalen Süden wissen, aber eine nachhaltige Lebensweise praktizieren und vertreten – etwa aus Gründen eines geringen Einkommens, der Lebensqualität, des Gefallens am Abwei-chen, des Protests, der Gesundheit, der Gerechtigkeit, der Tradition, warum auch immer. Der Einfluss wissenschaftlichen Wissens auf die Bewältigung des Alltags wird (besonders von WissenschaftlerInnen) stark überschätzt, die Bedeutung von Routinen, Habitus, situativen Anforderungen dagegen unterschätzt (Graefe 2016).

Sowohl in der Tradition der Praxistheorie von Pierre Bourdieu wie auch in der einer interaktionistischen Sozialpsychologie von Erving Goffman konnte wiederholt gezeigt werden, dass es vor allem die alltäglichen Routinen und meist unbewussten Praktiken von Menschen sind, mittels derer sich eine (nicht-)nachhaltige Produk-tions- und Lebensweise reproduziert (Jonas 2017; das Konzept der „Alltäglichen Lebensführung" thematisiert das ähnlich, vgl. Diezinger 2008). Und gerade diese unbewussten, in die Alltagspraxis eingelassenen Formen der Weltwahrnehmung und -deutung werden durch rationale Argumentationen, Daten und Theorien kaum erreicht – Goffman (1977) spricht von kognitiven Modellen oder Rahmen, die Geschehnisse oder Fakten erst sinnhaft machen. Die Beharrungskraft des westlichen nicht-nachhaltigen Lebensstils resultiert eben daraus, dass globale Herrschaftsverhältnisse und imperiale Lebensweise – also der alltägliche und selbstverständliche Zugriff auf Waren, die mit billiger Arbeitskraft und billigen natürlichen Ressourcen andernorts hergestellt wurden – so tief in ihn eingelassen sind und kaum bemerkt werden. Das macht seine Stärke und Persistenz aus – eine normative Kraft des Faktischen, der gegenüber etwa Forderungen nach „suffizien-ten Lebensstilen" (Schneidewind und Zahrnt 2013) notwendig äußerlich bleiben.

Daher geht es uns in den Theoremen der „mentalen Infrastrukturen" (Welzer 2011) – was bedeutet: die Mechanismen und Prinzipien, auf denen gesellschaftli-che Ideale und Wünsche fußen – und der „imperialen Lebensweise" (Brand und Wissen 2017) gerade um die kulturelle Dimension der Lebensform, in die sich die kapitalistische Systemlogik eingeprägt hat und in der sie sich reproduziert. Gerade daraus resultiert die „Nachhaltigkeit der Nicht-Nachhaltigkeit" (Blühdorn 2018).

Außer auf eine sozialpsychologische Perspektive beziehen wir uns auf die kritische Hegemonietheorie in der Tradition Antonio Gramscis. Die bürgerlich-kapitalistische Hegemonie, die sich aktuell in einer neoliberalen und zunehmend autoritär werdenden Phase befindet, ist durch strategische und strukturelle Elemente gekennzeichnet (Gramsci 1991, S. 101 f.; auch Opratko 2018, S. 55 ff.). Durch permanente und vielfältige Strategien versuchen die herrschenden Akteure, ihre Interessen als Interessen der gesamten Gesellschaft darzustellen. Wachstum (und die damit einhergehende Mehrwertproduktion und Profitorientierung), Wettbewerbsfähigkeit (und die Ausbeutung von Menschen und Natur) und Ausgrenzung bis hin zu Abschottung liegen angeblich im Interesse aller. Gesichert wird damit eine Klassenherrschaft, die gleichzeitig permanent dementiert wird. Die strukturelle Dimension von Hegemonie besteht darin, dass die gesellschaftlichen Verhältnisse bestimmte Lebensweisen vorgeben und Vorstellungen vom „guten Leben" prägen. Unter den aktuellen Bedingungen ist im Globalen Norden – und für immer mehr Menschen in einigen Ländern des Globalen Südens – die imperiale Lebensweise lebbar und attraktiv und wird unter anderem durch eine entsprechende, tief verankerte mentale Infrastruktur abgesichert, die diese Lebensweise mit allen Merkmalen des Selbstverständlichen und Fraglosen versieht.

Gramsci betonte zudem, dass Kultur die Wahrnehmung der Menschen formt, ob die Welt überhaupt verändert werden soll, ob das wünschenswert und machbar ist. Die herrschende Kultur legt nahe, dass das nicht so ist. Man soll sich aufregen können und kritisieren, aber die Grundfesten der Gesellschaft und die damit verbundenen Positionen der Eliten sowie die dominanten Handlungsorientierungen erscheinen als unangreifbar.

Hier setzt die Politisierung sozialer Bewegungen an, die sich etwa im Motto der globalisierungskritischen Bewegung verdichtet: „Eine andere Welt ist möglich!" Doch diese Politisierung muss dann strategisch, aber auch praktisch mit Inhalt gefüllt werden: Wie sehen alternative Formen des Zusammenlebens, der (Erwerbs-)Arbeit, der Politik im Sinne der Herstellung allgemeinverbindlicher Entscheidungen aus? Und die Praxisdimension ist es auch, die Erfahrungen und Aneignungen jenseits rein kognitiver Operationen und rationaler Erwägungen erlaubt: Man kann sich transformativen Praktiken verschreiben, ohne dabei Abstraktes wie „Nachhaltigkeit" oder „Klima" im Sinn zu haben. Tatsächlich zeigt ja die Diffusionsforschung (die die Ausbreitung von innovativen Lebens- oder Konsumstilen untersucht), dass ökologisch nachhaltigere Praktiken gerade dann angenommen werden, wenn sie primär einen anderen praktischen Nutzen bieten – ein öffentliches Verkehrssystem beispielsweise wird meist wegen seines erlebbaren Komforts angenommen, nicht wegen des reduzierten Ressourcenverbrauchs (Sommer und Welzer 2015).

3 Situation und Alltag

Wenn man also die imperiale Lebensweise und die expansive Moderne sowohl aus normativen wie aus ökologischen Gründen für kein zukunftsfähiges Projekt hält, gilt es Ansatzpunkte für eine kulturelle Bewegungsdynamik zu finden, die einen entsprechenden Pfadwechsel einleiten und forcieren könnte.

Mit Blick auf die eher individuelle Ebene des Alltags, in dem Menschen mit ihren eigenen und alltäglichen Problemen zu tun haben, argumentiert Dieter Kramer (2016, S. 16): „Wenn es gelingt, den Zusammenhang zwischen den Problemen der Wachstumsgesellschaft und [den] Alltags-Problemen herzustellen, ohne dass daraus eine pessimistisch-regressive Haltung entsteht, dann lassen sich vielleicht Ansatzpunkte für politische Motivation bezüglich der sozialökologischen Wende gewinnen." Die Debatte um Suffizienz weist in diese Richtung. Es geht nicht ums Verzichten, sondern ums Ersetzen, um die Frage, was und wieviel „genug" ist. Denn: „Menschen sind mit ihren Vorstellungen vom guten und richtigen Leben in der Lage, sich im individuellen Leben Grenzen zu setzen." (ebd.)

Entscheidend ist aus unserer Sicht folgender Punkt: Kollektiver Protest und die damit verbundene Möglichkeit zur Schaffung von Alternativen entstehen oft situativ. Gero von Randow, der sich mit den oft zufällig und beliebig scheinenden Auslösern von Revolutionen beschäftigt hat (2017a), unterscheidet zwischen Ursachen und Anlässen von Revolutionen. Erstere können sehr lange Zeit latent wirken, sie bilden gewissermaßen den verborgenen sozialen Sprengstoff. Der konkrete Anlass, wie beispielsweise die Selbstverbrennung eines Straßenhändlers in Tunesien, der zum Auslöser der „Arabellion" wurde, entspricht in diesem Bild dem Zünder. In solchen Situationen entfalten sich öffentliche Dynamiken, die wiederum mit der körperlichen Präsenz von protestierenden Menschen und mit Eskalationen, mit medialer Rezeption und Verstärkung zu tun haben. „Ein Kollektiv, das sich in Bewegung setzt, ist stets auch ein kommunizierendes Ganzes, und zwar eines, das Informationen und Emotionen austauscht – Rückkoppelungseffekte eingeschlossen. […] irgendwann kippt alles um: Die Angst wechselt die Seite. Nicht mehr die da unten haben Angst, sondern jetzt die da oben." (von Randow 2017b, S. 31) Das heißt, die weitere Entwicklung des Protests löst sich vom ursprünglichen Anlass, gewinnt eine eigene Qualität, die ihrerseits eine neue, außeralltägliche Erfahrung für die Akteure darstellt, die sich nun als ausgesprochen wirksam und handlungsmächtig erleben können.

Was also sind die „tipping points", an denen die Reproduktion gesellschaftlicher Normalität stockt oder sogar scheitert und rebellische, womöglich sogar revolutionäre Prozesse einsetzen? Fragen solcher Art sind alles andere als trivial, weil wir tatsächlich wenig darüber wissen. Gibt es Latenzen rebellischer Situationen und braucht es nur Auslöser, um sie manifest werden zu lassen? Oder liefern umgekehrt kontingente Anlässe Auslöser von sozialen Dynamiken, die niemand voraussehen konnte, bevor sie sich entfalteten?

Die politische These, die wir vor diesem Hintergrund elaborieren wollen, lautet: Konkrete *Situationen* können im Kontext des konkret gelebten und als problematisch empfundenen *Alltags* Handlungsnotwendigkeiten generieren, auf die kognitive Wissensformen nicht notwendig Einfluss haben. Das gilt auch für die Entstehung von Protest und Widerstand, die sich oft an nicht vorhersehbaren Umschlagspunkten entzünden. Doch dass sie dann bestimmte Formen annehmen, kann durchaus beeinflusst werden: Wichtig sind konkrete Frames (Krams 2019) und Erfahrungen, positive Beispiele und Lernprozesse, sozial-infrastrukturelle Bedingungen wie eigene bzw. freie Kommunikationsmedien und die Weitergabe historischer Erfahrungen, aber auch wahrnehmbare Erfolge wie etwa mittelfristige Eingriffe in gesellschaftliche Kräfteverhältnisse, die Änderung von Selbstverständlichkeiten und die Art und Weise, wie sich Gesellschaften materiell und symbolisch reproduzieren.

4   Gegen-kulturelle Bewegungsdynamik

Der Erfolg sozialer Bewegungen wird in der Regel daran gemessen, ob die gesellschaftliche Akzeptanz ihrer Anliegen zunimmt, sei es durch größere Protestevents, mediale Aufmerksamkeit oder die Übernahme bestimmter Forderungen durch politische Akteure (Gamson 1990). Als weiteres Kennzeichen erfolgreicher Bewegungen gilt das sogenannte „agenda setting", also die Fähigkeit von Bewegungsakteuren, neue Themen – wie etwa die Umweltzerstörung – auf die gesellschaftspolitische Tagesordnung zu bringen (Kriesi et al. 1995).

In der Nachfolge der Arbeiten von Ernesto Laclau wird als weiteres Kriterium in Anschlag gebracht, inwieweit soziale Bewegungen – ggf. zusammen mit anderen Akteuren – in der Lage sind, emanzipatorische politische Identitäten über die Konstruktion eines gesellschaftlichen Antagonismus zu entwickeln (Laclau 2014; Boos und Schneider 2016). Progressive soziale Bewegungen – und in gewisser Weise auch rechtspopulistische und rechtsextreme Bewegungen – können daher als Teil „gegen-hegemonialer" Strategien gegen etablierte Strukturen und Herrschaftsverhältnisse verstanden werden (Brand 2005; Krams 2019).

Das würde aber implizieren – um in der etwas martialischen Terminologie Gramscis zu sprechen –, vom Aufbruch des dynamischen „Bewegungskrieges" in die alltäglichen und institutionellen Niederungen des „Stellungskrieges" überzugehen, und das auf verschiedenen räumlichen und funktionalen Ebenen (Gramsci 1996,

S. 1544 ff.). Damit ist bereits ein Grund für das häufige Scheitern emanzipatorischer Aufbrüche benannt. In diesen „Niederungen" alltäglicher transformatorischer Auseinandersetzungen geht es um strategische, aber auch um Macht- und Herrschaftsfragen, die seitens der herrschenden Kräfte, aber auch von der Mehrheitsgesellschaft häufig de-thematisiert werden. Der Tendenz, unliebsame Forderungen und real gelebte Alternativen zu ignorieren, zu denunzieren oder gar zu unterdrücken, steht die Gefahr der Vereinnahmung durch herrschende Kräfte und Diskurse gegenüber. Diese Entpolitisierungsversuche (durch bestimmte politische Akteure, aber auch durch einen Teil der Medien) stehen den Politisierungsversuchen sozialer Bewegungen diametral entgegen (Pleyers 2010; Freyberg-Inan und Scholl 2014). Sind Aufbrüche im Alltag und durch Protestereignisse nicht erfolgreich, besteht die Gefahr, dass die lokalen Experimente und nachhaltigen Konsummuster selektiv und symbolisch bleiben (Blühdorn et al. 2018, S. 6). Mitunter wird auch argumentiert, dass häufig ein gemeinsames Narrativ fehle (Stephen 2009), es zu unterschiedliche Interessenlagen gebe und sich die Protestakteure zwar zu „single issue"-Protesten träfen, aber die Verständigung auf einen umfassenderen Transformationsprozess schwierig sei (Gibson 2008).

Vor diesem Hintergrund gehen wir davon aus, dass es neben konkreten manifesten Situationen und kritischen Ereignissen samt den darin artikulierten Forderungen und den damit einhergehenden Konflikten auch darum geht, das Feld der kulturellen Hegemonie zu bearbeiten, um Alternativen denk- und realisierbar zu machen. Vor allem aber: Diese müssen attraktiv und wünschenswert erscheinen.

Die etablierte kulturelle Hegemonie kann gebrochen werden, indem eine erfolgreiche Bewegung als kommunikatives Ganzes zunächst selbst eigenständige Formen der Symbolisierung erzeugt: Zeichen, Slogans, Lieder, Geschichten, Lebensstile, ikonische Figuren. Diese bringen sie in Gegensatz zur Mehrheitskultur, und es wird für die Beteiligten erlebbar, wie eine Gegenkultur aussieht und sich anfühlt (Popovic 2015). Gerade indem die jeweilige kulturelle Hegemonie infrage gestellt oder gar gebrochen wird, wird jene Selbstermächtigung erfahrbar, die der Bewegung Kraft verleiht und die sie dynamisiert. Als verstärkend wirkt mitunter Repression vonseiten der kritisierten hegemonialen Herrschaft und Kultur, da sie das Gefühl der Ungerechtigkeit, Willkür und Illegitimität der ausgeübten Macht verstärkt. Daher zielen erfolgreiche Widerstandsbewegungen auf die Evokation von Reaktionen der Herrschenden, wie die „Fridays for Future"-Bewegung aktuell eindrucksvoll zeigt (siehe unten). An allgemeiner Zustimmung können sie schnell zugrunde gehen, weil äußere Widerstände die Kohärenz der sich bewegenden Gruppe stärken.

Eine kulturelle Bewegungsdynamik setzt eine spezifische Gemengelage aus Konfliktpotenzial, Konfliktanlass, Antagonisten sowie utopischen Hoffnungen,

Bildern oder Erzählungen voraus. Empfundene Ungerechtigkeiten sind dabei historisch immer die stärksten Treiber für soziale Bewegungen gewesen. Aber was man als „objektive", empirisch feststellbare Ungleichheitslagen beschreiben kann, taugt nicht zur Prognose von Handlungen und ist auch nicht identisch mit den Motiven von Akteuren oder von denjenigen, die im Prozess erst zu Akteuren werden.

Wegen dieser Nicht-Identität von „objektiven" Lagen und subjektiven Motiven sollte man emanzipatorische sozial-ökologische Bewegungen, wenn sie denn entstehen sollen, eher von den Produktivkräften des Bewegens her denken. Da spielen Kausalität und Linearität nicht so entscheidende Rollen wie Kontingenz, Charisma, Situativität, Emotionen und Überraschendes. „Culture eats strategy for breakfast" (Elandria Williams in Anlehnung an den bekannten Managementberater Peter Drucker), denn die bewegenden Kräfte sind unausweichlich kulturell codiert – das gilt auch für rechte und rechtsextreme Bewegungen, wie beispielsweise die „Tea Party" eindrucksvoll beweist. Erfolgreiche Bewegungen sind nicht Ergebnis rational geplanter Leistungen, sondern soziokulturelle Prozesse mit ungewissem Anfang. Ohne den Gedanken in diesem kurzen Beitrag ausführen zu können, wäre eine genauere Untersuchung spannend, inwiefern wir auch in vielen emanzipatorischen Bewegungen einen „cultural turn" feststellen können. Das würde zum einen die veränderte Strategiebildung und die veränderten konkreten Taktiken von Bewegungen besser erklären, zum anderen aber auch den veränderten gesellschaftlichen Kontext, in dem eben Kulturalisierung und Medialisierung immer wichtiger werden – welche mitunter auch zur Beliebigkeit beitragen.

5   Ein Beispiel für eine entstehende Bewegungsdynamik

Die Frage nach den kulturellen Bewegungsdynamiken kann an einem eindrucksvollen Gegenwartsbeispiel verdeutlicht werden: Der Fall von Greta Thunberg, einer 16-jährigen schwedischen Klimaaktivistin, hat weltweite Berühmtheit erlangt, weil sie jeden Freitag die Schule bestreikt und stattdessen vor dem schwedischen Parlament für Klimaschutz demonstriert. Wirksam wird Thunbergs Protest nicht etwa, weil sie neue Argumente für die Notwendigkeit des Klimaschutzes hat, sondern weil sie über etwas *anderes* spricht: über die Verweigerung der intergenerationellen Verantwortung durch Eltern und politische Eliten. Damit verkörpert Thunberg ein radikales Gerechtigkeitsargument, das schon länger in der Klimadebatte präsent ist – Stichworte sind „burden sharing" zwischen den Staaten oder die Verteilung der Emissionsrechte in den internationalen Klimaverhandlungen. Die ansonsten höchst verwissenschaftlichte Klimadebatte wird politisiert, indem Thunberg sich selbst als Vertreterin der jungen Generation einbringt, der nicht egal ist, was die älteren Generationen und EntscheidungsträgerInnen machen. Sie erreicht eine radikale öffentliche Intervention, von den Medien inszeniert und von Greta Thunberg selbst glaubwürdig vorgetragen (von Lucke 2019).

Dies übersetzt sie in eine einfache und sinnfällige Form des Protestes, die die Bedeutung des Schulerfolgs in Konkurrenz zu einer globalen Bedrohung setzt. Daneben ist Thunberg eloquent und hat aufgrund einer psychologischen Besonderheit (sie hat ein Asperger-Syndrom) ein signifikantes Merkmal, das sie interessant macht. Diese Elemente stiften in gewisser Weise einen Konfliktanlass, der sich mit einer Ursache (Generationen-Ungerechtigkeit) verbindet. Dazu kommt die Benennung von Antagonisten, die Konstruktion einer Wir-Gruppe, die von Ungerechtigkeit betroffen ist. Damit kann sie ihr Anliegen verallgemeinern, das sich in der emblematischen Aussage verdichtet: „Warum für die Zukunft lernen, wenn wir keine Zukunft haben!" Ihr Protestformat des Schuleschwänzens kann von der konstruierten Wir-Gruppe (junge Generation) tendenziell global reproduziert werden – und wird es auch. Das Format weitet sich aus bis hin zu einem weltweiten Aktionstag. Thunberg wirkt auf diese Weise ikonisch; ihr Protest wird in vielen Ländern von vielen jungen Menschen aufgenommen. Auch viele der kritischen Reaktionen auf „Fridays for Future" wirken eher verstärkend: „Es scheint eine besondere Provokation zu sein, wenn sich Kinder und Teenager politisch äußern. Manche Erwachsene reizt das offenbar derartig, dass sie die Fassung verlieren – und jene Reife und höhere Einsicht, die sie den Jüngeren absprechen." (Rüther 2019) Albrecht von Lucke stellt die verschiedenen Versuche der Delegitimierung dieser jungen Bewegung und der Umweltbewegung insgesamt dar und sieht sie als Teil eines kulturellen Kampfes um die „Empörungshoheit. Wer bestimmt und definiert, worüber man sich in dieser Gesellschaft am meisten aufregt?" (2019, S. 97) Diese Hoheit ist in den letzten Jahren von rechts ausgeübt worden, und mit den Klimastreiks kommt nun ein linkes Thema zurück in die Öffentlichkeit. Dabei ist Thunbergs Protest zunächst systemimmanent, schließlich demonstriert sie vor dem Parlament. Es geht nicht um Revolution und die Systemfrage, sondern um eine Form des radikalen Reformismus (Hirsch 1990; Gebauer und Trojanow 2018). Doch die weitere Entwicklung der Bewegung selbst und ihre Wirkungen – beispielsweise auf die politischen Parteien – ist durchaus offen.

Vergleichbare Muster für die Genese sozialer Bewegungen lassen sich leicht identifizieren. Man denke an die Studentenrevolte von 1968: ikonische Figuren wie Rudi Dutschke, Generationenkonflikt mit Antagonisten, eine verallgemeinerte Wir-Gruppe, neue Protestformen. Oder an die Anti-AKW-Bewegung: ikonische Figuren wie Petra Kelly, Konflikt mit Antagonisten (Atomstaat), eine verallgemeinerte Wir-Gruppe (potenzieller Opfer), neue Protestformen. Oder an die amerikanische

Bürgerrechtsbewegung, die Arbeiterbewegung, die Frauenbewegung, alle weisen sie vergleichbare Elemente auf. Zentrales Moment der Vergemeinschaftung in der Bewegung ist die Konstruktion einer von Ungerechtigkeit betroffenen Wir-Gruppe, die als solche auch signifiziert werden muss – durch Kleidung, Fahnen, Slogans, kulturelle Ausdrucksformen. Es sind diese popkulturellen Elemente, die dem Anliegen und Auftreten der Bewegung einen hohen Aufmerksamkeitswert auch bei Unbeteiligten verschaffen. Dies ist die zentrale Erfolgsbedingung für soziale Bewegungen: ihre Sache so verallgemeinerungsfähig zu präsentieren, dass auch viele jener sie als legitim begreifen, die selbst von der skandalisierten Ungerechtigkeit und Diskriminierung nicht betroffen sind.

Ob, wann und wo aus solchen Elementen ein „Zünder" einer Bewegungsdynamik wird, lässt sich freilich nicht exakt prognostizieren. Aber sie können gewiss als notwendige Bedingungen betrachtet werden, dass der Protest in Gang kommt und sich verstetigt und dynamisiert. Ob sie auch als hinreichende Bedingung wirken, lässt sich nicht antizipieren. Vor diesem Hintergrund können jedoch einige potenzielle Geburtshelfer von Aufbrüchen und Bedingungen ihrer Verstetigung identifiziert werden.

6   Aufbrüche und ihre gesellschaftliche Verstetigung (1): Radikaler Reformismus

Die notwendigen radikalen Veränderungen werden, das zeigen viele Erfahrungen, an den gesellschaftlichen Rändern entstehen. Und dennoch bleibt die Frage der Verallgemeinerung wichtig. Eine wichtige Erfahrung der globalisierungskritischen Bewegung war, dass sie zu wenig breit in die Gesellschaft wirkte und ihre Forderungen, wie die nach einer Regulierung der Finanzmärkte, zu abstrakt blieben, um die neoliberalen Kräfte und Strategien in eine Legitimationskrise zu treiben. Deren Legitimation bröckelte erst mit der Krise ab 2008, was eher den Dysfunktionalitäten des Finanzmarktkapitalismus zuzuschreiben ist als den globalisierungskritischen Protesten (Stephen 2011).

Daher müssen die radikalen Aufbrüche mit konkreten Reformpolitiken, eben mit Vorschlägen zu einer Veränderung der Lebensverhältnisse verbunden werden. Das erfordert aber keineswegs gleich die Veränderung der Lebensverhältnisse von Mehrheiten. Da gesellschaftliche Mehrheiten regelmäßig eher unpolitisch sind, genügt es, wenn sie von Minderheiten entwickelt und gelebt werden und wiederum über kulturelle Formen (Musik, Kleidung, Lebensführung etc.) in die Mehrheitsgesellschaft getragen werden, um die Lebensstil- und Habitusveränderungen zu verallgemeinern. Der tiefgreifende Informalisierungsschub (Elias 1992), den etwa die 1968er-Bewegung erzeugt hat, ist dafür ein instruktives Beispiel (Seibert 2017, S. 162 ff.).

Die Perspektive eines „radikalen Reformismus" (Hirsch 1990; Roth 2018) scheint uns hilfreich, weil sie die von uns angesprochenen kulturellen Dimensionen in den Blick nimmt. Als das Konzept Mitte der 1980er-Jahre entwickelt wurde, standen zwei Erfahrungen emanzipativer Politik im Zentrum: zum einen das schon damals offenkundige Scheitern des Realsozialismus und zum anderen die offensichtlichen Grenzen der Sozialdemokratie. Beiden linken Traditionen war gemeinsam, eine grundlegende Transformation der kapitalistischen Gesellschaft über den Staat erreichen zu wollen, sei es qua revolutionärer Übernahme der Staatsmacht oder qua Wahlen und der nachfolgenden Umgestaltung. Doch eine grundlegende Transformation ist nicht zuvorderst über den Staat zu erreichen. Die kapitalistische Klassenherrschaft und die ihr zugrundeliegende Produktionsweise können gar nicht per staatlicher Politik aufgehoben werden, weil der Staat kein neutraler Akteur, sondern selbst ein kapitalistischer Klassenstaat ist, der tendenziell auch rassistische und patriarchale Verhältnisse sowie über das scheinbar unverrückbare Dogma der Wettbewerbsfähigkeit die imperiale Produktions- und Lebensweise absichert. Der Staat ist selbst finanziell und legitimatorisch auf das Gedeihen der kapitalistischen Ökonomie angewiesen. Das ist eine wichtige Erfahrung der aktuellen Ungleichheiten in Europa mit den versiegenden Staatseinnahmen und der Austeritätspolitik hier (wie in Griechenland oder Spanien) und den sprudelnden Staatseinnahmen und entsprechenden Handlungsspielräumen dort (wie in Deutschland oder Österreich).

Transformationsprozesse, so die Einsicht des „radikalen Reformismus", müssen zunächst gegen die herrschenden Institutionen angestoßen werden, eine post-kapitalistische Perspektive wird in vielfältigen gegen-hegemonialen Kämpfen und Orientierungen begründet (siehe oben). Das impliziert ausdrücklich auch gegen-hegemoniale Auseinandersetzungen im Staat und im Parteienspektrum, in Unternehmen, zivilgesellschaftlichen Organisationen und der breiten Öffentlichkeit.

Eine emanzipatorische sozial-ökologische Transformation im Sinne eines „radikalen Reformismus" oder einer „doppelten Transformation" (Klein 2013) besteht eben auch teilweise in unspektakulären Veränderungen der Produktions- und Lebensweise. Das ist beispielsweise der Fall, wenn vor allem jüngere Menschen insbesondere in Städten Autofahren zunehmend uncool finden (dazu Wissen in diesem Band), wenn weniger und unter sozial wie ökologisch einigermaßen akzeptablen Bedingungen produziertes oder gar kein Fleisch mehr gegessen wird, wenn nicht mehr selbstverständlich auf das Flugzeug als Transportmittel für mittelgroße Distanzen zurückgegriffen wird. Bini Adamczak (2017) spricht von der notwendigen Revolutionierung gesellschaftlicher „Beziehungsweisen", also der konkreten Formen, in denen das Zusammenleben der Menschen organisiert ist.

Lutz Brangsch argumentiert, dass sich in der sozialistisch orientierten ArbeiterInnenbewegung zu Beginn des 20. Jahrhunderts eine folgenreiche Verschiebung ergab, nämlich eine Auflösung der bei Marx noch als selbstverständlich unterstellten Einheit „großer" und „kleiner" Veränderungsprozesse. Letztere wurden sowohl in den kommunistischen wie sozialdemokratischen Strömungen zunehmend missachtet und damit in „der alltäglichen Praxis auf taktische Aspekte und die Arbeit in ‚Vorfeldorganisationen'" reduziert (2014, S. 371). Das Handeln der Individuen wurde ab-, das der „Apparate" aufgewertet. Genau diese Tradition und Perspektive gilt es zu überwinden.

7   Aufbrüche und ihre gesellschaftliche Verstetigung (2): Einstiegsprojekte

Um eine Repolitisierung des Alltags zu erreichen, schlagen Lutz Brangsch, Judith Dellheim, Dieter Klein und andere konkrete „Einstiegsprojekte" vor. Dabei handelt es sich um „politische Handlungsstrategien, die im Rahmen der gegebenen Grundqualität gesellschaftlicher Verhältnisse auf die Entwicklung von *anderem* gerichtet sind und dieses auch *sichtbar* machen. Sie vermitteln zwischen transformatorischen Praxen und bewusst politischem, gesellschafts- und machtveränderndem Handeln" (Brangsch 2014, S. 376). Beispiele hierfür kommen aus der solidarischen Ökonomie, der Selbsthilfe, sozialen Protesten, Initiativen für Rekommunalisierung, Kampagnen in den Bereichen ÖPNV, Energieautarkie oder Bildung.

Der Begriff der „Einstiegsprojekte" verdichtet die Erfahrung, dass Menschen sich meist um konkrete Probleme, Konflikte und Interessen herum engagieren. Solche Projekte können erfolgreich sein, „wenn sie ungelöste Widersprüche und Probleme zum Ausdruck bringen, die die Interessen wichtiger sozialer Gruppen betreffen. Sie können sich als Beginn wesentlicher Veränderungsprozesse erweisen, wenn sie für diese Kräfte in absehbaren Zeiträumen positive Veränderungen versprechen, wenn sie also machbar sind und deshalb mobilisierend wirken." (Klein 2013, S. 196 f.) Ähnlich argumentiert Friederike Habermann (2009), wenn sie unterschiedliche Alternativen als „Halbinseln gegen den Strom" bezeichnet. Das Neue entsteht eben nicht zentral aus „großen" Strategien, sondern oft ganz praktisch und an Alltagsproblemen ansetzend. Eine Utopie wird realistisch als „sinnvolle Möglichkeit" und nicht als „Bild eines gesonderten Sektors, wo jenseits des Normalen etwas Neues geschieht" (Brangsch 2014, S. 372).

Einstiegsprojekte tragen dazu bei, hier und heute Bedingungen für grundlegende Transformationsprozesse hin zu einer ganz anderen, post-kapitalistischen Gesellschaft zu schaffen. Es geht mitunter auch einfach um die Infragestellung herrschender Akteure und ihrer Strategien, um Widerstand und Wiederaneignung, um die „bewusste Schaffung neuer Möglichkeitsfelder" (ebd., S. 377). Es handelt sich um durchaus kontingente – und nicht immer erfolgreiche – Suchprozesse; das wiederum „erfordert die Absage an die Vorstellung einer linearen Verbindung von Ziel, Mittel und Resultat" (ebd.).

Das Zusammenspiel von gesellschaftlicher Veränderung und Selbstveränderung des Menschen für emanzipatorische Gesellschaftsveränderungen ist nun nicht neu und wurde bereits von Marx in der 3. Feuerbachthese prominent formuliert. Aber es wird interessanterweise immer wieder vergessen. Einstiegsprojekte betonen demgegenüber die alltagskulturelle Dimension von Transformation, nämlich jene der Lebensweisen, von konkreter Handlungsfähigkeit und den vielfältigen Initiativen, die eigenen Existenzbedingungen (mit) zu gestalten. Inwiefern diese oft eher experimentellen Projekte gesellschaftlich verallgemeinert werden (können) und herrschende Interessen und Reproduktionslogiken infrage stellen können, sollte dabei nicht aus den Augen verloren werden.

8 Aufbrüche und ihre gesellschaftliche Verstetigung (3): Geschichten vom gelingenden Leben, das in der Gegenwart beginnt

Geschichten, die andere Vorstellungswelten ermöglichen, sollten Erfahrungen verdichten, Widersprüche in einen größeren Kontext stellen, und die damit verbundenen Begriffe sollten durchaus wieder die Erfahrungen anleiten. Denn „narratives are sense-making devices that help explain the complexities of life and give direction to human action. Narratives anchor humans within their given culture, giving meaning to actions and events. Moreover, narratives often emerge to ‚explain' an unknown phenomenon in terms of the culture that experiences it." (Jäger et al. 2018, S. 10) Positive Geschichten über gelingende Transformationsprozesse können ermächtigend wirken und bestehende Wünsche und Ideen mit konkreten Zukunftsideen und einem entsprechenden Handeln verbinden.

Protest ist entweder ein Modernisierungsfaktor, der die Produktions- und Lebensweise und die damit einhergehenden Politiken verändert (wie etwa die Ökologiebewegung oder die Frauenbewegung gezeigt haben), oder er bleibt ein temporäres Ereignis bzw. völlig ohne Wirkung. Ohne die Autonomie alternativer

Einstiegsprojekte für andere Produktions- und Lebensweisen und mit einer eigenen Ästhetik bleiben Protestbewegungen und die von ihnen angestoßenen Veränderungen im Gravitationsfeld der Verhältnisse, die sie verändern wollen, und werden rückstandslos absorbiert (Welzer 2017, S. 23 ff.). Gegenbewegungen können sich nicht auf Aufklärung, Protest und Argumente verlassen, sondern müssen den bestehenden Verhältnissen andere entgegenstellen, die als praktizierbare Alternativen praktische Wirkungen erzielen. Dies ist natürlich nicht als Masterplan zu denken, sondern als eine Kombination aus zahlreichen unterschiedlichen Erprobungen einer *anderen* Praxis (dazu auch Ketterer in diesem Band). Zusammengenommen ergeben sie eine politische Gegengeschichte, die in ihrer Heterotopie und Kombinatorik machtvoll wird. Ihre einzelnen Kapitel sind politische Lerngeschichten.

Aus diesem Grund hat etwa die Stiftung FUTURZWEI den kommunikativen Ansatz gewählt, Transformationsakteure und -projekte in Form attraktiver, personalisierter Geschichten in unterschiedlichen medialen Formaten vorzustellen. Deshalb wird von der Fokussierung wissenschaftlicher Evidenzen („Nettoumweltnutzen") ebenso abgesehen wie von negativen Handlungsbegründungen („Eine Kämpferin gegen den Klimawandel"). Interessanter ist, wie Menschen proaktiv ihre Handlungsspielräume nutzen, um andere Wirklichkeiten zu schaffen, und selbst emotional daraus Gewinn ziehen. Die Ansteckungswirkung solcher narrativen und praktischen Strategien ist erheblich größer als die von moralisierenden, rein appellativen Erzählungen; die Gesamtheit solcher Geschichten des Gelingens kann im Übrigen zu neuen und interessanten Kombinationen führen und sich sukzessive zu einem gemeinsamen Narrativ ausbilden (www.futurzwei.org; Kny 2016).

9   Schluss

Uns ist durchaus klar, dass gegen-hegemoniale Allianzen sich in komplizierten Verständigungsprozessen und gemeinsamen Aktionen konstituieren und sie dafür über genügend intellektuelle, materielle und politische Ressourcen verfügen müssen. Doch es bedarf eben auch des Aufbrechens hegemonialer kultureller Selbstverständlichkeiten, die zwar durch ein machtvolles Geflecht politischer, wirtschaftlicher und zivilgesellschaftlicher Akteure geschaffen, aber eben auch alltäglich von den Individuen reproduziert werden. An dieser Stelle erscheint ein reflexives Moment notwendig, das die Wissenschaft und ihre Praxis selbst betrifft. Sie selbst reproduziert ja in ihrem eigenen Betrieb zum Teil genau jene fragwürdigen kulturellen Prinzipien und Mechanismen, über deren Aufhebung sie nachdenkt: Die Verteilung von Gratifikationen und Karrieren ist an derselben Steigerungslogik orientiert, die gesellschaftlich einen, wenn nicht den zentralen Grund für die Notwendigkeit der sozial-ökologischen Transformation bildet – rein quantitative Erhöhungen des Publikationsoutputs, der betreuten Qualifikationsarbeiten, der Drittmitteleinwerbung, des beschäftigten Personals etc. Eine so verstandene wissenschaftliche Exzellenz kann systemisch nur strukturkonservativ und anti-transformatorisch sein, auch wenn sie noch so ambitionierte theoretische Postulate generiert. Auch Wissenschaft besteht aus Alltag, aus situativen Anforderungen und (fach-)kulturellen Selbstverständlichkeiten. Insofern gilt, was wir für die soziokulturellen Dimensionen einer notwendigen sozial-ökologischen Transformation angedeutet haben, auch für unser eigenes Praxisfeld. Mithin käme es einmal mehr darauf an, die Verhältnisse nicht nur zu interpretieren, sondern sie – auch und vor allem in der eigenen Praxis – zu verändern.

Danksagung: Wir danken den RedakteurInnen dieses Bandes für ihre vielen produktiven Anregungen sowie dem Lektor für die sprachliche Verbesserung unseres Textes.

Literatur

Adamczak, B. (2017). *Beziehungsweise Revolution. 1917, 1968 und kommende*. Berlin: Suhrkamp.

Berger, M. (2018). Wenn die Revolution nicht warten kann… Wie Ende Gelände den Aufstand erprobt und Klimagerechtigkeit erfahrbar macht. *Graswurzelrevolution*, (425). http://www.graswurzel.net/425/klima.php. Zugegriffen: Mai 2019.

Biesecker, A., & von Winterfeld, U. (2013). Alte Rationalitätsmuster und neue Beharrlichkeiten. Impulse zu blinden Flecken der Transformationsdebatte. *GAIA*, *22*(3), 160–165.

Blühdorn, I. (2018). Nicht-Nachhaltigkeit auf der Suche nach einer politischen Form. Konturen der demokratischen Postwachstumsgesellschaft. *Berliner Journal für Soziologie*, *28*, 151–180.

Blühdorn, I., Butzlaff, F., Deflorian, M., & Hauksnost, D. (2018). *Transformation research and academic responsibility. The social theory gap in narratives of radical change*. IGN-Interventions Mar. https://www.wu.ac.at/fileadmin/wu/d/i/ign/IGN_Interventions_03_2018_Eng.pdf. Zugegriffen: Mai 2019.

Boos, T., & Schneider, E. (2016). Lateinamerikanisiert Europa!? Einige vorläufige Schlussfolgerungen zur Frage eines linken Populismus in Europa. In U. Brand (Hrsg.), *Lateinamerikas Linke: Ende eines Zyklus?* (S. 96–112). Hamburg: VSA.

Brad, A., Delemare, A., Hurley, N., Lenikus, V., Mulrenan, R., Nemes, N., Trunk, U., & Urbancic, N. (2018). *The false promise of certification. How certification is hindering sustainability in the textile, palm oil and fisheries industries.* Amsterdam: Changing Markets Foundation. https://changingmarkets.org/wp-content/uploads/2018/05/False-promise_full-report-ENG.pdf. Zugegriffen: Mai 2019.

Brand, U. (2005). *Gegen-Hegemonie. Perspektiven globalisierungskritischer Strategien.* Hamburg: VSA.

Brand, U. (2016). How to get out of the multiple crisis? Towards a critical theory of social-ecological transformation. *Environmental Values, 25,* 503–525.

Brand, U., & Krams, M. (2018). Zehn Jahre Degrowth als radikale politische Perspektive: Potenziale und Hürden. *Forschungsjournal Soziale Bewegungen, 31*(4), 18–27.

Brand, U., & Schickert, C. (2019). Ökosozialistische Strategien für eine sozial-ökologische Transformation. Postkapitalismus als wachstumskritische Praxis. In K. Dörre & C. Schickert (Hrsg.), *Neosozialismus. Solidarität, Demokratie und Ökologie vs. Kapitalismus* (S. 165–185). München: oekom.

Brand, U., & Wissen, M. (2017). *Imperiale Lebensweise. Zur Ausbeutung von Mensch und Natur im globalen Kapitalismus.* München: oekom.

Brangsch, L. (2014). Transformationsprozesse und ihre Politisierung in Einstiegsprojekten. In M. Brie (Hrsg.), *Futuring. Perspektiven der Transformation im Kapitalismus über ihn hinaus* (S. 368–391). Münster: Westfälisches Dampfboot.

Demirović, A., Dück, J., Becker, F., & Bader, P. (Hrsg.). (2011). *VielfachKrise. Im finanzmarktdominierten Kapitalismus.* Hamburg: VSA.

Diezinger, A. (2008). Alltägliche Lebensführung: Die Eigenlogik alltäglichen Handelns. In R. Becker & B. Kortendiek (Hrsg.), *Handbuch Frauen- und Geschlechterforschung* (S. 221–226). Wiesbaden: VS Verlag für Sozialwissenschaften.

Dörre, K., & Becker, K. (2018). Nach dem raschen Wachstum: Doppelkrise und große Transformation. In L. Schröder & H.-J. Urban (Hrsg.), *Gute Arbeit, Ausgabe 2018. Ökologie der Arbeit – Impulse für einen nachhaltigen Umbau* (S. 35–58). Frankfurt a. M.: Bund-Verlag.

Elias, N. (1992). *Studien über die Deutschen. Machtkämpfe und Habitusentwicklung im 19. und 20. Jahrhundert.* Frankfurt a. M.: Suhrkamp.

Ernst, A. (2010). Individuelles Umweltverhalten – Probleme, Chancen, Vielfalt. In H. Welzer, H.-G. Soeffner & D. Giesecke (Hrsg.), *KlimaKulturen. Soziale Wirklichkeiten im Klimawandel* (S. 128–143). Frankfurt a. M.: Campus.

Eversberg, D. (2017). Nach der Revolution. Degrowth und die Ontologie der Abwicklung. In M. Birkner & T. Seibert (Hrsg.), *Kritik und Aktualität der Revolution* (S. 231–252). Wien: Mandelbaum.

Freyberg-Inan, A., & Scholl, C. (2014). Hegemony Reloaded – Warum die globalisierungskritische Bewegung nicht von der neoliberalen Krise profitiert. *Zeitschrift für Außen- und Sicherheitspolitik, 7,* 465–487.

GAIA (2016). Schwerpunktheft Reallabore und transdisziplinäre Forschung. *GAIA, 25*(4).

Gamson, W. (1990). *The strategy of social protest.* Belmont: Wadsworth.

Gebauer, T., & Trojanow, I. (2018). *Hilfe? Hilfe! Wege aus der globalen Krise.* Frankfurt a. M.: Fischer.

Gibson, J. (2008). The myth of the multitude: The endogenous demise of alter-globalist politics. *Global Society, 22,* 253–275.

Görg, C., Brand, U., Haberl, H., Hummel, D., Jahn, T., & Liehr, S. (2017). Challenges for social-ecological transformations: Contributions from social and political ecology. *Sustainability, 9*(7), 1045.

Goffman, E. (1977). *Rahmen-Analyse. Ein Versuch über die Organisation von Alltagserfahrungen.* Frankfurt a. M.: Suhrkamp.

Graefe, S. (2016). Grenzen des Wachstums? Resiliente Subjektivität im Krisenkapitalismus. *Psychosozial, 39*(1), 39–50.

Gramsci, A. (1991). *Gefängnishefte.* Band 1. Hamburg: Argument-Verlag.

Gramsci, A. (1996). *Gefängnishefte.* Band 7. Hamburg: Argument-Verlag.

Habermann, F. (2009). *Halbinseln gegen den Strom: Anders leben und wirtschaften im Alltag.* Königstein: Ulrike Helmer Verlag.

Hauknost, D. (2017). Greening the Juggernaut? The modern state and the „glass ceiling" of environmental transformation. In M. Domazet (Hrsg.), *Ecology and justice. Contributions from the margins* (S. 49–76). Zagreb: Institute for Political Ecology.

Hirsch, J. (1990). *Kapitalismus ohne Alternative? Materialistische Gesellschaftstheorie und Möglichkeiten einer sozialistischen Politik heute.* Hamburg: VSA.

Jäger, J., Kammerlander, M., Hinkel, J., & Bisaro, S. (2018). *Green-win narratives.* Berlin: Global Climate Forum.

Jonas, M. (2017). Transition or transformation? A plea for the praxeological approach of radical societal change. In M. Jonas & B. Littig (Hrsg.), *Praxeological political analysis. Routledge advances in sociology* (S. 116–133). Oxon: Routledge.

Klein, D. (2013). *Das Morgen tanzt im heute. Transformation im Kapitalismus und darüber hinaus.* Hamburg: VSA.

Kny, J. (2016). FUTURZWEI. Gelebte Geschichten einer anderen Wirklichkeit erzählen. In Konzeptwerk Neue Ökonomie & DFG-Kolleg Postwachstumsgesellschaften (Hrsg.), *Degrowth in Bewegung(en). 32 alternative Wege zur sozial-ökologischen Transformation* (S. 166–175). München: oekom.

Konzeptwerk Neue Ökonomie & DFG-Kolleg Postwachstumsgesellschaften (Hrsg.). (2017). *Degrowth in Bewegung(en). 32 alternative Wege zur sozial-ökologischen Transformation.* München: oekom.

Kramer, D. (2016). *Konsumwelten des Alltags und die Krise der Wachstumsgesellschaft.* Marburg: Jonas Verlag.

Krams, M. (2019). Macht und Selektivität in diskursiven Feldern. Deutungskämpfe um die Bearbeitung der Klimakrise. In J. Vey, J. Leinius & I. Hagemann (Hrsg.), *Handbuch Poststrukturalistische Perspektiven auf soziale Bewegungen. Ansätze, Methoden und Forschungspraxis.* Bielefeld: transcript. (im Erscheinen)

Kriesi, H., Koopmans, R., Duyvendak, J. W., & Giugni, M. G. (1995). *New social movements in Western Europe. A comparative analysis.* Minneapolis: University of Minnesota Press.

Kuckartz, U. (2010). Nicht hier, nicht jetzt, nicht ich. Über die symbolische Bearbeitung eines ernsten Problems. In H. Welzer, H.-G. Soeffner & D. Giesecke (Hrsg.), *KlimaKulturen. Soziale Wirklichkeiten im Klimawandel* (S. 144–160). Frankfurt a. M.: Campus.

Laclau, E. (2014). Why constructing a „people" is the main task of radical politics. In E. Laclau, *The rhetorical foundations of society* (S. 139–180). London: Verso.

von Lucke, A. (2019). „Fridays for Future": Der Kampf um die Empörungshoheit. Wie die junge Generation um ihre Stimme gebracht werden soll. *Blätter für deutsche und internationale Politik, 64*(3), 91–100.

Nalau, J., & Handmer, J. (2015). When is transformation a viable policy alternative? *Environmental Science & Policy, 54,* 349–356.

Öko-Institut & ISOE (2018). *share – Wissenschaftliche Begleitforschung zu car2go mit batterieelektrischen und konventionellen Fahrzeugen.* Abschlussbericht. Berlin: Öko-Institut

& Institut für sozial-ökologische Forschung. https://www.oeko.de/fileadmin/oekodoc/ share-Wissenschaftliche-Begleitforschung-zu-car2go-mit-batterieelektrischen-und-kon- ventionellen-Fahrzeugen.pdf. Zugegriffen: Mai 2019.

Opratko, B. (2018). *Hegemonie*. Münster: Westfälisches Dampfboot.

Paech, N. (2013). Wege aus der Wachstumsdiktatur. In H. Welzer & K. Wiegandt (Hrsg.), *Wege aus der Wachstumsgesellschaft* (S. 200–219). Frankfurt a. M.: Fischer.

Pleyers, G. (2010). *Alter-globalization: Becoming actors in the global age*. Cambridge: Polity Press.

Popovic, S. (2015). *Protest! Wie man die Mächtigen das Fürchten lehrt*. Frankfurt a. M.: Fischer.

von Randow, G. (2017a). *Wenn das Volk sich erhebt: Schönheit und Schrecken der Revolution*. Köln: Kiepenheuer & Witsch.

von Randow, G. (2017b). Wenn etwas in der Luft liegt. *taz.FUTURZWEI*, (1), 15–16.

Rosa, H. (2018). Resonanz statt Reichweitenvergrößerung. In M. Becker & M. Reinicke (Hrsg.), *Anders wachsen! Von der Krise der kapitalistischen Wachstumsgesellschaft und Ansätzen einer Transformation* (S. 57–78). München: oekom.

Roth, R. (2018). Radikaler Reformismus. Geschichte und Aktualität einer politischen Denk- figur. In U. Brand & C. Görg (Hrsg.), *Zur Aktualität der Staatsform. Die materialistische Staatstheorie von Joachim Hirsch* (S. 219–240). Baden-Baden: Nomos.

Rüther, T. (2019). Kolossale Jugend. Über Greta Thunberg, ihre Anhänger und ihre Gegner. *Frankfurter Allgemeine Sonntagszeitung*, 10.03.2019, 19.

Schneidewind, U. (2018). *Die große Transformation. Eine Einführung in die Kunst des gesell- schaftlichen Wandels*. Frankfurt a. M.: Fischer.

Schneidewind, U., & Zahrnt, A. (2013). *Damit gutes Leben einfacher wird. Perspektiven einer Suffizienzpolitik*. München: oekom.

Schulz, M. S. (2016). Debating futures: Global trends, alternative visions and public discourse. *International Sociology*, *31*, 3–20.

Seele, P., & Gatti, L. (2017). Greenwashing revisited: In search of a typology and accusa- tion-based definition incorporating legitimacy strategies. *Business Strategy and the Environment*, *26*, 239–252.

Seibert, T. (2017). Drei Thesen zur Existenzökologie der Revolution. In M. Birkner & T. Seibert (Hrsg.), *Kritik und Aktualität der Revolution* (S. 151–172). Wien: Mandelbaum.

Sommer, B., & Welzer, H. (2014). *Transformationsdesign. Wege in eine zukunftsfähige Mo- derne*. München: oekom.

Stephen, M. (2011). Globalisation and resistance: Struggles over common sense in the global political economy. *Review of International Studies*, *37*, 209–228.

Sutterlütti, S., & Meretz, S. (2018). *Kapitalismus aufheben. Eine Einladung, über Utopie und Transformation neu nachzudenken*. Hamburg: VSA.

WBGU (2011). *Welt im Wandel: Gesellschaftsvertrag für eine Große Transformation*. Berlin: Wissenschaftlicher Beirat der Bundesregierung Globale Umweltveränderungen.

Welzer, H. (2011). *Mentale Infrastrukturen. Wie das Wachstum in die Welt und in die Seelen kam*. Berlin: Heinrich-Böll-Stiftung.

Welzer, H. (2013). *Selbst denken. Eine Anleitung zum Widerstand*. Frankfurt a. M.: Fischer.

Welzer, H. (2017). Die nachhaltige Republik. Eine reale Utopie. In H. Welzer (Hrsg.), *Die nachhaltige Republik. Umrisse einer anderen Moderne* (S. 9–27). Frankfurt a. M.: Fischer.

Welzer, H. (2019). Mehr Zukunft wagen. Zeit für Wirklichkeit – aber eine andere. *Blätter für deutsche und internationale Politik*, *64*(4), 53–64.

Bedingungsloses Grundeinkommen als materielle und symbolische Ermöglichungsstruktur von Praktiken für die gesellschaftliche Transformation

Hanna Ketterer

1 Einleitung: Bedingungsloses Grundeinkommen und gesellschaftliche Transformation

Der fortschreitende Klimawandel, die alarmierende Situation der Biodiversität weltweit, die Zunahme sozialer Ungleichheiten und das Erstarken neuer Nationalismen sind nur einige aktuelle Symptome der multidimensionalen Krise der kapitalistischen Gesellschaftsformation. Obschon die Nichtnachhaltigkeit der kapitalistischen Gesellschaft, welche sich nur über die Ausbeutung ihrer natürlichen und menschlichen Lebensgrundlagen zu reproduzieren vermag, umfassend analysiert und kritisiert wurde, fehlt bislang eine systematische Beschäftigung mit gesellschaftlichen Alternativen und den Bedingungen für eine grundlegende Transformation dieser Gesellschaftsformation. Erik O. Wrights (2010) Buch *Envisioning real utopias* bildet hier eine Ausnahme von großer Bedeutung. Seine Untersuchung setzt sich systematisch mit möglichen Transformationspfaden auseinander, welche aus dem Gegenwartskapitalismus hinaus und in eine nachhaltigere egalitär-demokratische Gesellschaft führen könnten. Wright sieht in einem bedingungslosen Grundeinkommen einen gangbaren und realisierbaren Transformationspfad mit einem besonderen emanzipatorischen Potenzial: Durch die dekommodifizierende Wirkung eines Grundeinkommens würde die Handlungsautonomie der Akteur*innen vergrößert und die zivilgesellschaftliche Wiederaneignung der ökonomischen Sphäre ermöglicht. Im Ergebnis könnte dies eine Verschiebung der Machtakkumulation von der Kapitalseite hin zur Zivilgesellschaft bewirken und hätte „the potential to substantially reduce human suffering and expand the possibilities for human flourishing" (Wright 2013, S. 2).

Die Stichhaltigkeit von Wrights Argumentation für ein transformatorisches Grundeinkommen ist – wie bei allen Vertreter*innen, die in das Grundeinkommen große Hoffnungen für eine Postwachstumsgesellschaft setzen – jedoch letztlich davon

© Springer Fachmedien Wiesbaden GmbH, ein Teil von Springer Nature 2019
K. Dörre et al. (Hrsg.), *Große Transformation? Zur Zukunft moderner Gesellschaften*, https://doi.org/10.1007/978-3-658-25947-1_18

abhängig, wie sich die Akteur*innen das Grundeinkommen in ihrer Alltagspraxis aneignen, d. h. was sie damit machen würden. Eine gelingende Transformation setzt voraus, dass die Akteur*innen den Zugewinn an Freiheit weniger für Erwerbsarbeit und materiellen Konsum als für Tätigkeiten jenseits des kapitalistischen Arbeitsmarkts nutzen – angefangen von Sorgearbeit, über politisches Engagement bis hin zu Genossenschaftsarbeit. Aus transformatorischer Perspektive, die einen umfassenden gesellschaftlichen Umbau vor Augen hat, stellt sich die Frage nach einer veränderten Alltagspraxis der Akteur*innen weniger als ein individuelles denn als ein gesellschaftliches Problem. Sie bedeutet letztlich die Transformation einer Lebensweise in ihrer Gesamtheit, d. h. in ihren materiellen, institutionellen sowie habituellen Infrastrukturen (Eversberg 2018, S. 9; dazu auch Brand und Welzer in diesem Band): Es ginge um die Einhegung kapitalistischer Landnahmen und die Überwindung der institutionalisierten Trennung der Reproduktions- von der Produktionssphäre (Fraser 2014). Denn die Ausbeutung der natürlichen und menschlichen Reproduktionsgrundlagen im Gegenwartskapitalismus geht letztlich auf die Trennung bzw. Abspaltung monetär nicht-bewerteter Arbeitstätigkeiten und natürlicher Prozesse von monetär bewerteten Arbeiten zurück.

Im nachfolgenden Beitrag soll die von Wright angedachte Möglichkeit der gesellschaftlichen Transformation mithilfe eines Grundeinkommens daraufhin befragt werden, von welchen weitergehenden habituellen und sozialinfrastrukturellen Faktoren sie abhängig wäre. Aus praxeologischer Perspektive gehe ich davon aus, dass die Praktiken, die ein Grundeinkommen hervorbringt, eine Funktion sind aus dessen konkreter Modellausgestaltung, der subjektiven Aneignungsweisen sowie seiner institutionellen bzw. sozialinfrastrukturellen Einbettung. Auf der Grundlage von Wrights Transformationstheorie, die durch die feministische Theorie und Bourdieus Praxis- und Habitustheorie erweitert wird, soll der Frage nachgegangen werden, inwieweit ein teilhabesicherndes Grundeinkommen als materielle und symbolische Ermöglichungsstruktur Handlungsautonomie schafft, die für Praktiken jenseits einer marktkonformen Konsum- und Erwerbsarbeitsorientierung genutzt werden könnte. Orientiert an einer Idee des guten Lebens, welche die Vielfalt der zum Leben gehörenden Tätigkeiten im Blick hat, könnte eine Lebensweise entstehen, für die der Erhalt ihrer Reproduktionsfähigkeit im Zentrum stünde.

2 Mit einem bedingungslosen Grundeinkommen über den Kapitalismus hinaus?

Das Grundeinkommen als Mittel zur gesellschaftlichen Transformation zu betrachten, ist nur eine unter vielen Perspektiven in der Grundeinkommensdebatte. Je nach Standpunkt und Interesse der Betrachterin bzw. des Betrachters wird die Einführung eines Grundeinkommens mit den unterschiedlichsten Krisendiagnosen gerechtfertigt. Dementsprechend vielfältig sind die Ziele, Modelle, erwarteten Effekte und normativen Gesellschaftsvisionen, die mit dem Grundeinkommen verknüpft werden. Die realpolitischen Grundeinkommensvorschläge weichen dabei nicht selten von der idealtypischen Idee eines bedingungslosen Grundeinkommens ab.[1] Dieses meint ein Einkommen, das (a) existenzsichernd ist und eine gesellschaftliche Teilhabe ermöglicht[2], (b) einen individuellen Rechtsanspruch darstellt, (c) keine Bedürftigkeitsprüfung verlangt und (d) ohne Zwang zu Arbeit oder anderen Gegenleistungen gewährt wird.[3]

Seit den Anfängen der Grundeinkommensdebatte in den 1980er-Jahren, als die Idee der Entkoppelung von Einkommen und Erwerbsarbeit im Kontext einer hohen Massenarbeitslosigkeit erstmals diskutiert wurde (Opielka und Vobruba 1986; Franzmann 2010), bilden die anhaltenden Strukturprobleme des Wohlfahrtsstaats (Offe 1992) den gesellschaftspolitischen Hintergrund für die Kontroverse um das Potenzial eines Grundeinkommens. Damals wie heute wird das Grundeinkommen als ein möglicher Ausweg aus der Krise des Sozialstaats diskutiert, denn durch die demografische Entwicklung, den Strukturwandel des Arbeitsmarkts und die digitalen Automatisierungsprozesse in der Arbeitswelt stehen die existierenden sozialen Sicherungssysteme unter einem anhaltenden fiskalischen Druck (Straubhaar 2017). Neben der fiskalischen Konsolidierung stehen die Armutsprävention

---

1 Im finnischen Grundeinkommenspilotprojekt beispielsweise wurde 2000 Arbeitslosen im Zeitraum von Januar 2017 bis Dezember 2018 eine Grundsicherung von 560 Euro ausbezahlt. Bei einer Armutsgrenze von 1185 Euro (Statistics Finland 2016) war dieses Grundeinkommen weder existenz- noch teilhabesichernd noch wurde auf eine Bedürftigkeitsprüfung verzichtet. Es kann also in diesem Fall nicht wirklich von einem bedingungslosen Grundeinkommen gesprochen werden.

2 Ein existenz- und teilhabesicherndes Grundeinkommen würde neben dem Lebensunterhalt auch die Teilhabe an öffentlichen Gütern wie z. B. die Nutzung des öffentlichen Nahverkehrs oder einen Schwimmbadbesuch ermöglichen. Hierfür wird im Allgemeinen ein Grundeinkommen veranschlagt, das mindestens auf Höhe der Armutsgrenze liegen müsste, nach EU-Definition also bei 60 % des mediangemittelten Nettoäquivalenzeinkommens der Gesamtbevölkerung.

3 Netzwerk Grundeinkommen; https://www.grundeinkommen.de/grundeinkommen/idee. Zugegriffen: Mai 2019.

und die Beseitigung von Arbeitslosigkeit im Fokus. So wird ein zentraler Vorteil des Grundeinkommens darin gesehen, dass es die sogenannte „Armutsfalle" der existierenden Arbeitslosengeld-II-Regelung beseitigen würde. Damit ist der Verzicht auf die Aufnahme einer niedrig bezahlten Erwerbstätigkeit aufgrund hoher Transferentzugsraten gemeint. Bei einem Grundeinkommen hingegen würde das zusätzliche Einkommen aus der Erwerbsarbeit nicht angerechnet. Neben dieser von staatlichen und zivilgesellschaftlichen Akteuren vertretenen sozialintegrationistischen Perspektive ist unter bestimmten staatlichen Akteuren, rechtskonservativen politischen Kräften, Techunternehmer*innen aus dem Silicon Valley sowie Vertreter*innen des IWF eine marktfunktionalistische Rechtfertigung für ein Grundeinkommen weit verbreitet. In dieser neoliberalen Perspektive wird von einem marktbereinigenden Effekt des Grundeinkommens ausgegangen, der als optimale Voraussetzung für das freie Spiel der Marktkräfte betrachtet wird. Das Grundeinkommen wird als Instrument zur maximalen Ausschöpfung des Erwerbsarbeitspotenzials, zur Flexibilisierung des Arbeitsmarkts und zur Stabilisierung bzw. Steigerung der Nachfrage nach Gütern und Dienstleistungen betrachtet. Nicht selten wird es auch als Vehikel zur Substitution bestehender Sozialleistungen und Sozialversicherungen gedacht (vgl. das „Solidarische Bürgergeld" nach Dieter Althaus in Hohenleitner und Straubhaar 2008). Wie etwa im finnischen Grundeinkommensexperiment wird, in der Regel von einem partiellen Grundeinkommen ausgegangen, das weder existenz- noch teilhabesichernd ist und oftmals so ausgestaltet ist, dass es Anreize zur Aktivierung und Integration in den Arbeitsmarkt setzt.

Auch Wright stellt gewisse systemstabilisierende Effekte eines Grundeinkommens in Rechnung. Jedoch liegt für Wright die Stärke des Grundeinkommens als bestandsfähige Realutopie genau darin, dass es mit dem Kapitalismus vereinbar wäre und zugleich wider den Kapitalismus in Stellung gebracht werden und potenziell sogar über den Kapitalismus hinausgehen könnte: Gerade weil das Grundeinkommen Vorteile für den Kapitalismus und die herrschenden Klassen birgt, da es die Nachfrage und Investitionen stabilisiere, sei es überhaupt nur realisierbar und bestandsfähig. Gleichzeitig und quasi paradoxerweise erweitert ein Grundeinkommen, das mindestens an der Armutsgrenze liegen müsste (Wright 2010, S.217), durch seine dekommodifizierende Wirkung die Handlungsautonomie der Akteur*innen in den Nischen („interstices"), Rissen und an den Rändern der kapitalistischen Gesellschaft. Hier könnten demokratisch-egalitäre gesellschaftliche Alternativen nicht nur erprobt („interstitial transformation"), sondern mittels Kooperationsstrategien von beidseitigem Vorteil zwischen zivilgesellschaftlichen und staatlichen Akteuren („symbiotic transformation") wiederum skaliert und dekommodifizierte Freiräume ausgeweitet werden. Zu den interstitiellen bzw. gegenhegemonialen Praktiken, die durch ein Grundeinkommen ermöglicht würden, zählt Wright das ehrenamtliche

Engagement, die politische Arbeit, die Sorgearbeit und die Genossenschaftsarbeit (ebd., S. 219). Im sozial-ökologischen Diskurs wird den sozialreproduktiven Tätigkeiten vielfach eine zentrale Rolle zugeschrieben (Baier et al. 2016; Offe et al. 2013; Schachtschneider 2014), da jene Tätigkeiten in der Regel zeit- und arbeitsintensiv sind und bei ihnen von einem kleinen ökologischen Fußabdruck ausgegangen wird. Das Spezifische an der Wright'schen Perspektive ist jedoch nicht alleine der Blick auf individuelle Tätigkeiten, sondern auf mögliche strukturbildende Effekte eines Grundeinkommens. Das Grundeinkommen fördere Organisationsformen, die von zivilgesellschaftlichen Akteuren kontrolliert werden und weniger auf die Maximierung von Profiten als auf die Erfüllung menschlicher Bedürfnisse ausgerichtet sind (Wright 2010, S. 220). Solche Organisationen würden davon profitieren, dass ihre Mitglieder ihre Grundeinkommen für größere Infrastrukturinvestitionen zusammenlegen könnten, was einen Transfer des gesellschaftlichen Mehrprodukts bedeutete, weg von der Akkumulation von Kapital und hin zur Akkumulation des (zivil-)gesellschaftlichen Vermögens, bedürfnisorientiert zu wirtschaften (Wright 2006, S. 4 f.).

Die Pluralität der in der Debatte postulierten, teils sogar gegensätzlichen Effekte eines Grundeinkommens ist markant. In Ermanglung einer robusten empirischen Datenlage,[4] welche die Prüfung unterschiedlicher Hypothesen erlauben würde, soll im vorliegenden Beitrag der Weg der analytischen Plausibilisierung von Hypothesen eingeschlagen werden. Hierfür wird eine Wirkungsfunktion zugrunde gelegt, die davon ausgeht, dass die Effekte eines Grundeinkommens und somit auch sein potenzieller Beitrag zur gesellschaftlichen Transformation maßgeblich abhängen von der Modellausgestaltung, den subjektiven Aneignungsweisen und der sozialinfrastrukturellen Einbettung des Grundeinkommens. Generell dürfen

---

4   Da bislang noch kein idealtypisches Grundeinkommen auf nationalstaatlicher Ebene eingeführt wurde, kann sich die Grundeinkommensdebatte nur auf begrenzt aussagekräftige Studien stützen. Hierzu zählen Befunde zeitlich begrenzter Experimente mit nicht-idealtypischen Grundeinkommensmodellen wie die vorläufigen Ergebnisse des finnischen Pilotprojekts (Kela & Ministerium für Soziale Angelegenheiten und Gesundheit 2019) oder die Befunde US-amerikanischer und kanadischer Versuche aus den 1980er-Jahren, die mit Grundsicherungen (kein Verzicht auf Bedürftigkeitsprüfung) für arme Haushalte (kein individuelles Recht) experimentiert haben (vgl. Widerquist 2005); gering reliable Arbeitseinstellungsstudien, die hypothetisch nach dem Arbeitsangebot bei Bezug eines Grundeinkommens fragten, wobei Letzteres in der Regel wenig präzisiert wird (vgl. Haigner et al. 2012); sowie Lotteriestudien u. Ä., die Analogien zum Grundeinkommensbezug herzustellen versuchen (vgl. Marx und Peeters 2008). Die Befunde dieser Studien sind für spezifische Fragestellungen mit einem engen Erkenntnisinteresse durchaus informativ; für die Frage nach dem langfristigen Prozess einer umfassenden gesellschaftlichen Transformation erscheinen sie dagegen wenig aufschlussreich.

die Effekte eines Grundeinkommens nicht monokausal auf einzelne Faktoren wie z. B. die technische Ausgestaltung des Grundeinkommens zurückgeführt werden, sondern müssen als das Ergebnis eines komplexen und kontingenten Zusammenspiels sich wechselseitig beeinflussender struktureller wie individueller Faktoren betrachtet werden. Hinsichtlich der gesellschaftlichen Transformation bedeutet dies, dass eine graduelle Anpassung des Grundeinkommens aufgrund von nicht beabsichtigten oder nicht erwünschten Effekten erforderlich werden kann (Wright 2010, S. 7 f.). Dies schließt jedoch nicht aus, dass die Faktoren, an die eine gelingende Transformation geknüpft wäre, herausgearbeitet werden können. Dies soll in den folgenden Abschnitten – unter der Modellannahme eines teilhabesichernden Grundeinkommens, das den Akteur*innen den Verzicht auf eine Erwerbsarbeitsstelle oder die Reduktion des Erwerbsarbeitspensums ermöglicht – mit einem besonderen Augenmerk auf die subjektiven Aneignungsweisen und die sozialinfrastrukturelle Einbettung dieses Grundeinkommens geschehen.

3   Bedingungsloses Grundeinkommen als Ermöglichungsstruktur für gegenhegemoniale Praktiken

Wie plausibel ist also das transformatorische Szenario, das davon ausgeht, dass mit einem Grundeinkommen ausgestattete Akteur*innen vermehrt (reproduktiven) Tätigkeiten jenseits des kapitalistischen Arbeitsmarkts nachgehen werden? Eine kritische Auseinandersetzung mit dieser Hypothese ist das große Verdienst des feministischen Grundeinkommensdiskurses: Vor dem Hintergrund der strukturellen wie symbolischen Verfasstheit der kapitalistischen Arbeitsgesellschaft haben feministische Analysen die Notwendigkeit sowohl einer komplexeren als auch differenzierteren Perspektive auf subjektive Aneignungsweisen des Grundeinkommens herausgearbeitet. Zum einen haben sie darauf hingewiesen, dass – aufgrund der unterschiedlichen Lagen der Akteur*innen bezüglich Geschlecht, Rasse und Klasse – von einer ungleichen Topografie der Handlungsmöglichkeiten auszugehen ist. Zum anderen haben sie die Diskrepanz herausgearbeitet, die zwischen formaler und realer Freiheit besteht (Fitzpatrick 1999; Robeyns 2007): Die neuen Handlungsmöglichkeiten würden keineswegs „automatisch" von den Akteur*innen ergriffen und für gegenhegemoniale Praktiken genutzt. Aus feministischer Perspektive müssen kurz- bis mittelfristig mindestens drei gesellschaftliche Kräfte in den Blick genommen werden, welche die individuelle wie kollektive Loslösung von einer Lebensweise erschweren, die um das Normalarbeitsverhältnis – obschon immer weniger Realität, denn bloße Norm (Hirsch 2016, S. 81) – zentriert ist: die Hegemonie der Erwerbsarbeit, die ungleiche gesellschaftliche Anerkennung von Lohnarbeit und reproduktiver Arbeit sowie die tradierten Geschlechterkonstruktionen.

Als Resultat der kapitalistischen Trennungsstruktur (Biesecker und Hofmeister 2006; Fraser 2014) speisen jene Kräfte ihre Wirkmacht aus der Unterscheidung der Sphäre der „Produktion" von der Sphäre der „Reproduktion", die zugleich mit einer Hierarchisierung bzw. Klassifizierung von Arbeitstätigkeiten einhergeht: auf der einen Seite die Aufwertung von „produktiver männlicher Lohnarbeit", auf der anderen Seite die Abwertung von „unproduktiver unbezahlter weiblicher Arbeit". Darüber hinaus bilden die von der Trennungsstruktur ausgehenden unterschiedlichen Wertigkeiten die Grundlage der Ausbeutung der unsichtbar gemachten und abgewerteten Tätigkeiten und Lebensbereiche.[5] Die Erwerbsarbeit hat sich dadurch als zentrale Bezugsnorm für die Konstruktion von Identitäten und die individuelle Lebensführung in der kapitalistischen Arbeitsgesellschaft herausgebildet (Weeks 2011, S. 54), während die von Frauen geleistete Arbeit z. B. in der Pflege von Angehörigen, der Kindererziehung, beim Kochen und Putzen etc. nicht nur gesellschaftlich abgewertet, sondern diese Abwertung auch durch das männliche Ernährermodell des modernen Sozialstaats verfestigt wurde (Lewis 1992). Auch wenn man das Grundeinkommen als symbolische Anerkennung des Beitrages aller Tätigkeiten zum gesellschaftlichen Reichtum betrachten kann (Robeyns 2001, S. 84 f.), ist in der Praxis zumindest fraglich, in welchem Maße Akteur*innen bereit wären, auf eine gesellschaftliche Anerkennung in der Erwerbsarbeit zu verzichten. Die Frage stellt sich insbesondere hinsichtlich der Geschlechterproblematik: Ein Grundeinkommen kann prinzipiell als eine Voraussetzung für Frasers „universal caregiver model" betrachtet werden, nach welchem Frau und Mann die Rollen der Erwerbsarbeiterin bzw. des Erwerbsarbeiters und der bzw. des Sorgegebenden gleichberechtigt untereinander aufteilen könnten (Zelleke 2008). Dennoch ist nicht ohne Weiteres, d. h. ohne zusätzliche politische Maßnahmen und einen gesellschaftlichen Wandel, mit einem größeren Engagement von Männern im Bereich der sozialen Reproduktion zu rechnen (Robeyns 2007).

Die Hindernisse für Praktiken jenseits von Erwerbsarbeit und Konsum in Rechnung gestellt, bleiben zwei zentrale Fragen im feministischen Diskurs unterbelichtet, die für die Frage nach den Entwicklungsmöglichkeiten gegenhegemonialer Praktiken für die Transformation der gegenwärtigen Lebensweise zu beantworten sind: Erstens, über welche Mechanismen werden die kapitalistische Trennungsstruktur

---

5 Das gilt ebenfalls für die Ausbeutung von Natur, genauer von natürlichen Prozessen bzw. Produktivitäten (z. B. Windvorkommen, Grundwasserquellen), auf die für die Mehrwertproduktion zugegriffen wird.

und die mit ihr einhergehenden gesellschaftlichen Kräfte handlungsrelevant für die Alltagspraxis der Akteur*innen? Zweitens, unter welchen Bedingungen kann eine durch das Grundeinkommen modifizierte materielle und symbolische Ordnung auch zu gegenhegemonialen Praktiken führen, die eine gesellschaftliche Transformation des Kapitalismus in Aussicht stellen? Einen geeigneten Zugang bietet hier Bourdieus Feld- und Habitustheorie, da sie die Vermittlung von äußeren (sozialen) und inneren (dispositionalen) Strukturen in den Fokus rückt. Das Schlüsselkonzept ist der Habitus – „Produkt der Geschichte", das Geschichte hervorbringt (Bourdieu 1976, S. 182): Der Habitus ist einerseits strukturiert durch die Feldkräfte und die sozialen Positionen der Akteur*innen, andererseits wirkt er strukturierend auf soziale Praktiken (ebd., S. 164 ff.). In der kapitalistischen Arbeitsgesellschaft hat sich eine dominante Habitusformation herausgebildet: der *Arbeitshabitus*. Da der Arbeitsmarkt *das* Feld darstellt, auf dem materielle Sicherheit und individuelle Lebenschancen verteilt werden, ist er zugleich *die* Sinnsphäre moderner Gesellschaften (Eversberg 2014, S. 124 ff.). Und da sich der Arbeitsmarkt mit anderen Feldern wie z. B. dem der Bildung, aber auch mit der Familie überlappt, hat die *illusio*, der Glaube daran, dass es sich lohnt, sich am Spiel des Arbeitsmarkts zu beteiligen, eine besondere Reichweite und erfasst auch all jene, die sich an den Rändern des Arbeitsmarkts befinden (Arbeitslose, Studierende, Rentner*innen etc.).[6] Das Grundeinkommen würde nun zum einen die Spielregeln des Arbeitsmarktes und insbesondere dessen Zugangsbedingungen verändern, indem die materielle Sicherheit vom Arbeitsmarkt und vom Erwerbseinkommen entkoppelt wäre. Gleichzeitig brächten zum anderen die neuen materiellen Strukturen auch eine neue politisch-symbolische Ordnung mit sich, die der bzw. dem Einzelnen zeigte, dass sie bzw. er „in seinem Dasein gerechtfertigt" ist (Sartre, zitiert in Bourdieu 2005, S. 189). Ohne dass der Glaube an die Legitimität der tradierten materiell-symbolischen Ordnung überwunden wird (Bourdieu 1977, S. 410) und die neue materiell-symbolische Struktur in den Körpern der Akteur*innen sedimentiert ist, ist nicht (in einem bedeutsamen Maße) mit gegenhegemonialen Praktiken zu rechnen. Vielmehr überwiegt zunächst der Hysteresis-Effekt des Habitus, eine gewisse Trägheit der Alltagspraktiken.[7] Gegenhegemoniale Praktiken wären das Resultat eines graduellen Prozesses des Einübens eines neuen Habitus, welcher von bestimmten Gruppen besonders vorangetrieben

---

6   Obschon von einem verallgemeinerten Arbeitshabitus ausgegangen wird, sind je nach Arbeitsmarktsegment und Position der Akteur*innen differenzierte Dispositionen, also Varianten des Habitus zu erwarten.

7   Diese Einschätzung wird u. a. von Experimentaldaten aus der empirischen Grundeinkommensforschung gestützt, welche die Trägheit habitualisierter Erwerbsarbeitsorientierungen belegen (Widerquist 2005).

wird: durch Neuankömmlinge im Feld, die tendenziell zu subversiven Praktiken neigen (Bourdieu 1993, S. 109), durch all jene, die aufgrund von Erfahrungen in unterschiedlichen Milieus und Feldern über Dispositionen verfügen, die in einem Spannungsverhältnis zueinander stehen (Ebrecht 2002, S. 234), sowie durch die Einsozialisation nachwachsender Generationen in eine Grundeinkommensgesellschaft.

Diese Ausführungen verdeutlichen den Charakter des Grundeinkommens als materielle und symbolische *Ermöglichungs*struktur: Eine Aneignung des Grundeinkommens für Praktiken jenseits einer marktkonformen Konsum- und Erwerbsarbeitsorientierung wird sich weder automatisch noch kurzfristig als dominante Aneignungsweise einstellen. Vielmehr erfordern gegenhegemoniale Praktiken eine Habitustransformation, die wiederum in weitreichende materielle wie symbolische Strukturveränderungen eingebettet wäre.

4   Soziale Infrastrukturen und bedingungsloses Grundeinkommen als wechselseitiges Bedingungsverhältnis

Nicht nur die Habitustransformation, sondern auch die sozialinfrastrukturelle Einbettung des Grundeinkommens ist für die gesellschaftliche Transformation von Bedeutung, denn ein Grundeinkommen würde die reale Freiheit der Akteur*innen nur dann wirklich vergrößern, wenn eine soziale Infrastruktur von hoher Qualität und Inklusivität existiert. Die Ausblendung dieser sozialinfrastrukturellen Einbettung hat nicht zur Versachlichung der Debatte um das Grundeinkommen beigetragen (Krätke 2008, S. 1076). Aktuelle Kontroversen, in denen das monetäre Grundeinkommen und die nicht-monetäre Infrastruktur gegeneinander ausgespielt werden (Novy 2016), sind hinsichtlich der Frage der gesellschaftlichen Transformation insbesondere deshalb problematisch, weil sie den Blick auf die Wandlungsbedingungen von Subjektdispositionen verstellen, die für eine solche Transformation notwendig sind. Die Kontroverse „monetäres Grundeinkommen *oder* nicht-monetäre Infrastruktur" suggeriert, dass es sich um wechselseitig ausschließende Maßnahmen handelt, während sie hinsichtlich des Ziels der Dekommodifizierung der Alltagspraxis doch komplementär sind.

Zunächst ist festzuhalten, dass in etablierten Sozialstaaten ein Grundeinkommen in die bestehenden Sozialsysteme integriert würde. Geldtransfers, allen voran Sozialversicherungen und Sozialleistungen, sind und bleiben der sozialstaatliche Hauptmechanismus zur gesellschaftlichen Umverteilung. Die vorschnelle Einführung eines Grundeinkommens auf Kosten sozialstaatlicher Errungenschaften wie der Sozialversicherungen wäre alles andere als progressiv (Haagh 2019). Die Sozialstaaten stellen darüber hinaus auch öffentliche Dienstleistungen und Güter im Bereich der Bildung, Gesundheit, des sozialen Wohnungsbaus etc. bereit. Der Wert eines Grundeinkommens bzw. die Frage, wie viel reale Freiheit es ermöglicht, hinge entscheidend von dem Ausmaß, der Qualität und Zugänglichkeit jener sozialen Infrastrukturen ab. So verringerte sich beispielsweise der Wert eines Grundeinkommens für arme Menschen in dem Maße, in welchem der soziale Wohnungsbau, subventionierte Bildungsangebote etc. abgebaut würden. Die reale Freiheit von Müttern mit einem Grundeinkommen wäre u. a. davon abhängig, inwieweit Kinderbetreuungsangebote existieren, die bezahlbar und von guter Qualität sind, oder davon, ob für den bzw. die Partner*in die Chance auf ein flexibles Beschäftigungsverhältnis besteht. Neben den öffentlichen Gütern und Dienstleistungen ist die soziotechnische Infrastruktur zu berücksichtigen: die (möglichst erschwingliche) Grundversorgung mit Wasser, Elektrizität, öffentlicher Mobilität und Begegnungsräumen (Novy 2016).

Tatsächlich geht es bei einem teilhabesichernden Grundeinkommen wie bei einer möglichst billigen oder sogar kostenfreien alltäglichen Grundversorgung zunächst um nicht mehr und nicht weniger als um eine partielle Dekommodifizierung: Auf der einen Seite wird der Zugriff des Kapitals auf die menschliche Arbeitskraft wieder stärker eingeschränkt, auf der anderen Seite werden durch die (verfassungs-)rechtliche Absicherung bestimmte Waren, natürliche Ressourcen und Dienstleistungen der Kapitalverwertung entzogen. Sowohl der Arbeitsmarkt als auch der Markt für den Warentausch bleiben unterdessen als Institutionen erhalten; die Warenform und der Preismechanismus werden nicht aufgehoben. Beide Ansätze zielen also auf die Einhegung der fortschreitenden finanzkapitalistischen Landnahme, wobei sie mit der partiellen Dekommodifizierung von Arbeitskraft wie von der alltäglichen Grundversorgung jeweils lediglich an einer Voraussetzung des Wachstumszwangs moderner kapitalistischer Gesellschaften ansetzen, nicht aber an dessen grundlegender Ursache, der erweiterten Reproduktion des Kapitals.[8]

Während die soziale Infrastruktur primär auf die materielle und soziale Daseinsvorsorge, die Bestandssicherung sowie die nachhaltige Nutzung endlicher natürlicher Ressourcen ausgerichtet ist, scheint das monetäre Grundeinkommen besser geeignet, den Akteur*innen individuelle Handlungsautonomie und damit auch Gestaltungsfreiheit zu verschaffen, die jenseits der sozial-materiellen Absiche-

---

8   Zu den Voraussetzungen des Wachstumszwangs zählen Kommodifizierungsprozesse, die sich bei kapitalistischen Landnahmen vollziehen, das Wettbewerbsprinzip, das Privateigentum an den Produktionsmitteln und Wachstumssubjektivitäten (Ketterer 2019).

rung jeder bzw. jedes Einzelnen für die praktische Arbeit an der gesellschaftlichen Transformation genutzt werden kann. Was die staatliche soziale Infrastruktur an Alltagsgütern zur Verfügung stellt, könnte ebenfalls von wirtschaftsdemokratischen Organisationen im Sinne Wrights geleistet werden, die von der erhöhten Investitionskraft durch die Grundeinkommen ihrer Mitglieder profitieren würden. Da in jenen Organisationen die Bürger*innen selbst über die Produktion und Distribution des Mehrprodukts entscheiden, hätte dies möglicherweise den Vorteil, dass die alltägliche Grundversorgung besser auf die Bedürfnisse der Bürger*innen abgestimmt wäre. Eine solche ökonomische Selbstverwaltung der Bürger*innen würde einen Bruch mit den bestehenden kapitalistischen Eigentumsverhältnissen[9] bedeuten, wodurch eine weitere Voraussetzung des Wachstumszwangs unterlaufen würde.

Im Vergleich der Instrumente rückt die grundsätzliche Problematik des Grundeinkommens hinsichtlich der erwünschten gesellschaftlichen Transformation erneut in den Vordergrund: die Bedingungslosigkeit des bedingungslosen Grundeinkommens. In einer endlichen Welt, in der menschliche und natürliche Ressourcen reale Grenzen haben, deren Überschreitung in die gegenwärtige Krise geführt hat, bleibt es fragwürdig, warum ausgerechnet Geld zum Handeln innerhalb jener Grenzen befähigen soll. Als „absolutes Mittel" (Simmel 1989, S. 298) und „Schrittmacher der ‚individuellen Freiheit'" (Deutschmann 2008, S. 45) ist Geld Mittel zur Realisierung nahezu aller Optionen, es ist Selbstzweck, und zugleich abstrahiert es von den ihm zugrundeliegenden stofflichen und gesellschaftlichen Relationen. In welchem Maße ein Grundeinkommen für gegenhegemoniale Praktiken angeeignet würde, ist nicht prognostizierbar. Für das Ziel einer gesellschaftlichen Transformation können situative Anpassungen des Grundeinkommens in Reaktion auf unerwünschte Folgen notwendig werden. Um den Wandel in die gewünschte Richtung zu lenken, können nicht nur eine funktionale soziale Infrastruktur, sondern auch eine Politik der allgemeinen Arbeitszeitverkürzung (Liebig in diesem Band) und eine

---

9 Nur wenige Transformationsansätze, darunter die „Dotation Inconditionelle d'Autonomie" (DIA, „Bedingungslose Ausstattung mit Freiheit") der französischen Décroissance-Bewegung, zielen auf einen umfassenden gesellschaftlichen Umbau, für den die Wiederaneignung des Privateigentums an den Produktionsmitteln einen strategischen Ausgangspunkt darstellt. Ausgehend von der lokalen Ebene sieht die DIA eine umfassende Repolitisierung der Gesellschaft vor, welche durch die sequentielle Einführung alternativer Eigentums- und Wirtschaftsformen, einer Arbeitszeitverkürzung sowie von Gratis-Allgemeingütern zusammen mit einem monetären Grund- und einem Maximaleinkommen erreicht werden soll.

Reorganisierung der Arbeitsplatz- und Mobilitätsstrukturen[10] sinnvolle Komplementärmaßnahmen darstellen.

Die Frage, warum Akteur*innen eine Lebensweise für erstrebenswert halten sollen, die mit einer Reduktion ihres gewohnten materiellen Lebensstandards einherginge, erscheint sowohl für die sozialen Infrastrukturen wie für das Grundeinkommen virulent. Im Fall des Grundeinkommens würde eine Reduktion des Erwerbsarbeitspensums bzw. die Aufgabe einer Erwerbsstelle zugunsten unbezahlter Tätigkeiten den Verzicht auf ökonomisches Kapital bedeuten. Darüber hinaus wäre dies nicht nur ein Verzicht auf Möglichkeiten individuellen Konsums, sondern auch auf symbolisches Kapital in Form von gesellschaftlicher Anerkennung, wobei die Problematik je nach sozialem Milieu unterschiedlich ausfallen dürfte. Die sozialen Infrastrukturen hingegen stellen nur einige lebensnotwendige Güter zur Verfügung, auf deren Grundlage allein schwerlich eine unabhängige Existenz aufgebaut und „gut gelebt" werden kann. Zumindest kurz- bis mittelfristig sind zudem auch für die (Nicht-)Nutzung der sozialen Infrastrukturen Hysteresis-Effekte anzunehmen, z. B. in der Form, dass Distinktionskonsum eine milieuübergreifende Nutzung von öffentlichen Mobilitätsangeboten und Begegnungsräumen verhindert.

Wenn es richtig ist, dass Praktiken durch Einübung und Gewöhnung habitualisiert werden, sollte es möglich sein, auch neue, gegenhegemoniale Praktiken anzunehmen. Chancen des Wandels von Praktiken sind auch in praktischen Lernfeldern bzw. Räumen zu suchen, wie sie Degrowth-Initiativen von der „Solidarischen Ökonomie" bis zur „Transition Town" anbieten. Jene Räume ermöglichen das praktische Experimentieren mit anderen Lebens- und Produktionsformen. Gleichsam materiell wie symbolisch lässt sich hier die Einheit von Produktion, Konsumption und Reproduktion leiblich erleben.[11] In solchen Momenten der Sub-

---

10 Die Pkw-Nutzung in Deutschland steht zu fast 50 % im Zusammenhang mit der berufsbedingten Mobilität (Pendeln und dienstliche Fahrten) (Infas 2018, S. 70). Eine Reorganisierung von Unternehmensstrukturen würde daher nicht unerheblich zur Reduktion von CO_2-Emissionen beitragen. Nicht zuletzt sind von einer verstärkten Nutzung öffentlicher Verkehrsmittel im beruflichen Bereich auch positive Spill-over-Effekte für die freizeitbedingte Mobilität zu erwarten.

11 Solidarische Landwirtschaftsprojekte beispielsweise basieren auf der verbindlichen Kooperation zwischen Biobäuerinnen und -bauern und Ernteabnehmer*innen. Durch eine zumeist auf ein Jahr bemessene Vorauszahlung zeigen sich die Ernteabnehmer*innen für die wirtschaftliche Reproduktionsfähigkeit der Biobäuerinnen und -bauern verantwortlich: Bei einem gegebenen Geldbetrag können die Ernteanteile wetter- oder arbeitskraftbedingt variieren. Auf dem Teller der Abnehmer*innen findet sich dann eine mehr oder weniger große Gemüsevielfalt. Zugleich sind die Ernteabnehmer*innen nicht nur Konsument*innen, sondern können durch eine aktive Teilnahme z. B. bei der Auswahl, Aussaat und Ernte der Nahrungsmittel auch selbst zu Produzent*innen werden

jektivierung steckt Potenzial für die kritische Selbstreflexion, die Hinterfragung gelebter Selbstverständlichkeiten und die Herausbildung alternativer Dispositionen, die für eine Lebensweise zentral sind, die auf den Erhalt, nicht die Ausbeutung ihrer natürlichen und menschlichen Reproduktionsgrundlagen zielt.

5   Ausblick: Grundeinkommen – Praxis und Symbolik für die gesellschaftliche Transformation

Wie dieser Beitrag aufzuzeigen versucht hat, kann ein bedingungsloses und teilhabesicherndes Grundeinkommen als materielle wie symbolische Ermöglichungsstruktur für Praktiken jenseits einer marktkonformen Konsum- und Erwerbsarbeitsorientierung dienen, welche für eine grundlegende Transformation der gegenwärtigen Lebensweise in ihrer materiellen, institutionellen und habituellen Dimension von tragender Bedeutung sind. Jedoch ist eine gelingende gesellschaftliche Transformation, wie sie Wright vorschwebt, hin zu einer Lebensweise, für die der Erhalt ihrer natürlichen und menschlichen Reproduktionsgrundlagen zentral wäre, sehr voraussetzungsvoll. In dem Beitrag wurde ein möglicher wechselseitiger Transformationsprozess skizziert, der vermittelt über individuelle wie kollektive gegenhegemoniale Praktiken den stofflichen und energetischen Durchsatz der Wirtschafts- und Lebensweise reduzieren und hierbei insbesondere über Kooperationen von staatlichen mit zivilgesellschaftlichen Akteuren strukturbildend wirken könnte. Der Transformationsprozess setzt einen graduellen Prozess der Veränderungen in den derzeit dominanten habituellen Dispositionen, insbesondere dem Arbeitshabitus voraus. Dieser Prozess könnte gefördert werden, indem sich die Feldkräfte des Arbeitsmarkts dynamisieren, neue Generationen in eine Grundeinkommensgesellschaft einsozialisiert werden und (möglichst) kostenfreie soziale Infrastrukturen bereitgestellt werden. Letztere verringern die Kontingenzen, die ein autonomieförderndes Grundeinkommen mit sich bringt, indem sie wiederum die Entstehung von Dispositionen begünstigen, die für gegenhegemoniale Praktiken notwendig sind. Aus diesem Grund stehen monetäres Grundeinkommen und soziale Infrastrukturen in einem wechselseitigen Bedingungsverhältnis zueinander. Gemeinsam scheinen diese Instrumente besser aufgestellt, um ein Transformationspotenzial zu entfalten und kapitalistische Landnahmen einzuhegen.

(für eine Übersicht von Degrowth-Projekten vgl. Konzeptwerk Neue Ökonomie und DFG-Kolleg Postwachstumsgesellschaften 2017).

Die Nichtnachhaltigkeit der gegenwärtigen Lebensweise beruht auf einer materiellen wie symbolischen Trennungsstruktur, die auf Klassifizierungen von „Produktion" und „Reproduktion" fußt. In symbolischer Hinsicht schlagen sowohl die Idee des Grundeinkommens als auch die Idee kostenfreier sozialer Infrastrukturen alternative Rechtfertigungsordnungen vor, die im Recht auf eine gesicherte Existenz jedes Menschen beruhen. Das Grundeinkommen als Bürger*innenrecht rückt darüber hinaus die Idee der Persönlichkeitsentfaltung abseits erwerbsarbeitsgesellschaftlich normierter Lebensverläufe ins Zentrum: „[B]asic income as a provocation to freedom and as a provocation of desire" (Weeks 2011, S. 145).

Literatur

Baier, A., Biesecker, A., & Gottschlich, D. (2016). Ein Schritt auf dem Weg zu einer anderen Ökonomie? Kritische Reflexion des bedingungslosen Grundeinkommens aus der Perspektive des Vorsorgenden Wirtschaftens und des Subsistenzansatzes. In R. Blaschke, I. Praetorius & A. Schrupp (Hrsg.), *Das bedingungslose Grundeinkommen. Feministische und postpatriarchale Perspektiven* (S. 63–90). Sulzbach am Taunus: Ulrike Helmer Verlag.
Biesecker, A., & Hofmeister, S. (2006). *Die Neuerfindung des Ökonomischen. Ein (re)produktionstheoretischer Beitrag zur Sozial-ökologischen Forschung.* München: oekom.
Bourdieu, P. (1976). *Entwurf einer Theorie der Praxis auf der ethnologischen Grundlage der kabylischen Gesellschaft.* Frankfurt a. M.: Suhrkamp.
Bourdieu, P. (1977). Sur le pouvoir symbolique. *Annales, 32,* 405–411.
Bourdieu, P. (1993). *Soziologische Fragen.* Frankfurt a. M.: Suhrkamp.
Bourdieu, P. (2005). *Die männliche Herrschaft.* Frankfurt a. M.: Suhrkamp.
Deutschmann, C. (2008). *Kapitalistische Dynamik. Eine gesellschaftstheoretische Perspektive.* Wiesbaden: VS Verlag für Sozialwissenschaften.
Ebrecht, J. (2002). Die Kreativität der Praxis. Überlegungen zum Wandel von Habitusformationen. In J. Ebrecht & F. Hillebrandt (Hrsg.), *Bourdieus Theorie der Praxis. Erklärungskraft – Anwendung – Perspektiven* (S. 225–242). Wiesbaden: Westdeutscher Verlag.
Eversberg, D. (2014). *Dividuell aktiviert. Wie Arbeitsmarktpolitik Subjektivitäten produziert.* Frankfurt a. M.: Campus.
Eversberg, D. (2018). *Grenzen der Komplexität. Überlegungen zu einer Ökologie flexibel-kapitalistischer Subjekte.* Working Paper Nr. 1/2018 der DFG-Kollegforscher_innengruppe Postwachstumsgesellschaften. Jena.
Fitzpatrick, T. (1999). *Freedom and security. An introduction to the basic income debate.* London: Macmillan.
Franzmann, M. (Hrsg.). (2010). *Bedingungsloses Grundeinkommen als Antwort auf die Krise der Arbeitsgesellschaft.* Weilerswist: Velbrück Wissenschaft.
Fraser, N. (2014). Behind Marx's hidden abode. For an expanded conception of capitalism. *New Left Review,* (86), 55–72.

Haagh, L. (2019). The political economy of governance capacity and institutional change: The case of basic income security reform in European welfare states. *Social Policy and Society*, 18, 243–263.

Haigner, S. D., Jenewein, S., Schneider, F., & Wakolbinger, F. (2012). Ergebnisse der ersten repräsentativen Umfrage in Deutschland zum bedingungslosen Grundeinkommen. In G. W. Werner, W. Eichhorn & L. F. Friedrich (Hrsg.), *Das Grundeinkommen. Würdigung – Wertungen – Wege* (S. 195–210). Karlsruhe: KIT Scientific Publ.

Hirsch, M. (2016). *Die Überwindung der Arbeitsgesellschaft. Eine politische Philosophie der Arbeit*. Wiesbaden: Springer VS.

Hohenleitner, I., & Straubhaar, T. (2008). Bedingungsloses Grundeinkommen und Solidarisches Bürgergeld – mehr als sozialutopische Konzepte. In T. Straubhaar (Hrsg.), *Bedingungsloses Grundeinkommen und Solidarisches Bürgergeld – mehr als sozialutopische Konzepte* (S. 9–127). Hamburg: Hamburg University Press.

Infas. (2018). *Mobilität in Deutschland – MiD. Ergebnisbericht*. Bonn: Bundesministerium für Verkehr und digitale Infrastruktur.

Kela & Ministerium für Soziale Angelegenheiten und Gesundheit (2019). Preliminary results of the basic income experiment: Self-perceived wellbeing improved, during the first year no effects on employment. https://www.kela.fi/web/en/news-archive/-/asset_publisher/lN08GY2nIrZo/content/preliminary-results-of-the-basic-income-experiment-self-perceived-wellbeing-improved-during-the-first-year-no-effects-on-employment. Zugegriffen: Juni 2019.

Ketterer, H. (2019). Grundeinkommen und Postwachstum. In D. J. Petersen, D. Willers, E. M. Schmitt, R. Birnbaum, J. H. E. Meyerhoff, S. Gießler & B. Roth (Hrsg.), *Perspektiven einer pluralen Ökonomik*. Wiesbaden: Springer VS. (im Erscheinen)

Konzeptwerk Neue Ökonomie & DFG-Kolleg Postwachstumsgesellschaften (2017). *Degrowth in Bewegung(en). 32 alternative Wege zur sozial-ökologischen Transformation*. München: oekom.

Krätke, M. (2008). Grundeinkommen, Waren und öffentlicher Sektor. Über den Zusammenhang von Grundeinkommen und Kapitalismus. *Utopie kreativ*, (218), 1073–1083.

Lewis, J. (1992). Gender and the development of welfare regimes. *Journal of European Social Policy*, 2, 159–173.

Marx, A., & Peeters, H. (2008). An unconditional basic income and labor supply. Results from a survey of lottery winners. *The Journal of Socio-Economics*, 37, 1636–1659.

Novy, A. (2016). Sozialökologische Infrastruktur statt Grundeinkommen. https://awblog.at/sozialoekologische-infrastruktur-statt-grundeinkommen/. Zugegriffen: Juni 2018.

Offe, C. (1992). A non-productivist design for social policies. In P. van Parijs (Hrsg.), *Arguing for basic income: Ethical foundations for a radical reform* (S. 3–46). London: Verso.

Offe, C., Mückenberger, U., & Ostner, I. (2013). A „package solution" for basic income. In K. Widerquist, J. A. Noguera, Y. Vanderborght & J. Wispelaere (Hrsg.), *Basic income: An anthology of contemporary research* (S. 555–559). Chichester, West Sussex: Wiley Blackwell.

Robeyns, I. (2001). An income of one's own: A radical vision of welfare policies in Europe and beyond. *Gender & Development*, 9, 82–89.

Robeyns, I. (2007). Will a basic income do justice to women? In Heinrich-Böll-Stiftung (Hrsg.), *Die Zukunft sozialer Sicherheit* (S. 102–116). Berlin: Heinrich-Böll-Stiftung.

Schachtschneider, U. (2014). *Freiheit, Gleichheit, Gelassenheit. Mit dem Ökologischen Grundeinkommen aus der Wachstumsfalle*. München: oekom.

Simmel, G. (1989). *Philosophie des Geldes*. Frankfurt a. M.: Suhrkamp.

Statistics Finland. (2016). Number of persons at risk of poverty 631,000 in 2015. http://www. stat.fi/til/tjt/2015/01/tjt_2015_01_2016-12-21_tie_001_en.html. Zugegriffen: Mai 2019.

Straubhaar, T. (2017). *Radikal gerecht. Wie das bedingungslose Grundeinkommen den Sozialstaat revolutioniert.* Hamburg: Körber-Stiftung.

Weeks, K. (2011). *The problem with work: Feminism, Marxism, antiwork politics, and postwork imaginaries.* Durham: Duke University Press.

Widerquist, K. (2005). A failure to communicate: What (if anything) can we learn from the negative income tax experiments? *The Journal of Socio-Economics, 34,* 49–81.

Wright, E. O. (2006). Basic income as a socialist project. *Basic Income Studies, 1*(1), 1–11.

Wright, E. O. (2010). *Envisioning real utopias.* London: Verso.

Wright, E. O. (2013). Transforming capitalism through real utopias. *American Sociological Review, 78,* 1–25.

Zelleke, A. (2008). Institutionalizing the universal caretaker through a basic income? *Basic Income Studies, 3*(3), 1–9.

Kuba – eine prekarisierte Postwachstumsgesellschaft ohne Zukunft?

Manfred Krenn

1 Einleitung

Fast könnte man den Eindruck gewinnen, dass Kuba mittlerweile zu einem Mythos im Degrowth- und Nachhaltigkeitsdiskurs geworden ist. In der Degrowth-Debatte firmiert Kuba zunehmend als Beleg dafür, dass eine durch tiefe Krisen verursachte ökonomische Schrumpfung nicht zur Katastrophe führen muss, sondern eine erzwungene Umkehr einzuleiten vermag: von energieintensiven hin zu arbeitsintensiven Formen der Produktionsorganisation, von einer mechanisierten Agrarindustrie hin zu einer ökologischen Landwirtschaft (inklusive „urban gardening"), von einer Übernutzung der Ressourcen hin zu einem umweltverträglichen ökologischen Fußabdruck (Kallis et al. 2018; Boillat et al. 2012). Gleichzeitig wird diesem (unfreiwilligen) Degrowth-Experiment attestiert, ein hohes Niveau an sozialen Standards und Sozialkapital aufrechterhalten zu können (Borowy 2013) bzw. sogar positive gesundheitliche Effekte auf die Bevölkerung nach sich zu ziehen (Jackson 2013, S. 55).

In der Nachhaltigkeitsdebatte wird darauf verwiesen, dass Kuba überaus hohe Werte beim Human Development Index (HDI) bei einem niedrigen ökologischen Fußabdruck aufweist, während gleichzeitig die Wirtschaftskraft des Landes weit unter dem Niveau von Schwellenländern liegt. Im WWF Living Planets Report von 2006, der den HDI[1] in Verbindung mit dem ökologischen Fußabdruck zu einem Index für nachhaltige Entwicklung kombiniert, blieb Kuba als einziges Land der

---

[1] Der von der UNO verwendete HDI setzt sich aus drei Dimensionen zusammen: der Möglichkeit, ein langes und gesundes Leben zu führen (Lebenserwartung bei Geburt), der Möglichkeit, sich Bildung anzueignen (Dauer der Ausbildung anhand der Anzahl an Schuljahren, die ein 25-Jähriger absolviert hat, sowie der voraussichtlichen Dauer der Ausbildung eines Kindes im Einschulungsalter) und der Möglichkeit, einen würdigen Lebensstandard zu erreichen (Brutto-Nationaleinkommen pro Kopf) (UNDP 2018).

© Springer Fachmedien Wiesbaden GmbH, ein Teil von Springer Nature 2019
K. Dörre et al. (Hrsg.), *Große Transformation? Zur Zukunft moderner Gesellschaften*, https://doi.org/10.1007/978-3-658-25947-1_19

Welt mit einem HDI von 0,81 und einem ökologischen Fußabdruck von 1,4 gha pro Person im vorgegebenen Rahmen bei beiden Parametern.[2] Kann also im Fall Kubas die gemeinhin verbreitete Annahme, dass der Entwicklungsgrad der Volkswirtschaft, also der ökonomischen Basis, die *conditio sine qua non* für die gesellschaftliche Entwicklung und Wohlfahrt darstellt, als außer Kraft gesetzt betrachtet werden? Lassen sich aus diesem Fall Ansatzpunkte für eine sowohl ökologisch als auch sozial nachhaltige gesellschaftliche Entwicklung gewinnen? Diesen Fragen soll im Folgenden auf den Grund gegangen werden.

Der Beitrag spezifiziert zunächst die Bedeutung von Wachstum im kubanischen Kontext und wendet sich dann dem zentralen Zusammenhang zwischen Sozial- und Bildungspolitik und ökonomischer Produktivität zu. Anschließend werden die gravierenden gesellschaftlichen Auswirkungen des auf Kuba zu konstatierenden Wertverlustes von Erwerbsarbeit herausgearbeitet. Aus der Analyse des kubanischen Falls werden abschließend einige Schlussfolgerungen für die Postwachstumsdebatte und den Stellenwert von Ökonomie und Erwerbsarbeit gezogen.

2   Wachstum im kubanischen Kontext

Eine Diskussion um (Post-)Wachstum macht im Zusammenhang mit Ländern des Globalen Südens eine Kontextualisierung notwendig. Denn aufgrund der durch das exzessive Expansions- und Wachstumsmodell der früh industrialisierten kapitalistischen Staaten des Globalen Nordens verursachten globalen Verwerfungen und Ungleichheiten ist (ökonomisches) Wachstum im Globalen Süden vielfach eine Voraussetzung, um einen menschenwürdigen Lebensstandard für die gesamte Bevölkerung zu gewährleisten. Im kubanischen Fall kommt noch hinzu, dass das Wachstum im speziellen Kontext der Entwicklung des Landes nach 1990 zuvorderst als Rückgewinnung des in den 1980er-Jahren bereits erreichten, aber verloren gegangenen Niveaus zu bewerten ist. Ökonomisches Wachstum ist demnach für Kuba eine unabdingbare Voraussetzung für eine nachhaltige Entwicklung des Landes. Ein solches Wachstum konnte zwei Jahrzehnte mithilfe der massiven Unterstützung durch die Sowjetunion einigermaßen gewährleistet werden. Der Zusammenbruch der Sowjetunion und des sozialistischen Staatenbundes entzog

---

2   Das Entwicklungsprogramm der Vereinten Nationen (UNDP) betrachtet einen Wert von mehr als 0,8 beim HDI als „high human development", während ein ökologischer Fußabdruck unter 1,8 gha pro Person (als durchschnittliche biologisch produktive Fläche in globalen Hektar, die pro ErdenbürgerIn zur Verfügung steht) als nachhaltig gilt.

dem kubanischen Wirtschaftsmodell aber gewissermaßen mit einem Schlag die Grundlage. Die Einnahmen durch Exporte verringerten sich zwischen 1990 und 1993 um 70 % (von 5,4 Mio. auf 1,2 Mio. USD) und das Bruttoinlandsprodukt brach zwischen 1990 und 1994 um 30 bis 35 % ein (Uharte Pozas 2016, S. 287).

Auf Kuba selbst wurde diese Form eines „degrowth by disaster" in der „periodo especial"[3] von der Bevölkerung als Katastrophe, als traumatischer Schock empfunden.[4] Der abrupte Rückgang des ökologischen Fußabdrucks von 4 gha (in den 1980er-Jahren) auf 1,5 gha durch den Zusammenbruch der Industrieproduktion[5], der agrar-industriellen Zuckerwirtschaft, des Transportsystems und der auf fossilen Brennstoffen basierenden Energieversorgung war mit einem massiven Verlust an Lebensqualität verbunden. Der Kaufkraftverlust der Reallöhne betrug zwischen 1989 und 1994 75 % (Togores González 2005).

Kuba weist seit Mitte der 1990er-Jahre wieder ein anhaltendes, wenn auch niedriges Wachstum von ca. 3 % auf, wobei das BIP zwischen 2000 und 2006 vor allem dank der Unterstützung durch Venezuela um durchschnittlich 6 % pro Jahr stieg (Pérez 2012a), danach zwischen 2008 und 2017 aber wieder nur um 2 % (Pérez 2012b). Die kubanische Regierung geht von einem notwendigen jährlichen Wachstum von 5 bis 6 % aus, um einen nachhaltigen Entwicklungsweg einschlagen zu können, von dem das Land jedoch weit entfernt ist. Gewachsen ist v. a. der Dienstleistungssektor, der mittlerweile 80 % zum BIP beiträgt (und auch die Exporte dominiert), während die sogenannten produktiven Sektoren (Industrie, Landwirtschaft, Bauwirtschaft) zurückgegangen sind (auf unter 20 % des BIP). Bei den Dienstleistungen handelt es sich um den Tourismus und den Export von Gesundheitsdienstleistungen (ÄrztInnen, Pflegepersonal).[6] Problematisch an diesem Übergewicht des Dienstleistungssektors ist laut kubanischen ÖkonomInnen die

---

3   Als „periodo especial en tiempos de paz", d. h. als „Sonderperiode in Friedenszeiten" wird eine Art von Kriegs- oder Kommandowirtschaft ohne Krieg bezeichnet, mit der die kubanische Regierung nach dem Zusammenbruch der Sowjetunion versuchte, die dadurch hervorgerufene tiefe ökonomische Krise zu meistern.

4   Vor allem die ersten Jahre der „Kriegswirtschaft in Friedenszeiten" (1991 bis ca. 1995/96) waren von dramatischen Hungerperioden, katastrophalen hygienischen Zuständen (Ausbreitung von Hautkrankheiten und Lausbefall aufgrund des Fehlens von basalen Hygieneartikeln) und einer umfassenden Energiekrise (u. a. achtstündige tägliche Stromabschaltungen, Zusammenbruch des öffentlichen Verkehrs) gekennzeichnet.

5   1993 produzierten nur noch 13 % der Industriebetriebe (Marquetti Nodarse 1997, S. 50).

6   Konkret handelt es sich dabei um die temporäre Entsendung von ÄrztInnen und Pflegepersonal im Rahmen von bilateralen Abkommen, die in Gesundheitsprogrammen in den Einsatzländern arbeiten und deren Dienstleistungen dem kubanischen Staat abgegolten werden.

geringe Diversität und damit hohe Abhängigkeit von nur zwei Bereichen sowie, dass vom Export von Gesundheitsdienstleistungen kein Multiplikatoreffekt für den Rest der kubanischen Wirtschaft ausgeht und die Entwicklung von Industrie und Landwirtschaft weiter zurückbleibt (Pérez 2012a).

3   Grundprobleme des kubanischen Modells: Verteilungspolitik ohne ökonomisches Fundament

Eines der Grundprobleme des kubanischen Sozialismusmodells kann man als *sozialstaatliche Verteilungspolitik ohne ökonomisches Fundament* zusammenfassen. Kuba hat nach 1959 einen umfassenden Sozialstaat mit einem universalen Gesundheits- und Bildungssystem, Vollbeschäftigung und stark subventionierten Konsum aufgebaut und damit auch eine für den Globalen Süden außergewöhnliche soziale Integrationsdynamik ausgelöst. Die kubanische Wirtschaft konnte jedoch diesen Sozialstaat zu keinem Zeitpunkt aus eigener Kraft finanzieren, seine Sicherung war über Jahrzehnte (bis 1989) an die (finanzielle) Unterstützung durch die Sowjetunion gebunden.[7]

Man muss der kubanischen Regierung zugute halten, dass sie trotz des gewaltigen ökonomischen Einbruchs Ende der 1990er-Jahre außerordentliche Anstrengungen unternommen hat, die Investitionen in die strategischen Sektoren des Gesellschaftsprojekts (insbesondere das Gesundheits- und Bildungssystem) aufrechtzuerhalten. Es konnten aber empfindliche Qualitätseinbußen nicht verhindert werden, und sie erweisen sich als zunehmend schwer zu finanzierende Bürde für die anhaltend schwache Wirtschaft, weil dadurch wichtige Investitionen in die ökonomische Entwicklung des Landes fehlen.

Auch wenn die ökonomische Krise der „periodo especial" einen ebenso abrupten wie tiefgehenden Einschnitt darstellte, wies das kubanische Entwicklungsmodell bereits ab Mitte der 1980er-Jahre offensichtliche Abnutzungserscheinungen auf: geringe Wachstumsraten, niedrige Arbeitsproduktivität, Überbeschäftigung, exzessive Zentralisierung und Bürokratisierung, hohe Abhängigkeit von Importen, steigende Auslandsverschuldung, Haushalts- und Zahlungsbilanzdefizit (Consuegra und Ayala 2017).

Durch den Zusammenbruch der Sowjetunion und den Verlust ihrer Unterstützung erfuhr das kubanische Modell eine notfallartige Modifikation, die sich in

---

7   Die ökonomische Unterstützung durch die Sowjetunion wird insgesamt (d. h. von 1960 bis 1989) auf 65 Mrd. USD geschätzt (Mesa-Lago 2017a).

einer erzwungenen Öffnung gegenüber der die Insel umgebenden kapitalistischen Außenwelt niederschlug: in Form des Aufbaus des Tourismussektors, der Zulassung von familiären Geldüberweisungen der ExilkubanerInnen in den USA sowie einer vorsichtigen Zulassung von Auslandsinvestitionen, d. h. der Ermöglichung von Joint Ventures. Gleichzeitig kam es im Inneren zu einer Kooperativisierung der von Staatsgütern dominierten Landwirtschaft und einer begrenzten Zulassung eines privaten Sektors von Soloselbstständigen (Arbeit auf eigene Rechnung). Es handelte sich allerdings um Notfallmaßnahmen, die im Kern auf eine Verwaltung der Krise hinausliefen und keine strategische Neuausrichtung der Wirtschafts- und Sozialpolitik beinhalteten. Sie wurden zudem unter dem Eindruck einer leichten Entspannung der Situation aufgrund der Unterstützung durch Venezuela ab Anfang der 2000er-Jahre wieder teilweise abgeschwächt. Das Land geriet um 2008 allerdings erneut in eine äußerst bedrohliche Lage, die der Präsident Raúl Castro unter der Losung „Entweder wir ändern uns oder wir gehen unter" zum Anlass nahm, eine Ausweitung und Vertiefung der bereits in den 1990er-Jahren anvisierten Maßnahmen einzuleiten, die 2011 in das Reformpaket der sogenannten „lineamientos"[8] mündete. Die wichtigsten Elemente der Reform waren folgende:

- eine Ausweitung der Verpachtung von Land zur Bewirtschaftung an Privatpersonen und ein Ausbau der Kooperativen;
- das Eingeständnis der Überbeschäftigung im staatlichen Sektor und infolgedessen der geplante Abbau von über einer Million Staatsbediensteten;
- eine beträchtliche Ausweitung der privaten Beschäftigung (Zulassung von Mikrounternehmen, Alleinselbstständigen, Kooperativen außerhalb der Landwirtschaft);
- die erweiterte Ermöglichung und Forcierung von Auslandsinvestitionen in allen Sektoren außer Bildung und Medien unter Beibehaltung der Kontrolle des Staates.

Die seit Anfang der 1990er-Jahre stattfindenden Einschnitte haben die kubanische Gesellschaft unwiderruflich und tiefgehend verändert. Eine der auffälligsten Auswirkungen ist eine Restratifizierung der zuvor relativ homogenen kubanischen Gesellschaft (Espina Prieto 2005), die zu erheblichen und stabilen sozialen Ungleichheiten geführt hat.

Der kubanischen Regierung gelang es unter großen Anstrengungen, zumindest die Grundfesten des Gesundheits- und Bildungssystems aufrechtzuerhalten, was sich auch in objektiven Indikatoren wie der nach wie vor hohen Lebenserwartung

---

8   Insgesamt wurden auf dem VI. Parteitag der Kommunistischen Partei Kubas 2010 in den sogenannten „lineamentos" über 300 Reformen beschlossen.

(79,5 Jahre; Schmieg 2017) niederschlägt.[9] Dafür müssen allerdings überproportional hohe Anteile des Staatshaushaltes aufgewendet werden, was höchst negative wirtschaftliche Effekte nach sich zieht: den Verfall der Infrastruktur (Eisenbahn, Substanz der Gebäude, Rohr- und Abwasserleitungsnetze, elektrische Anlagen und vieles mehr), das Fehlen von Investitionsmitteln für die Modernisierung der Produktion, nicht-subsistenzsichernde Gehälter im Staatsdienst. Dies hängt mit einer Reihe von nach wie vor vorhandenen strukturellen Problemen des kubanischen Wirtschaftsmodells zusammen:

- eine massive Dekapitalisierung von Industrie[10] und Landwirtschaft;
- eine niedrige Produktivität der gesamten Ökonomie, besonders des staatlichen Sektors;
- eine ausgeprägte Investitionsschwäche, sowohl was das Volumen als auch die Effizienz der getätigten Investitionen betrifft;
- ein geringes Volumen und eine geringe Diversifizierung der Exporte sowie
- ein Handelsbilanzdefizit.

Ein Großteil der damit zusammenhängenden Probleme kann als charakteristisch für staatssozialistische Modelle mit zentralisierter Planung bezeichnet werden.

Das größte Problem sind jedoch die nicht-subsistenzsichernden Einkommen im staatlichen Sektor. Das durchschnittliche Monatseinkommen im staatlichen Sektor betrug auf Kuba 2016 ca. 30 USD, wobei dessen Kaufkraft immer noch um 60 % unter jener von 1989 lag. Im Vergleich dazu liegen die monatlichen Ausgaben für den Basiskonsum einer dreiköpfigen Familie bei ca. 93 USD, also dem Dreifachen des Durchschnittseinkommens und dem Neun- bis Zehnfachen des Mindestlohns bzw. der Durchschnittspension (Anaya und Garcia 2018). Diese Daten stehen in einem krassen Widerspruch zu dem in den UN-Berichten zum HDI genannten jährlichen Pro-Kopf-Einkommen in Kuba von 5.880 USD (490 USD monatlich), also das mehr als Sechzehnfache. Die Ursache für diese Diskrepanz liegt nach Ansicht mehrerer Autoren (Mesa-Lago 2002; Schmieg 2017) darin, dass der stark überbewertete Wechselkurs der kubanischen Währung das eigene BIP hochrechnet,

---

9   Gerade die durchschnittliche Lebenserwartung wird als ein guter Sammelindikator angesehen, da in ihn Faktoren wie Gesundheitsversorgung, Ernährungslage und Seuchenbekämpfung eingehen und dadurch der Entwicklungsstand einer Gesellschaft in einem umfassenden Sinne sichtbar wird. Die Lebenserwartung korrespondiert normalerweise mit dem Pro-Kopf-Einkommen, was im Fall Kubas jedoch nicht zutrifft.

10 Der Produktionsindex der Industrie lag 2015 immer noch um 38 % unter jenem von 1989 (Mesa-Lago 2017b). Es handelt sich zudem um einen technologisch rückständigen und hoch ineffizienten Sektor.

während ein realistischer Wechselkurs über ein niedrigeres Pro-Kopf-Einkommen auch den HDI senken würde.

Diese Unfähigkeit der staatlichen Ökonomie, die ca. 70 % der Gesamtwirtschaft ausmacht, die Reproduktionskosten der Arbeitskraft sicherzustellen, zieht eine Reihe von Verwerfungen nach sich, die in einem Teufelskreis von niedrigen Gehältern und niedriger Arbeitsproduktivität, in der Zunahme informeller Strategien zur Subsistenzsicherung und in der Ausbildung eines riesigen Schwarzmarktes ihren Ausdruck finden. Ein wesentlicher Teil des Problems besteht darin, dass Kuba aufgrund der niedrigen Produktivität seiner Landwirtschaft[11] ca. 80 % seiner Lebensmittel (für ca. 2 Milliarden USD jährlich) importieren muss, was die Preise erhöht[12] und Devisen-Mittel für dringend notwendige Investitionen bindet (Schmieg 2017). Die unter Raúl Castro 2011 eingeleiteten Reformen haben sieben Jahre nach ihrer Einleitung weder makroökonomisch noch im Alltagsleben der Insel sichtbare Ergebnisse gezeigt.

Die Strategie einer Konzentration auf nur zwei Dienstleistungssektoren (Ausbau des Tourismus, Export von professionellen medizinischen Dienstleistungen) hat nur geringe Multiplikatoreffekte auf die übrige Wirtschaft. Beim Export medizinischer Dienstleistungen, der zuletzt sogar die größte Deviseneinnahmequelle des Landes darstellte, zeigt sich aktuell dessen Fragilität durch seine Abhängigkeit von politischen Konstellationen: innerhalb kurzer Zeit traten Auftragseinbrüche bei den beiden größten Abnehmerländern Venezuela (aufgrund ökonomischer Schwierigkeiten) und Brasilien (aufgrund des Regierungswechsels zu Bolsonaro) ein.

4   Verallgemeinerte Prekarität und der Wertverlust von (Erwerbs-)Arbeit

Im Folgenden soll ein Aspekt näher beleuchtet werden, der in der Debatte um nachhaltige Entwicklung meines Erachtens zu unrecht stark vernachlässigt wird: die gesellschaftliche Organisation von Arbeit. In Kuba kann nämlich von einer Krise der Arbeit gesprochen werden, mit enormen Auswirkungen auf die in der

---

11 Im Kern hängt die niedrige Produktivität mit der weitgehenden Verstaatlichung der Agrarproduktion (80 % des Bodens) und der zentralen Planung zusammen. Die seit einigen Jahren initiierte Rückführung in Kooperativen und Verpachtung von Land an Einzelpersonen hat bisher an der niedrigen Produktivität nichts Wesentliches geändert.

12 75 % des Einkommens müssen auf Kuba für Nahrungsmittel aufgewendet werden (Mesa-Lago 2017a, S. 5).

Degrowth-Debatte hervorgehobene soziale Nachhaltigkeit des kubanischen Modells. Ich folge dabei der Hypothese Robert Castels, dass Arbeit das Epizentrum der sozialen Frage darstellt und sich die dort entstehenden Schockwellen auf die verschiedenen Sphären des gesellschaftlichen Lebens übertragen (Castel 2011). Kuba hat als eines der wenigen Länder des Globalen Südens Sozialeigentum im Sinne Castels in Form des universalen Gesundheitssystems und anderer Sicherungssysteme aufgebaut und damit wichtige Grundvoraussetzungen zur Bewältigung von bedeutenden Lebensrisiken, wie z. B. Armut oder Krankheiten, geschaffen. Eines der grundlegenden Probleme der kubanischen Gesellschaft ist jedoch, dass die staatliche Beschäftigung zum überwiegenden Teil prekarisiert ist, da die Einkommen nicht subsistenzsichernd sind, d. h. sie haben ihre reproduktive Dimension verloren. Auf Kuba können nur Teile der im Privatsektor Tätigen (Soloselbstständige, KleinstunternehmerInnen), Angestellte in den sogenannten emergenten Sektoren (Joint-Venture-Unternehmen, Tourismus) sowie hohe staatliche FunktionärInnen von ihrem Gehalt leben. (Lohn-)Arbeit kann daher für einen großen Teil der kubanischen Bevölkerung nicht die Grundvoraussetzungen einer wirtschaftlichen Unabhängigkeit und eines anständigen Lebens sichern und kann damit auch nicht zur Grundlage sozialer Identität werden. Sie droht auf diese Weise auch ihre Funktion als zentrales „Bindemittel" von Gesellschaft zu verlieren. Man könnte Kuba auch als eine Gesellschaft von „working poor" bezeichnen. Der grundlegende Unterschied zu kapitalistischen Gesellschaften besteht darin, dass das Phänomen der „working poor" nicht auf eine Minderheit der Erwerbstätigen beschränkt ist, sondern eine Mehrheit der Bevölkerung betrifft, was, wie wir im Folgenden noch sehen werden, gravierende Auswirkungen hat.

War das staatliche Einkommen einer der wichtigsten inklusiven Hebel zur sozialen Homogenisierung der kubanischen Gesellschaft zwischen 1959 und 1989, so haben die nicht-subsistenzsichernden staatlichen Löhne danach gewissermaßen zu einer Anarchisierung der Einkommen geführt. Das heißt, zusätzliche subsistenzsichernde Einkommensquellen müssen in informellen Grauzonen jenseits der formalen Erwerbsarbeit gesucht werden. Eine dieser von (Erwerbs-)Arbeit entkoppelten Quellen sind die (inzwischen legalisierten) „remesas", die familiären Geldüberweisungen aus dem Ausland, die mittlerweile zwei Drittel der KubanerInnen erhalten und die 2017 auf 3,6 Mrd. USD angewachsen sind (Monreal 2018).[13]

Zwei weitere Strategien zur Sicherung von zusätzlichen Einkommensquellen bestehen zum einen in einer Expropriation des Staates, wie man die Aneignung staatlicher Ressourcen und Mittel am Arbeitsplatz und ihren Verkauf am Schwarzmarkt

---

13 Das ist das 2,7-Fache der auf Kuba ausbezahlten Gehälter von 33,1 Mrd. CUP (das
    entspricht 1,4 Mrd. USD).

nennen kann, und zum anderen in der Verwendung eines Großteils der offiziellen Arbeitszeit für private Geschäfte (Prieto 2018). Über die auf Kuba mittlerweile auch im offiziellen Diskurs vielfach angeprangerte ethisch-moralische Fragwürdigkeit hinaus führen diese Praktiken auch zu gravierenden Dysfunktionalitäten in der Produktions- und Arbeitsorganisation und behindern jegliche Anstrengungen zur Erhöhung der Arbeitsproduktivität.

Für den kubanischen Anthropologen Pablo Rodríguez (2014) ist die Herausbildung einer „cultura del rebusque", also einer „Kultur des Sich-Durchschlagens", einer der augenscheinlichsten Effekte der „periodo especial". Die darin zusammengefassten und zu einem kulturellen Muster verdichteten Handlungsweisen und Mentalitäten ähneln jenen, die man aus marginalisierten Milieus in anderen Gesellschaften kennt. Castel (2011) spricht in diesem Zusammenhang von einer „Kultur des Zufälligen" und Vester et al. (2001) sprechen von „Gelegenheitsorientierung". Auch auf Kuba haben sich diese Praktiken in der tiefsten Krise der „periodo especial" in marginalisierten Milieus entwickelt. Aber aufgrund einer mittlerweile drei Jahrzehnte andauernden Mangelsituation sind sie inzwischen in die gesamte Gesellschaft eingedrungen und haben sich überall etabliert.

Die unter dem Begriff des „rebusque" zusammengefassten Handlungsmuster beziehen sich auf eine Bandbreite an Praktiken, um zusätzliche Einkünfte zu erzielen, die vom Verkauf persönlicher Sachen und von Weiterverkäufen über Gelegenheitsarbeiten bis hin zu kleinen Betrügereien und Taktiken der Aneignung reichen. Dies umfasst sowohl legale als auch illegale Formen. Diese Praktiken stehen, wie Rodríguez ausführt, in einem engen Zusammenhang mit der Art und Weise, in der die Lebensbedingungen erfahren, gelebt und gefühlt werden; sie entstehen aus der Unmittelbarkeit, mit der man den Alltag in diesen sozialen Umgebungen lebt, und aus den Spannungen, die der Mangel und die Prekarität erzeugen (Rodríguez 2014). Charakteristisch für diese Praktiken ist außerdem, dass sie grundsätzlich auf die Befriedigung unmittelbarer Bedürfnisse ausgerichtet sind und nur in Ausnahmefällen auf die Anhäufung oder Akkumulation von Werten. In ihrer schärfsten Ausformung bringt die „Kultur des Sich-Durchschlagens" Formen einer verwilderten Selbsterhaltung hervor, wie man mit Adorno die um sich greifende rücksichtslose Verfolgung von Eigeninteressen nennen könnte (dazu ausführlicher Krenn 2019).

Die Schattenökonomie stellt das ideale Terrain des „rebusque" dar, wobei diese auf Kuba nicht nur ein beträchtliches Ausmaß, sondern auch eine spezifische Form annimmt. Es handelt sich um eine hauptsächlich parasitäre Form von Schattenökonomie, die kaum zusätzliche Werte produziert und in Umlauf bringt – ihre vorrangige Quelle stellt die Enteignung des Staates dar. Rodríguez spricht

von einer „economía del raspado"[14], einer „Ökonomie des Abzweigens", auf der
der „rebusque" basiert. Daraus ergibt sich wiederum der systemische Charakter
der sogenannten „kleinen Korruption", die aufgrund fehlender Alternativen zur
Subsistenzsicherung Ausdruck eines eminenten Realitätssinns ist.

Die nicht existenzsichernde staatliche Beschäftigung auf Kuba lässt sich mit Serge
Paugam (2009) als zweifache Prekarität fassen: als Prekarität von Beschäftigung, die
auf die physisch-reproduktive Dimension der Subsistenzsicherung Bezug nimmt,
und als Prekarität der sinnhaft-subjektbezogenen Dimension von Arbeit. Die hoch
bürokratisierten und hierarchisierten Organisationsformen der sozialistischen
Planwirtschaft führen zu einer Reihe von objektiven Dysfunktionalitäten in der
Arbeitsorganisation, die subjektiv mit Sinnverlusten sowie mit Partizipations- und
Anerkennungsdefiziten verbunden sind (González Rodríguez 2018).

Das Paradoxe an der kubanischen Situation ist, dass eine feste Arbeitsstelle und ein
regelmäßiges Einkommen nicht mit „dem ganzen Ensemble an Versicherungen auf
die Zukunft" einhergehen, wie sie Bourdieu für die algerische Übergangsgesellschaft
analysiert hat (Bourdieu 2000, S. 92). Denn die nicht-subsistenzsichernden Gehälter
erlauben keinen Zugang zur „Schwelle der Sicherheit", was wiederum dazu führt,
dass sich kein rational kalkulierender, auf die Zukunft gerichteter ökonomischer
Habitus ausbilden kann, der das „Erreichen der Schwelle der Berechenbarkeit"
markiert (ebd.; Hervorh. weggel.). Das Fehlen von Möglichkeiten zu einer auf
(Lohn-)Arbeit basierenden, in die Zukunft gerichteten individuellen Lebensplanung
bedingt die Notwendigkeit, sich in der Prekarität einzurichten. Die Ausbreitung und
Verallgemeinerung von Gelegenheitsorientierungen ist Ausdruck dieses Prozesses.
Um noch einmal auf die Besonderheit dieses Phänomens im kubanischen Kontext
hinzuweisen: Die Herausbildung einer „Kultur des Zufälligen", einer Kultur des
„Sich-Durchschlagens" ist in diesem Fall nicht das Ergebnis eines exkludierenden
Marginalisierungsprozesses, sondern eines gewissermaßen inversen Phänomens:
der gesellschaftlichen Verallgemeinerung von für marginalisierte soziale Milieus
charakteristischen Mentalitäten als dominierende Überlebensstrategie in einer
prekarisierten Gesellschaft.

---

14 Wörtlich bedeutet das Verb „raspar" etwas abkratzen, abschaben.

5   Kuba und Postwachstum – Zum Stellenwert von Ökonomie und (Erwerbs-)Arbeit für eine nachhaltige Entwicklung

Aus den analysierten Entwicklungen ergibt sich auch ein relativ klares Bild in Bezug auf die Ausgangsfrage des Beitrags: Hinter den auf den ersten Blick beeindruckenden Daten beim HDI von Kuba (die zudem auf gravierenden Messfehlern beim Pro-Kopf-Einkommen basieren[15]) verbirgt sich ein in sozialer Hinsicht wenig nachhaltiges Modell einer prekären Mangelwirtschaft. Insofern kann man Kuba als prekäre Gesellschaft bezeichnen, in der weite Teile der Bevölkerung mit Subsistenzproblemen kämpfen und die Unmöglichkeit einer individuellen Zukunftsplanung nicht nur zur Ausbreitung einer Kultur des Zufälligen, des Improvisierens, des Sich-Durchschlagens geführt hat, sondern auch resignative und eskapistische Haltungen befördert. Der Anteil junger, gut ausgebildeter Menschen, die entweder emigrieren bzw. es versuchen oder in gering qualifizierte Jobs mit höheren Chancen auf Subsistenzsicherung wechseln, ist überaus hoch.

Auch auf Kuba ist der riesige informelle Sektor aus der Not geboren und stellt teilweise eine Form der Selbsthilfe dar. Anders als in anderen Ländern ist er jedoch keine Reaktion auf das Fehlen einer formalen Beschäftigung, sondern vielmehr ihre notwendige Ergänzung. Darüber hinaus handelt es sich im Kontext des staatssozialistischen Modells Kubas um eine spezifische Form der Selbsthilfe, die man als partielle Enteignung des Staates bezeichnen kann.

Trotzdem lassen sich aus dem kubanischen Fall einige Schlussfolgerungen für die Postwachstumsdebatte ziehen:

Auch oder gerade in einer Postwachstumsgesellschaft bleiben die Ökonomie und die Wirtschaftspolitik zentrale Problembereiche, wenn nicht die gesellschaftlichen Schlüsselfaktoren schlechthin. Selbst in einer vom Wachstumszwang und von entfesselten kapitalistischen Konkurrenzmechanismen entkoppelten Gesellschaft ist die Frage, wie die Produktivität und Effizienz der Wirtschaft jenseits der kapitalistischen Produktionsorganisation sichergestellt werden können, weder beliebig noch banal (dazu auch Dörre in diesem Band). Auch wenn die spezifischen Entwicklungsprobleme des Globalen Südens sowie die Beschränkungen durch die Politik der USA mitberücksichtigt werden müssen, macht der kubanische Fall deutlich, dass eine verteilungsorientierte Sozialpolitik ohne entsprechenden ökonomischen Unterbau langfristig nicht nachhaltig, sondern zum Scheitern

---

15   Obwohl es an der Messung des HDI-Werts für Kuba massive wissenschaftliche Kritik gibt (Mesa-Lago 2002), die vor allem mit den Daten, die Kuba zum Pro-Kopf-Einkommen liefert, zusammenhängt, verwendet die UNO die Daten weiter.

verurteilt ist. Über die Diagnose einer prekarisierten Staatserwerbsgesellschaft hinaus soll dies noch an zwei paradoxen Folgen dieses Wirtschafts- und Gesellschaftsmodells erläutert werden.

Das erste Paradoxon lässt sich als Sozialpolitik-Paradoxon charakterisieren. Ein Effekt des universalen Gesundheits- und Bildungssystems Kubas ist die für den Globalen Süden außergewöhnlich hohe Lebenserwartung. Zwei Entwicklungen, die im Zusammenhang mit den Entwicklungspotenzialen von Ländern des Globalen Südens im Allgemeinen als positiv gelten (hohe Lebenserwartung und niedrige Geburtenraten), münden im kubanischen Fall in ein sozialpolitisches Dilemma. Für 2030 wird ein Verhältnis von aktiver Erwerbsbevölkerung zu PensionistInnen von 1,7 : 1 prognostiziert, also weniger als zwei Erwerbstätige pro PensionistIn (Mesa-Lago 2017a, S. 9). Selbst wenn Kuba sein Pensionssystem trotz dieser demografischen Veränderungen finanzieren könnte, was vor dem Hintergrund der geringen Produktivität seiner Ökonomie kaum wahrscheinlich ist – eher ist zu befürchten, dass es kollabiert –, droht das Szenario einer gewaltigen Altersarmut. Die monatliche Durchschnittspension beträgt jetzt schon nur 9 USD.

Das zweite Paradoxon könnte man als Bildungs-Paradoxon bezeichnen. Es bezieht sich auf die Effekte eines von den wirtschaftlichen Erfordernissen entkoppelten Bildungssystems. Das Bildungsniveau firmiert in fast allen Entwicklungsmodellen als eine der wichtigsten Voraussetzungen für die nachhaltige Entwicklung einer Gesellschaft. Die Bevölkerung Kubas gilt als die am höchsten ausgebildete des Globalen Südens (nach dem Education for All Index der UNESCO 2015). Doch während die Ausgaben für Bildung und Wissenschaft im Vergleich zur ökonomischen Leistungsfähigkeit des Landes über Jahrzehnte hinweg überproportional hoch waren (bzw. noch sind), blieb deren Impact für die ökonomische Entwicklung des Landes weit hinter seinem Potenzial zurück (Triana und Torres 2013). Ohne komplementäre Elemente wie Sachkapital, Infrastruktur und Technologie sowie ohne ein entsprechendes institutionelles und makroökonomisches Design verpuffen solche Bildungsinvestitionen im Hinblick auf eine nachhaltige wirtschaftliche Entwicklung der Gesellschaft.

Ohne eine solche Verzahnung von Bildungs- und Wirtschaftspolitik gehen gut ausgebildete Fachkräfte und deren Kompetenzen langfristig verloren, wenn diesen keine adäquaten Arbeitsplätze angeboten werden können: im kubanischen Fall entweder durch Migration (mit einem überproportionalen Anteil von Jungen und gut Ausgebildeten) oder durch freiwillige Dequalifizierung (Abwanderung in die gering qualifizierten, aber ein höheres Einkommen versprechenden Berufe der Soloselbstständigen).[16]

Kuba kann also mitnichten als ein Beispiel für die sozialverträgliche Gestaltung von Degrowth-Prozessen bezeichnet werden. Der Fall zeigt vielmehr, wie eine Gesellschaft trotz hoher Lebenserwartung und hohem Bildungsniveau aufgrund einer drei Jahrzehnte andauernden Mangelwirtschaft einem schleichenden Prozess sozialer Zersetzung ausgesetzt ist. Der flächendeckende Verlust des Existenzsicherungspotenzials von Erwerbsarbeit und von Zukunftsfähigkeit führt zur systematischen Ausdünnung von solidarischen Ressourcen sowie zu anomischen Tendenzen. Ein allgemein zugängliches Gesundheitssystem ist ohne Zweifel ein wichtiger Eckpfeiler humaner Gesellschaften, aber kein Synonym für soziale Sicherheit. Eine hohe Lebenserwartung verliert an Wert, wenn die „Gesellschaft […] ganz allmählich ihr Morgen" verliert (Paul Valery, zit. n. Castel 2011, S. 9). Aufgrund ihrer geringen ökonomischen Leistungsfähigkeit bieten prekarisierte Gesellschaften daher kein Fundament, auf dem sich lebenswerte und nachhaltige Alternativen zu den sozial- und naturzerstörerischen Auswüchsen kapitalistisch-expansiver Wachstumsimperative errichten lassen.

Literatur

Anaya, B., & Garcia, A. (2018). Dinámica de gastos básicos en Cuba. Un acercamiento investigativo al monto y la estructura de gastos familiales urbanas dependientes de salarios y pensiones. http://www.ipscuba.net/economia/dinamica-de-gastos-basicos-en-cuba-segunda-parte-y-final/. Zugegriffen: Dez. 2018.

Boillat, S., Gerber, J., & Funes-Monzote, F. (2012). What economic democracy for degrowth? Some comments on the contribution of socialist models and Cuban agroecology. *Futures, 44*, 600–607.

Borowy, I. (2013). Degrowth and public health in Cuba: Lessons from the past? *Journal of Cleaner Production, 38*, 17–26.

Bourdieu, P. (2000). *Die zwei Gesichter der Arbeit. Interdependenzen von Zeit- und Wirtschaftsstrukturen am Beispiel einer Ethnologie der algerischen Übergangsgesellschaft.* Konstanz: UVK.

Castel, R. (2011). *Die Krise der Arbeit. Neue Unsicherheiten und die Zukunft des Individuums.* Hamburg: Hamburger Edition.

---

16 Zwischen 2004 und 2016 verlor der staatliche Sektor über 300.000 hochqualifizierte Beschäftigte durch Emigration oder Wechsel in die gering qualifizierten Berufe des Privatsektors (Mesa-Lago 2017a, S. 2).

Consuegra, A., & Ayala, M. (2017). El modelo económico cubano: del derrumbe del campo socialista al proceso de actualización (1990–2014). *Revista de la Red de Intercátedras de Historia de América Latina Contemporánea, 4*, 139–156.

Espina Prieto, M. P. (2005). Cambios estructurales desde los noventa y nuevos temas de estudio de la sociedad cubana. In J. S. Tulchin, L. Bobea, M. P. Espina Prieto & R. Hernández (Hrsg.), *Cambios en la sociedad cubana desde los noventa* (S. 109–136). Washington: Woodrow Wilson International Center for Scholars.

González Rodríguez, L. (2018). Una muestra de lo que ocurre en la esfera laboral. https://elestadocomotal.com/2018/07/16/lazaro-gonzalez-rodriguez-una-muestra-de-lo-que-ocurre-en-la-esfera-laboral. Zugegriffen: Dez. 2018.

Jackson, T. (2013). *Wohlstand ohne Wachstum. Leben und Wirtschaften in einer endlichen Welt*. München: oekom.

Kallis, G., Kostakis, V., Lange, S., Muraca, B., Paulson, S., & Schmelzer, M. (2018). Research on degrowth. *Annual Review of Environment and Ressources, 43*, 291–316.

Krenn, M. (2019). *Die Haare des Kaiman. Kuba – Nahaufnahmen einer desillusionierten Gesellschaft*. Wien: Sonderzahl.

Marquetti Nodarse, H. (1997). Cuba: El desempeño del sector industrial en 1996. In *La economia cubana en 1996. Resultados, problemas y perspectivas* (S. 44–67). La Habana: CECC/Fundacion Friedrich Ebert.

Mesa-Lago, C. (2002). Cuba in the human development index in the 1990s: Decline, rebound and exclusion. In *Cuba in Transition. ASCE 2002* (S. 450–463). Miami: ASCE. https://ascecuba.org//c/wp-content/uploads/2014/09/v12-mesolago.pdf. Zugegriffen: Febr. 2019.

Mesa-Lago, C. (2017a). Social Welfare and structural reforms in Cuba, 2006–2017. In *Cuba in Transition. ASCE 2017* (S. 1–17). Miami: ASCE. https://ascecuba.org//c/wp-content/uploads/2018/01/v27-mesalago.pdf. Zugegriffen: Dez. 2018.

Mesa-Lago, C. (2017b). El legado de Fidel: balance económico social en 2016. *Nueva Sociedad.* http://nuso.org/articulo/el-legado-de-fidel-balance-economico-social-de-cuba-1959-2016/. Zugegriffen: Apr. 2019.

Monreal, P. (2018). Contando „ricos" y „pobres" en Cuba: ¿que dicen los datos disponibles? https://elestadocomotal.com/2018/08/10/contando-ricos-y-pobres-en-cuba-que-dicen-los-datos-disponibles. Zugegriffen: Dez. 2018.

Paugam, S. (2009). Die Herausforderung der organischen Solidarität durch die Prekarisierung von Arbeit und Beschäftigung. In R. Castel & K. Dörre (Hrsg.), *Prekarität, Abstieg, Ausgrenzung. Die soziale Frage am Beginn des 21. Jahrhunderts* (S. 175–196). Frankfurt a. M.: Campus.

Pérez, O. (2012a). Problemas estructurales de la economía cubana. In M. de Miranda Parrondo & O. Pérez (Hrsg.), *Cuba. Hacia una estrategia de desarrollo para los inicios del siglo XXI* (S. 21–50). Cali: Pontificia Universidad Javeriana.

Pérez, O. (2012b). La economía cubana: Situación actual y ¿Qué se podría hacer? In *Cuba in Transition. ASCE 2017* (S. 18–29). Miami: ASCE. https://ascecuba.org//c/wp-content/uploads/2018/01/v27-perezvillanueva.pdf. Zugegriffen: Dez. 2018.

Prieto, D. (2018). ¿Precariado en Cuba? *Espacio Laical, 14*(1), 24–28.

Rodríguez, P. (2014). Notas para una aproximación a la cultura del rebusque en Cuba. In OSAL (Hrsg.), *Miradas sobre Cuba* (S. 81–100). Buenos Aires: CLACSO.

Schmieg, E. (2017). *Kuba „aktualisiert" sein Wirtschaftsmodell. Perspektiven für die Zusammenarbeit mit der EU*. Berlin: SWP.

Togores Gonzáles, V. (2005). Ingresos monetarios de la población, cambios en la distribución y efectos sobre el nivel de vida. In J. S. Tulchin, L. Bobea, M. P. Espina Prieto & R. Hernández (Hrsg.), *Cambios en la sociedad cubana desde los noventa* (S. 187–215). Washington: Woodrow Wilson International Center for Scholars.

Triana, J., & Torres, R. (2013). Políticas para el crecimiento económico: Cuba ante una nueva era. https://www.brookings.edu/wp-content/uploads/2016/06/politicas-crecimiento-economico-cuba-cordovi-perez-2.pdf. Zugegriffen: Dez. 2018.

Uharte Pozas, L. M. (2016). Cuba. Ejes del nuevo modelo económico y perspectivas a medio plazo. In D. Borrajo Valiña, E. Compains Silva, D. Cubilledo Gorostiaga, I. Perea Ozerin & C. Pulleiro Méndez (Hrsg.), *América Latina y el Caribe entre la encrucijada hemisférica y los nuevos retos globales* (S. 287–304). Bilbao: Universidad del País Vasco.

UNESCO (2015). Education for all 2000–2015. Achievements and challenges. EFA global monitoring report. https://unesdoc.unesco.org/ark:/48223/pf0000232205. Zugegriffen: Apr. 2019.

UNDP (2018). Human development indicators and indices: 2018 statistical update. http://hdr.undp.org/sites/default/files/2018_human_development_statistical_update.pdf. Zugegriffen: Febr. 2019.

Vester, M., von Oertzen, P., Geiling, H., Hermann, T., & Müller, D. (2001). *Soziale Milieus im gesellschaftlichen Strukturwandel. Zwischen Integration und Ausgrenzung.* Frankfurt a. M.: Suhrkamp.

WWF (2006). Living planet report 2006. http://wwf.panda.org/knowledge_hub/all_publications/living_planet_report_timeline/lpr_2006. Zugegriffen: Dez. 2018.

Teil III
Kräfte und Pfade gesellschaftlicher Transformation

Institutionelle Transformationen gestern – und morgen?

Helmut Wiesenthal

1 Transformationsmodi

Der Gebrauch des Transformationsbegriffs im Hinblick auf gesellschaftlichen Wandel hat während des Umbaus der realsozialistischen Staaten und danach eine beachtliche Renaissance erlebt. Ein halbes Jahrhundert lang wurde Transformation fast ausschließlich mit dem Aufkommen des modernen Interventionsstaats assoziiert, wie er von Karl Polanyi (2001) beschrieben und interpretiert wurde. Im Unterschied zu Polanyi, der die Überwindung des frühmodernen Marktfundamentalismus vornehmlich als Ergebnis einer spontanen, ungesteuerten „countermovement" ansah (Polanyi 2001, S. 176), ist die postsozialistische Transformation mit der Vorstellung von zielorientierten und planvoll vorgehenden Akteuren[1] verknüpft. Der Titel des Aufsatzes von Jeffrey Sachs (1989) „My plan for Poland" versinnbildlicht diesen neuen Verstehenskontext des Begriffs Transformation.

Jedoch ist, wie der Blick auf das jüngere Transformationsgeschehen offenbart, mit der Bezugnahme auf identifizierbare Akteure und Handlungen nur wenig für das Verständnis moderner Transformationsfälle gewonnen. Ausgehend sowohl von der Unterstellung, dass Transformation in aller Regel einen Niederschlag in institutionellen Innovationen von einiger Dauer findet, als auch von dem Sachverhalt, dass die zeitgenössischen Staatsgebilde alles andere als homogene Entitäten sind, lassen sich recht unterschiedliche Transformationsverläufe und -resultate ausmachen. Insbesondere erweist es sich als sinnvoll, zwischen den Protagonisten institutioneller Innovationen, d. h. den Reform- bzw. Systemeliten auf der einen

---

[1] Im Folgenden werden zwecks der besseren Lesbarkeit anstelle der weiblichen und männlichen Berufs- bzw. Akteursbezeichnungen nur die maskulinen Formen verwendet, wobei die weiblichen bzw. alle Geschlechter mit eingeschlossen sind, es sei denn, es handelt sich ausschließlich um weibliche Personen.

© Springer Fachmedien Wiesbaden GmbH, ein Teil von Springer Nature 2019
K. Dörre et al. (Hrsg.), *Große Transformation? Zur Zukunft moderner Gesellschaften*, https://doi.org/10.1007/978-3-658-25947-1_20

Seite und (relevanten Teilen) der Bevölkerung auf der anderen zu unterscheiden. Die von einer kleinen Elite intentional betriebene Transformation wird nur im Ausnahmefall im Einklang mit *allen* Teilen der Bevölkerung vonstattengehen. Im Regelfall sind es nur *einzelne* Bevölkerungssegmente, die Unterstützung gewähren oder Beifall spenden, während sich die übrigen entweder als Transformationsgegner gebärden oder in der Position skeptischer Beobachter verharren.

Intentionale Transformationen leiden unter einem weiteren Risiko. Weil einzelne Prozessereignisse sowie die Zwischen- und Endresultate nicht selten mit den proklamierten Intentionen in Konflikt geraten, erzeugen sie unvermeidlich ihnen entgegengerichteten Widerstand. Was auch immer im Transformationsprozess geschehen mag, es wird den Protagonisten entweder zugutegehalten oder angelastet werden. Ihre herausgehobene Rolle macht sie zu Adressaten selbst solcher Beschwerden, an deren Verursachung sie keinen Anteil hatten.[2] Gleichzeitig steht das allgegenwärtige Defizit an komplexitätsangemessenem und instruktivem Steuerungswissen über gesellschaftliche Sachverhalte etwaigen Bemühungen um eine rationale Klärung der infrage stehenden Sachverhalte im Weg. So ist es nicht ungewöhnlich, dass anfangs weithin begrüßte und unterstützte Transformationsvorhaben im Zuge ihrer Verwirklichung auf zunehmende Ablehnung stoßen, und zwar mit umso größerer Wahrscheinlichkeit, je deutlicher das Vorhaben temporäre Opfer bedingt, ohne die der in Aussicht gestellte Fortschritt nicht erzielbar ist.

Das skizzierte Muster prozessinduzierter Misserfolgsfaktoren scheint durch zahlreiche revolutionäre Umbrüche belegt. Wann immer Revolutionskräfte im Interesse eines homogenen Zielsystems und konzentrierter Schlagkraft auf strikte soziale Exklusivität setzen, erscheint ihnen der soziale Kontext, d. h. der Großteil der Bevölkerung, nur mehr als eine Art Naturtatsache, die je nach Konfliktlage als Ressource oder Hindernis identifiziert und behandelt werden darf. So ist aus keiner der antikapitalistischen, auf die Eroberung der Staatsmacht gerichteten Revolutionen eine pluralistisch-demokratische und rechtsstaatliche Ordnung hervorgegangen, ohne dass es dafür einer dezidierten Konterrevolution bedurft hätte.[3] Das hat nicht unwesentlich zum Attraktivitätsverlust von Revolutionsmythen und -rhetorik beigetragen.

---

2   Da Reformen zunächst mit Opfern verbunden sind, werden die Reformer nicht selten mit den Verursachern des Reformbedarfs verwechselt, wie Jeffrey Sachs in Russland erfahren musste – „since every bad event was blamed on reform, not on the absence of reform" (Sachs 2012).

3   Bürgerliche Revolutionen (wie die „glorious revolution" in England 1688/89) und solche, die v. a. auf die Gewinnung nationaler Autonomie zielten (wie die amerikanische 1773–1776), besaßen günstigere Erfolgsbedingungen der liberalen Demokratie.

Für das Zick-Zack-Muster „harter" Transformationsverläufe bietet die Geschichte mehrere Beispiele. Eine typische Ausgangssituation ist die Bewältigung einer militärischen Niederlage. Die „große" deutsche Revolution am Ende des Ersten Weltkriegs 1918 ermöglichte zwar die erste demokratische (Weimarer) Verfassung, ließ aber aus der Machtkonkurrenz von sozialdemokratischen Ordnungspolitikern, radikalrevolutionären Sozialisten und antiliberal-konservativen Nationalchauvinisten auch den Nährboden für das katastrophale NS-Regime und den Holocaust entstehen. Die Kapitulation des NS-Staats 1945 implizierte ebenfalls Anreize zu Widerstand und Backlash. Diese wurden jedoch durch restlose Entwaffnung und mehrere Jahrzehnte während Kontrollrechte der Sieger entschärft – im Westen zusätzlich durch „Reeducation"-Programme und eine verbindliche Orientierung am Vorbild der angelsächsischen Demokratien, im Osten durch das Machtmonopol eines autoritären Satrapen-Regimes.

Eine weitere Variante „harter" Transformationen stellt die Einführung von Demokratie, Rechtsstaat und Marktwirtschaft nach dem Kollaps der realsozialistischen Staaten dar. Soweit sie durch die institutionellen Vorbilder westlicher Demokratien und weniger von persönlichen Machtambitionen der Protagonisten des Umsturzes geprägt waren, ähneln sie den klassischen „bürgerlichen" Revolutionen mit dezidiertem Emanzipationsanspruch der Systemopposition. Wie sich allerdings nach drei Jahrzehnten zeigt, kranken selbst die bestgelungenen Fälle der neuen EU-Mitgliedsländer an aufkommenden Differenzen zwischen den ursprünglichen Transformationszielen und antiliberal-nationalistischen Präferenzen unter Teilen der Elite und der Bevölkerung. Die Implementation von Gewaltenteilung, effektivem Parteienwettbewerb und umfassenden Bürgerrechten per Institutionentransfer gilt ihnen als traditionswidrig und unpassend. Das ist in Bezug auf Polen, Ungarn, die Slowakei und Tschechien, aber auch im Hinblick auf den jüngsten Umbau des türkischen Regierungssystems beobachtbar.

Diese grobe Skizze des Varianzraums intentionaler Transformationen liefert wenig Grund zu der Annahme, dem Problemkanon postmoderner Industriegesellschaften ließe sich mit einem maximal inklusiven Programm der politisch gesteuerten Transformation beikommen. So einleuchtend auf den ersten Blick die Feststellung erscheinen mag, dass partikuläre Reformen, lokal-rationale Innovationen und inkrementalistischer Fortschritt das Niveau der akuten Gefährdungen verfehlen, so wenig ermutigend wirken ambitionierte Umbauprogramme gemäß der Parole „Alles oder nichts".

Allerdings kennt die Geschichte westeuropäischer Gesellschaften noch einen anderen Transformationstyp, der vergleichsweise unauffällig und ungesteuert scheint, sich jedoch als effektiv und nachhaltig erwiesen hat. Er sei hier an Ereignissen in zwei historischen Epochen demonstriert, in denen westeuropäische

Gesellschaften wesentliche Prägungen erfahren haben. Es handelt sich zum einen um die Ersteinführung sozialstaatlicher Sicherungssysteme gegen Ende des 19. beziehungsweise zum Anfang des 20. Jahrhunderts (Abschnitte 2 und 3) und zum anderen um den Wandel (nicht nur) der westdeutschen Gesellschaft im Jahrzehnt vor der deutschen Einheit (Abschnitte 4 und 5). Anschließend werden einige Vermutungen über den Charakter künftiger Transformationschancen und -verlaufsmuster skizziert (Abschnitt 6).

2   Die Ersteinführung sozialstaatlicher Sicherungssysteme in Westeuropa

Die Frühgeschichte des westeuropäischen Sozialstaatsmodells erstreckt sich über ungefähr drei Jahrzehnte – ein Zeitabschnitt, der als Epoche gesellschaftsprägender institutioneller Transformationen betrachtet werden darf. Sie wurde mit einer breiten Palette von sozialhistorischen und sozialpolitischen Studien bedacht. Wenngleich deren Fokus nicht vorrangig den im Endeffekt erfolgreichen Entscheidungsprozessen gilt, liefern sie doch brauchbare Anhaltspunkte für die Rekonstruktion typischer Prozessmuster. Die im Folgenden resümierten Beobachtungen rekurrieren auf Untersuchungen zu den zwischen 1883 und 1888 im Deutschen Reich eingeführten Sozialversicherungen, der Einführung einer allgemeinen Volksrente in Dänemark (1891) und Schweden (1913), der Entstehung der staatlich geförderten Arbeitslosenversicherung in Frankreich (1905) und der gesetzlichen Arbeitslosenversicherung in Großbritannien (1911).[4]

Allen vorgenannten Innovationen ging ein Gestaltwandel bzw. „frame shift" in der Wahrnehmung und Kausaldeutung von Armut voraus. Er betraf jenen Typus von Verarmung, der als Folge von Industrialisierung und Urbanisierung eine wachsende Zahl von invaliden und/oder arbeitslosen Menschen hervorbrachte. Hatte sich die überlieferte lokale Armenfürsorge auf die Verwahrung von Personen in Armen- und Arbeitshäusern beschränkt, so schienen für den Umgang mit der grassierenden neuen Armut neuartige Formen unter staatlicher Kontrolle gefordert. Im Kern ging es nicht mehr um die Effektivität der Armenfürsorge, sondern um die Reproduktionsbedingungen des Faktors Arbeit in der urban-industriellen Gesellschaft.

---

4   Die folgenden Passagen entstammen der ausführlicheren Darstellung in Wiesenthal (2003). Dort finden sich auch detaillierte Literaturangaben zu den verwendeten Länderstudien.

Die „soziale Frage" wurde zunächst in akademischen Kreisen, wie etwa dem „Verein für Socialpolitik" im Deutschen Reich, aufgebracht und stimulierte empirische Untersuchungen und wissenschaftliche Expertisen. Diese fanden in der Mehrzahl der hier betrachteten Fälle die Aufmerksamkeit der Ministerialbürokratie, die sich – nach Maßgabe sach- wie machtpolitischer Kriterien – zur Ausarbeitung von Reformkonzepten veranlasst sah. Invalidität, Arbeitslosigkeit und in zunehmendem Maße auch Altersarmut schienen nicht mehr umstandslos einem Fehlverhalten der Betroffenen zuschreibbar, sondern wurden nun als unliebsame, den sozialen Frieden gefährdende Nebenfolge des wirtschaftlichen Fortschritts betrachtet.

Was den konkreten Inhalt der im Politikentwicklungsprozess ventilierten Konzepte angeht, so waren diese keineswegs radikal-innovativer Natur. Die Auswahl angemessener Bearbeitungsformen erfolgte vielmehr innerhalb eines weit gefassten, aber im Prinzip vertrauten Instrumentenkatalogs, wobei man einerseits auf nationale Traditionen und Aversionen, andererseits auf im kleinräumigen, lokalen Rahmen erprobte Formen der Selbstorganisation rekurrierte (wie etwa die Prinzipien solidarischer Selbsthilfe und der freiwilligen Unfallversicherung). Dabei folgten die in der Ministerialbürokratie erarbeiteten Reformvorschläge seltener den Empfehlungen der wissenschaftlichen Experten als vielmehr Gesichtspunkten politischer Opportunität, insbesondere im Hinblick auf parlamentarische Mehrheiten in der konstitutionellen Monarchie. Nur in dieser Variante demokratischer beziehungsweise semidemokratischer Regime vermochte sich der Bedarf an einer institutionellen Sozialreform frühzeitig und mit Erfolgsaussicht zu artikulieren.

Unter dem Einfluss konkurrierender Interessenten kam es mit wenigen Ausnahmen (wie den Arbeitslosenversicherungen in Frankreich und Großbritannien) zu einer beträchtlichen Abwandlung der zunächst präferierten Konzepte. So mussten für die deutsche Unfallversicherung der als Loyalitätsstimulus gedachte Finanzierungsbeitrag des Staates, eine Verwaltungsbeteiligung der Arbeiter sowie die als Trägerinstitution vorgesehene Reichsversicherungsanstalt zugunsten der ständestaatlich verfassten und allein von Arbeitgebern finanzierten Berufsgenossenschaften aufgegeben werden. Waren die in Dänemark und Schweden geplanten Altersrenten zunächst auf die Klein- und Mittelbauernschaft sowie die noch zahlenmäßig kleine Gruppe der Industriearbeiter begrenzt, so erforderte die zur Verabschiedung benötigte Parlamentsmehrheit die Erweiterung des Begünstigtenkreises auf alle Bevölkerungsgruppen, d. h. die Schaffung einer Volksrente.

Ein gravierendes Hindernis auf dem Weg zur institutionellen Innovation war auf der Ebene der Interaktion zwischen und innerhalb der beteiligten Kollektivakteure (Interessenverbände, Parteien, Gewerkschaften) zu beobachten. Seine Überwindung gelang den Reformprotagonisten auf zwei Wegen. Zum Ersten war es in mehreren Fällen möglich, das Eigeninteresse einer im Wettbewerb stehenden Partei zu wecken und die sachlich-problembezogenen durch machtpolitische Interessen zu ergänzen. Ein derartiger Motivmix, in dem das Reformprojekt vordergründig zu einem Instrument des Wettbewerbs um Wählerstimmen wurde, war in Dänemark, Großbritannien und Schweden zu beobachten. Zum Zweiten war es unter Umständen möglich, ein Koppelgeschäft über die Grenzen des maßgeblichen Politikressorts hinweg zu organisieren, wobei die angestrebte Sozialreform unter Umständen den Status eines unauffälligen Nebenprodukts der als dringlicher empfundenen Parlamentsentscheidung über Anderes erhielt. In diesem Sinne kam es in Dänemark und Schweden zu „deals" mit den Interessenten an spezifischen Finanz- und Steuerpolitiken. Auch die „Bismarckschen" Reformen kamen (nachdem der Reichskanzler längst sein Interesse an ihnen verloren hatte) nur vor dem Hintergrund von Kompensationserwartungen beim Thema Zollpolitik zustande.

Schließlich ist als weitere Besonderheit die durchweg ablehnende Haltung der als potenziell Begünstigte veranschlagten Adressaten zu registrieren. Weder in Deutschland noch in Großbritannien und Schweden mochten sich Gewerkschaften, Sozialdemokratie oder Radikalliberale mit den Reformvorhaben der jeweiligen Befürworterkoalition anfreunden, sondern lehnten diese mit großer Entschiedenheit – als eklatant unzureichend, als den selbstorganisierten Hilfskassen abträglich oder als staatlichen Bestechungsversuch – ab. Gleichwohl sind sowohl die damalige Aktualität des Themas als auch die Reformbereitschaft konservativer und liberaler Regierungen durchaus als Präventivreaktion auf die wachsende Organisationsmacht von Gewerkschaften und Arbeiterparteien zu verstehen.

3   Erstes Zwischenresümee

Im Rückblick weisen die frühen Sozialreformen einige über den historischen Kontext hinausweisende Eigenschaften auf. Erstens basiert jeder einzelne Fall auf der Problematisierung und Ersetzung überlieferter Probleminterpretationen und scheinbar unverrückbarer (Un-)Zuständigkeitszuschreibungen. Ob neue Sichtweisen im Lichte des gesellschaftlichen Wandels tatsächlich zu einem nachhaltigen „frame shift" führten, hing nicht nur von der Plausibilität der Diagnose, sondern auch von deren ideologischer Unvoreingenommenheit im Sinne inklusiver Anschlussfähigkeit ab. Eine vorschnelle Besetzung konkurrierender „frames" durch parteipolitische Wettbewerber hätte den durchgreifenden Deutungswandel vermutlich behindert.

Zweitens taten die Beteiligten am Zustandekommen einer parlamentarischen Mehrheit gut daran, vom Reformthema abweichende Positionen zu tolerieren und Offenheit für alternative Konzeptionen des Kernthemas zu zeigen. Die konkrete

Form der Realisierung entschied sich in der Regel erst anhand der Besonderheiten des Gelegenheitsfensters und der Entscheidungssituation. Die Innovationsgeschichte der frühen Sozialstaaten zeigt außerdem, dass es für die Beschlussfassung notwendig war, den Eigeninteressen beteiligter Akteure durch Zugeständnisse in bedeutsamen Details oder durch ein Koppelgeschäft über die Grenzen des betroffenen Politikbereichs hinweg Tribut zu zollen. Die Reformakteure bewiesen ihre Strategiefähigkeit u. a. dadurch, dass sie Details des Projektes dem Hauptziel ihres Anliegens unterzuordnen verstanden.

Drittens zeichnen sich die sozialpolitischen Basisinnovationen durch die herausgehobene Rolle einer relativ kleinen Personengruppe aus. Diese hatte für das Zustandekommen des Deutungswandels – in Untersuchungsausschüssen und Expertenkommissionen – eine wichtige Funktion; auch als „politische Unternehmer" der Politikentwicklung und des Bündnismanagements waren sie für den letztendlichen Erfolg der Reformprojekte entscheidend. Sie besorgten die flexible Adaption des Projekts an sich wandelnde Umstände und waren die Entdecker politischer Gelegenheitsfenster. Mindestens drei individuell zuschreibbare Kompetenzen waren beteiligt: (i) der Informationsvorsprung des nicht allzu eng spezialisierten Experten, (ii) die Kombination von hoher Kommunikationsfähigkeit mit „boundary-spanning roles" und „transcendable group commitments" (Heclo 1974, S. 308) sowie (iii) Persönlichkeitseigenschaften, wie sie am Beispiel von David Lloyd George und Winston Churchill als „more aggressive and opportunistic" (Ashford 1986, S. 63) beschrieben werden. Ohne die Kontinuität der „advocacy coalitions" und engagierte Einzelpersonen wären die Reformerfolge schwerlich erklärbar.

Viertens erwiesen sich die qualitativen Merkmale als wesentlich bedeutsamer für die längerfristige Effektivität der Innovation als deren quantitative Dimension. Das anfängliche Leistungsniveau fiel durchweg sehr bescheiden aus, aber stand der sukzessiven Leistungssteigerung nicht im Wege. In diesem Sinne hatte es sich auch bewährt, auf eine verbindliche Vorfestlegung präziser Parameter des Reformvorhabens oder „rote Linien" der Kompromissfindung zu verzichten. Das erleichterte es, den normativen Kern des Projekts auch über einen ausgedehnten bzw. mehrfach unterbrochenen Politikentwicklungsprozess hinaus zu bewahren.

Fünftens ist die beträchtliche Varianz der Zeitspanne zu registrieren, die es vom Start bis zur Realisierung des Reformprojektes zu bewältigen bedurfte. Brauchte es in Deutschland 12 bis 18 Jahre, um das dreiteilige Reformpaket (aus Unfall, Kranken- und Rentenversicherung) zu verabschieden, so dauerte es vom Beginn der Diskussion über die Altersversorgung bis zur Verabschiedung der Volksrente in Dänemark und Schweden mehr als 20 Jahre. Eine ungewöhnlich kurze Zeitspanne von lediglich vier Jahren benötigte die britische Arbeitslosenversicherung vom ersten Vorschlag bis zur Verabschiedung, nachdem es dafür in Frankreich rund zehn Jahre bedurft hatte. In allen diesen Fällen hatten es die Protagonisten vermieden, ihr Projekt mit einem nahen Erfolgstermin oder einem kurzfristigen Katastrophenszenario zu verknüpfen.

Die Epoche der westeuropäischen Sozialstaatsgenese exemplifiziert einen Modus gesellschaftlicher Transformation, der sich vom Typus der machtfokussierten Intervention systemoppositioneller Kräfte deutlich unterscheidet. Er beruht auf der Nutzung systeminterner Institutionen und Kommunikationskanäle, der selektiven Bezugnahme auf existente Werthaltungen und Organisationsformen sowie der Fähigkeit der Akteure, ihr Vorhaben mit „langem Atem" und gelegenheitsbewusster Flexibilität zum Erfolg zu führen. Im Resultat zeigt sich ein Muster äquifinaler, in disparaten, asynchronen, dezentrierten und wechselseitig inspirierten Aktionen entstandener Veränderungen, das es erlaubt, von der Entstehung eines distinkten Gesellschaftstypus – des westeuropäischen Sozialstaats – zu sprechen.

4   Die 1980er-Jahre in Deutschland – ein Jahrzehnt nachhaltiger Transformationen

In diesem Abschnitt wird der Blick auf einen weiteren Beispielsfall gesellschaftlichen Wandels gelenkt, der durch Krisenerfahrungen, massenhaften politischen Protest, die Zunahme zivilgesellschaftlichen Engagements und schließlich die Konsolidierung einer Sphäre „alternativer" Institutionen charakterisiert ist (dazu ausführlicher Rödder 2014). Die folgende Skizze bietet keine Chronologie der Ereignisse, sondern ist lediglich der Versuch, einige markante Phänomene der stattgefundenen Transformationen dingfest zu machen.

4.1   Krisen und Protest

Die späten siebziger und die achtziger Jahre konfrontierten die traditionell technikaffine deutsche Gesellschaft mit dem Erlebnis gravierender Risiken und „menschengemachter" Katastrophen. Bedeutsame Stimuli eines zunehmendem Krisenbewusstseins waren zum einen die Ende 1979 von der NATO angekündigte Aufstellung atomarer Mittelstreckenraketen und zum anderen eine ganze Serie von AKW- und Chemieunfällen: die Freisetzung von Dioxin im oberitalienischen Seveso 1976, der Reaktorunfall im Kernkraftwerk Three Mile Island bei Harrisburg 1979, die Freisetzung von hochgiftigem Methylisocyanat im indischen Bhopal 1984, die hochgiftige Gaswolke nach einem Großfeuer bei Sandoz in Basel 1986 und noch im selben Jahr die Reaktorkatastrophe von Tschernobyl. Die gehäuften Industrieunfälle, die Challenger-Katastrophe von 1986 und das Flugtag-Unglück von Ramstein 1988 vertieften den Zweifel an der prinzipiellen Beherrschbarkeit komplexer Technologien. Zuvor hatten schon die anhand des „Waldsterbens" augenfällig gewordenen Folgen der Kohleverstromung sowie die Ölpreisschocks von 1973 und 1979 den Verdacht bestärkt, dass industrieller Fortschritt nur mehr um den Preis zunehmender Umweltschäden und einer baldigen Erschöpfung der fossilen Ressourcen zu haben sei.[5]

Zum literarischen Hintergrund der aufblühenden Technikkritik und des „ökologischen" Krisenbewusstseins trugen u. a. die „Grenzen des Wachstums" (Meadows et al. 1972), der Report „Global 2000" (Kaiser 1981), die Taschenbuchreihe „fischer alternativ" mit dem Bestseller „Ein Planet wird geplündert" (Gruhl 1978) und *last but not least* die Begriffsschöpfung „Risikogesellschaft" (Beck 1986) bei.

Prominentester Ausdruck des Bedrohungsbewusstseins waren zahlreiche Massenproteste in den achtziger Jahren. Gewiss profitierte die Protestbereitschaft auch vom Wandel der Wirtschafts- und Sozialpolitik nach dem Versagen des Keynesianismus und der Ablösung der Regierung Helmut Schmidts durch eine konservativ-liberale Koalition unter Helmut Kohl 1982. Das Zusammentreffen von Ökologiebewusstsein, Industriekritik, Friedensbewegung und Sozialprotest entpuppte sich als fruchtbarer Boden für einen rasanten Aufschwung der Neuen sozialen Bewegungen. Ihr Organisationspotenzial manifestierte sich in Großdemonstrationen mit 100.000 bis 500.000 Teilnehmern: 1979 in Hannover und Bonn, 1981 in Brokdorf, Bonn und Wiesbaden, 1982 in Bochum, 1983 in Hannover, 1986 in Hasselbach/Hunsrück und Wackersdorf. Der Mobilisierung half, dass die Kohl-Regierung alle Krisensymptome ignorierte und konservative Landesregierungen den Protest durch repressiven Polizeieinsatz anheizten. Nicht alle Protestaktionen waren erfolgreich: Trotz massenhafter Demonstrationen in Westeuropa kam es 1983 zur Umsetzung des NATO-Doppelbeschlusses.

Das Konglomerat aus Problemdiagnosen, Katastrophenerfahrung und Reformdiskursen konvergierte mit analogen Entwicklungen in Europa und darüber hinaus. Westliche Politikwissenschaftler hatten seit Mitte der siebziger Jahre die nahezu weltweit wachsende Verbreitung „postmaterialistischer Werte" (Inglehart 1977) konstatiert, die zunehmend dem Lebensgefühl und Politikverständnis der jüngeren Generationen entsprachen. Die gestiegene Engagementbereitschaft

---

5 Eine Reihe terroristischer Akte (insbesondere das Münchner Olympia-Attentat 1972, die Entführung der Lufthansa-Maschine „Landshut" 1977, das Oktoberfest-Attentat von 1980, die Bomben-Attentate auf die Diskothek „La Belle" 1986 und auf das Pan-Am-Flugzeug über Lockerbie 1988) dürften ebenfalls verunsichernd gewirkt haben.

drückte sich in einer wachsenden Zahl von Bürgerinitiativen und einem erhöhten Selbstbewusstsein der Bürger aus.[6] Davon blieb auch die DDR-Gesellschaft nicht unberührt. Die dort in den achtziger Jahren unter kirchlichem Schutz entstandene Umwelt- und Friedensbewegung wurde 1989 zum Katalysator einer dezidiert freiheitsorientierten Bürgerbewegung, die den Kollaps des SED-Regimes bewirkte und eine Welle weiterer Transformationen im sowjetischen Machtbereich anregte.

4.2   Gesellschaftliche Innovationen

Die achtziger Jahre erlebten nicht nur eine Blüte politischer Defensivaktionen, sondern auch den „Durchbruch der Globalisierung" (Rödder 2014). Man registrierte rasch sinkende Preise für Produkte der „Neuen Technologien" – vom Taschenrechner bis zu den ersten Personal Computern. Der verbreitete Wirtschaftspessimismus machte einem neuen Vertrauen in die Marktkräfte und einer Welle wettbewerbsinduzierter Innovationen Platz. Gleichzeitig wurde aus Gewerkschaftskreisen gewarnt, die aufkommende Globalisierung werde zur Erosion sozialer Standards führen, und der drohende Wegfall von Zollschranken im neuen EU-„Binnenmarkt '92" stieß auf vehementen Protest.

Eine tendenziell optimistische Haltung drückten dagegen jene im weitesten Sinne gesellschaftlichen Innovationen aus, die ihren Ursprung in den nach der „68er"-Studentenbewegung entstandenen anti-autoritären, linksalternativen und alternativkulturellen Initiativen hatten, wenngleich diese nicht selten durch Arbeitslosigkeitserfahrungen motiviert waren. Ihr Wirkungsfeld erstreckte sich auf viele Sektoren des wirtschaftlichen, kulturellen und politischen Lebens. Immerhin fühlten sich rund vier Millionen Westdeutsche dem linksalternativ-kulturellen Milieu und den Neuen sozialen Bewegungen zugehörig (Reichardt 2014, S. 42) und strebten nach Lebensformen der Authentizität, Ganzheitlichkeit, Gemeinschaftlichkeit und Solidarität.

Seit Mitte der 1970er-Jahre waren nicht nur alternative Kinderläden, Frauenhäuser, Szenekneipen, Cafés, Dritte-Welt-, Buch-, Bio- und Fahrradläden, Wohngemeinschaften und Landkommunen entstanden, sondern auch alternative selbstverwaltete Betriebe der Holz- und Metallverarbeitung, des Kreditgewerbes, der Transport-, Touristik- und Unterhaltungsbranchen u. a. m. Die Alternativkultur brach auch in die Domänen traditioneller Interessenverbände ein – in Gestalt basisdemokratischer Mietervereine, des alternativen Verkehrsclub Deutschlands

---

6   Allein gegen die Wiederaufbereitungsanlage Wackersdorf wurden ca. 880.000 Einwendungen eingereicht.

(VCD) sowie mehrerer Umweltverbände und Verbraucherinitiativen. Im Bereich sozialer Dienste gewannen Jugendzentrumsprojekte, Gesundheitsläden, Selbsterfahrungs- und Stadtteilgruppen an Beliebtheit.

Die Erscheinungsformen der Alternativ- und Protestkultur sind in der weiteren Öffentlichkeit keineswegs immer auf wohlwollendes Interesse gestoßen, sondern haben vor allem in den bürgerlichen Medien vielfach Ablehnung und Spott erfahren. Die „Alternativen" reagierten darauf mit der Entwicklung einer eigenen Medienbranche: den Alternativzeitungen und -zeitschriften. Wurden für 1977 lediglich 60 Titel verzeichnet, so waren es 1988 rund 700 mit einer geschätzten Gesamtauflage von monatlich zwei Mio. Exemplaren (Reichardt 2014, S. 243) und (geschätzt) mindestens fünf Mio. Leser. Was anfangs als „Gegenöffentlichkeit" visà-vis den etablierten und oft übelwollenden Massenmedien begann, verwandelte sich für diese bald zu einer Art Frischzellenkur, indem man zunächst Themen, Stilelemente und journalistischen Anspruch anglich, um dann selbst das Personal der Alternativpresse anzuwerben.

Auch die Institutionen der Politik blieben vom grassierenden Alternativenbewusstsein und -bedarf nicht verschont, sondern erfuhren mit der Gründung der Partei „Die Grünen" (1979/1980) einen nachhaltigen Wandlungsimpuls. Der Einzug der Grünen in den Bundestag 1983 und ihre konfliktreiche Entwicklung zum Regierungspartner auf Landes- und Bundesebene verdankten sich nicht zuletzt einer Ablösung der orthodox- und neomarxistischen Denkfiguren durch konkrete, realitäts- und erfahrungsnahe Reformprojekte. Das wurde u. a. auch durch die neue Frauenbewegung angeregt, der es weniger um Zukunftsutopien und Revolutionsideen als um effektive Gleichstellung im Hier und Heute ging.

Angesichts ihres breiten Wirkungsspektrums wird den Alternativen nicht nur ein wesentlicher Beitrag zur Freisetzung des „postmodernen Selbst" (Reckwitz 2006, S. 441 ff.) bescheinigt, sondern auch ein erheblicher Einfluss auf „Reformen der Umwelt- und Energiepolitik, [die] Frauen- und Familienpolitik, [den] Abbau überkommener Hierarchien […], die Reform des Bildungssystems […], eine qualitativ ausgerichtete Wachstumsorientierung, die Pluralisierung von Lebensweisen […] und die Flexibilisierung von Arbeitsverhältnissen" (Reichardt 2014, S. 20 f.). Schließlich ist im Nachklang der achtziger Jahre auch ein moderaterer Umgangston in Schulen, Verwaltungen, Unternehmen und beim Militär zu konstatieren.

5 Zweites Zwischenresümee

Das Jahrzehnt vor der deutschen Einheit war im Westen von einer Serie institutioneller, politischer und kultureller Transformationen mit bis in die Gegenwart reichenden Wirkungen geprägt. Viele der heute weithin akzeptierten Problemdiagnosen und große Teile der „progressiven" Agenda entstammen den Themen- und Aktivitätskonjunkturen der späten 1970er-Jahre und des anschließenden Jahrzehnts. Im Hinblick auf die Formen, Akteure und beteiligten Motive des Geschehens im „Transformationsjahrzehnt" (Rödder 2014) verdienen es einige prozessuale Besonderheiten, festgehalten zu werden.

(1) Das Transformationsgeschehen kannte keinen dominanten Akteur, der die zahlreichen räumlich und zeitlich disparaten Prozesse hätte planen und kontrollieren können. Als Akteure wirkten Einpunkt-Bewegungen, lokale Initiativen, Parteien, Publizisten und Wissenschaftler sowie Teile der Gewerkschaften. Soweit es zu Massenaktionen kam, verdankte sich die hohe Engagementbereitschaft unstrittigen Negativzielen: „Keine Nachrüstung!", „Keine Wiederaufbereitungsanlage!", „Kein AKW bei XY-Stadt!" usw.

(2) Sowohl zwischen als auch in den Organisationen, die die Mobilisierung besorgten, waren unterschiedliche Weltbilder beheimatet, die wechselseitig toleriert wurden. Versuche einer Vereinheitlichung kamen über einen Minimalkonsens (Beispiel „Krefelder Appell") nicht hinaus. Die Kampagne gegen die Nachrüstung profitierte vom zähneknirschend geduldeten Nebeneinander der prosowjetischen DKP-nahen Gruppen und der unabhängigen („grünen") Friedensbewegung, die mit gleichem Nachdruck gegen die amerikanischen Pershing- und die sowjetischen SS20-Raketen protestierten.

(3) Ebenso wenig beruhte die Blüte der Alternativkultur auf einem Masterplan. Gemeinsam waren den Akteuren lediglich die Ablehnung vieler etablierter Institutionen und das Verlangen nach Selbstbestimmung bei der Gestaltung der eigenen Lebens(um)welt. Versuche, den erzielten Veränderungen eine besondere Weltanschauung überzustülpen, fanden nur begrenzt Widerhall. Intellektuelle Deutungsangebote – z. B. die Fokussierung auf Metaphänomene wie Pfadwechsel, kollektive Attitüden, diskrete Gesellschaftsmodelle oder ein Verlangen nach Einheit von Theorie und Praxis – blieben jenseits akademischer Diskurse ohne Einfluss.

(4) Unter den diversen partikulären Zielvorstellungen und Leitbildern gab es wohl keines, das nicht auch auf entschiedene Ablehnung stieß. Dementsprechend wurden und werden die Transformationsresultate von Beteiligten wie Beobachtern sehr unterschiedlich beurteilt: als halbherzig und unvollkommen, chaotisch oder rückwärtsgewandt, d. h. als letzten Endes enttäuschend. Was im Rückblick als

durchaus gelungener Versuch einer Exploration des gesellschaftlichen Möglich-keitsraums erscheint, wird nicht selten gering geschätzt.

Im Unterschied zur oben (in den Abschnitten 2 und 3) skizzierten Sozialstaats-genese war der in den 1980er-Jahren wurzelnde Gesellschaftswandel von einem kritisch-distanzierten Verhältnis der Akteure zu den existierenden Institutionen inspiriert. Im Modus der – mehr oder weniger nachdrücklichen – Negation des Bestehenden entwickelte sich ein sektoral weit ausgreifendes Alternativenbewusst-sein, das die Akteure zur innovativen Nutzung, Modifikation oder Ergänzung des bestehenden Institutionensystems befähigte. Dank des in seinen Grundzügen in-takten liberal-rechtsstaatlichen Ordnungsrahmens vermochten sich die alternativen Wertorientierungen und politisch-kulturellen Innovationen zu konsolidieren, um im Laufe der Zeit auch in weite Teile der Gesellschaft zu diffundieren. Im Resultat erlangte die Gesellschaft ein erkennbar höheres Niveau an Liberalität.

6   Zur Typik künftiger Transformationen

Um über die Typik eines Wandels zu spekulieren, der den Übergang in eine Post-wachstumsgesellschaft bestimmen könnte, ist es nützlich, einen Blick auf unter-schiedliche Verursachungsfaktoren von Wachstumsrückgang bzw. Stagnation zu werfen. Dabei ist es wohl wenig plausibel, mit einem politisch geplanten und gesteu-erten Abschied vom expansionistischen Wirtschaftsverständnis zu rechnen. Dieser würde sich sowohl an der Opposition von Beschäftigten und Investoren als auch an der Logik des Parteienwettbewerbs brechen. Eine proaktive Transformationspolitik, die sich technokratisch an der Veränderungsrate des Sozialprodukts orientierte, hätte unter diesen Umständen wenig Chancen. Wahrscheinlicher ist der Eintritt in eine Postwachstumsära als krisenhafte und mehrheitlich unerwünschte Folge des strukturellen Wandels. Eine derartige Entwicklung wäre allerdings mit dem Makel eines zu erduldenden Übels belastet, zu dessen Bewältigung eine möglichst wenig schmerzhafte Therapie gesucht würde. Vor diesem Hintergrund sind folglich auch die Bedingungen der Möglichkeit „progressiver" Transformationen zu eruieren.

Anknüpfend an die oben (in Abschnitt 1) artikulierte Skepsis gegenüber dem machtfokussierten und technizistischen Transformationsverständnis sei hier der Blick auf die alternative Möglichkeit dezentrierter, mosaikartig verteilter Evo-lutionsprozesse gelenkt. Bedeutsame Elemente wären zum einen institutionelle Innovationen nach dem Muster der oben (in Abschnitt 2) skizzierten frühen So-zialreformen: Institutionen, deren neuartige Logik durch nachhaltig veränderte Reproduktionsbedingungen begründet und erkennbar geeignet ist, einem stetig wachsenden Bedarf gerecht zu werden, ohne die verfügbaren Ressourcen zu überfordern. Hier wäre etwa an die Inklusion aller Gesellschaftsmitglieder in Arbeitsverhältnisse und soziale Sicherungen (Wiesenthal 2015), die Beteiligung aller abhängig Beschäftigten am globalwirtschaftlichen Profitwachstum (White 1998) oder die Einführung eines allgemeinen Grundeinkommens (Kovce und Priddat 2019) u. a. m. zu denken.

Zum anderen könnten sich – im Modus der in den 1980er-Jahren beobachteten Transformation – autonome Initiativen von Individuen, Verbänden und Gebietskörperschaften sowie Sozial- und Wirtschaftsunternehmen als bahnschaffende, dynamische Stimuli weiteren Wandels erweisen. Die Wirksamkeit dieses Wandlungspfades basierte nicht nur auf dem qualitativen Charakter von Innovationen, sondern wesentlich auf deren Anregungs- und Verbreitungsdynamik, d. h. ihrem quantitativen Effekt. An einschlägigen, allerdings noch überwiegend isolierten Beispielen für derartige Initiativen besteht kein Mangel. Stellvertretend für viele andere seien hier genannt: die „Transition Towns"-Bewegung mit 165 US-Gemeinden[7] und das Transition Network in Europa,[8] der United Nations Global Compact mit rund 10.000 Unternehmen in 161 Ländern,[9] Green Clubs von Unternehmen, die freiwillig hohen Umweltstandards genügen (Potoski und Prakash 2013), und Netzwerke „postkapitalistischer" Unternehmen mit effektivem Gemeinwohlbezug (Sommer 2018), aber auch die Funktionserweiterung kommunaler Einrichtungen wie z. B. die „Public Library Innovation"-Bewegung[10].

Die Kombination von autonomen Initiativen und staatlicherseits gewährten Entfaltungsbedingungen schüfe eine Startbasis für die Herausbildung neuer gesellschaftlicher Institutionen – nicht unähnlich dem Muster der „natürlichen" Evolution: Günstige Bedingungen für die Generierung testbarer Alternativen entsprächen dem Evolutionsmechanismus der Variation; der gesellschaftliche Attraktivitätstest von potenziell reproduktionsfähigen Formen würde dem Evolutionsmechanismus der Selektion gleichkommen; und die praktische Bewährung der gesellschaftlich akzeptierten Innovationen spiegelte den Evolutionsmechanismus der Retention wider.

Bedauerlicherweise lassen sich aus den oben skizzierten Beispielen gelungener Transformationen kaum auf die Gegenwart übertragbare Handlungsempfehlungen ableiten. Sie bieten aber einige nützliche Anhaltspunkte für Attitüden, Leitbilder und Vorgehensweisen, die anspruchsvolle Transformationsziele zu konterkarieren

---

7   https://transitionus.org/.
8   https://transitionnetwork.org/.
9   Bies et al. (2007); https://www.unglobalcompact.org/.
10 https://www.media.mit.edu/projects/public-library-innovation-exchange/overview/ und die „Next Library"-Konferenzen (http://www.nextlibrary.net/next-library-2019).

pflegen. Dazu zählen insbesondere die Präferenz für maximal anspruchsvolle („radi-kale") oder lediglich „theoretisch" begründete Ziele, die Überbetonung quantitativer (konsumatorischer) gegenüber qualitativen Aspekten des Wandels, das Beharren auf einer maximal inklusiven Konsensbasis mit Kooperationspartnern bei Ignoranz gegenüber deren Eigeninteressen sowie insbesondere eine Neigung, im Interesse „der Sache" Geltungsverluste der demokratischen, liberalen und rechtsstaatlichen Prinzipien in Kauf zu nehmen.

7   Schlussbemerkung

Die Transformation der in vielerlei Hinsicht heterogenen und differenzierten (Post-) Industriegesellschaft ist kein übersichtliches und *uno actu* absolvierbares Projekt, sondern allenfalls – sofern sie denn eines Tages *ex post factum* konstatiert werden könnte – das kumulative Resultat zahlreicher, je für sich arbiträr anmutender, asynchroner und nur lose verkoppelter Veränderungen von begrenzter Wirkung. Folglich ist sie auch nicht als Abarbeitung eines Masterplans vorstellbar, sondern – zumindest in ihren Anfängen – als eine Serie von Experimenten mit der sozialen Wirklichkeit (Ostrom 1999) zu verstehen, die schwerlich in eine Revolution des „Systems" münden werden, sondern ihren Niederschlag bestenfalls in erweiter-ten „Grenzen des gesellschaftlich Akzeptablen" (Nullmeier 1993, S. 184) fänden. Gewiss würden an einem solchen Erfolg auch Akteure mit weniger realistischen Transformationsambitionen teilhaben.

Literatur

Ashford, D. E. (1986). *The emergence of the welfare states*. Oxford: Basil Blackwell.

Beck, U. (1986). *Risikogesellschaft. Auf dem Weg in eine andere Moderne*. Frankfurt a. M.: Suhrkamp.

Bies, R. J., Bartunek, J. M., Fort, T. L., & Zald, M. N. (2007). Corporations as social change agents: Individual, interpersonal, institutional, and environmental dynamics. *Academy of Management Review, 31*, 788–793.

Gruhl, H. (1978). *Ein Planet wird geplündert. Die Schreckensbilanz unserer Politik*. Frankfurt a. M.: Fischer.

Heclo, H. (1974). *Modern social politics in Britain and Sweden. From relief to income main-tenance*. New Haven: Yale University Press.

Inglehart, R. (1977). *The silent revolution. Changing values and political styles among Western publics.* Princeton: Princeton University Press.

Kaiser, R. (Hrsg.). (1981). *Global 2000: Der Bericht an den Präsidenten.* Frankfurt a. M.: Zweitausendeins.

Kovce, P., & Priddat, B. P. (Hrsg.). (2019). *Bedingungsloses Grundeinkommen. Grundlagentexte.* Berlin: Suhrkamp.

Meadows, D. L., Randers, J., & Behrens, W. W. (1972). *The limits to growth. A report for the Club of Rome's project on the predicament of mankind.* New York: Universe Books.

Nullmeier, F. (1993). Wissen und Policy-Forschung. Wissenspolitologie und rhetorisch-dialektisches Handlungsmodell. In A. Héritier (Hrsg.), *Policy-Analyse. Kritik und Neuorientierung.* Politische Vierteljahresschrift, Sonderheft 24 (S. 175–196). Opladen: Westdeutscher Verlag.

Ostrom, E. (1999). Coping with tragedies of the commons. *Annual Review of Political Science, 2,* 493–535.

Polanyi, K. (2001) [1944]. *The great transformation. The political and economic origins of our time.* Boston: Beacon Press.

Potoski, M., & Prakash, A. (2013). Green clubs: Collective action and voluntary environmental programs. *Annual Review of Political Science, 16,* 399–419.

Reckwitz, A. (2006). *Das hybride Subjekt. Eine Theorie der Subjektkulturen von der bürgerlichen Moderne zur Postmoderne.* Weilerswist: Velbrück.

Reichardt, S. (2014). *Authentizität und Gemeinschaft. Linksalternatives Leben in den siebziger und frühen achtziger Jahren.* Berlin: Suhrkamp.

Rödder, A. (2014). „Durchbruch der Globalisierung". Über die 1980er Jahre als Jahrzehnt der Transformation. *INDES. Zeitschrift für Politik und Gesellschaft,* (1), 7–17.

Sachs, J. (1989). My plan for Poland. *International Economy, 3*(6), 24–29.

Sachs, J. (2012). What I did in Russia. http://jeffsachs.org/2012/03/what-i-did-in-russia/. Zugegriffen: März 2019.

Sommer, B. (2018). *Postkapitalistische Organisationen als Keimzellen einer Postwachstumsgesellschaft?* Working Paper 5/2018 der DFG-Kollegforscher_innengruppe „Postwachstumsgesellschaften". Jena.

White, S. (1998). Interpreting the „third way": Not one route, but many. *Renewal, 6*(2), 17–30.

Wiesenthal, H. (2003). Beyond Incrementalism – Sozialpolitische Basisinnovationen im Lichte der politiktheoretischen Skepsis. In R. Mayntz & W. Streeck (Hrsg.), *Die Reformierbarkeit der Demokratie. Innovationen und Blockaden.* Festschrift für Fritz W. Scharpf (S. 31–70). Frankfurt a. M.: Campus.

Wiesenthal, H. (2015). (Irr-)Wege in die inklusive Arbeitsgesellschaft. Über Exklusion und Inklusion im deutschen Arbeitsmarkt. In Heinrich-Böll-Stiftung (Hrsg.), *Inklusion. Wege in die Teilhabegesellschaft* (S. 122–137). Frankfurt a. M.: Campus.

Digitale Transformation: Great, greater, tilt …?
Von der Produktivkraft- zur Distributivkraftentwicklung

Sabine Pfeiffer

1 Die Digitalisierung als Transformation

Während der seit einiger Zeit florierende öffentliche Diskurs zur Digitalisierung[1] dem Transformationsbegriff neue Aufmerksamkeit beschert, erfährt dieser in der Soziologie schon etwas länger eine Renaissance. So plädierte Rolf Reißig bereits vor zehn Jahren für eine konzeptionelle Neufassung des Transformationsbegriffs, um nicht nur den Wandel *im* System, sondern auch *des* Systems fassen und sowohl „Ursachen, Triebkräfte als auch gesellschaftliche Konsequenzen" des Wandels reflektieren zu können – alles ganz ohne „Mystifizierung und Heilserwartungen" (2009, S. 33). Der letzte Hinweis scheint angesichts des aktuellen Digitalisierungsdiskurses besonders angebracht, werden in ihm doch erneut längst überwunden geglaubte Heilsversprechen hinsichtlich des technischen und des mit ihm angeblich quasi-automatisch einhergehenden sozialen Fortschritts geschürt und Ausmaß und Tiefe der digitalen Transformation mit der ersten industriellen Revolution gleichgesetzt. Für Reißig ist Transformation dagegen, ganz nüchtern betrachtet, ein „intentionaler, eingreifender, gestaltender und zugleich ein eigendynamischer, organisch-evolutionärer Entwicklungsprozess" (ebd., S. 42).

Die modernen westlichen Gesellschaften wie die Weltgesellschaft im Ganzen sieht Reißig in Anlehnung an Polanyis *Great Transformation* in einer „neuen,

---

[1] Digitalisierung ist ein aktuell diskursiv erfolgreicher wie definitorisch wenig eindeutiger Begriff, der sich längst von seiner ursprünglich technischen Bedeutung (Umwandlung von Informationen aus einem analogen in ein digitales Format) entfernt hat. In der aktuellen Debatte wird damit meist zweierlei adressiert: einerseits ein Bündel neuerer informationstechnologischer Artefakte und Technologien (von Künstlicher Intelligenz und Machine Learning über das Internet der Dinge bis hin zu neuen Ansätzen in der Robotik), andererseits die mit deren Nutzung erwarteten Veränderungen in Wirtschaft und Gesellschaft.

© Springer Fachmedien Wiesbaden GmbH, ein Teil von Springer Nature 2019
K. Dörre et al. (Hrsg.), *Große Transformation? Zur Zukunft moderner Gesellschaften*, https://doi.org/10.1007/978-3-658-25947-1_21

zweiten großen Ära der Transformation" (ebd., S. 18), einem in den 1970er-Jahren begonnenen „sozial-ökologischen Umbau der Industriegesellschaften", inklusive korrespondierender Veränderungen der Sozialsysteme, kulturellen Deutungsmuster und Lebensweisen sowie völlig neuen Teilhabestrukturen – auch in Bezug auf den „erzeugten materiellen Reichtum" (ebd., S. 19). Nachhaltigkeit werde zum Schlüssel dieses nationalen wie globalen Entwicklungspfads. Unter Rückgriff auf Polanyis Konzept argumentiert Reißig dafür, dass eine erneuerte demokratische Gesellschaft Dominanz über den sich selbst regulierenden Markt erlangen müsse, um Rahmenbedingungen und eine Leitorientierung vorzugeben. Ein zentraler Begriff bei Reißig ist die „Zukunftsfähigkeit", die im 21. Jahrhundert nichts anderes bedeute als einen „grundlegende[n] Pfadwechsel durch Nachhaltigkeit infolge des sozial-ökologischen und partizipativen Umbaus des Produktions- und Sozialmodells" (ebd., S. 97). Damit skizziert Reißig eine normativ-positive Leitidee. Er sieht sich selbst in den Fußstapfen von Polanyi, der als „radikale" Transformation das Primat der demokratischen Gesellschaft und damit das Ende der selbstregulierenden Marktgesellschaft, nicht aber das Ende der wettbewerbsfähigen Märkte beschrieben habe (ebd., S. 95).

Heute, zehn Jahre später, fällt es schwer, dieser positiven Zukunftsvision zu folgen: Die Digitalisierung hat das Ausmaß der globalen ökologischen Schäden weiter dramatisch verschärft (Belkhir und Elmeligli 2018), die demokratische Teilhabe ist auch in den sogenannten demokratischen Staaten noch mehr vom Geldbeutel abhängig als vor Jahren (so etwa Gilens und Page 2014 für die USA), und die Hoffnung, dass aus der Finanzkrise von 2007/2008 eine neue Qualität der politischen Einhegung der Märkte resultiere, ist längst entzaubert (Kotlikoff 2018).

Das ist umso mehr Anlass, die medial und diskursiv vielfältig ausgerufene digitale Transformation ausgehend von Polanyis Darstellung der Great Transformation hin zur Marktgesellschaft zu hinterfragen. Dies soll in Abschnitt 2 geschehen, der zugleich für die Transformationsdebatte relevante Parallelen zwischen Karl Polanyi und Karl Marx aufzeigt. Dabei – das sei vorausgeschickt – wird eine spezifische und möglicherweise nicht von allen geteilte Lesart Polanyis entwickelt. Dies ist nicht nur der Kürze des Beitrags und der Komplexität des Themas geschuldet. Vielmehr schließt der Beitrag damit an der gerade in den letzten Jahren neu entfachten Debatte um die Deutung von Polanyis Gesamtwerk an, bei der letztlich nur eines klar ist, nämlich dass diese alles andere als eindeutig ist. So führt etwa Gareth Dale (2016, S. 4 ff.) aus, dass Polanyi von verschiedensten Autorinnen und Autoren entweder als „soft" im Sinne eines „social-democratic mainstream" oder „hard" als „red-blooded socialist" interpretiert werde, und Michael Brie unterscheidet drei Lesarten Polanyis, die zwischen einem „Polanyi light", einem „Polanyi faked" und einem „Polanyi himself" changierten (2015, S. 20 ff.; ähnlich auch Bischoff und Lieber 2013). Meine späteren Ausführungen werden zeigen, dass ich Polanyis Schrift *The Great Transformation* nicht als ein Plädoyer für die Einhegung der Marktgesellschaft lese, sondern als eine Analyse, die gerade die Unmöglichkeit einer Einhegung verdeutlicht und begründet.

Auch der Bezug auf Marx ist in den Sozialwissenschaften weithin aus der Mode gekommen. Er erscheint mir jedoch für das Thema der Digitalisierung nach wie vor fruchtbar, denn kaum eine Theorie denkt technologischen und sozialen Wandel, Staat und Markt, Mensch und Tätigkeit derart komplex zusammen. Marx ist gerade bei der Beantwortung der sehr grundsätzlichen Frage, ob die Digitalisierung den Charakter einer Transformation annimmt, besonders hilfreich. Der dritte Abschnitt diskutiert daher aus einer Marx'schen Perspektive die digitale Transformation nicht als Produktivkraft-, sondern als Distributivkraftentwicklung. Der Beitrag schließt mit der Einschätzung, dass die transformierende Wirkung der Distributivkräfte nur beschränkt gesellschaftlich gestaltbar ist, ohne die ökonomischen Dynamiken dahinter grundsätzlich infrage zu stellen.

2   Mit Polanyi und Marx: Der Great Transformation auf der Spur

Polanyis Untersuchung beginnt mit der Feststellung, die Welt des 19. Jahrhunderts sei zusammengebrochen (1977, S. 17), und möglicherweise erfährt sein Werk in den letzten Jahren gerade deswegen so viel neue Aufmerksamkeit, weil sich das Gefühl breit macht, dass auch das 20. Jahrhundert nicht nur kalendarisch, sondern in allen gesellschaftlichen Dimensionen vorbei ist. Auch wenn sie in das aktuelle Zeitgeschehen so gut zu passen scheint, wäre es eine sträfliche Verkürzung von Polanyis Analyse, verstünde man sie nur als Warnung vor einem drohenden Faschismus. Im Zentrum von Polanyis Kritik steht die „krasse Utopie" des selbstregulierenden Markts. Ihn sieht er als „Quell und Matrix des Systems" und als „Anstoß zur Entstehung einer spezifischen Zivilisation", die sich im 19. Jahrhundert ausgebildet hat (ebd.). Den selbstregulierenden Markt sieht Polanyi dabei als eine grundsätzlich zerstörerische Institution: „Eine solche Institution konnte über längere Zeiträume nicht bestehen, ohne die menschliche und natürliche Substanz der Gesellschaft zu vernichten; sie hätte den Menschen physisch zerstört und seine Umwelt in eine Wildnis verwandelt." (ebd.) Um dies zu verhindern, habe die Gesellschaft „zwangsläufig Maßnahmen zum eigenen Schutz" ergriffen, was die Selbstregulation des Marktes beschränkte, zu einer „Desorganisation der industriellen Entwicklung" führte und schließlich die auf dem Marktsystem beruhende Gesellschaftsstruktur zerrüttete (ebd., S. 18). Anders als viele Lesarten seines Werks nahelegen, geht es Polanyi also nicht schlicht um die Notwendigkeit der gesellschaftlichen Einhegung einer im Kern gesellschafts- und naturzerstörenden Wirtschaftsform, sondern darum aufzuzeigen, dass eine auf einem selbstregulierenden Marktsystem beruhende Wirtschaftsform zwangsläufig zerstörend wirkt und wirken muss(te), und zwar *mit gesellschaftlicher Einhegung wie ohne gesellschaftliche Einhegung.*

Polanyi räumt ein, dass diese „kraß materialistische[] Aussage extrem, wenn nicht sogar schockierend" sei (ebd., S. 49). Aber der „Mechanismus, der durch das Gewinnstreben in Gang gesetzt wurde", sei in „seiner Wirksamkeit nur mit wildesten Ausbrüchen religiösen Eifers in der Geschichte zu vergleichen" (ebd., S. 50). Es liegt nahe, auch die Nachweltkriegsphase des 20. Jahrhunderts durch Polanyis Analysebrille zu deuten: So dominierte bis in die späten 1980er-Jahre das Kräftegleichgewicht der beiden Großsysteme, und die in den westlichen Ländern erneut etablierte Marktwirtschaft wird als „soziale" und damit als politisch-gesellschaftlich einhegbare Marktwirtschaft konstituiert. Spätestens seit dem Ende der 1980er-Jahre werden die sozialen und politischen Einhegungen der Marktwirtschaft, die nach dem Zweiten Weltkrieg entstanden, zunehmend und bis heute abgebaut und gleichzeitig die Globalisierung transnational institutionalisiert. Mit dem Ende der sozialistischen Staatengemeinschaft schließlich etablierte sich erneut ein weitgehend ungehindert global agierender selbstregulierender Markt, der – würde man Polanyi verkürzt lesen – nun einer neuen Qualität der Einhegung bedarf. Liest man aber bei Polanyi die historischen Ausführungen zur Entstehung der selbstregulierenden Marktwirtschaft im Detail nach, wird deutlich: Ihm wäre die Re-Etablierung der auf Gewinnstreben setzenden Marktwirtschaft nach dem Ende des Zweiten Weltkriegs und dann noch mal nach dem Zusammenbruch des sozialistischen Weltsystems als ein grundsätzlicher Strickfehler erschienen, der erneut die Zerrüttung von Mensch, Natur und Gesellschaft nach sich zieht. Nun ist zwar auch die heutige, global weitgehend durchgesetzte Marktwirtschaft alles andere als ausschließlich selbstregulierend, bleibt also hinter ihrer eigenen Utopie zurück. Für Polanyi aber – und dies überlesen alle Interpretationen, die sein Werk als ein Plädoyer für die Einhegung verstehen – sind beide Richtungen der von ihm diagnostizierten „Doppelbewegung" (hin zur Selbstregulierung des Markts einerseits – zurück zu dessen Einhegung zum Schutz der Gesellschaft andererseits) gleichermaßen Phänomene der einen großen Transformation, die in dem Wandel des Kaufmanns ihren Ausgangspunkt hat. Dazu gleich mehr. Der Gang der Zerstörung wäre demnach erneut vorgezeichnet, wenn auch die Formen und Wege historisch-konkret unerwartete Richtungen einschlagen mögen und möglicherweise ganz andere Spielarten mit sich bringen werden als die, die Polanyi im Blick hatte. Nur diese Lesart, die auch die Einhegung als letztlich zerstörerisch einordnet (auch wenn in ihr nicht die Ursache des Zerstörerischen liegt) macht nachvollziehbar, warum Polanyi auch seine eigene Analyse als „kraß" und „schockierend" betitelt (ebd., S. 49). Die Annahme einer an sich einzuhegenden Marktwirtschaft bietet zwar viele (und vielen Akteuren) Anschlussstellen für Reformen. Polanyi aber kommt es darauf an, das Zerstörerische im Wesen der Marktwirtschaft selbst ebenso wie das in allen darauf reagierenden Versuchen des Einhegens herauszuarbeiten – das ist das Revolutionäre seiner Sicht. Er konstatiert den „Wesenskern der Industriellen Revolution des 18. Jahrhunderts" in der „geradezu an ein Wunder grenzende[n] Verbesserung der Produktionsmittel, begleitet von einer katastrophalen Erschütterung des Lebens des einfachen Volks" (ebd., S. 53). Dieser Schub der Produktivkraftentwicklung geht seither permanent weiter und erschüttert heute unter Zuhilfenahme der Digitalisierung das „einfache" Volk, global wie lokal, da wie dort, wenn auch in unterschiedlicher Weise: Es trifft gut verdienende, aber durch ihre entgrenzte und verdichtete Arbeit Burnout-gefährdete High-Potentials; den hippen, aber prekären digitalen Solo-Selbstständigen; die indische Familie, die sich einen Account für eine Micro-Task-Plattform teilt; die im ständigen Standortwettbewerb stehende Facharbeiterin in der Automobilindustrie oder den Erwerbslosen, dessen nichtdigitale Qualifikation zum Vermittlungshemmnis auf dem lokalen Arbeitsmarkt wird. Phänomene der Erschütterung finden sich in Böblingen und in Bangalore, die Betroffenen sind überall von der ständig voranschreitenden Verbesserung der Produktionsmittel betroffen (oder beispielsweise über den produktionsnahen KVP oder die OKR daran aktiv beteiligt)[2]. Und sie alle eint die – finanziell unterschiedlich unterlegte und individuell divers motivierte – Konsumteilhabe; darauf kommen wir zurück.

Im Mittelpunkt von Polanyis Überlegungen steht eine Veränderung der Funktion des Kaufmanns. Die Produktion „mittels spezialisierter, komplizierter und teurer Maschinen und Anlagen" könne in einer kommerziellen Gesellschaft nur eingeführt werden, „wenn man sie abhängig von Kauf und Verkauf macht", und der Kaufmann sei „die einzige für dieses Unterfangen zur Verfügung stehende Person" (ebd., S. 62). Während das Verkaufen unverändert erfolge, transformiere sich der Kauf in etwas grundsätzlich Anderes: der Kaufmann kaufe nicht mehr Fertigprodukte, sondern Arbeitskraft und Rohstoffe. „Diese beiden Faktoren, nach den Anweisungen des Kaufmanns zusammengeführt, plus einer *Wartezeit*,

---

2   KVP = Kontinuierlicher Verbesserungsprozess; ein Element des Lean Managements bzw. Toyota-Produktionssystems; OKR = Objective Key Results; eine Methode zur agilen Zielfindung und -kontrolle.

die er auf sich nehmen muß, ergeben das neue Produkt" (ebd.; Hervorh. S. P.).[3]
Für Polanyi ist die veränderte Rolle des Kaufmanns das Entscheidende: „Man
vergleiche beispielsweise die *Ver*kaufstätigkeit des produzierenden Kaufmanns
mit seiner *Ein*kaufstätigkeit. Sein *Verkauf* umfaßt nur Erzeugnisse; unabhängig
davon, ob er Käufer findet oder nicht, die Gesellschaftsstruktur wird davon nicht
berührt. Aber sein *Einkauf* umfaßt Rohstoffe und Arbeitskraft, also die Natur und
den Menschen. Die maschinelle Produktion in einer kommerziellen Gesellschaft
bedeutet letztlich nichts geringeres, als die Transformation der natürlichen und
menschlichen Substanz der Gesellschaft in Waren" (ebd., S. 63). Die gesellschaftsverändernde Kraft – in Polanyis Worten eine Transformation, so total, wie die
„Verwandlung der Raupe in einen Schmetterling" (ebd.) – steckt also im Kauf und
damit im Kern darin, dass Substanz zur Ware wird.

Polanyi verortet das gesellschaftstransformierende Potenzial der Great Transformation also auf der Seite des Einkaufs; damit verbindet sich für ihn zwangsläufig die
Notwendigkeit einer ununterbrochenen Zufuhr an Rohstoffen und Arbeitskräften,
die in ausreichender Zahl käuflich erwerbbar sein müssen (ebd., S. 62). Auch wenn
sie selbst nicht transformierend wirkt, ist auch die Verkaufsseite für Polanyi nicht
unwichtig. Schließlich sei der Kaufmann in seiner Rolle „nur so lange geeignet,
als ihm diese Tätigkeit keinen Verlust bringt", und weil komplizierte Maschinen
teuer seien, müsse der Absatz der mit ihnen produzierten Produkte gesichert sein
und dürfe nie abreißen (ebd.).

Während Polanyis Kaufmann zwischen Kauf und Verkauf nur „wartet", geht in
dieser Zeit für Marx die eigentliche Mehrwertproduktion vonstatten; hier verortet
er den Kern der Ausbeutung. Für Marx ist entscheidend, was in der sogenannten
Wartezeit – also dem materiellen Produktionsakt – passiert: Hier vollzieht sich
durch die Verausgabung menschlicher Arbeitskraft die eigentliche Wertgenese,
die im Kapitalismus die Basis für die einseitige Aneignung des resultierenden
Mehrwerts bildet. Es ist kaum vorstellbar, dass Polanyi, der sich an mehreren
Stellen auf Marx bezieht und dabei kritisch vor allem auf einen rein ökonomischen
„Vulgärmarxismus" (ebd., S. 194) abhebt, nicht bewusst ist, wie zentral die soge-
nannte „Wartezeit" für Marx ist.[4]

---

3   Polanyis Begriff der „Wartezeit" erschließt sich zunächst nur in der Abgrenzung der
    neuen Funktion des Kaufmanns im Vergleich zu seinen historischen Vorläufern. Er
    ermöglicht es Polanyi aber auch, über das nicht zu sprechen, was innerhalb dieser
    „Wartezeit" passiert und im Zentrum der Marx'schen Analyse steht.

4   Polanyi meidet marxistische Begriffe, selbst wenn er von gleichen Phänomenen und von
    gleichen Analysekonsequenzen spricht. So ist Polanyis Kaufmann der kommerziellen
    Gesellschaft in Bedeutung und Funktion nichts anderes als ein Kapitalist im Kapitalis-
    mus. Polanyi expliziert auch nicht, dass zwar zwischen dem Einkauf von Rohstoffen und

Auch Marx verortet die gesellschaftsverändernde Transformation des Kapitalismus darin, dass zur Ware wird, was nie Ware sein sollte:[5] Mensch und Natur, menschliche Tätigkeit im Stoffwechsel mit der Natur. Marx konzentriert sich in seinen Analysen dann aber ganz wesentlich auf den kapitalistischen Verwertungsprozess von Mensch und Natur als Transformationsursache und betont mehrfach, dass er andere Aspekte zunächst ausblende. Ob diese Konzentration auf die Wertgenese ein Beleg dafür ist, dass die Bedeutung der Wertrealisierung für Marx kein Thema war, ist immer wieder Gegenstand theoretischer Debatten (Luxemburg 1913 und aktuell Siefkes 2016). Marx unterscheidet analytisch sehr wohl zwischen der Mehrwertgenese im Produktionsprozess und der späteren Wertrealisierung auf dem Markt. Nur wenn die den Mehrwert enthaltenden Waren auch verkauft werden, kann der durch Arbeit geschaffene Mehrwert für Marx' Kapitalisten (wie für Polanyis Kaufmann) realisiert werden. Diese beiden Schritte, so betont Marx, sind „nicht identisch" und „fallen nicht nur nach Zeit und Ort, sondern auch begrifflich auseinander". Die Wertproduktion sei „nur beschränkt durch die Produktivkraft der Gesellschaft", und die Wertrealisierung sei letztlich vor allem bestimmt durch die „Konsumtionskraft der Gesellschaft" (Marx 1964, S. 254). Hier kommen bei ihm die Distributionsverhältnisse ins Spiel, denn sie bestimmen, wie viel (oder wie wenig) Konsumtion der großen Masse der Gesellschaft zugestanden wird. Wenn Marx hier von Distribution spricht, meint er vor allem die Verteilungsverhältnisse des realisierten Mehrwertes (zwischen Profiten und Löhnen). Mit dem von mir nun einzuführenden Begriff der Distributivkräfte ziele ich dagegen auf den quantitativen Anstieg und die qualitative Bedeutungszunahme der Aufwände zur Mehrwertrealisation, die mit der aktuellen Digitalisierung einen gesellschaftsverändernden und in diesem Sinne transformativen Charakter annehmen.

Fertigprodukten kein substanzieller Unterschied besteht, aber eben sehr wohl zwischen dem Einkauf dieser beiden und dem Einkauf von Arbeitskraft.

5   Dieses letztlich normative Diktum findet sich nicht nur bei Polanyi (darauf baut ein Großteil seiner Argumentation auf), sondern auch bei Marx, sofern man seine Frühschriften nicht als „Jugendsünde" ohne Relevanz für seine späteren ökonomischen Analysen abtut, sondern als grundsätzliche Perspektive seiner Kapitalismuskritik versteht (zur Debatte um die Bedeutung der Frühschriften Pfeiffer 2004, S. 153 ff.).

3   Von der Great zur Greater Transformation: Die digitale Transformation als Distributivkraftsprung

Seit der Zeit der von Polanyi betrachteten Verwandlung des Kaufmannes in einen Kapitalisten hat sich die produktive „Wartezeit" stark verändert: Sie ist geprägt von einer ständigen Perfektionierung der Produktion und einer technisch immer weiter getriebenen Ersetzung menschlicher Arbeit; und diese Maßnahmen im Inneren der „Wartezeit" werden flankiert von zahlreichen und immer neuen gesellschaftlichen und politischen Maßnahmen zur ständigen Reduktion der „Einkaufskosten" menschlicher Arbeit. Polanyi beleuchtet das Innere dieser Wartezeit nicht. Für Marx dagegen vollziehen sich hier die unterschiedlichsten Maßnahmen zur Erhöhung des absoluten und relativen Mehrwerts, diese Zeit bildet den Nukleus einer permanenten Veränderung der *Produktivkräfte* (die für ihn ein ökonomisches wie gesellschaftliches Gesamtarrangement darstellen).

Die Digitalisierung ist ohne Frage ein zunehmend bestimmender Teil der aktuellen Produktivkraftentwicklung. Eine neue Dimension (auch im Vergleich zur Informatisierung bisher) ist dabei das Versprechen, den Einkauf (von Rohstoffen und Arbeitskraft), die produktive „Wartezeit" (also die Wertgenese) und den Verkauf (die Wertrealisierung) von lokaler, personeller und stofflicher Substanz möglichst voneinander unabhängig und gleichzeitig sowohl beliebig flexibel als auch ständig verfügbar und berechenbar zu halten. Diese Loslösung vom Substanziellen hat schon mit der Entstehung der von Polanyi beschriebenen kommerziellen Gesellschaft begonnen, sie geht nun mit den neuen Möglichkeiten der Digitalisierung in eine neue Runde. Ökonomisch von neuer Tragweite und daher mit einer eigenen transformierenden Qualität, ändert sich nun vor allem die Verkaufsseite, denn mit einer global immer weiter steigenden Produktivität wächst der Zwang, die Wertrealisierung möglichst frühzeitig und in Konkurrenz zu allen anderen Verkäufern zu garantieren. Alle damit verbundenen technologischen und organisatorischen Maßnahmen und Aktivitäten (zur Sicherung) der Wertrealisierung fasse ich als *Distributivkräfte*.

Ohne die Brisanz des Formwandels von Einkauf und Wertgenese durch die Digitalisierung unterschätzen zu wollen, konzentriere ich mich nachfolgend auf die *neue (wirtschaftlich wie gesellschaftlich) transformierende Qualität des Verkaufs*.[6]

---

6   In einer Welt, in der über den Treibriemen des Konsums zwischen den Sphären Wirtschaft und Gesellschaft kaum mehr unterschieden werden kann (Bauman 2017; Hellmann 2013) und auch die Grenzen zwischen Konsum und Produktion verschwimmen (Blättel-Mink und Hellmann 2010; Hellmann und Schrage 2005), stellt sich die Frage nicht mehr so sehr, ob diese transformierende Kraft auf die Wirtschaft oder auf die

In diesem Bereich können wir schon lange vor der heutigen Digitalisierung auf die Optimierung der Wertrealisierung bezogene tiefgreifende Veränderungen beobachten, wie etwa die Ausweitung von Konsumkrediten, Franchise-Systeme, Leasing-Modelle oder die Systemgastronomie. Die Entwicklung der Distributivkräfte besteht aus einem Bündel von inner- und außerbetrieblichen sowie marktbezogenen und politischen Maßnahmen. Zu diesen zählen:

- die Erhöhung von Effizienz und Effektivität der einzelnen Verkaufsprozesse;
- die Verkürzung der Zeit zwischen Wertgenerierung und -realisierung;
- die Erhöhung von Effizienz und Effektivität der logistischen Prozesse auf der Verkaufsseite;
- die Ausweitung der Verkaufsorte und -gelegenheiten (um mehr, früher und überall Käufer/-innen zu erreichen);
- Maßnahmen zur Anstiftung und Aufrechterhaltung der Konsumwilligkeit (geplante Obsoleszenz, Marketing, Werbung);
- Maßnahmen zur Förderung und Aufrechterhaltung einer breiten Konsumfähigkeit auch bei stagnierenden Reallöhnen (u. a. durch Subventionierung von Energie zur Absenkung von Transportkosten, um globale Lohngefälle effektiver nutzen zu können);
- die diskursive Gleichsetzung von Innovation mit Markterfolg statt mit gesellschaftlichem Fortschritt;
- die Ausdifferenzierung, Spezialisierung, Professionalisierung und Verwissenschaftlichung der auf die Wertrealisierung ausgerichteten Berufe und Wissensgebiete;
- die quantitative Zunahme der auf die Wertrealisierung ausgerichteten Tätigkeiten (z. B. Suchmaschinenoptimierung), Berufe (z. B. im Marketing) und Geschäftsmodelle (z. B. Services zur datengestützten Verfolgung der „customer experience" über verschiedene Webseiten hinweg).

Es geht also bei den Distributivkräften um die Gesamtheit der institutionalisierten Prozesse des Verkaufs und der Verkaufsförderung, die nur im Zusammenhang mit einer Produktionsform zu verstehen sind, die auf Gedeih und Verderb darauf angewiesen ist, den produzierten Mehrwert auf dem Markt zu realisieren. Neben die Konkurrenz der produzierenden Unternehmen um eine kostengünstigere Produktion bei gleichzeitig aufrechtzuerhaltender oder zu steigender Wertgenerierung tritt eine verschärfte Konkurrenz um die Poleposition auf Absatzmärkten.

Gesellschaft wirkt – die Transformation verdient ihren Namen gerade auch deswegen, weil sich ihre Wirkung nicht auf eine Sphäre beschränken lässt.

Der Begriff der Distributivkräfte legt den Fokus auf im Kern ökonomische Prozesse. Deshalb ist die Digitalisierung aber nicht als eine bloße diskursive Schimäre oder als ein rein abgeleitetes Phänomen zu interpretieren. Die aktuellen Digitalisierungsschübe haben durchaus eine eigene Qualität, denn es kumulieren und konvergieren in ihnen verschiedene technologische Facetten, die selbst wiederum – nach jahrzehntelangen inkrementellen Innovationsschritten – einen qualitativen Sprung ihres technologischen Reifegrads erreicht haben (auch wenn faktisch vieles hinter den selbst abgegebenen Versprechungen noch zurückbleibt). Trotzdem: Wie die Dampfmaschine nicht die alleinige Ursache der Great Transformation im 19. Jahrhundert war, ist die Digitalisierung nicht die alleinige Ursache für die steigende Bedeutung der Distributivkräfte; aber sie vervielfältigt und beschleunigt die Möglichkeiten für eine frühzeitigere und berechenbarere Wertrealisierung, und sie erschließt neue Quellen der Akkumulation und Vermarktung. So wirkt die Digitalisierung ähnlich dem Treibriemen der ersten industriellen Revolution: Sie verstärkt die Distributivkräfte soweit, dass diese eine gesellschaftstransformierende Qualität erreichen, was eine Unterscheidung von Produktiv- und Distributivkräften erforderlich macht.

Während die beständige Umwälzung der Produktivkräfte seit der großen Transformation den Gesellschaften eine ständige Adaptionsfähigkeit abverlangt (und einen Umgang mit den Kollateralschäden der kommerziellen Revolution), wird mit den Distributivkräften aus der Great eine *Greater* Transformation (nicht, weil letztere quantitativ „größer" ist als die erstere, sondern weil sie an die sich weiterhin vollziehende Great Transformation andockt und diese weitertreibt). Die neuerliche Distributivkraftentwicklung beginnt in den 1980er-Jahren, über die Fahrt aufnehmende Globalisierung und Informatisierung zaghaft erste gesellschaftsverändernde Formen anzunehmen, auch wenn diese noch stark auf die ökonomische Sphäre beschränkt erscheinen. Besonders relevant sind zunächst Maßnahmen, die die logistische Distribution stofflicher Waren so kostengünstig und schnell organisieren,

- dass niedrige Löhne in anderen Ländern im eigenen Land die Endpreise geringhalten und damit die Stagnation der Reallöhne erst ermöglichen, ohne die Mehrwertrealisierung wegen sinkender Kaufkraft zunehmend zu gefährden;
- dass selbst über große Entfernungen individualisiert konfigurierbare (wenn auch noch nicht bis ins letzte Detail personalisierte) Einzel-Käufe möglich werden und die Mehrwertrealisierung sich dabei ein Stück weit freimacht von institutionalisierten und vielschichtigen Lieferketten.

In den 1990er-Jahren werden diese Prozesse weiter perfektioniert, und die Informatisierung drängt aus hochtechnologischen Nischen in zunehmender Breite und Tiefe in die Arbeitsmärkte sowie in die Produktions- und Logistikprozesse ein. Das Internet wird bereits in dieser Dekade für die kommerzielle Nutzung geöffnet, entfaltet aber eine breitere und wirkmächtige Nutzungsdynamik erst gegen Ende des Jahrhunderts und erfährt dann in der New Economy der frühen 2000er-Jahre eine stärkere Verbreitung. Vorherrschende Phänomene dieser Phase der Distributivkraftentwicklung sind etwa:

- die andauernde und sich wiederholende Sicherung einer wertrealisierenden Distribution von (abstrakt-)stofflichen Waren über technische Pfadabhängigkeiten oder langfristige Lizenzmodelle;
- die Etablierung erster digitaler Vertriebsplattformen (z. B. Amazon), die weltweit Anbieter/-innen und Käufer/-innen unabhängig von Ort und Zeit zusammenbringen;
- die systematische Verringerung der Kosten für eine an Offline-Ressourcen (Ladenfläche, Verkaufspersonal etc.) gebundene Wertrealisierung durch den Online-Handel;
- die datenbankbasierte Nutzung des bisherigen Kaufverhaltens von Konsumenten zu gezielter Werbung.

Diese Entwicklungen verstärken zwar die Bedeutung der Mehrwertrealisierung, haben aber noch nicht die gesellschaftsverändernde Kraft in der Breite, wie sie seit ca. zehn Jahren beobachtet und vor allem für die Zukunft erwartet wird. Gegen Ende der 2000er-Jahre werden die Möglichkeiten der digitalen Technologien immer systematischer für die Wertrealisierung eingesetzt, die transformierende Kraft der Distributivkraftentwicklung wird sichtbarer und auch außer-marktlich (also gesellschaftlich) wirkmächtiger. Dazu zählen insbesondere:

- die Umwandlung von Formen einer eigentumsübergehenden Wertrealisierung zur andauernden Nutzungswertrealisierung (Streamingdienste, Software as a Service etc.);[7]

---

7   Solche Geschäftsmodelle, die die dauernde bezahlte Nutzung statt den einmaligen (Ver-)Kauf favorisieren, werden oft nur mit Blick auf rein digitale Artefakte (E-Books, Software-Apps, Musik- und Video-Streaming oder Online-Gaming etc.) diskutiert, können aber über das Internet der Dinge auch zunehmend auf stoffliche Artefakte übertragen werden – von Betreibermodellen im Anlagenbau bis zur Software-basierten Begrenzung der Ladezyklen von Endgeräten oder der Verhinderung einer Reparatur durch nicht-autorisierte Akteure.

- die Entwicklung von Online-Plattformen als Distributionsinfrastruktur, die nicht nur die Gelegenheitsstrukturen für globale Geschäfte ins Unendliche steigern, sondern gleichzeitig über ihre proprietäre Technik und/oder ihre Venture-Capital-getriebene monopolartige Ausbreitung die Wertrealisierung für wenige fokale Akteure dauerhaft sichern (App-Store, Amazon);
- die Social-Media-basierte Konsumbedarfsweckung und Beeinflussung von Kaufverhalten (via Influencing, viralem Marketing etc.);
- die Vorab-Sicherung des späteren Absatzes durch Open Innovation oder Crowdfunding.

Seit 2015 verstärken autonome Technologien (Künstliche Intelligenz und Machine Learning) diese Trends weiter, ergänzt um die weitere Anrufung der Gesellschaft durch die Wirtschaft, sich digitalisierungskonform umzubauen, und der Politik, die notwendige Infrastruktur (Breitband, 5G) zu liefern sowie die die weitere Distributivkräfteentwicklung hemmenden Gesetze abzubauen. Relevant sind dabei:

- die Machine-Learning-basierte Nutzung von Daten des (individuellen oder kollektiven) Kaufverhaltens zur treffsicheren Prognose dazu, wem wann welches Produkt bzw. welche Dienstleistung anzubieten ist;
- die Umwandlung individueller Verhaltensdaten in Waren und die gezielte, Algorithmen-basierte Werbung und personalisierte Kundenansprache durch Anbieter (z. B. Psychograhics);
- die Veränderung des Wertrealisierungsakts selbst durch seine Stilisierung zum besonderen inszenierten Event oder durch seine nicht spürbare „smoothe" Integration in das Alltagshandeln (die gerade wieder eingestellten Dashbuttons, Sprachassistenten wie Alexa);
- die angestrebte digitale Kontrolle der gesamten Wertschöpfungs- und Wertrealisierungsprozesse über die Blockchain-Technologie;
- die KI-Nutzung zur situativ und personell gezielten dynamischen Preisgestaltung.

Diese hier nur grob skizzierten Veränderungen der aktuellen und über Digitalisierung verstärkten Distributivkräfte zielen vor allem darauf, die Wertrealisierung systematisch und möglichst risikofrei sicherzustellen.

In der Konkurrenz um eine fokale Stellung in der distributiven Ökonomie wird das Ziel der Minimierung des Risikos einer Wertrealisierung verfolgt ohne Rücksicht auf bzw. in bewusster Inkaufnahme einer Risikoerhöhung für Natur, Gesellschaft und Mensch (als Beschäftigte wie Konsument/-innen). Auch dies ist im Grundsatz nicht neu, erfährt jedoch aktuell eine bisher ungekannte Beschleunigung und Wirkmacht. Damit verbunden ist u. a. auch eine deutliche Risikoerhöhung bei den Marktakteuren, deren Geschäftsmodelle noch auf lokale Gebundenheit, stoffliche Produktionsmittel oder direkte personenbezogene Dienstleistungen angewiesen sind bzw. denen schlicht das Kapital fehlt für den Konkurrenzkampf um eine Vormachtstellung auf dem Distributivkräftemarkt. Diese geraten zum Teil selbst in eine zunehmende Abhängigkeit von den distributiven Geschäftsmodellen anderer. Der z. B. in den USA schon deutlich beobachtbare Niedergang des lokalen Einzelhandels oder die Pleiten nicht-digitaler Marktakteure stärken die Position des die Distributivkraftentwicklung antreibenden Kapitals. Die damit einhergehenden negativen Folgen und Risiken werden besonders spürbar in den lokalen und regional begrenzten Ökonomien und Arbeitsmärkten. Der einzelne Mensch wird zunehmend als disponiblere und volatilere Arbeitskraft und Konsument/-in angesprochen, zur Ausbeutung durch Arbeit kommt die Ausbeutung durch und während des Konsums. Vor allem über diese veränderten Formen von Arbeit und Konsum dringt das Transformative der Distributivkräfte in die Lebenswelt und damit in die Gesellschaft vor. Selbst lebensweltliche Formen der Risikominimierung im Kleinen wie etwa Solidarformen des Teilens, Weitergebens oder Schenkens von gebrauchten Konsumgegenständen oder das unentgeltliche Ausleihen oder Reparieren werden von den fokalen Akteuren der Distributivkraftentwicklung rechtlich kriminalisiert und technisch verunmöglicht. Schließlich geht mit der gesteigerten Distributivkraftentwicklung eine weitere und exponentiell steigende Vernutzung endlicher natürlicher Ressourcen einher, sowohl durch die nochmals gesteigerte Überproduktion und Überkonsumtion als auch durch die Zunahme von Transport- und Logistikaufwänden.

Die Great Transformation wirkte zwar zerstörerisch auf Gesellschaft, Mensch und Natur, war aber in ihrer Vernutzungslogik noch unmittelbar angewiesen auf die soziale, leibliche und stoffliche Substanz: Polanyis Kaufmann in der kommerziellen Gesellschaft musste nicht nur Rohstoffe und Arbeitskräfte, sondern auch Produktionsmittel erwerben und alles in Form der „großen Industrie" koordinierend zusammenbringen; Marx' Distributionsverhältnisse nahmen ihren Ausgangspunkt am Besitz bzw. Nicht-Besitz stofflicher Produktionsmittel. Die sich in der Folge der Great Transformation herausbildenden modernen Produktivkräfte und Distributionsverhältnisse bilden die wesentliche Voraussetzung für die aktuelle Entwicklung der Distributivkräfte. Ohne diese Vorläufer wären die teils irrationalen Kapitaleinsätze für Start-ups nicht denkbar. Die Great Transformation wird also nicht abgelöst; ihre Produktivkraftentwicklung generierte (und generiert weiterhin) die Basis für die digital vorangetriebenen Distributivkräfte, aus der Great Transformation wird eine Greater Transformation.

4   Grenzen der gesellschaftlichen Gestaltbarkeit

Der Kern der großen Transformation ist bei Polanyi letztlich die „Transformation
der natürlichen und menschlichen Substanz der Gesellschaft in Waren" (Polanyi
1977, S. 63). Ihm geht es dabei aber nicht nur um den Prozess der Kommodifizierung, sondern um das Destruktive dieses Prozesses in Bezug auf Mensch, Natur
und Gesellschaft. Marx und Engels prognostizierten, dass die Entwicklung der
Produktivkräfte eine Stufe erreichen wird, „auf welcher Produktionskräfte und
Verkehrsmittel hervorgerufen werden, welche unter den bestehenden Verhältnissen nur Unheil anrichten, welche keine Produktionskräfte mehr sind, sondern
Destruktionskräfte (Maschinerie und Geld)" (Marx und Engels 1978, S. 69). Dem
Marx'schen Werk wird oft eine Sicht auf die Entwicklung der Produktivkraftstufen
als eine quasi-automatische und sozusagen nur „nach oben" gerichtete zugeschrieben; diese Perspektive ist ihm aber nicht ganz so eindeutig eingeschrieben. Allerdings war Marx überzeugt, dass unter bestimmten ökonomischen Prämissen die
Produktion immer auch Destruktion ist (Jäger und Pfeiffer 1996). Dieser Gedanke
ist auch in Polanyis Werk leitend. Marx und Polanyi sind sich darin einig, dass
der wesentlich destruktive Charakter einer kommerzialisierten Produktionsweise
darin besteht, selbst das zur Ware zu machen, was dadurch seine Substanz verliert:
Mensch, Gesellschaft, Natur. Dabei geht es nicht allein um die Ausweitung der
Kommodifizierung, sondern um den grundsätzlichen Bruch, die Warenförmigkeit
auf Bereiche anzuwenden, auf die die Marktlogik nicht anzuwenden sei. Polanyi
wie Marx wären sich wohl auch darin einig, dass man die im Zuge der großen
Transformation entstandene durchdringende Warenlogik nicht weiter zu einer
noch umfassenderen Vermarktlichung steigern kann, ohne die Reproduktion der
permanent ver- und inzwischen übernutzten natürlichen und sozialen Substanzen
der Gesellschaft an ein definitives – und neuerlich katastrophisches – Ende zu
führen. Während die Menschen und die Gemeinschaften in wenigen Jahrzehnten
so umgestaltet werden konnten, dass heute zwischen dem Sozialen und dem Markt
kaum mehr unterschieden werden kann, braucht die Natur zu ihrer Reproduktion
ganz andere Zeiträume, als sie eine durchkommerzialisierte und digital beschleunigte Marktgesellschaft gewähren kann.

In dem Beitrag sollte gezeigt werden, dass die digitale Transformation im Sinne
Polanyis keine zweite Great Transformation ist, sie aber den Produktivkräften
beschleunigte Distributivkräfte an die Seite stellt. In diesem Sinne wird aus dem
„great" ein „greater" – um das Risiko eines „tilt"[8], eines katastrophalen „end of

---

8   Der Ausdruck „tilt" steht im Englischen für „kippen". Er bezeichnet im Poker eine
     Pechsträhne, die mit zunehmender Frustration zu einem immer schlechteren Spielver-

game": weil das ursächliche Moment der Great Transformation – die Substanz von Mensch, Natur und Gesellschaft als Ware zu behandeln – mit der Entwicklung der Distributivkräfte in eine neue Stufe eintritt und damit mögliche Einhegungsversuche ebenfalls neue Destruktionspotenziale mit sich bringen, vor allem aber, weil Substanz endlich ist.

Die Digitalisierung verbindet global nicht nur die einzelnen produzierenden Orte der „Teufelsmühle" untereinander, sondern diese auch „on demand" mit ihren Arbeitskräften und in einer „as a service"-Logik mit ihren Konsument/-innen. Damit beschleunigt sich nochmals die substanztransformierende Logik des selbstregulierenden Marktes: immer noch mehr Mensch, Natur und Gesellschaft wird „zermahlen". Der selbstregulierende Markt ist damit per se mit der Vision einer Postwachstumsgesellschaft nicht vereinbar, ist doch Ersterer durch Substanzvernutzung charakterisiert und Letztere durch Substanzerhaltung. Polanyi hat aufgezeigt, dass Einhegungsversuche am Ende selbst zerstörerisch wirken. Gegen den „tilt" gibt es damit nur zwei Optionen: entweder der (aktuell wohl wenig realistische) Exit aus der Marktgesellschaft oder eine erhebliche Entschleunigung, auf die bereits Polanyi hinweist. Sein Plädoyer an die Politik war eindeutig: Der „Glaube an den spontanen Fortschritt" dürfe uns nicht für die „Rolle der Regierung im Wirtschaftsleben blind machen", und diese Rolle bestehe „häufig in der Beeinflussung des Tempos" der Veränderung (1977, S. 57). Da sich heute der marktliberale Staat immer mehr von den Prinzipien des politisch-liberalen Staates entfernt, ist es wenig überraschend, dass sich die Politik angesichts der digitalen Transformation für Beschleunigung entschieden hat.[9] Polanyi hat dagegen an einem Beispiel aus der Tudor-Zeit dargestellt, wie die von den damals politisch Mächtigen durchgesetzte Entschleunigung bei den Einfriedungen und Enteignungen es wenigstens möglich machte, dass die Betroffenen „sich an die geänderten Umstände anpassen konnten, ohne dabei ihre menschliche und wirtschaftliche, ihre physische und sittliche Substanz einzubüßen", sowie „neue Beschäftigungsmöglichkeiten [und] neue Quellen des Lebensunterhalts" finden konnten (ebd.,

---

halten mit unaufhaltbarem Abwärtstrend führt. Bei Flipperautomaten steht „tilt" für das sensorgesteuerte Ende des Spiels als Reaktion auf ein unerlaubtes Spielverhalten. Der Begriff wird hier als Metapher verwendet.

9   Die weitere Beschleunigung wird zum offiziellen Gestaltungsanspruch erhoben, wenn etwa die Politik dem Mittelstand digitale Rückständigkeit vorwirft. Im Digitalisierungsdiskurs wird zudem gern das Argument einer exponentiellen Entwicklungsdynamik aufgegriffen, für das der Futurist Ray Kurzweil (2005) in seiner religiös anmutenden Schrift zur Singularität – als jenem Zeitpunkt, an dem die digitale Technik Selbstbewusstsein entwickelt und der Mensch evolutionär obsolet wird – die Ausgangsdiagnose liefert.

S. 58). Ob die globalen und über die digitalisierten Distributivkräfte noch weiter beschleunigten wirtschaftlichen Prozesse sich derzeit überhaupt noch von lokal gebundenen gesellschaftlichen und politischen Prozessen entschleunigen ließen, ist allerdings ebenso ungewiss wie die Beantwortung der Frage, ob es möglich ist, aus der technologischen, wirtschaftlichen und kommerziellen Entwicklung so viel Tempo herauszunehmen, wie es die Natur zu einer Anpassung an diese Entwicklungen benötigte. Was aber bleibt einem aktuell übrig, als an einer Entschleunigung wenigstens zu arbeiten – ohne die Option des Exits aus der Marktgesellschaft völlig aus den Augen zu verlieren?

Literatur

Bauman, Z. (2017). *Leben als Konsum*. Hamburg: Hamburger Edition.

Belkhir, L., & Elmeligli, A. (2018). Assessing ICT global emissions footprint: Trends to 2040 & recommendations. *Journal of Cleaner Production, 177*, 448–463.

Bischoff, J., & Lieber, C. (2013). *Die „große Transformation" des 21. Jahrhunderts. Politische Ökonomie des Überflusses versus Marktversagen*. Hamburg: VSA.

Brie, M. (2015). *Polanyi neu entdecken. Das hellblaue Bändchen zu einem möglichen Dialog von Nancy Fraser und Karl Polanyi*. Hamburg: VSA.

Blättel-Mink, B., & Hellmann, U. (Hrsg.). (2010). *Prosumer revisited. Zur Aktualität einer Debatte*. Wiesbaden: VS Verlag für Sozialwissenschaften.

Dale, G. (2016). *Reconstructing Karl Polanyi*. London: Pluto.

Gilens, M., & Page, B. I. (2014). Testing theories of American politics: Elites, interest groups, and average citizens. *Perspectives on Politics, 12*, 564–581.

Hellmann, K.-U. (2013). *Der Konsum der Gesellschaft. Studien zur Soziologie des Konsums*. Wiesbaden: Springer VS.

Hellmann, K.-U., & Schrage, D. (Hrsg.). (2005). *Das Management der Kunden. Studien zur Soziologie des Shopping*. Wiesbaden: VS Verlag für Sozialwissenschaften.

Jäger, W., & Pfeiffer, S. (1996). „Die Arbeit ist das lebendig gestaltende Feuer…". Der Marxsche Arbeitsbegriff und Lars Clausens Entwurf einer modernen Arbeitssoziologie. *Arbeit. Zeitschrift für Arbeitsforschung, Arbeitsgestaltung und Arbeitspolitik, 5*, 223–247.

Kotlikoff, L. J. (2018). The big con: Reassessing the „great" recession and its „fix". Vox – CEPR's Policy Portal. https://voxeu.org/article/big-con-reassessing-great-recession-and-its-fix. Zugegriffen: Mai 2019.

Kurzweil, R. (2005). *The singularity is near: When humans transcend biology*. London: Penguin.

Luxemburg, R. (1913). *Die Akkumulation des Kapitals. Ein Beitrag zur ökonomischen Erklärung des Imperialismus*. Berlin: Paul Singer.

Marx, K. (1964) [1894]. Das Kapital. Kritik der politischen Ökonomie. Dritter Band: Der Gesamtprozeß der kapitalistischen Produktion. In K. Marx & F. Engels, *Werke (MEW)*, Bd. 25. Berlin: Dietz.

Marx, K., & Engels, F. (1978) [1932]. Die deutsche Ideologie. In K. Marx & F. Engels, *Werke (MEW)*, Bd. 3. Berlin: Dietz.

Pfeiffer, S. (2004). *Arbeitsvermögen. Ein Schlüssel zur Analyse (reflexiver) Informatisierung.* Wiesbaden: VS Verlag für Sozialwissenschaften.

Polanyi, K. (1977) [1944]. *The Great Transformation. Politische und ökonomische Ursprünge von Gesellschaften und Wirtschaftssystemen.* Wien: Europa.

Reißig, R. (2009). *Gesellschafts-Transformation im 21. Jahrhundert. Ein neues Konzept sozialen Wandels.* Wiesbaden: VS Verlag für Sozialwissenschaften.

Siefkes, C. (2016). Produktivkraft als Versprechen. Notwendiger Niedergang des Kapitalismus oder möglicher Kommunismus ohne viel Arbeit? *PROKLA, 46*, 621–638.

Zwischen Verwilderung und Neukonfiguration

Arbeitsbeziehungen in der Transformation

Hans-Jürgen Urban

1 Einleitung

Das System der Arbeitsbeziehungen umfasst die formellen und informellen, zumeist jedoch institutionalisierten Austauschbeziehungen, innerhalb derer die Organisationen von Kapital und Arbeit ihre gegensätzlichen Interessen austragen (Jürgens und Naschold 1984; Böhle et al. 2018; Dörre 2018).[1] Im deutschen Arbeitsbeziehungssystem dominieren die Arenen der betrieblichen Interessenvertretungen (Betriebs- und Personalräte) und der überbetrieblichen, sektoralen und branchenspezifischen Kollektivverträge (Flächen- und Anerkennungstarifverträge). Beide Ebenen sind mit Blick auf institutionelle Regeln und Akteurshandeln eng miteinander verflochten. Die transnationale (europäische oder globale) Ebene ist als Wirkungs-, kaum aber als Regulierungsebene präsent. Als eine Art arenenübergreifende Gebrauchsanleitung für die konfliktträchtigen Aushandlungsprozeduren fungierte im deutschen Modell der „Konfliktpartnerschaft" (Müller-Jentsch 1996) ein kulturelles Muster, also ein Set aus Normen und Spielregeln, das durch die wechselseitige Anerkennung von Interessen, die Bereitschaft zum Kompromiss und die Akzeptanz der institutionellen Spielregeln der jeweiligen Arena geprägt war.

---

[1] Insbesondere in korporativen Modellen wird der Staat mit seinen regulierenden Funktionen hinzugezählt. In der Regel sind die Arbeitsbeziehungen als Mehrebenen-System und als Einheit von betrieblicher, regionaler bzw. verbandlicher und nationaler Ebene konstruiert. Dabei haben sich die Handlungsräume auf den Ebenen zumeist zu spezifischen Arenen ausdifferenziert. Arenen sind eingegrenzte Konfliktfelder, in denen sich die Akteure spezifische Machtressourcen und Handlungsmöglichkeiten zugestehen (Müller-Jentsch 1996, S. 58 f.). In diesen kämpfen die Akteure in komplexen Institutionen nach vereinbarten Regeln um die Wahrung ihrer Interessen und suchen nach institutionalisierten Problemlösungen.

© Springer Fachmedien Wiesbaden GmbH, ein Teil von Springer Nature 2019
K. Dörre et al. (Hrsg.), *Große Transformation? Zur Zukunft moderner Gesellschaften*, https://doi.org/10.1007/978-3-658-25947-1_22

Dem vorliegenden Beitrag liegt ein gesellschaftstheoretisches Verständnis zugrunde, nach dem die Entwicklung der Strukturelemente des institutionellen Settings
der Arbeitsbeziehungen nur innerhalb ihres soziökonomischen Kontextes adäquat
analysiert werden kann. Demnach müssen Ansätze, die die institutionelle Entwicklung von den Klassenverhältnissen, dem jeweiligen Akkumulationsregime sowie
den gesellschaftlichen und politischen Macht- und Kräfteverhältnissen entkoppeln,
unzulänglich bleiben (Hyman 1994; Dörre 2018). Konstitution, Reproduktion und
Transformation von Institutionen sind vielmehr als Prozesse zu verstehen, in denen
sich Interessenlagen, Machtausstattungen und Strategiefähigkeiten der Akteure
entfalten und in den institutionellen Designs ihren spezifischen Ausdruck finden.

Im Folgenden sollen wesentliche Veränderungen in den gegenwärtigen deutschen Arbeitsbeziehungen skizziert werden. Sie vollziehen sich innerhalb des
Formationswechsels vom nationalstaatlichen Wohlfahrtsstaatskapitalismus zum
transnationalen Finanzmarktkapitalismus (dazu Pineault in diesem Band). Die
Analyse läuft auf die These hinaus, dass die Kumulation der Transformationsdynamiken eine Verwilderung von Arbeitskonflikten und -beziehungen befördert
und der Neuaufbau ihrer Regulierungskapazitäten nur über eine ausgreifende
institutionelle Neukonfiguration gelingen kann. Da dabei der Krise des kapitalistischen Wachstumsmodells Rechnung zu tragen ist, erweist sich die Einbettung
dieser Restrukturierung in ein neues soziökonomisches Entwicklungsmodell als
unverzichtbar. Die Argumentation gliedert sich wie folgt: Der Skizze wesentlicher
Dynamiken, die das deutsche Arbeitsbeziehungsmodell untergraben, folgt die
Einbettung dieser Entwicklungen in die sozial-ökologische Entwicklungskrise des
Gegenwartskapitalismus. Anschließend werden politikinhaltliche und institutionelle
Elemente eines ausgreifenden Regulierungsregimes benannt, die helfen könnten,
die Arbeitsbeziehungen zum Strukturparameter eines neuen Entwicklungsmodells
werden zu lassen. Ein Ausblick schließt den Beitrag ab.

2   Transformation der Arbeitsbeziehungen

Das Modell der Arbeitsbeziehungen wirkte als Basisinstitution jener politökonomischen Konstellation, die (nicht nur) in der BRD nach dem Zweiten Weltkrieg
eine außerordentlich lange wirtschaftliche Wachstumsphase erzeugte (Lutz 1989).
Sie beruhte auf einer spezifischen Kombination aus ökonomischen, politisch-institutionellen und normativen Faktoren, die sich als Strukturparameter zu einer
Prosperitätskonstellation zusammenfügten (dazu Dörre und Lessenich in diesem
Band). In Westdeutschland war sie durch das Zusammenspiel einer stark expansi-

ven industriekapitalistischen Wirtschaft und einem funktional adäquaten Set aus politisch-kulturellen Institutionen geprägt, das die ökonomische Basis stabilisierte und die Wachstumserträge sozial integrativ verteilte.

Bereits gegen Ende der 1970er-Jahre schien die Wachstumsdynamik dieser Kombination aus industriellem Kapitalismus und wohlfahrtsstaatlicher Demokratie zu erlahmen. Doch erst die Häufung von ökonomischen Krisen, sozialer Desintegration und existenzgefährdenden Ökologieschäden ließ die „Janusgestalt von Wohlstandsmehrung […] einerseits […] und völliger Gleichgültigkeit gegenüber den zerstörerischen Folgen dieser Expansion" andererseits in den Fokus wissenschaftlicher und politischer Aufmerksamkeit geraten (ebd., S. 61). Die zutage tretende „ökonomisch-ökologische Zangenkrise" (Dörre und Becker 2018, S. 38 ff.) lässt den sozioökonomischen Pfadwechsel zu einer gesellschaftlichen Überlebensfrage werden. Doch damit nicht genug. Die Wohlfahrtskapitalismen befinden sich seit geraumer Zeit in einer Transformation in Richtung eines globalen Finanzmarktkapitalismus (Aglietta 2000; Windolf 2008; Beyer und Trampusch 2018), dessen Spielregeln und Machtverhältnisse sich nicht nur als Krisenbeschleuniger, sondern zugleich als Blockaden der Krisenüberwindung erweisen. Die sich zuspitzenden sozial-ökologischen Widersprüche des tradierten Wachstumsmodells treffen auf einen kapitalistischen Formationswechsel, in dem die staatlichen Interventions- und Regulierungskapazitäten unter Druck gesetzt oder abgebaut und die Verwertungs- und Machtinteressen transnationaler Finanzakteure privilegiert und ausgebaut werden.

Dies bleibt auch in Deutschland nicht ohne Auswirkungen auf die Arbeitsbeziehungen. Ohne Anspruch auf Vollständigkeit sollen im Folgenden drei wesentliche Dynamiken skizziert werden, die den Arbeitsbeziehungen sukzessive ihre Regulierungskapazitäten rauben.

2.1 Finanzialisierung von Wirtschaft und Gesellschaft

Für die erste Dynamik, die sich als Teil einer finanzkapitalistischen Landnahme lesen lässt (Dörre und Becker 2018), hat sich in der arbeitssoziologischen Forschung der Begriff der Finanzialisierung etabliert (Beyer und Trampusch 2018). Er fasst institutionell umkämpfte und unterschiedlich vorangeschrittene Prozesse zusammen, die sich auf der Unternehmensebene (Mikroebene) wie auf der Makroebene des Wirtschaftssystems vollziehen (Beyer 2018; Faust und Kädler 2018). Beyer (2018, S. 8 ff.) extrahiert aus der Literatur vier Aspekte der Finanzialisierung, um die herum sich die Forschung gruppiert: *Erstens* die Stärkung eines Akkumulationstyps, in dem sich nicht nur die Gewinnmargen aller Unternehmen an den Standards der Finanzmärkte ausrichten, sondern in dem auch in Nicht-Finanzunternehmen die Profite aus Finanzanlagen gegenüber denen aus dem produzierenden operativen Geschäft an Bedeutung gewinnen. *Zweitens* der Wandel in der Unternehmensführung und -kontrolle, der mit der Etablierung des Shareholder-Value-Konzeptes einhergeht. In den betroffenen Unternehmen dominieren zumeist Managementprinzipien, die die Unternehmen der Kontrolle der Finanzmärkte unterstellen und zu einer Radikalisierung von Rationalisierungs- und Ökonomisierungsentscheidungen führen. *Drittens* ein allgemeiner Wandel der Finanzierungsformen, der im Hinblick auch auf staatliches Handeln etwa die Nutzung derivater Finanzprodukte im Schuldenmanagement der Haushalte und die Kapitalisierung öffentlicher Sozialversicherungen in der Sozialpolitik befördert. *Viertens* eine Tendenz zur „kulturellen Veralltäglichung" (Beyer 2018, S. 10) in Form der Ausstrahlung von Logik und Kultur des Finanzsektors und der Idee rentierlichen Investierens ins tägliche Leben und in alle Lebensbereiche.

Die Imperative der Finanzsphäre verschaffen sich in den Unternehmen über unterschiedliche Kanäle Geltung. Dabei lässt sich „Finanzialisierung am Wandel der Leitideen der Unternehmensführung und -aufsicht festmachen, die zugleich das Rüstzeug für die Reformen auf institutioneller Ebene bereitstellt als auch die Akteure auf der Unternehmensebene mit neuen Rechtfertigungs- und Begründungsordnungen ausstattet" (Faust und Kädtler 2018, S. 173). Doch die Veränderungen der Corporate Governance durch den Einzug „aktivistischer Investoren" in die Unternehmen führen nicht nur zu einem Wandel von Kulturen und Rechtfertigungsnarrativen, sondern auch zu einer Neuordnung von Macht- und Einflussverhältnissen in den Unternehmen (Sekanina 2018). Dabei werden die institutionellen Mitbestimmungs- und Partizipationsrechte von Betriebsräten und Beschäftigten infrage gestellt und vor allem die Interessen der Anteilseigner der Unternehmen privilegiert. Befördert werden diese Entwicklungen vom Aufschwung diverser „Prinzipal-Agent-Theorien" oder „Agenturtheorien des Unternehmens" (Faust und Kädtler 2018, S. 173 f.).[2] Diese rechtfertigen Managementvergütungsmodelle mit einer Anreiz- und Gratifikationskulisse, die steigenden Aktienkursen in volatilen Finanzmärkten den Vorzug gegenüber strategischen Investitionen sichert und den Druck auf Löhne, Arbeitszeiten und Sozialstandards erhöht. Zugleich befördert der durchschlagende Druck der Finanzsphäre eine permanente Reorganisation der

---

2   Faust und Kädtler (ebd.) fassen diese Konzepte als normativ ausgerichtete „Legitimationstheorien", die begründen, „warum den ‚residualen Einkommensbeziehern', den Aktionären auch die residualen Kontrollrechte zukommen und warum die Belohnungssysteme des Managements in erster Linie mit Aktionärsinteressen in Einklang gebracht werden sollen".

Arbeit und eine Vermarktlichung der Sozialbeziehungen. Dabei werden Momente „einer erweiterten Integration ausgewählter Finanzierungsaspekte in die betriebliche Steuerung" (Latniak 2016, S. 65) von Arbeitsabläufen beobachtet, die in Richtung einer umfassenderen, systemischen Kontrolle und der Intensivierung von Arbeit wirken (auch Sauer 2013).

2.2   Transnationalisierung und europäische Integration

Die Einwirkungen der globalen Finanzmärkte brechen sich an den institutionellen Settings der nationalen Arbeitsbeziehungen und Sozialsysteme. Vor allem im Zuge der europäischen Integration zeichnet sich eine neue Ebene und mit der Europäischen Union (EU), vor allem in Gestalt der Europäischen Kommission, ein neuer Akteur in den Arbeitsbeziehungen ab. Doch obwohl die transnationale Ebene für die Reproduktion der Arbeit an Bedeutung gewinnt, existieren in ihren Arenen kaum Institutionen, die die Beziehungen zwischen Kapital und Arbeit sozial-regulativ strukturieren könnten.

Stattdessen exekutieren die EU-Akteure die Logik einer New Economic Governance (NEG), die sich als Antwort auf die große Krise der Jahre 2008 ff. herausbildete. Die NEG besteht aus einem Ensemble aus Institutionen, Akteuren und (vor allem fiskal-, wirtschafts- und arbeitsmarktpolitischen) Spielregeln, das die Mitgliedstaaten der EU einem spezifischen Disziplinierungsregime unterwirft. Es stellt den institutionellen Kern eines europäischen Krisen-Konstitutionalismus dar, der nicht nur aus demokratietheoretischen Gründen als äußerst defizitär zu bewerten ist (Urban 2018a). Durch die auf „Austerität" und nationale „Strukturreformen" setzenden Krisenbewältigungsmaßnahmen gewinnen die Interventionen der EU in die nationalen Wohlfahrtsstaaten eine neue Qualität. Statt sozialer Regulierung generiert das NEG-Regime einen Deregulierungsdruck vor allem auf die nationalen Arbeitsbeziehungen und ihre Lohnfindungssysteme. Ein Paradigmenwechsel in der Lohnpolitik zeichnet sich ab: „Während die Lohnfindung bislang als eine autonome Angelegenheit der nationalen Tarifvertragsparteien angesehen wurde und die EU höchstens indirekt Einfluss auf die nationale Lohnentwicklung genommen hat, kommt es nun zur Herausbildung eines neuen lohnpolitischen Interventionismus, bei dem die europäische Ebene mehr oder weniger verbindliche Vorgaben für die nationale Lohnpolitik macht." (van Gyes et al. 2016, S. 14) Über die Hälfte der EU-Mitgliedsländer wurde seither mit Vorgaben zur Lohnentwicklung oder zur Entwicklung der Tarifvertragssysteme konfrontiert. Auch wenn sich die Entwicklungspfade der Lohnsysteme entsprechend der institutionellen Ausgangsbedingungen unterscheiden, resultiert aus diesen Vorgaben letztlich eine Verschiebung

von Interessenlagen und Machtressourcen zulasten der Arbeit und ein Verlust an
Regulierungskapazitäten der nationalen Aushandlungssysteme (Bosch 2017, S. 23
ff.; Leonardi und Perdersini 2018).

2.3   Machtverschiebungen in den tripartistischen Arrangements

Finanzialisierung und Europäisierung stärken in den nationalen Akteurskonstellationen das Kapital und schwächen Staat und Gewerkschaften. Mit Blick auf den
Staat wurde dies als Wandel des Wohlfahrtsstaats zu einem auf Schuldenabbau
und Strukturreformen setzenden „Konsolidierungsstaat" (Streeck 2013, S. 141 ff.)
oder zu einer potenziell autoritären Institution innerhalb eines „politischen Kapitalismus" (Jessop 2018) analysiert.[3] Dabei wechselt der Staat seine Rolle. Agierte er
in der fordistischen Periode als Schöpfer eines die Arbeit dekommodifizierenden
Regulierungssystems, verhilft er nun den Wettbewerbs- und Verwertungsinteressen des sich transnationalisierenden Kapitals zum Durchbruch – mithilfe der
Deregulierung der Arbeitsmärkte und der Reprivatisierung sozialer Risiken, kurz:
mittels der Enteignung des „Sozialeigentums" (Castel 2000, S. 236 ff.) der abhängigen
Arbeit. In Deutschland erhielt die damit beförderte Prekarisierung der Arbeit vor
allem durch die „Hartz-Gesetze" einen entscheidenden Schub (Bosch 2018, S. 12).

Mit den Gewerkschaften verlor das wohlfahrtsstaatliche Arbeitsbeziehungsmodell seine zweite Stütze. Bereits die Adaption von Shareholder-Value-Konzepten
in den Unternehmen erhöhte den Druck auf Arbeitsplätze, Gewerkschaften und
Kollektivverhandlungssysteme (Peters 2011). Hinzu kam der sozioökonomische
Strukturwandel (Lehndorff et al. 2017). Die traditionell gut organisierten Branchen
der Industrie verloren an Bedeutung und die Gewerkschaften an Mitgliedern; und
die wichtiger werdenden Sektoren der High-Tech-, Dienstleistungs- oder Sorge-Arbeit konnten organisationspolitisch nur schwer erschlossen werden. Auch wenn
die mitgliederstärkste Gewerkschaft Deutschlands, die IG Metall, durch innovative
Organizing-Strategien ihre Mitgliederbasis über Jahre hinweg stabil halten konnte
(Hassel und Schroeder 2018), sinkt der gewerkschaftliche Organisationsgrad auch in
Deutschland kontinuierlich. Damit fehlt den Gewerkschaften vielfach schlichtweg

---

3   Als Reaktion auf den externen Schock der Finanzmarktkrise der Jahre 2008 ff. bildete
    sich in Deutschland vorübergehend ein sozioökonomischer „Krisenkorporatismus"
    heraus, der die Machtverhältnisse im korporatistischen Arrangement zugunsten der
    Finanzmarktakteure und zulasten der übrigen Korporatismusbeteiligten verschob
    (Urban 2015).

die Kraft, der Deregulierung der Arbeitsbeziehungen entgegenzuwirken. Derart geschwächt und durch die Deregulierungspolitik des Staates unter Druck gesetzt, schlossen die Gewerkschaften mitunter Abkommen ab, die die Abweichungen von Tarifstandards erleichterten.[4] Verstärkt wurde der Bedeutungsverlust der Gewerkschaften in einigen Ländern durch eine neue Mittelklassenorientierung („middle-class shift") der einstigen Arbeiterparteien, die mit einer Abwertung der Beziehungen zu den einstigen Kernsektoren der Arbeiterklasse und ihren Interessenorganisationen einherging (Gingrich und Häusermann 2015, S. 56 ff.). Da die Regierungen nach ihrem Strategiewechsel eher auf externe Hilfe bei der Akzeptanzbeschaffung für unliebsame Sozialreformen angewiesen waren (Culpepper und Regan 2014), verloren Koalitionen mit den Gewerkschaften, die diese Hilfe nicht leisten konnten oder wollten, an Attraktivität. Für die Gewerkschaften trug der Verlust dieser Bündniskontakte und eines privilegierten Bündnispartners allerdings zur Erosion ihrer Lobbymacht bei.

3 Verwilderung der Arbeitsbeziehungen in der sozial-ökologischen Entwicklungskrise

Ob die Restrukturierung der Arbeitsbeziehungen, wie aus institutionenökonomischer Sicht vermutet, tatsächlich die Transaktionskosten (Williamson 1990) der Aushandlungsprozesse reduziert und die Effizienz erhöht, kann bezweifelt werden. Insgesamt verdichteten sich die Dynamiken zu einer „toxic combination" (Gumbrell-McCormick und Hyman 2019, S. 106), die die Arbeitsbeziehungen zugunsten des Kapitals restrukturierte und die Arbeit rekommodifizierte.

3.1 Erosion des Tarifsystems und Ende der Makrosolidarität

Bis Anfang der 1990er-Jahre galt die Einkommensdifferenzierung in Deutschland als gering und die Tarifbindung als hoch. Auch nicht-tarifgebundene Betriebe orientierten sich vielfach an Tariflöhnen, wobei die Tarifabschlüsse der Metall- und

---

4 Von besonderer Bedeutung war dabei das sogenannte „Pforzheimer Abkommen" aus den Jahr 2004, das die IG Metall mit den Arbeitgebern abschloss. Es ermöglichte unter definierten Bedingungen betriebliche Abweichungen bei den Entgelten (nach unten) und bei den Arbeitszeiten (nach oben) (Bosch 2018, S. 12) und beförderte damit den Prozess der Verbetrieblichung der Tarifpolitik.

Elektroindustrie auch Prägekraft für andere Branchen entfalteten. „Damit wuchsen die Löhne in der Gesamtwirtschaft im Gleichschritt, was die für inklusive Lohnsysteme charakteristische Makrosolidarität über einzelne Betriebe und Branchen hinaus sicherte." (Bosch 2017, S. 18) Doch im Jahr 2017 galt lediglich noch in 27 % der westdeutschen und in 16 % der ostdeutschen Betriebe ein Branchentarifvertrag, während 71 % beziehungsweise 81 % der Betriebe nicht tarifgebunden waren (Ellguth und Kohaut 2018, S. 301). Etwa 49 % der westdeutschen und 34 % der ostdeutschen Beschäftigten arbeiteten in einem branchentarifgebundenen Betrieb, Firmentarifverträge galten für 8 % beziehungsweise für 10 %. Rund 43 % der westdeutschen und 56 % der ostdeutschen Beschäftigten wurden von keinem Tarifvertrag erfasst (ebd.). Zugleich nahm die Anzahl der Betriebe und der Beschäftigten ab, die über einen Betriebsrat verfügen. So fiel der Anteil der Beschäftigten in Betrieben mit Betriebsrat zwischen 1996 und 2017 in Westdeutschland von 51 % auf 40 % und in Ostdeutschland von 43 % auf 33 % (ebd., S. 303). Während in Betrieben mit mehr als 500 Beschäftigten noch Anteilswerte von um die 90 % zu verzeichnen sind, liegen sie bei Betrieben mit bis zu 50 Beschäftigten um die 10 %.

Das Regulierungssystem schmilzt also vor allem an den Rändern; und mit ihm die lohnpolitische Makrosolidarität, ein Markenzeichen des deutschen Kapitalismus. Insgesamt bleibt es in seinem großbetrieblichen Kern durchaus weiter funktionsfähig. Doch es wird exklusiver und lässt an seinen Rändern eine neue Welt von Arbeitsverhältnissen und -konflikten entstehen, die von den verbliebenden Regularien nicht erfasst werden. Dies gilt für die mitunter hochqualifizierten, aber in abhängigen Beschäftigungsverhältnissen tätigen Freelancer*innen der neuen Plattform-Ökonomie, für die Beschäftigten der öffentlichen oder privaten Sorge-Arbeit wie für die prekären Beschäftigungsverhältnisse innerhalb der (insgesamt noch gut regulierten) industriellen Wertschöpfung. Die Folge ist eine zunehmende „Aufsplitterung von Arbeitskonflikten" und eine „neue Konfliktformation" in der gegenwärtigen Arbeitswelt (Dörre 2016, S. 357 ff.). Damit verbunden sind ein merklicher Verlust an lohnpolitischer Regulierungskompetenz der Gewerkschaften, die ihre Bedeutung im Policy-Modell der makroökonomischen Steuerung mindert, sowie ein Verlust des Prinzips des Interessenausgleichs im Konfliktpartnerschaftsmodell.

3.2   Verwilderung der Arbeitsbeziehungen

In toto verdichten sich die diversen Dynamiken zu einem Prozess, der im Anschluss an Axel Honneth als Verwilderung von Arbeitsbeziehungen und -konflikten gefasst werden kann.[5] Eine institutionensensible Erweiterung kann den anerkennungstheoretisch fundierten und auf die erodierende intersubjektiv-reziproke Kommunikation zugeschnittenen Begriff der Verwilderung zur Analyse der Arbeitsbeziehungen fruchtbar machen. Denn zum einen wird immer mehr Beschäftigten soziale Anerkennung verweigert, indem ihnen bereits der Zugang zu den institutionalisierten Schutzzonen der Arbeitsbeziehung blockiert wird; der wachsende Sektor prekärer Arbeit liefert hierfür den empirischen Beleg. Zugleich normalisieren sich zum anderen auch innerhalb der Arenen der „Normalarbeit" Verstöße gegen das Leistungsprinzip und das Prinzip einer fairen Gratifikation und damit Verstöße gegen anerkennungstheoretische Kernnormen des Wirtschaftssystems. Längst haben die Deregulierungs- und Privatisierungspolitiken der neoliberalen Ära dafür gesorgt, dass die Zwänge der finanzkapitalistischen Akkumulation direkt auf die lebendige Arbeit durchschlagen und die materiellen wie kommunikativen Reproduktionsinteressen der Beschäftigten immer wieder infrage stellen.

Wenn hier von einer Verwilderung der Arbeitsbeziehungen und -konflikte die Rede ist, sind also jene Kapital-Arbeit-Kollisionen gemeint, bei denen den Beschäftigten innerhalb der tradierten Handlungssphären materielle und intersubjektive Anerkennung verweigert wird; sie ereignen sich innerhalb der Arbeitsverhältnisse, die noch über ein hinreichendes Maß an arbeits-, tarif- und sozialrechtlichem Schutz verfügen. Zugleich geht es um die exkludierten Konflikte, die sich außerhalb der etablierten Handlungssphären des Arbeits-, Tarif- oder Sozialrechts vollziehen und für die keinerlei institutionalisierte und normativ gerechtfertigte Austragungsformen bereitgehalten werden; dies gilt insbesondere für die Arbeit auf der Basis von Werkverträgen oder in der Form von Solo-Selbstständigkeit.

3.3 Repulsives Wachstum als Problemquelle

Doch damit nicht genug. Die Verwilderung der Arbeitskonflikte vollzieht sich in einer Konstellation, in der kapitalistisches Wachstum infolge eines übermäßigen Ressourcenverbrauches und übermäßiger Schadstoffemissionen sowie aufgrund rückläufiger Korrekturen an der marktbasierten Einkommens- und Vermögens-

---

5 „Soziale Konflikte", so argumentiert Honneth (2011, S. 43), „entstehen […] dort, wo Menschen glauben, in Ansprüchen benachteiligt oder beschnitten zu werden, die sie im Lichte von allgemein akzeptierten Prinzipien für gerechtfertigt halten." Unter Verwilderung des sozialen Konfliktes versteht er einen gesellschaftlichen Zustand, „in dem die Bestrebungen nach sozialer Anerkennung ausufern, weil sie in den systemisch vorgesehenen Handlungssphären keine normativ gerechtfertigte Befriedigung mehr finden" (ebd., S. 37 f.).

verteilung zunehmend repulsiv wird. Es mutiert vom potenziellen Problemlöser zum manifesten Problemverstärker (WSI-Mitteilungen 2014). Der Kapitalismus steckt in einer Wachstumsfalle. Einerseits könnte es sein, dass die gegenwarts-kapitalistischen Ökonomien an Wachstumsdynamik verlieren und nur noch zu niedrigen Wachstumsraten in der Lage sind (Galbraith 2016). Doch selbst wenn neue Wachstumsschübe erzeugt werden können, scheinen die ökonomischen Wertschöpfungszuwächse im etablierten Entwicklungsmodell nicht auf einen allgemeinen Wohlstandszuwachs, sondern zunehmend auf die soziale Spaltung der Gesellschaft und irreparable ökologische Schäden hinauszulaufen (Dörre und Becker 2018).

Was dies für eine Gewerkschaftspolitik bedeuten sollte, die sich nicht nur der Reproduktion der Arbeit, sondern auch der Gesellschaft und der Natur verpflichtet weiß, ist noch zu eruieren (Urban 2018b).[6] Evident ist, dass auch die Bedingungen der materiellen Interessenvertretung der Gewerkschaften etwa in der Lohnpolitik restriktiver werden. Nicht nur, dass sich eine europaweite Koordinierung der nationalen Lohnpolitiken, die den Lohndruck in den produktivitätsschwächeren Ökonomien mindert, als schwierig erweist (Höpner und Seeliger 2018; sowie die Beiträge in European Journal of Industrial Relations 2018). Zugleich schrumpfen mit dem Wirtschaftswachstum auch die verteilungsneutralen Spielräume der gewerkschaftlichen Entgeltpolitik. Lohnkämpfe werden konfliktintensiver, da Lohnzuwächse durch Umverteilung und Eingriffe in die Besitzstände des Kapitals realisiert werden müssen.

---

6   Welche Sozialrisiken für die Beschäftigung mit einer Umstellung der industriellen Wertschöpfung auf eine zumindest mittelfristig umweltverträglichere Wachstums-variante verbunden sein können, lässt sich am Beispiel der De-Karbonisierung der Automobilproduktion illustrieren. In Szenarien-Studien wurden die Wachstums- und Beschäftigungseffekte einer Elektrifizierung des Antriebsstrangs bei Personenkraft-wagen (Pkw) als erheblich eingeschätzt. Demnach werden im Jahr 2035 knapp 114.000 Arbeitsplätze aufgrund der Umstellung auf den Elektroantrieb bei Pkws verloren gegan-gen sein. Der Gesamtumschlag an Erwerbstätigen, der sich durch die Elektrifizierung des Antriebsstrangs von Pkws ergibt, beträgt im Jahr 2035 bis zu 150.000. Vor allem Fachkräfte werden demnach negativ betroffen sein. Zeitverzögert sinkt auch der Bedarf nach Spezialisten- und Expertentätigkeiten. „Die Gesamtwirtschaft wird bis 2035 einen Verlust in Höhe von 20 Mrd. EUR realisieren. Dies entspricht ca. 0,6 Prozent des preis-bereinigten Bruttoinlandsprodukts." Das zugrundeliegende Szenario geht von einem Elektrowagen-Anteil von 23 % bis 2035 aus. Bei einer durchaus möglichen „stärkeren Marktdurchdringung [muss] mit deutlich höheren Wachstums- und Beschäftigungs-effekten gerechnet werden" (Mönnig et al. 2018, S. 7).

4 Ausgreifende Regulierung und arbeitspolitische Neuorientierung

Die skizzierten Dynamiken lassen kaum einen Zweifel daran, dass eine problemadäquate Antwort auf die Verwilderung der Arbeitsbeziehungen grundlegend ausfallen muss. Sie dürfte unterhalb einer Neukonfiguration des gesamten institutionellen Settings nicht zu haben sein. Strategien, die über ein größeres Mehrprodukt Verteilungskonflikte entschärfen und Spannungen innerhalb der Arbeitsbeziehungen reduzieren, stehen aufgrund des repulsiven Charakters des kapitalistischen Wachstums nicht mehr im gewohnten Umfang zur Verfügung. Auch eine einfache Öffnung der Arbeitsinstitutionen nach unten, wie sie aus der neoklassischen oder wirtschaftsliberalen Perspektive als Antwort angeboten wird, um durch die Absenkung unterer Entgelte auf den Pfad einer produktivitätsorientierten Lohnpolitik zurückzufinden, griffe zu kurz. Dies nicht nur, weil die Behauptung positiver Beschäftigungseffekte von Lohnsenkungen auf keine überzeugende empirische Evidenz verweisen kann. Zugleich dürften Lohn- und Sozialkürzungen und die damit beförderte Prekarisierung der Lebenslagen von den Betroffenen als fortgesetzte Anerkennungsverweigerung wahrgenommen werden.[7]

Das Design eines alternativen Transformationsprojektes dürfte komplex ausfallen. Ob sich die Schlüsselakteure des deutschen Modells (Staat, Kapitalverbände und Gewerkschaften), die sich unter dem Druck der Finanzmarktkrise der Jahre 2008 ff. zu einem *Krisenkorporatismus* (Urban 2015) zusammenfanden, zu einem neuen korporatistischen Interessenarrangement durchringen, ist ungewiss und angesichts der aufgezeigten Interessenkollisionen eher unwahrscheinlich. Ein etwaiger *Transformationskorporatismus* stünde gleichwohl in der Tradition der kooperativen Konfliktpartnerschaft in Deutschland und könnte sich als Reaktion auf den nicht minder starken Druck der sozial-ökologischen Transformation herausbilden. Doch prospektive Vermutungen dieser Art übersteigen die Möglichkeiten einer kritischen Soziologie.[8] Die bisherige Analyse deutet allerdings in Richtung eines Reformbedarfs, der auf eine institutionelle, eine politikinhaltliche und eine legitimatorische Neukonfiguration hinausliefe. Das neue Regulierungssetting müsste demnach vor allem ausgreifender als das alte ausfallen; und es müsste Interven-

---

7   Wie eng materielle Reproduktions- und gesellschaftliche Anerkennungsaspekte ineinandergreifen, wird nicht zuletzt in der Analyse von „Sorge-Kämpfen" in den Sektoren sozialer Dienstleitungen deutlich (dazu Artus et al. 2017).

8   Sinnvoll wäre gleichwohl eine soziologische Begleitforschung, die den Wandel der Akteurskonstellationen im bevorstehenden Umbruchprozess beobachtet und die Möglichkeit eines neuen Transformationskorporatismus prüft.

tionsrechte definieren, mit deren Hilfe die sozialen Reproduktionsinteressen der Arbeit im neuen Kapitalismus gewahrt und die sozial-ökologische Transformation der Wertschöpfung in Angriff genommen werden könnten.

4.1   Erschließung neuer Regulierungssektoren

Den archimedischen Punkt der Neukonfiguration der Arbeitsbeziehungen müsste eine ausgreifende Restrukturierung bilden, die Regulierungssektoren nach außen, nach innen und nach oben expandieren lässt. Von zentraler Bedeutung wäre die Integration exkludierter sozialer Randkonflikte durch die Ausweitung der Arbeits- und Sozialverfassung in die Zonen prekärer Arbeit. Eine solchermaßen *nach außen* ausgreifende und auf Universalisierung zielende Strategie müsste über betriebliche Konflikte („Häuserkämpfe") Betriebe in die Tarifbindung holen und Betriebs- und Personalräte etablieren. Dazu dürfte die Stärkung der strukturellen und der Organisationsmacht der Gewerkschaften durch höhere Organisationsgrade und die Erschließung neuer Wirtschaftssektoren unverzichtbar sein. Gewerkschaftliche Organizing-Strategien weisen in diese Richtung.

Da die finanzkapitalistische Unternehmenskontrolle mit der Dauergefährdung betrieblicher wie überbetrieblicher Sozialstandards und Mitbestimmungsstrukturen einhergeht, muss eine Gegenstrategie auch auf der Ebene der Unternehmensführung antworten (Bromberg und Haipeter 2016). Das erfordert eine *nach oben* ausgreifende Erweiterung des Regulierungssystems. Ein Weg könnte über die Disziplinierung aggressiver Investoren durch die Bindung unternehmerischer Investitions- und Anlageentscheidungen an soziale, ökologische und demokratisch-partizipative Standards führen. Wie aktuelle Forschungen zeigen, stößt die normative Selbstregulierung etwa im Banken- und Finanzwesen schnell an Grenzen, solange sie auf der Ebene der Subjekte und ihrer Wertvorstellungen verbleibt, ohne zu den strukturellen und institutionellen Rahmenbedingungen und ihren Verwertungsimperativen vorzustoßen (Neckel et al. 2018).

Nicht minder wichtig wäre eine ausgreifende Regulierung *nach innen*, etwa durch eine Neudefinition der Prinzipal-Agent-Beziehungen. Wie im Shareholder-Kapitalismus die Interessen der Aktionäre an einer Steigerung des Unternehmenswertes privilegiert werden, so sollten entsprechende Vorstandsvergütungsmodelle zukünftig Anreize und Vorgaben für das Management stärken, die Interessenlagen von Beschäftigten, Gesellschaft und Natur einzubeziehen. Unabdingbar dafür dürften institutionelle Arrangements sein, die den betrieblichen Interessenvertretungen sowie den Repräsentanten des Öffentlichen (etwa Sozial- und Naturräten) belastbare Einflusskanäle, Interventionsrechte und neue Machtressourcen zuteilen. Ein wirksamer Beitrag zur Ökologisierung der Wertschöpfung ist ohne neue, institutionell gesicherte Informations- und Mitbestimmungskanäle, die bis weit in die Investitions- und Produktpolitik hineinreichen, kaum zu realisieren.

4.2   Stärkung der Subjektperspektive auf Arbeit

Nicht nur durch die wachstumsbedingten Restriktionen für eine offensive Lohnpolitik gewinnt eine Interessenpolitik an Attraktivität, die sich aus der Arbeitskraft-, aber zugleich aus der Subjektperspektive auf Arbeit bezieht (Schumann et al. 1982, S. 399 ff.). Eine solche Politik nimmt neben materiellen auch soziale sowie anerkennungs- und identitätspolitische Reproduktionsinteressen der Arbeit in den Blick, die nicht unbedingt auf naturunverträgliche Wachstumsraten angewiesen sind. Ein Votum gegen eine materielle (Um-)Verteilungspolitik lässt sich damit aber nicht begründen. Gerade im langsam wachsenden Kapitalismus werden Verteilungskämpfe um das geringere Mehrprodukt nicht nur konfliktintensiver, sondern auch notwendiger, soll das Abrutschen der gesellschaftlichen Verteilungsposition der Arbeit verhindert und Profitansprüchen eine Grenze gesetzt werden. In der Aufwertung einer Interessenpolitik aus der Subjektperspektive liegt unter den Bedingungen gedrosselten Wachstums jedoch eine nicht zu unterschätzende Chance.

Eine solche Orientierung kann sich auf den Zuwachs arbeitsinhaltlicher und identitätsorientierter Werte (Kratzer et al. 2015, S. 45 ff.) sowie auf den Wandel des Belastungs- und Beanspruchungsprofils der Arbeit beziehen. Ohne dass traditionelle körperliche Belastungen aus der Arbeitswelt verschwunden wären, ist im Zuge der Ökonomisierung der Produktions- und Dienstleistungsarbeit ein signifikanter Anstieg von psychischen Gesundheitsrisiken und eine Einschränkung von Handlungs- und Verwirklichungsspielräumen zu verzeichnen (Urban 2018b, S. 332 ff.). Bemerkenswert ist, dass im Zuge dieses Wandels auch die persönlichkeitskonstitutiven Aspekte der Arbeit an Aufmerksamkeit gewinnen. So geht das empirisch erfolgreich getestete „Modell beruflicher Gratifikationskrisen" (Siegrist 2015, S. 21 ff.) davon aus, dass „Anerkennungskrisen im Beruf einen eigenständigen Beitrag zur Erklärung stressassoziierter Erkrankungsrisiken leisten" (ebd., S. 3). Wird der Tausch von Leistung (in Form des eingebrachten Arbeitseinsatzes, des emotionalen Engagements usw.) und Gegenleistung (in Form von Bezahlung, materiellen Arbeitgeberleistungen oder Beschäftigungssicherheit, aber auch durch nicht-materielle Wertschätzung in Form interpersoneller Anerkennung) von den Beschäftigten als asymmetrisch und ungerecht empfunden, entstehen Belohnungsenttäuschungen.

Solche interpersonellen Anerkennungsverweigerungen, die Stressoren und damit Risikofaktoren für die psychische Gesundheit generieren, lassen sich als gestörte Resonanzbeziehungen deuten. Der resonanzsoziologische Ansatz, wie Hartmut Rosa (2016 und in diesem Band) ihn vertritt, richtet in seinem Interesse an den Realisierungsbedingungen des guten und gelingenden Lebens den Blick auf die Debatte um die richtige Work-Life-Balance. In dieser vertritt er die Auffassung, dass für die Menschen Arbeit mehr ist als eine *„Jagd nach Ressourcen"* (Rosa 2016, S. 17, und ausführlicher 393 ff.; Hervorh. i. Orig.). Gerade in der Moderne, so Rosa, unterliegt die Arbeitssphäre einer „multiplen Resonanzaufladung" (ebd., 398), dort tragen die Menschen ihren Teil zum Gemeinwohl bei, dort wird ihnen der gemeinwohlstiftende Wert ihrer Arbeit entlohnt, und dort sind Solidarbeziehungen erlebbar. Die Arbeit avanciert, wie sonst wohl nur die Familie, zu einem Resonanzhafen des spätmodernen Individuums. Sie gehört zu jenen Kontextbedingungen, die ein gelingendes Leben ermöglichen oder untergraben. Wenn durch die Ökonomisierung und Verdinglichung der Arbeit die resonanzstiftende Erfahrung handelnder Selbstwirksamkeit verloren geht und die Transformation von Arbeit „einen zentralen Resonanzgrund menschlichen Lebens austrocknet" (ebd., S. 397), wird dies als Verlust eines identitätsstiftenden Erfahrungsraums erlebt.

Wird der Beitrag resonanzstarker Arbeit zu einem gelingenden Leben als Anforderung akzeptiert, werden resonante Arbeitsweltbeziehungen zu einem Prüfkriterium guter Arbeitspolitik. Gewerkschaftliche Strategien gegen die Ökonomisierung der Arbeit stünden dann in der Tat auch vor der Aufgabe, „die stoffliche Resonanzbeziehung gegen die unterminierenden Imperative der Ökonomisierung zu verteidigen" (ebd., S. 398). Jedenfalls, so ließe sich schlussfolgern, liefert die Kollision zwischen dem Resonanzversprechen der Arbeit, das tief in den Habitus der Arbeitenden eingegraben ist, und den Resonanzverweigerungen im Gegenwartskapitalismus einen Bezugspunkt für eine persönlichkeitsfördernde Interessenpolitik.

4.3   Transformation des Legitimationsmodus

Doch nicht nur aus der Aufwertung identitäts- oder resonanzbezogener Interessen, auch aus den ökologischen Grenzen kapitalistischen Wachstums gehen neue, verteilungs- und vor allem legitimationspolitische Anforderungen hervor. Wohlfahrtsökonomisch betrachtet ermöglicht Wirtschaftswachstum Positivsummenspiele und verteilungsneutrale Pareto-Verbesserungen. Aus dem Mehrprodukt können bestimmte Akteure bessergestellt werden, ohne andere schlechter zu stellen. Bleibt Wachstum aus und muss deshalb aus Besitzständen umverteilt werden, mutieren Positiv- zu Nullsummenspielen und endet die allokative Neutralität. Der Konflikt produziert *Verteilungsgewinner*innen und -verlierer*innen*. Das erhöht die Konfliktintensität, aber auch die Anforderungen an die demokratische Rechtfertigung von Verfahren und Ergebnissen. Der langsamer (oder gar nicht) wachsende Kapitalismus muss sich auch als Rechtfertigungsordnung verstehen und durch ein entsprechendes Narrativ legitimieren können (Forst 2015).

Ein solches Post-Wachstumsnarrativ ist höchst anspruchsvoll. Normen in den Anerkennungswelten von Wirtschaft und Arbeit, wie etwa das Leistungsprinzip und die daraus generierten Ansprüche, basieren auf zumeist materiell interpretierten Vorstellungen von Tauschgerechtigkeit. Diese rekurrieren auf ein als fair empfundenes Gleichgewicht aus Leistung und Gegenleistung, aus In- und Output. Verengen sich aus Gründen ausbleibenden Wachstums die Spielräume für einen materiellen Output, muss nach nicht-materiellen, wachstumsneutralen Äquivalenten gesucht werden. Diese können etwa in Form attraktiver Arbeitsinhalte oder Karrierechancen, eben resonanzstarker Sozialbeziehungen zur Verfügung gestellt werden. Alternativ können jedoch auch Veränderungen auf der Inputseite zu einem neuen Tauschgleichgewicht beitragen. Zu denken wäre etwa an Transparenz von Entscheidungsprozessen, Beteiligungschancen bei der Arbeitsgestaltung und generelle Fairness bei arbeitsweltlichen Verfahren. Diese werden zu Prüfsteinen einer Interessenvertretung, die höhere Anforderungen an die demokratische Qualität im Sinne einer Input-Legitimation akzeptiert. Empirische Studien zur betriebsrätlichen Interessenpolitik in finanzkapitalistisch kontrollierten Betrieben liefern Hinweise darauf, dass die in Input-legitimierten Konzepten geforderte Eigenaktivierung der Betroffenen auch als Machtressource der Interessenvertretung fungieren kann. „Erstens kann sie die Legitimation und damit auch die Machtposition des Betriebsrates stärken, weil Entscheidungen, die er gegenüber dem Management vertritt, durch die Beschäftigten als Bürger des Betriebes demokratisch legitimiert sind. Und zweitens kann sie den Betriebsrat auch inhaltlich stärken, sofern das Expertenwissen der Beschäftigten zur Herausforderung des Managements und zur Entwicklung von Alternativkonzepten genutzt wird" (Bromberg und Haipeter 2016, S. 280). Kurzum, die Transformation arbeitspolitischer Kontextbedingungen sollte mit einer Transformation des Legitimationsmodus gewerkschaftlicher Interessenpolitik beantwortet werden.

5   Fazit und Ausblick

Im kapitalistischen Formationswechsel verschränken sich Transformationsdynamiken zu einer Konstellation, die eine institutionelle und normative Verwilderung der Arbeitsbeziehungen befördert. Die Exklusion von Arbeitskonflikten aus den arbeitspolitischen Arenen lässt neue Konfliktlinien und -räume entstehen, und innerhalb der etablierten Handlungsräume erhöhen die Privilegierung finanzkapita-listischer Interessen und die infolge der kapitalistischen Wachstumskrise verengten Verteilungsspielräume die Konfliktintensität von Kapital-Arbeit-Kollisionen. Eine Rückkehr zu den hohen Wachstumsraten der Vergangenheit scheint entweder nicht möglich oder nicht wünschenswert, denn kapitalistisches Wachstum büßt zuneh-mend seine wohlfahrts- und demokratiestabilisierende Wirkung ein und geht mit systemgefährdenden Verteilungs- und Naturschäden einher. Eine problemadäquate (Teil-)Antwort könnte in einem neuen, ausgreifenderen Regulierungsregime liegen, das neue Regulierungssektoren erschließt und die gewerkschaftliche Arbeitspolitik neu orientiert und legitimiert.

Eine solche Neukonfiguration des institutionellen Settings der Arbeitsbeziehun-gen ist für sich genommen bereits ein anspruchsvolles Unterfangen. Doch selbst wenn sukzessive Fortschritte in diese Richtung gelingen – eine Schwalbe macht noch keinen Sommer und ein neuer Strukturparameter noch keine neue Prospe-ritätskonstellation, schon gar keine sozial und ökologisch nachhaltige. Es spricht einiges dafür, dass auch redimensionierte und neu legitimierte Arbeitsbeziehungen im tradierten kapitalistischen Entwicklungsmodell ihr progressives Potenzial nicht entfalten können. Dies dürfte erst in einem systemischen Kontext gelingen, in dem nicht länger die Erfordernisse der finanzkapitalistischen Akkumulation mit ihren repulsiven Wachstumszwängen den Systemimperativ generieren, sondern in dem über ökonomische Wachstums- und Schrumpfungsfelder demokratisch, d. h. unter maßgeblicher Beteiligung gesellschaftlicher Akteure und Interessen entschieden wird. Notwendig wäre ein ökonomisches Akkumulationsregime, das hinreichendes und naturverträgliches Wachstum generiert, und ein politisch-institutionelles Re-gulierungsregime, das die Wertschöpfungserträge gesellschaftsverträglich verteilt.

Notwendig sind aber vor allem neue, partizipative Verfahren und Prozeduren der Meinungsbildung und Entscheidungsfindung, die eine Rückermächtigung von Gesellschaft und Politik gegenüber der Ökonomie realisieren. Eine solche Ermäch-tigung benötigt institutionell gesicherte Einflusskanäle, ohne die die Anbindung der ökonomischen Wertschöpfung an die Bedarfe von Gesellschaft und Natur nicht gesichert werden kann (Urban 2018a, S. 110 ff.). In diesem Sinne wird seit geraumer Zeit im Geiste einer *„öffentlichen Soziologie"* (Aulenbacher et al. 2017) an Ideen einer Demokratisierung des Ökonomischen gearbeitet. Es geht um eine Perspektive, die die Integration der ökonomischen Verursachersphäre eklatanter Gegenwartsprobleme bei der Neufassung eines inklusiven Demokratieprojekts wissenschaftlich-analytisch und politisch-strategisch ernst nimmt. Dies gilt für die soziologischen Arbeiten an einer „öko-sozialen Wirtschaftsdemokratie" (Ur-ban 2018a) wie an einer „kommunitären Eigentumsgesellschaft" (Wesche und

Rosa 2018). Auch die Arbeitsbeziehungen wären so zu transformieren, dass sie als Strukturparameter eines solchen Wertschöpfungsmodells fungieren können.

Danksagung: Der vorliegende Text entstand – wie einige andere – im Rahmen des DFG-Kollegs Postwachstumsgesellschaften an der Universität Jena. Ich danke vor allem Stephan Lessenich, Hartmut Rosa und insbesondere Klaus Dörre für die Möglichkeit, als Permanent Fellow an den Forschungen des Kollegs partizipieren und von den vielfältigen Impulsen innerhalb der diversen Veranstaltungs-, Diskurs- und Publikationskontexte profitieren zu können. Danken möchte ich auch den Mitarbeiter*innen des Kollegs, die mir durch sorgfältige Lektorate bei der Fertigstellung diverser Manuskripte behilflich waren.

Literatur

Aglietta, M. (2000). *Ein neues Akkumulationsregime. Die Regulationstheorie auf dem Prüfstand.* Hamburg: VSA.

Artus, I., Birke, P., Kerber-Clasen, S., & Menz, W. (Hrsg.). (2017) *Sorge-Kämpfe. Auseinandersetzungen um Arbeit in sozialen Dienstleistungen.* Hamburg: VSA.

Aulenbacher, B., Burawoy, M., Dörre, K., & Sittel, J. (Hrsg.). (2017) *Öffentliche Soziologie. Wissenschaft im Dialog mit der Gesellschaft.* Frankfurt a. M.: Campus.

Beyer, J. (2018). Finanzialisierung, Demokratie und Gesellschaft – zehn Jahre nach Beginn der Finanzkrise. In J. Beyer & C. Trampusch (Hrsg.), *Finanzialisierung, Demokratie und Gesellschaft.* Kölner Zeitschrift für Soziologie und Sozialpsychologie, Sonderheft 58 (S. 3–36). Wiesbaden: Springer VS.

Beyer, J., & Trampusch, C. (Hrsg.). (2018). *Finanzialisierung, Demokratie und Gesellschaft.* Kölner Zeitschrift für Soziologie und Sozialpsychologie, Sonderheft 58. Wiesbaden: Springer VS.

Böhle, F., Voß, G., & Wachtler, G. (Hrsg.). (2018). *Handbuch Arbeitssoziologie. Band 1. Arbeit, Strukturen und Prozesse.* Wiesbaden: Springer VS.

Bosch, G. (2017). Industrielle Beziehungen und soziale Ungleichheit in Deutschland. IAQ-Forschung 06. http://www.iaq.uni-due.de/iaq-forschung/2017/fo2017-06.pdf. Zugegriffen: Dez. 2018.

Bosch, G. (2018). Fördert das deutsche Modell der industriellen Beziehungen die Konvergenz in der EU? IAQ-Forschung 02. http://www.iaq.uni-due.de/iaq-forschung/2018/fo2018-02.pdf. Zugegriffen: Dez. 2018.

Bromberg, T., & Haipeter, T. (2016). Mitbestimmung im Finanzmarktmarktkapitalismus. Neue Perspektiven durch Beteiligung? In T. Haipeter, E. Latniak & S. Lehndorff (Hrsg.), *Arbeit und Arbeitsregulierung im Finanzmarktkapitalismus. Chancen und Grenzen eines soziologischen Forschungskonzepts* (S. 259–284). Wiesbaden: Springer VS.

Castel, R. (2000). *Die Metamorphosen der sozialen Frage. Eine Chronik der Lohnarbeit.* Konstanz: UVK.

Culpepper, P. D., & Regan, A. (2014). Why don't governments need trade unions anymore? The death of social pacts in Ireland and Italy. *Socio-Economic Review, 12,* 723–745.

Dörre, K. (2016). Die neue Konfliktformation. Klassen-Kämpfe in fragmentierten Arbeitsbeziehungen. *Industrielle Beziehungen, 23,* 348–365.

Dörre, K. (2018). Überbetriebliche Regulierung von Arbeitsbeziehungen. In F. Böhle, G. G. Voß & G. Wachtler (Hrsg.), *Handbuch Arbeitssoziologie. Band 2. Akteure und Institutionen* (S. 619–681). Wiesbaden: Springer VS.

Dörre, K., & Becker, K. (2018). Nach dem raschen Wachstum: Doppelkrise und große Transformation. In L. Schröder & H.-J. Urban (Hrsg.), *Gute Arbeit, Ausgabe 2018. Ökologie der Arbeit – Impulse für einen nachhaltigen Umbau* (S. 35–58). Frankfurt a. M.: Bund-Verlag.

Ellguth, P., & Kohaut, S. (2018). Tarifbindung und betriebliche Interessenvertretung: Ergebnisse aus dem IAB-Betriebspanel 2017. *WSI-Mitteilungen, 71,* 299–306.

European Journal of Industrial Relations (2018). Special issue: Collective wage regulation in northern Europe under strain. *European Journal of Industrial Relations, 24*(4).

Faust, M., & Kädtler, J. (2018). Die Finanzialisierung von Unternehmen. In J. Beyer & C. Trampusch (Hrsg.), *Finanzialisierung, Demokratie und Gesellschaft.* Kölner Zeitschrift für Soziologie und Sozialpsychologie, Sonderheft 58 (S. 167–194). Wiesbaden: Springer VS.

Forst, R. (2015). *Normativität und Macht. Zur Analyse sozialer Rechtfertigungsordnungen.* Berlin: Suhrkamp.

Galbraith, J. K. (2016). *Wachstum neu denken. Was die Wirtschaft aus den Krisen lernen muss.* Zürich: Rotpunktverlag.

Gingrich, J., & Häusermann, S. (2015). The decline of the working-class vote, the reconfiguration of the welfare support coalition and consequences for the welfare state. *Journal of European Social Policy, 23,* 50–75.

Gumbrell-McCormick, R., & Hyman, R. (2019). Democracy in trade unions, democracy through trade unions? *Economic and Industrial Democracy, 40,* 91–110.

Hassel, A., & Schroeder, W. (2018). Gewerkschaftliche Mitgliederpolitik: Schlüssel für eine starke Sozialpartnerschaft. *WSI-Mitteilungen, 71,* 485–496.

Honneth, A. (2011). Verwilderungen. Kampf um Anerkennung im frühen 21. Jahrhundert. *Aus Politik und Zeitgeschichte, 61*(1–2), 37–45.

Höpner, M., & Seelinger, M. (2018). Transnationale Lohnkoordination zur Stabilisierung des Euro? Gab es nicht, gibt es nicht, wird es nicht geben. In J. Beyer & C. Trampusch (Hrsg.), *Finanzialisierung, Demokratie und Gesellschaft.* Kölner Zeitschrift für Soziologie und Sozialpsychologie, Sonderheft 58 (S. 415–437). Wiesbaden: Springer VS.

Hyman, R. (1994). Theory and industrial relations. *British Journal of Industrial Relations, 32,* 165–180.

Hyman, R. (2018). What future for industrial relations in Europe? *Employee Relations, 40,* 569–579.

Jessop, B. (2018). Elective affinity or comprehensive contradiction? Reflections on capitalism and democracy in the time of finance-dominated accumulation and austerity states. *Berliner Journal für Soziologie, 28,* 9–37.

Jürgens, U., & Naschold, F. (Hrsg.). (1984). *Arbeitspolitik.* Leviathan, Sonderheft 5. Opladen: Westdeutscher Verlag.

Kratzer, N., Menz, W., Tullius, K., & Wolf, H. (Hrsg.). (2015). *Legitimationsprobleme in der Erwerbsarbeit. Gerechtigkeitsansprüche und Handlungsorientierungen in Arbeit und Betrieb.* Baden-Baden: Nomos.

Latniak, E. (2016). „Matching concepts"? Zum Verhältnis von Finanzialisierung, indirekter Steuerung und Kontrolle. In T. Haipeter, E. Latniak & S. Lehndorff (Hrsg.), *Arbeit und Arbeitsregulierung im Finanzmarktkapitalismus. Chancen und Grenzen eines soziologischen Forschungskonzepts* (S. 45–71). Wiesbaden: Springer VS.

Lehndorff, S., Dribbusch, H., & Schulten, T. (Hrsg.). (2017). *Rough waters. European unions in a time of crisis.* Brüssel: ETUI.

Leonardi, S., & Perdersini, R. (2018). *Multi-employer bargaining under pressure. Decentralisation trends in five European countries.* Brüssel: ETUI.

Lutz, B. (1989). *Der kurze Traum immerwährender Prosperität. Eine Neuinterpretation der industriell-kapitalistischen Entwicklung im Europa des 20. Jahrhunderts.* Frankfurt a. M.: Campus.

Mönnig, A., Schneemann, C., Weber, E., Zika, G., & Helmrich, R. (2018). *Elektromobilität 2035. Effekte auf Wirtschaft und Erwerbstätigkeit durch die Elektrifizierung des Antriebsstrangs von Personenkraftwagen.* IAB-Forschungsbericht 8/2018. http://doku.iab.de/forschungsbericht/2018/fb0818.pdf. Zugegriffen: Dez. 2018.

Müller-Jentsch, W. (1996). Theorien industrieller Beziehungen. *Industrielle Beziehungen, 3*, 36–64.

Neckel, S., Czingon, C., & Lenz, S. (2018). Kulturwandel im Geldgeschäft? Potenziale einer ethischen Selbststeuerung im Banken- und Finanzwesen. In J. Beyer & C. Trampusch (Hrsg.), *Finanzialisierung, Demokratie und Gesellschaft.* Kölner Zeitschrift für Soziologie und Sozialpsychologie, Sonderheft 58 (S. 287–316). Wiesbaden: Springer VS.

Peters, J. (2011). The rise of finance and the decline of organised labour in the advanced capitalist countries. *New Political Economy, 16*, 73–99.

Rosa, H. (2016). *Resonanz. Eine Soziologie der Weltbeziehung.* Berlin: Suhrkamp.

Sauer, D. (2013). *Die organisatorische Revolution. Umbrüche in der Arbeitswelt – Ursachen, Auswirkungen und arbeitspolitische Antworten.* Hamburg: VSA.

Schumann, M., Einemann, E., Siebel-Rebell, C., & Wittemann, K. P. (1982). *Rationalisierung, Krise, Arbeiter. Eine empirische Untersuchung der Industrialisierung auf der Werft.* Frankfurt a. M.: Europäische Verlagsanstalt.

Sekanina, A. (2018). Finanzinvestoren und Mitbestimmung. Wie der Wandel der Investorenlandschaft die Mitbestimmung herausfordert. Mitbestimmungsreport Nr. 42. Hans-Böckler-Stiftung. https://www.boeckler.de/pdf/p_mbf_report_2018_42.pdf. Zugegriffen: Apr. 2019.

Siegrist, J. (2015). *Arbeitswelt und stressbedingte Erkrankungen. Forschungsevidenz und präventive Maßnahmen.* München: Urban & Fischer.

Streeck, W. (2013). *Gekaufte Zeit. Die vertagte Krise des demokratischen Kapitalismus.* Berlin: Suhrkamp.

Urban, H.-J. (2015). Zwischen Krisenkorporatismus und Revitalisierung. Gewerkschaftspolitik im europäischen Finanzmarktkapitalismus. In S. Lehndorff (Hrsg.), *Spaltende Integration. Der Triumph gescheiterter Ideen in Europa – revisited. Zehn Länderstudien.* (S. 302–325). Hamburg: VSA.

Urban, H.-J. (2018a). Ausbruch aus dem Gehäuse der Economic Governance. Überlegungen zu einer Soziologie der Wirtschaftsdemokratie in transformativer Absicht. *Berliner Journal für Soziologie, 28*, 91–122.

Urban, H.-J. (2018b). Ökologie der Arbeit. Ein noch offenes Feld der Gewerkschaften? In L.
    Schröder & H.-J. Urban (Hrsg.), *Gute Arbeit, Ausgabe 2018. Ökologie der Arbeit – Impulse
    für einen nachhaltigen Umbau* (S. 329–349). Frankfurt a. M.: Bund-Verlag.
Van Gyes, G., Schulten, T., & Müller, T. (2016). Einleitung. In G. Van Gyes, T. Schulten &
    T. Müller (Hrsg.), *Lohnpolitik unter europäischer „Economic Governance". Alternative
    Strategien für inklusives Wachstum* (S. 9–19). Hamburg: VSA.
Wesche, T., & Rosa, H. (2018). Die demokratische Differenz zwischen besitzindividualistischen
    und kommunitären Eigentumsgesellschaften. *Berliner Journal für Soziologie, 28,* 237–261.
Williamson, O. E. (1990). *Die ökonomischen Institutionen des Kapitalismus. Unternehmen,
    Märkte, Kooperationen.* Tübingen: Mohr (Siebeck).
Windolf, P. (2008). Eigentümer ohne Risiko. Die Dienstklasse des Finanzmarkt-Kapitalismus.
    Zeitschrift für Soziologie, 37, 516–535.
WSI-Mitteilungen (2014). Schwerpunktheft: Grenzen des Wachstums – Grenzen des Kapi-
    talismus? *WSI-Mitteilungen, 67*(7).

Die Demokratie als Achillesferse der Europäisierung

Zur nationalistischen Transformation Europas

Maurizio Bach

1 Nationalismus versus Supranationalismus

Standen in Europa zwischen den späten 1980er- und den frühen 2010er-Jahren in erster Linie Probleme der Institutionenbildung und -reformen im Fokus der öffentlichen Debatten, so hat sich dieser Fokus im vergangenen Jahrzehnt immer mehr hin zu Konflikten um kollektive Selbstbilder und Identitäten verschoben. Für die Institutionenpolitik des letzten Drittels des 20. Jahrhunderts steht beispielhaft der mit Zielstrebigkeit und Optimismus vorangetriebene Auf- und Ausbau der Europäischen Union. Für die identitätspolitische Wende dagegen sind der nationalistische Populismus, das Referendum des Vereinigten Königreichs zum Austritt aus der Europäischen Union (Brexit) sowie die in großen Teilen der Bevölkerung verbreiteten Ängste vor einem vermeintlichen Verlust der kulturellen Identität infolge von Zuwanderung und ethnischem Wandel symptomatisch. Nationalistische Identitätspolitik tritt zunehmend wieder an die Stelle von Institutionenpolitik.

Hierin spiegelt sich eine neue und einschneidende Transformation Europas, die den politischen Raum und die institutionelle Gestalt des Kontinents grundlegend verändern wird. Paradoxerweise ist in diesem Zusammenhang von einer Art Revanche der Gesellschaft auszugehen: Mittels der Institutionen und Verfahren der repräsentativen Demokratie erobern wachsende Teile der Wählerschaften die durch höherstufige übernationale Integrationsprozesse verlorengegangene Souveränität des nationalen Kollektivs zurück. Diese Problematik erinnert an die Analyse Karl Polanyis (1978). In *The Great Transformation* beschreibt Polanyi eindringlich die Zerstörung der Gesellschaft als Folge einer Verselbstständigung und Hypostasierung des freien Marktes im Zuge der industriellen Revolution im 19. Jahrhundert in England (ebd., S. 200). Damit einher ging eine Verwandlung von Potenzen genuin gesellschaftlicher Natur – so in erster Linie die menschliche Arbeitskraft – und natürlicher Gegebenheiten – vor allem Grund und Boden – in

© Springer Fachmedien Wiesbaden GmbH, ein Teil von Springer Nature 2019
K. Dörre et al. (Hrsg.), *Große Transformation? Zur Zukunft moderner Gesellschaften*, https://doi.org/10.1007/978-3-658-25947-1_23

„fiktive Waren" (ebd., S.183). Diese menschlichen und natürlichen Lebenskräfte wurden dadurch zu „Faktoren" eines selbstregulierenden Marktgeschehens. In der Philosophie des klassischen Liberalismus, welche der Selbstregulierung des Marktes eine weit größere Integrationsfähigkeit als den politischen und ethischen Institutionen der Gesellschaft zuschreibt, fand jene historische Transformation ihre wirkmächtigste Legitimationstheorie. Die „Wiedereingliederung der Gesellschaft in die menschliche Welt", so eine weitere beachtenswerte These von Polanyi, wurde in Reaktion darauf zu einem Grundmotiv von entsprechenden Gegenbewegungen, die sowohl in den verschiedenen, auf wirtschaftlichen Protektionismus und Interventionismus abzielenden Strömungen des Sozialismus wie des Faschismus als auch des extremen Nationalismus ihren politischen Ausdruck fanden (ebd., S. 176). Auf vergleichbare Weise, wenngleich freilich unter veränderten Rahmenbedingungen, treten heute vor allem in den populistischen Bewegungen und Parteien wieder mächtige gesellschaftliche und politische Tiefenströmungen offen zutage, die auf eine Wiederaneignung und Reaktivierung der ökonomischen, politischen und vor allem auch symbolischen Ressourcen der Gesellschaft, ihres Zusammenhalts und ihrer emotionalen Bindungen gerichtet sind. Wie Polanyi ebenfalls schon richtig erkannt hatte, hingen die Sozialgesetzgebung, die Fabrikgesetze, die Arbeitslosenversicherung und vor allem die Gewerkschaften eng mit der Gewährung des demokratischen Wahlrechts für die Arbeitermassen auf dem europäischen Kontinent zusammen. Hierin ist nicht zuletzt der entscheidende Beitrag der Arbeiterklasse zum Prozess der Staats- und Nationsbildung zu sehen (ebd., S. 240 f.). In Verbindung mit dem Ausbau des Wohlfahrtsstaates bildet die Massendemokratie das wichtigste Fundament für die kollektive Identifikation gerade der sozial benachteiligten Klassen mit dem Nationalstaat. Über den Wahlkanal nehmen diese Klassen Einfluss auf die politische Agenda der Regierungen, soweit deren Repräsentanten[1] nicht sogar selbst die Regierung zu stellen vermögen. Es ist letztendlich primär der nationale Wohlfahrtsstaat, der ein relativ hohes Maß an sozialer Sicherheit gewährleistet, und zwar ebenfalls gemäß den über die Wahlen erlangten Machtanteilen der sozial gefährdeten Schichten und der „Versorgungsklassen" (Lepsius 1990a, S. 126 ff.). Somit erweisen sich die Institutionen und Verfahren der parlamentarischen Demokratie als entscheidende Mechanismen zur Hervorbringung und Festigung eines kollektiven Wir-Bildes. Dieses kann seinerseits prinzipiell sowohl auf einer mehr essenzialistischen, mithin ethnisch-kulturfetischistisch eingefärbten, oder

---

1   Im Folgenden werden zwecks der besseren Lesbarkeit anstelle der weiblichen und männlichen Berufs- bzw. Akteursbezeichnungen nur die männlichen Formen verwendet, wobei das weibliche Geschlecht bzw. alle Geschlechter eingeschlossen sind.

auch auf einer mehr formalrechtlich-institutionellen Auslegung des Prinzips der Volkssouveränität beruhen (Anderson 1983).

2 Nationale Demokratie gegen europäische De-Nationalisierung

Damit offenbart die moderne Demokratie ihre eigentümliche Zwiespältigkeit, die auf zwei unterschiedlichen Bezugsebenen für die Doktrin der Volkssouveränität beruht: „Ethnos" versus „Demos", um hier die begriffliche Unterscheidung von Emerich K. Francis und M. Rainer Lepsius aufzugreifen. „Ethnos" bezieht sich demzufolge auf ein ethnisch-organisches Verständnis von Demokratie, das ein kulturell homogenes und territorial definiertes „Volk" als unmittelbaren Träger der politischen Souveränität bestimmt. „Demos" verweist demgegenüber auf ein durch Bürgerrechte formal und institutionell definiertes Kollektivsubjekt als Träger der staatlichen Souveränität. Der entscheidende soziologische Gedanke dabei ist nun der, dass sich je nach den wirksamen Kriterien für das „souveräne Kollektiv" die innergesellschaftliche Konfliktdynamik unterschiedlich entwickeln wird. Während „[j]ede Gleichsetzung des ‚Demos' […] mit einem spezifischen ‚Ethnos' […] im Ergebnis zu einer Unterdrückung oder Zwangsassimilation von anderen ethnischen, kulturellen, religiösen oder sozio-ökonomischen Bevölkerungsteilen innerhalb eines politischen Verbandes" führt (Lepsius 1990b, S. 249), besitzt eine durch Verfassung und Bürgerrechte konstituierte „Staatsbürgernation" größere innergesellschaftliche Pazifizierungschancen, weil sie sich prinzipiell indifferent gegenüber ethnischen und kulturellen Differenzen zeigt. Weist der ethnisch-organische Nationalismus deutlich konfliktverschärfende Tendenzen auf, so stellt das staatsbürgerliche Selbstverständnis von Nationalstaaten eher darauf ab, gesellschaftliche Wert- und Interessenkonflikte stärker durch formal-institutionelle Regelwerke zu befrieden und entsprechend sozial inklusiv zu wirken (ebd., S. 249 f.). Das Paradebeispiel dafür war die Bundesrepublik Deutschland bis zur Wiedervereinigung, in der ein „Verfassungspatriotismus" das Selbstverständnis des Staates dominierte.

In der Ära der supranationalen Institutionenbildung der 1980er- bis 2010er-Jahre war in Europa unter den tonangebenden Eliten die Ansicht verbreitet, durch die Realisierung der politischen und gesellschaftlichen Einheit Europas ließen sich das in der bestehenden nationalstaatlichen Struktur Europas gleichsam eingefrorene ethnisch-nationalistische Vermächtnis und das damit verbundene latente Aggressionspotenzial abmildern, wenn nicht sogar nachhaltig neutralisieren. Die entsprechende, gezielt auf De-Nationalisierung setzende Pazifizierungsstrategie gründete im Kern auf einem Programm zur Errichtung neuartiger trans- und supranationaler Kooperations- und Entscheidungsarenen. Deren Mechanismen wurden in den entsprechenden völkerrechtlichen Verträgen paktiert und kodifiziert, womit gleichzeitig die supranationalen politisch-administrativen Organe wie die Brüsseler Kommission oder der Europäische Gerichtshof geschaffen wurden (Bach 2018; Vobruba 2018, S. 51). Der zielstrebige Abbau der zwischenstaatlichen Grenzen, die Liberalisierung der binneneuropäischen Märkte und die dynamische Erweiterung des Mitgliederkreises sind integrale Elemente der De-Nationalisierungsstrategie. Die Aussicht auf allgemeine Wohlstandssteigerung und die Hoffnung auf zunehmenden sozialen Zusammenhalt in Europa durch eine allmähliche Angleichung der materiellen Lebensverhältnisse und eine parallele Verfestigung der europäischen Identität in der Bevölkerung bildeten die entsprechenden Legitimationsfiguren. Die kooperative Institutionenverflechtung, die grenzüberschreitende Öffnung der territorialen und gesellschaftlichen Räume sowie die Vervielfältigung und Verdichtung von horizontalen, transgesellschaftlichen Austauschprozessen (etwa für Experten, Studierende, Touristen etc.) entwickelten sich unter diesen Voraussetzungen zu den leitenden Optionen des integrierten Europas. Sie ermöglichten etwas gerade vor dem Hintergrund der wechselvollen Konfliktgeschichte der europäischen Staaten und Nationen höchst Unwahrscheinliches und Singuläres: eine relativ spannungsarme Koexistenz verschiedener territorialer Kollektive, mithin ein Arrangement von sich weitgehend gütlich gegenüberstehenden multiplen Identitäten. Das entspricht weitgehend dem Idealbild des kosmopolitischen Liberalismus und findet sich dementsprechend auch in dessen programmatischer Entgrenzungs- und Diversitätspolitik wider (Beck und Grande 2004; Reckwitz 2017, S. 374 ff.; dazu kritisch: Mouffe 2007).

Die letzten drei Jahrzehnte vor dem Ausbruch der globalen Banken- und Finanzmarktkrise von 2007/08, die sich zur Euro- und Staatsschuldenkrise hochschaukelte, mit dem Höhepunkt der Griechenlandkrise 2015, können deshalb in diesem Sinne als eine außergewöhnliche Blütezeit der politisch-institutionellen Europäisierung bezeichnet werden. Die politische und gesellschaftliche Wirklichkeit der Europäischen Union schien die supranationale Pazifizierungsstrategie durch De-Nationalisierung weitgehend zu bestätigen. Die Ideologie des Nationalismus schien in Europa endgültig diskreditiert, ethnisch-nationalistische Kriege gab es nur noch außerhalb der Europäischen Union, insbesondere auf dem Balkan infolge des Zerfalls Jugoslawiens. *Innerhalb* der Europäischen Union spielten in dieser Zeit ethnische und nationale Fragen in der öffentlichen Meinung indes keine nennenswerte Rolle. Die Staatsgrenzen wurden weithin nur noch als Relikte eines überwundenen, auf territorialer Geschlossenheit sowie kultureller Homogenität basierenden Gesellschaftsmodells angesehen. Innerhalb der einzelnen Nationen koexistierten mehrere Schichten von kollektiven Identitäten, nationale wie europäische, regionale wie ethnische. Die früheren Rivalitäten und Konflikte zwischen verschiedenen politisch-territorialen Vergemeinschaftungen sowie Verbänden schienen im politischen System der Europäischen Union aufgehoben, durch bewusstes Institutionendesign beherrschbar und damit weitgehend entschärft zu sein. Die Utopie einer „immer engeren Union der Völker Europas" (Vertrag von Lissabon über die Änderung des Vertrags über die Europäische Union in der Fassung von 2007, Präambel) schien zum Greifen nahe, was einen moralisch unanfechtbaren Integrationsoptimismus großer Teile der politischen Eliten nährte und so gut wie jeden Schritt zu einer weiteren Vertiefung der Integration zu rechtfertigen vermochte.

3   Zur Beharrungskraft des nationalen Habitus

Ob sich multiple Identitäten nun aber gütlich oder antagonistisch gegenüberstehen, ist, wie gerade die historischen Erfahrungen immer wieder gezeigt haben, von „spezifischen Verkettungen von Ereignissen, Politiken und Trends abhängig" (Rokkan 2000, S. 210). Die Erfahrungen der Weltkriege, die Sühne für den Holocaust, der Kampf gegen den Niedergang Europas als Wirtschafts- und Kulturmacht im globalen Maßstab sowie die institutionelle Eigendynamik der europäischen Integration waren einer vorübergehenden Befriedung der Konflikte um kollektive Identitäten in Europa zweifellos förderlich. Daraus eine *Prädestination* Europas für De-Nationalisierung abzuleiten (Vobruba 2018, S. 52), hieße allerdings, die inneren Widersprüche und Ambiguitäten der seit Jahrzehnten vonstattengehenden transnationalen Integrationsprozesse auf der höheren Aggregationsstufe der kontinentalen und globalen Ebene auszublenden (Stråth und Wagner 2017).

Zu diesen Widersprüchen gehört die Tatsache, dass sich die Nationalstaaten als politische Vergesellschaftungen und Institutionenordnungen keineswegs, wie dies in der Idealvorstellung der europäischen Einheit sowie im Subtext der europäischen Verträge mitschwingt, auflösen werden, sondern im Gegenteil tagtäglich ein beachtliches Maß an Resilienz unter Beweis stellen. Die große Beharrungskraft der mit der nationalstaatlichen Integrationsstufe verbundenen Institutionen, Legitimationsmuster, Symbole und Wir-Bilder ist in erster Linie auf die lange und konfliktreiche Geschichte der Staats- und Nationsbildung in Europa zurückzuführen. In deren Verlauf haben sich gesellschaftliche Strukturen und kollektive Einstellungsmuster verfestigt. Das reicht bekanntlich bis in die Epoche der Konfessionskriege im 16. und 17. Jahrhundert, der Achsenzeit der europäischen Neuzeit und der „protestantischen Nationalisierung der Kultur eines Territoriums" zurück (Rokkan 2000, S. 281).

Ihren vorläufigen historischen Höhepunkt erlebte diese Kultur in der Phase der nationalen Einigungsbewegungen im 19. Jahrhundert. Damit wurde sie zugleich zu einem integralen Element der europäischen Modernisierung und Rationalisierung. Ihre eigenartige Beharrungskraft ist indes nicht nur in den staatlichen Institutionen, sondern vor allem auch, wie Norbert Elias immer wieder betonte (Elias 1992, 2001, insb. S. 207 ff.), tief im „sozialen Habitus" und damit in der Persönlichkeitsstruktur der Individuen der nationalen Gesellschaften verankert. Jahrhundertealte Auseinandersetzungen um territoriale Herrschaftsansprüche zwischen Regenten und Souveränen, Zentren und Peripherien, um Machtanteile ehemals exkludierter und unterdrückter sozialer Klassen und Gruppen (Bürgertum, Industriearbeiterschaft, Frauen etc.) sowie um die kulturelle Selbstbehauptung religiöser, ethnischer und nationaler Gemeinschaften haben innerhalb des Integrationstypus des Nationalstaats gesellschaftliche Gebilde hervorgebracht, in denen jene historischen Spannungen und Spaltungen gleichsam eingefroren, mithin als fragile Spannungsbalancen neutralisiert und zugleich in ihrer Konfliktpotenzialität aufbewahrt wurden. Mit anderen Worten: Die geo-ethnischen, -ökonomischen sowie -politischen Erfahrungen Europas kristallisierten sich in den politischen und sozialen Institutionen der Nationalstaaten. Eine Auflösung der Nationalstaaten ließe aller Wahrscheinlichkeit nach die alten Konfliktlinien wieder virulent werden.

Die tatsächlichen Chancen und Grenzen der europäischen Integration werden vielleicht verständlicher, wenn man sich vor Augen führt, dass das supranationale System nicht auf der grünen Wiese errichtet wurde, sondern auf historisch vorgeprägten Fundamenten mit zahlreichen „archäologischen" Schichten. In diesen findet sich das Raumschicksal jedes einzelnen Volkes, Staates und jeder Nation in seinen vielfältigen, durch Migration, Eroberung, Besetzung, Zentralisierung und Pazifizierung bestimmten historischen Transformationen gleichsam eingeschrieben. Man könnte den europäischen Raum der Nationalstaaten daher auch mit einem mehrschichtigen Palimpsest vergleichen, wobei die wechselvolle Geschichte der Territorialsysteme mit ihrer differenzierten Dialektik von Grenzbefestigung und Grenzöffnung, Schrumpfung und Expansion, externer Schließung und interner Institutionenbildung immer wieder umgeschrieben wird (Rokkan 2000; Elias 1992; Eisenstadt 2000). Mit anderen Worten, jede neue Transformation des politischen Systems in Europa erfolgt nicht auf einer *tabula rasa*, sondern ist mit dem komplexen Erbe der *longue durée* beschwert.

Zu den am tiefsten in der Territorialstruktur Europas eingelassenen, für Sakralisierung, Mythenbildungen und Pathos höchst anfälligen und am nachhaltigsten auch von Massenemotionen durchdrungenen Erbschaften dieser Art gehören neben den terrestrischen Staatsgrenzen, den ausdifferenzierten Standardsprachen und den nationalen Symbolen vor allem die sich wechselseitig verstärkenden kulturellen

Identitäten sowie das System der repräsentativen Demokratie. Hinzu kommt, dass die Formierung von territorialen oder nationalen Identitäten, die als kulturelle Gemeinsamkeitsvorstellungen die Mitgliedschaft in einem Staatsverband begleiten, ein relativ belastbares kollektives Zusammengehörigkeitsgefühl sowie intensive Solidaritätsempfindungen evoziert hat. Im Laufe des 19. Jahrhunderts hat dieser Prozess darüber hinaus einen neuen Menschentypus hervorgebracht, den *homo nationalis*. Alles das ereignete sich unvorhergesehen und ungeplant. Es manifestierte sich zumeist als Folgeerscheinung von zwischenstaatlichen Ausscheidungskämpfen und innergesellschaftlichen Krisen und Kriegen (Halperin 2004; Stråth und Wagner 2017). Unter allen sonstigen kollektiven Selbstbildern zeichnet sich der „Nationalcharakter" durch eine Reihe von Besonderheiten aus, wozu gehören: der Raumbezug, besonders die überlokale „Großräumigkeit"; zweipolige, zugleich durch Mitgliedschafts- und geographische Kriterien definierte kollektive Zugehörigkeiten; eine ausgeprägte Kulturbezogenheit mit der „Sprache als Fokus der Identität" (Rokkan 2000, S. 210); eine – potenziell aggressive – kulturell-moralische Selbstüberhöhungs- und Monopolisierungstendenz sowie eine nachhaltige Gefühlsbindung. Diese Merkmale finden ihren Ankerpunkt vor allem an den gemeinsamen Symbolen, wie etwa dem Namen der Nation, der Nationalflagge und -hymne, der Aura der Regierungsämter, dem nationalen Sport usw. (Elias 1992, S. 161 ff.).

Die nationale Identität wird durch entsprechende soziale Praktiken und die mediale Massenkommunikation tagtäglich reproduziert. Das nationalistische Credo, dessen Ausdrucksformen von zivilem, verantwortungsethisch grundiertem Nationalbewusstsein bis hin zu extremem, aggressiv fremdenfeindlichem Chauvinismus reicht, ist daher in modernen Gesellschaften weit verbreitet. Es stellt geradezu ein integrales, *selbstverständliches* und daher unhinterfragtes Element der Lebenswelt dar, wie der britische Nationalismusforscher Michael Billig (1995) anhand reicher empirischer Belege aus zahlreichen Ländern und Regionen dargelegt hat. Als nationalistisch eingefärbtes „Wir-Bild", als „Nationalcharakter" ist der partikulare Alltagsnationalismus im Sinne von Billig sogar zu einem prägenden Moment der individuellen Persönlichkeitsstruktur der meisten Gesellschaftsmitglieder in der Moderne geworden (dazu auch Elias 2001, S. 240 ff.). Namentlich in nationalen Krisensituationen, bei internationalen Konflikten oder in Wirtschaftskrisen zeigt das nationale Über-Ich der einzelnen Gesellschaftsmitglieder in der Regel seine ungebrochene Wirksamkeit als oppressiver Kontroll- und Sanktionsmechanismus. Große Teile des Empfindungs-, Glaubens-, Werte- und Verhaltenskanons des modernen Individuums sind daher national durchdrungen. Es ist also keineswegs übertrieben, wenn Billig zu der Einschätzung gelangt, dass der „nationalism has seeped into the corners of our consciousness" (Billig 1995, S. 12; siehe auch Elias 1992, S. 456 ff.) – hinzuzufügen wäre: sogar in das Unbewusste und das Gewissen der Individuen.

Folgt man dieser Argumentation, dann liegt auf der Hand, dass der Nationalismus als soziale Praxis, Ideologie und identitätsstiftendes Moment von Massen weder ein flüchtiges noch ein pathologisches Phänomen darstellt. Im Gegenteil: es ist Fleisch vom Fleische der Moderne. Es steht auch jenseits der schematischen Unterscheidungen von „regressiv" und „progressiv", „rational" und „irrational" oder „modern" und „anachronistisch". Um noch einmal Elias zu zitieren: „In latenter oder manifester Form ist es eines der mächtigsten, wenn nicht *das* mächtigste soziale Glaubenssystem des 19. und 20. Jahrhunderts" (Elias 1992, S. 194). Mehr noch: Vieles spricht dafür, dass die dem nationalen Habitus zugrundeliegenden Muster des kollektiven Denkens, Fühlens und Handelns über eine außerordentliche Persistenz verfügen und daher über längere Zeit in der Latenz verharren können, um sich unter bestimmten Bedingungen – Krisen sind dafür typisch – in der öffentlichen Debatte zurückzumelden sowie in einer entsprechenden politischen Massenmobilisierung zu manifestieren.

4   Konfliktpotenziale multipler Integrationsstufen

Nicht ignoriert werden kann also, dass auch unter den Bedingungen einer rapide zunehmenden Integration von Staaten im europäischen und globalen Maßstab, wie sie für unsere Zeit prägend geworden ist, der Nationalismus seine gesellschaftliche Integrationskraft und politische Virulenz keineswegs verloren hat. Die Persistenz des Nationalismus hat Norbert Elias veranlasst, von einem „Nachhinkeffekt" zu sprechen. Dabei handele es sich „um ein Habitusproblem eigentümlicher Art", und er führt weiter aus: „Bei der Untersuchung gesellschaftlicher Entwicklungsvorgänge begegnet man immer wieder von neuem einer Konstellation, wo die Dynamik ungeplanter sozialer Prozesse über eine nächste Stufe hinaus in Richtung auf eine andere, ob eine nächsthöhere oder niedrigere, Stufe vorstößt, während die von dieser Veränderung betroffenen Menschen in ihrer Persönlichkeitsstruktur, in ihrem sozialen Habitus auf einer früheren Stufe verharren" (Elias 2001, S. 281). Eine solche Kollision asymmetrischer Modernisierungsniveaus im „Sozialcharakter" einer Nation bleibt freilich in der Regel nicht folgenlos, sondern ist oft die Ursache von mehr oder weniger massiven sozialen und politischen Konflikten (Vobruba 2018, S. 53 f.). Diese entzünden sich typischerweise an Widerständen gegen Veränderungen, Anpassungszumutungen, Machtverlust oder Wohlstandseinbußen, die mit dem Übergang zur höherstufigen Integration einhergehen (Bauman 2005).
    Unter diesem Blickwinkel betrachtet, machen sich die populistischen und neo-nationalistischen Bewegungen und Parteien aktuell zu Wortführern einer

faktisch existierenden gesellschaftlichen Strömung, die im nationalstaatlichen Korpus Europas tiefe Wurzeln hat. Genese, Aufstieg, Provokations- und Destabilisierungspotenzial dieser „neuen" Bewegungen lassen sich somit nicht allein auf gegenwärtige Interessengegensätze wirtschaftlicher oder statusbezogener Natur zurückführen. Es geht dabei vielmehr um grundsätzliche Fragen der Integration moderner Gesellschaften, ihrer inneren Widersprüche sowie um die Langzeitwirkungen des nationalen Habitus, mithin der durch die Staatsbildungsprozesse im Laufe von Jahrhunderten hervorgebrachten gesellschaftlichen und institutionellen Kristallisationen von kollektiven Glaubens-, Empfindungs- und Verhaltenskanons.

Zu den basalen Erkenntnissen der Soziologie gehört, dass besonders in gesellschaftlichen Transformations- und Krisenphasen, die häufig von allgemeiner Unsicherheit und geglaubten oder tatsächlichen Gefährdungen des sozialen Zusammenhalts geprägt sind, auch bei Teilen der in Politik und Gesellschaft tonangebenden Mittel- und Oberschichten diffuse ethnisch-organische Gemeinschaftsbilder mit fremdenfeindlichen Untertönen verfangen (Zick et al. 2019). Solche Vorurteilsmuster sind häufig nicht nur momentane, durch politische Ausnahmesituationen wie etwa die Flüchtlingskrise im Herbst 2015 erzeugte Stimmungsbilder. Vielmehr spiegeln sie häufig auf einer tieferen Ebene emotionale Reaktionen auf den drohenden Macht- und Statusverlust des eigenen sozialen Milieus wider (Nachtwey 2016; Mau 2012; Schimank et al. 2014; dazu auch Nachtwey und Heumann in diesem Band). Immer wieder geht eine solche Tendenz Hand in Hand mit einer zum Teil scharfen Exklusions- und Stigmatisierungsrhetorik im Verhältnis zu generalisierten „Anderen", den innergesellschaftlich Fremden, Juden, Ausländern, Flüchtlingen oder sonst irgendwie sozial Benachteiligten (Horkheimer und Adorno 1969; Elias 1990; Bauman 2005, 2016). Nicht zufällig gewinnt in solchen Momenten eine aggressive Identitätspolitik tendenziell Oberwasser gegenüber einer eher pazifizierenden Institutionenpolitik. Multiple territoriale Identitäten prallen dann unweigerlich wieder stärker antagonistisch aufeinander. Konflikte um territoriale Zugehörigkeiten sowie um Grenzen von politischen Räumen (vor allem Staatsgrenzen) sowie Kulturen werden dann leicht explosiv.

5   Politisierung gesellschaftlicher Ressentiments

Die aktuelle Transformation der Gesellschaften Europas, die mit der großen Krise (Preunkert und Vobruba 2015) und dem Wiederaufleben von nationalen und ethnischen Konflikten zusammenfällt, kann aber nicht allein auf die Furcht der Mittelschichten vor Abwärtsmobilität (Nachtwey 2016) oder auf kollektive

Bedrohungsgefühle von ortsgebundenen einheimischen Bevölkerungen angesichts einer multiethnischen Zuwanderung (Eatwell und Goodwin 2018) zurückgeführt werden. Es ist auch nicht ausreichend, auf die „symbolischen Distinktionskämpfe" der Mittelschichteliten zu verweisen, die ihre angestammten Statuspositionen und den Wert ihrer Kompetenzen und Ressourcen durch Transnationalisierungsprozesse entwertet sehen oder dies glauben, wie etwa Klaus Kraemer (2018) bourdieuanisch argumentiert. Das sind zweifellos ernstzunehmende Faktoren; die entsprechenden Erklärungsansätze vernachlässigen jedoch oft eine entscheidende Dimension: die politisch-institutionelle. Denn erst durch die Übersetzung der Effekte des gesellschaftlichen Strukturwandels in die Logik der Politik, mithin in die politisch-institutionellen Kanäle der Meinungsbildung und Entscheidung, gewinnt der skizzierte Strukturwandel eine politische Qualität. So bedürfen auch die vermeintlich irrationalen Empfindungslagen von abstiegsbedrohten Mittelschichten oder frustrierten „Abgehängten" und sozial Benachteiligten stets einer politischen Transmission, mithin einer Artikulation und Organisierung durch politische Bewegungen und deren Sprecher, um eine breitere gesellschaftliche Wirksamkeit zu entfalten. Sie wirken nicht als solche und unvermittelt als politisch relevante Einflussgrößen. Deshalb stellt der Wahlkanal in der Demokratie nach wie vor eines der wichtigsten Instrumente der Politisierung der Massen dar, auch wenn sowohl der Informationsgrad als auch die Interessengebundenheit und damit die Rationalität der Wähler meist weit überschätzt wird (Luhmann 1969, S. 155 ff.; Hirschman 1984; Sartori 1987, S. 113 ff.).

In diesem Zusammenhang kommt der schleichenden Auflösung der Nation einerseits und der faktischen Entmachtung des Demos im Zuge der Europäisierung andererseits eine nicht zu unterschätzende Bedeutung zu. Der Integrationsoptimismus der Vorkrisenepoche überdeckte lange Zeit die der europäischen Einigung immanenten Risiken einer Aushöhlung des demokratischen Modus. Erst im Verlauf der Euro- und Staatsschuldenkrise der 2010er-Jahre wurde auch für eine breitere Öffentlichkeit offensichtlich, dass essenzielle nationale Wirtschafts- und Fiskalinteressen im europäischen Verband in Mitleidenschaft gezogen werden, mit fatalen Folgen für große Teile der Bevölkerung (Bach 2019). Die Europäische Union sah sich weitgehend unvorbereitet mit territorialen, teilweise direkt auf das EU-Krisenmanagement (Europäischer Stabilitätsmechanismus, Austeritätspolitik) zurückzuführenden Ungleichheits- und Verteilungskonflikten konfrontiert. Diese ließen sich zudem nicht mehr nach den in der Europäischen Union üblichen institutionellen Kompromiss- und politischen Tauschmechanismen bearbeiten und lösen. Zudem mündeten sie in einer sich bald schon verfestigenden tiefen Kluft zwischen nordeuropäischem Zentrum und südlicher Peripherie (Heidenreich 2014; Bach 2018; dazu auch Urban sowie Dörre in diesem Band). Auch wenn sich in der

Euro- und Staatsschuldenkrise eine europäische Öffentlichkeit formiert hat, die in größerem Maßstab als zuvor auch spezifisch europäisch konnotierte Themen und sozio-ökonomische Verteilungsprobleme aufgreift, so führte dieser Prozess doch nicht zu einer nennenswerten Stärkung der europäischen Identität und Solidaritätsbereitschaft der Unionsbürger. Vielmehr hob er erstmals die Paradoxie der tiefen sozio-ökonomischen Spaltungsstrukturen ins Bewusstsein der Bürger Europas (Trenz 2018). Dadurch wurde das programmatische Konvergenz- und Kohäsionsversprechen des europäischen Projekts faktisch dementiert.

Hinzu kommt in großen Teilen der Bevölkerung vieler EU-Mitgliedstaaten eine unerwartete Rückbesinnung nicht nur auf die nationalen sozio-ökonomischen Interessenlagen, sondern eben auch auf den besonderen Eigenwert der Nation und damit auf den Nationalstolz, mithin auf Dispositionen, die lange Zeit durch die allgemeine Europa-Euphorie verdunkelt worden waren. Vor allem in den am meisten von den sozialen und wirtschaftlichen Verwerfungen betroffenen Staaten – den Staaten der südlichen Peripherie – wird die Krise nicht zuletzt als eine Krise der eigenen Nation und als nationale Demütigung gedeutet und erlebt. Der nationale Habitus besitzt nicht nur die erwähnte große Beharrlichkeit und Widerstandskraft, was Elias in dem von ihm beschriebenen Phänomen des „Nachhinkeffekts" prägnant zum Ausdruck gebracht hat. Der nationale Habitus erweist sich darüber hinaus auch als höchst empfindsam gegenüber Machtverlust, Niederlagen, moralischer Herabsetzung und Entzauberung des eigenen Staates, wofür es zahlreiche Beispiele in der Geschichte gibt.

Die nationalistische Ideologie – hier verstanden als jener Alltagsnationalismus, von dem weiter oben die Rede war – hat stets ein „idealisiertes Bild der eigenen Nation [im] Zentrum ihres Selbstbildes, ihrer sozialen Glaubensdoktrinen und ihrer Werteskala" (Elias 1992, S. 175). Der Patriotismus gehört zu jenen unteilbaren, inkommensurablen Gütern, die keinem Tauschhandel zugänglich sind, deren Wert allein im Sinnbezug der Ideale und Projektionen liegt und insofern letztlich keinen Preis kennen.

An dieser Stelle kommt nun erneut die strukturelle Ambivalenz der Demokratie ins Spiel: Es gehört zu den meist vernachlässigten, aber höchst risikoreichen Aspekten der Demokratie, dass sie nicht nur den Nationalismus voraussetzt, sondern ihn auch unter bestimmten Bedingungen verstärken kann – sogar bis zum Umschlag in antidemokratische Regimeformen. „Democratic politics is founded on the institutions of nationhood" (Billig 1995, S. 11), und der Alltagsnationalismus gehört damit zu jenen gesellschaftlichen Voraussetzungen des modernen demokratischen Staates, die er zwar im Sinne des Böckenförde-Diktums nicht selbst garantieren, auf dessen Existenz er aber geradezu existenziell angewiesen ist. Die moderne Massendemokratie stellt so gesehen das institutionelle Pendant zum sozialen Nachhinkeffekt des Nationalismus auf der Habitusebene dar. Sie ermöglicht es den Wählerschaften, gesellschaftlichen Protest – etwa gegen die Eliten als solche, gegen soziale Benachteiligung, eine weitere Vertiefung der europäischen Integration, die vermeintliche Auflösung der Nationen und dergleichen – über den Wahlkanal effektiv zu artikulieren. Als entscheidend erweist sich dabei, dass die Wählerschaften im Wesentlichen territorial definiert sind und deren Identitäten als „souveräne Kollektive" differenzielle Grenzkontrollen voraussetzen, auch in der Ära der Europäisierung und Transnationalisierung (Rokkan 2000; Bartolini 2005).

Dass die Massendemokratie gerade auch die unterprivilegierten Schichten und Außenseiter des nationalen Demos in das politische System erfolgreich inkorporiert und ihnen mit ihrer Wählerstimme eine Möglichkeit zur Artikulation von Protest an die Hand gegeben hat, lässt sie unter Bedingungen erodierender Lager- und Parteienloyalität, volatiler Wählerbewegungen, verschärfter Ungleichheitskonflikte, gefährdeter nationaler Kohäsion und eines staatlichen Machtverlusts somit zu einem Risikofaktor eigener Art werden. Dann kann auch das Vertrauen in die politischen Institutionen erodieren, wodurch sich der Raum für eine nationalistische Identitätspolitik erweitert. Zugespitzt formuliert: Demokratie und ethnisch-organischer Nationalismus könnten sich auf diese Weise wechselseitig stimulieren und sich damit gegenseitig in die Hände spielen. Die Europäische Union wird dem wohl nach Lage der Dinge wenig entgegensetzen können, und dies nicht nur aufgrund der anhaltenden Entscheidungsschwäche und Vertrauenskrise als Folge der Staatsschulden-, Austeritäts- und Migrationsproblematik. Es gebricht ihr seit jeher an einer demokratischen Eigenlegitimation, was den Legitimationsinput durch die nationalen Demokratien und damit deren Funktionstüchtigkeit unverzichtbar macht (Grimm 2016). Die Verfassung der Europäischen Union steht darüber hinaus auch strukturell aufgrund der Inexistenz eines europäischen Demos und eines entsprechenden Bewusstseins, der starken Exekutive- und Bürokratielastigkeit, der Bürgerferne der supranationalen Institutionen und ihrer Entscheidungsprozesse sowie der Wissensdefizite der Masse der Wähler hinsichtlich internationaler Fragen einer echten Demokratisierung entgegen (Dahl 2006).

Literatur

Anderson, B. (1983). *Imagined communities. Reflections on the origin and spread of nationalism*. London: Polity.

Bach, M. (2018). Die institutionelle Dynamik Europas. In M. Bach & B. Hönig (Hrsg.), *Europasoziologie. Handbuch für Wissenschaft und Studium* (S. 57–68). Baden-Baden: Nomos.

Bach, M. (2019). Eurokrise und soziale Ungleichheit. In M. Eigmüller & N. Tietze (Hrsg.), *Ungleichheitskonflikte in Europa. Jenseits von Klasse und Nation* (S. 139–150). Wiesbaden: Springer VS.

Bartolini, S. (2006). *Restructuring Europe. Centre formation, system building, and political structuring between the nation state and the European Union*. Oxford: Oxford University Press.

Bauman, Z. (2005). *Moderne und Ambivalenz. Das Ende der Eindeutigkeit*. Hamburg: Hamburger Edition.

Bauman, Z. (2016). *Die Angst vor den anderen. Ein Essay über Migration und Panikmache*. Berlin: Suhrkamp.

Beck, U., & Grande, E. (2004). *Das kosmopolitische Europa*. Frankfurt a. M.: Suhrkamp.

Billig, M. (1995). *Banal nationalism*. London: Sage.

Dahl, R. A. (2009). Can international organizations be democratic? A sceptic's view. In I. Shapiro (Hrsg.), *Democracy's edges* (S. 19–36). Cambridge: Cambridge University Press.

Eatwell, R., & Goodwin, M. (2018). *National populism. The revolt against liberal democracy*. London: Penguin.

Eisenstadt, S. N. (2000). *Die Vielfalt der Moderne*. Weilerswist: Velbrück.

Elias, N. (1990). *Etablierte und Außenseiter*. Frankfurt a. M.: Suhrkamp.

Elias, N. (1992). *Studien über die Deutschen. Machtkämpfe und Habitusentwicklung im 19. und 20. Jahrhundert*. Frankfurt a. M.: Suhrkamp.

Elias, N. (2001). *Die Gesellschaft der Individuen*. Frankfurt a. M.: Suhrkamp.

Grimm, D. (2016). *Europa ja – aber welches? Zur Verfassung der europäischen Demokratie*. München: C. H. Beck.

Halperin, S. (2004). *War and social change in modern Europe. The great transformation revisited*. Cambridge: Cambridge University Press.

Heidenreich, M. (Hrsg.). (2016). *Krise der europäischen Vergesellschaftung? Soziologische Perspektiven*. Wiesbaden: Springer VS.

Hirschman, A. O. (1984). *Engagement und Enttäuschung. Über das Schwanken der Bürger zwischen Privatwohl und Gemeinwohl*. Frankfurt a. M.: Suhrkamp.

Horkheimer, M., & Adorno, T. W. (1969). *Dialektik der Aufklärung*. Frankfurt a. M.: Fischer.

Kraemer, K. (2018). Sehnsucht nach dem nationalen Container. Zur symbolischen Ökonomie des neuen Nationalismus in Europa. *Leviathan, 46*, 280–302.

Lepsius, M. R. (1990a). Soziale Ungleichheit und Klassenstrukturen in der Bundesrepublik Deutschland. In M. R. Lepsius, *Interessen, Ideen und Institutionen* (S. 117–152). Opladen: Westdeutscher Verlag.

Lepsius, M. R. (1990b). „Ethnos" und „Demos". Zur Anwendung zweier Kategorien von Emerich Francis auf das nationale Selbstverständnis der Bundesrepublik und auf die Europäische Einigung. In M. R. Lepsius, *Interessen, Ideen und Institutionen* (S. 247–255). Opladen: Westdeutscher Verlag.

Luhmann, N. (1969). *Legitimation durch Verfahren*. Neuwied: Luchterhand.

Mau, S. (2012). *Lebenschancen. Wohin driftet die Mittelschicht?* Berlin: Suhrkamp.

Mouffe, C. (2007). Über das Politische. Wider die kosmopolitische Illusion. Frankfurt a. M.: Suhrkamp.

Nachtwey, O. (2016). *Die Abstiegsgesellschaft. Über das Aufbegehren in der regressiven Moderne.* Berlin: Suhrkamp.

Polanyi, K. (1978) [1944]. *The Great Transformation. Politische und ökonomische Ursprünge von Gesellschaften und Wirtschaftssystemen.* Frankfurt a. M.: Suhrkamp.

Preunkert, J., & Vobruba, G. (Hrsg.). (2015). *Krise und Integration. Gesellschaftsbildung in der Eurokrise.* Wiesbaden: Springer VS.

Reckwitz, A. (2017). *Die Gesellschaft der Singularitäten. Zum Strukturwandel der Moderne.* Berlin: Suhrkamp.

Rokkan, S. (2000). *Staat. Nation und Demokratie in Europa.* Frankfurt a. M.: Suhrkamp.

Sartori, G. (1997). *Demokratietheorie.* Darmstadt: Wissenschaftliche Buchgesellschaft.

Schimank, U., Mau, S., & Groh-Samberg, O. (2014). *Statusarbeit unter Druck? Zur Lebensführung der Mittelschichten.* Weinheim: Beltz Juventa.

Stråth, B., & Wagner, P. (2017). *European modernity. A global approach.* London: Bloomsbury.

Trenz, H.-J. (2018). Öffentlichkeit, europäische. In M. Bach & B. Hönig (Hrsg.), *Europasoziologie. Handbuch für Wissenschaft und Studium* (S. 359–368). Baden-Baden: Nomos.

Vobruba, G. (2018). Politischer Raum Europa. In M. Bach & B. Hönig (Hrsg.), *Europasoziologie. Handbuch für Wissenschaft und Studium* (S. 51–56). Baden-Baden: Nomos.

Zick, A., Küpper, B., & Berghan, W. (Hrsg.). (2019). *Verlorene Mitte. Feindselige Zustände. Rechtsextremistische Einstellungen in Deutschland.* Berlin: Dietz.

Regressive Rebellen und autoritäre Innovatoren: Typen des neuen Autoritarismus

Oliver Nachtwey und Maurits Heumann

1 Einleitung

Der Rechtspopulismus hält die meisten westlichen Gesellschaften in Atem. Eine nervöse, gereizte Grundstimmung herrscht in der Politik. Auch in Deutschland ist die lange politische Stabilität an ein vorläufiges Ende gekommen. Mit der Alternative für Deutschland (AfD) hat der Rechtspopulismus Einzug in die deutsche Politik gehalten. Mit 13 % der Stimmen wurde sie die drittstärkste Kraft im 2017 gewählten Bundestag, in Sachsen wurde sie sogar zur stärksten Partei. Der Erfolg der AfD ist Resultat der Repräsentationskrise im politischen System, in dem sich die Politik der Mitte erschöpft hat (Nachtwey 2019). Anders als in den 1990er-Jahren wird der Aufstieg des Rechtspopulismus voraussichtlich jedoch kein temporäres Phänomen bleiben, sondern das politische System dauerhaft transformieren.

Der Aufstieg der AfD hat eine breite sozialwissenschaftliche Debatte über die Ursachen und Bedingungsfaktoren des Rechtspopulismus ausgelöst, die vor allem über die heterogene soziale Struktur der UnterstützerInnen der AfD geführt wird. In der gegenwärtigen sozialwissenschaftlichen Forschung zu rechtspopulistischen Orientierungen und ihren Entstehungsbedingungen dominieren drei Erklärungsperspektiven (Rippl und Seipel 2018): In der ersten wird die These vertreten, dass es vor allem die sozioökonomischen und politökonomischen Transformationen sind, die Deprivationserfahrungen und sozioökonomische Verunsicherungen produzieren und zum Aufstieg des Rechtspopulismus geführt haben (u. a. Lux 2018; Heitmeyer 2018; Manow 2018). In der zweiten Perspektive werden vor allem kulturelle Faktoren betont. Aus dieser Sicht sind es insbesondere soziokulturelle Bedrohungen und Entwertungen, die eine Empfänglichkeit für autoritäre Orientierungen wahrscheinlicher machen (Koppetsch 2017; Reckwitz 2017). Der dritte Erklärungsansatz verweist auf die zunehmende politische Entfremdungserfahrung

© Springer Fachmedien Wiesbaden GmbH, ein Teil von Springer Nature 2019
K. Dörre et al. (Hrsg.), *Große Transformation? Zur Zukunft moderner Gesellschaften*, https://doi.org/10.1007/978-3-658-25947-1_24

und auf politische Repräsentationsdisparitäten als wichtige Faktoren (Hambauer und Mays 2018). Insgesamt sind, so Rippl und Seipel (2018), die verschiedenen Befunde zur soziopolitischen Zusammensetzung der Bevölkerungsteile, die sich von rechtspopulistischen Parteien und Bewegungen angesprochen fühlen, nicht konsistent und die jeweiligen Erklärungsansätze scheinen nur Teilaspekte weitreichender gesellschaftspolitischer Verschiebungen und Krisen zu beleuchten.

Auffällig ist das Defizit an qualitativen Forschungen.[1] Mit unserer Untersuchung, die wir im Folgenden aus Platzgründen nur ausschnittsweise präsentieren können, wollen wir einen solchen qualitativen und explorativen Beitrag zur aktuellen Autoritarismus- und Rechtspopulismusforschung leisten, der theoretisch an Autoritarismus- und Anomiekonzepte anknüpft.

2   Material und Methode

Im Jahr 2017 haben wir in Zusammenarbeit mit der Nichtregierungsorganisation Campact e. V.[2] eine Studie über neue Formen des Autoritarismus in der Zivilgesellschaft durchgeführt.[3] Die explorative Studie baut auf einem spontanen, d. h. selbstselektiven und theoriegeleiteten Sampling auf. Wir haben 16 biografisch-narrative Interviews mit Campact-UnterstützerInnen geführt, die in der Online-Kommunikation mit Campact eine Sympathie für die AfD zu erkennen gaben.[4] Diesen scheinbaren Widerspruch zwischen der Unterstützung einer progressiven Bewegungsorganisation und der Parteinahme für AfD-Positionen nahmen wir zum Ausgangspunkt, um nach neoautoritären Formen politischer Partizipation zu fragen.

---

1   Ausnahmen bilden die wichtigen qualitativen Studien von Dörre et al. (2018) und Sauer et al. (2018). Dörre et al. untersuchen rechtspopulistische Orientierungen im betrieblichen Kontext, während Sauer et al. vor allem Experteninterviews mit Gewerkschaftsmitgliedern in den Fokus rücken. Unsere Studie bezieht sich auf zivilgesellschaftliche Akteure und ihre politische Ideologie.

2   Campact ist eine vor allem im Internet tätige progressive Bewegungsorganisation, die insgesamt mehr als 2 Millionen Menschen in ihren E-Mail-Verteilern führt; https://www.campact.de/campact/.

3   Für die konstruktive Mitarbeit in allen Forschungsphasen danken wir unserem ForscherInnenteam Farah Grütter, Flurin Dummermuth und Jan Moritz Dolinga.

4   Es ist wichtig zu betonen, dass unsere Interviews im Kontext der öffentlich-medialen Debatte um die bundesdeutsche Flüchtlingspolitik und den Aufstieg der AfD stattfanden und daher stark von dem beeinflusst sind, was Adorno (1995, S. 176) als „kulturelles Klima" und „ideologischen Einfluss der Massenmedien auf die Bildung der öffentlichen Meinung" bezeichnet.

Insgesamt haben wir über 30 Stunden Interviewmaterial erhoben und durch ethnografische Feldnotizen und einen standardisierten Fragebogen zur Sozialstruktur und zu den wahlpolitischen Präferenzen der Befragten ergänzt. Unter Zuhilfenahme der Analysesoftware MaxQDA kodierten wir das Interviewmaterial unter Berücksichtigung deduktiver Kriterien nach der qualitativen Inhaltsanalyse (Mayring 2015) und nach dem offenen Verfahren der „Grounded Theory" (Strübing 2014). Das Ergebnis ist eine umfangreiche Indexierung des Materials in einer inhaltlichen, einer biografischen und einer kognitiv-moralischen Dimension, die über 6000 Kodierungen umfasst.

In den fallvergleichenden Kodier- und Analyseprozessen interessierten wir uns in erster Linie für die ideologischen Gemeinsamkeiten der Befragten. Dabei erarbeiteten wir eine dichte Beschreibung der geteilten politischen Meinungen sowie des Spannungsverhältnisses zwischen den Befragten und den etablierten Normen und Institutionen der gegenwärtigen politischen Ordnung. Auf dieser Grundlage konnten wir schließlich eine Typenbildung vornehmen (Kelle und Kluge 2010, S. 90), in der wir Merkmale und Sinngebungen in zwei Anpassungstypen nach Robert K. Merton (2009) verdichteten.

In unserem Sample sind mehrheitlich Männer vertreten (13). Die 16 Befragten sind im Vergleich zur Gesamtbevölkerung leicht überdurchschnittlich gebildet und haben bereits ein mittleres oder höheres Alter erreicht. Sechs der 16 Befragten sind in den 1960er-Jahren geboren, während fünf in den 1950er-Jahren und vier in den 1940er-Jahren zur Welt kamen. Nur eine Person ist in den 1990er-Jahren geboren. Sechs der befragten Personen sind bereits pensioniert, eine andere Person ist arbeitssuchend und eine weitere invalide und infolgedessen nicht mehr erwerbstätig. In unseren Interviews konnten wir rekonstruieren, dass solche Lebensereignisse – der Eintritt in die Rente oder biografische Brüche – häufig den Beginn einer autoritären Politisierung darstellen. Diese Lebensereignisse sind in der Regel mit persönlichen Neuorientierungen verbunden und fallen mit dem Gewinn neuer Zeitressourcen zusammen, die unter Umständen dazu genutzt werden können, sich im Internet neue Wissensquellen zu erschließen.

3 Autoritarismus und Anomie

Den theoretischen und analytischen Ausgangspunkt der Untersuchung bildet John Duckitts Aufsatz „Authoritarianism and group identification: A new view on an old construct" (1989). In diesem schlägt Duckitt eine Neufassung des ursprünglichen Konzepts des autoritären Charakters von Theodor W. Adorno (1995) vor. Während

Adorno die autoritäre Persönlichkeit in erster Linie unter Berücksichtigung ihrer Charakterstruktur analysierte, verschiebt Duckitt die Perspektive auf die sozialstrukturellen Aspekte autoritärer Äußerungen und ihre Situations- und Gruppenspezifik und meint damit das Verhältnis der Gruppenmitglieder zu Gruppenautoritäten, Gruppenkonventionen sowie Fremden und Andersdenkenden. Gerät die Gruppe (situativ) unter Druck, intensiviert sich die Gruppenidentifikation bestimmter Mitglieder, was in der Regel zur Konjunktur von autoritären Meinungsäußerungen führt. Autoritär Eingestellte fordern, dass die „purely personal needs, inclinations, and values of group members" soweit wie möglich den Ansprüchen der Gruppenkohäsion untergeordnet werden sollten (Duckitt 1989, S. 71). Das heißt im Extremfall: Wunsch nach Autorität, Anpassung an Konventionen und Abstrafung von Fremden und AbweichlerInnen. Der Autoritarismus zeigt sich auf der Subjektebene demnach als *spezifische* normative Vorstellung über das angemessene Verhältnis zwischen „individual autonomy and group authority" (ebd., S. 72). Je nach Situation und Kontext können diese Vorstellungen laut Duckitt auch paradoxe, libertär-autoritäre Züge annehmen und sich gegen etablierte Autoritäten, Normen und Institutionen richten. Die gleichen Befragten fordern „autonomy und self-regulation" (ebd., S. 71), kritisieren die aus ihrer Sicht falschen Autoritäten und stellen Konventionen infrage. Bei der Auswertung der Interviews achteten wir besonders auf diese Varianz von normativen Äußerungen und Reaktionsformen und konnten auf diese Weise die (oftmals paradoxe) Gesamtideologie der Befragten[5] rekonstruieren.

Aus unserer Perspektive ist der neue Autoritarismus auch eine Folge gesteigerter Anomievulnerabilitäten, die sich infolge von gesellschaftlichen Modernisierungsschüben ungleich auf bestimmte Bevölkerungsgruppen verteilen und sich den Betroffenen als Handlungsproblem offenbaren. Anomie bedeutet in dieser Konzeption das Ungleichgewicht „zwischen den relativen Aspirationsniveaus gesellschaftlicher Teilgruppen und den darauf eingepassten Zugangsregelungen und Realisierungsmöglichkeiten verschiedener gesellschaftlicher Funktionsbereiche" (Bohle et al. 1997, S. 57). Mit dem Begriff der Anomievulnerabilität charakterisieren wir jene Personen und Gruppen, die aufgrund ihrer beruflichen und sozialen Position sowie ihrer persönlichen Netzwerke ein erhöhtes Risiko von Anomie aufweisen.

Die Folgen von Anomie sind häufig moralische Projektionen, die autoritär geprägt sind: „Spannungen, die ihre Ursache in einem spezifischen Teilsystem

---

5   Ideologie „steht für ein System von Meinungen, Attitüden und Wertvorstellungen – für eine Denkweise über Mensch und Gesellschaft" (Adorno 1995, S. 2). Auf der Gruppenebene prägen sich diese Ideologien in Form von „geteilten Denkmustern" aus, die „bei jedem einzelnen Fall [...] eine Funktion bei der Anpassung des Individuums an die Gesellschaft erfüllen" (ebd., S. 3).

haben, [können] sich in ganz anderen Teilbereichen entladen" (ebd., S. 54). In modernen Marktgesellschaften folgt aus Anomie und Anomievulnerabilität häufig das Ressentiment, wie es Max Scheler schon früh erkannt hat. Die Ohnmachtserfahrung, die sich aus der Nichtverwirklichung von Gleichheits- und Partizipationsansprüchen unter der gesellschaftlichen Bedingung des Wettbewerbs ergibt, begründet das Ressentiment: „Die äußerste Ladung von Ressentiment muß demnach eine solche Gesellschaft besitzen, in der, wie in der unsrigen, ungefähr gleiche politische und sonstige Rechte resp. öffentlich anerkannte, formale soziale Gleichberechtigung mit sehr großen Differenzen der faktischen Macht, des faktischen Besitzes und der faktischen Bildung Hand in Hand gehen: In der jeder das ‚Recht' hat, sich mit jedem zu vergleichen, und sich doch faktisch nicht vergleichen kann" (Scheler 2004, S. 9).

Gerade in den vergangenen Jahrzehnten hat Deutschland, so wie die meisten westlichen Gesellschaften, einen erheblichen sozialen Wandel erfahren: die soziale Stabilität ist erodiert und die politische Repräsentation ist in der Krise (Nachtwey 2016, 2019). In dieser postdemokratischen Konfiguration haben die demokratischen Werte und Zielsetzungen sowie der Rechtsstaat für weite Teile der Gesellschaft Bestand und dienen den Mitgliedern als Orientierungspunkte. Allerdings wurden die Normen und institutionellen Mechanismen der Demokratie ausgehöhlt.[6] Sie funktionieren nur noch für ausgewählte Bevölkerungsgruppen verlässlich. Der soziale und demokratische Nexus einer modernen „Gesellschaft der Gleichen" (Rosanvallon 2013) gerät unter Druck: Die soziale und politische Ordnung verliert ihre Legitimationsbasis und der liberaldemokratische Kodex seine integrative Kraft.

4 Autoritarismus bei zivilgesellschaftlich Engagierten

Im Folgenden stellen wir die Ergebnisse unserer Untersuchung dar und legen zunächst ein Augenmerk auf die typenübergreifenden politischen Einstellungsmerkmale. Insgesamt herrscht bei den Befragten eine große politische Unzufriedenheit vor. Die darin wurzelnde Kritik geht von einer Krise der Repräsentation aus und stellt sich den Befragten als Autoritäts- und Regierungskrise dar. Wenn

---

6 So gehen die Unterklassen mittlerweile immer weniger zur Wahl (Schäfer 2015). Sie haben mit ihrer Stimme aber auch ohnehin weniger Einfluss auf die politischen Entscheidungen (Elsässer 2018).

ein Befragter[7] auf unsere Einstiegsfrage nach politischen Gemeinsamkeiten und Unterschieden von Campact und AfD antwortet: „Also meine Einstellung ist die, ich habe nichts gegen die Aufnahme von diesen fremden Leuten, aber man sollte nicht vergessen, die Ordnung zu behalten" (ZV22), vertritt er eine Position, die unter den Befragten weitgehend Konsens ist. Die Herstellung und Bewahrung von Recht und Ordnung wird zur primären Staats- und Regierungsaufgabe erklärt und die normative Vorrangstellung nationaler Interessen in der Asyl- und Innenpolitik gefordert. Wenn eine andere Befragte diese staatsautoritäre mit einer sozialstaatlichen Argumentationslinie verklammert, artikuliert sie eine komplementäre Meinung, die im Laufe der Interviews immer wieder zum Ausdruck kommt:

Pass auf: Es kann nicht sein, dass der Staat zum Beispiel Millionen, Milliarden, also sei es jetzt für die Flüchtlinge oder aber in irgendwelche Länder schickt [...]. Und unsere Alten gehen Flaschen sammeln, weil die Rente nicht reicht. (YX89)

Politik und Staat sind in dieser Perspektive nicht nur für Recht und Ordnung, sondern auch für Umverteilung und Interessenausgleich zwischen den Bevölkerungsgruppen und ferner für gerechte Löhne und soziale Sicherungssysteme (insbesondere Familie, Rente und Arbeitslosigkeit) verantwortlich. Im Zuge dieser Kritik verweisen viele der Befragten auch auf das undemokratische Verhältnis zwischen PolitikerInnen, Parteien, der Wirtschaft und anderen Interessengruppen auf der einen und den Interessen des Volkes auf der anderen Seite. So meint ein Befragter: „wir werden nicht von Politikern regiert, sondern von Lobbyisten" (WR23), und eine andere Befragte äußert in einem ähnlichen Kontext: „[PolitikerInnen] sind Volksvertreter, und da muss das ganze Volk vertreten werden und nicht nur eine Elite" (WN05).

Die „Flüchtlingskrise 2015" und ihre Folgen werden in diesem Zusammenhang zum entscheidenden Bezugspunkt, um die gesellschaftlichen Zustände in der Bundesrepublik zu kritisieren, die Identität von Eigen- und Fremdgruppe zu verhandeln und die politischen Positionen zu begründen. So reflektiert ein Befragter stellvertretend für viele der Interviewten seinen politischen Werdegang wie folgt: „Seit 2015 habe ich mich dahingehend gedreht, dass es zuerst mal wichtig ist, dass wir unsere Kultur, unser Land hier so erhalten, wie es ist" (RN33). Die damaligen Ereignisse bewirkten eine Art autoritären Dammbruch. Allerdings darf man daraus nicht schließen, dass die Flüchtlingskrise der Auslöser dieser politischen Entfremdung war. Vielmehr lässt sich zeigen, dass sich diese aus bestimmten Lebenserfahrungen

---

7   Für die folgende Darstellung haben wir die Namen, wie schon bei der Auswertung, anonymisiert und die Zitate im Sinne der Lesbarkeit sprachlich geglättet.

speiste und in Wechselwirkung mit der langsamen, aber kontinuierlichen Erosion der politischen und sozialen Ordnung entwickelte.

Insgesamt lässt sich festhalten, dass die Forderungen nach Migrationskontrolle, innerer Sicherheit und nationaler Interessenpolitik diejenigen nach sozialer Gerechtigkeit und Interessenausgleich übertönen, in den Argumentationen der Interviewten jedoch in vielen Fällen eine Wahlverwandtschaft eingehen, die in letzter Konsequenz auf eine politische Praxis exkludierender Solidarität hinausläuft. Diese Positionen beziehen ihre Rechtfertigung aus der normativen Hierarchisierung von nationaler Zugehörigkeit, individueller Leistung und wohlfahrtsstaatlicher Zuwendung gegenüber humanitären Verpflichtungen und Asylhilfe. Von einem Primat des National- und Sozialstaats ausgehend, kritisieren die Befragten die politische Klasse, ihre Politik und die vorherrschenden Repräsentationsverhältnisse. Zugespitzt gesagt, stellt sich die Krise der Repräsentation für sie wie folgt dar: RepräsentantInnen, Gesetze und Institutionen sind vor allem für Recht und Ordnung sowie Wohlstand und Volksvertretung verantwortlich. Da sie diese Zwecke systematisch untergraben und die institutionellen Normen und Wege zur sozialen und politischen Teilhabe nicht mehr verlässlich funktionieren, verlieren sie ihre Legitimationsbasis und bedürfen der Korrektur durch autoritäre Politik und Volksbegehren. Durch diese Position eines autoritären Populismus geraten die Befragten in ein ambivalentes Spannungsverhältnis zu den geltenden Normen, Sitten, Institutionen und Gesetzen.

5 Typen des neuen Autoritarismus

Im Laufe unserer Analysearbeit konnten wir unter den Befragten zwei typologische Ausprägungen des Autoritarismus unterscheiden.[8] Diese empirischen Typen nennen wir die autoritären Innovatoren und die regressiven Rebellen. Beide bringen eine autoritäre Entfremdung mit der sozialen und politischen Ordnung zum Ausdruck. Erstere verhalten sich institutionell-subversiv, Zweitere treten in eine Art konspirative Rebellion gegen Sitten, Institutionen und Gesetze.

Bei dieser Typologisierung orientierten wir uns an Robert K. Mertons heuristischer Typologie individueller Anpassungsformen. Merton beschreibt fünf solcher Typen, die je als mögliche Reaktionen auf anomiebedingte Handlungsprobleme (Ziel-Mittel-Diskrepanzen) verstanden werden: Konformität, Innovation, Ritua-

---

8 Bei unseren Typen handelt es sich um starke Verdichtungen. Die Zitate weisen über den Einzelfall hinaus und dienen in erster Linie der Versinnbildlichung zentraler Aspekte.

lismus, Rückzug und Rebellion. Bei unserer Auswertung stießen wir insbesondere auf Formen der Innovation und Rebellion, die wir daraufhin als heuristischen Ausgangspunkt für die weitere empirische Analyse verwendeten. Bei den Typen handelt es sich nicht um „Persönlichkeitsstrukturen", sondern um ein „Rollenverhalten in spezifischen Situationstypen" und um „Typen von mehr oder weniger dauerhaften Reaktionen" (Merton 2009, S. 257).

Beim Anpassungstyp der Innovation werden die traditionellen kulturellen Ziele noch aufrechterhalten, während die zur Verfügung stehenden institutionellen Mittel teilweise abgelehnt werden. Die Betroffenen setzen stattdessen neuartige, aber institutionell legitimierte Mittel zur Erreichung der kulturellen Ziele ein. Der Anpassungstyp Rebellion setzt dagegen eine „Entfremdung von herrschenden Zielen und Normen" voraus. „Diese werden als etwas völlig Willkürliches angesehen" (ebd., S. 264): Das Ziel des Rebellen ist denn auch die Hervorbringung einer ganz anderen Sozialstruktur. „Wenn das Institutionssystem als die Barriere angesehen wird, an der die Befriedigung der legitimen Ansprüche scheitert, ist damit der Boden für die Rebellion als Anpassungsreaktion bereitet" (ebd., S. 263). Der Rebell führt neuartige, unorthodoxe und außerinstitutionell legitimierte Mittel zur Erreichung seiner Ziele ins Feld.

5.1 Autoritäre Innovatoren

Der im empirischen Material deutlich zutage tretende typologische Unterschied drückt sich zunächst in der Sprache und Praxis der Befragten aus: Alle griffen in den Interviews auf Stereotype und Vorurteile zurück, um ihre Position zu rechtfertigen. Die autoritären Innovatoren sind jedoch gleichzeitig konformistischer und subversiver. Sie passen sich in der Regel an vermeintliche Sprachkonventionen an, rationalisieren ihr Ressentiment und relativieren die Stereotypie im Kontext ihrer konkreten Erfahrungen mit Autoritäten und Fremden.

Sie begründen ihre Vorurteile im Rahmen etablierter Normen. Viele Mitglieder dieser Gruppe berichten verdrossen von Rassismus- und Nazismus-Vorwürfen sowie diesbezüglichen Konfliktsituationen im Alltag, auf der Arbeit und im Bekanntenkreis. Diese nehmen sie in der Regel als Missverständnisse und ungerechtfertigte Marginalisierung wahr. Die autoritären Innovatoren weichen gegenüber solch einer Ablehnung häufig resigniert zurück und passen sich an: Konformitätsdruck und Konventionalismus bestimmen weiterhin ihre Sprechweisen und Handlungen. So berichtet zum Beispiel ein Befragter von einem Gespräch mit einem befreundeten Ehepaar, in dem er sich zu seiner AfD-Nähe in der „Ausländerfrage" bekannte und dabei auf Widerspruch stieß:

Wir haben das Thema halt gelassen, weil wir wussten, das ist eine andere
Meinung, die akzeptieren wir als eigentlich doch gute Demokraten, und zu
dem Thema muss/darf jeder seine eigene Meinung haben, und die wird ak-
zeptiert. (SU34)

Auf institutioneller Ebene und im Kontakt mit Behörden, Bezugspersonen und
AusländerInnen treten sie für ihre sozialen und politischen Ordnungsvorstellungen
ein und zeigen dabei ein republikanisches Verständnis von bürgerlichen Rechten
und Pflichten einerseits und fremdgruppenspezifischen Rechten und Pflichten
andererseits. Die autoritären Innovatoren zahlen selbstverständlich Steuern und
Gebühren, gehen in der Regel pflichtbewusst zur Wahl, schreiben bei Meinungsver-
schiedenheiten E-Mails an Kommunal- und LandespolitikerInnen und besuchen in
manchen Fällen politische Veranstaltungen. Sie sind darüber hinaus in Sport- und
Kirchenvereinen tätig, im Elternrat vertreten, engagieren sich ehrenamtlich (mehrfach auch in der Integrationshilfe für Flüchtlinge) und in der kommunalpolitischen
und gewerkschaftlichen Arbeit. In Migrations- und Sozialfragen erwarten sie
jedoch eine Reziprozitätsleistung, die sich auf die Stabilität der gesellschaftlichen
Ordnung beruft. Minderheiten sollen nur sehr reguliert zuwandern dürfen und
sich stärker integrieren. Von den politischen VertreterInnen erwarten sie in diesem
Zusammenhang einen strengeren Strafvollzug bei Regelverstößen und Kriminalität. So gibt uns ein Befragter hinsichtlich „straffälliger Flüchtlinge" zu verstehen:

Der kann doch brav sein, [...] dann darf er hierbleiben. Aber wenn er sich
dann hier noch einiges zuschulden kommen lässt, und nachdem er mehrfach
verurteilt wird, kann man ihn nicht abschieben, weil ihm da drüben Folter
oder Todesstrafe droht. Habe ich kein Verständnis dafür. Er hätte brav sein
können. (SK09)

Die tradierten Kanäle der politischen Interessenartikulation, vor allem Parteien
und Parlamente, kritisieren sie hingegen als nicht mehr responsiv für die Belange
der Wahlbevölkerung. Um Politik und Gesellschaft zu beeinflussen, wählen sie auch
neuartige und unkonventionelle Wege der Mitbestimmung: Sie wählen teilweise
die AfD, unterschreiben zahlreiche Petitionen (insbesondere zum Umwelt- und
Tierschutz sowie gegen Freihandelsabkommen), halten Demonstrationen und
Protest für notwendig, vertreten aktiv nach außen ihre politische Meinung, fordern
mehr Bürgerbeteiligung oder basisdemokratische Erneuerungen der gesellschaftspolitischen Ordnung, wie zum Beispiel ein Befragter, der erklärt: „was ideal wäre,
aus meiner Sicht, obwohl mühsam, wäre die plebiszitäre Demokratie" (SU34). Das

bringt sie in vielen Fällen in ein Spannungsverhältnis zu den geltenden Normen und Werten der repräsentativen Demokratie und des Rechtsstaates. Vereinfacht gesagt, begreifen sie sich zwar als Teil der sozialen und politischen Ordnung, zu der sie sich selbstbewusst bekennen („wir als eigentlich doch gute Demokraten"), sehen jedoch, dass diese durch „die liberale Einstellung der Regierung" (SU34) in Gefahr geraten ist. Sie sehen sich als der vergessene, eigentliche Demos, was sie häufig, aber nicht immer als das „Volk" oder den „kleinen Mann" übersetzen. Sie wählen autoritäre und teilweise unorthodoxe Mittel zu Korrektur: So fordern sie eine Obergrenze für Zuwanderung, verschärfte Grenzkontrollen oder einen Einwanderungsstopp. Sie engagieren sich kommunalpolitisch (gegen ein lokales Flüchtlingsheim) und innerhalb der Vereinsarbeit (gegen Kopftuchtragende). Paradoxerweise leisten sie in einigen Fällen aber auch Integrationsarbeit (Sprachkurse) oder unterstützen eine syrische Familie in Aleppo und eine in der Schweiz, „[w]eil ich möchte, dass sie dort bleiben" (WN05).

Das Spannungsverhältnis zwischen jenem republikanischen Verständnis und diesen autoritären Forderungen und Engagementformen spiegelt sich auch in dem ambivalenten Verhältnis zur AfD, ihrem Wahlverhalten sowie ihrem grundsätzlichen Vertrauen zu den Institutionen der Demokratie und des Rechtsstaates wider. Ein Teil der autoritären Innovatoren wählt zwar nicht die AfD, vertritt jedoch verwandte Positionen und betont nachdrücklich die demokratische Legitimität autoritärer Politik und insbesondere die Legitimität der AfD im politischen Wettbewerb. So gibt uns beispielsweise die Unterstützerin syrischer Familien zu verstehen: „Es gibt einige Positionen von der AfD, die ich mir angeschaut habe […], die ich teile. Wo ich auch die total überzogenen Reaktionen jetzt falsch finde" (WN05). Diese Personen würden aus Unzufriedenheit themenspezifische Kleinparteien wie die Tierschutzpartei oder eine Partei für ein bedingungsloses Grundeinkommen wählen oder aber die Wahl verweigern. Derjenige Teil der autoritären Innovatoren, der hingegen die AfD wählen würde, betont das ambivalente Verhältnis zu ihr und begründet seine Wahlabsicht in erster Linie strategisch: Sie wählen die AfD, um „der Politik Beine zu machen" (SU34). Diese Personen sprechen denn auch von einer traditionellen Verbundenheit mit der SPD oder der CDU/CSU: Die AfD-Wahl ist für sie ein notwendiges, aber innovatives Übel zur Korrektur von deren Politik. So gibt sich ein Befragter als „SPD-Mann" zu erkennen und lamentiert: „Die SPD glaubt, sie braucht das Volk nicht mehr. Gut, wir haben kapiert, wir wählen jetzt AfD" (SK09).

Insgesamt artikulieren die autoritären Innovatoren Politik- und Parteienverdrossenheit, die in einer autoritär populistischen Haltung gründet, bekunden aber auch ihr grundsätzliches Vertrauen in die gesellschaftspolitische Ordnung der Bundesrepublik. Zwei Personen gaben an, ein nahezu volles Vertrauen in die

Institutionen der Demokratie und des Rechtsstaates zu haben, während fünf Personen diesbezüglich ein differenziertes Meinungsbild abgaben.

Mit dieser vergleichsweise gemäßigten Reaktion der autoritären Innovatoren korrespondieren einige sozialstrukturelle Merkmale ihres Arbeits- und Privatlebens. Zwar zeigen sich auch hier gewisse Merkmale, die eine Anomievulnerabilität markieren, doch führen die autoritären Innovatoren in der Regel ein recht bürgerliches Leben: Ausbildung, Familiengründung, erfolgreiche Berufskarriere. Sie sind oder waren – drei sind pensioniert – Vollzeit erwerbstätig und unbefristet angestellt. Auffällig ist, dass sie vermehrt in Berufen tätig sind, die ein hohes Maß an betrieblicher Interaktion und sozialer Kooperation erfordern (Ingenieur, Lehrerin, Fabrikvorsteher, Arbeiter, Bankkaufmann).

5.2   Regressive Rebellen

Im Vergleich dazu ist die Anomievulnerabilität der regressiven Rebellen in der Arbeits- und Lebenswelt deutlich höher. Sie sind vermehrt im Dienstleistungssektor und in Berufen mit wenig Interaktion und Kooperation mit KollegInnen tätig (Heilpraktiker, Physiotherapeuten, Fitnesstrainer, Kraftwagenfahrer, Spediteur, Pförtner, Masseurin, Händler und Biolandwirt). Ihre Interaktionsbeziehungen sind in erster Linie auf die Kundschaft beschränkt. Sie erfahren, kurz gesagt, in ihrer beruflichen Praxis mehr Wettbewerb und kaum Solidarität. In einigen Fällen hat sich die soziale Welt der regressiven Rebellen im Laufe ihres Lebens immens verkleinert. Sie waren weltgewandt, haben andere Kontinente bereist, waren neugierig auf fremde Kulturen und setzten sich für soziale Gerechtigkeit ein. Sie verstehen sich jedoch heute als geläuterte KosmopolitInnen.

Anders als die autoritären Innovatoren fühlen sich die regressiven Rebellen weniger an sprachliche und institutionelle Konventionen gebunden, sondern begreifen diese vielmehr als ungerechtfertigte Einschränkung ihrer Meinungs- und Handlungsfreiheit. Sie neigen dazu, ihre Stereotypen und Vorurteile als verfemtes Wissen anzusehen, das sie gegen die vorherrschende Wirklichkeitsbeschreibung ins Feld führen. Rassismen, Schmähreden und Gewaltfantasien bestimmen streckenweise ihre Sprache und Praxis. So gibt uns beispielsweise ein Befragter auf unsere Nachfrage, warum er statt von AusländerInnen und insbesondere MuslimInnen von „Goldstücken" spräche, zu verstehen:

Das ist so, ich sage mal, wenn du dich mit Leuten unterhältst und du sagst „Goldstücke", die wissen genau, was du meinst. Du darfst ja nichts Anderes

sagen, bist du ja böse, Rassist, du bist Nazi, aber bei Goldstücken, da hat sich
noch nichts, also das wird noch ((lachend)) akzeptiert. (RN33)

Regressive Rebellen geraten in Fundamentalopposition zur vorherrschenden
sozialen und politischen Ordnung, die ihnen in vielen Fällen als etwas völlig
Willkürliches vorschwebt. Bei Rassismus-, Antisemitismus- und Nazivorwürfen
sowie in diesbezüglichen Konfliktsituationen fühlen sie sich diskriminiert und
in ihren Vorurteilen bestätigt („wenn ich ein Nazi bin, dann bin ich eben einer"
(JA07)). Regressive Rebellen neigen zur Provokation, sie sind fast beständig im
mentalen Modus antiautoritärer Meuterei gegenüber den etablierten liberalen
Normen. Je nach Situation und Gruppe können sie AusländerInnen zurechtweisen,
gegenüber Autoritäten aufbegehren und Andersdenkende für verblendet erklären.
Erzählungen von gesperrten Kommentaren im Internet, Auseinandersetzungen
und Zerwürfnissen im Freundes- und Bekanntenkreis sowie im Umgang mit
Behörden, Kundschaft und KollegInnen zeugen von dieser Grundhaltung: Das
Zurücknehmen der eigenen Position gilt als Schwäche, und das Aufbegehren wird
zur Tugend erklärt. In diesem Zusammenhang erzählt uns ein Befragter, nachdem
er Geflüchtete als „Siedler" („Die sollen ja hier bleiben") bezeichnet hat, von einer
Episode am Arbeitsplatz:

> *Da rief jemand an von: och, es war, glaube ich, nicht direkt [das] Arbeitsamt, auf*
> *jeden Fall ging es darum, es sollte ein Flüchtling vermittelt werden, Praktikum*
> *bei uns, und dann habe ich mal da auch gewagt, zurückzufragen. Ehm, ich*
> *sag: „Ja, der ist jetzt als Flüchtling hier, aber der wird ja dann wahrscheinlich*
> *nicht bleiben?" (JA07)*

Regressive Rebellen zeigen ein autoritär-plebiszitäres Verständnis von Demokratie
und ihren Institutionen mit stark individualistischen Zügen. Von den (vermeintlich)
verlorenen Freiheitsrechten und sozialen Abwertungen der Eigengruppe bestürzt,
setzen sie auf Autonomie und Ungehorsam im Umgang mit staatlichen Institutionen
und gesellschaftlichen Konventionen. Im Hinblick auf Fremdgruppen berichten sie
häufig von der Rechtlosigkeit des Einzelnen und der gemeinschaftlichen Pflichtver-
letzungen des Kollektivs. So berichtet eine Befragte aus ihrer Erfahrung mit einem
Flüchtlingsheim in unmittelbarer Nähe ihres Arbeitsplatzes:

> *[Die Flüchtlinge] saßen auf dem Fensterbrett und haben telefoniert; wenn ich*
> *dann raus bin und hab gesagt: „He, liebe Leute, ihr seid hier willkommen, aber*
> *bitte, wir müssen hier arbeiten" […]. Ich wurde nicht mal angeschaut. Als wäre*
> *ich jetzt eine Ziege, die auf dem Balkon steht und meckert: dann hätte ich eher*

Aufmerksamkeit, denn die bringt ja noch Fleisch. Aber eine Frau guckt man nicht an. Und da sag ich einfach, das kann nicht angehen. (YX89)

Ähnlich wie bei den autoritären Innovatoren ist die Argumentation der regressiven Rebellen antiegalitär und in vielen Fällen rassistisch („Die Moslems sind anders, die passen nicht zu uns" (YX89)). Sie begründen ihre Haltung durch die (angebliche) Bevorzugung von Fremdgruppen, bei gleichzeitiger Diskriminierung der Eigengruppe durch die politischen und kulturellen Eliten. PolitikerInnen werden zu Widersachern, JournalistInnen zu Handlangern und AusländerInnen zu Rivalen:

Wenn irgendwas ist, wenn ich heute die Presse oder das Fernsehen [sehe]. Wenn sie schon sagen „Ja, zwei Männer haben das und das gemacht" oder „Jugendliche" dann weiß ich genau, was los ist. [...] Es wird doch einseitig [berichtet], da wird dir doch erklärt: die sind alle gut, da kommt eigentlich fast nichts vor, aber die Deutschen sind das Problem. (RN33)

Im Zentrum der gesellschaftspolitischen Praxis der regressiven Rebellen steht eine Medien- und Öffentlichkeitskritik. Die verzerrte Berichterstattung der Leitmedien (insbesondere zur AfD sowie in Migrations- und innenpolitischen Fragen) wird zur Frontlinie ideologischer Auseinandersetzung. Die Krise der Repräsentation ist auch eine Krise des etablierten Wissens: Verschwörung und Verblendung sind daher beliebte Gesellschaftsdiagnosen der regressiven Rebellen.

Während sich die autoritären Innovatoren lieber auf die „Tagesschau" und auf etablierte Zeitungen berufen, sehen sich die regressiven Rebellen im Besitz eines verfemten Wissens: Sie lesen im Internet, aber auch in verschiedenen Zeitungen und Büchern, schauen sich Youtube-Videos an und sind in den sozialen Medien aktiv. Sie nennen Buchtitel und vertrauliche Quellen, berufen sich auf einschlägige, häufig aus dem Milieu der VerschwörungstheoretikerInnen stammende AutorInnen und zitieren deren Wahrheiten. Einige archivieren Medieninhalte, übernehmen administrative Aufgaben in einschlägigen Online-Foren oder werden selbst zu WissensproduzentInnen und erstellen Kommentare, Dokumentationen und Videos. Regressive Rebellen sind Teil einer fragmentierten Alternativöffentlichkeit. Hier leisten sie einen aus ihrer Sicht legitimen Widerstand, leben sie ihre Rebellion. Ein drastisches Beispiel dafür ist eine Befragte, die eine Vielzahl von Petitionen zum Tierschutz unterschreibt, „natürlich auch die, die jetzt in Brasilianisch, Spanisch und ich weiß nicht, was für Sprachen kommen. Ich sehe ja die Bilder", und uns voller Unverständnis von einem Facebook-Kommentar berichtet, der zum Gruppenausschluss führte:

Jetzt war das so [...], vor einem Monat ungefähr, irgendwas hat wieder einer angestellt, so ein scheiß Asylant mit Tieren, und ich weiß nicht mehr genau was, jedenfalls habe ich so ungefähr [geschrieben]: „Hängt ihn doch an dem nächsten Baum auf", oder so. (AS12)

Die institutionell vermittelte Handlungsebene, die bei den autoritären Innovatoren eine integrierende Rolle spielt, wird bei den regressiven Rebellen zunehmend von solchen subkulturell vermittelten konspirativen Praktiken überlagert. Dabei geht die regressive Rebellion nicht allein, wie Merton annimmt, von dem Ziel einer ganz anderen Sozialstruktur, sondern vom Ausnahmezustand der derzeitigen alten aus: Staatenlosigkeit, Weltverschwörung, Umvolkung und Bürgerkrieg. Das Verhängnis rechtfertigt die außerinstitutionellen Mittel der regressiven Rebellen. Zwar bringt sie diese Grundhaltung in Widerspruch zu Gesetzen, Behörden und BeamtInnen oder führt zu VerschwörungstheoretikerInnen-Vorwürfen, Unverständnis und Ausgrenzung: Nichtsdestotrotz – oder gerade deswegen – verweigern die regressiven Rebellen die Zahlung von GEZ-Gebühren, sie geben ihre Personalausweise zurück („Reichsbürger"), beantragen Staatsangehörigkeitspapiere („gelbe Scheine"), kaufen Alternativpapiere („keltisch-druidisch"), legen Vorratslager an („Praepper"), versorgen sich selbst, dokumentieren Chemtrail-Bewegungen und rufen Staaten aus. Sie sind – in einer verqueren Weise – vorsorgend und autonomierorientiert. Gleichzeitig ist ihre Lebensführung durchaus konventionell, sie zahlen Steuern, gehen zur Arbeit, erziehen ihre Kinder und stehen in einem (mitunter geheimen) Austausch mit anderen. Obwohl es ihnen widerstrebt, müssen sie sich je nach Gruppen- und Situationskontext verdeckt halten oder herausnehmen. Ihre Haltung und Praxis ist teilweise konspirativ.

Diese subkulturelle Verschwörung der regressiven Rebellen gegen die Werte und Normen der gesellschaftlichen Ordnung bestimmt auch ihr Verhältnis zur AfD, ihr Wahlverhalten und das Vertrauensverhältnis zu den Institutionen der Demokratie und des Rechtsstaats. Alle wollen bei der nächsten Wahl die AfD wählen. Einige bekennen sich dazu offen, besuchen Veranstaltungen, sind Parteimitglied oder denken darüber nach. Andere betonen das Strategische ihrer Wahl und distanzieren sich von bestimmten rassistischen Positionen und PolitikerInnen. Doch die ideologische Nähe zur AfD verlockt sie immer wieder dazu, für diese in Stellung zu gehen. In dem Verhängniszusammenhang, in dem sich die regressiven Rebellen wähnen, erscheint die AfD als einzige Verbündete: Ein Angriff gegen sie ist ein Angriff gegen Andersdenkende und deshalb ein Angriff auf Demokratie, Rechtsstaat und Meinungsfreiheit. So erklärt uns ein Befragter mit Hinblick auf seine AfD-Wahl und die (vermeintliche) öffentliche Diskreditierung der AfD-WählerInnen:

Da werde ich auch weiter zu stehen. Und es kann nicht sein, dass man diese neun Millionen Menschen einfach wegradiert. Das wird ja versucht in den Medien, wird versucht in der ARD und dem ZDF, aber wir sind da. Eine demokratisch legitimierte Partei, die aber unerwünscht ist, weil sie nämlich die Wahrheiten spricht, die die Merkelleute nicht hören möchten. (GK65)

In diesen Wahlabsichten der regressiven Rebellen deutet sich eine – im Vergleich zu den autoritären Innovatoren – tiefergehende politische Entfremdung und jene regressive Fundamentalopposition an, die sich bereits in ihren zurückliegenden Wahlentscheidungen anbahnt. Sechs der Befragten sind WechselwählerInnen, von denen vier angeben, im Laufe ihrer Wahlbiografie ein breites Spektrum an Parteien (sowohl die Volksparteien als auch Grüne, Linke, FDP und in zwei Fällen NPD und Republikaner) gewählt zu haben, während die übrigen zwei dadurch auffallen, dass ihr wechselhaftes Wahlverhalten durch lange Episoden der Wahlverweigerung ergänzt wird. Drei andere Personen erzählten uns, dass sie vor der AfD lange Zeit die Grünen, die Linken oder die FDP gewählt hätten. Die regressiven Rebellen unterscheiden sich diesbezüglich in ihrem vergangenen Wahlverhalten von den autoritären Innovatoren, die biografisch eine deutlich stärkere Verbindung zu den Volksparteien haben. Insgesamt bringen die regressiven Rebellen eher eine allgemeine und – in manchen Fällen – lebenslängliche politische Entfremdung zum Ausdruck als eine bestimmte politische Orientierung. Das zeigt sich auch in dem grundsätzlichen Misstrauen gegenüber der gesellschaftspolitischen Ordnung der Bundesrepublik: Alle Befragte gaben an, wenig bis gar kein Vertrauen in die Institutionen der repräsentativen Demokratie und des Rechtsstaats zu haben.

Im Vergleich zu den autoritären Innovatoren wählten die regressiven Rebellen vor der AfD auch vermehrt progressivere Parteien, bereisten die Welt und setzten sich gelegentlich für soziale Gerechtigkeit, Klimaschutz, internationalen Frieden und kulturellen Austausch ein. Ein gutes Beispiel für diese Entwicklung ist ein Befragter, der seit seiner Schulzeit politisch aktiv war („Ich war immer ein Linker"), eine „weltoffene" Erziehung erfuhr und sich zuletzt tatkräftig bei den Stuttgart21-Protesten engagierte. Aus einer negativen Erfahrung mit einer Gruppe von AusländerInnen zog er jedoch vor fünfzehn Jahren die politische Lehre, „[e]s darf sich nicht weiter so verschieben, du darfst nicht Fremder im eigenen Land werden" (XC54). Auch die regressiven Rebellen waren in vielen Fällen zivilgesellschaftlich aktiv, doch verkleinerte sich ihre Lebenswelt im Laufe der Zeit zunehmend. Die Regression der Rebellen zeigt sich gerade darin, dass sie politisch den weitesten Weg gegangen sind: vom progressiven zivilgesellschaftlichen Engagement zum regressiven und rebellischen Autoritarismus.

6   Fazit

In unserer qualitativen Untersuchung von AfD-SympathisantInnen traten bei allen interviewten Personen Formen von Anomievulnerabilitäten, Ressentiment und Autoritarismus auf. Wir konnten zudem zwei typische VertreterInnen des neuen Autoritarismus unterscheiden, die ihre Entfremdung mit dem politischen System in jeweils typischen Kognitionsmustern und Praxisformen zum Ausdruck brachten: die autoritären Innovatoren und die regressiven Rebellen. Erstere betrachten das demokratische System und seine Institutionen als stark korrekturbedürftig, aber legitim. Zweitere sind häufig zu regelrechten GegnerInnen der liberalen Demokratie geworden. Trotz ihrer ursprünglich unkonventionellen, antiautoritären Dispositionen haben sie Erfahrungen des Abstieges und der Anomie zu autoritären DissidentInnen gegenüber den demokratischen Institutionen und Diskursen werden lassen.

Der Mechanismus, der bei den autoritären Innovatoren besonders stark hervortrat, waren Etablierte-Außenseiter-Konflikte. Norbert Elias und John L. Scotson (1993) haben dieses autoritäre Gruppenverhalten schon früh aufgezeigt: Wenn sich Etablierte von Außenseitern in ihrer privilegierten Position bedroht fühlen, reagieren sie mit der Stigmatisierung von Fremdgruppen. Angesichts ihrer sozialen Lage können sich die autoritären Innovatoren – anders als die regressiven Rebellen – durchaus zu den Etablierten zählen und auch in ihrem Wahlverhalten waren sie häufig von einer hohen Stabilität gegenüber den etablierten Volksparteien geprägt. Die soziale und politische Ordnung ist für sie subjektiv jedoch von zwei Seiten bedroht: den (neuen) MigrantInnen und den liberalen Eliten. Die Ersteren betrachten sie weniger als KonkurrentInnen um ökonomische Ressourcen, sondern als Bedrohung für jene bereits fragile soziale und politische Ordnung, in der sie zunehmend um ihren Rang und ihre Position kämpfen müssen. Den Zweiteren misstrauen sie. Sie fühlen sich hintergangen und in dieser Ordnung immer weiter an den Rand gedrängt.

Ganz anders die regressiven Rebellen: In ihren Berufs- und Lebensverhältnissen eher von Brüchen, Krisen und Abstiegserfahrungen heimgesucht, zählten sie bereits zuvor zu den sozialen und politischen AußenseiterInnen und zeigen in ihrem Wahlverhalten auch eine entsprechende Tendenz. Sie bringen eine allgemeine und tiefgehende Unzufriedenheit mit der bestehenden Ordnung und ihrer RepräsentantInnen zum Ausdruck. Vereinfacht gesagt, sind sie antiautoritäre Autoritäre, die Zeit ihres Lebens gegen Autoritäten und Konventionen rebellierten, aber erst in der jüngeren Vergangenheit zunehmend destruktiv und fremdenfeindlich wurden. Sie kokettieren mit dem Unorthodoxen, mit dem Exzess und können sich in

Gewaltfantasien ergehen. Sie begreifen sich als Benachteiligte eines korrumpierten Systems, in dem sie in ihren Freiheiten eingeschränkt, von Medien und Politik falsch repräsentiert und durch Fremde ausgetauscht würden. Ihr Hang zu Schmährede, Vorurteil und verschwörungstheoretischer Praxis ist am besten vor jener erhöhten Anomievulnerabilität und diesem ideologischen Hintergrund zu verstehen und wird von uns als Teil ihrer immerwährenden Rebellion und Benachteiligung gedeutet.

Bei allen Personen in unserer Studie standen die Entfremdung vom politischen System und eine damit verbundene politische Ohnmachtserfahrung im Vordergrund. Dabei nutzten alle Befragten die in der vermeintlichen Flüchtlingskrise aufkommende nationale Souveränitäts- und soziale Ordnungsfrage als einen öffentlich-legitimierten, medialen Referenzrahmen, um sich subjektiv re-souveränisieren zu können (dazu auch Bach in diesem Band). Während die autoritären Innovatoren das Ziel verfolgen, die bestehende, alte Ordnung zu erhalten und dafür institutionell-vermittelte und teilweise unorthodoxe Wege einer autoritären Politik wählen, greifen die regressiven Rebellen auf subkulturell-vermittelte und individualistische Praktiken zurück. Ihnen geht es darum, die bestehende Ordnung zu stören, womit sie die eigene Pseudorealität selbstreferentiell und innerhalb jener Online-Subkultur bestätigen. In diesem Zug weisen sie Ähnlichkeiten mit den Typen des „Rebellen" (Adorno 1995, S. 328) und „Spinners" (ebd., S. 331) auf.

Wie kann man nun mit diesen Menschen umgehen? Kann man das überhaupt? Wir fürchten, dass es keine einfachen und vor allem keine kurzfristigen Antworten auf diese Fragen gibt. Auch wenn die Zukunft der AfD noch ungewiss ist, der neue Autoritarismus wird aller Voraussicht nach Bestandteil des künftigen politischen Systems bleiben. Besonders die regressiven Rebellen sind derzeit für eine demokratische Kultur kaum wiederzugewinnen. Sie sind in einem verschwörungstheoretischen Tunnel gefangen und in ihrem Zynismus für rationale Argumente kaum mehr zugänglich. Zwar distanzierten sie sich in den Interviews vom Nationalsozialismus, von Rassismus und bekannten sich zur Demokratie, im Kontext ihres Gesamtautoritarismus erschienen diese Äußerungen jedoch eher wie eine Distanzierungsformel, sie „bedien[t]en sich offiziell traditioneller Ideen und Werte, [gaben] ihnen jedoch in Wirklichkeit eine völlig andere, antihumane Bedeutung" (Adorno 1995, S. 199). Anders verhält es sich mit den autoritären Innovatoren, die noch nicht im sozialpathologischen Tunnel der Verschwörungen gefangen sind, die beispielsweise ein taktisches und instrumentelles Verhältnis zur AfD haben, um aus Protest die anderen Parteien zu korrigieren. Diese erscheinen zwar durchaus für demokratische Ansprachen erreichbar. Aber auch diese Gruppe wäre aufgrund ihrer ethnozentrischen, nationalistischen und teilweise rassistischen Dispositionen vermutlich nicht allein durch autoritäre Politiken für das demokratische System zurückzugewinnen. Die Demokratie und ihre Institutionen stehen vor großen Bewährungsproben.

Literatur

Adorno, T. W. (1995) [1950]. *Studien zum autoritären Charakter.* Frankfurt a. M.: Suhrkamp.

Bohle, H. H., Heitmeyer, W., Kühnel, W., & Sander, U. (1997). Anomie in der modernen Gesellschaft: Bestandsaufnahme und Kritik eines klassischen Ansatzes soziologischer Analyse. In W. Heitmeyer (Hrsg.), *Was treibt die Gesellschaft auseinander? Bundesrepublik Deutschland: Auf dem Weg von der Konsens- zur Konfliktgesellschaft* (S. 29–68). Frankfurt a. M.: Suhrkamp.

Dörre, K., Bose, S., Lütten, J., & Köster, J. (2018). Arbeiterbewegung von rechts? Motive und Grenzen einer imaginären Revolte. *Berliner Journal für Soziologie, 28,* 55–89.

Duckitt, J. (1989). Authoritarianism and group identification: A new view of an old construct. *Political Psychology, 10,* 63–84.

Elsässer, L. (2018). *Wessen Stimme zählt? Soziale und politische Ungleichheit in Deutschland.* Frankfurt a. M.: Campus.

Elias, N., & Scotson, J. L. (1993). *Etablierte und Außenseiter.* Frankfurt a. M.: Suhrkamp.

Hambauer, V., & Mays, A. (2018). Wer wählt die AfD? – Ein Vergleich der Sozialstruktur, politischen Einstellungen und Einstellungen zu Flüchtlingen zwischen AfD-WählerInnen und der WählerInnen der anderen Parteien. *Zeitschrift für Vergleichende Politikwissenschaften, 12,* 133–154.

Heitmeyer, W. (2018). *Autoritäre Versuchungen.* Berlin: Suhrkamp.

Kelle U., & Kluge, S. (2010). *Vom Einzelfall zum Typus. Fallvergleich und Fallkontrastierung in der qualitativen Sozialforschung.* Wiesbaden: VS Verlag für Sozialwissenschaften.

Koppetsch, C. (2017). Rechtspopulismus, Etablierte und Außenseiter. Emotionale Dynamiken sozialer Deklassierung. In D. Jörke & O. Nachtwey (Hrsg.), *Das Volk gegen die (liberalen) Eliten.* Leviathan, Sonderheft 32 (S. 208–232). Baden-Baden: Nomos.

Lux, T. (2018). Die AfD und die unteren Statuslagen. Eine Forschungsnotiz zu Holger Lengfelds Studie „Die ‚Alternative für Deutschland': eine Partei für Modernisierungsverlierer?" *Kölner Zeitschrift für Soziologie und Sozialpsychologie, 70,* 255–273.

Manow, P. (2018). *Die Politische Ökonomie des Populismus.* Berlin: Suhrkamp.

Mayring, P. (2015). *Qualitative Inhaltsanalyse. Grundlagen und Techniken.* Weinheim: Beltz Juventa.

Merton, R. K. (2009). Sozialstruktur und Anomie. In P. Imbusch & W. Heitmeyer (Hrsg.), *Integration – Desintegration. Ein Reader zur Ordnungsproblematik moderner Gesellschaften* (S. 251–266). Wiesbaden: VS Verlag für Sozialwissenschaften.

Nachtwey, O. (2016). *Die Abstiegsgesellschaft.* Berlin: Suhrkamp.

Nachtwey, O. (2019). System ohne Stabilität. Der Niedergang der Volksparteien. *Blätter für deutsche und internationale Politik, 64*(2), 95–102.

Reckwitz, A. (2017). *Die Gesellschaft der Singularitäten. Zum Strukturwandel der Moderne.* Berlin: Suhrkamp.

Rippl, S., & Seipel, C. (2018). Modernisierungsverlierer, Cultural Backlash, Postdemokratie. Was erklärt rechtspopulistische Orientierungen? *Kölner Zeitschrift für Soziologie und Sozialpsychologie, 70*, 237–254.

Rosanvallon, P. (2013). *Die Gesellschaft der Gleichen*. Hamburg: Hamburger Edition.

Sauer, D., Stöger, U., Bischoff, J., Detje, R., & Müller, B. (2018). *Rechtspopulismus und Gewerkschaften. Eine arbeitsweltliche Spurensuche*. Hamburg: VSA.

Schäfer, A. (2015). *Der Verlust politischer Gleichheit. Warum die sinkende Wahlbeteiligung der Demokratie schadet*. Frankfurt a. M.: Campus.

Scheler, M. (2004). *Das Ressentiment im Aufbau der Moralen*. Frankfurt a. M.: Klostermann.

Strübing, J. (2014). *Grounded Theory. Zur sozialtheoretischen und epistemologischen Fundierung eines pragmatistischen Forschungsstils*. Wiesbaden: Springer VS.

Emancipatory alternatives: worker cooperatives and the solidarity economy

Michelle Williams and Vishwas Satgar

1   Introduction

The human capacity for learning, adapting, and evolving is miraculous. Our curiosity has led us to push the boundaries of human knowledge in exciting directions: to discover beautiful secrets of the universe, to comprehend the mind-twisting weirdness of quantum theory, to develop incredible technology that allows us to instantaneously communicate not only anywhere on earth but also with spaceships orbiting beyond our atmosphere, to revolutionize medical treatments that save many lives and extend life expectancy, to develop a global economic system that integrates markets in the remotest of areas with the centres of capitalism, and to continuously imagine how to make our world a better place. While we applaud many of the developments of human ingenuity, some have brought unintended consequences that threaten to undermine our existence. For example, we produce enough food to feed the world's population, but over two billion people are food-insecure and go hungry on a daily basis. Similarly, we have enough renewable sources of energy (such as solar, wind, tidal, biomass) to meet our voracious needs, but instead we rely on dirty and expensive fossil fuels that destroy the natural world and wreak havoc on human lives in the mining, processing, and consumption processes. We have a plutocratic class of extraordinarily wealthy citizens, while at the same time growing numbers live outside wage employment, and the middle and working classes increasingly struggle to maintain their existence. It is in this context that the emancipatory alternatives being experimented with in many places take on special significance.

In this essay, we show that alternatives to capitalism, in the form of pathways out of capitalism, are being created in a myriad of prefigurative experiments around the world (see also Brand and Welzer, Adloff and Neckel, and Eversberg and Muraca in this volume). Through focusing on cooperatives and the solidarity economy, we

© Springer Fachmedien Wiesbaden GmbH, ein Teil von Springer Nature 2019
K. Dörre et al. (Hrsg.), *Große Transformation? Zur Zukunft moderner Gesellschaften*, https://doi.org/10.1007/978-3-658-25947-1_25

highlight possible pathways beyond the capitalist quagmire of poverty, inequality, environmental destruction, political and economic uncertainty, and dehumanizing systems. Based on ten years of research, including over 400 interviews and field visits to 150 cooperatives,[1] we highlight the experiences of ordinary people collectively finding anti-capitalist pathways. These experiences look beyond the exploitative, oppressive, and ecologically destructive features of capitalism to find alternatives. We argue that these experiments together provide a transitional compass based on humanistic principles, egalitarian values, democratic eco-centric practices, and a belief in human solidarity. The metaphor of the compass seems especially apt as an instrument to help us find our direction. In a world in which we are at war with ourselves and our planet, we need a new compass that helps save us from ourselves.

2   The need for emancipatory alternatives

The importance of finding concrete alternatives to capitalism has been part of the left imagination for hundreds of years. For most of the 20th century, debates were not about whether an alternative was possible, as the Soviet Union, China, and Cuba as well as social democracy in Scandinavia all demonstrated that real alternatives existed. Rather the debates were about how to make them better, more democratic, less austere, less authoritarian, and more vibrant as well as how to transform capitalism. There was a deep confidence that alternatives to capitalism were possible even if they were not perfect models to replicate. Despite their many shortcomings, they served an important role in the left imagination. As these alternatives disappeared with the collapse of the Soviet Union, China's turn to state capitalism, Cuba's worsening economic situation, and the neoliberalization of social democracy, so too has the confidence that alternatives can exist in our lifetime. Compounding the situation is the climate crisis that now registers life-threatening "natural disasters" on people everywhere, with world leaders failing to act decisively in humanity's interest. In these dark times, where do we find sources of inspiration, of what Erik Olin Wright (2010) calls "real utopias"?

In every corner of the world, there are creative attempts to construct alternative economic relations and transformative politics in polities, economies, and in the everyday lives of people. These experiments are found in both the Global South—

---

1   The research included fieldwork in the following countries: South Africa, Tanzania, Kenya, Ethiopia, Mauritius, Senegal, India, USA, Canada, Germany, Italy, Spain, Venezuela, Brazil, and Argentina.

for example Brazil, Argentina, Bolivia, Mauritius, South Africa, and India—and the Global North—for example Spain, Italy, USA, Canada, and Germany. These experiments are not at the behest of organized political parties or powerful labour movements. Rather they are largely created, practiced, and led by ordinary citizens. For example, we see that experiments in alternative currencies, participatory budgeting, democratic decentralization, socialized economic relations, climate jobs, food sovereignty, energy democracy, transition towns, solidarity economies, and cooperatives, all of which demonstrate alternatives to capitalist relations, are being carried out in the present. In all these experiments we can observe a new politics of civil society participation in which the existing dominant economic and political systems are being engaged, pushed, refashioned, out-maneuvered, and simply worked around. These experiments attempt to shift the balance of power in favour of ordinary people and civil society through deepening and extending democratic practices, opening up decision making, creating egalitarian redistributive mechanisms, promoting local economic activity, refashioning development planning, and unleashing new forms of agency. Ordinary people across the globe are attempting to refashion the conditions under which they live. While the experiments are many, in this article we focus on worker cooperatives and solidarity economies as forging transformative politics. We show how experiences in economic democracy translate into transformative politics by overcoming the divisions inherent in capitalism.

Following Nancy Fraser, capitalism is predicated on three fundamental divisions: the separation of production from social reproduction, the separation of humans from the natural world, and the separation of economics and politics (Fraser 2018; Fraser and Jaeggi 2018). By separating these three spheres from economic activity, capitalism creates the illusion that social reproduction, non-human nature, and public power are arenas "outside" of capitalism. Yet, in actuality, the three are the "background" on which capitalism's "foreground" operates (Fraser 2018). In other words, these separations mystify the fact that capitalism depends on the "decommodified" arenas of social reproduction, nature, and public power. Removing them from economic activity has allowed for them to appear to be outside of the commodified world of capitalist relations. In reality, cordoning these background spheres from commodified relations exempts capitalism from paying the actual costs of the foundation on which it is built. What this suggests is that rather than being outside of capitalism, social reproduction, nature, and public power are fundamentally entwined with capitalism.

This framing is useful for emancipatory alternatives as it complicates the picture of what activity lies outside, inside, alongside, or in the interstitial spaces of capitalism. By embedding economic activity in social reproduction as well as production, in the human as well as the natural world, and in democratic politics, we suggest that cooperatives and solidarity economies are an important arena of anti-capitalist economic activity that bring to the fore the background conditions. We use the language of pathways towards anti-capitalist activities to capture the processual nature of the varied experiments. The language of pathways is useful as it allows us to conceptualize empirical experiments that might exist simultaneously inside and alongside capitalism. For example, cooperatives that operate on anti-capitalist principles of production (i. e. collective ownership, democratic decision making, capital in the service of labour, one member/one vote) but still produce for the capitalist market are prefiguratively developing an anti-capitalist pathway. Cooperatives forming networks of solidarity around alternative forms of production collectively create an anti-capitalist pathway that embeds economic relations within social relations.

One of the most important emancipatory alternatives is the idea of economic democracy best captured in the institutional form of cooperatives. While cooperatives have been a pole for the left imagination for nearly two centuries, today's worker cooperatives are not just defensive struggles against capitalism but also prefigurative moments that lay the basis for a future emancipatory society based on a democratic logic of social organization. For this reason, in this essay, we focus on worker cooperatives. We begin by discussing what a worker cooperative is, how worker cooperative theory has developed over time, and what forms of power are cultivated by worker cooperatives. We then briefly discuss how worker cooperatives figure into the solidarity economy.

3   What is emancipatory about a worker cooperative?

Worker cooperatives have a long history going back to the first half of the 19th century. Various crisis moments in capitalism during this time, combined with the pioneering cooperative principles of the Rochedale founders in Britain (which produced a worker-led consumer cooperative), led workers to struggle for the takeover of factories to defend their jobs. In Europe a new spectre of emancipation was born amongst workers.

The most basic characteristic of a worker cooperative is the transformation of work at the point of production. Worker cooperatives have historically been defined by several key features: 1) their primary aspiration is to meet members' needs; 2) decision making is organized through direct democracy at the workplace: worker owners democratically make decisions based on one member/one vote; 3) all worker owners are entitled to information about the cooperative; 4) worker owners collectively own the means of production whether it is a factory, farm, bakery, or any other type of enterprise; and 5) worker owners collectively decide how surplus is distributed and losses managed. Together these features place capital in the service of workers rather than the capitalist formula of workers (and all of humanity) being in the service of capital. In other words, worker cooperatives use capital to improve the conditions of worker owners as full human beings. This is also expressed in the ideas of the global body representing worker cooperatives, the International Organization of Cooperatives in Industry and Services (CICOPA). CICOPA's *World Declaration on Worker Cooperatives* (2005) affirms the distinctiveness of worker-owner work in a worker cooperative as opposed to self-employment or wage earning. Worker-owner work is controlled, defined, and organized by worker owners in their own enterprise. This conceptual and theoretical clarification has assisted in challenging "fake worker cooperatives" while also radicalizing the identity of genuine worker cooperatives.

In addition to these basic features, worker cooperatives align with the International Cooperative Alliance's (ICA) seven guiding principles of cooperatives: voluntary and open membership, democratic member control, member economic participation, autonomy and independence from outside influence, continuous education, training, and information for members, cooperation among cooperatives, and concern for their communities (ICA 1996). Together these features and principles embed economic activity within social relations and democratize power relations within economic enterprises. Worker cooperatives have the most potential to be transformative, rather than ameliorative, at the level of cooperative identity and practice. In theory, they can end the threefold divisions engendered by capitalism in terms of reproduction, human relations with nature, and the public sphere. In this essay, we primarily focus on Fraser's third separation—the separation of economics from politics—by highlighting that worker cooperatives democratize economic activity, which allows public power to challenge capitalism's underlying relations of class forces as well as enables collective democratic decision making to re-embed economics and politics. Thus, it is not enough to argue that worker cooperatives operate differently at the point of production, but rather we must also look at whether the democratization of economic activity has challenged capitalism's class relations and capitalist domination.

Worker cooperatives start with and are constitutive of a different set of social relations, challenging our notions of labour beyond that of a wage earner who bargains over the price and conditions of work. They do this by changing the way in which work is organized and by entrusting ownership to workers. Determining the conditions of work through democratic decision making (one member/one vote) over production, distribution, and the sharing of profits and losses fundamentally transforms a worker's role away from that of an employee in a capitalist company (Satgar and Williams 2011). It is this transformation at the point of production, through worker ownership and control and the inversion of a central capitalist principle—from workers in the service of capital to capital in the service of workers—that makes worker cooperatives potentially prefigurative of anti-capitalist institutions.[2] In contrast to capitalist enterprises that place profits at the centre and work through hierarchy, genuine cooperatives place human needs at the centre of their activities, even if they still have to ensure profits in order to survive. The point is that profit making is not the primary goal but is rather a means to an end. For example, Mondragon is the world's largest cooperative network located in the Basque country of Spain with approximately 73,000 members and 102 cooperatives involved primarily in the industrial and distributional sectors. Mondragon has achieved public goods such as a cooperative bank, insurance system, university, and a social welfare agency. The importance of workers' well-being and human needs is central to Mondragon, and underpins its commitment to ensuring capital is used in the service of labour.

Over the last few decades, a (re)new(ed) ethos and wider practices beyond the shop floor have emerged in worker cooperatives in different countries. They are not just looking to change the point of production (they still do this); they are transforming the wider social relations in which their enterprises are embedded. While still operating on principles and values of collective ownership (though they have experimented with ownership models), one member/one vote, and deliberative and democratic decision making, worker cooperatives also include an ethics of cooperation and solidarity. These principles take worker cooperatives beyond their individual enterprises to create flows of mutuality, solidarity, and economic exchange with other cooperatives. They are seeking linkages to other enterprises, communities, and social movements (and not just cooperative movements) in an effort to create alternative economies, which we call solidarity economies. The solidarity economy is a concept that emerged in the 1980s out of the experiences of Latin American movements seeking to create alternative forms of production, consumption, and finance from the capitalist economy (Satgar 2019a, 2019b and 2014; Singer 2006). It envisions networks of economic activity based on democratic worker and popular control of the means of production, distribution, consumption, finance, and ways of living. It seeks to build an economy driven by people's collective needs and in

---

2   While many worker cooperatives own their enterprise, there are cases of diversified ownership models where the state or communities are the owners. The point is that a worker cooperative allows workers full participation as economic actors in their enterprises.

harmony with the natural world (Williams 2014). In linking up with communities and social movements and intersecting with various anti-capitalist thrusts, solidarity economy practice is contingent in terms of scale and meeting needs. For example, food sovereignty, transition towns, climate jobs, and zero waste approaches, all seeking democratic logics from below, easily converge with the solidarity economy.

Many worker cooperatives are practicing (often without naming it) the idea of the commons in their understanding of their work, in their practices, and in their visions of alternatives. Hilary Wainwright (2014) helps us understand this when she highlights the central role of workers' creative capacity in envisioning and creating alternatives. Through their collective creative capacity, worker cooperatives are re-embedding economic relations into the social and ecological realm. In this collective process, the idea of the commons is vital. It emerges from struggles against processes to commodify resources that have previously been held in common (such as natural resources, public transport, and even the digital commons). Worker cooperatives are engendering creative labour commons through their individual and collective creativity. This is well demonstrated by Mondragon's knowledge commons, research and development centers, and education and training programmes.

What we also see is that worker cooperatives do not primarily focus their activities on disruptive protests but rather engage in creative forms of resistance by prefiguratively building alternatives. For worker cooperatives the idea of symbolic power, not just structural, associational, movement, and direct forms of power, is increasingly important.[3] By symbolic power we mean struggles that are framed in such a way that they win broader support from the public even for issues that do not directly affect them. Symbolic power seeks to build legitimacy, both moral and discursive, and operates within the public realm to enlist support for prefigurative alternatives. As a foundational institutional space, the law is also crucial but distinct from public opinion and moral legitimacy. Legal frameworks govern social and economic relations and therefore provide a source of legitimacy in society. For cooperatives to enlist laws that legitimize their activities reinforces their symbolic power. Thus, tapping this legal legitimacy is an important source of public and discursive legitimacy. We saw this in the recovered factories in Argentina[4] where the cooperatives consciously built links with communities, made films, and hosted concerts,

---

3   For a discussion of power see Williams and Satgar 2019, Gallas 2018, Schmalz et al. 2018, Webster 2015, Silver 2003, and Wright 2000.

4   The Argentine recovered factory movement emerged after the 2001 economic collapse, which saw factories declare bankruptcy and close their doors. In response, workers occupied hundreds of factories in order to recover their jobs and dignity. In 2015 there were 352 recovered factories. We visited Argentina three times to research the recovered factories (2008, 2012, and 2015).

supported community literacy programs, and ran exchange visits to cooperatives in the effort to gain public support for their endeavour. By describing the takeover of factories as "recovery", they were able to frame the effort to regain their jobs as a legitimate and just cause. In this process, classification struggles were a key part of engendering legitimacy. For Bourdieu (1984, 2000) it is primarily the elite and the state who have the power to engage in such struggles. We are suggesting that worker cooperatives also engage in classification struggles that redefine the way work is organized and who makes decisions, but also what the nature of work itself is, what gets defined as work, who a worker is, and what constitutes an economy. This symbolic power also facilitates the emergence of solidarity economy relations.

We will now highlight three empirical cases to flesh out some of these ideas. Much has been written on Mondragon and the recovered factories in Argentina, and thus in this article we have chosen less familiar cases. We highlight particular features in each case, but it should be noted that all the cases share many of the points across the themes and in particular illustrate attempts to democratize the economy.

4   Worker cooperative pathways to solidarity economies

4.1   Worker cooperative economic relations based on human needs

Cecosesola in Barquisimeto, Venezuela perhaps best captures the importance of creating an alternative cultural value system. It is engaging in a classification struggle in an effort to build solidarity economy linkages. Started in the 1970s, Cecosesola is a worker cooperative of 480 people that has weekly cooperative markets and is linked to a cooperative network system that brings together agricultural producer cooperatives in the rural areas with urban-based, worker-owned consumer fairs (held weekly from Friday to Sunday). It has helped establish a number of other worker cooperatives into the network—such as clinics, laboratories for blood tests, savings and loans, a hospital, insurance, and other cooperative fairs/markets. Taken together, there are 60 organizations, 20,000 members, and 1,000 worker owners who together form a dense network of overlapping activities.

Cecosesola has pioneered a processual understanding of individual, collective, and organizational creative learning based on trust and mutual cooperation. It spends a great deal of its time on deliberative processes as all decisions are made collectively with all members (through an intricate process of small meetings that come together into a large meeting). In the process, it has nurtured values and a culture of solidarity and trust, self and collective growth, and caring and sharing. It has also helped create a local solidarity economy among all of the cooperatives that are part of its network, including the agricultural cooperatives in the surrounding mountains. This was most vividly demonstrated in the 2003 food crisis that hit Venezuela and again in the 2018 food crisis. Barquisimeto was the only area of the country that did not suffer hunger and food crises to the same extent as the rest of the country, in large part because of the solidarity economy created by Cecosesola. By 2018, Cecosesola had 150,000 people visiting its weekly consumer fairs (nearly a fourfold increase in half a decade), distributing approximately 800 tonnes of perishable products.

Cecosesola demonstrates the solidarity economy's success at redefining work and economic relations based on human needs, solidarity, and trust as well as building a locally-based regional network of production, consumption, and finance based on popular ownership and control through democratic principles of self-management. It shows how the solidarity economy moves beyond isolated cooperatives into a movement based on interconnections and networks among the various solidarity economy actors.

4.2   Cooperative networks enabling worker cooperatives

Moving to Trentino, Italy, our second case demonstrates another aspect of the solidarity economy: a dense network of different cooperatives transforming both political and economic relations. The Trentino Cooperative Movement in the Northern Italian province of Trentino is an excellent example of a hundred-year-old movement creating a network of alternative forms of production, consumption, and finance. Trentino is home to nearly 600 cooperatives in its 223 villages with over 235,000 members (which is 50 % of the population). There are 23,000 worker owners in 293 cooperatives, 21,000 farmer members in 101 cooperatives, 82,000 retail members in 85 cooperatives, 108,000 members of cooperatives banks, and 5,400 administrators in the cooperatives and federation, who are themselves also members. The 600 cooperatives are federated into 21 secondary societies and one federation with a total asset base of €2.4 billion. Over 80 % of land in Trentino is owned and farmed collectively. The strength of the cooperative movement strikes you at every turn.

What is interesting about Trentino is that it shows the importance of cooperative banks and cooperative supermarkets in creating a pathway to the solidarity economy. In every village square there are two central institutions: the cooperative bank and the cooperative store with 60 % of its products sourced from cooperatives. The cooperatives feature in every sector of the economy. For example, 90 % of the agriculture consumed in the main town of Trento is produced by cooperatives in the region. There are 69 banks with 341 branches that provide 60 % of the total credit in the area. There is a central cooperative wholesaler that supplies the local cooperative shops, and 38 % of consumer goods are sold through cooperative stores. Through the shops 8 % of all local agricultural produce including wine and cheese is sold. The rest is exported to the rest of Italy and abroad. Over 80 % of apples consumed in Italy are produced by the Trentino cooperatives.

The Trentino cooperative network enables myriad worker cooperatives—in a range of sectors from taxis, teaching, light manufacturing, and construction to services such as eldercare and hospitality—and has experimented with hybrid forms such as social cooperatives that work with the local state to provide a service. The distinction between a service cooperative and a social cooperative is whose interests they champion. For example, service cooperatives such as teaching or taxi cooperatives primarily focus on delivering to their members whereas social cooperatives focus on delivering a service to the community such as eldercare and childcare. We would consider both forms worker cooperatives as the primary activity is work, and worker owners collectively own, control, and make decisions about their cooperative. Because the activity of worker cooperatives encompasses a central part of the lives and livelihoods of the members, they tend to play a much stronger role in their lives. Thus, worker cooperatives produce a deeper sense of commitment and relations among members in comparison to, for example, members of a cooperative bank. With over 50 % of the population belonging to a cooperative, in many cases a worker cooperative, the result is a deeply embedded cooperative network in Trentino.

Like many cooperatives, the cooperative movement originally formed due to the dire poverty in the region. Now Trentino is one of the wealthiest regions (with low inequality) in Italy in large part due to this extensive network. Central to its success has been creating alternative values that challenge capitalism's dominant values of competition and possessive individualism and allowed it to develop solidarity economy relations. From its very beginning it believed that cooperation is a universal value and insisted on tolerance and openness to all social, religious, and political affiliations.

4.3   Worker cooperative led solidarity and community development

We now turn to a cooperative in Kerala, India to demonstrate solidarity, demo-cratic decision making, self-management, a culture of sharing, and commitment to community development. In the southern state of Kerala there is a remarkable

90-year-old worker cooperative that is the oldest in India. Uralungal Labour Contract Cooperative Society (ULCCS) is a 2000 member worker-owned and worker-controlled construction cooperative that has completed over 3,700 large infrastructure projects such as roads, bridges, and building complexes. Uralungal has pioneered local-level alternative production and epitomizes many of the qualities of the solidarity economy such as democracy, equality, eco-centricity, solidarity, reciprocity, and integrative networks. These principles are encoded in the fabric of the cooperative through the ethos of its members as well as its by laws which explicitly state that the primary objective of the cooperative is to service the interests of its members through secure, rewarding, and well remunerated work while also providing a service to the community through its public infrastructural projects. To do this it has pioneered democratic workplace organization, egalitarian redistribution, ecological approaches to resources, and symbolic power in relation to the state.

At the centre of its success is its commitment to participatory and direct democracy. At any given time Uralungal has 80 construction sites happening simultaneously—which could lead to an erosion of participation in decision making, but it has worked hard to ensure this does not happen. Uralungal has an elaborate system of democracy with the election of site leaders, daily site meetings, daily leadership meetings, weekly review meetings, monthly general body meetings, and annual general body meetings. To ensure the board remains grounded among worker owners and in the activity of the cooperative, all board members have to work at a construction site at least one day a week.

Its approach to ecological issues is also visionary as it understands the importance of not over-exploiting the land in the construction process. In order to control its impact, Uralungal procures and owns land that it uses for the construction process (e. g. rock quarries, sand). It closely monitors the land for environmental impact and then converts it into plantations that it uses to feed the cooperative members by providing breakfast and lunch for all members and food for local schools.

Growing the trees not only produces food, but it has the additional benefit of greening the quarries. Uralungal is also very aware of the importance of providing good public works. For example, private contractors underbid by minimizing the benefits of workers and cheating on materials. For the cooperative, adherence to contract specifications is a principle that is held sacrosanct. Its competitive edge comes from its high labour productivity, which stems from both the effective use of technology and the diligence of workers, including their skills, effort, and commitment. Construction is a labour intensive process, and skilled and committed workers are a vital asset. Workers motivated to stick to the timetable and avoid the unnecessary waste of resources (such as tar, metals, and cement) are critical to the cooperative's

successful completion of projects on time. The skill and commitment of worker owners—and not simply supervisors or managers—is a major asset of the cooperative.

The cooperative also exemplifies the principles of the solidarity economy when it
comes to its commitment to community development, which is demonstrated in its
rural development projects. Because it owns quarries for raw materials, Uralungal has
been able to build a number of rural roads, schools, rural community distribution
stores, old age homes, and community centers. The Kerala government's democratic
decentralization programme also facilitated Uralungal's rural development projects as
it has been able to link up with the local government institutions to develop projects
in local communities. The Uralungal cooperative provides an excellent example of
the principles of solidarity, democratic decision making, self-management, a culture
of sharing, and a commitment to community development.

5   Advancing transformative politics

The above examples demonstrate particular worker cooperative pathways to the
solidarity economy and prefigurative practices involving new forms of power, the
reproduction of the commons, and democratic self-management. They represent
crucial alternative pathways within contemporary transformative politics, and
they have histories that precede the current neoliberal conjuncture of crisis (1980
till the present). They have been invisible to left politics for three reasons. First,
the 20th century left project was deeply statist. Social democracy, Soviet socialism
(and all its copies), and revolutionary nationalism all led social change from above
and through the state. The left was obsessed with capturing state power through
takeovers, the ballot box, or authoritarianism. Transformation from above did not
create the space for, nor the recognition of, subaltern-led transformations from below.

Second, for the greater part of the 20th century left strategy was bifurcated into
reform (managing capitalism) versus revolution (overthrowing capitalism). With
the crisis of political projects spawned by these approaches—which we must learn
critically from—the left imagination in the late 20th century began to rethink
non-authoritarian and bottom-up modes of praxis. In this context, the cycles of
resistance against neoliberalism have opened up a third strategic approach: transformative politics. Central to this are constitutive forms of power from below. While
state power is important, it is not the central driving force for building systemic
alternatives such as worker cooperatives and solidarity economies.

Third, as part of transformative politics worker cooperatives and solidarity
economies have engendered a new approach to systemic change through democratic

systemic reform (Satgar 2019a). Such an approach is fundamentally distinct from state-centric and productivist structural reforms, which are bound up in modernizing catch-up development. Instead, democratic systemic reform seeks to build new systems to sustain life through eco-centric practices, deepening democracy, and advancing a transformative, just transition.

Hence, the transformative politics of worker cooperatives and solidarity economies are part of a wider left project of renewal that seeks pathways to overcome the crisis of reproduction of our societies, end the war with nature, and deepen democracy. Such a subaltern-led politics advances deep and fundamental emancipatory change. There are many challenges in these processes and pathways, which in turn highlight the need for emancipatory social science. As Erik Olin Wright explains: "Emancipatory social science seeks to generate scientific knowledge relevant to the collective project of challenging various forms of human oppression. To call this a form of social *science*, rather than simply social criticism or social philosophy, recognizes the importance for this task of systematic scientific knowledge about how the world works. The word *emancipatory* identifies a central moral purpose in the production of knowledge—the elimination of oppression and the creation of the conditions for human flourishing" (2010, p. 10). The emancipatory alternatives pioneered by worker cooperatives represent one possible pathway for humanity's future, and together with emancipatory social science they can overcome various challenges as part of advancing transformative politics in the 21st century.

Acknowledgements: We would like to thank the Emancipatory Futures Studies in the Anthropocene Project at Wits University for the writing retreat that allowed us to write this article. We also thank the Rosa Luxemburg Foundation South Africa for funding some of the research.

References

Bourdieu, P. (1984). *Distinctions: A social critique of the judgment of taste.* Cambridge: Harvard University Press.
Bourdieu, P. (2000). *Pascalian meditations.* Palo Alto, CA: Stanford University Press.
Fraser, N. (2018). Democracy's crisis: On the political implications of financialised capitalism. Public lecture. https://web.facebook.com/WCFIA/videos/vb.144673958897100/269566100364576/?type=2&theater. Access date: Jan. 2019.

Fraser, N., & Jaeggi, R. (2018). *Capitalism: A conversation in critical theory.* Cambridge: Polity Press.

Gallas, A. (2018). Class power and union capacities: A research note on the power resources approach. *Global Labour Journal, 9,* 348–352.

International Cooperative Alliance (ICA) (1996). *Cooperative principles for the 21ˢᵗ century.* Geneva: ICA Communications Department.

International Organization of Cooperatives in Industry and Services (CICOPA) (2018) [2005]. World declaration on worker cooperatives. http://cicopa.coop/wp_content/uploads/2018/02/world_declaration_on_worker_coops_en.pdf. Access date: July 2019.

Satgar, V. (2014). *Solidarity economy alternative: Emerging theory and practice.* Pietermaritzburg: UKZN Press.

Satgar, V. (2019a). With, against and beyond the state: A solidarity economy through a movement of movements. In V. Satgar (Ed.), *Cooperatives in South Africa—Advancing solidarity economy pathways from below* (pp. 140–166). Pietermaritzburg: UKZN Press.

Satgar, V. (2019b). *Cooperatives in South Africa: Advancing solidarity economy pathways from below.* Pietermaritzburg: UKZN Press.

Satgar, V., & Williams, M. (2011). Cooperatives and nation building in post-apartheid South Africa: Contradictions and challenges. In A. Webster, A. Brown, D. Stewart, J. K. Walton & L. Shaw (Eds.), *Hidden Alternatives* (pp. 177–202). Manchester: University of Manchester Press.

Schmalz, S., Ludwig, C., & Webster, E. (2018). The power resources approach: Developments and challenges. *Global Labour Journal, 9,* 113–134.

Silver, B. (2003). *Forces of labor. Workers' movements and globalization since 1870.* Cambridge: Cambridge University Press.

Singer, P. (2006). The recent rebirth of the solidarity economy in Brazil. In Boaventura de Sousa Santos (Ed.), *Another production is possible: Beyond the capitalist canon* (pp. 3–42). London: Verso.

Wainwright, H. (2014). Notes for a political economy of creativity and solidarity. In V. Satgar (Ed.), *The solidarity economy alternative: Emerging theory and practice* (pp. 64–100). Durban: UKZN Press.

Webster, E. (2015). Labour after globalization. Old and new sources of power. In A. Bieler, R. Erne, D. Golden, I. Helle, K. Kjeldstandli, T. Matos & S. Stan (Eds.), *Labour and transnational action in times of crisis* (pp. 109–122). Lanham, MD: Rowman & Littlefield.

Williams, M. (2014). The solidarity economy and social transformation. In V. Satgar (Ed.), *The solidarity economy alternative: Emerging theory and practice* (pp. 37–63). Durban: UKZN Press.

Williams, M., & Satgar, V. (2019). Transitional compass: Anti-capitalist pathways in the interstitial spaces of capitalism. *Globalizations,* (forthcoming).

Wright, E. O. (2000). Working-class power, capitalist-class interests and class compromise. *American Journal of Sociology, 105,* 957–1002.

Wright, E. O. (2010). *Envisioning real utopias.* New York: Verso.

Social generativity: a relational paradigm for social change

Mauro Magatti, Chiara Giaccardi and Monica Martinelli

1 Introduction

The idea of "social generativity" emerges within the context of a critical reading of contemporary capitalism and consumerist culture. The severe financial downturn we have been experiencing in the West since the crisis of 2008 has affected not only economic and social spheres, but also our political systems. We remain in the midst of a transition, the final outcomes of which are still unknown.

One distinctive cultural feature of this contemporary mode of capitalism is the idea of a "self" open to continuous experimentation and resistant to external normativity or authority. In this framework, individuals striving for self-realization view consumption as the most effective means of fulfilling this explorative attitude. Here we see the contemporary renewal of the myth of eternal youth: people eschew all constraints, seeing them as obstacles to freely responding to unexpected events that come their way. Such freedom has become the requirement for "authenticity". This model produces an adaptive and flexible personality, capable of shifting easily from one experience to another while striving to hold together the various dimensions of personal life. At the social level, this arrangement results in the emergence of a "liquid society", as Zygmunt Bauman put it: an unstable and fragmented social context devoted to innovation and focused on short-term outcomes. In a nutshell, the kind of self-centered and explorative behavior reinforced by contemporary consumerism perfectly fits the psychological description of adolescence.

And yet, we must be careful not to take this critique too far. Indeed, we must acknowledge that consumption is an intrinsic anthropological feature that can be traced back to the origins of human civilization. Capitalism did not invent consumption. What capitalism accomplished during the 20th century was the institutionalization of a "consumer society"—a specific social setting in which consumption is the pivotal element of social and economic life. Admittedly, the

© Springer Fachmedien Wiesbaden GmbH, ein Teil von Springer Nature 2019
K. Dörre et al. (Hrsg.), *Große Transformation? Zur Zukunft moderner Gesellschaften*, https://doi.org/10.1007/978-3-658-25947-1_26

project of a capitalistic consumer society has been pursued with determination, by building a growing consonance between institutional arrangements, cultural sensitivities, and personal attitudes. This project, the outlines of which emerged at the end of the 19th century, was fiercely pursued in the post-war period within the framework of the Fordist-welfarist regime. Late capitalism, which has exploited a consumeristic ethic, has left an impressive historical construct that will not be easy to overcome, despite all of its limitations and failures.[1]

In this context, the search for an anthropological characteristic that is comparable to consumption in its depth and breadth is essential to re-balance the excesses of consumerism as well as to make space for new, broader concepts of freedom and self-realization. Our initial hypothesis was that "generating"—viewed as an act of ex-corporation, that is, giving life to or initiating—anthropologically is as elemental as consuming. The act of generating is not something that has to be learned; it is, rather, an act innate to human beings.

This hypothesis found considerable supporting evidence in psychological studies in the second half of the 20th century. Carl Jung, for instance, identified the final stage of the process of individuation (that is, of becoming an individual, i. e. capable of fully expressing one's personality) according to its "integrative" nature. Jung did not use the term "generativity", but it is clear that his vision anticipated the work of Erik Erikson, who first introduced the term.

And yet, over the last few decades, the suggestions of Jung and Erikson have been overlooked since consumeristic culture has been effective in equating "individuation"—the long-term, relational, and endless process of personal development—with "individualization", a social condition that seeks to maximize individual liberty and self-determination. This problematic assumption elides the complexities of becoming a person[2], and, in fact, as it will become evident in the following, the notion of social generativity can only be recognized when such a distinction is maintained.

From this perspective, the 2008 financial slump may be interpreted as a growth crisis: after two decades of astonishing expansion based on a combination of liberalization, financialization, and consumerism, the complex reality of our times revolted against the pursuit of unlimited growth on a global scale. The resolution of the long and uncertain transition we have been experiencing since the crisis will require more than mere technical adjustments; it will require new *equilibria* to balance the various dimensions of social life. The problem advanced societies

---

1 For a wider analysis of the socio-economic model of development over the past 30 years, see Magatti 2009, 2012.

2 As Stiegler (2016) highlighted, individualization through mass consumption is in fact de-individuation.

must deal with is not just making the economic engine work again. Rather, the challenge is to optimistically look for a new type of prosperity, moving away from a societal adolescence (based on quantitative growth and consumerism) toward a more mature social organization based on a distinctive model of self-realization, where creativity and human flourishing may become the qualifying elements of a new development model. This is a task that the notion of social generativity may help accomplish.

And it is precisely social generativity that is the focus of this article, along with its sociological roots and characteristics that have emerged out of the circular connection between the conceptual framework and the findings of our fieldwork.

2   Towards social generativity

Social generativity presupposes, and at the same time favors, a creative idea of action: as Hannah Arendt put it, one that is able to bring something new into the world, without succumbing to the idea of a "sovereign self" (a notion that, besides being unrealistic, has historically proved to be either harmful or doomed to failure).[3] This new idea of action becomes the essential pre-condition for delineating a path of development in which economic growth *and* social growth proceed together, beyond the financial-consumerist exchange of today, towards a new form of social exchange.[4]

In recent years, positive ways of resolving the tension between economy and society are being tested, and new, "contributive" forms of organization are being searched for. One example is the idea of "shared value" as suggested by Porter and Kramer (in an article dedicated, remarkably enough, to the idea of reinventing capitalism; 2011). Following this line of argument, enterprises are increasingly challenged to produce value for and with the stakeholders. This amounts to a paradigm shift whose necessity the authors ground in a critique of the irresponsible enterprise that pursues short-term shareholder value to the detriment of society and the environment (Barton 2013).

---

3   For Arendt, to act is precisely "to make new beginnings, or to start new processes" (1958, p. XIV).

4   At every stage of its development, capitalism has been structured around a specific social exchange that provides for a balance between social, economic, and political interests. The type of financial-consumerist exchange takes place after the "Fordism-welfarism" exchange that was typical of the first decades after World War II (Magatti and Gherardi 2017).

According to Stiglitz (2012), what is required is an idea of qualitative and multidimensional development, meaning one that relies on economic and social sustainability. As an alternative to the logic of exploitation, a logic of "shared prosperity", conceiving of growth as an integral phenomenon, becomes crucial.

Shared value and shared prosperity could be considered contextual values able to reconnect what has been separated over time: consumption with sociality, production with participation, enterprise with social issues, the network with new emerging needs, welfare with inter-subjective relationships, and the public dimension with social self-organization. In fact, public goods are not such because they are provided by the state, but because they are relational and shared, referring to a community, to a territory. This implies thinking an economic horizon in which the social bond is re-organized, in multiple ways, around a common good. There is empirical evidence suggesting the existence of social realities (enterprises, associations, families, but also individuals) that implement a form of action capable of generating something in the way of a shared good, thus contributing to both personal and social satisfaction. It is a form of action, which, on a broader level, makes it possible to move beyond the terms of financial-consumerist exchange.

Bernard Stiegler (2010) speaks of "contribution" as a desire for conscious participation in the surrounding world, seen as a means of expressing one's ability to create value beyond the immediate translatability of this value into money. He speaks of the "economy of contribution" as that which, far from being just an economy of subsistence, aims to become an economy of existence—thus reversing the trend set in motion by neo-liberalism. At the micro level, this can be understood as a way of recognizing an organization's members' contribution. At the macro level, this can be translated into an economic policy that considers the empowerment of the individual and collective creation of social value its main reference point.

As mentioned above, we believe that to re-balance the excesses of consumerism, it is essential to refer to an anthropological dimension that is comparable, in its depth and breadth, to consumption. We also hold that the term "contribution" cannot fully grasp this dimension. For this reason, and on the basis of long-term research carried out in Italy, we prefer to speak of "social generativity" as a way to break the consumerist spell and the consequent model of social exchange it has shaped.

The origin of the term "generativity" lies in psychology, where it denotes a form of realization of the self in which an active and creative subject is able to offer a contribution to the surrounding context in such a way that the autonomous self-realization of others is encouraged and sustained. Accordingly, social generativity identifies a pathway that neither disregards nor substitutes consumption, but rather balances it with a complementary and equally original mode of relationship with reality and others: giving, not simply taking; excorporating, not simply incorporating.

Etymologically, "generating" is linked to a range of derivatives of the root *gen* (produce, generate), such as "generosity", "geniality", and "genitor." Also, concepts such as "giving birth" and "bringing into the world" stem from *gen*. In all of these cases, generating is not the effect of a moral imperative from above; rather, it flows from the inner force of life that opens people to the world and to others in such a way that they are able to act creatively while making a positive contribution to their contexts. It thus brings individual satisfaction while enriching the social context.

The concept of social generativity has theoretical antecedents in classic and contemporary sociology and anthropology—Simmel's life/form relationship, Arendt's idea of natality, Mauss' gift theory, and Weber's *Lebensführung*, among others (Magatti 2018). Yet it represents a distinctive social phenomenon linking personal development and social change, one that is realized through a specific course of action that we call "generative social action" (GSA): a meaningful activity that integrates the instrumental-effective and the communicative aspects of action within concrete chains of action, thus setting in motion complex social processes.

However, before going into more details on its social significance, it is necessary to introduce the concept of generativity as formulated by Erik Erikson in the field of psychology in the 1950s. In *Childhood and Society* (1987), Erikson analyzed the relationship between the individual and society within the framework of an evolutionary concept of human personality. He described individual existence as a sequence of eight phases in the gradual maturation of the subject, which evolves from being the *object* of care to becoming a *provider* of care. This evolution, however, is neither linear nor automatic, as the entry into each new stage is anything but certain: it always entails a crisis.

In particular, the seventh phase is marked by the dilemma between generativity and stagnation (or "self-absorption"). For Erikson, generativity is the same as maturity, a condition in which self-expression can offer a contribution to the surrounding context and is sensitive to future generations. Only if and when subjects overcome a self-centered orientation (typical of adolescence) are they able to open up and interact positively with their surroundings within an inter-subjective social and inter-generational framework.[5] Thus, the subject is able to "generate" not only biologically, but also in a broader, more symbolic sense of being able to bring something new into the world and start a new process (McAdams and Logan 2004).

---

5   According to psychosocial studies (i. e. McAdams and de St. Aubin 1992), a generative attitude can emerge both through a linear pathway in highly integrated personalities as well as in more complex biographies as an unexpected effect of failure, trauma, or even physical injury. Overcoming narcissistic individualism can often only be achieved when egocentrism crumbles in the face of reality, as hard as it may be.

Generativity is neither an automatic nor an irreversible stage in personal development. It is instead a potentiality that can always turn into its opposite. When this happens, subjects, locked within themselves, undergo personal impoverishment.

In Erikson's view, mature freedom entails the decision and responsibility of bringing something new into the world or revitalizing something by taking care of it. Being responsible for someone or something else is a way to bring out the best in oneself while learning how to deal effectively with the external world.

The concept of generativity initially did not encounter much resonance. Yet it has more recently entered the lexicon of the social sciences. This greater interest is probably due to the growing concern about the side effects of a capitalist consumer society—such as environmental degradation and financial debt—whose consequences can be severe for younger and future generations.

3   Generativity as a sociological concept

Studies in social psychology have shown that generativity produces effects across diverse social spheres, hence the idea of exploring the sociological implications of generativity beyond a psychological perspective as a viable form of social action—GSA.

We therefore initiated explorative fieldwork looking for groups and organizations that demonstrated some elements of generativity while showing signs of a new social sensitivity arising from disenchantment with the libertarian-liberal dream. A strong orientation towards future generations, an explicit social purpose, and concrete empowerment of members and other stakeholders were the three main criteria for selection.[6] The purpose of this fieldwork was to verify the existence of

---

6   Empirical support for our work draws from the "Archivio della Generatività Sociale", an ongoing research project started in 2012 and conducted by a group of scholars and researchers from the Catholic University of Milan (www.generativita.it). The *Archivio* comprises over one hundred different cases of enterprises, civil society, and non-profit organizations as well as local policies throughout the entire country. The methodology for the empirical study is a composite: using standard case study methods (in-depth interviews, participant observation, collections of biographical narratives), it combines methods of visual analysis through the production of brief documentaries using the contextual aspects and direct narration of the main actors. Besides videos, the *Archivio* provides other material such as articles and comments on case studies. The purpose is not merely to make a catalog of best practices, but rather to lay the foundation for inspiration, alliance building, discussion, and social projects, and, ultimately, to encourage reflexivity, awareness, and empowerment in the tradition of action research.

social forms adopting a generative logic of action in their ordinary activity and to better understand the implications of that choice and the character of GSA itself. The adoption of a grounded theory approach (Strauss and Corbin 1990) and of an abductive logic of theorization (Tavory and Timmermans 2012)[7] brought to light crucial recurring features that can be synthesized into three specific phases of GSA (*bringing into the world, taking care,* and *releasing*) that are able to bring about social change at least along three different lines (which we have termed *durability, authorization,* and *exemplarity*). In this section, we will focus on the three phases of GSA. The subsequent section will focus on its macro-dimension, i. e. its capacity for inducing social change.

The first aspect that needs to be emphasized is that social generativity is a process that starts with personal initiative. GSA is in fact an entrepreneurial action (in the economic, social, political, or cultural sphere) that is able *to bring something new into the world* or restore/regenerate/recover something pre-existing but forgotten, mobilizing new energies and/or producing recognizable consequences in the surrounding context well beyond the intention of the initiator. Arendt suggested that the experience of beginning is crucial for freedom: acting is not simply deciding among a given set of opportunities; it is also, and especially, the ability to start something genuinely new and deciding to commit to it. As human beings, we are born to begin, to make our original contribution to the world (Giaccardi and Musso 2018).

As the empirical evidence shows, although GSA arises from personal initiative, it is anything but a private action: it is rooted in a given situation, inherited by the subject, and develops through inclusion, activation, and mobilization of other essential people and resources (human, material, financial, etc.). Out of an initial investment of passion emerges a generative process leading to a different vision of the future, a solution to an unsolved problem, or an original response to an unmet need as a distinctive and ideally sustainable contribution to its social context. Being not only instrumental but also purposeful and open in character, GSA is able to shape organizations, companies, social movements, and communities, which project into space and last across time.

Taking care is the second phase that characterizes GSAs. Sennett (2008) convincingly showed this in his book on craftsmanship, where he defines care as an enduring, basic human impulse. Empirical research shows very clearly that when

---

7   Our theorizing begins with categories from literature in the field of psychology on generativity, identifying cases that exemplify these categories, analyzing social and contextual dimensions in light of relevant social theory, and progressively developing and refining our theoretical insights by testing them in empirical research.

people take care of what they may or may not have helped bring into the world, they receive a great deal of energy in return in terms of personal satisfaction.[8]

Furthermore, taking care always entails a certain degree of formalization and hence institutionalization. In fact, after the initiative is launched, growing attention to instrumental and organizational dimensions becomes prominent. This is a process which is as crucial as it is unavoidable: put in a Simmellian vein, only within the limits of a concrete "form" can the original idea be successfully established. As Weber made clear, the tension between the charismatic *status nascendi* and the emerging routinization is never easy to deal with. From this point of view, our empirical research highlights the continuous effort by generative organizations to avoid a formalization that results in bureaucratization in order to remain open to the surrounding context as well as to the future.

The third phase has to do with a crucial dilemma the initiator faces at one stage of development: to dominate their own creation or enter into a generative game. The solution of the dilemma is all but simple. Two conflicting purposes must be reconciled: on the one hand, the will to stabilize and to care for what has been created in order to make it last; on the other hand, the need to keep it "open" in order to creatively deal with new opportunities. Sooner or later, though sometimes very much later, the initiators must become aware that what has been put into the world may exceed their expectations and even escape their control.

Social generativity tries to face this dilemma, which is usually dealt with in the way of domination.[9] GSA does not imply exploitation and control, but rather the training and empowerment of others. In fact, the last stage of the process is *releasing*—letting go or handing over—, which means accepting loss of control. GSA occurs only when the initiative ends neither in a closed, particularistic, self-referential form of mutual dependency nor, conversely, in negligence and carelessness. This is one of the distinctive features of the generative mode of relation: to enable, empower, and thus authorize others. As Simmel suggested, a key consequence of human freedom is the ability to give freedom to others, which is exactly the logic underlying GSA.

GSA successfully addresses the tension within the unbalanced relationship between the leader and the follower by empowering and promoting the latter as a way of carrying out the former's original project. From this point of view, social generativity is not reducible to an attribute of charismatic personalities that estab-

---

8   Beside our own fieldwork, see, for instance, Shanafelt (2008) and Rynes et al. (2012).

9   Thus, throughout the 20th century, despite the cultural emphasis on individualization, the "managerial revolution" aimed to create new forms of control and homogeneity (cf. Burnham 1941).

lishes new forms of leadership.[10] Rather, the data suggest that a generative disposition implies a drive to lead and manage groups, organizations, and even firms in a way that enables individuation by authorizing followers to pursue their own projects, through a dynamic process that is largely unexpected and often surprising even to the founder. In GSA, even the intentionality of the actor is superseded: inasmuch as the process set in motion actively involves others and has an impact on the circumstances, it can develop in an unpredictable way, which in turn challenges the founder's initial vision.

These cycles occur many times in personal as well as in organizational life. In fact, no realization of an initiative, no matter how successful, can ever claim to be the perfect, final form. In Simondon's words, social generativity is a "metastable" process (Simondon 1992, p. 306).[11] This means that it is neither as stable as solids nor as unstable as liquids, yet endowed with a *relative* stability that already contains the initial root of its eventual overcoming. Along these lines, GSA tends to create dynamic, open-to-change, sustainable, plural, and intergenerational social relationships that follow a very specific logic.

Of course, GSA, being a complex process embedded in social relations, is not immune to ambivalence, tensions, conflicts, and failures. It may happen, for instance, that a new initiative is opposed by older generations or by established powers. Or a new initiative may fail if, for whatever reason, it is unable to mobilize additional resources. More generally, GSA is never immune to turning into domination. And yet, when GSA succeeds, it means a vital process has been set in motion that is able to nurture plurality and change in social life.

---

10 In this respect, the logic of generative action transcends what McAdams and de St. Aubin call "generative personality".

11 The idea of social generativity presents, in fact, many affinities with Simondon's theory of individuation as a "metastable" process (Simondon 1992; 2010). Metastability indicates the dynamic equilibrium of a system. A close analogy can also be found between the concept of "metastable complementarity" and R. Guardini's idea of "polar opposition" (1997, p. 11) which, together with Simmel's life/form dynamic relation (see Simmel 2010; Martinelli 2018), provide the main theoretical framework for understanding the dynamic of generative social action.

4   GSA and social change: durability, authorization, exemplarity

Our research covered a wide range of organizational types; some for-profit, some non-profit, some voluntary-based. Meanwhile, across all their differences, the cases showed they shared the same capability to promote social change: by establishing continuity over time, sometimes over generations; by authorizing others as a way to generate "shared value" and open new avenues for action; and by inspiring the initiative of others and their capacity to contribute to the public sphere. Thus, GSA can be understood as developing across three dimensions, which we surveyed by means of a questionnaire submitted to the organizations studied[12]:

i)   Within the *temporal* dimension (i. e. inter-temporality): by reinforcing the original initiative and those who are involved in it, GSA aims to make the generative enterprise last over time (*durability*).
ii)   Within the *relational* dimension (i. e. inter-subjectivity): by empowering others involved in the generative adventure, GSA encourages them to come up with their own responses to the original initiative (*authorization*).
iii) Within the *contextual* dimension (i. e. contextuality): by inspiring new initiatives, GSA diffuses the generative attitude throughout society at large (*exemplarity*).

i) Durability has to do with a long-term orientation—a sort of heresy in a world in which "time is no longer a river, but a collection of ponds and pools" (Bauman 1996, p. 25).

Within a generative framework, that which is brought into the world is not confined to the immediacy of the short-term. As GSA develops not under the pressure of a moral imperative from above ("be generous"), but is rather shaped by affective involvement, it provides a powerful antidote to the abstract regime of equivalences and extends the temporal reach of human (personal and collective) action beyond immediacy. By linking present identities (or, better, "individuation") with past experiences and projections into the future, GSA builds the future while recognizing the precious resources of the past (because neglecting or forgetting these certainly reduces capabilities and increases dependency on the market). It

---

12 We collected around 70 completed questionnaires to analyze the three dimensions of social generativity and ten specific sections (personnel training; participation and inclusive practices; stakeholders and cooperative practices; contextual relationships; narration and discursive constructions; leadership changes; sustainability; "dissemi-nations"; acknowledgement; public discourse).

implies neither a cut with, nor a simple perpetuation, of the past; instead, it means permanently recombining given elements to find new and unpredictable solutions to tensions and contradictions, in the line with what Simondon calls "transduction" (1992). Thus, investment in the future is the typical mode of GSA.

Therefore, generative organizations produce more than they consume and generate a true "surplus" of value. Among many other cases, our research includes the example of Monzino, one of the oldest family businesses in the world.[13] Located in Milan, the manufacturer and seller of musical instruments and musical scores Monzino is now run by the ninth generation of the founding family. Two fundamental choices have proven to be crucial for the company's survival over time. The first was the decision to adopt a special "family pact", a system of rules governing the relationship between business and family. According to these guidelines, the company is to be seen not as private property but as a "common"—an object to which many expectations by many different stakeholders are attached. Then emerged the need to protect it, even from the possessiveness of its owners. The second choice relates to the role of cultural entertainment in a wider social context. Over the centuries, the company became an ambassador of the importance of music and of its valuable role in society. It thus promoted music in schools and institutions as a means to foster social integration as well as to prevent social problems, especially among young people.

ii) Authorization is strongly connected with the fundamental, social experience of relationality. It may be viewed as a way to deal with the difficult problem of asymmetry in social relationships (e. g. father/son, master/disciple, employer/employees) that modernity tried to solve following its egalitarian impulse. However, even though playing an essential role in overcoming the harshest forms of inequality and exploitation, the modern attempt at creating a purely symmetrical and horizontal world runs the risk of becoming excessively abstract, which eventually may lead only to the creation of new and more subtle forms of domination.

Adopting a complex idea of value that includes not only social and cultural but also relationship aspects, the paradigm of GSA assumes that it is only through capacitating others and letting them go that the conundrum of asymmetry may be positively solved. From this point of view, the ultimate end of GSA is not just duration in itself in a merely conservative sense. Instead, there is something even more important: providing the conditions to make the initiative possible again, so that others can start something new or regenerate the same process along different

---

13 http://www.generativita.it/it/story/2011/06/08/monzino--generazioni-per-la-musica/8/. Access date: June 2019.

lines. From an institutional point of view, GSA does not aim primarily at quantitative or dimensional growth but rather at individuation and pluralization (i. e. in a generative enterprise this happens by sustaining new start-up or spin-off initiatives). Authorizing encourages new networks and alliances among individuals, groups, and organizations in such a way as to create the conditions for them to contribute in turn. This implies a particular style of leadership, the logic of which is neither domination (exploiting asymmetry) nor paternalism (protection that creates dependency) or bureaucratization (as a form of control). Rather, an authorizing mode of leadership involves mentoring others so that they can become authors of their own life (individuation) in a chain that links generations through time. GSA, therefore, is oriented toward empowering others to accomplish individuation.

There can be a direct empowerment (for those who are involved in the enterprise)[14] or an indirect one (by creating contextual conditions suitable for the development of other personal initiatives).[15] An example of direct empowerment is the cooperative Arianoa, the first cooperative founded within an Italian secondary school. A teacher at a high school in Lecce, convinced of the importance of creativity and trying to facilitate the transition between school and work, founded a cooperative together with his students and launched an entrepreneurial activity in the field of web-design and web-marketing. Supported by their teacher, the students have developed very successful projects (e. g. one of the world's most popular websites devoted to blues music), some of which have become real businesses. Yet the main goal of the cooperative is less about making a profit than favoring the emergence of talent and the acquisition of crucial skills under the trusted guidance of a passionate and expert tutorship.

Indirect empowerment is typical of enterprises. This is the case of Mutti Spa, a well-known tomato sauce producer. Here empowerment occurs at two levels: the first concerns the quality of human resources, because the company gives high-quality training to its employees. Internal expertise is seen as crucial for facing the increasing demands of the market. The second level has to do with the supply chain. Mutti does not produce tomatoes directly but buys the raw material from selected local suppliers. Competition here is not over price but over quality; Mutti has decided to invest in its suppliers' product quality, offering them incentives, training, continuous technological updates as well as plant breeding.

---

14 http://www.generativita.it/it/story/2011/05/16/arianoa-un-ponte-di-creativita-tra-scuola-e-lavoro/83/. Access date: June 2019. Access date: June 2019.

15 http://www.generativita.it/it/story/2015/10/12/mutti--la-scommessa-della-qualita-come-occasione-di-crescita-collettiv/2/. Access date: June 2019.

iii) Exemplarity refers to the diffusion of the generative attitude throughout society at large. By stimulating desires and resilient attitudes, fostering individual creativity, and pursuing unexpected solutions, GSA puts into circulation a "surplus" of value, reconciling personal fulfillment *and* social change while opposing carelessness, meaninglessness, and wasting resources, which are among the gravest consequences of a capitalist consumer society. In so doing, GSA can inspire others and encourage a creative re-appropriation.[16]

A good example for this is the Farm Cultural Park[17], an ambitious urban project that started some years ago in Favara, an economically depressed area of Sicily. Two professionals, a married couple, had the opportunity to move to Paris but decided instead to stay and invest in the regeneration of their area for the sake of future generations. With their own financial resources they have restructured a decayed part of the old town. The initiative has set in motion a process of transformation visible not only in the revitalization of the courtyards but also in the mobilization—locally, nationally, and internationally—of economic, professional, and human resources that now concentrate around them for the local benefit and beyond. Favara has become attractive to young people and tourists; more buildings have been restored by other citizens and newcomers, and Favara now appears in *The Lonely Planet* tourist guide as one of the most interesting locations for modern art exhibitions in Italy.

In Simondon's terms, we could also say that GSA produces "information", allowing the observer to build a meaningful relationship where before there was apparently only incoherence.[18] Displaying a certain directionality (Kotre 1999), GSAs are actions by which people feel especially touched, questioned, and encouraged. They are public actions since they interact with a wider community, producing empowering stories that stimulate the surrounding social world by setting new priorities, suggesting new interpretations, or shaping new imaginaries. As we observed in many organizations, by turning options into practices, GSAs are able to effectively influence the public discourse by developing, informing, and testing concrete solutions.

---

16 For more on the moral implications of exemplarity see also Zagzebski (2017).

17 http://www.generativita.it/it/story/2015/09/16/rigenerazioni-farm-cultural-park-favara/3/.
    Access date: June 2019.

18 According to Simondon, an "information" may provide an "injunction to individuation, a necessity to individuate" (1992, p. 311), and encourages new actions.

A good example of this is 24Bottles, a start-up based in Bologna.[19] The company has designed a colored, multipurpose, recyclable steel bottle for city life. At present, 80% of their production is for foreign customers. The Italian market is still growing. Convinced of the importance of sustainability for future generations, the founders of 24Bottles have made great investments in school initiatives to promote the installment of public water fountains and reduce the use of plastic bottles.

Thus, by differing from acting on a moral imperative (which can only be obeyed or rejected) as well as on an abstract model (that can only be—or not be—respected/reproduced), GSA not only cultivates agency but also exerts an effect of "institutional pluralization": through exemplarity, it not only reinforces trust in the ability to act purposefully, meaningfully, and effectively, but it also stimulates a continuous organizational renovation and the proliferation of innovation. In some cases, the exemplary force of GSA is even able to redefine the rules of a given field. When such reframing succeeds, the generative dynamic produces one of its most remarkable effects.

A final example of this is Baskin.[20] Baskin (integrated basketball) is a sport invented in Cremona in 2003 with the aim of letting all participants (male and female, able-bodied and people with physical and mental disabilities) play together successfully and to the best of their abilities. The idea came from the parent of a disabled girl, together with a sports teacher. Tackling the societal problem how to better integrate disabled people, the founders came up with a brand new sport that offers an opportunity for real integration, while being entertaining for both players and spectators. The rules of basketball were revised and then modified again with the help of the first cohort of players. By now, numerous Baskin teams have been founded all around Italy thanks to the support of local schools and public institutions, and Baskin teams can also be found in Spain, France, and Greece.

5 From generative social action to a generative society

As McAdams and Logan (2004) have already pointed out at the psychological level, generativity is dedicated to defying the status quo in order to make society a better place for future generations. *Social* generativity, as well as the corresponding activity

---

19 http://www.generativita.it/it/story/2015/04/01/24bottlescom--linnovazione-che-migliora-lo-stile-di-vita/101/. Access date: June 2019.

20 http://www.generativita.it/it/story/2011/08/03/baskin-uno-sport-per-tutti/76/. Access date: June 2019.

(GSA), is oriented toward a new idea of integral development as well as toward a relational and dynamic anthropology able to promote a positive relationship between individuation (self-realization), social ties, and social change. In fact, it shapes a dynamic social bond, which opposes hyper-individualization and bureaucratization by strengthening individuation and institutional pluralization.

A society that sustains, provides for, and builds infrastructure through, and to implement, generative forms of actions is a generative society. A wide field of reflection and intervention thus opens up. Being focused on individuation and pluralization, a generative society moves away from a purely quantitative and procedural idea of growth to strengthen the qualitative dimensions of social and economic development. It is within this framework that we can see the interesting promise of the notion of social generativity—a potential that largely remains to be explored.

In fact, GSAs point to a plural and creative society in which social forms (organizations, companies, and associations) aim at empowering individuals to experience a relational form of self-realization. Hence, empowerment is not confined to private achievements; rather, it circulates throughout society at large in the form of knowledge and know-how (Nussbaum 2011; Nussbaum and Sen 1993). In this way, personal sources of motivation are strengthened, and initiatives are encouraged and sustained.

What is more, creation of shared value, circulation of social knowledge and know-how, dissemination of ideas of participation and freedom can also have a strong economic impact.[21] In this sense, a generative society is not only socially but also economically desirable. By identifying new ways of conceiving the realization of the self, it suggests a path beyond capitalist consumer society, not with the prospect of less prosperity but rather toward a new type of prosperity. This has become particularly important since the 2008 crisis as the demand for a new type of social exchange—focused on environmental and social regeneration and new forms of co-production and collaborative consumption—is emerging. By focusing

---

21 In reaction to the ideas presented here, Zygmunt Bauman (2014) wrote: "Freedom of individual self-assertion combined with generative personality are capable of multiplying the material and spiritual affluence of the human world, and with it—and thanks to it—also the meaningfulness and moral quality of human existence and coexistence. Such combination [...] has a chance of preventing the demotion of humanity to the level of a zero-sum game. Freedom of individual self-definition united with the practice of 'excorporation' is a warrant of growing richness and diversity of human potential—but also of enhancing the space for all of us and each of us [for] self-definition and self-constitution. Solidarity of fate and endeavors derived from and supported by generativity won't stand in opposition to the purpose of individual self-assertion; quite on the contrary, it would become its best—the most loyal and reliable—ally. Such solidarity is, in fact, a necessary condition and best warrant of its success."

on the individual contribution to building the future, social generativity can complement and balance individualized consumerism and, more generally, the form of individualized self-realization that is dominant in Western culture.

In this way, social generativity allows for the restructuring of social exchange in terms we define as "sustainable-contributive": it reverses the logic of previous decades, according to which a sustained financial liberalization was able to sustain a high level of consumption that, in turn, nourished the economy. In the new form of exchange, consumption is guaranteed by widespread participation in the production of shared value in a framework that maximizes quality, social and systemic integration, contribution, and the enhancement of personal resources.

The exit from the toxic legacy of neoliberalism requires us to enter a new era, hopefully more beautiful and desirable than the one we have left behind us—an era in which it is possible to couple integral sustainability with active participation in the creation of value. This requires a new paradigm that, acknowledging the human and cultural potential present in advanced societies, is able to put it to work for the common good.

The sustainable-contributive exchange forged by social generativity supports a contextual value economy by jointly pursuing principles of efficiency and expressivity, to achieve economic growth and social development together with a new dimension of personal fulfillment, which, in Erickson's words, may be called generative.

On a political level, this perspective opens up the possibility of a consensus, no longer sought simply by guaranteeing access to consumption but by investing in the future, recognizing and rewarding the contribution of individual citizens, enterprises, and associations to the production of contextual value. In this way, freedom, economic growth, and social development interact with each other in a positive sum game.

It is, in fact, through a wider recognition and appreciation of personal contribution that advanced societies may overcome the economic and cultural stagnation they are stuck in. This might be what Robert Bellah and his colleagues assumed a couple of decades ago when they affirmed that "education, socially and environmentally sustainable communities, managerial and political capacities are the contemporary keys to growth and prosperity. *The politics of generativity takes social inclusion and participation as a key theme—for economic no less than for moral and social reasons*" (Bellah et al. 1992, pp. 277 f.; emphasis M. M.).

The paradigm of generative social action presented here gives substance to their assumption. In the midst of a long-lasting crisis, it provides a compelling response to the pursuit of a positive, sustainable solution and of a post-consumeristic society. A generative society formed according to these premises makes it possible to build communities of mutual recognition with a fundamentally political nature, forming islands of humanity in the sea of technology and the global economy.

References

Arendt, H. (1958). *The human condition.* Chicago: University of Chicago Press.

Barton, D. (2013). The city and capitalism for the long term. The Tomorrow's Value Lecture. McKinsey & Co. London, May 15, 2013. https://www.mckinsey.com/~/media/McKinsey%20Offices/United%20Kingdom/PDFs/The_city_and_capitalism_for_the_long_term.ashx. Access date: May 2019.

Bauman, Z. (1996). From pilgrim to tourist—or a short history of identity. In S. Hall & P. du Gay (Eds.), *Questions of cultural identity* (pp. 18–36). London: Sage.

Bauman, Z. (2014). The European elections, politics and inequality. Social Europe, May 30, 2014. https://www.socialeurope.eu/european-elections-2/. Access date: May 2019.

Bellah, R., Madsen, R., Sullivan, W. M., Swindler, A., & Tipton, S. M. (1992). *The good society.* New York: First Vintage Books.

Burnham, J. (1941). *The managerial revolution: What is happening in the world.* New York: John Day Co.

Erikson, H. E. (1987). *Childhood and society.* London: Paladin Grafton Books.

Giaccardi, C., & Musso, L. (2018). For the sake of the world: Hanna Arendt's legacy and generative social action. In M. Magatti (Ed.), *Social generativity* (pp. 91–107). London: Routledge.

Guardini, R. (1997). *L'opposizione polare. Saggio per una filosofia del concreto vivente.* Brescia: Morcelliana.

Kotre, J. (1999). *How to generate a legacy that gives meaning to your life.* New York: Free Press.

Magatti, M. (2009). *Libertà immaginaria. Le illusioni del capitalismo tecno-nichilista.* Milano: Feltrinelli.

Magatti, M. (2012). *La grande contrazione. I fallimenti della libertà e le vie del suo riscatto.* Milano: Feltrinelli.

Magatti, M. (Ed.). (2018). *Social generativity.* London: Routledge.

Magatti, M., & Gherardi, L. (2017). Towards the sustainable contribution exchange. In M. Magatti (Ed.), *The crisis conundrum. How to reconcile economy and society* (pp. 3–40). London: Macmillan Palgrave.

Martinelli, M. (2018). Georg Simmel's life and form: A generative process. In M. Magatti (Ed.), *Social generativity* (pp. 63–90). London: Routledge.

McAdams, D. P., & Logan, R. (2004). What is generativity? In E. de St. Aubin, D. P. McAdams & T. C. Kim (Eds.), *The generative society: Caring for future generations* (pp. 15–31). Washington: American Psychological Association Press.

McAdams, D. P., & de St. Aubin, E. (1992). A theory of generativity and its assessment through self-report, behavioural acts, and narrative themes in autobiography. *Journal of Personality and Social Psychology, 62*(6), 1003–1015.

Nussbaum, M. C. (2011). *Creating capabilities. The human development approach.* Cambridge, MA: The Belknap Press of Harvard University Press.

Nussbaum, M. C., & Sen, A. (Eds.). (1993). *The quality of life.* Oxford: Clarendon Press.

Porter, M. E., & Kramer, M. R. (2011). Creating shared value. *Harvard Business Review, 89*(1–2), 62–77.

Rynes, S. L., Bartunek, J. M., Dutton, J. E., & Margolis, J. D. (2012). Care and compassion through an organizational lens: Opening up new possibilities. *Academy of Management Review, 37*(4), 503–523.

Sennett, R. (2008). *The craftsman.* London: Allen Lane.

Shanafelt, T. (2008). A career in surgical oncology: Finding meaning, balance, and personal satisfaction. *Annals of Surgical Oncology, 15*(2), 400–406.

Simmel, G. (2010) [1918]. *The view of life. Four metaphysical essays with journal aphorism.* Chicago: The University of Chicago Press.

Simondon, G. (1992). The genesis of the individual. In J. Crary & K. Sanford (Eds.), *Incorporations* (pp. 297–319). New York: Zone Books.

Simondon, G. (2010). *Communication and information.* Paris: PUF.

Stiegler, B. (2010). *Taking care of youth and the generations.* Stanford: Stanford University Press.

Stiegler, B. (2016). *La societé automatique.* Paris: Fayard.

Stiglitz, J. E. (2012). *The price of inequality.* New York: W. W. Norton & Company.

Strauss, A., & Corbin, J. (1990). *Basics of qualitative research. Grounded theory: Procedures and techniques.* Newbury Park: Sage Publications.

Tavory, S., & Timmermans, I. (2012). Theory construction in qualitative research. From grounded theory to abductive analysis. *Sociological Theory, 30*(3), 167–186.

Zagzebski, L. (2017). *Exemplarist moral theory.* Oxford: Oxford University Press.

Degrowth-Bewegungen: Welche Rolle können sie in einer sozial-ökologischen Transformation spielen?

Dennis Eversberg und Barbara Muraca

1   Einleitung

Unter dem Schlagwort „Postwachstumsgesellschaft" werden im deutschsprachigen Raum seit einem Jahrzehnt eine Vielzahl kritisch-diagnostischer wie transformationstheoretischer Perspektiven und Entwürfe diskutiert, deren gemeinsame Bezugsgröße darin besteht, dass die Orientierung an ökonomischem Wachstum als einem zentralen politischen Ziel problematisiert oder zurückgewiesen wird. Die Differenzen beginnen jedoch schon bei der Frage, ob „Postwachstum" als ein analytisch-deskriptiver oder normativer Begriff zu verstehen sei: Die Verfechter:innen eines analytisch-deskriptiven Begriffsverständnisses wollen mit „Postwachstumsgesellschaft" schlicht einen Zustand bezeichnet wissen, in dem sich Wachstum nicht mehr in dem Ausmaß einstellt, wie es während des langen Nachkriegsbooms zur Selbstverständlichkeit geworden war, und der Ausfall stetiger Wohlstandszuwächse und ihrer sozial stabilisierenden Wirkung zu Verteilungskonflikten, zunehmenden Ungleichheiten und politischen Krisenerscheinungen führt (Dörre 2018 und in diesem Band). Normativ argumentierende Postwachstumsbefürworter:innen problematisieren dagegen den Zwang zur stetigen Steigerung des wirtschaftlichen Gesamtprodukts und damit zur Vergrößerung des energetisch-materiellen Fußabdrucks der Gesellschaft als solchen und schlagen alternative Mechanismen zur Stabilisierung des sozialen Zusammenhalts vor. Warum genau Wachstum ein Problem ist, ob der angestrebte stabile Material- und Ressourcendurchsatz zunächst eine Phase gewollten Minuswachstums voraussetzt (Martinez-Alier 2009) und worin diese alternativen Mechanismen bestehen sollen, ist in der Debatte zwischen konservativen, sozialreformerischen, suffizienzorientierten, feministischen und kapitalismuskritischen Wachstumskritiker:innen indes hoch umstritten (Schmelzer 2015; Schmelzer und Vetter 2019).

© Springer Fachmedien Wiesbaden GmbH, ein Teil von Springer Nature 2019
K. Dörre et al. (Hrsg.), *Große Transformation? Zur Zukunft moderner Gesellschaften*, https://doi.org/10.1007/978-3-658-25947-1_27

Von einer „Postwachstumsbewegung" kann also weder hinsichtlich des Singulars noch mit Blick auf den Bewegungscharakter umstandslos die Rede sein. Allerdings kam in Deutschland im Umfeld des Berliner Kongresses „Jenseits des Wachstums!?" 2011 und der Degrowth-Konferenz in Leipzig 2014, die beide von mehreren Tausend Menschen besucht wurden, zeitweilig durchaus eine Bewegungsdynamik auf (Eversberg und Schmelzer 2016). Verbunden war dies mit der Hinwendung zu einer hierzulande bis dahin unbekannten Kritikströmung, die sich ausgehend vom südeuropäischen Raum seit ca. 20 Jahren um den Schlüsselbegriff „Degrowth" herum herausgebildet hat. „Degrowth" – auch wenn die Debatte darum selbst ein heterogenes Feld ist (D'Alisa et al. 2016a; Muraca und Schmelzer 2017) – versteht sich explizit als „Slogan" für eine soziale Bewegung (Petridis et al. 2015), ist also deutlich klarer normativ als die Rede von „Postwachstum". Der Verengung auf Fragen nach Möglichkeiten und Folgen einer quantitativen Reduzierung des Bruttoinlandsprodukts bzw. des materiellen Durchsatzes einer Volkswirtschaft werden hier Fragen nach der Möglichkeit einer qualitativ grundsätzlich anderen Vergesellschaftungsform entgegengesetzt, in der die Probleme der Überbelastung planetarischer Ressourcen und Senken nicht getrennt von Bemühungen um globale soziale Gerechtigkeit und Fragen des guten Lebens, sondern gerade in deren Sinne gelöst würden. Wir möchten in diesem Aufsatz der Frage nachgehen, welchen Beitrag ein solcher Ansatz und die mit ihm verbundenen sozialen Bewegungen zu einer sozial-ökologischen Transformation insbesondere der Gesellschaften des Globalen Nordens leisten könnten, aber auch, wie sich diese Bewegungen durch ihre soziale Zusammensetzung und ihre inneren Dynamiken dabei selbst limitieren. Dabei verstehen wir unsere kritische Analyse in der Tradition eines emanzipatorischen und kapitalismuskritischen Verständnisses von Degrowth, dessen Kernanliegen wir im folgenden Abschnitt umreißen.

2 Degrowth: Von der Wachstumskritik zur globalen Gerechtigkeit

Die Degrowth-Perspektive speist sich aus verschiedenen Traditionen (Demaria et al. 2013; Muraca 2014): der Ökologischen Ökonomik und besonders der „Bioökonomik" Nicholas Georgescu-Roegens (1971); der Tradition der autonomieorientierten Gesellschaftskritik und der Politischen Ökologie vor allem französischsprachiger Autoren wie André Gorz (2009), Cornelius Castoriadis (1984), aber auch Ivan Illich (1998); der eng mit bestimmten sozialen Bewegungen verbundenen Forschung zur Umweltgerechtigkeit und zu globalen Umweltkonflikten (Martinez-Alier 2002) sowie der antiutilitaristischen Kritik des Ökonomismus (Caillé 2005) und des herrschenden Entwicklungsparadigmas (Latouche 2004). Statt in einer bloßen Inversion der Wachstumslogik auf einer unbedingten Schrumpfung des BIP zu beharren, richten sich die Degrowth-Praktiken auf eine Neugestaltung der materiellen, institutionellen und mentalen Infrastrukturen (Welzer 2011), um diese von den kapitalistischen Zwängen zu permanenter Steigerung zu befreien.[1] Den Ausgangspunkt hierfür bildet die Forderung nach einer *Dekolonisierung* des durch die symbolische wie materielle Realität des Wachstums geprägten „sozialen Imaginären" (Latouche 2005; Muraca 2015), d. h. jenes komplexen Bedeutungsgefüges, das dem Zusammenhalt, den Institutionen und den etablierten Praktiken einer Gesellschaft Legitimation verleiht. Weil es auf diese transformativen *Prozesse* zielt, steht das Degrowth-Konzept generell weniger für einen vollständigen Gesellschaftsentwurf („die Degrowth-Gesellschaft")[2] als für eine Veränderungs*richtung*: weg von der zerstörerischen Logik des „Immer mehr", den strukturellen gesellschaftlichen Bedingungen, die sie erzwingen, und den Hoffnungen, sie mit Hilfe von Technologien doch in nachhaltiger Form aufrechterhalten zu können, hin zu alternativen Formen des Zusammenlebens auf erheblich verkleinerter Material- und Energiebasis, die Lebensqualität und Wohlergehen durch Konvivialität und Autonomie gewährleisten. Zu fragen ist dabei weniger danach, wovon es *mehr* braucht, um Verbesserungen der Lebensqualität zu erreichen, sondern danach, was zurückgebaut oder *abgewickelt* werden muss, weil es einer kollektiv ausgehandelten Gestaltung des Zusammenlebens und damit einem guten Leben für alle im Wege steht (Eversberg 2017). Da diese Transformations- und Aushandlungsprozesse nur global gedacht werden können, spielen in der Degrowth-Debatte Einflüsse aus dem Post-Development-Diskurs (Kothari et al. 2014; Lang 2017) und Bündnisse mit globalen Umweltgerechtigkeitsbewegungen aus dem Globalen Süden eine zentrale Rolle, und im Dialog mit deren Perspektiven (Rodríguez-Labajos et al. 2019) rücken gegenüber den ökologischen Anliegen vor allem globale Gerechtigkeitsfragen in den Vordergrund, die sich auf die Demokratisierung der gesellschaftlichen Naturverhältnisse (Gottschlich 2017) und den Rückbau der „imperialen Lebensweise" (Brand und Wissen 2017) richten.

---

1 Sofern auch in diesem Kontext von „Postwachstumsgesellschaften" die Rede ist, kommt diesem Begriff weder eine deskriptive noch normative, sondern eine analytische Funktion zu. Die Frage nach der Postwachstumsgesellschaft ist in diesem Sinne die Frage nach den Bedingungen der Möglichkeit einer Gesellschaft, die ihre materiellen, institutionellen und mentalen Infrastrukturen auf andere Weise stabilisieren könnte als durch eine permanente Ausweitung ihres Durchsatzes an Materie und Energie.

2 Auch wenn Positionen eines „Degrowth als Design" oder als Regulierungspfad durchaus im Diskurs präsent sind (Victor 2008).

Hieraus ergeben sich drei Kernanliegen einer idealtypischen emanzipatorischen Degrowth-Position, wie sie sich aus zentralen Überblicksdarstellungen der jüngeren Zeit rekonstruieren lässt (Muraca 2014; D'Alisa et al. 2016a; Schmelzer und Vetter 2019). Zuallererst gilt es, die *extraktivistische Übernutzung* von Ressourcen und die Überbelastung von Senken mit ihren verheerenden Folgen für die Selbstgestaltung der Lebensgrundlagen insbesondere indigener und lokaler Gemeinschaften im Globalen Süden soweit wie möglich zu *beenden*, vor allem also: auf die Förderung und Verbrennung der noch vorhandenen fossilen Ressourcen bewusst zu verzichten (Temper et al. 2013). Diese Forderung läuft zwangsläufig auf einen sehr grundsätzlichen Konflikt mit der kapitalistischen Eigentumsordnung und den Akteuren, die von ihr profitieren, hinaus.

Ferner setzen die angestrebten alternativen Lebensweisen voraus, dass das Notwendige und Wünschenswerte nicht von einer zentralen Autorität dekretiert, sondern unter Berücksichtigung der Grenzen des in einem global verallgemeinerbaren Rahmen Möglichen unter Beteiligung aller politisch ausgehandelt wird. Das wiederum verlangt die *umfassende Demokratisierung aller Bereiche wirtschaftlicher Tätigkeit*, die ihrerseits nicht nur weitreichende Machtfragen aufwirft, sondern aus Degrowth-Sicht auch mit einer möglichst weitreichenden Regionalisierung, Entflechtung großräumiger Wertschöpfungsnetzwerke und Zerschlagung von Konzernstrukturen einhergehen muss (Muraca 2014).

Eine solche Regionalisierung und Demokratisierung ist zudem eine Voraussetzung dafür, die Dominanz der formalen Erwerbsarbeit über andere Formen gesellschaftlicher Tätigkeit abzubauen, indem über das Maß der tatsächlich notwendigen Tätigkeiten demokratisch verhandelt und diese gerecht auf alle Beteiligten verteilt werden – erst so wären die auch in der Soziologie immer wieder erhobenen Forderungen nach einer Neubestimmung des Arbeitsbegriffs und der Aufwertung von Sorgearbeit praktisch zu erfüllen. Auf diese Weise wäre auch das dritte Kernanliegen zu erreichen: die *(Rück-)Gewinnung von Autonomie*[3], also kollektiver, demokratischer Gestaltungsmacht über die gemeinsamen Lebensbedingungen, und damit auch die *Stärkung sozialer Bindungen*. Abhängigkeiten von Leistungen und Ressourcen anderer würden ebenso abgebaut wie Gelegenheiten zur Externalisierung von Lasten, die soziale Konkurrenz würde reduziert, und es würde möglich, kollektiv selbst über die gesellschaftlich notwendige Arbeit zu bestimmen (dazu auch Ketterer in diesem Band).

---

3   Im Sinne der französischen politischen Ökologie von André Gorz und Cornelius Castoriadis (Muraca 2013, S. 160 ff.).

3 Degrowth-Bewegungen und Degrowth in Bewegung(en)

Gestützt auf diese Kernanliegen sind aus dem Degrowth-Spektrum heraus eine ganze Reihe von Reformansätzen und politischen Forderungen formuliert worden – von Grund- und Höchsteinkommen über „Divestment", radikale Arbeitszeitverkürzung und Förderung solidarisch-kooperativer Formen des Wirtschaftens bis hin zu festen Obergrenzen für den Naturverbrauch (D'Alisa et al. 2016). Wichtiger ist aber, dass Degrowth inzwischen zu einem übergreifenden Interpretationsrahmen avanciert ist, auf den sich unterschiedliche soziale Bewegungen und zivilgesellschaftliche Akteure beziehen. Dieser Intuition folgend, haben einige Akteure um das Leipziger Konzeptwerk Neue Ökonomie über zwei Jahre hinweg Aktivist:innen aus unterschiedlichen Bewegungen – von Transition-Town-Initiativen über Gewerkschaften und Ökodörfer bis hin zu kapitalismuskritischen Basisbewegungen – zusammengebracht, um über die Bedeutung von Degrowth in den jeweiligen Handlungsfeldern, über Gemeinsamkeiten, Differenzen und die Möglichkeit neuer Allianzen zu reflektieren (Konzeptwerk Neue Ökonomie und DFG-Kolleg Postwachstumsgesellschaften 2017). Ergebnis dieser Diskussion war, dass Degrowth durchaus als „frame" (D'Alisa et al. 2013) verstanden wird, auf den sich verschiedene Bewegungen auf unterschiedliche Weise und in unterschiedlichem Ausmaß beziehen. Bei fast allen der in den Dialog einbezogenen Bewegungen – mit der wichtigen Ausnahme der Gewerkschaften – ist dieser Bezug ein positiver. In diesem Sinne scheint es uns in analytischer Hinsicht durchaus treffend, von einem breiten, transnationalen Spektrum von „Degrowth-Bewegungen" im Plural oder mit dem auf die offene Dynamik der Verflechtungen gemünzten Buchtitel des Dokumentationsbandes von „Degrowth in Bewegung(en)" zu sprechen.

Allein aufgrund des breiten Spektrums dieser Bewegungen liegt es nahe, dass ihnen eine wichtige Rolle in den Auseinandersetzungen um die laufenden gesellschaftlichen Transformationsprozesse – insbesondere hinsichtlich einer weitreichenden sozial-ökologischen Transformation der im Globalen Norden vorherrschenden Lebensweise – zukommen wird.[4] Inwieweit aber, so wollen wir im Weiteren fragen, kann dieses vielfältige, locker abgegrenzte Akteursspektrum tatsächlich zu einer

---

4 Dass dies den Akteuren durchaus bewusst ist, kommt etwa in der seit Jahren gezielt aufgebauten engen Kooperation von Degrowth-Initiativen mit der Klima- bzw. Anti-Kohle-Bewegung zum Ausdruck. So findet unter anderem seit 2015 die jährliche deutschsprachige Degrowth-Sommerschule als Teil der aktivistischen Klimacamps statt und wurde teilweise mit Massenaktionen zivilen Ungehorsams der Klimabewegung verknüpft.

treibenden Kraft der sozial-ökologischen Umgestaltung der gesellschaftlichen Verhältnisse werden (dazu auch Brand und Welzer in diesem Band)?

4   Potenziale für eine radikale Transformation

Welche Potenziale birgt also Degrowth in Bewegung(en) für eine radikale Transformation? Zunächst hat sich die Degrowth-Idee als ein wirksamer Katalysator für Kooperationen verschiedener Akteure erwiesen, die sonst eher nicht miteinander ins Gespräch gekommen wären. Auch ist sie als globale und umfassende Perspektive geeignet, an verschiedenen Schnittstellen in Bewegungskontexte eingebracht zu werden und Fragen zum Beispiel nach der gesellschaftlichen Bedeutung von Sorgearbeit[5] oder Migration[6] unter einem veränderten Blickwinkel zu stellen. Für soziale Bewegungen aus dem Globalen Süden sind die Degrowth-Bewegungen, als eine Art „Selbstproblematisierungsbewegung" des Nordens, ein wichtiger Bündnispartner für die radikale Kritik am westlichen Entwicklungsmodell und für dekoloniale Forderungen sowohl im materiellen (Selbstbestimmung der indigenen und lokalen Gemeinschaften über ihre Lebensgrundlagen gegen aggressiven Extraktivismus) als auch im symbolischen Sinne (Dekolonisierung des kollektiven Imaginären im Sinne seiner Befreiung von Vorstellungen von „Entwicklung" und „Wachstum" mitsamt ihren sozial und ökologisch zerstörerischen Folgen) (Lang 2017). Dennoch ist der Blick der Bewegungen aus dem Süden auf jene des Nordens nicht unkritisch: Insbesondere individualistische Varianten des Suffizienznarrativs und die oft mangelnde Berücksichtigung der globalen Verschränkungen im Degrowth-Diskurs werden von den verbündeten Bewegungen aus dem Süden problematisiert (Rodríguez-Labajos et al. 2019). Aus diesen Diskussionen ist am Rande der Degrowth-Konferenzen die Initiative eines globalen Dialogs um ein „Pluriverse of Alternatives" entstanden, in dem durch einen Austausch, der sich aus den Differenzen speist, statt diese in eine gemeinsame Sprache zu überführen, horizontale Allianzen zwischen unterschiedlichen Typen von sozialen Bewegungen, lokalen Widerstandsaktionen und kollektiv selbstverwalteten Lebensformen gebildet werden (Kothari et al. 2019).

---

5   Siehe hierzu die Veranstaltung „Für den Wandel sorgen…" der Gruppe Care Revolution Leipzig und des Konzeptwerks Neue Ökonomie; https://www.degrowth.info/de/projekte/mitmachkonferenz-fuer-den-wandel-sorgen/.

6   Siehe hierzu etwa die Konferenz „Selbstbestimmt und solidarisch"; https://www.degrowth.info/de/selbstbestimmt-solidarisch/.

Degrowth als soziale Bewegung(en) steht, neben einer mehr oder weniger antagonistisch ausgetragenen Kritik an der fossil basierten imperialen Lebensweise, auch für eine Vielzahl an sozialen Experimenten, in denen alternative Lebensweisen nicht nur diskutiert, sondern präfigurativ und performativ erprobt werden (Asara und Kallis i. E.; Pleyers und Álvarez-Benavides 2019). Charakteristisch für Degrowth-affine Projekte ist der Fokus auf konkrete und alltägliche Praktiken sowie die Arbeit an den aktuellen sozialen Beziehungen zwischen den Teilnehmenden, wobei alternative Formen des Zusammenlebens im Sinne u. a. von nicht-patriarchalen und nicht-heteronormativen Geschlechterverhältnissen oder einer solidarischen Produktion und Nutzung von Gütern und Dienstleistungen im Hier und Jetzt leiblich erfahren und so zu als real erlebten möglichen Zukünften gemacht werden sollen. In solchen Werkstätten der Befreiung (Muraca 2014, 2015) kann der tief in die Subjekte eingeschriebene strukturelle Steigerungszwang temporär und probeweise außer Kraft gesetzt und können Alternativen für global-pluriversal verträgliche, solidarische Lebensweisen jenseits des hegemonialen Wachstumsimperativs erlebt und in Alltagspraktiken implementiert werden. Durch gemeinsame Befreiungsprozesse können Wünsche und Bedürfnisse somit im Sinne Latouches dekolonisiert werden, und es eröffnen sich Räume für (kollektive) Autonomie im Sinne einer bewussten Selbstbegrenzung (Illich 1998) bzw. einer Selbstbestimmung der Grundbedingungen eines guten Lebens für alle auf planetar tragbarer Grundlage (ILA Kollektiv 2019). Die Erfahrungen der Akteure in diesem offenen Feld und ihre Verarbeitung sind noch wenig erforscht. Es deutet sich aber an, dass die alternativen Existenzweisen, die sie in ihren Praktiken erproben, sich insbesondere in drei Dimensionen als Gegenpol zur hegemonialen kapitalistischen Wachstumssubjektivität verstehen lassen: Deren souveränistischem Individualismus setzen sie die gegenseitige Sorge abhängiger Subjekte entgegen, ihrer Wettbewerbsorientierung das Streben nach Konvivialität und dem Drang zur ständigen Erweiterung von Weltreichweite (Rosa 2016) das Bemühen um die Konstituierung stabiler Resonanzachsen (Eversberg und Schmelzer 2017).

Diese transformativen Anstrengungen richten sich in den heterogenen Degrowth-Bewegungen vielfach auch auf alternative Lebensweisen hinsichtlich Geschlechterrollen und Sexualitäten. Auf theoretischer Ebene wird inzwischen verstärkt auch auf feministische Traditionen rekurriert – auch wenn sich damit die Kritik an der starken männlichen Schlagseite der Degrowth-Debatte und besonders der Traditionslinie, in die sie sich stellt, keineswegs erledigt hat (Sutter 2017; Saave-Harnack et al. 2019). Nicht nur im Hinblick auf die aus der Degrowth-Perspektive häufig geforderte Verkürzung der Erwerbsarbeitszeit, sondern auch im Hinblick auf das Kernanliegen einer grundlegenden Umgestaltung der gesellschaftlich notwendigen Arbeit, inklusive der (re-)produktiven, sorgeorientierten

Arbeit, wird inzwischen bereitwilliger aus der reichen feministischen Tradition geschöpft. Manche radikaleren Varianten zielen auf eine Commons-basierte Reorganisation („commonization") von „care" (Pérez Orozco 2014), die als Grundlage gesellschaftlicher (Re-)Produktion verstanden wird. Auf der Degrowth-Konferenz in Budapest 2016 hat sich die Feminisms and Degrowth Alliance (FaDA) konstituiert, die feministische Perspektiven aus Theorie und Aktivismus, einschließlich dekolonialer Traditionen, mit dem Thema Degrowth verbindet.[7] Eingesetzt hat in Anfängen auch eine kritische Reflexion auf Männlichkeiten aus Degrowth-Sicht (Eversberg und Schmelzer 2019). Aspekte, deren noch stärkere Berücksichtigung in der Debatte von feministischer Seite weiterhin eingefordert wird, sind indes die Verschränkung zwischen der Abwertung und der indirekten Ausbeutung von sozialer und ökologischer Reproduktion im Kapitalismus (Saave-Harnack et al. 2019) sowie die Ko-Implikation von wachstumsbasierten kapitalistischen, patriarchalen und kolonialen Ausbeutungssystemen (Federici 2018; Dengler und Seebacher 2018).

Schließlich stehen Degrowth-affine Projekte für dezentrale Transformationsprozesse – nicht nur räumlich durch einen auf Offenheit statt Homogenität setzenden Lokalismus (Nelson und Schneider 2018), sondern auch im Sinne eines eher anarchistisch inspirierten Aktivismus in selbstverwalteten, basisdemokratisch organisierten und horizontal vernetzten Strukturen. Hieraus haben sich insbesondere in Spanien Verknüpfungen mit der Hausbesetzer:innenszene (Cattaneo und Galvadà 2010) und mit der Bewegung der „Empörten" ergeben, aus der verschiedene Projekte zur Wiederaneignung und kollektiven Verwaltung leerstehender Räume hervorgegangen sind (Asara 2016). In solchen Projekten werden, oft in Zusammenarbeit zwischen einem verarmten, akademisch geprägten Milieu und anderen benachteiligten sozialen Gruppen, lokal verwurzelte, radikale Formen von Basisdemokratie erprobt, die ein starkes Repolitisierungspotenzial aufweisen. Vor allem in Gebieten, die von der Wirtschafts- und Immobilienkrise schwer betroffen wurden, sind so vielfach zukunftsweisende radikale Projekte zur praktischen Erprobung und politischen Ermöglichung alternativer Lebensweisen entstanden. Die über 1.500 Mitglieder zählende Cooperativa Integral Catalana z. B. ist ein erfolgreiches Modell des offenen Kooperativismus, der durch weit verzweigte Netzwerke in der Region nachhaltig getragen wird (Dafermos 2017).

Indem sie sich an solchen Erfahrungen praktischer Transformation orientieren, stehen die Degrowth-Bewegungen mit wenigen Ausnahmen dem parteiförmig verfassten Politikbetrieb kritisch gegenüber, dem angesichts der festen Verankerung wirtschaftlicher und politischer Steigerungszwänge in den Institutionen

---

7   Zur FaDA siehe https://www.degrowth.info/en/feminisms-and-degrowth-alliance-fada/.

kaum zugetraut wird, zu den notwendigen gesellschaftlichen Transformationen beitragen zu können.

5   Widersprüche: „Middle class radicalism" und die Gefahren der Vereinnahmung

Wie wohl alle sozialen Bewegungen weisen allerdings auch die Degrowth-Bewegungen eine Reihe von Selbstwidersprüchen auf. Ein erster zentraler Widerspruch ergibt sich daraus, dass es sich bei den Degrowth-Bewegungen häufig um Formen des „middle class radicalism" handelt (Brand 1995), sie sich also mehrheitlich aus bildungsaffinen und sozial privilegierten, meist akademisch geprägten Milieus rekrutieren. Dies zeigen die Ergebnisse einer Befragung von Teilnehmenden der Leipziger Konferenz für das engere Degrowth-Spektrum sehr deutlich: Über zwei Drittel der Befragten hatten bereits einen Hochschulabschluss, etwa ein weiteres Viertel studierte (Eversberg 2015). Nun ist es zwar im Sinne des von diesen Bewegungen angestrebten Abbaus gesellschaftlicher Privilegienstrukturen durchaus wünschenswert, wenn gerade Angehörige dieser Gruppen ihre Bevorteilung selbstkritisch reflektieren, und es ist angesichts des „Abstands zur Realität", den die studentische Lebensweise auf Zeit ermöglicht, auch wenig verwunderlich, dass eine solche Reflexion gerade hier ihren Ausgang nimmt (Eversberg 2016). Allerdings scheint die soziale Basis vielleicht nicht aller, aber doch vieler Degrowth-Bewegungen so stark in diese Richtung verzerrt zu sein, dass eine Anschlussfähigkeit für Menschen mit nicht-akademischem Hintergrund gerade in Deutschland eher noch in Ausnahmefällen gegeben ist. Verantwortlich hierfür scheint gerade der sehr hohe Grad an Selbstreflexion zu sein, der zwar für das genannte tragende Milieu eine wichtige Funktion in der kollektiven Arbeit am eigenen Selbst hat, gegenüber anderen gesellschaftlichen Gruppen aber allzu leicht zum faktischen Ausschlussmechanismus wird, wenn etwa die Nichtbeherrschung ausgefeilter „nicht-diskriminierender" Sprachregelungen, deren Verständnis selbst hohe Anforderungen an Bildung, Sprachbeherrschung und Sozialkompetenz stellt, zu (ihrerseits kaum reflektierten) Belehrungs- und Ermahnungspraktiken führt.

   Doch der im bildungsbürgerlichen Klassen- und Erfahrungshintergrund einer Mehrheit von Aktivist:innen angelegte Selbstwiderspruch reicht noch weiter. Denn sosehr diese Gruppen kognitiv von der Notwendigkeit eines weitreichenden sozial-ökologischen Wandels überzeugt und emotional zur Mitwirkung daran entschlossen sind, zeigen die empirischen Befragungsdaten doch auch, dass sich dies auf der Ebene ihrer Praktiken und ihres eigenen stofflichen Beitrages zu

Klimawandel und Ressourcenverbrauch nur begrenzt niederschlägt. So hat die Leipziger Befragung gezeigt, dass Degrowth-Aktivist:innen im Vergleich zur Gesamtbevölkerung überdurchschnittlich häufig fliegen (Eversberg 2015, S. 22). Zugleich werden bestimmte Formen des sozial-ökologisch orientierten Handelns (z. B. Veganismus) sehr weitreichend praktiziert, zum Gegenstand aufwendiger Diskussions- und Reflexionsprozesse gemacht und auch prominent ins eigene Selbstbild eingebaut – aber genau hier liegt eine zentrale Crux. Denn solche Praktiken intensiver Selbstbeschäftigung sind, wie schon Michel Foucault (1977) am Beispiel der Sexualität aufgezeigt hat, ein Ausdruck *bürgerlicher* Sozialisation: Sie gehen historisch auf die Selbstführungspraktiken einer herrschenden Klasse zurück, die ihre Macht nicht mehr transzendental legitimieren konnte, sondern innerweltlich, durch ständige Arbeit zur Verbesserung des eigenen Selbst begründen musste (Eversberg und Schmelzer 2017). Diese auf rastlose Optimierung und Weiterentwicklung ausgerichtete Grunddisposition des Bürgertums war eine notwendige Voraussetzung dafür, dass kapitalistische Eigentums- und Konkurrenzbeziehungen mitsamt dem ihnen inhärenten Steigerungsimperativ gesellschaftlich strukturbildend wurden (Welzer 2011). Bis heute wirkt sie aber auch bei anderen Teilgruppen des Bürgertums nach, die ihren sozialen Status eher auf Bildung stützen – und zwar gerade als Triebkraft ihres Engagements gegen die sozialen und ökologischen Folgen des Wachstumszwangs. Denn erst eine des unmittelbaren Drucks materieller Existenzsicherung enthobene Sozialisation, die zentral die Erfahrung vermittelt, dass das eigene Selbst in der Welt wirkungs- und gestaltungsmächtig ist, kann den Glauben an den Sinn eines Aktivismus vermitteln, der sich nicht auf die Verteidigung unmittelbarer Eigeninteressen, sondern auf ein kollektives Erkämpfen umfassender Alternativen zur bestehenden gesellschaftlichen Realität richtet (Brückner 1968). Große Teile der in den Degrowth-Bewegungen Aktiven sind damit in ihren Selbstverhältnissen auf komplexe und widersprüchliche Weise den historisch konstitutiven Fortschritts- und Wachstumserzählungen bürgerlicher Gesellschaften verbunden, und diese stellen in verfremdeter Form die zentrale Triebkraft ihres Engagements dar – eines Engagements, das sich das glatte Gegenteil von Optimierung zum Ziel gesetzt hat, eigentlich also gerade den offenen Bruch mit der bürgerlichen Steigerungssubjektivität voraussetzen würde. Das Festhalten an der Steigerung der eigenen (nun eben „achtsamen", ökologischen, diskriminierungsfreien) Selbstqualität bedingt aber nicht nur die oft zu recht kritisierten Tendenzen einer moralistischen Fixierung auf individuelles Handeln, sondern lässt auch den expansiven bürgerlichen Drang nach Maximierung der eigenen Weltreichweite (Rosa 2016) im Kern unangetastet – nur dass dieser sich eben mit den deklarierten Zielorientierungen neuen auflädt. Das Überwinden dieser inneren Verstricktheit des eigenen Widerstands gegen den gesellschaftlich dominanten Steigerungszwang in jene basalen mentalen Infrastrukturen, auf denen dieser Zwang selbst aufruht, ist die vielleicht größte Herausforderung für die ihrer Herkunft nach relativ privilegierten Teile der Degrowth-Bewegungen. Es ist Voraussetzung dafür, eine wirkliche gemeinsame Sprache mit den Bewegungen von existenziell Betroffenen und Entwicklungskritiker:innen im Globalen Süden sowie auch mit den Menschen aus „nicht-bürgerlichen" Milieus und ihren alltäglichen Problemen und Widerständen in Gesellschaften wie der hiesigen finden zu können. Die größte, unumgängliche Herausforderung bleibt dabei, die eigene Praxis mit den sozialökologisch-wachstumskritischen Ansprüchen zur Deckung zu bringen. Denn das setzte voraus, das eigene ideale Selbstbild als bewusstes, achtsames, die eigenen Privilegien reflektierendes Subjekt und die unablässige Arbeit daran als die spezifische Form der eigenen Verwicklung in die Wachstumslogik zu erkennen und die zerstörerischen Praktiken, die dieser Anspruch hervortreibt – insbesondere die vom Wunsch nach Kosmopolitismus, interkulturellen Kontakten und einem weiten Horizont getriebene hohe Flugmobilität –, als die Privilegien zur Disposition zu stellen, die sie sind.

Diese konstitutive Widersprüchlichkeit mancher Formen des Aktivismus und die daraus resultierenden Glaubwürdigkeitsprobleme werden gleichwohl auch innerhalb der Degrowth-Bewegung selbst problematisiert. So wird auf verschiedenen Ebenen nach den Konsequenzen der Erkenntnis gefragt, dass Degrowth-Forderungen für Bewegungen des Nordens faktisch auf Selbstproblematisierung und Deprivilegierung hinauslaufen (Eversberg und Schmelzer 2016). Neben der eher abstrakt-analytischen Debatte um die „imperiale Lebensweise" und die Perspektiven ihrer Überwindung (Brand und Wissen 2017) geht es dabei auch um die eigene Bewegungspraxis, etwa im Verhältnis zwischen „zivilen" (verfasst-institutionellen) und „unzivilen" (basisdemokratisch-graswurzelbewegten, schwach organisierten, teils als subversiv markierten) Akteuren. D'Alisa et al. (2013) verweisen ausdrücklich auf die wichtige Rolle der „unzivilen", nicht an der Bedienung der etablierten Aushandlungs- und Konfliktbearbeitungsformen des politischen Systems interessierten und fundamental elitenkritischen Akteure für eine wirksame transformatorische Politik im Sinne von Degrowth. Insofern diese Akteure bewusst nach Möglichkeiten einer Praxis suchen, die sich eben nicht an der Steigerung und Expansion eigener Möglichkeiten orientiert und solche Dispositionen aktiv als zu überwindende bearbeitet, könnten die egalitär-kooperativen Formen aktivistischen wie alltagspraktischen Handelns, die sie erproben, einen Weg zur Überwindung des oben genannten Widerspruchs weisen.

Die angesprochene Koexistenz „ziviler" und „unziviler" Akteure stellt sich jedoch nur solange als unproblematisch dar, wie lediglich analytisch von einem „Degrowth-Spektrum" oder von Degrowth als gemeinsamem „frame" die Rede

ist. Sobald es aber an konkrete politische Kämpfe geht, Allianzen praktisch eingegangen und durch alle Beteiligten auch öffentlich verteidigt werden müssen, wird
es erheblich schwieriger, wie die Geschichte sozialer Bewegungen immer wieder
gezeigt hat. Weil sie die an der Akkumulation „sozialen Kapitals" orientierte
strategische Logik „zivil"-institutionalisierter Politik zurückweisen, droht den
„unzivilen" Akteuren dabei regelmäßig schnell die Marginalisierung. Wie auch
in anderen Bewegungen immer wieder beobachtet, haben sich mit dem relativen
öffentlichen Erfolg der Degrowth-Debatte auch innerhalb der internationalen
wissenschaftlich-aktivistischen Degrowth-Community Tendenzen eines ausgeprägt strategischen Handelns „zivil" orientierter Akteure eingestellt – sei es durch
Versuche der Kanonisierung eines „Degrowth-Mainstreams", der Hierarchisierung
der Wachstumskritik in „zentrale" (Ökonomiekritik) und „periphere" Formen
(feministische Perspektiven, dekoloniale Kritik etc.),[8] durch Relativierung von
Ansprüchen im Dienste der Annäherung an die institutionalisierte Politik[9] oder
durch Fraktionsbildung und karrieristische Ambitionen Einzelner. Viele mögen
das mit einem Schulterzucken als unausweichlich hinnehmen, doch kann das für
die Glaubwürdigkeit des transformativen Projekts Degrowth, die sich auch an der –
wenigstens tendenziellen – Deckung der proklamierten Ziele mit der realen Praxis
zu messen hat, gefährlich werden. Dass eine solche strategische Durchformung
kein unausweichlicher Sachzwang sein muss, zeigt die Entwicklung im deutschen
Degrowth-Spektrum, in dem seit der erfolgreichen Leipziger Konferenz unter
anderem durch das Projekt „Degrowth in Bewegung(en)" bewusst nach Formen
eines offenen, multilateralen, nicht-strategischen Diskurses über Gemeinsamkeiten
und Differenzen gesucht wird.

Eine weitere erhebliche Gefahr für die Degrowth-Bewegungen folgt schließlich
aus der Polarisierung des politischen Feldes in Europa und Nordamerika zwischen
„progressiv-neoliberalen" (Fraser 2017) und autoritär-nationalistischen Positionen.
Ohne die Problematik dieser Konstellation hier näher ausführen zu können (dazu
Eversberg 2018a), lässt sich konstatieren, dass für das Degrowth-Spektrum die
Gefahr besteht, in dieser scheinbar alternativlosen Polarisierung zerrieben und
von der einen oder anderen Seite vereinnahmt zu werden. Anknüpfungspunkte
für progressiv-neoliberale Positionen sowie eine Anfälligkeit für diesbezügliche

---

8   Zu den verschiedenen Formen der Wachstumskritik und der Problematik ihrer Hier-
    archisierung siehe Schmelzer und Vetter (2019).

9   Wie geschehen im Fall der Konferenz beim Europäischen Parlament in Brüssel 2018
    (https://www.degrowth.info/en/brussels-2018/), die von einem Kreis von Degrowth-Ak-
    tivist:innen organisiert worden war, aus strategischen Gründen aber unter das Label
    „post-growth" gestellt wurde.

Vereinnahmungsversuche ergeben sich aus dem oben erörterten (bildungs-)bürger-
lichen Selbstverhältnis großer Teile der Degrowth-Basis (Schoppek 2018). Zugleich
zeigen sich schon lange Annäherungsversuche aus dem rechtskonservativen, ja
faschistischen Spektrum, wobei vor allem für kulturell und ethnisch homogene
„Bioregionen" und traditionelle Geschlechterverhältnisse plädiert wird (Muraca
2014). Zwar werden die extremeren Varianten dieser Positionen in den internationalen Degrowth-Bewegungen meist klar abgelehnt. Dass die Gefahr von Allianzen
zwischen einzelnen Degrowth-nahen Akteuren und der autoritär-nationalistischen
Rechten auf der Grundlage einer geteilten Abneigung gegen Globalisierung und
Neoliberalismus aber durchaus real ist, zeigt das Beispiel der mit Parolen und politischen Zielen eines Teils des italienischen Degrowth-Spektrums argumentierenden Protestpartei „Movimento Cinque Stelle". Durch die 2018 gebildete Koalition
verhalf sie der neofaschistischen „Lega" zur Regierungsmacht und ermöglichte
so die menschenrechtswidrige Abschottungs- und Diskriminierungspolitik von
Innenminister Salvini (Eversberg 2018b).

6   Schluss

In der gegenwärtigen politischen Großkonstellation einer sich im Weltmaßstab
zuspitzenden Konfrontation zwischen progressiv-neoliberalen und autoritär-nationalistischen Kräften kann den Degrowth-Bewegungen eine Schlüsselrolle für die
Eröffnung emanzipatorischer Alternativen zukommen – sind sie es doch, die mit
ihrer Kritik an der Steigerungslogik kapitalistischer Gesellschaften den zentralen
positiven Bezugspunkt *beider* Lager angreifen. Degrowth-Akteure sind daher heute
gefragt, diese scheinbare Polarisierung – hinter der sich ein heimliches Einverständ-
nis über den Willen zur Aufrechterhaltung der imperialen Lebensweise (Brand und
Wissen 2017) der kapitalistischen Zentren verbirgt – als solche zurückzuweisen
und auf der Möglichkeit einer global-solidarischen Position sowie der Forderung
nach weltweiter Gerechtigkeit zu beharren. Die dafür nötige Strahlkraft werden die
Degrowth-Bewegungen des Globalen Nordens aber nicht allein aus sich heraus – und
nicht aus einem selbst letztlich bürgerlichen abstrakten Verständnis von Universalismus – aufbringen können, sondern nur in breiten Bündnissen mit Bewegungen
des Südens, in denen sich die abstrakte Größe der globalen Gleichheit durch die
Pluralität der unterschiedlichen Lebensweisen, die sie ermöglicht, anreichert. Der
hierfür nötige gleichberechtigte und nicht-hierarchische Dialog mit den Menschen
in anderen Teilen der Welt wird von dem Anerkenntnis ausgehen müssen, dass der
Abbau globaler Ungleichheiten voraussetzt, den Energie- und Ressourcendurchsatz

der materiell privilegierten westlichen Gesellschaften erheblich zu verringern, um demokratisch Wege zu Lebensweisen auf global verallgemeinerbarem materiellen Niveau finden zu können.

Über die teilweise durchaus auch im Kontext der institutionalisierten Politik artikulierbaren Forderungen nach globaler Umverteilung hinaus verlangt dies eine weitreichende Politisierung von Fragen nach der Art und dem Umfang persönlicher Bedürfnisse. Das ist etwas anderes als die häufig eben in *ent*politisierender Weise betriebene Moralisierung von Konsumentscheidungen. Im Kern geht es darum, die Verwendung des gesellschaftlichen Mehrprodukts dem privaten Zugriff privilegierter Individuen zu entziehen und ihrerseits zum Gegenstand demokratischer Aushandlung und kollektiven Genusses zu machen (D'Alisa et al. 2016b). Dass im Zentrum des deutschen Degrowth-Spektrums mit der „Alternativen Praxislinken" eine Fraktion steht, in deren aktivistischem Selbstverständnis sich der aktive Umgang mit den Antinomien zwischen weitreichenden politischen Forderungen und dem Ansetzen bei der eigenen Praxis, ethischer Selbstbefragung und transformativer Aktion geradezu paradigmatisch niederschlägt (Eversberg und Schmelzer 2016), verweist darauf, dass es sich hier nicht um bloße Ansprüche, sondern zumindest in Ansätzen auch um eine gelebte Praxis handelt. Auch wenn dies von den Akteuren nur selten direkt artikuliert wird, lässt sich eine solche Praxis in der anarchistischen Tradition verorten, in der die Kritik der kapitalistischen Steigerungszwänge sich mit der Hinterfragung und tätigen Infragestellung nicht nur aller sozialen Herrschaftsverhältnisse, sondern auch der herrschaftsförmigen Verhältnisse zwischen Gesellschaft und Natur verbindet. Und es scheint gerade diese anarchistische Inspiration des Degrowth-Spektrums zu sein, aus der sich Impulse für eine dringend notwendige Neudefinition von Demokratie jenseits von Steigerungszwängen ergeben könnten. Der in dezentralen und selbstverwalteten Formen praktizierte Aktivismus könnte sich so aus seiner Verklammerung mit dem bürgerlichen Individualismus lösen, um in eine ernsthafte kritisch-selbstreflexive Infragestellung der eigenen Wünsche und Möglichkeiten und in eine Praxis der nicht-steigerungsorientierten Selbsterfindung zu münden (Eversberg 2016; Eversberg und Schmelzer 2016).

Literatur

Asara, V. (2016). The indignados as a socio-environmental movement. Framing the crisis and democracy. *Environmental Policy and Governance, 26*, 527–542.

Asara, V., & Kallis, G. (2019). Fertile soil: The production of prefigurative territories by the indignados movement in Barcelona. *International Journal of Urban and Regional Research.* (im Erscheinen)

Brand, K.-W. (1995). *Zyklen des „middle class radicalism". Eine international und historisch vergleichende Untersuchung der „neuen sozialen Bewegungen".* Unveröffentlichte Habilitationsschrift. München.

Brand, U., & Wissen, M. (2017). *Imperiale Lebensweise. Zur Ausbeutung von Mensch und Natur in Zeiten des globalen Kapitalismus.* München: oekom.

Brückner, P. (1968). Die Transformation des demokratischen Bewußtseins. In J. Agnoli & P. Brückner, *Die Transformation der Demokratie* (S. 89–194). Frankfurt a. M.: Europäische Verlagsanstalt.

Caillé, A. (2005). *Dé-penser l'économique. Contre le fatalisme.* Paris: Édition La Découverte.

Castoriadis, C. (1984). *Gesellschaft als imaginäre Institution. Entwurf einer politischen Philosophie.* Frankfurt a. M.: Suhrkamp.

Cattaneo, C., & Gavaldà, M. (2010). The experience of rurban squats in collserola, Barcelona: What kind of degrowth? *Journal of Cleaner Production, 18*, 581–589.

D'Alisa, G., Demaria, F., & Cattaneo, C. (2013). Civil and uncivil actors for a degrowth society. *Journal of Civil Society, 9*, 212–224.

D'Alisa, G., Demaria, F., & Kallis, G. (Hrsg.). (2016a). *Degrowth. Handbuch für eine neue Ära.* München: oekom.

D'Alisa, G., Kallis, G., & Demaria, F. (2016b). Nachwort: Von der Austerität zur Dépense. In G. D'Alisa, F. Demaria & G. Kallis (Hrsg.), *Degrowth. Handbuch für eine neue Ära* (S. 279–286). München: oekom.

Dafermos, G. (2017). *The Catalan Integral Cooperative: An organizational study of a post-capitalist cooperative.* https://commonstransition.org/the-catalan-integral-cooperative-an-organizational-study-of-a-post-capitalist-cooperative/. Zugegriffen: Apr. 2019.

Demaria, F., Schneider, F., Sekulova, F., & Martinez-Alier, J. (2013). What is degrowth? From an activist slogan to a social movement. *Environmental Values, 22*, 191–215.

Dengler, C., & Seebacher, L. (2018). What about the global south? Towards a feminist decolonial degrowth approach. *Ecological Economics, 157*, 246–252.

Dörre, K. (2018). Zur Einführung: Wachstum neu denken. James K. Galbraith als heterodoxer Ökonom und (De)Growth-Kritiker. *Berliner Journal für Soziologie, 28*, 41–46.

Eversberg, D. (2015). *Erste Ergebnisse der Teilnehmendenbefragung zur Degrowth-Konferenz 2014 in Leipzig – Ein Überblick über Zusammensetzung, Engagement und Alltagspraktiken der Befragten.* Working Paper Nr. 1/2015 der DFG-KollegforscherInnengruppe Postwachstumsgesellschaften. Jena.

Eversberg, D. (2016). Wachstumskritik als freiwillige Selbstreorganisierung. Versuch, uns und anderen die Degrowth-Bewegung zu erklären. *Psychosozial, 39*(1), 81–98.

Eversberg, D. (2017). Nach der Revolution. Degrowth und die Ontologie der Abwicklung. In M. Birkner & T. Seibert (Hrsg.), *Kritik und Aktualität der Revolution* (S. 231–252). Wien: Mandelbaum.

Eversberg, D. (2018a). Innerimperiale Kämpfe. Drei Thesen zum Verhältnis zwischen autoritärem Nationalismus und imperialer Lebensweise. *PROKLA, 48*, 43–54.

Eversberg, D. (2018b). Gefährliches Werben. Über Anschlussfähigkeiten der Postwachstumsdebatte gegenüber dem autoritären Nationalismus – und was sich dagegen tun lässt. *Forschungsjournal Soziale Bewegungen, 31*(4), 52–61.

Eversberg, D., & Schmelzer, M. (2016). Über die Selbstproblematisierung zur Kapitalismuskritik. Vier Thesen zur entstehenden Degrowth-Bewegung. *Forschungsjournal Soziale Bewegungen, 29*(1), 9–17.

Eversberg, D., & Schmelzer, M. (2017). Mehr als Weniger. Erste Überlegungen zur Frage nach dem Postwachstumssubjekt. *Psychosozial, 40*(2), 83–100.

Eversberg, D., & Schmelzer, M. (2019). Degrowth und Männlichkeiten – Zur Geschlechtlichkeit des relationalen Postwachstumssubjekts. In S. Scholz & A. Heilmann (Hrsg.), *Caring Masculinities? Auf der Suche nach Transformationswegen in eine demokratische Postwachstumsgesellschaft.* München: oekom. (im Erscheinen)

Federici, S. (2018). *Witches, witch-hunting, and women.* Oaxland: PM Press.

Foucault, M. (1977). *Sexualität und Wahrheit. Erster Band: Der Wille zum Wissen.* Frankfurt a. M.: Suhrkamp.

Fraser, N. (2017). Vom Regen des progressiven Neoliberalismus in die Traufe des reaktionären Populismus. In H. Geiselberger (Hrsg.), *Die große Regression. Eine internationale Debatte über die geistige Situation der Zeit* (S. 77–92). Berlin: Suhrkamp.

Georgescu-Roegen, N. (1971). *The entropy law and the economic process.* Cambridge: Harvard University Press.

Gorz, A. (2009). *Auswege aus dem Kapitalismus: Beiträge zur politischen Ökologie.* Zürich: Rotpunktverlag.

Gottschlich, D. (2017). Demokratisierung gesellschaftlicher Naturverhältnisse durch Widerstand und Gegenmacht. In D. Gottschlich & T. Mölders (Hrsg.), *Politiken der Naturgestaltung. Ländliche Entwicklung und Agro-Gentechnik zwischen Kritik und Vision* (S. 193–216). Wiesbaden: Springer VS.

ILA Kollektiv (Hrsg.). (2019). *Das gute Leben für alle. Wege in die solidarische Lebensweise.* München: oekom.

Illich, I. (1998). *Selbstbegrenzung. Eine politische Kritik der Technik.* München: C.H. Beck.

Konzeptwerk Neue Ökonomie & DFG-Kolleg Postwachstumsgesellschaften (Hrsg.). (2017). *Degrowth in Bewegung(en). 32 alternative Wege zur sozial-ökologischen Transformation.* München: oekom.

Kothari, A., Demaria, F., & Acosta, A. (2014). Buen Vivir, Degrowth and Ecological Swaraj. Alternatives to sustainable development and the green economy. *Development, 57*, 362–375.

Kothari, A., Salleh, A., Escobar, A., Demaria, F., & Acosta, A. (Hrsg.). (2019). *Pluriverse. A post-development dictionary.* Delhi: Tulika Books.

Lang, M. (2017). Degrowth: Unsuited for the global south? *Alternautas, 4*(1), 3–14.

Latouche, S. (2004). *Die Unvernunft der ökonomischen Vernunft. Vom Effizienzwahn zum Vorsichtsprinzip.* Zürich: Diaphanes.

Latouche, S. (2005). *Décoloniser l'imaginaire. La pensée créative contre l'économie de l'absurde.* Lyon: Parangon.

Martinez-Alier, J. (2002). *The environmentalism of the poor. A study of ecological conflicts and valuation.* Cheltenham: Elgar.

Martinez-Alier, J. (2009). Socially sustainable economic de-growth. *Development and Change, 40*, 1099–1119.

Muraca, B. (2013). Décroissance: A project for a radical transformation of society. *Environmental Values, 22*, 147–169.

Muraca, B. (2014). *Gut leben. Eine Gesellschaft jenseits des Wachstums.* Berlin: Wagenbach.

Muraca, B. (2015). Wider den Wachstumswahn: Degrowth als konkrete Utopie. *Blätter für Deutsche und Internationale Politik, 60*(2), 101–109.

Muraca, B. (2019). Degrowth als Projekt der Transformation. In M. Christ, B. Sommer & K. Stumpf (Hrsg.), *Transformationsgesellschaften. Zum Wandel gesellschaftlicher Naturverhältnisse.* Marburg: Metropolis. (im Erscheinen)

Muraca, B., & Schmelzer, M. (2017). Sustainable degrowth. Historical roots of the search for alternatives to growth in three regions. In I. Borowy & M. Schmelzer (Hrsg.), *History of the future of economic growth. Historical roots of current debates on sustainable degrowth* (S. 174–197). London: Routledge.

Nelson, A., & Schneider, F. (Hrsg.). (2018). *Housing for degrowth.* London: Routledge.

Pérez Orozco, A. (2014). *Subversión feminista de la economía. Aportes para un debate sobre el conflicto capital-vida.* Madrid: Traficantes de Suenos.

Petridis, P., Muraca, B., & Kallis, G. (2015). Degrowth. Between a scientific concept and a slogan for a social movement. In J. Martinez-Alier (Hrsg.), *Handbook of ecological economics* (S. 176–200). Cheltenham: Edward Elgar Publishing.

Pleyers, G., & Álvarez-Benavides, A. (2019). La producción de la sociedad a través de los movimientos sociales. *Revista Española de Sociología, 28*, 135–139.

Rodríguez-Labajos, B., Yánez, I., Bond, P., Greyl, L., Munguti, S., Ojo, G. U., & Overbeek, W. (2019). Not so natural an alliance? Degrowth and environmental justice movements in the global south. *Ecological Economics, 157*, 175–184.

Rosa, H. (2016). *Resonanz. Eine Soziologie der Weltbeziehung.* Berlin: Suhrkamp.

Saave-Harnack, A., Dengler, C., & Muraca, B. (2019). Feminisms and degrowth – Alliance or foundational relation? *Global Dialogue, 9*(1), 29–30.

Schmelzer, M. (2015). Spielarten der Wachstumskritik. Degrowth, Klimagerechtigkeit, Subsistenz – Eine Einführung in die Begriffe und Ansätze der Postwachstumsbewegung. In Le Monde Diplomatique & Kolleg Postwachstumsgesellschaften (Hrsg.), *Atlas der Globalisierung: Weniger wird mehr. Der Postwachstumsatlas* (S. 116–121). Berlin: Le Monde Diplomatique.

Schmelzer, M., & Vetter, A. (2019). *Degrowth/Postwachstum zur Einführung.* Hamburg: Junius.

Schoppek, D. E. (2018). Mitschwimmen oder untergehen? *Forschungsjournal Soziale Bewegungen, 31*(4), 44–51.

Sutter, A. J. (2017). *The birth of „décroissance" and of the degrowth tradition.* SSRN Scholarly Paper No. ID 3010271. Social Science Research Network, Rochester, NY. https://papers.ssrn.com/abstract=3010271. Zugegriffen: Febr. 2019.

Temper, L., Yánez, I., Sharife, K., Ojo, G., Martinez-Alier, J., CANA, Combes, M., Cornelissen, K., Lerkelund, H., Louw, M., Martínez, E., Minnaar, J., Molina, P., Murcia, D., Oriola, T., Osuoka, A., Pérez, M. M., Roa Avendaño, T., Urkidi, L., Valdés, M., Wadzah, N., Wykes, S. (2013). *Towards a post-oil civilization: Yasunization and other initiatives to leave fossil fuels in the soil.* EJOLT Report No. 6.

Victor, P. A. (2008). *Managing without growth. Slower by design, not disaster.* Cheltenham: Edward Elgar Publishing.

Welzer, H. (2011). *Mentale Infrastrukturen. Wie das Wachstum in die Welt und in die Seelen kam.* Berlin: Heinrich-Böll-Stiftung.

The second great transformation and the future of the American left

Philip S. Gorski

1   Introduction

There has long been some debate surrounding the title of Karl Polanyi's masterwork, *The Great Transformation* (Dale 2010; Block and Somers 2014; Rogan 2017). Most interpreters believe it refers to the emergence of the "market economy" during the early 19th century. But some maintain that it refers to the backlash against the "self-regulating market" during the early 20th century.

Be that as it may, this much is certain: Polanyi understood these two transformations as part of a single, integral movement. The first movement was the great "disembedding" of the market from society and the subordination of society to the dynamics of "self-regulating markets." The second was the "countermovement" of society against the market, the attempt to re-embed the economy in society. Polanyi referred to this century-long process as "the double movement."

The 20th century countermovement gave rise to two separate political movements: fascism and socialism. Both sought to re-embed the market mechanism, albeit in very different ways: fascists via a corporatist re-organization of national economies; socialists via a statist re-appropriation of private property. Polanyi's sympathies lay with the socialists. He was a man of the left (Dale 2016).

As with other great social theorists, some of Polanyi's predictions have proven stunningly far-sighted, others remarkably myopic. To the former category belongs Polanyi's warning that the commodification of nature would eventually spark a countermovement from nature itself. As the consequences of climate change become a routine feature of everyday life, we find ourselves in the midst of nature's countermovement. To the latter, erroneous predictions belongs Polanyi's proclamation that the socialist countermovement of the 20th century, and the economic crises and military conflicts that accompanied it, signaled the final collapse of the market utopia. About this, we know, he was very much mistaken. That utopia was reborn,

© Springer Fachmedien Wiesbaden GmbH, ein Teil von Springer Nature 2019
K. Dörre et al. (Hrsg.), *Große Transformation? Zur Zukunft moderner Gesellschaften*, https://doi.org/10.1007/978-3-658-25947-1_28

phoenix-like, from the ashes of the post-war boom in the guise of the neo-liberal "Washington consensus."

History may not repeat itself, as the saying goes, but it does rhyme. The Anglo-American remake of the original great transformation—call it "Great Transformation II: When Reagan Met Thatcher"—has taken only half a century. It opens at the end of the post-WWII boom—*Les Trente Glorieuses* as the French call it or the *Wirtschaftswunder* for the Germans—that followed the "oil shocks" of the mid-1970s. It continues with the resurgence of neo-classical economics and the neo-liberal revolutions of Thatcher and then Reagan. The action then shifts to East Asia and the "economic miracle" that culminates in the rise of China. It then returns to Europe in 1989, when the collapse of communism removes the final bulwark against the expansion of capitalism. The denouement comes with the financial crisis of 2008.

One side of the new countermovement is easy enough to discern: right-wing populist parties have arisen throughout the world and penetrated deep into the halls of power, including the West Wing of the White House (Mudde 2007; Müller 2016). But the left side of the countermovement is harder to make out: if populism rhymes with fascism, then what rhymes with socialism? If the right's response to the crisis is "us first, you leave!" then what is the left's? What, in particular, is the American left's response? That is the central theme of this essay.

The essay is in four parts. I begin with a brief analysis of the second great transformation, highlighting its continuities and discontinuities with the first. I then sketch out a political sociology of the contemporary US, underlining how the American context differs from the European. After that, I analyze competing currents and ideals within the American left and the tactical and political dilemmas that result. Finally, I briefly sketch the metanarrative of right-wing populism and outline a left-wing populist counter-narrative.

2   The great transformation, part II

For Marx, the crucial catalyst for modern capitalism was the historical process of "primitive accumulation." For Weber, it was the cultural genesis of "innerworldly asceticism." For Polanyi, it was the "disembedding" of the market from society. Of particular importance, from Polanyi's perspective, was the creation of the three "fictitious commodities": land, labor, and money. "Fictitious" because they were not made for the purpose of exchange. This is most obviously true for the earth's surface and the human species whose existence long antedated the self-regulating market.

But it is also true of money, which began as a medium of exchange rather than as the object of exchange it has since become with the expansion of finance capitalism.

In a number of respects, the second great transformation that began in the mid-1970s simply extends the first great transformation whose origins Polanyi dates to the mid-1820s. There is, above all, the ongoing process of commodification. It has become more and more extensive, as more and more of the earth's surface has been transformed into private property (Soto 2000; Hall 2010). The commodification of land had already made great headway during the first great transformation, especially in the capitalist West. But in the state socialist regimes of the "Second World" and pre-capitalist peripheries of the "Third," the process was still far from complete. It is really only in the last three decades or so that the vast juridico-technical apparatus that is required to turn land into property—cadasters and deeds, surveying instruments and boundary markers, and now GIS and Google Maps—has been extended to the rest of the planet.

The commodification of labor has also undergone a similar process of extensification. Just as vast stretches of the earth's surface could not be freely bought and sold until recently, so vast reservoirs of human labor remained to be converted into labor power available for purchase (Rosewarne 2010). China provides the paradigmatic example. Year after year, hundreds upon hundreds of agricultural villages are razed and their populations "resettled" (sometimes voluntarily, often not) in the high-rise apartment blocks that sprout from the earth like mushrooms on the outskirts of "second-tier" Chinese cities whose populations dwarf those of all but the largest Western metropoles (Westra 2018). Not since the second half of the 19th century and perhaps never before in human history has human labor been commodified at this speed and on this scale. As the relentless search for the cheap labor that is needed to feed the hunger of global supply chains proceeds, the remaining supply of non-commodified labor shrinks. Central Asia and Sub-Saharan Africa are really the only two remaining bastions for capitalism's labor reserve army.

The early 1970s also marked a turning point in the history of the third fictitious commodity: money (Krippner 2005, 2011). The unilateral withdrawal of the United States from the Bretton-Woods system in 1971 brought the end of the gold standard and the introduction of floating exchange rates. Private finance soon became a global "industry." The countries of the "Third World"—and later of the "Second"—were incorporated into global credit and equity markets, either voluntarily or by means of IMF-managed "structural adjustment" programs. The expanding territory of finance capitalism is staked out with Visa signs and ATM machines. Today, the wealth and power of finance capital is matched only by that of techno-capital, with the minions of industrial capital relegated to third fiddle.

The extension of commodification to the ever-expanding periphery of capitalism has been accompanied by the intensification of commodification within the old centers of the capitalist core (see Dörre in this volume). The most important example is, of course, the steadily increasing rate of labor force participation amongst women and, conversely, the commodification of goods and services once generated by unpaid female labor within the household. The main change here was amongst the middle classes—lower class women had already been incorporated into the labor force during the first great transformation. This process was often experienced as emancipatory and egalitarian, which, in many ways, it was, but only insofar as it went together with a defense of leisure time for private life and political activity.

The educated professions provide another excellent and less politically ambiguous illustration. Beginning in the late 19th century, the professions restricted the supply of specific forms of cultural capital by granting only a limited number of educational credentials and professional licenses (Abbott 1988). In this way, they were not only able to increase the exchange value of their labor but also to place certain limitations on the operation of markets in the name of "expertise." In essence, they increased the exchange value of their cultural capital and exchanged some of it for symbolic rather than economic capital (i. e. for professional autonomy rather than material compensation). Market-led demands for the privatization of professional services along with state-led demands for increased efficiency in their provision and the penetration of a more entrepreneurial ethos into the professions themselves have resulted in an ever-increasing commodification of expertise. This is visible in the increasing dominance of large, corporately organized global law firms, private for-profit health care provision, and, last but not least, private-public partnerships and consulting arrangements in higher education. This dynamic is of particular importance for the political left, which has long drawn much of its intellectual and political leadership from the ranks of the educated professions.

While the foregoing processes were all readily foreseeable extensions of the basic dynamics originally enumerated in Polanyi's theory of fictitious commodities, the second great transformation has unleashed commodification processes even he could not have imagined. For Polanyi, the commodification of nature was essentially limited to the privatization of land and the extraction of resources. We are now in the midst of a further intensification of these commodification processes, most notably the "monetization" of biological processes and the transformation of biological information into "intellectual property." When we purchase a genetic profile from a private vendor, for example, the vendor typically retains that information for future analysis and sale. Similarly, when a pharmaceutical company uses a viral vector to introduce and replicate genetic material within the human body, it seeks to patent that process. In this way, the genome and the biome are fenced off for private profit in much the same way that common lands were once "enclosed" in early modern England. One might justifiably speak of a second enclosure movement, a second "primitive accumulation," but one that is corporeal rather than terrestrial.

Paradoxically, the relentless commodification of nature itself is paralleled by the incipient de-commodification of physical labor power. Automation and robotics are already driving down the value of unskilled human labor in the manufacturing and retail sectors. In the not-too-distant future, the introduction of self-driving vehicles will radically decrease, if not altogether eliminate, the demand for professional drivers. Rapid advances in machine learning, particularly in machine vision and speech recognition, are also having similar effects on semi-skilled service professions. It remains to be seen whether further advances in artificial intelligence will lead to the de-commodification of skilled mental labor. Perhaps this is how the ranks of the capitalist reserve army will eventually be replenished.

Another crucial dynamic of the second great transformation that is discontinuous with the first is digitally driven "disruption." Ride-hailing companies such as Uber and Grab and online retailers such as Amazon and Alibaba are only the best known examples. The profits of technological disruption derive mainly from classical mechanisms of capital accumulation such as economies of scale, the flattening of managerial hierarchies, and the spoliation of monopoly rights previously held by guild-like professions (e.g. pharmacists and taxi drivers). More important in the present context are the political consequences of technologically-based disruption: the shift from firm to contract and the geographical disembedding of economic activity.

Writing in the early decades of the first great transformation, Henry Sumner Maine spoke of an epochal shift from "status to contract," in which social relations gave way to legal ones (Maine and Scala 2017). Writing in the closing decades of the first great transformation, Ronald Coase noted that economic relations under modern capitalism were managed via two different mechanisms: "markets" and "hierarchies," which is to say contracts and firms (Coase 1990). He argued that the existence of the firm was explained by the costs of contracting. Rather than continually bidding out every new task and repeatedly training and monitoring new workers, he demonstrated, it was often more efficient to hire a salaried staff in a single location. What might be lost in wages paid was saved in "transaction costs" foregone. By radically lowering transaction costs, digital technologies are shifting the tradeoff between hierarchies and markets in favor of the latter.

For much of human history, economic and physical geography have been closely linked. Agrarian empires grew up near river deltas, metal working near coal and iron deposits, commercial entrepots near sheltered ocean harbors, manufacturing cities near rushing rivers, and so on. Markets may have been disembedded from society during the first great transformation, but they were not yet disembedded from geography. This is now changing as a result of globalization and digitization. As vertically integrated firms give way to global supply chains, and manufacturing operations are being located based on labor costs, technical and managerial operations have been freed from earlier geographical constraints and have now become increasingly concentrated in certain cities that have large pools of educated workers and various locational amenities (e. g. mild weather, cultural offerings, outdoor activities, etc.) that are attractive to them. The resulting mechanism is akin to a figure-eight composed of two interconnected cycles: a virtuous cycle that increasingly concentrates the various forms of capital (e. g. economic, cultural, social, and symbolic) in certain locations and a vicious cycle that operates in tandem with it and drains capital from other locations. This figure-eight process is a key driver of the widening regional disparities and deepening political resentment that currently feed right-wing populism and middle-class radicalism more generally in the developed regions of the world.

Polanyi was far more attentive to geopolitics than most social theorists and more attuned to social dynamics than most theorists of international relations. He understood that the World Wars were partly a result of the rise of Germany and Japan and the resulting destabilization of the existing balance of power. But he also understood that socialism and fascism were responses to the social dislocations generated by self-regulating markets. Socialism sought to re-embed markets in states via dirigisme; fascism to re-embed them in nations via corporatism.

Still, his vision of international politics was a Westphalian one, in which the primary actors were nation-states and uniformed militaries. He would not have been surprised to observe the rise of China and the revenge of Russia or the return of great power rivalry more generally at the end of the second great transformation. But he did not foresee the role that terrorism, little wars, and asymmetric conflict would play in 21st century geopolitics, or the way in which the second great transformation would result in a second great *Voelkerwanderung* that would in turn spark a neo-nativist backlash within the very liberal democracies that had once appointed themselves the guardians of the Westphalian order (see Bach in this volume).

In sum, we are now approaching the end of the second great transformation. In some respects, it is continuous with the first. The rule of the three fictitious commodities has now been extended to the old capitalist periphery of the so-called Third World and its one-time socialist rival in the Second. The hegemony of private property, wage labor, and finance capital is now truly global. At the same time, there has also been an intensification of the commodification process within the original capitalist core. The commodification of labor has now penetrated deep into the private sphere of the household and the commodification of nature deep into the global biome.

In other regards, the second great transformation is discontinuous with the first. At the very moment at which the commodification of labor has nearly reached its conclusion, a process of decommodification has set in. In the capitalist core, unskilled physical labor is being rapidly replaced by automated processes in high value added industries. As automation technology improves and costs sink further, increasing amounts of physical labor power will be extruded from other lower cost sectors as well. The results are already palpable in decreasing levels of male labor force participation in the United States and elsewhere. Once driverless vehicles are introduced, mass conscription into the reserve army will follow.

Advances in AI and robotics are driving the decommodification of physical labor; advances in biology and genetics, meanwhile, are opening up a new frontier for commodification. The question of whether we should conceptualize the transformation of biological processes and information into intellectual property as continuous or discontinuous with the commodification of arable land and extractable resources is, as they are, purely academic. Rapid advances in genetics combined with massive concentrations of wealth mean that the purchase of biological self-enhancements are all but inevitable. Whatever the long-term results of such modifications of the human genome may be, in the short-term they are likely to deepen already existing social inequalities by layering on a biological dimension (Gorski 2017). Class-based differences in health, longevity, beauty, and cognitive ability will be further "enhanced," perhaps radically so, and the age-old conceit of every aristocracy—that it is a race apart—may soon become reality.

Meanwhile, serious cracks are starting to appear in the international system that was put in place at the close of the first great transformation. The old equilibrium of the Cold War—however terrifying—is giving way to a new period of geopolitical fluidity and instability. Meanwhile, the United States' misguided and mis-executed efforts to "drain the swamp" in Iraq (a phrase already used by leading government officials in the run up to that war) have thoroughly destabilized the greater Middle East. The knock-on effects include the rise of ISIS and the European refugee crisis. Now, neo-populists led by President Trump are attempting to dismantle international treaties and institutions and replace them with bilateral "deals." Brexit will be their first great triumph.

We now find ourselves in the midst of the countermovement against the tyranny of self-regulating markets. The right-wing variant of the countermovement has crystallized in the form of authoritarian populism. It has achieved presidential powers in Brazil, Hungary, the Philippines, Poland, Turkey, and the United States and parliamentary representation in most of Europe and many other parts of the world. By contrast, the left-wing variant remains relatively inchoate and disorganized. It has taken the form of often evanescent protest movements around specific issues such as "Occupy Wall Street," which are susceptible to right-wing cooptation as seen most recently in the "yellow vest" uprising in France.

While Polanyi's work helps us to see the challenges confronting the left today in a world-historical perspective, it is of little help in understanding how they are refracted through national-level politics. Polanyi had an economic sociology, a historical sociology, and a transnational sociology. What he did not have was a proper political sociology. His efforts to explain the rise of fascism and socialism and the cross-national variations in their successes and defeats were clumsy at best. But the nation-state remains the primary venue of political struggle in the world today. Thus, a political sociology of contemporary America remains a vital element of any serious analysis of the American left.

3   A political sociology of contemporary America

Because of the hegemonic role of the United States in global affairs since World War II, non-Americans tend to know vastly more about American politics than Americans know about non-American politics and sometimes even about American politics itself. Still, it will be helpful to review certain peculiarities of the American system especially insofar as they affect the problems confronting the American left and the proper strategic response to them.

Let us begin with America's constitutional system. It was designed to defend against the two dangers that most preoccupied the American founders: tyranny and democracy. Key bulwarks against tyranny included: the dispersion of power across three coequal branches of government (legislative, executive, and judicial); the division of sovereignty between the federal and state governments; the preeminent power of the legislative branch especially in matters of taxation, expenditure, and war; and a fully enumerated bill of rights. Key bulwarks against democracy included: a bicameral legislature whose upper house (the US Senate) was (originally) chosen by state legislatures rather than direct election and whose representatives were apportioned by territory rather than population; and strong protections for private property (including chattel slaves) written into national and state constitutions. In effect, political representation was thereby weighted by land and property and not simply by population.

To these formal mechanisms written into the Constitution were added several other extra-constitutional mechanisms, formal and informal. The first is the power of "judicial review", first asserted by the Supreme Court in *Marbury v. Madison* in 1803. It empowered federal judges with life-time appointments to strike down legislation passed by the people's elected representatives if it was found to be in violation of the Constitution. The second is the Senate's rules regarding "extended debate" (a.k.a. "the filibuster"), initially introduced in 1837. In its present-day incarnation, it effectively means that legislation cannot pass by simple majority vote; a sixty vote supermajority is required.

Taken together, the formal and informal mechanisms of the American Constitution make it extremely difficult to pass major national legislation—and by design. Consider Obamacare: it required a majority vote in the US House, 60 votes in the US Senate, and the signature of the President before having to withstand a barrage of legal challenges in state and federal courts. And this after it had made its way through the byzantine complexities of Congressional committees. In the language of political science, the US system contains numerous "veto points." This is why many legal scholars regard the US Constitution as inherently conservative: it makes governmental action extremely difficult. It should be noted that while this conservatism often seems like a vice to advocates of progressive reform, it is currently proving a virtue during the administration of a would-be tyrant.

On the other hand, the American political system has many entry points as well. The two major political parties are relatively decentralized and only loosely organized. They bear little resemblance to the centralized, disciplined parliamentary parties that populate Europe's legislatures. It is not difficult to become involved in local politics or a political campaign or to move up from there into the state or national arena. A professional political operative or "politico" can move easily between working as a Congressional staffer or White House aide to working for a consulting or lobbying firm. Some also find their way into academia, and the reverse, though this is rarer today than it was a generation or two ago. The trajectory of a "politico" through the political field now typically involves the accumulation and exchange of various forms of capital: social capital accumulated within government is transformed into economic or cultural capital outside of government.

The American legal system provides another important entry point. Would-be politicians in the United States often begin their careers at one of the country's elite law schools. So, of course, do most federal judges. Many social movements also pursue their policy goals through the legal system rather than through electoral politics. The campaign for "marriage equality" (i. e. gay marriage) provides a case in point. *Obergefell v. Hodges*, the landmark 2015 Supreme Court decision that effectively nationalized gay marriage, was the culmination of a carefully executed legal strategy that began in state and federal courts during the early 1990s. Perhaps because of the importance of the courts in achieving civil rights for

African-Americans during the 1950s and 1960s, and also because of the leftward slant of legal academics at the top law schools, this has become a favored strategy of the American left. However, it has been successfully cloned by the American right, which has achieved successes of its own via the legal system (e. g. in major court decisions on gun rights and religious freedom) and created its own system for grooming conservative judges (viz. the Federalist Society).

During the middle third of the 20th century, in the heydays of American liberalism, the university social science faculty played a crucial role in incubating and publicizing ideas. Today, they play at best a marginal role. The usual explanation for the declining influence of the social sciences on national policy is the demise of the "public intellectual." As academic disciplines became more and more specialized and university faculty more and more careerist, the story goes, academics became less able and less motivated to communicate with the broader public. While there is some truth to this narrative, it is incomplete. Missing from the account is the rise of think tanks and kindred institutions that skillfully inserted themselves into the space between the academic and political fields (Medvetz 2012). Freed of teaching duties, trained in public communication, and supported by a paid staff of media professionals but also beholden to rich donors and foundation charters, this new species of political pseudo-intellectuals soon became the most important "ideas people" in American politics.

This is not the only reason why the exchange rate between cultural and political capital has steadily declined, however. Another is a more general decline in legitimate cultural authority. The most obvious (though no less crucial) reason for this development is the one-two-three punch of talk radio, cable news, and social media. As music broadcasting migrated from low fidelity AM stations to high fidelity FM stations beginning in the 1970s, the vacuum was gradually filled by nationally-syndicated, right-wing talk show hosts such as Rush Limbaugh, Laura Ingraham, and Sean Hannity. Their influence has been particularly great in sparsely populated rural areas where local newspapers and television stations have been hollowed out or closed during the long wave of "media consolidation" that began in the 1980s. Next came twenty-four hour cable television news, starting with CNN, which grew rapidly following the first Iraq War during the early 1990s, and then Fox News a few years later. In order to fill the hours and hold on to the audience, they introduced shoutfests, featuring shrill partisans debating the most salacious stories of the day. The satire of broadcast media featured in the brilliant 1976 movie "Network" became a reality over the following three decades. The final blow to legitimate cultural authority was dealt by the rise of the internet and the growth of social media. Now, anyone with a laptop and a webcam can become a blogger or a YouTube "personality," and the American public can consume whatever flavor of "news" it prefers. In the golden age of broadcast media, there may have been differences of opinion. Today, there are differences of facts as well. Ironically, the slow death of legitimate cultural authority has led to the rebirth of demagogic political authority.

There is also another reason for the declining value of legitimate cultural capital, one that may be less obvious to a European observer: the decline of mainstream Protestantism and religious liberalism more generally. During and after the first great transformation, there were close ties between the social sciences and the liberal churches. Most of the great public intellectuals of the Progressive Era grew up in the liberal Protestant milieu, even if many of them left it behind in adulthood. W.E.B. Du Bois, Jane Addams, and John Dewey are but three examples. What is more, many of the great public intellectuals of the era were themselves Protestant clergymen. Reinhold Niebuhr and Martin Luther King are the two best known. These examples could easily be multiplied and further examples given from the Catholic and Jewish communities (e. g. Daniel Berrigan and Abraham Heschel). But mainstream Protestantism has undergone a precipitous decline since the 1960s, as have liberal Catholicism and Judaism, albeit for somewhat different reasons (Chaves 2011). Today, the political impulse of liberal religion that fed past eras of social reform survives mainly in black churches rather than white ones. The principal beneficiary of this decline has not been secular intellectuals, however, but conservative clergy, especially from the evangelical milieu. Powerful evangelical clergy people such as Franklin Graham, Jerry Falwell Jr., and Paula White delivered ringing endorsements for Donald Trump in 2016 that quelled the concerns of moral traditionalists and helped smooth his path to the White House. Indeed, no group voted for Trump at a higher rate than white evangelical Protestants. In an earlier era, such endorsements from the religious right would have been countered by even more powerful endorsements from a religious left. But there were no such endorsements of any note for Hillary Clinton in 2016. Still, the triumph of the religious right in the Presidential election of 2016 has not been without costs. The support of the evangelical establishment for Trump has driven significant numbers of younger, female, and non-white evangelicals from the fold.

The enduring influence of religion is one thing that sets the United States apart from most countries in Europe. Another is the enduring legacy of colonialism and slavery. (This is not to suggest that Europe does not have racial divides of its own; only that these divides have a very different history and therefore a very different structure.) It is often said that African slavery is America's "original sin." While this raises the question of how to categorize episodes like the expropriation of its indigenous peoples, the seizure of the Southwest from Mexico, or the internment of Japanese during World War II, this much is clear: as Du Bois noted over a century ago, American politics cannot be understood without due attention to the "color line" (Du Bois 1903). Just where is that line today though? Historically, it has run between "white" and "black" with the racial boundary determined by the "one drop rule": you are "black" if you have "one drop" of African blood flowing through your family tree and "white" only if your lineage is "pure." But the old racial hierarchy has been destabilized by the second great wave of mass immigration to the United States that began a little over half a century ago. Some observers argue that "Asian-Americans" are effectively "white" already, based on rates of inter-marriage and co-residence with Euro-Americans; and they predict that "Latinx Americans" will undergo a similar process of whitening in the coming decades. If so, then the old dualistic racial system will live on. Others suggest that a new, tripartite racial system is emerging which includes a third, mestizo category, in effect: black, brown, and white.

If the shrinking value of cultural capital is one chapter in the recent history of class relations in the United States, then the massive accumulations of finance and techno-capital is another. The increasing "financialization" of American capitalism has many causes: the relaxation of New Deal-era banking regulations, the shift to private pension schemes, and the introduction of high-speed computing and high-level mathematics into once sleepy equity trading markets, to name only a few. More important in this context are the political consequences: the concentration of highly liquid forms of capital in the hands of a small number of people who are completely disconnected from the "real" economy and who benefit enormously from small changes in tax laws and market regulation. This, together with recent court decisions lifting earlier restrictions on political donations (*Citizens v. United*), has resulted in an enormous flood of cash into the American electoral and legislative systems, with donations now understood as "investments" that must generate a "return" in dollars.

At first glance, the techno-capitalist faction of the American bourgeoisie might seem a more promising ally for the American left. But it would be a grave mistake to imagine that the masters of disruption who now preside over San Francisco and Seattle are any less concerned about taxes and regulation than their counterparts on Wall Street. Their political inclinations are more libertarian than progressive. Mark Zuckerberg and Sheryl Sandberg happily support gay marriage and abortion rights but fight tooth and claw against data privacy and corporate taxes. Meanwhile, the left is financially beholden to the techno-titans and increasingly so. This is surely one reason why Democratic politicians have been far more aggressive in defending the sexual revolution than in pressing for social redistribution. Sex is free; welfare is not.

What strategic conclusions if any can be drawn from this brief overview of the political field in the contemporary US? Here are a few modest proposals:

1. *Invest fewer resources in national campaigns.* Given the enormous obstacles that the American system places in the way of major reforms, it may be more sensible to shift resources towards state and local politics, where progress is less costly. This is what the American right has already been doing for several decades and with great success.

2. *Invest more resources in intellectual infrastructure.* Conservative donors and foundations made long-term investments in networks and institutions (e. g. the Federalist Society and the Heritage Foundation) beginning around 1980. Meanwhile, the institutional infrastructure on which the American left long relied (e. g. trade unions, liberal churches and synagogues, and university intellectuals) has declined dramatically in size and influence. The left must think seriously about what might replace it and steer resources in this direction.

3. *Decrease the flow of big money into politics.* The long-term goal must be public financing of political campaigns; in the short term, the goal must be to decrease reliance on big-money donations from finance and techno-capital and to increase the power of small donors via public matching funds. It is possible to finance national political campaigns with small donations (as Bernie Sanders and Beto O'Rourke have recently shown).

4. *Take the problems of the "heartland" seriously.* As the leaders of the left have increasingly concentrated on the metropolises on the coasts and the leaders of the right have increasingly focused their attention on the small towns and decaying cities in the middle of the country, the left has become increasingly estranged from the working-class voters and communities that have been devastated by globalization. Because political representation is based as much on land as on population in America, it is not politically or mathematically possible to ignore the rural heartlands.

5. *Don't write off religious voters.* Right-wing culture warriors in the United States have sought to frame American politics as an existential battle between "religious traditionalists" and "secular humanists." Left-wing culture warriors have happily endorsed these terms of engagement—to the detriment of their own goals. Partisans of diversity must be willing to embrace metaphysical diversity as well as cultural diversity. The American left should not forget that most of the great reform movements in American history—from the Revolution through abolitionism to Civil Rights—have included religious communities. There is no reason to imagine that the reform movements of the future will be different.

While a realistic understanding of the political field is a key element in political strategy, it is not the only element. A broader vision is also necessary. Without vision, strategy devolves into tactics. What exactly is the vision of the American left?

4   The American lefts: visions and dilemmas

In truth, there is no such thing as "the" American left and thus no unified vision either. There are rather multiple factions on the American left, each with its own vision of what the left is and what America ought to be. The first step towards developing a (more) unified vision for the American left, insofar as this is possible and desirable, is to understand the divisions within the left, the tensions between their visions of America, and the political dilemmas that result.

If there is anything that currently unifies the left, it is their commitment to an inclusive democracy—as opposed to the *Herrenvolk* democracy envisioned by Trump and other right-wing populists. But different factions on the left have different understandings of what genuine democracy looks like. Viewed from this perspective, one can distinguish three major currents: liberal, social democratic, and multicultural. Their visions of American democracy are not easily reconciled with one another. Unifying the left around the defense of democracy is easy when the alternative is right-wing authoritarianism. But unifying it around a vision of democracy, once it is back in power, will be far more difficult.

The three factions on the left place different accents on America's founding creed. That creed consists of three cardinal values: freedom, equality, and inclusion. The first two are explicitly referenced in the country's founding documents. The Declaration of Independence speaks of "inalienable rights to life, liberty and the pursuit of happiness" and stipulates that "all men are created equal." The national motto, *e pluribus unum*—"out of many one," can be read as a statement of inclusiveness. It goes without saying that these values have often been observed only in the breach.

Each of the three major factions of the American left prioritizes one of these three values over the other two and advances a particular understanding of it. Liberal democrats prize freedom, understood above all as individual rights (rather than, say, as active citizenship). Social democrats prize equality, understood above all as socio-economic equality (rather than, say, as equality of opportunity). Multicultural democrats prize inclusion, understood in terms of racial and sexual identity (rather than, say, of religious or regional identity). These differences are not superficial. They are rooted in varying social imaginaries. Liberal democrats imagine American society as a congeries of unique individuals, all pursuing their own version of happiness. Social democrats divide American society into haves and have-nots—in the slogan of "Occupy," the 1% and the 99%. Multicultural democrats start from a groupist vision that divides American society into various "communities" ("Latinx," "LGBTQ+," "undocumented," etc.).

There are, of course, many points of commonality between these visions. The liberal emphasis on individual rights is readily reconciled with the multiculturalists' quest for gay liberation. The social democratic emphasis on material redistribution is easily harmonized with the multicultural critique of racial inequality. Liberal and social democrats are united in their commitment to voting rights.

But there are deep tensions as well. The liberal emphasis on individual rights is at odds with the multiculturalist emphasis on group rights. The social democratic emphasis on material redistribution is at odds with the liberal defense of property rights. The multicultural emphasis on affirmative action is at odds with the liberal vision of pure meritocracy. To name only some of the most conspicuous points of tension.

These tensions can occasionally be reconciled in one person. Consider Barack Obama. As a product of the American meritocracy (Columbia and Harvard) and a scholar of Constitutional law (at Chicago), he naturally appealed to the upper-middle class members of the liberal left. As a proponent of national health care who had spent a great deal of time in the rural and post-industrial cities and towns of the Midwest, he appealed to working-class social democrats as well. Finally, as the product of a mixed marriage who publicly claimed his black identity and adopted the "chocolate city" of Chicago as his hometown, he also appealed to urban multiculturalists. As President, he did some things that made each of these groups happy. The liberal left cheered his (eventual) support for gay marriage, the social democratic left welcomed the passage of Obamacare, and the multicultural left valued the racial inclusiveness of his public rhetoric. But nothing he did made all of these groups happy.

Rather than seeking its salvation in another transcendent figure, however, the American left would do well to face up to the dilemmas that confront it. There are at least three:

1. *Freedom vs. inclusion.* No other freedom is prized as highly by liberal democrats as freedom of speech. Meanwhile, one of the top priorities of multicultural democrats is inclusiveness in speech. Radical multiculturalists therefore seek to exclude people who use exclusionary language (e.g. via "no platforming" actions against conservatives speakers), and they seek to impose inclusive forms of speech (e.g. by employing gender-neutral pronouns) by means of formal and informal speech norms. This is all to the chagrin of liberal democrats, who view

"political correctness" of this sort as an infringement on free speech rights and a hindrance to reasoned public debate. Meanwhile, conservative provocateurs gleefully stoke these tensions by assailing political correctness in the name of free speech.

2. *Freedom vs. equality.* Liberal democrats are also vocal proponents of meritocracy and technocracy. Individuals should be rewarded for their efforts, as measured by their performance in schools and markets. Policies should be "data-driven," and politics should be expert-guided. While liberal democrats understand equality as equality of opportunity, social democrats are more concerned with equality of outcomes. They note that the playing field is tilted in favor of "the inheritors" of cultural and social capital. They prefer policies that are "crowd-sourced" and politics that attends to people's voices. The American right is now attempting to stoke these tensions as well by provoking conflicts over the role of "diversity" in admission to elite schools.

3. *Inclusion vs. equality.* Multiculturalists emphasize identity-based forms of social equality. They accuse social democrats of ignoring intersectional forms of inequality, particularly involving race, ethnicity, gender, and sexuality. Social democrats underline class-based forms. They charge multiculturalists with overlooking the struggles of white workers. This, of course, is an age-old conflict that began with early feminist challenges to Marxist class analyses over a century ago.

These dilemmas cannot be logically resolved, but they can be practically addressed. Finding an acceptable balance between these competing values is crucial to bringing together the competing factions on the American left.

Meanwhile, these challenges derive from the past, from underlying tensions between the founding values of the American republic. Others derive from the present, in particular from the ongoing attack on democratic governance that has been launched by right-wing populists in the United States—and throughout the world. A proper response to the populist threat requires a proper understanding of populist movements: who they are, how they work, and what they want.

5   The populist right

In the United States, the populist coalition is composed of three main constituencies: Christianists, heartlanders, and plutocrats. Hard-core Christianists believe that the United States was "founded as a Christian nation" (Kruse 2015). They believe that American Christianity is under assault, and they see Donald Trump as their protector, even their savior. Hard-core heartlanders believe that they are the "real America." They believe that their livelihoods are being stolen from them by foreigners and immigrants (Hochschild 2018). They want to "build the wall," literally and figuratively. Plutocrats believe that they are the true source of America's prosperity (Formisano 2015). They want lower taxes and fewer regulations, and they see Trump as someone who will safeguard their wealth, even if they do not fully accept him as one of their own.

Trumpism is premised on the same "deep story" (Hochschild 2018) as right-wing populist movements in Europe and elsewhere. That story has four actors: the people, the elite, the stranger, and the savior (Moffitt 2016). The people have been betrayed by the elite in favor of the stranger but will be rescued by the savior. In the American context, the Christianists and heartlanders are the real people, Muslims and immigrants are the stranger, the elite is academia, the media, and other culture producers, and the savior is, of course, Trump himself. As such, Trumpism is not really an ideology in the sense of a coherent worldview that is worked out from first principles and with clear implications for policy. It is better described as a discourse.

This is not to say that Trumpism is bereft of policy. It has three components corresponding to its three sources of support: stop abortion, build the wall, and cut taxes on the wealthy. Not surprisingly, the third goal—the one most important to the "donor class" that funds the Republican party—was the first priority of the Trump administration and its Congressional allies. Thus far, it is the only policy goal that has been fully realized.

The Chinese character for "crisis" is a combination of the characters for "danger" and "opportunity." The present moment is indeed a crisis in this sense. The danger is that Trump is re-elected and that the United States then goes the way of Hungary and Turkey, from liberal democracy to populist plebiscitarianism. The opportunity is that the anti-Trump backlash results in a left-leaning government that (finally) pushes the United States in a social democratic direction. Only in this way can the left hope to win back the white working-class votes which tipped the balance in Trump's favor in 2016.

The latter scenario is not as far-fetched as it may seem. American public opinion has shifted dramatically on many of the issues that have sustained conservative hegemony since Reagan: support for low taxes and overseas wars and opposition to gay rights and gun control. Most Americans now support raising taxes on the wealthy, the legalization of gay marriage, and restrictions on gun sales and oppose American military interventions overseas. What is more, increasing numbers of young Americans now openly identify themselves as "socialists." Just a few years ago, this would have seemed unimaginable.

A leftward shift of this sort would require regaining the support of some heart-landers and retaining the support of suburban moderates who have shifted their allegiances to the Democratic party in response to Trump's boorishness, bigotry, and incompetence. Because the voting system that the United States uses to elect the President—the Electoral College—is based on state-level votes rather than the national-level vote, and because the Democratic electorate is far more geographically concentrated than the Republican electorate, heartland votes are worth more than coastal votes, and a winning coalition must include heartland states.

The key to winning back these voters is a left-wing version of the populist narrative. It features three actors, rather than four: the people, the elite, and the movement. It differs from the right-wing narrative in four crucial respects: 1) it conceives of the people in terms of class rather than race (i. e. as "working people" rather than "real Americans"); 2) it targets the economic elite rather than the cultural elite (i. e. "the 1 %" rather than "the liberal media"); 3) it does *not* target "the stranger" but welcomes the immigrant qua "working person"; 4) it focuses on building a movement rather than empowering a leader. This was the deep story behind the Sanders campaign, which garnered many votes from heartlanders, including many of those who later voted for Trump. A number of the leading Democratic candidates are already running on a left-wing populist message.

The danger of the populist strategy is that it will alienate suburban moderates who strongly dislike Trump but still distrust Democrats. They might be willing to vote for populist candidates who support social democratic policies, but only if they sound "competent", "polite," and "reasonable." Electoral success will depend on balancing populism in substance with moderation in tone. Of course, the reverse danger is also real. One can imagine non-populist moderates who would appeal to suburbanites but not to heartlanders. This candidate might be a Democrat—a Hillary 2.0 who would lose the heartlanders to Trump again—or it might be an independent—someone like Starbucks CEO Howard Schulz—who would play a spoiler role. Much will depend on the dynamics of the Democratic presidential primaries.

6　Conclusion

We are nearing the apogee of a second great transformation. The second era of market fundamentalism which began in the mid-1970s has broadened and deepened the commodification processes that were initiated during the first great transformation in the mid-1800s. The realm of the three fictitious commodities now spans the globe and has extended its reach into the genome. The first great transformation took a full century to run its course; the second less than half that time. Here, as elsewhere, we observe a characteristic process of acceleration.

Once again, the market movement has spawned a countermovement—or rather two opposing countermovements. The first, and thus by far the most powerful, is right-wing populism. It proposes re-embedding the free market in the nation-state. The populists dimly recognize the social damage wrought by market fundamentalism but blame it on immigrants and refugees. Meanwhile, they deny the environmental impact of market fundamentalism and aggressively attack the international institutions that are crucial for addressing it. Should the populists succeed, the world will be well on its way towards another era of violent conflict and population movements on a scale not seen since the Second World War.

What about the left? How has it responded? Within the United States, at least, the silver lining of the Trump election has been a level of political mobilization and intellectual ferment not seen since the 1960s. The most internationally visible element of the anti-Trump "resistance" has been the "Me Too" movement, which continues to send shock waves through all levels of American society. Meanwhile, the new gun control movement led by the youthful survivors of school shootings in Parkland and elsewhere is part of a broader mobilization of young Americans for whom apathy is no longer an option. In both of these cases, Trumpism acted mainly as a catalyst: it sped up movements that were already underway.

On the policy front, there are bold new proposals for addressing economic inequality that are gaining a serious hearing with the American public. Alexandria Ocasio-Cortez, the newly-elected, 29-year-old congresswoman from New York, suggests a marginal tax rate that tops out at 70 %. Massachusetts Senator and Presidential hopeful Elizabeth Warren has laid out a detailed proposal for a wealth tax on personal fortunes over 50 million USD. Meanwhile, Bernie Sanders' calls for "tuition free college" and "Medicare for all," derided as utopian in 2016, are now mainstream amongst Democrats in 2019. In truth, social democratic proposals such as these would simply bring America's system of social provision in line with Europe's.

But the new openness to social democracy in the United States remains woefully one-sided. There is far more talk about socialism than about democracy. To be sure, there are heightened concerns about voting rights and campaign finance sparked by Russian interference in the 2016 elections and the untrammeled flow of "dark money" into American politics, and there are even legislative proposals to combat the latter. However, except amongst academic political theorists, there is shockingly little discussion about how to deepen American democracy and reinvigorate American civil society, least of all amongst the coastal technocrats who have long controlled the American left.

References

Abbott, A. D. (1988). *The system of professions: An essay on the division of expert labor.* Chicago: University of Chicago Press.

Block, F., & Somers, M. R. (2014). *The power of market fundamentalism.* Cambridge, MA: Harvard University Press.

Chaves, M. (2011). *American religion: Contemporary trends.* Princeton: Princeton University Press.

Coase, R. H. (1990). *The firm, the market, and the law.* Chicago: University of Chicago Press.

Dale, G. (2010). *Karl Polanyi: The limits of the market.* Cambridge, UK: Polity.

Dale, G. (2016). *Karl Polanyi: A life on the left.* New York: Columbia University Press.

Du Bois, W. E. B. (1903). *The souls of black folk. Essays and sketches.* Chicago: A. C. McClurg.

Formisano, R. P. (2015). *Plutocracy in America: How increasing inequality destroys the middle class and exploits the poor.* Baltimore: Johns Hopkins University Press.

Gorski, P. (2017). Human flourishing and human morphogenesis: A critical realist interpretation and critique. In M. S. Archer (Ed.), *Morphogenesis and human flourishing* (pp. 29–43). Dordrecht: Springer.

Hall, A. (2010). *Earth into property: Colonization, decolonization, and capitalism.* Montreal: McGill-Queen's University Press.

Hochschild, A. R. (2018). *Strangers in their own land: Anger and mourning on the American right.* New York: New Press.

Krippner, G. R. (2005). The financialization of the American economy. *Socio-Economic Review, 3*(2), 173–208.

Krippner, G. R. (2011). *Capitalizing on crisis.* Cambridge, MA: Harvard University Press.

Kruse, K. M. (2015). *One nation under God: How corporate America invented Christian America.* New York: Basic Books.

Maine, H. S., & Scala, D. J. (2017). *Ancient law.* Abingdon: Routledge.

Medvetz, T. (2012). *Think tanks in America.* Chicago: University of Chicago Press.

Moffitt, B. (2016). *The global rise of populism: Performance, political style, and representation.* Stanford, CA: Stanford University Press.

Mudde, C. (2007). *Populist radical right parties in Europe.* Cambridge: Cambridge University Press.

Müller, J.-W. (2016). *Was ist Populismus? Ein Essay.* Berlin: Suhrkamp.

Rogan, T. (2017). *The Moral economists: R. H. Tawney, Karl Polanyi, E. P. Thompson, and the critique of capitalism.* Princeton: Princeton University Press.

Rosewarne, S. (2010). Globalisation and the commodification of labour: Temporary labour migration. *The Economic and Labour Relations Review, 20*(2), 99–110.

Soto, H. de (2000). *The mystery of capital: Why capitalism triumphs in the West and fails everywhere else.* New York: Basic Books.

Westra, R. (2018). A theoretical note on commodification of labour power in China and the global putting-out system. *Journal of Contemporary Asia, 48*(1), 159–171.

Zum Schluss
Soziologie in der großen Transformation

Contested capitalism: some reflections on countermovements, social justice and the task for sociology

Margaret Abraham and Brigitte Aulenbacher

1   Introduction

Over the last five decades there have been deep changes to capitalism that appear to amount to its *transformation*. The term "transformation" covers a wide range of descriptions of these shifts and has steadily moved upwards on the sociological agenda since the 1990s (Brie 2014). However, the scope and direction of transformation are contested not only within sociology but also throughout society. On the one hand, characteristics of an authoritarian capitalism have emerged, while on the other hand, building solidarities, visions of a just or socialist society are being discussed (Abraham 2019a; Becker et al. 2018b; Dörre and Schickert 2019). In this situation, we are witnessing a renaissance of classical (modern) theories and approaches, not least Karl Polanyi's (2001) economic, social, and cultural history of capitalism entitled *The Great Transformation* (TGT). The first part of this article will refer to Polanyi's work to point out some overarching tendencies in the contemporary development of capitalism and society. The second part will reflect on how social justice has become a pressing issue of our time by discussing several examples that can be seen as indicative of the increasing debate about the necessary reform of capitalism, including visions of a post-capitalist society. Finally, the last part will reflect on some of the tasks for sociology in these times of transformation, focusing less on the long-standing discussion of the epistemological implications of this question than on the idea of a contextual global public sociology (Abraham 2019a).[1]

---

1   "A contextual global sociology recognizes that issues are often global but require understanding within specific contexts" (Abraham 2019a, p. 2). A contextual global sociology includes historical, local and national systems of knowledge. A contextual global public

© Springer Fachmedien Wiesbaden GmbH, ein Teil von Springer Nature 2019
K. Dörre et al. (Hrsg.), *Große Transformation? Zur Zukunft moderner Gesellschaften*, https://doi.org/10.1007/978-3-658-25947-1_29

2   Contested capitalism and questions of social justice

"The surge of current interest in Polanyi", says Marguerite Mendell, "begins with the collapse of Communism in 1989, [...] growing even more rapidly since the 2008–2009 financial crisis" (Mendell 2019, p. 146). At the core of this renaissance is the rediscovery and re-reading of TGT for today. Published 75 years ago, TGT can be seen as a reaction to the fallout of economic liberalization in the interwar period: the great stock market crash in 1929, the subsequent Great Depression, and the Second World War. Polanyi interpreted these developments as signaling the end of market fundamentalism, accompanied by a variety of attempts to reorganize society: socialist and fascist movements as well as the New Deal. This is what he understood as *The Great Transformation*.

Polanyi's analysis of the early decades of the last century is anchored in one of his core analytical concepts: the reconstruction of the history of capitalism in the 19th century as the result of a "double movement". He considers "industrial capitalism" (Polanyi 2001, pp. 43, 87, 106, 188) as the historical epoch in which the "liberal creed" (ibid., pp. 141ff.) of the "self-regulating market" spread and became established (ibid., pp. 44, 45). This led to the "movement" by which the market as a "specific institution" affected the "whole organization of society", turning it into a "market society" (ibid., p. 60). For Polanyi (ibid., pp. 74ff.), this dominance of the "market economy" went along with the destructive commodification of the "fictitious commodities" land (nature), labor, and money, thereby jeopardizing social reproduction and leading to the "demolition of society" (ibid., p. 76). Polanyi combines the historical with an anthropological perspective: "Undoubtedly, labor, land, and money markets are essential to a market economy. But no society could stand the effects of such a system of crude fictions even for the shortest stretch of time unless its human and natural substance as well as its business organization was protected against the ravages of this satanic mill." (ibid., pp. 75f.) In systematic contemporary readings, "countermovements", such as state interventions, political or legal regulations, workers' movements (ibid., pp. 44ff.; Polanyi Levitt 2013; Brie and Thomasberger 2018), and social movements (Burawoy 2015; Levien 2007), which have emerged and also in future may emerge in the face of effects of the market-driven economy and society, are classified as Polanyi-type.

Despite some similarities between the phenomena that Polanyi investigated in TGT and today's situation, the early decades of the last century were different from the transformation of capitalism we are witnessing today (Blyth 2002). Still, the

sociology recognizes the importance of global and specific contexts in addressing issues for diverse publics.

concept of the double movement is a useful analytical tool to understand the "wave" of "marketization" (Burawoy 2015) that has swept over the world since the economic crisis of the 1970s, spanning the post-1989 phase of capitalist globalization as well as the 2008–09 financial crisis and the subsequent economic consolidation with its austerity schemes and increasing social inequalities. This was accompanied by conflicts, protests, and struggles: in Europe, current protests include labor and care disputes, fundamental criticism of the industrial and capitalist idea of growth and technological progress, as well as progressive and regressive social movements in many spheres of society (Becker et al. 2018b; Bieling 2017; Nachtwey 2016; Schmelzer and Passadakis 2011). In the U.S., the election of Donald Trump—in the light of the perceived effects of economic liberalization and the expectation of protectionist measures—has been both facilitated and followed by countermovements, too (Hochschild 2016; Kuttner 2018; see also Gorski in the present volume). In other parts of the world, we are witnessing solidarity and social justice movements: the farmers' movement in India, indigenous movements in Latin America, and the idea of "the Green New Deal" as a capitalist reform agenda (Abraham and John 2019; Bringel and Domingues 2015; Garita 2016; Moghadam 2012; della Porta et al. 2006; cf. also Magatti et al. and Williams and Satgar in the present volume).

Of course, not all these forms of social protest can be characterized as Polanyian countermovements in the strict sense that they are only, or primarily, motivated by attempts to seek protection from the market-driven commodification of land (nature), labor, and money and the disastrous effects of this commodification. Nonetheless, we find experiences of commodification to be relevant for many different articulations of grievances and protest (Burawoy 2015). For example, the impact of the disastrous environmental problems in the USA's Energy Belt, which Arlie Hochschild (2016, pp. 85ff.) reconstructs in her interviewees' narratives, refers to the commodification of land. Klaus Dörre (2019, pp. 225ff.) characterizes the right-wing workers' movement in Germany as a hybrid of the Marx and Polanyi type, that is, class-based and market-critical. The "Occupy" movement can be understood as a protest against financialization as commodification of money and against the effects of that process, such as social decline, austerity, and precarity (Nachtwey 2016, pp. 205ff.). Meanwhile, if there is empirical evidence that social protest is motivated by criticism of the (financial) market, this does not mean that other reasons were not important, too.

Nancy Fraser (2012, 2013, pp. 119ff.), reading Polanyi's concept of fictitious commodities and the double movement in an "ontological interpretation" (ibid., p. 7), criticizes its insufficient attentiveness to the relations of power and dominance in terms of gender, race, and class that influence the organization of the "market" as well as the search for "protection" from its dynamics. Instead, she suggests a "structural interpretation" (ibid., p. 8) to widen the perspective and take into consideration that market exchange can go along with emancipatory moments, while paternalistic movements have often been the flipside of protection. Furthermore, she suggests substituting the Polanyian double movement with her concept of a "triple movement", additionally referring to people and social movements primarily striving for "emancipation" in terms of civil rights, equality, and recognition, which is often labeled as identity politics. We do not agree with the idea of subsituting the Polanyian concept of the double movement as it allows for the consideration of progressive and regressive, emancipatory and anti-emancipatory, democratic and anti-democratic countermovements in a far more differentiated way than Fraser assumes (Polanyi 2001, pp. 231ff.). Her own focus on emancipation is limited and does not adequately relate the different struggles regarding the economic order to those regarding the civil order (Abraham 2019b; Bieling 2017; Dörre and Schickert 2019; Hochschild 2016; Karner and Weicht 2016). Still, Fraser's perspective is inspiring because it invites the researcher to reflect on the various, context contingent social movements and to ask whether and how they may intersect, overlap, connect, and become part of a double movement in a Polanyian sense. At the same time, while the reference to the Polanyian concept of a double movement is certainly not sufficient to explain the transformation of contemporary capitalism, the concept still is useful to gain a better understanding of contemporary initiatives as countermovements reacting to the experience of the dynamics of financial capitalism: commodification (including de-, ex-, and recommodification, cf. Burawoy 2015, pp. 18ff.) of land (nature), labor, and money, but also of knowledge and care and its effects on social inequalities (Atzmüller et al. 2019; Aulenbacher et al. 2019; Blyth 2002; Block and Somers 2014; Buğra and Ağartan 2007). After decades of economic liberalization, neoliberal governance, and crisis-driven transformations of capitalism, ideas and visions of justice have regained their relevance for the 21st century (Abraham 2019a)—as have ideas of protection, equality, and solidarity, which all go hand in hand (Dörre and Schickert 2019).

For Polanyi (2001, pp. 257 ff.), the question of justice and "freedom in a complex society" played an important role, along with the conviction that industrial society was crucial for their realization (Brie and Thomasberger 2018): "The congenital weakness of nineteenth-century society was not that it was industrial but that it was a market society. Industrial civilization will continue to exist when the utopian experiment of a self-regulating market will be no more than a memory" (Polanyi 2001, p. 258). But while Polanyi thought "that humanity would never again experiment with market fundamentalism" (Burawoy 2015, p. 22) after the historical experience of dictatorship and war, and while he reflected on a just and free society embedded in a pluralist vision of socialism (Brie and Thomasberger 2018), contemporary ideas of justice only emerge under the influence of a revitalized financial capitalism and are part of its renewed contestation.

Precisely defining what constitutes justice is subject to intense debate (Azmanova 2011; Bankston 2010; Niedt 2013), with the answer being ever changing, contested, and contextual. Justice, as we know, is also a process, the principles of which no single theory can delineate clearly. Thus, conceptualizing social justice is a complex undertaking that defies reductive, universal, or monolithic definitions. Instead, the appeal of the concept of social justice lies in its very ability to encompass the diversity of possible perspectives on what it takes to create a just world (Abraham 2019a). We focus on social justice as a crucial question in the face of increasing social inequalities, but also as it is being addressed by neoliberal governance in connection with meritocracy, competition, and performance (Abraham 2019a; Aulenbacher et al. 2017). Questions of social justice refer to the civic as well as to the economic order of society. With reference to Rainer Forst (2015, p. 44), a just—instead of a despotic—order can be defined as consisting of rules and institutions that can be justified to persons as free and equal participants in the democratic formation of the collective will. Where the economic order is concerned, questions of social justice focus on unequal access to material as well as ideational goods and benefits as well as on the justification of such inequalities within the meritocratic moral framework of capitalism.

3 Questions of social justice and countermovements

Referring to Polanyi for the analysis of the last five decades of capitalism, Fred Block and Margaret R. Somers (2014, p.155) state: "It was the ideas of market fundamentalism [...] that were the causal mechanisms of revolutionary policy change." Michael Burawoy (2015, p. 18) substitutes the term "neo-liberalism" with the term "marketization" to emphasize the relevance of the market-driven dynamics for societal development. Although we agree that market fundamentalist ideas have become very powerful and changed the relations between the economy and politics over the last decades (Block and Somers 2014, pp. 150ff., 193ff.; Streeck 2014), neoliberal governance is a topic in its own right because the policies accompanying marketization vary and produce their own effects on social justice. Therefore, it seems to be useful to consider both to understand the movement of marketization and the encompassing policies as well as the wide range of countermovements that react to these market-driven dynamics and neoliberal governance.

Although the proponents of the free market have held sway for a long time, current social movements and protests are signs of growing resistance at least to the social crises but maybe also to the systemic aspects of market-driven capitalism and its neoliberal governance, which have structurally exacerbated inequality and injustice. While neoliberal globalization has increased productivity and consumer choice and has removed some barriers to global interactions, it has also revealed its grave limitations in delivering social justice. Ownership structures designed for profit generation and profit maximization in the finance market-driven economy (Dörre and Brinkmann 2005) systematically lead to deprivation and debt. Nonetheless, these structures are at the core of the contemporary capitalist paradigm of growth and the highly competitive market fundamentalist and neoliberal agenda (Abraham 2019a; Abraham et al. 2010; Aulenbacher et al. 2017; Block 2018; Kuttner 2018).

The finance market-driven economy and its dominance over society have caused asymmetries and discord in human relations along with great wealth disparities and social inequalities within and among states and people. It has promoted economic regimes in which goods are consumed and benefits are enjoyed by small privileged groups, leaving the overwhelming majority of society to bear the brunt of an unequal and unjust system (Piketty 2015). Glaring wealth disparities, increased commodification, and forms of market-oriented citizenship, coupled with state cutbacks to welfare and social provisions, have contributed to growing economic, political, and social fissures and exacerbated fears as well as objective insecurities. The precarity of life caused by the predatory economics of globalization and neo-liberalism has produced divided societies prone to fear, desperation, and violence (Abraham 2019; Standing 2011; Therborn 2013). At the very heart of social justice lie the issues of power and dominance by the economic and political elites and their ambition to expand and reinforce their dominion with little concern for those who are harmed in the process, persistent or growing inequalities and their legitimation, or for alternative visions of society (Abraham 2019a; Aulenbacher et al. 2017). Three examples will be outlined to show how questions of social justice are concerned with market-driven dynamics and neoliberal governance, thereby laying the ground for the following reflections on the challenges that sociology faces in dealing with contemporary movements and countermovements.

3.1   Social justice and farmer suicide protests

In India, there have been over 300,000 farmer suicides in the last two decades.[2] They highlight the historical, structural, and relational dimensions of domination and oppression that underlie current conditions of inequality and injustice. They also show how local conditions are shaped by globalization, privatization, and market-driven changes in the context of land, labor, and the livelihood of farmers. The complex social and humanitarian crisis is also seeing the rise of a growing farmers' movement protesting the plight of poor farmers and their families, and forms of marketization, privatization, and commodification that contribute to indebtedness and are being identified as motives for the suicides (Bharti 2011; Levien 2007; Shandal 2016). This emerging countermovement demands that the state address the agrarian crisis, including freeing farmers from debt.

While the personal motivations for each suicide are complex, the common thread among the various studies done on farmer suicides, be them sociological or not, find indebtedness to be the primary cause (Deshpande and Arora 2010; Kennedy and King 2014; Mohanty 2013). Globalization, liberalized trade policies, floods, droughts, and the high cost of genetically modified seeds have pushed many farmers into debt. A study that analyzed suicide figures from 18 Indian states concluded that the farmers most prone to suicide are those who own less than one hectare of land, excessively rely on cash crops, and have a debt of 300 Rupees or more (Kennedy and King 2014). The exploitation of these farmers occurs in many forms (Abraham and John 2019).

Inequalities and injustices that have contributed to farmer suicides have led to a growing countermovement to protest the oppressive conditions of farmers and demand that viable governmental protections be legislated and fairly enforced. It was the public suicide of Gajendra Singh, a 41-year-old Indian farmer, at a political rally in New Delhi in front of the media in April 2015 that propelled the plight of Indian farmers to center stage. Singh's suicide became the "focusing event" (Birkland 1998) to mobilize various interest groups, social activists, politicians, and media to seek solutions to the long-standing problems of farmers. It dominated the debate in Parliament soon after and forced the government to delay the Land Acquisition Bill.

---

2   The National Crime Records Bureau is the custodian of suicide records in the country. It prefaced its 2014 Report with the disclaimer that it is not responsible for the authenticity of the information furnished. This is because the data is based on police records that lack rigor in compiling suicide statistics. The National Crime Records Bureau of India reported that a total 296,438 Indian farmers had committed suicide since 1995. Also, since 2016 the data for farmer suicides has not been provided.

The growing farmers' protest movement for reform has the potential to grow into a much larger and sustained countermovement for social justice and transformation. Nationwide there have been farmer protests demanding freedom from debt and a fair remunerative process. In 2017, *Kisan Mukti Yatras* (Farmers' Liberation March), a nationwide rally organized by the *All India Kisan Sangharsh Coordination Committee* (AIKSCC, a nationwide coalition of 184 farmers' organizations), mobilized farmers from across the country to put pressure on the central and state governments to meet their demands. On November 20, 2017, AIKSCC in the *Kisan Mukti Sansad* (Farmers' Liberation Parliament) on Parliament Street put forth the "Farmers' Freedom from Debt Bill". This "bill" focuses on immediate debt relief, which entails the waiving of existing loans and the protection of farmers from future debt traps through the establishment of a farmers' debt relief commission. It introduces key definitions of what constitutes agriculture, farmers, and debt. It delineates what constitutes immediate debt relief and how it is to be implemented. It addresses the establishment of the national farmers' debt relief commission and also the obligations of the central government. The draft bill was tabled in parliament as a private members' bill in 2018. However, as farmers' distress is a key issue in the forthcoming election, it will have to be seriously considered by whoever comes to power in May 2019.

The protest movement's character as a countermovement became even more apparent in the mobilization in November 2018: AIKSCC held an additional four *Kisan Mukti Yatras*, covering nearly 10,000 kilometers all over the country, addressing farmers and non-farm communities, raising awareness about the farmers' conditions, and building unity and solidarity in rural and urban India. Farmers under the banner of the *Kisan Mazdoor Sangrash Committee* (Farmer Labor Struggle Committee) blocked railroads, causing major delays and the cancellation of trains. The protestors' demands included a full loan waiver, implementation of the Swaminathan Commission report, and ending the auctioning off of land, the arrest of farmers, and the 15 % interest on sugarcane crops. The Communist Party of India organized several thousand farmers and workers to rally for better conditions, noting that the Modi Government had not taken appropriate measures for the welfare of laborers and peasants in rural areas.

Women, too, have been active in farmer protests. This includes highlighting women's struggles with farmer suicides and demands to recognize their rights to land ownership, access to governmental protection, and fair and just compensation. Protests have involved the participation of women in a *Kisan Mukti Yatra* on November 20, 2017 in Delhi, which included leading women activists and allies. In a gesture of protest during a farmers' rally, female farmers symbolically tied their hands to express helplessness as they demanded higher compensation for land acquired before 2013. A *Mahila Sansad* (Women's Parliament) was held during the *Kisan Mukti Sansad,* drawing attention to the role of women as farmers. Women farmers highlighted the injustice of the denial of remunerative prices and drew attention to how farm debts had driven their husbands to suicide. They asserted their identity as farmers, arguing that while women are integral to farming, the land is primarily owned by men, so women lack protections and rights as farmers.

The named practices of mobilization, coalition building, and organization taking place in the context of the farmer protests and directed against marketization, neo-liberalization, and the failure of the government to protect farmers can be rightly considered a countermovement. As such, it attempts to put pressure on the government to protect the farming community through legislation and the implementation of public policies promoting social justice and transformation.

3.2   Social justice and care disputes

Capitalist society constitutes itself as structurally careless. Its economy neglects the needs and demands of caring to safeguard and sustain livelihood as issues in their own right. It externalizes them to the private household, to family units, kin, social networks, the state, or the third sector, while at the same time adding to their feminization; or it subordinates them to economic aims through their commodification or valorization (Aulenbacher and Dammayr 2014; Klinger 2013). Consequently (and in contrast to the dominant capitalist paradigms of economic growth, technological progress, competition, and performance), for a long time, care and care work issues did not attract much attention, neither in the wider field of sociology nor in labor and social movements with the exception of feminism and the field of social policy. This has changed with the intensified commodification of care promoted by neoliberal governance and the further transnationalization of labor and politics (Aulenbacher et al. 2014; Völker and Amacker 2015). Care protests were also initiated. As countermovements, these react to the market-driven, in part industrial and technical reorganization of the care sector, as well as to austerity and poverty. They take on the form of care and labor disputes, alternative forms of caring, social movements, and political interventions, but they are also confronted by further attempts at marketization. In all its forms, care protests address questions of justice.

In parts of the care sector—in long-term care as well as child care—we are witnessing both increasing criticism of the existing regime of care provision as well as the development of alternative, community-based forms of caring. The latter is a reaction to contradictions and conflicts, as the logics of the market and the respective demands from private and third sector organizations clash with professional values and ideas of decent care. The demand for decent work and experiences of injustice are at the core of such conflicts (Aulenbacher et al. 2018). As a result, care protests and struggles have become a vivid part of labor disputes in fields which had previously been described as strike-resistant (Artus et al. 2017; Becker et al. 2018a). Here, new forms of organizing have emerged, for example, in domestic care (Schilliger 2015).

As social movements, care protests go along with a wide range of new alliances between queer-feminist activists, initiatives of family members, trade unions, and many more groups (Völker and Amacker 2015). Most prominently, the issue of care is represented in the German debate surrounding a possible "Care Revolution":

> "Care Revolution's first goal is to campaign for sufficient material resources and time, right now, to provide for all people—including the sick, the unemployed, refugees and single parents—to live well in accordance with their own ideas and free from existential distress. A particular concern is that care work should no longer be defined according to the necessities of reproducing a maximally productive workforce, but according to the needs of both those who have taken on many caring responsibilities as well as those who are dependent on care work. The goal of Care Revolution is a radically democratic society oriented towards human needs, and in particular towards caring for one another." (Winker 2018, p. 421)

At the same time both a sociological approach as well as a civil society initiative drawing on the tradition of action research (Winker 2018, pp. 423ff.), Care Revolution is an example for a scientifically founded political intervention with transformative ambitions—namely, to build a society organized around the need for care and social reproduction. Other scientifically informed (particularly feminist) approaches also combine analyses with normative or ethical discussions; thus, care economy as a critical research strand follows the idea of an economy oriented toward safeguarding and sustaining livelihood (Knobloch 2013). Meanwhile, progressive countermovements in this field are facing regressive tendencies in the form of nostalgia (Karner and Weicht 2016) and right-wing campaigns against gender equality that concern questions of care provision and social justice (Bieling 2017).

Such care disputes, initiatives, and social movements are complemented by political interventions that also show the contestation of care regimes to be part of the contestation of capitalism in the sense of a Polanyian double movement. On the one hand, picking up on criticism of global care gaps and poverty in the Global South, the United Nations' Flagship Report, as a product of applied research, aims to contribute to the implementation of the UN's Sustainable Development Goals. It conceptualizes care from a "social justice perspective" as a "transformative" concept (UNRISD 2016, pp. 89, 91ff.) and develops a needs-based agenda to reorganize society in the areas of "public services", "infrastructure", "social protection", and "labour policy", in favor of a fundamental reorganization of care provision in different parts of the world. On the other hand, with regard to increasing global inequalities and eroding welfare states, there has been a further shift from public policy to the market that, instead of questioning the market-driven capitalist care regime, consolidates it by combining ideas of equality, social justice, and performance. Social investment in things such as child care and education are organized to generate profits through collaborations with private investors (Dowling 2016), and the "invisible heart" of the market has become the catchphrase of an international campaign for a fundamental change in social policies that sets out to combine profits and the common good. In the words of the campaign's most important book and film: "the disadvantaged get money for programs while wealthy investors make money financing them."[3]

3.3   Social justice and the Women's March

The growth of right-wing populism, the push backs on hard-won struggles for greater equality, and the increased polarization of civil society have provoked responses in the sense of Fraser's diagnosis that there are people and social movements primarily striving for emancipation, which leads us to consider the relation of these initiatives to Polanyian countermovements. Women's movements and social justice movements are drawing attention to social inequalities and can be considered a part of a countermovement (Crenshaw 1991; Roth 2018). For example, on January 21, 2017, under the auspices of the Women's March on Washington, millions of people took to the streets throughout the US and across the globe to protest Trump's election and to show the need to address the devastating implications for any past gains in equality, fundamental liberties, security, and dignity for all. The march was also an indication of the need to confront the persistence and prevalence of patriarchal power and its intersections with other axes of oppression, such as race/ethnicity, class, religion, sexual orientation, citizenship, and more. The Women's March mobilized and brought together people and participants of various justice movements to highlight injustices, including issues such as reproductive rights, gender and intersectional violence, migrant rights, labor rights, citizenship, right to science, environmental justice, and the need to address the spectrum of issues

---

3   The invisible heart impact report. An imperative discussion about the future of social services in the 21st century, 2019.

of injustice that frequently intersect. Some of these are briefly discussed below with regard to their relation to anti-marketization protests as part of wider struggles over civil rights.

There has been increased mobilization to counter discrimination on the part of the state, institutions, and corporations. The Women's March and various justice movements, including the women's movement in the US, serve as an important part of a network of social movements that are challenging patriarchal structures and relations within societies. They are also challenging those structures of power and institutions that create and reproduce other forms of inequality and oppression through marketization and neoliberal governance. Furthermore, they point to the ways that globalization, as defined by neoliberalism, has further broadened the range of problems to include the impact of militarization, securitization, cyber violence, and privatization; and they emphasize the need for a more just society.

The issues these marches and movements raise included the challenges to reproductive freedom: policies and practices that aim to cut back and restrict women's access to reproductive healthcare and that penalize poor women by cutting funding and infringing upon the right to safe, legal, and affordable abortions and birth control, regardless of income, education, or location and irrespective of class and race/ethnicity. For the women's movement this has meant a fight for reproductive justice, against *de jure* and *de facto* attempts to prevent women's rights to make decisions about their own bodies, and to raise children in a safe, free, healthy environment with access to high-quality food, healthcare, education, and housing, which is not possible within the framework of the market-driven economy and society and under the auspices of neoliberal governance.

In the countermovement against privatization and marketization, there are movements such as the "Black Lives Matter" movement as well as immigrant rights movements that are building alliances with the civil rights movement, addressing the expansion of the prison industrial complex, upholding voting rights, freedom to worship without intimidation or harassment, freedom of speech, and the rights of indigenous people. These movements have also drawn attention to the need to halt the pipeline of school to prison and to hold the state accountable for revamping the criminal justice system, which has prioritized profit over people through the privatization of prisons. This has meant fighting and uniting to end the various restrictions that stop previously incarcerated people from voting and living in public housing, and to work proactively to ensure policies and practices of reintegrating them into society.

Workers' rights and economic justice are also important in the countermovement against privatization and marketization. Increasingly, there has been a rise in union membership and activity in the US to address the pernicious aspects of globalization and the consequences of "development" as defined by the neoliberal agenda. It addresses the need to draw attention to the problems of workers' rights, the criminalization of poverty, and homelessness and baseless evictions, and to consider paths and possibilities for change.

Fomenting anti-immigrant sentiment has been a part of the strategy of the far-right and also of the Trump government. Islamophobia in particular has been an important part of the far-right discourse. A part of the role of the marches and movements has been addressing immigrant rights as a social justice issue. The fight for environmental justice has also taken on greater urgency as a response to the policies of the Trump administration. There have been protest movements and advocacy for equal rights regarding clean water and air, as well as for the protection of natural resources from privatization and market-driven or corporate exploitation.

Today, there is a growing protest movement that includes multiple initiatives such as women's movements, anti-violence movements, civil rights movements, and environmental justice movements. There has been an increasing attempt by progressive movements to address not only specific issues but also their intersections and to work to build coalitions through dialogue, debate, and action. For many, the rise of the far-right, the onslaught of capitalism, marketization, and a global elite that uses economic, political, and social systems to amass wealth and to safeguard and expand their power have increased the urgency to bring forth a strong protest movement that ensures social justice and social change. This can contribute to a Polanyian countermovement in the sense that it envisions reorganizing society in line with civil rights, equality, and justice for all and criticizes the market-driven dynamics from this perspective.

4   Challenges for critical sociology as part of an intellectual countermovement

"Hanging in the balance" ("Auf der Kippe") is the title of a report in DIE ZEIT (Heuser 2019), the most renowned liberal intellectual German newspaper, about the observable formation of, in Polanyian terms, a global countermovement striving to restrict and limit the power of capital. The report describes different social movements protesting against ownership structures, social inequalities, and ecological disasters—the examples that we provide in this paper could be easily added. This is all indicative of an increasing awareness of global inequality and injustice, but also of the growing willingness to fundamentally reorganize society, or at least to reflect, discuss, and debate such a transformation. Furthermore, the report includes an interview with the French economist, Thomas Piketty, initiator and protagonist of the *Manifesto for the Democratization of Europe*. Reflecting on the role science may play in the protest movements, Piketty states:

> "Science has its advantages. With rigorous concepts and methods, with historical sources and through historical periodization and the delimitation of geographic spaces, the scientist can contribute to the democratic debate, suspend former certainties and help citizens to acquire knowledge, which a small caste of experts would prefer to monopolize. But I concede: The little bit that science can contribute to truth has never been the most powerful or impressive. It cannot substitute political engagement." (Blume 2019, p. 21, translation B. A.)

In a way, this kind of reporting follows a typical journalistic reflex: as social protests seem to herald a new phase in the contestation of capitalism, scientists are being asked about their possible contribution. Nonetheless, this is a crucial question indeed, not only for economists but also for sociologists. Therefore, the remainder of this paper turns to the role of critical sociology—critical sociology in the wide sense of those traditions of sociological thought that not only aim to analyze and describe, but that also reflect on possible alternatives, as part of an *intellectual* countermovement.

There is no need to take a Weberian standpoint regarding the "absence of value judgments" (although there is also no reason not to), as discussed in controversies about the pros and cons of public sociology (Burawoy 2016; Müller 2017); no need, that is, to accept the Weberian abstinence from value judgments and to refrain from any kind of interference with the question of how people should act and live just because sociology does not have a privileged position from which to do so. Sociology's discussion of the transformation of contemporary capitalism is a good example of studying in which way it is part of and influenced by this development. As far as our topic is concerned, the current Polanyi-renaissance is an attempt to explain the dynamics of financial capitalism (Aulenbacher et al. 2019), whereas care was discovered as a topic of broader sociological interest at the same time it was discovered by the forces of marketization, too (Klinger 2013, p. 97).

Sociology needs to put its perspectives on social developments, its theoretical, methodological, and empirical approaches into context; it has to locate itself in time and space to be aware of the origins and limitations of its thought. This implies accepting that it cannot offer any kind of blueprint on how to achieve social justice and "freedom in a complex society" (Polanyi 2001, p. 257). Values like freedom, equality, solidarity, and justice, which protest movements around the globe are seeking to protect in the Polanyian sense, or emancipation as discussed by Fraser, manifest themselves in complex discursive practices in order to concretize what a just, caring, or free society could look like and how this can be achieved. Such a "historic experimentalism" (Honneth 2016, pp. 85ff.) takes different ideas into account—including those coming from science—but at its core it is a process of social and political negotiations about future ways of living.

The significance of critical sociology lies in its ability to take on the pressing issues of our time, to question and explain the causes, contradictions, and forms of contestation that underlie economic, social, and political developments and relations. This entails recognizing that sociological knowledge should not be isolated from society but should contribute to it, and that sociologists have always chosen different ways to address the public. Therefore, the interesting questions are: what are the challenges that critical sociologists face if they do not want to restrict their contributions to the academic and professional discourse because they see themselves as part of a broader intellectual countermovement? What can sociology contribute to the contemporary contestation of capitalism?

As to the question of their immediate contributions to current social movements (as described above for the case of care protests), sociologists act as co-initiators, co-operators, and participants. Besides this commitment as citizens, they also work as action researchers—continuing or rediscovering this strong tradition of the discipline—, as "organic" public sociologists (Burawoy 2016, p. 390) or as participant observers of and researchers on social movements (Bringel and Domingues 2015). While action research requires the development of rigorous research methods and analyses to find results that can be translated into policies and practices (Abraham and Purkayastha 2012), all the named combinations of science and activism challenge sociologists to reflect on their complex relation to the social movement and its activists, and to accept that political questions cannot be solved with reference to science alone. Dennis Eversberg et al. (2017, pp. 187f.) show this for the degrowth movement, analyzing the complex process of reciprocally constructing joint (critical) understandings of society and of the social movement itself. This process includes coming to agreements about the relevance of findings and results, the use of social media, and other issues concerning the contribution sociology can make or is expected to make. In all of these cases, sociologists are involved in knowledge transfer and knowledge sharing while simultaneously contributing to the development of the movement and to their own research agenda. In our examples, this includes discussions about the meaning of social justice in different fields and spaces and with regard to global social inequalities, drawing on sociological knowledge, results, and findings as well as on everyday experiences (Abraham and Purkayastha 2012).

Piketty is correct when talking about the limited contribution that science can make to truth. Nevertheless, its influence is enormous—which is clear considering the effect of the "liberal creed" (Polanyi) and today's neoliberal creed, these being nothing but the extremely successful establishment of the neoclassic economic paradigm as the dominant principle for economy, society, and politics. This brings us to an important requirement in order for critical sociology to gain influence as part of an intellectual countermovement: knowledge transfer and its organization. The latter is of particular importance because, under the given conditions, critical science does not enjoy comparable institutionalized support through networks or think tanks as do the scientific protagonists of the neoliberal creed.

In all the fields we have mentioned with our three examples—farmers' suicides, care protests, and the Women's March—sociology offers profound knowledge about the problems people are confronted with, their causes, and possible solutions. However, sociological knowledge is specialized knowledge. As such, it requires finding ways of making it accessible to activists as well as to various stakeholders, including non-governmental agencies, policy makers, and others who are affected by the changes in question. This is where Michael Burawoy's (2016, p. 390) idea of an "organic" public sociology, which he distinguishes from "traditional" public sociology, proves particularly fruitful. But the latter also situates itself in the long-lasting tradition, referring back to the beginning of the discipline, of sociologists acting as public intellectuals.

With regards to the three examples of countermovements, the challenge for critical sociology, in all its heterogeneity, is to offer non-academic audiences the opportunity to discuss the issues at stake based on sociological findings, results, and insights. For example, when asking what the farmer in India has in common with the care worker in Germany, sociology can point to the globalized market-driven economy and to the implications of neoliberal governance, which link economic, political, and social concerns on a global scale. Whereas the right-wing movements, including their public intellectuals, offer narrow solutions for complex problems—by transforming questions of social inequality into questions of culture and nationality, as in the discourse on migration in Germany (Dörre 2018), or by reframing community in terms of Hindu nationalism, as in India—the challenge for critical public sociology is twofold. First, the task is to offer insights into the constitution of capitalism, its dynamics and changes, and to give an assessment of the viability of possible solutions—that is, to provide local activism with a more global context. The second task is to understand the complexities of processes at the local level, taking into consideration the historical, political, and institutional particularities of the respective situation, and remaining open to allowing abstract explanations to be challenged by concrete experiences.

If critical sociology, as part of an intellectual countermovement, strives to provide scientific knowledge for the public debate surrounding the problems and the future of capitalism, it must also find a way to challenge existing hierarchies within knowledge flows and to promote more equal and sustainable forms of knowledge production, distribution, and access. This requires the development of strategies for the dissemination of sociological theories and empirical findings, and it encourages the creation of networks of sociologists that, in the sense of a contextual global public sociology, can counter the dominant hierarchies of knowledge production and offer insights that may prove helpful in assessing everyday experiences and possible avenues of change. Sociology matters because it provides more or less legitimized expert knowledge—also in cases where sociologists restrict their work on the established professional and organizational context of their respective institutions (universities, research institutes, etc.) and do not care about making it accessible to a wider public. To reflect on public sociology as part of an intellectual countermovement does not mean rejecting "rigorous concepts and methods" (Piketty). It means looking for ways to make exclusive knowledge more accessible, to enable people to include it in their attempts to get a grasp on the problems of a finance market-driven economy and society, and to look for solutions ranging from democratic and social reforms of capitalism to visions of a post-capitalist society.

If, as DIE ZEIT author Uwe Jean Heuser puts it, capital is indeed "hanging in the balance", creating opportunities "to reduce poverty" while also "threatening prosperity", critical sociology should not leave the debate about the problems of our time and the future of capitalism to its current protagonists alone—especially in the face of regressive movements trying to frame the discussion in their own terms. Congratulations are in order for the Research Group on Post-growth Societies for their scientific work over the last eight years: it has advanced both the sociological and the public discourse on the—crisis-prone—development of capitalism and possible avenues of transformation towards a more just and equal society.

References

Abraham, M. (Ed.). (2019a). *Sociology and social justice*. Los Angeles: Sage.

Abraham, M. (2019b). Power, violence, and justice: Reflections, responses and responsibilities: Presidential Address—XIX ISA World Congress of Sociology, July 15, 2018. *International Sociology*, (forthcoming).

Abraham, M., & John, M. (2019). Protest suicides. Social justice and public sociology. In M. Abraham (Ed.), *Sociology and social justice* (pp. 172–186). Los Angeles: Sage.

Abraham, M., Ngan-ling Chow, E., Maratou-Alipranti, L., & Tastsoglou, E. (Eds.). (2010). *Contours of citizenship. Women, diversity and practices of citizenship.* Surrey, UK: Ashgate.

Abraham, M., & Purkayastha, B. (2012). Making a difference: Linking research and action in practice, pedagogy, and policy for social justice. *Current Sociology, 60,* 1–19.

Artus, I., Birke, P., Kerber-Clasen, S., & Menz, W. (Eds.). (2017). *Sorge-Kämpfe, Auseinandersetzungen um Arbeit in sozialen Dienstleistungen.* Hamburg: VSA.

Atzmüller, R., Aulenbacher, B., Brand, U., Décieux, F., Fischer, K., & Sauer, B. (Eds.). (2019). *Capitalism in transformation. Movements and countermovements in the 21st century.* Cheltenham: Edward Elgar. (forthcoming)

Aulenbacher, B., Bärnthaler, R., & Novy, A. (Eds.). (2019). Karl Polanyi, "The Great Transformation" and contemporary capitalism. *Österreichische Zeitschrift für Soziologie, 44*(2).

Aulenbacher, B., & Dammayr, M. (2014). Zwischen Anspruch und Wirklichkeit: Zur Ganzheitlichkeit und Rationalisierung des Sorgens und der Sorgearbeit. In B. Aulenbacher, B. Riegraf & H. Theobald (Eds.), *Sorge: Arbeit, Verhältnisse, Regime—Care: Work, Relations, Regimes.* Soziale Welt, Sonderband 20 (pp. 125–140). Baden-Baden: Nomos.

Aulenbacher, B., Dammayr, M., Dörre, K., Menz, W., Riegraf, B., & Wolf, H. (Eds.). (2017). *Leistung und Gerechtigkeit. Das umstrittene Versprechen des Kapitalismus.* Weinheim: Beltz Juventa.

Aulenbacher, B., Décieux, F., & Riegraf, B. (2018). Capitalism goes care. Elder and child care between market, state, profession, and family and questions of justice and inequality. *Equality, Diversity and Inclusion, 37*(4), 347–360.

Aulenbacher, B., Riegraf, B., & Theobald, H. (Eds.). (2014). *Sorge: Arbeit, Verhältnisse, Regime.* Soziale Welt, Sonderband 20. Baden-Baden: Nomos.

Azmanova, A. (2011). De-gendering social justice in the 21st century: An immanent critique of neoliberal capitalism. *European Journal of Social Theory, 15*(2), 143–156.

Bankston, C. (2010). Social justice: Cultural origins of a perspective and a theory. *The Independent Review, 15*(2), 165–178.

Becker, K., Dörre, K., & Kutlu, Y. (2018a). Counter-Landnahme. Labour disputes in the care-work field. *Equality, Diversity and Inclusion, 37*(4), 361–375.

Becker, K., Dörre, K., & Reif-Spirek, P. (Eds.). (2018b). *Arbeiterbewegung von rechts? Ungleichheit – Verteilungskämpfe – populistische Rechte.* Frankfurt a. M.: Campus.

Bharti, V. (2011). Indebtedness and suicides:field notes on agricultural labourers of Punjab. *Economic and Political Weekly. 46*(14), 35–40.

Bieling, H. (2017). Aufstieg des Rechtspopulismus im heutigen Europa – Umrisse einer gesellschaftstheoretischen Erklärung. *WSI-Mitteilungen, 70*(8), 557–565.

Birkland, T. A. (1998). Focusing events, mobilization, and agenda setting. *Journal of Public Sociology, 18*(1), 53–74.

Block, F. L. (2018). *Capitalism. The future of an illusion.* Berkeley: University of California Press.

Block, F. L., & Somers, M. R. (2014). *The power of market fundamentalism: Karl Polanyi's critique.* Cambridge, Massachusetts: Harvard University Press.

Blume, G. (2019). "Ideologie der Ungleichheit". Interview mit Thomas Piketty. *DIE ZEIT,* Febr. 28, 2019, p. 21.

Blyth, M. (2002). *Great transformations: Economic ideas and institutional change in the twentieth century.* Cambridge: Cambridge University Press.

Brie, M. (Eds.). (2014). *Futuring. Perspektiven der Transformation im Kapitalismus über ihn hinaus.* Münster: Westfälisches Dampfboot.

Brie, M., & Thomasberger, C. (Eds.). (2018). *Karl Polanyi's vision of a socialist transformation.* Montreal: Black Rose Books.

Bringel, B. M., & Domingues, J. M. (Eds.). (2015). *Global modernity and social contestation.* London: Sage.

Buğra, A., & Ağartan, K. (Eds.). (2007). *Reading Karl Polanyi for the twenty-first century: Market economy as a political project.* New York: Palgrave Macmillan.

Burawoy, M. (2015). Facing an unequal world. *Current Sociology, 63*(1), 5–34.

Burawoy, M. (2016). Sociology as a vocation. *Contemporary Sociology, 45*(4), 379–393.

Crenshaw, K. (1991). Mapping the margins: Intersectionality, identity politics, and violence against women of color. *Stanford Law Review, 43*(6), 1241–1299.

Deshpande, R., & Arora, S. (Eds.). (2010). *Agrarian crisis and farmer suicides.* New Delhi: Sage.

Dörre, K. (2018). Demokratische Klassenpolitik – eine Antwort auf den Rechtspopulismus. In C. Butterwegge, G. Hentges, & B. Lösch (Eds.), *Auf dem Weg in eine andere Republik? Neoliberalismus, Standortnationalismus und Rechtspopulismus* (pp. 120–141). Weinheim: Beltz Juventa.

Dörre, K. (2019). "Take back control!" Marx, Polanyi and right-wing populist revolt. *Österreichische Zeitschrift für Soziologie, 44*(2), 225–243.

Dörre, K., & Brinkmann, U. (2005). Finanzmarktkapitalismus. Triebkraft eines flexiblen Produktionsmodells? In P. Windolf (Ed.), *Finanzmarkt-Kapitalismus. Analysen zum Wandel von Produktionsregimen* (pp. 85–116). Wiesbaden: VS Verlag für Sozialwissenschaften.

Dörre, K. & Schickert, C. (Eds.). (2019). *Neo-Sozialismus. Solidarität, Demokratie und Ökologie vs. Kapitalismus.* München: oekom.

Dowling, E. (2016). In the wake of austerity: Social impact bonds and the financialisation of the welfare state in Britain. *New Political Economy, 22*(3), 294–310.

Eversberg, D., Liebig, S., Schmelzer, M., & Treu, N. (2017). Public Sociology in der Bewegungsforschung: Zum Verhältnis von Soziologie, Gesellschaftskritik und sozialen Bewegungen. In B. Aulenbacher, M. Burawoy, K. Dörre & J. Sittel (Eds.), *Öffentliche Soziologie. Wissenschaft im Dialog mit der Gesellschaft* (pp. 176–188). Frankfurt a. M.: Campus.

Forst, R. (2015). Die erste Frage der Gerechtigkeit. In Heinrich-Böll-Stiftung (Ed.), *Inklusion. Wege in die Teilhabegesellschaft* (pp. 44–53). Frankfurt a. M.: Campus.

Fraser, N. (2012). Can society be commodities all the way down? Polanyian reflections on capitalist crisis. https://halshs.archives-ouvertes.fr/halshs-00725060/document. Access date: May 2019.

Fraser, N. (2013). A triple movement? Parsing the politics of crisis after Polanyi. *New Left Review, 81,* 119–132.

Garita, N. (2016). Pueblos in movement: Feminist and indigenous perspectives. https://isaconf.confex.com/isaconf/forum2016/webprogram/Paper83737.html. Access date: May 2019.

Heuser, U. J. (2019). Auf der Kippe. *DIE ZEIT,* Febr. 28, 2019.

Hochschild, A. (2016). *Strangers in their own land. Anger and mourning on the American right.* New York: New Press.

Honneth, A. (2016). *Die Idee des Sozialismus. Versuch einer Aktualisierung.* Berlin: Suhrkamp.

Karner, C., & Weicht, B. (Eds.). (2016). *The commonalities of global crises: Markets, communities and nostalgia.* London: Palgrave Macmillan.

Kennedy, J., & King, L. (2014). The political economy of farmers' suicides in India: Indebted cash-crop farmers with marginal landholdings explain state-level variation in suicide rates. *Globalization and Health, 10*(16).

Klinger, C. (2013). Krise war immer ... Lebenssorge und geschlechtliche Arbeitsteilungen in sozialphilosophischer und kapitalismuskritischer Perspektive. In E. Appelt, B. Aulenbacher & A. Wetterer (Eds.), *Gesellschaft – Feministische Krisendiagnosen* (pp. 82–104). Münster: Westfälisches Dampfboot.

Knobloch, U. (2013). Versorgen – Fürsorgen – Vorsorgen. Normative Grundlagen der Sorgeökonomie als allgemeine Wirtschaftstheorie und die Ethik des Vorsorgenden Wirtschaften. In Netzwerk Vorsorgendes Wirtschaften (Ed.), *Wege Vorsorgenden Wirtschaftens* (pp. 21–42). Marburg: Metropolis.

Kuttner, R. L. (2018). *Can democracy survive global capitalism?* New York: W. W. Norton & Company.

Levien, M. (2007). India's double-movement: Polanyi and the National Alliance of People's Movements. *Berkeley Journal of Sociology, 51,* 119–149.

Mendell, M. (2019). Karl Polanyi and the global network inspired by his work. *Österreichische Zeitschrift für Soziologie, 44*(2), 143–151.

Moghadam, V. (2012). *Globalization and social movements: Islamism, feminism, and the global justice movement.* Lanham: Rowman & Littlefield.

Mohanty, B. (2013). Farmer suicides in India. *Economic and Political Weekly, 48*(21), 45–54.

Müller, H.-P. (2017). Die Grenzen der Soziologie. In B. Aulenbacher, M. Burawoy, K. Dörre & J. Sittel (Eds.), *Öffentliche Soziologie. Wissenschaft im Dialog mit der Gesellschaft* (pp. 113–118). Frankfurt a. M.: Campus.

Nachtwey, O. (2016). *Die Abstiegsgesellschaft. Über das Aufbegehren in der regressiven Moderne.* Berlin: Suhrkamp.

Niedt, C. (2013). *Social justice in diverse suburbs: History, politics, and prospects.* Philadelphia: Temple University Press.

Padhi, R. (2012). *Those who did not die: Impact of the agrarian crisis on women in Punjab.* New Delhi: Sage Publications India.

Piketty, T. (2015). *Das Kapital im 21. Jahrhundert.* München: C.H. Beck.

Polanyi Levitt, K. (2013). *From the great transformation to the great financialization: On Karl Polanyi and other essays.* Halifax: Fernwood.

Polanyi, K. (2001). *The great transformation: The political and economic origins of our time.* Boston: Beacon Press.

della Porta, D., Andretta, M., Mosca, L., & Reiter, H. (2006). *Globalization from below: Transnational activists and protest networks.* Minneapolis: University of Minnesota Press.

Roth, S. (2018). Introduction: Contemporary counter-movements in the age of Brexit and Trump. *Sociological Research Online, 23*(2), 496–506.

Schilliger, S. (2015). "Wir sind doch keine Sklavinnen!" Polnische Care-Arbeiterinnen in der Schweiz organisieren sich selbst. In Denknetz, Jahrbuch Nr. 15, Edition 8 (pp. 164–177). https://www.academia.edu/33585021/_Wir_sind_doch_keine_Sklavinnen_Polnische_ Care-Arbeiterinnen_in_der_Schweiz_organisieren_sich_selbst._In_Denknetz_Jahr- buch_Nr._15_Edition_8_Zürich_2015_S._164-177. Access date: May 2019.

Schmelzer, M., & Passadakis, A. (2011). *Postwachstum. Krise, ökologische Grenzen und soziale Rechte.* Hamburg: VSA.

Shandal, M. (2016). Is post-green revolution agriculture in Punjab, India an example of Karl Polanyi's double movement? Master's Thesis. Guelph, Canada. https://atrium. lib.uoguelph.ca/xmlui/bitstream/handle/10214/9621/Shandal_Mangla_201605_MSc. pdf?sequence=3&isAllowed=y. Access date: June 2019.

Standing, G. (2011). *The precariat: The new dangerous class.* London: Bloomsbury Academic.

Streeck, W. (2014). *Buying time: The delayed crisis of democratic capitalism.* London: Verso.

Therborn, G. (2013). *The killing fields of inequality.* Cambridge: Polity Press.

UNRISD (2016). Policy innovation for transformative change: UNRISD Flagship Report 2016. http://www.unrisd.org/flagship2016. Access date: Jan. 2017.

Völker, S., & Amacker, M. (Eds.). (2015). *Prekarisierungen. Arbeit, Sorge, Politik.* Weinheim: Beltz Juventa.

Winker, G. (2018). Care revolution. *Equality, Diversity and Inclusion, 37*(4), 420–428.

Eine neue Soziologie für eine neue große Transformation?

Hans-Peter Müller

1   Einleitung

Die Soziologie entsteht in der zweiten großen Transformation zur Moderne (Polanyi 1978), wenn man in der neolithischen Revolution die erste große Transformation der Menschheit sehen will. Moderne und Soziologie sind gleichsam siamesische Zwillinge. Es sind drei Revolutionen (Müller 2019), aus denen schließlich auch die Soziologie als Wissenschaft von der Gesellschaft hervorgeht: die industrielle Revolution und die Heraufkunft des Kapitalismus in England, die politische Revolution in Frankreich 1789 und die Entstehung demokratischer Republiken mit ihren Folgen, die kulturelle Revolution und die Begründung des Individualismus vorzugsweise in Deutschland mit dem philosophischen Idealismus und der Romantik. Freilich erfolgten diese Revolutionen nicht nur raum- und zeitversetzt, sondern ihre Konsequenzen für die Herausbildung einer neuen gesellschaftlichen Konfiguration werden im vollen Umfang erst in der zweiten Hälfte des 20. Jahrhunderts deutlich – nicht zuletzt in Systemkonkurrenz zum Sozialismus, der ursprünglich auch als revolutionäres Modernisierungsprojekt angetreten war. Kapitalismus, Demokratie und Individualismus umschreiben auch heute noch die Konstellation von Wirtschaft, Politik und Kultur, wie sie vorzugsweise in den westlichen Gesellschaften, aber nicht nur dort anzutreffen ist. Zumindest hier sind unzweideutig die Menschen- und Freiheitsrechte als universalistisches Ideal des Individualismus zur vorherrschenden Kultur geworden.

Meist ist in der Soziologie von der Moderne oder von der modernen Gesellschaft die Rede. Sicher gilt heute unübersehbar: Wir leben im Zeitalter multipler Modernen (Eisenstadt 2000; Schwinn 2006). Europa und die Vereinigten Staaten sind einst historische Vorreiter gewesen, aber dürften heute kaum noch als unangefochtene Vorbilder für den Rest der Welt gelten. Im Gegenteil: Wie die Rede vom Globalen Norden und Globalen Süden (Prashad 2014) anzeigt, scheint die Welt

© Springer Fachmedien Wiesbaden GmbH, ein Teil von Springer Nature 2019
K. Dörre et al. (Hrsg.), *Große Transformation? Zur Zukunft moderner Gesellschaften*, https://doi.org/10.1007/978-3-658-25947-1_30

gespalten zu sein, nicht nur, was die Verteilung von Reichtum und Armut angeht, sondern auch in der Ausgestaltung der wirtschaftlichen, politischen, rechtlichen und sozialen Institutionen. Es gibt mittlerweile viele Transformationspfade und Entwicklungswege von Gesellschaften auf der Welt. Die Mehrheit davon beeilt sich, modern zu werden bzw. wenigstens als modern zu gelten. Aber längst ist damit nicht mehr länger die Trias von Kapitalismus, Demokratie und Individualismus gemeint, wie sie im Westen – wenn auch mit großen Rissen – immer noch vorherrscht. Vielmehr gibt es gelenkte Wirtschaften, Autokratien und neue Kollektivismen religiöser und nicht-religiöser Art mit Aussicht auf globale Anerkennung und wirtschaftlichem Erfolg. Das leuchtendste Beispiel dürfte sicherlich China als angehende Supermacht der Welt sein (Champion und Leung 2018), das Staatskapitalismus, Parteikommunismus und sinisch-konfuzianisch inspirierten Kollektivismus erfolgreich zu verknüpfen vermag. Selten hat es eine Gesellschaft gegeben, die sich so rasch wie radikal modernisiert und dem Rest der Welt ihren Stempel aufzudrücken unternommen hat.

In dieser unübersichtlichen Gemengelage wird bereits von einer neuen großen Transformation im 21. Jahrhundert gesprochen (WBGU 2011), deren Zeuge wir seien oder die wir doch nach Kräften anzustreben hätten, weil von ihr die Zukunft und Entwicklungsfähigkeit der Menschheit abhängt. Tatsächlich gibt es gewaltige Umbrüche technologischer, wirtschaftlicher, politischer und kultureller Art, Herausforderungen ganz neuer Natur (auch im Wortsinne), die sich offenkundig mit den alten Rezepten weder der klassischen Moderne noch der Spätmoderne ohne Weiteres lösen lassen. Am Ende könnte eine dritte große Transformation eine neuartige globale Gesellschaftsformation hervorbringen, deren Konturen sich noch nicht einmal in Umrissen erkennen lassen – oder aber die Welt wird in eine große Unordnung geraten, weil sie in diesem Jahrhundert an die ultimativen Grenzen des Wachstums stößt, das ökologische Gleichgewicht des Planeten zerstört und damit sogar ihre Existenz aufs Spiel zu setzen droht.

Welche Umbrüche sind gemeint? Vor welchen großen Herausforderungen steht die Welt im 21. Jahrhundert? Wie muss eine zeitgemäße Soziologie darauf reagieren? Was könnte dieses Fach an Sachwissen beitragen, und wo liegen seine Grenzen? Welche Lehren lassen sich aus der klassischen Soziologie ziehen, deren Begründer Marx, Tocqueville, Durkheim, Simmel und Weber (um nur die wichtigsten Gründerväter zu nennen) ebenfalls versuchten, die große Transformation ihrer Zeit auf den Begriff zu bringen und erste Analysen der Konfiguration der modernen Gesellschaft vorzulegen?

Diesem Fragenkatalog wird nachfolgend in drei Schritten nachgegangen. Zunächst werden kurz die großen Probleme und Herausforderungen benannt, vor denen die Welt im 21. Jahrhundert aus der Perspektive Europas steht. Sodann wird auf die

Gründerväter zurückgeschaut und gezeigt, wie sie mit den Herausforderungen ihrer Zeit umgegangen bzw. fertiggeworden sind, welche Fragen sich daraus auf den unterschiedlichen Feldern der Transformation für die Gegenwart ergeben und inwiefern die heutige Soziologie diesen gerecht zu werden vermag. Im letzten Schritt wird gezeigt, wessen es angesichts der Herausforderungen unserer Zeit bedarf und was die Soziologie, wenn sie denn auf der Höhe ihrer Zeit sein will, zu leisten hätte und vielleicht auch leisten könnte. Das Nachfolgende versteht sich als die Skizze einer Zeit- und Krisendiagnose in Gestalt eines Essays, der mehr Fragen aufwirft als er klar geschnittene Antworten bereithält. Der Standpunkt argumentiert aus deutscher und europäischer Perspektive, denn die globale Problemwahrnehmung dürfte in anderen Teilen der Welt vielleicht ganz anders ausfallen. Der Beitrag ist also von doppelter Normativität: erstens, aufgrund des eigenen Standorts und, zweitens, aufgrund der Unverhandelbarkeit der Freiheits- und Menschenrechte bei gleichzeitiger Einsicht in die Notwendigkeit einer dritten großen Transformation. Auf der Basis dieser europäischen „Wertbeziehung", wie Max Weber das genannt hätte, sucht die nachfolgende Analyse gleichwohl „werturteilsfrei" zu argumentieren.

2 Die zentralen Herausforderungen des 21. Jahrhunderts

Demografie, Klima, Ungleichheit, Migration und Europa – so lauten die Herausforderungen im 21. Jahrhundert, und das vor dem Hintergrund einer enormen Beschleunigungsdynamik. Im Westen leben wir in einer weitgehend ökonomisierten Welt – einer Welt vermeintlich grenzenloser Wahl. So lautet das Heilsversprechen des beschleunigten digitalen Kapitalismus mit kontinuierlichem Wachstum, steigendem Wohlstand und größerer Wohlfahrt. Das ist die heilige Triade unserer drei „W". Aber dem stehen die ökologischen und stofflichen „Grenzen des Wachstums" gegenüber, auf die Dennis Meadows et al. im Auftrag des „Club of Rome" schon 1972 hingewiesen haben. Auch wenn einige der konkreten Voraussagen über die Endlichkeit der Ressourcen so nicht eingetreten sind, stimmt doch die Richtung ihrer Prognose: So kann es nicht ewig weiter gehen. Soziologisch gewendet, scheint das zu heißen, aus dem kapitalistischen Wachstumsmodell in seiner gegenwärtigen, stofflich expansiven Form auszusteigen. Denn das, was derzeit passiert, kann die Erde vermutlich ökologisch nicht mehr lange aushalten.

Die Ironie der (Menschheits-)Geschichte: Einem faustischen Teufelspakt gleich werden dem Homo sapiens ausgerechnet in dem Moment, in dem er ins *Anthropozän* eingetreten ist und die Herrschaft über Natur, Gesellschaft und Kultur angetreten hat, die Grenzen seiner Herrschaft aufgezeigt. Es mag sein, dass wir die Natur beherrschen, sodass das Versprechen der Naturwissenschaften und der derzeit prosperierenden „Life Sciences" wahr geworden ist. Aber: Vielleicht vermag der Mensch die Natur durch Technik zu beherrschen suchen, wirklich *bemeistern* kann er sie nicht. Im Gegenteil: Die Inventionen und Innovationen von Naturwissenschaften und Technik tragen ihrerseits in unintendierter Weise dazu bei, die natürlichen Grundlagen des menschlichen Lebens zu untergraben, was dem Anspruch der „Life Sciences" auf umfassende biologische Daseinsfürsorge entgegenläuft. Der Mensch als „Magister Ludi" (Hermann Hesse, Das Glasperlenspiel) ist ein denkbar schlechter Spieler, denn er spielt so extrem, dass er dabei ist, die Grundlagen seines eigenen Spiels zu zerstören.

Es ist die Hybris des Menschen, sich als Weltherrscher aufzuspielen. In Wirklichkeit hat sich der Mensch zum größten Gefährder dieses Planeten aufgeschwungen. Das große Bevölkerungswachstum und die ressourcenintensive Lebensführung des modernen Menschen sind unverträglich mit der Ökologie unserer Erde. Samuel Huntington (2002) hatte vom „Clash of Civilizations" gesprochen und damit den Zusammenprall der Religionen und Kulturen gemeint. Das Problem mag existieren, wenn auch nicht an den Grenzen der Länder, sondern in den Ländern selbst. Aber der eigentliche Zusammenprall ist der zwischen kapitalistischer Zivilisation und natürlicher Ökologie unseres Planeten. Das Hauptargument lautet daher: Die Menschheit scheint vor einer Zäsur im 21. Jahrhundert zu stehen. Entweder geht es ökonomistisch so weiter wie bisher, dann besteht die Gefahr, dass die Biosphäre der Erde irreparabel zerstört wird, wodurch eine Zuspitzung ökologischer Verteilungskämpfe droht, die vielleicht zu finalen Ausscheidungskämpfen um die letzten Inseln der Bewohnbarkeit werden. Oder aber es gelingt, ökologisch und politisch zur Vernunft zu kommen und zu einem Wirtschafts-, Gesellschafts- und Lebensführungsmodell zu finden, das umwelt- und sozialverträglich für *alle* Bewohner[1] der Erde ist. Selbst dann wird sehr viel an Askese, Disziplin und Maßhalten notwendig sein, also Bescheidenheit und Demut, um ein erfolgreiches Zusammenleben auf der klein gewordenen Erde zu ermöglichen. Es ist, wie es so schön heißt, 5 vor 12, oder, glaubt man der „doomsday clock" des Bulletin for Atomic Scientists, sogar 2 vor 12.[2] Das soll nachfolgend mit Blick auf die Problemakkumulation anhand der Stichworte Demografie, Klima oder besser: Biokapazität, Ungleichheit, Migration und

---

1   Im Folgenden werden zwecks besserer Lesbarkeit anstelle der weiblichen und männlichen Berufs- bzw. Akteursbezeichnungen nur die maskulinen Formen verwendet, wobei die weiblichen bzw. alle Geschlechter mit eingeschlossen sind, es sei denn, es handelt sich ausschließlich um weibliche Personen.

2   https://thebulletin.org/doomsday-clock/past-statements/

Europa aufgezeigt werden. Dies kann nur skizzenhaft in Gestalt einer Zeitdiagnose geschehen. Dennoch markieren diese fünf Stichworte die größten Herausforderungen, vor der die Welt bzw. die europäische Gesellschaft im 21. Jahrhundert stehen.

Auf der Suche nach dem kleinsten gemeinsamen Nenner für die krisenhafte Zuspitzung dieser stichwortartig aufgeführten Phänomene würde man wohl bei der *Beschleunigung* (Rosa 2005) landen, also das, was Goethe als „veloziferisch" bezeichnet hat. Die teuflische (Luzifer) Beschleunigung (velocitas) setzt in der zweiten Hälfte des 20. Jahrhunderts und da vor allem in den 1980er-Jahren ein. Gemeinhin nennen wir das *Globalisierung* und meinen damit die Prozesse, die durch die Informations- und Kommunikationsrevolution (Computer und Internet) technisch ermöglicht, durch die Liberalisierung von Währungs-, Finanz- und Handelsströmen politisch gewollt und durch den Zusammenbruch des Drei-Welten-Modells (Erste Welt des westlichen Kapitalismus, Zweite Welt des Sozialismus und Dritte Welt der Entwicklungsländer; Müller und Schmid 1994) auch regional ermöglicht wurden. Plötzlich gab es die eine offene Welt, die scheinbar friedlich und letztlich durch globale Konkurrenz dann doch gewaltsam in eine einheitliche, westlich geprägte Zivilisation hineingerissen wurde. Diese Verkettung von IuK-Revolution, Neoliberalismus und Globalisierung hat eine ungeheure Dynamik ausgelöst, in die die ganze Welt hineingezogen wurde.

Demografie. Laut Weltbevölkerungsuhr leben derzeit über 7,7 Milliarden Menschen auf der Erde. Vor 12.000 Jahren, zu Beginn der neolithischen Revolution, waren es 5 Millionen Menschen. Bei Christi Geburt waren es schon 300 Millionen, davon allein 60 Millionen im Römischen Reich. 1804 hat die Bevölkerung die Grenze zu einer Milliarde überschritten, und im Gefolge der industriellen Revolution nahm das Bevölkerungswachstum richtig an Fahrt auf. Seit den 1970er-Jahren hat sich die Weltbevölkerung fast verdoppelt (von 4 Mrd. im Jahre 1974 auf 7,7 Mrd. heute). Die Bevölkerungsprognose der Vereinten Nationen (UN 2017) besagt, dass bis zum Ende dieses Jahrhunderts die Weltbevölkerung auf 11,2 Mrd. Menschen gestiegen sein wird. Die Demografen gehen davon aus, dass in der zweiten Hälfte des 21. Jahrhunderts das Bevölkerungswachstum zum Stillstand kommen könnte, wenn weitere Teile der Welt sich ökonomisch entwickelt und das demografische Verhalten an das der westlichen Gesellschaften angeglichen haben. Das gilt mit einer Ausnahme: Afrika, dem der demografische Übergang noch vollkommen bevorsteht. Dieser Kontinent verzeichnet derzeit das größte Wachstum; seine Bevölkerung könnte sich von jetzt 1,3 Mrd. bis 2050 auf 2,6 Mrd. verdoppeln und bis 2100 mehr als verdreifachen (4,47 Mrd.).

Aber wie viele Menschen verträgt die Erde? Jeder neu hinzukommende Mensch muss versorgt werden, steigert das Wachstum der Wirtschaft, aber auch die Vernutzung von Ressourcen und befeuert den Klimawandel. Freilich kommt es sehr auf den Lebensstil an. Die UN hat errechnet, dass mit unserem westlichen Lebensstandard bestenfalls ca. 2 Mrd. Menschen auf dem Planeten leben könnten, 6 Mrd. bei deutlich größerer Bescheidenheit. Wie Lebensstandard und Lebensführung von 11 oder 12 Mrd. Menschen aussehen könnten, dafür gibt es zwar erste Analysen und Visionen, die ökologische Konfliktherde identifizieren (Fader et al. 2013; Greenpeace 2015). Ob es dann aber den politischen Willen und die Durchsetzungskraft gibt, genau diese Problemzonen durch globale Unterstützung zu entschärfen, bleibt dahingestellt.

Biokapazität und Klimawandel. Ein probater Zugang zur Messung der ökologischen Nachhaltigkeit einer Lebensweise ist das Konzept des ökologischen Fußabdrucks. Damit wird berechnet, wie viel biologisch produktive Land- und Wasserflächen ein Mensch oder ein Land mit seiner Wirtschafts- und Konsumweise zu seiner Reproduktion in Anspruch nimmt. Dieses Flächenmaß wird gemittelt zum sogenannten globalen Hektar (gha). Nach den letzten Berechnungen des „Global Foodprint Network" lag 2016 die ökologisch verfügbare Biokapazität bei 1,6 gha pro Person. Im globalen Durchschnitt lag der ökologische Fußabdruck aber bei 2,8 gha (GFN 2019a). Wir verbrauchen also gegenwärtig die Biokapazität von eindreiviertel Erden. 86 % der Menschen leben in einem Land mit einer ökologischen Defizitbilanz. Zu den Spitzenreitern in der Öko-Sünder-Liga gehören 2016 Katar mit einem ökologischen Fußabdruck von 14,1 gha pro Person und Luxemburg (12,9 gha). Dagegen nehmen sich die USA mit 8,1 gha fast schon bescheiden aus. Europa (4,6 gha) liegt in der Mitte der Liga. Diesen Verbrauch auf die Welt hochgerechnet, bräuchten wir fast drei Erden. Arme Länder wie Bangladesch (0,8 gha pro Person) oder Eritrea (0,5 gha pro Person) stehen ganz unten (GFN 2019b). Zwar geht inzwischen in vielen Ländern der ökologische Fußabdruck pro Person leicht zurück, aber oft bei steigender Bevölkerungszahl und – was deutlich beunruhigender ist – bei weiter sinkender Biokapazität vieler Flächen. Diese geht vor allem durch Übernutzung, Bodendegradation und Versiegelung zurück, in einigen Fällen aber auch bereits aufgrund des Klimawandels. Letzterer hat einen großen und schwer abschätzbaren Einfluss auf die Biokapazität der Land- und Wasserflächen. Deshalb hat der globale Wettlauf um fruchtbares Land längst wieder begonnen (Stichwort: „land grabbing").

Globale soziale Ungleichheit. In den Wirtschaftswissenschaften wird soziale Ungleichheit meist achselzuckend hingenommen. Danach kann man nicht beides haben: Gleichheit und Effizienz (Okun 2015). Kapitalismus bedeutet Ungleichheit, aber das muss nicht weiter tragisch sein, solange alle Menschen von den drei „W" – Wachstum, Wohlstand und Wohlfahrt – profitieren. Typisch für diese ökonomische Sichtweise ist das Bild von den Booten, die – ob klein oder groß – allesamt angehoben werden, wenn der allgemeine Lebensstandard steigt (Thurow 1996). So hat man die soziale Ungleichheit der Soziologie überlassen und damit sichergestellt, dass sie nicht weiter groß beachtet wird. Denn die Soziologie gilt im Vergleich zur Wirtschafts- und Rechtswissenschaft, den politischen Beratungsdisziplinen, als eine Pariadisziplin und wird folglich nicht sonderlich ernstgenommen.

Spätestens mit Thomas Pikettys (2013) Buch *Das Kapital im 21. Jahrhundert* hat sich das grundlegend geändert, denn jetzt warnt auch ein bekannter französischer Ökonom vor der wachsenden sozialen Ungleichheit. Piketty zeigt in seiner Wirtschaftsgeschichte überzeugend auf, dass die Welt auf eine neue Belle Époque bzw. ein Gilded Age zusteuert, in denen die Ungleichheit in der Menschheitsgeschichte bisher am höchsten war. In demokratischen Gesellschaften gilt eigentlich der Grundsatz: So viel Gleichheit wie möglich, so viel Ungleichheit wie nötig. Aber im globalen digitalen Kapitalismus scheint die Formel wieder umgekehrt worden zu sein. Laut einem Report von Oxfam (2018) besitzt inzwischen das reichste eine Prozent mehr als 50 % des Weltgesamtvermögens, also mehr als die restlichen 99 Prozent der Weltbevölkerung. 2002 besaß es erst 43 % des Weltvermögens. Auch hier beobachten wir also eine rapide Beschleunigung des Reichtums und seiner privilegierten Aneignung. Das ist weder ökonomisch vernünftig noch sozial nachhaltig. 7,6 Billionen USD haben die Reichen in Steueroasen versteckt, um jährlich 200 Mrd. USD an Steuern zu vermeiden.[3] 2017 gingen 82 % des weltweiten wirtschaftlichen Wachstums an das eine Prozent. Man muss kein Sozialist sein, um diese Verteilung des globalen Reichtums als ungerecht und wenig entwicklungsfördernd anzusehen.

Migration. Wer in seiner Gesellschaft keine großen Chancen sieht, jung und unternehmungsfreudig ist, der wird dorthin gehen, wo man es besser zu haben glaubt. In der Vergangenheit waren nur die USA das Traumeinwanderungsland, heute sind Deutschland und Europa hinzugekommen. Branco Milanović (2016) ist in seiner Studie *Die ungleiche Welt* den wirtschaftlichen Grundlagen der globalen Migrationsprozesse nachgegangen. Bei der Einkommensungleichheit übertrifft heute der Ort, an dem jemand geboren wurde, die Bedeutung der Klassenzugehörigkeit, was er als *Ortsrente* ("citizenship rent") bezeichnet. Auf der Basis eines Vergleichs von 118 Ländern mit dem ärmsten Land Kongo als Basis kann er mittels einer Regressionsanalyse zeigen, dass zwei Drittel der Einkommensschwankungen durch die Variable „Land" „erklärt" werden können. „Das Einkommen eines Menschen ist 93-mal höher, wenn er statt im Kongo in den Vereinigten Staaten zur Welt kommt."

---

3 Derweil entgehen den Entwicklungsländern im Süden jährlich 170 Mrd. USD an Steuern von den Großunternehmen und den Super-Reichen. Zum Vergleich: Die gesamte Entwicklungshilfe beläuft sich global auf knapp 180 Mrd. USD im Jahre 2017.

(ebd., S. 142) Darin besteht die sozioökonomische *Geburtslotterie* (Shachar 2009): „Sage mir, wo Du geboren bist, und ich sage Dir, wie es Dir gehen wird!"

Diese großen globalen Einkommensungleichheiten sind ein nachvollziehbarer Grund für Migration. Migration ist meist eine rationale wirtschaftliche Entscheidung, wenn sie nicht durch Krieg, Bürgerkrieg oder politische Verfolgung erzwungen wurde. Wer sehr gut gebildet ist und sich in der Ankunftsgesellschaft in der Mittel- oder gar Oberschicht sieht, wird vermutlich in ein Land mit guten Aufstiegschancen einwandern, selbst wenn dort die soziale Ungleichheit hoch ist, wie etwa die USA. Wer dagegen über niedrige oder gar keine verwertbaren Bildungsabschlüsse verfügt, wird wohl eher in ein Land mit einem ausgebauten universalistischen Sozialstaat und hoher sozialer Gleichheit einwandern wollen, wie z. B. Schweden.

Das Verhältnis von Sesshaftigkeit und Wanderung scheint für eine hohe Immobilität der Menschheit zu sprechen: 2016 waren nur 3 % Weltbevölkerung oder 230 Millionen Menschen Migranten, d. h. lebten in einem anderen Land als ihrem Geburtsland. Dieses „Migratien", wie Milanović das fiktive Land nennt, das alle Migranten umfassen würde, wäre immerhin das Land mit der fünftgrößten Bevölkerung und läge damit zwischen Indonesien und Brasilien. Entscheidend ist auch hier die Wachstumsrate. Zwischen 1990 und 2000 betrug sie 1,2 %, aber seither hat sie sich auf 2,2 % pro Jahr erhöht. „Damit wächst diese Gruppe etwa doppelt so schnell wie die Weltbevölkerung, wodurch sich der Anteil der Migranten an der Bevölkerung des Planeten von 2,8 % im Jahr 2000 auf 3,2 % im Jahr 2013 erhöht hat." (Milanović 2016, S. 158) Auch die Bereitschaft zur Migration ist generell gewachsen: Laut Umfragen, die Gallup in 154 Ländern zwischen 2010 und 2012 durchgeführt hat, sind rund 630 Millionen auswanderungswillig, 28 Millionen würden gern nach Deutschland kommen. Freilich handelt es sich hierbei um Migrationswünsche, während die reale Migration viel geringer ausfällt. „16 Prozent der Weltbevölkerung sind also potenzielle Migranten, während nur 3 Prozent tatsächlich ausgewandert sind." (ebd., S. 158) Die Lage könnte sich in naher Zukunft verschärfen, wenn zur Wirtschaftsmigration aufgrund extremer sozioökonomischer Ungleichheiten und zur Fluchtmigration aufgrund von Kriegen und Bürgerkriegen eine durch den Klimawandel hervorgerufene Ökomigration größeren Ausmaßes hinzukommt. Durch Erderwärmung und Anstieg des Meeresspiegels können große Landstriche unbewohnbar werden. Bis zum Jahre 2100 könnten ein Fünftel der Weltbevölkerung ihre Heimat verlieren, wie Charles Geisler und Ben Currens (2017) dargelegt haben.

Europa und die Herausforderungen der Zukunft. Tatsächlich lassen die geschilderten Probleme und Szenarien erwarten, dass auf Europa sehr viel Arbeit zukommt. Er ist einer der reichsten Kontinente, hat die höchste Friedensdividende seit dem

Zweiten Weltkrieg und genießt die höchste Rechtssicherheit weltweit. Freilich war Europa auch immer vorzugsweise mit sich selbst beschäftigt, spätestens seit es seine Kolonialreiche zurückgeben musste. Die Arbeit des Weltpolizisten hat man bereitwillig der Super- und Schutzmacht USA überlassen. Mit dieser selbstgenügsamen Partnerrolle im westlichen Bündnis ist es nunmehr vorbei. Jetzt, wo der Weltpolizist USA selbst überfordert und unberechenbar geworden zu sein scheint, muss Europa mehr denn je eigenständig agieren und weltpolitisch Flagge zeigen, um dem Projekt Europa eine weitere Zukunft zu sichern.

Gleichwohl hat Europa die Europäische Union stets und ständig weiterentwickelt, und aus jeder Krise ist es bisher gestärkt hervorgegangen (Müller 2018). Wird das auch dieses Mal gelingen? So wie die Welt insgesamt, ist auch Europa in keiner guten Verfassung. Die Griechenland-Krise, die Zukunft des Euro, der Brexit, die Migration und die (rechts-)populistischen Bestrebungen in fast ganz Europa (Bach und Hönig 2018; Bach in diesem Band) lassen um den Zusammenhalt der Europäischen Union fürchten. Tatsächlich scheinen im Moment die Erwartungen an Europa exponentiell zu steigen, wohl wissend, dass die Europäische Union in der jetzigen Verfassung kaum in der Lage sein wird, allen diesen Erwartungen gleichermaßen Rechnung zu tragen.

3 Die Soziologie zwischen den großen Transformationen

Vor einer solch bestandsgefährdenden Existenzkrise standen die Klassiker der Soziologie nicht, auch wenn es dann mit zwei Weltkriegen schlimmer kam, als sie sich träumen ließen. Sie versuchten vor allem zu verstehen, was für eine gesellschaftliche Konstellation die industrielle, die politische und die kulturelle Revolution hervorgebracht haben.

Den Wandel von der Tradition zur Moderne erfasst Tocqueville (1987) unter dem Blickwinkel der politischen Revolution. Sein Opus magnum *Über die Demokratie in Amerika* erklärt das Wesen der Moderne über die Entstehung und Durchsetzung der Demokratie als Regierungs-, Gesellschafts- und Lebensform. Marx (1973) verfährt ähnlich, wenn er die industrielle Revolution über den Kapitalismus als Produktions- und Lebensweise erklärt. Zudem wird er mit seinem Forschungsprogramm einer Verknüpfung von Gesellschafts*theorie*, -*analyse* und -*kritik* (TAK) zum paradigmatischen Vorbild in der Soziologie.

Gewissermaßen in seinen Fußstapfen, wiewohl dabei wesentlich abstrakter ansetzend, gehen Durkheim, Simmel und Weber von einer Theorie sozialer Differenzierung aus, die die Sozialstruktur der modernen Gesellschaft und ihre Dynamik abbildet und auf deren Grundlage die sozialen Institutionen wie auch die Lebensführung der Menschen begriffen werden müssen. Durkheim (1988) untersucht etwa das Verhältnis von Arbeitsteilung und funktional-organischer Solidarität einerseits, von Arbeitsteilung und Individualisierung andererseits. Er entwickelt ein staatsbürgerliches Moralprogramm (Durkheim 1991), um die von chronischer Anomie bedrohte moderne Gesellschaft besser organisieren und regulieren zu können. Simmel interessiert sich ebenfalls für das Verhältnis von sozialer Differenzierung und Individualisierung, fundiert diese Problemstellung in seiner *Philosophie des Geldes* (Simmel 1977), die den sozialen Dynamiken der Geldwirtschaft nachgeht, und in seiner Soziologie sozialer Formen (Simmel 1968). Auch er hält es für nötig, der Krise der Kultur mit einer Kultur-, Kunst- und Lebensphilosophie zu begegnen. Sie soll die Lebensführung der Menschen durch Überlegungen zu einem „individuellen Gesetz" (Simmel 1999) unterstützen, um ihre Freiheit und Individualität zu ermöglichen. Weber schließlich teilt zwar mit Marx die Einschätzung, dass der Kapitalismus „die schicksalsvollste[] Macht unsres modernen Lebens" (Weber 1972b, S. 4) darstellt, wechselt aber von der Gesellschaftstheorie zur interdependenten Gesellschafts- und Wirtschaftsgeschichte. Seine zentrale Problemstellung betrifft die Genealogie der Moderne unter der Frage, warum es nur im Westen zu dieser ebenso einzig- wie eigenartigen kapitalistischen Gesellschaftskonstellation gekommen ist. Fundiert wird dieser universalgeschichtliche Zugriff durch Analysen von Wirtschaft, Politik und Kultur bzw. Religion in Antike, Mittelalter und Moderne.

Die Soziologie wird von den Klassikern zunächst nur praktisch, also in ihren Analysen selbst entwickelt. Das trifft vor allem für Tocqueville zu, der eine neue politische Wissenschaft entwirft und die Institutionenanalyse mit der Untersuchung der politischen Kultur verbindet. Das gilt aber ebenso für Marx, der über eine Kritik der politischen Ökonomie die Gesetzmäßigkeiten der kapitalistischen Produktionsweise erforscht. Spezifisch soziologische Begriffe wie Theoreme sind bei beiden Denkern denn auch erst in Ansätzen vorhanden, ohne dass mit ihnen bereits eine eigenständige wissenschaftliche Disziplin an den Universitäten entsteht. Anders sieht das bei Durkheim, Simmel und Weber aus. Sie entwickeln mit den Grundlagen für ihre Soziologie, die dann ihre Studien anleiten, auch die Basis für das Fach überhaupt. Durkheim legt in seinen *Regeln der soziologischen Methode* die Grundsätze der soziologischen Denkweise dar, die er in seiner Dissertation *Über soziale Arbeitsteilung* angelegt hatte. Simmel (1992) hatte schon 1894 in seinem programmatischen Artikel „Das Problem der Soziologie" das Fundament für seine Herangehensweise gelegt, die er dann 1908 in seiner großen *Soziologie* (Simmel 1968) genauer ausführen sollte. Und auch Weber findet seinen Weg in die Soziologie durch Überlegungen zur Methodologie der Kultur- bzw. Sozialwissenschaften, die nach seinem Tod als seine *Wissenschaftslehre* (Weber 1973) publiziert wurden, während *Wirtschaft und Gesellschaft* (Weber 1972a) seine Handlungs-, Ordnungs- und Kulturtheorie enthält, mit der er durchgängig gearbeitet hat.

Zwar gilt für alle soziologischen Klassiker, dass sie das ungeheuer anspruchsvolle Marx'sche Forschungsprogramm nicht vollständig einlösen konnten (was sogar für Marx selbst gelten dürfte), alle bemühten sich aber auf ihre je eigene Art und Weise um die Integration von Theorie, Analyse und Kritik. So gelangen ihnen – bei aller zeitlichen Gebundenheit – noch heute gültige Beschreibungen, adäquate (Teil-)Erklärungen und griffige Zeitdiagnosen. Insofern bleiben sie – wenn auch vielleicht nicht in allen Problembestimmungen und -lösungen gleichermaßen überzeugend – aktuell und anschlussfähig auch dort, wo es um die oben skizzierten Herausforderungen unserer Gegenwart geht.

Noch befinden sich die westlichen Gesellschaften zumindest in einer Spätmoderne, in der die Wirtschaft durch den Kapitalismus, die Politik durch die Demokratie und die Kultur durch den Individualismus bestimmt sind. Doch die Gretchenfrage lautet, ob die nächste große Transformation mit ihren Herausforderungen auch auf ein komplett neues Gesellschaftsmodell hinausläuft (Baecker 2007; Latour 2017). Bewegt sich die dritte große Transformation zwangsläufig auf Postkapitalismus, Postdemokratie und Postindividualismus zu? Und wenn ja, betrifft der Veränderungsbedarf nur einzelne oder alle institutionellen Komplexe von Wirtschaft, Politik und Kultur? Wenn Ersteres zutrifft, was bleibt? Wenn Letzteres, was muss überwunden werden? Was könnte an die Stelle der klassischen und heutigen spätmodernen Gesellschaftskonstellation treten? *Wer* kann oder wird *was, wie* und in welche Richtung ändern, d. h.: Wer sind die geschichtsmächtigen Akteure dieser Transformation? Wo ließe sich eine revolutionäre oder evolutionäre Avantgarde identifizieren, die diesen Prozess anleitet? Wer sind die Träger des Transformationsprozesses? Wie können die bestehenden Herrschafts-, Macht- und Gewaltverhältnisse durchbrochen werden, um den notwendigen Umbauprozessen den Weg zu ebnen? Oder, wenn das aussichtslos erscheint, wie ließen sich die globalen Eliten für die dritte große Transformation gewinnen? Schließlich verfolgt die globale Super-Klasse, wie David Rothkopf (2008) ihre 6000 Mitglieder nennt, die die Welt regieren, ihre Interessen so konsequent und erfolgreich, dass es schwerfallen dürfte, die dritte große Transformation ohne sie ins Werk zu setzen.

Orientiert man sich grob an den Feldern, die die Klassiker bearbeitet haben, kann man zumindest den Fragekatalog formulieren, auf den möglichst rasch schlüssige Antworten gefunden werden müssen. Das beginnt mit der Wirtschaft und ihrer Produktionsweise: Kann Kapitalismus mit seinem eingebauten Wachstumsimperativ Klimaneutralität sichern? Vermag ein „grüner Kapitalismus" (Managi 2017; Williams 2013) ökologische Nachhaltigkeit mit den Versorgungslasten einer weiter zunehmenden Weltbevölkerung zu verbinden? Oder bedarf es eines nachkapitalistischen Postwachstumsmodells (Welzer und Wiegandt 2013), um die Reichtums- und Verschmutzungslogik der drei „W" Wachstum, Wohlstand, Wohlfahrt außer Kraft zu setzen?

Sodann geht es um unsere politische Kommunikations- und Entscheidungsweise. Sind gegenwärtige Demokratien in der Lage, mit der notwendigen Weitsicht auf die Herausforderungen zu reagieren? Brauchen wir mehr Demokratie, wie der Beirat der Bundesregierung unter Leitung von Hans Joachim Schellnhuber in seinem Gutachten „Gesellschaftsvertrag für eine Große Transformation" (WBGU 2011) gefordert hat? Falls ja, was kann das bedeuten? Und wie umgehen mit dem gegenwärtig herrschenden Unbehagen an der real existierenden Demokratie (Crouch 2008; Ketterer und Becker 2019)? Oder bedürfte es angesichts existenziell bedrohlicher Krisen einer rascheren und konsequenteren Entscheidungsweise, wie sie etwa eine „Ökodiktatur" oder zumindest ein ökologischer Staatssozialismus in Aussicht zu stellen verspricht? Und welche Spielräume gäbe es für ein globales ökologisches Regime? Das sind weitreichende Fragen, die Soziologie und Politikwissenschaft herausfordern, zumal sie tief in die politische Philosophie der Gesellschaftsvertragslehren hineinreichen (Rosa und Henning 2017).

Schließlich geht es um die Grundlagen der westlichen Kultur. Freiheit und Individualität gelten hier als höchste Werte, der Individualismus als die Doktrin, die universale Menschen- und Bürgerrechte garantiert. Nicht umsonst haben alle Klassiker zu diesem Themenkomplex gearbeitet. Wenn man die Axt an diese Rechtskultur legt, gefährdet das auch den Rechtsstaat und die Europäische Union, die ein Rechtskonstrukt auf dieser Basis ist. Dennoch wird es darum gehen, neue Formen der Solidarität und der globalen Verantwortung zu entwickeln, die auch eine neue, global wirksame Verteilungsordnung mit sich bringen wird. Freilich: Der Abbau der asymmetrischen Verteilung der Güter dieser Welt bedarf nicht nur einer beherzten Politik, sondern auch einer neuen sozialökologischen Ethik der nachhaltigen Lebensführung.

Noch gar nicht angesprochen sind mit diesen Überlegungen schließlich weitere Fragen, die es zu durchdringen gilt. Zuvorderst ist das die Rolle neuer Technologien – Digitalisierung, Künstliche Intelligenz, Mensch und Maschine, Robotik – und ihre Auswirkungen auf Arbeit und Leben (dazu Pfeiffer in diesem Band). Gleiches gilt für die unterschiedlichen Kultur-, Welt- und Lebensanschauungen, die die heutige Welt prägen, aber auch die komplett unterschiedlichen Entwicklungsniveaus und -pfade von Regionen und Staaten. Die Rede vom Globalen Norden und Globalen Süden ist da nur eine erste grobe Unterscheidung, die vielleicht mehr verdeckt als sie aufdeckt (Rosling et al. 2018).

Schließlich: Was kann die Soziologie zu dieser umfassenden, komplexen und komplizierten Diskussion beitragen? Es fällt auf, dass mit dem schleichenden Niedergang der Großtheorien wie Funktionalismus und Strukturalismus, Handlungs- und Systemtheorie, Kritischer Theorie und Poststrukturalismus das ursprünglich einheitlichere Programm von Theorie, Analyse und Kritik immer weiter auseinanderfällt. Wir beobachten auf der einen Seite eine selbstgenügsame Theoriediskussion auf den Trümmern der Großtheorien, eine Renaissance von „middle range"-Theorien und analytischer Soziologie, aber auch viele bunte Schulen. Auf der anderen Seite hat sich die Soziologie seit ihren Anfängen derart ausdifferenziert, dass das Fach selbst und seine Wissensproduktion kaum noch überschaubar bleibt, geschweige denn eine interdisziplinäre Herangehensweise wie in den Anfängen noch möglich scheint. Wo schließlich doch noch so etwas wie eine Großanalyse und die Anfertigung von Orientierungswissen versucht wird, entstehen großflächige Zeitdiagnosen als dichte Beschreibung mit viel Anregungspotenzial, aber ohne eine wirklich evidenzbasierte Erklärungsleistung. So werden Trends und Tendenzen erfasst, die vielleicht sogar in gewisser Weise in ihrem jeweiligen gesellschaftlichen Bereich vorherrschend sind, aber die Verfasstheit und Komplexität der Gesamtgesellschaft in Gestalt einer Gesellschaftstheorie kaum mehr fassen können. Genau das aber wäre vonnöten, um aus der Einsicht in die Funktions- und Wirkungszusammenhänge eine Problemlösungskapazität zu gewinnen und um den heutigen Ordnungsproblemen zeitgenössischer Gesellschaften zu begegnen.

Verstärkt wird diese Zerfaserung des fachprägenden TAK-Programms, wo in Zeiten, da die Drittmittelquote über die Güte, das heißt neudeutsch: die „Exzellenz" von Wissenschaft entscheidet, nicht wenige empirische Sozialforschung – aus der Not des wissenschaftlichen Überlebens eine Tugend der (Pseudo-)Wissenschaftlichkeit machend – den Charakter einer „Mitmachwissenschaft" (Jürgen Kaube) annimmt. Gewissermaßen als Gegenbewegung zu dieser Art von disziplinärem Attentismus hat sich, durchaus verdienstvoll, auf der anderen Seite die „öffentliche Soziologie" (Aulenbacher et al. 2016) formiert. Allerdings ist diese *engagierte* und ja: parteiliche Soziologie in theoretischer und methodischer Sicht nicht immer die beste Form von Wissenschaft, wenn sie es an der nötigen professionellen Distanz zum Gegenstand und an der Werturteilsfreiheit im Sinne von Max Weber (1973) missen lässt. Kurz: Sie ist politisch notwendig, aber wissenschaftlich häufig suboptimal.

Und schließlich tritt dort, wo versucht wird, zwischen der Scylla der „Mitmachwissenschaft" und der Charybdis der „Einmischungswissenschaft" hindurchzusteuern, noch ein weiteres Problem hinzu, insofern nämlich im Zeichen falsch verstandener „political correctness" wissenschaftliche Meinungsäußerungen einer ständigen Hermeneutik des moralisierenden Verdachts ausgesetzt sind. Mag das auch manchmal berechtigt und häufig in der besten Absicht geschehen, ist es für eine sich als „Wirklichkeitswissenschaft" verstehende Soziologie doch problematisch, wenn sie nicht mehr unbefangen – und das kann auch heißen: zuweilen undifferenziert oder mit Mut zur Polemik – alle Probleme offen ansprechen kann. In dem Maße, in dem sich die Soziologie von derartigen „watchdog"-Instanzen beeindrucken lässt, wird sich der Radius der Thematisierbarkeit von Problemen spürbar verkleinern, was ihre Aufgabe der soziologischen Aufklärung und Kritik beeinträchtigen würde.

Machen wir nun vor diesem Hintergrund die Nagelprobe und fragen, was die Soziologie zu den genannten Schicksalsfragen des 21. Jahrhunderts zu sagen weiß, dann ergibt sich kein sonderlich ermutigendes Bild. Allen Bemühungen Einzelner zum Trotz[4] ist die Soziologie zwar dabei, steht aber eher am Rande der Diskurse und nicht etwa im Zentrum der öffentlichen Aufmerksamkeit. Wer aber als wissenschaftlich marginal wahrgenommen wird, von dem werden auch keine intellektuellen Wunder mehr erwartet. Für die Soziologie heute gilt das olympische Prinzip: Dabeisein ist alles. Ob angesichts der Größe der Herausforderungen aber auf die Stimme der Soziologie einfach verzichtet werden kann, ohne dass das mit schmerzlichen Folgen verbunden wäre, ist die Frage.

4   Schlussbemerkung: Die kategorischen Imperative der dritten großen Transformation und die Rolle der Soziologie

Die Lage der Welt mag ernst sein. Bedrohlich wird sie, wenn nichts passiert, alles so weiter geht und nicht entschieden umgesteuert wird. Der „Living Planet Report" (2016) hat für die notwendigen Veränderungen schon einmal eine Blaupause entworfen. Wo ein Weg ist, sollte auch ein Wille sein. Allerdings ist auch der Weg vom guten Willen zur Umsetzung ein weiter. Es wird nicht ohne herbe Einschnitte und eine grundlegende Veränderung der westlichen Lebensführung gehen. Wie Postwachstumsgesellschaften aussehen könnten, wird auch erst in vagen Umrissen sichtbar, wie die Befunde des gleichnamigen Jenaer Forschungskollegs deutlich machen. Das Schicksal der Erde im Anthropozän wird sich am Menschen entscheiden. Worin die Kernaufgaben bestehen, lässt sich an den oben skizzierten fünf zentralen Herausforderungen der Menschheit festmachen. Der *kategorische*

---

4   Hier wäre an das Werk von Pierre Bourdieu zu denken, das noch am ehesten dem TAK-Ideal nahekommt. Siehe vor allem Bourdieu (2000, 2004) und Müller (2014) zur Stoßrichtung des Gesamtwerks.

Imperativ der Demografie lautet: Wir müssen aktiv auf einen stationären Zustand bei der Weltbevölkerungsentwicklung hinwirken. Die Zahl der Menschen kann nicht endlos weiterwachsen. Der „Club of Rome" hat dazu jüngst eine weltweite Ein-Kind-Politik vorgeschlagen (Randers und Maxton 2016). Mag ein solche einschneidende Maßnahme auch weder wünschenswert noch weltpolitisch durchzusetzen sein, muss, wer die Menschen- und Bürgerrechte sowie eine halbwegs friedliche Zivilisation auf Erden bewahren will, auf die Frage des Wachstums der Bevölkerung und ihrer Versorgung dennoch eine Antwort finden. Der *kategorische Imperativ der Ökologie* lautet: Wirtschaft und Gesellschaft müssen nachhaltig und möglichst emissionsarm werden, um die Biokapazität der Erde zu erhalten. Der *kategorische Imperativ der globalen Ungleichheit* lautet: Es gilt, Mittel und Wege zu finden, die Welt ein Stück gleicher zu machen. Wenn es gelänge, durch eine globale Steuerpolitik den Ultrareichtum abzuschöpfen, so könnten diese Mittel zur Durchsetzung etwa einer ökologischen Wirtschaftsweise oder der Bildung von Frauen gerade in den weniger entwickelten Ländern der Welt eingesetzt werden. Der *kategorische Imperativ der Migration* lautet: Migration ist ein zweischneidiges Schwert für alle Seiten, sie muss menschenfreundlich gesteuert und am besten weitgehend überflüssig gemacht werden, indem globale Lebenschancen besser verteilt werden. Der *kategorische Imperativ für Europa* lautet: Zusammenhalt nach innen, politische und militärische Stärke nach außen, um die „Soft Power" Europas in einer Welt zunehmenden Bellizismus und Nationalismus zur Geltung zu bringen.

Die Soziologie mit ihrer Expertise für die Schnittstellen zwischen Geistes- und Naturwissenschaften sollte sich mit ihrem Sach- und Orientierungswissen einbringen und die Bedingungen erkunden, unter denen unser globales Zusammenleben halbwegs friedlich sowie wirtschaftlich und sozial ausgewogen sein kann, also die basale Versorgungssicherheit auf nachhaltiger Grundlage gewährleistet werden könnte. Dafür braucht es eine engagierte, kritische, in diesem Sinne öffentliche Soziologie, die sich der großen und kleinen Fragen der Zeit gewissenhaft annimmt. Es bedarf der Objektivität und Reliabilität, da ansonsten im praktischen Verwendungszusammenhang die Verwertbarkeit der Ergebnisse leidet. Und es kommt schließlich darauf an, der fortschreitenden Zerfaserung der Einheit von Theorie, Analyse und Kritik Einhalt zu gebieten, damit die Soziologie ihre Rolle als Beobachtungs-, Vermessungs-, Übersetzungs- und Kritikinstanz spielen kann.

Gewiss, die Soziologie ist dabei nur *eine* Stimme in der Welt der Expertisen. Die Illusion einer Leitwissenschaft konnte nur in dem langen Sommer der Theorie (Felsch 2015) in den 1970er-Jahren aufkommen. Das mindert aber ihre Relevanz kein Stück, wenn sie sich auf ihre Stärken besinnt. Diese liegen nicht darin, fertige Lösungen zu präsentieren oder einzelne Probleme in all ihren technischen Details zu durchdringen. Sondern sie liegen darin, Probleme in ihren gesellschaftlichen

Zusammenhängen zu begreifen und so die Bedingungen ihrer Reproduktion und Transformation zu erhellen. In Zeiten von Shit Storms und in 280-Zeichen-Botschaften kommunizierenden Spitzenpolitikern ist das keine geringe Qualität: Je komplexer die Probleme, desto relevanter die Perspektive der Soziologie. Von Karl Marx über Max Weber bis Norbert Elias ermöglichen Konstellations- und Figurationsanalysen, die Beziehungen zwischen Wirtschaft, Politik und Kultur aufzudecken. Die praktischen Folgerungen aus diesem Wissen müssen die Menschen aber immer noch selbst ziehen. Denn: „Eine empirische Wissenschaft vermag niemanden zu lehren, was er *soll*, sondern nur, was er *kann* und – unter Umständen – was er *will*." (Weber 1973, S. 151 f.)

Literatur

Aulenbacher, B., Burawoy, M., Dörre, K., & Sittel, J. (Hrsg.). (2016). *Öffentliche Soziologie. Wissenschaft im Dialog mit der Gesellschaft*. Frankfurt a. M.: Campus.

Bach, M., & Hönig, B. (Hrsg.). (2018). *Europasoziologie. Handbuch für Wissenschaft und Studium*. Wiesbaden: Springer VS.

Baecker, D. (2007). *Studien zur nächsten Gesellschaft*. Berlin: Suhrkamp.

Bourdieu, P. (2000). *Les structures sociales de l'économie*. Paris: Seuil.

Bourdieu, P. (2004). *Der Staatsadel*. Konstanz: UVK.

Champion, M., & Leung, A. (2018). Does China have what it takes to be a superpower? https://www.bloomberg.com/graphics/2018-china-superpower/. Zugegriffen: Juni 2019.

Crouch, C. (2008). *Postdemokratie*. Frankfurt a. M.: Suhrkamp.

Durkheim, É. (1976). *Die Regeln der soziologischen Methode*. Neuwied: Luchterhand.

Durkheim, É. (1988). *Über soziale Arbeitsteilung. Studie über die Organisation höherer Gesellschaften*. Frankfurt a. M.: Suhrkamp.

Durkheim, É. (1991). *Physik der Sitten und des Rechts. Vorlesungen zur Soziologie der Moral*. Frankfurt a. M.: Suhrkamp.

Eisenstadt, S. N. (2000). *Die Vielfalt der Moderne*. Weilerswist: Velbrück.

Fader, M., Gerten, D., Krause, M., Lucht, W., & Cramer, W. (2013). Spatial decoupling of agricultural production and consumption: Quantifying dependences of countries on food imports due to domestic land and water constraints. *Environmental Research Letters, 8*, 014046.

Felsch, P. (2015). *Der lange Sommer der Theorie. Geschichte einer Revolte 1960 bis 1990*. Frankfurt a. M.: Fischer.

Geisler, C., & Currens, B. (2017). Impediments to inland resettlement under conditions of accelerated sea level rise. *Land Use Policy, 66*, 322–330.

GFN (Global Footprint Network) (2019a). Humanity's ecological footprint contracted between 2014–2016. Blog, 24.04.2019. https://www.footprintnetwork.org/2019/04/24/humanitys-ecological-footprint-contracted-between-2014-and-2016/. Zugegriffen: Mai 2019.

GFN (Global Footprint Network) (2019b). Compare countries. http://data.footprintnetwork. org/#/compareCountries?type=EFCpc&cn=all&yr=2016. Zugegriffen: Mai 2019.

Greenpeace (2015). *Ecological farming. The seven principles of a food system that has people at its heart.* Amsterdam. http://www.agroecologyinaction.be/IMG/pdf/food_and_farming_vision.pdf. Zugegriffen: Juni 2019.

Ketterer, H., & Becker, K. (Hrsg.). (2019). *Was stimmt nicht mit der Demokratie? Eine Debatte mit Klaus Dörre, Nancy Fraser, Stephan Lessenich und Hartmut Rosa.* Berlin: Suhrkamp.

Latour, B. (2017). *Das terrestrische Manifest.* Berlin: Suhrkamp.

Managi, S. (Hrsg.). (2017). *The economics of green growth. New indicators for sustainable societies.* London: Routledge.

Marx, K. (1973) [1867]. Das Kapital. Kritik der politischen Ökonomie. Erster Band. In K. Marx & F. Engels, *Werke (MEW)*, Bd. 23. Berlin: Dietz.

Meadows, D., Meadows, D. H., Zahn, E., & Milling, P. (1972). *Grenzen des Wachstums. Bericht des Club of Rome zur Lage der Menschheit.* Stuttgart: DVA.

Milanović, B. (2016). *Die ungleiche Welt. Migration, das Eine Prozent und die Zukunft der Mittelschicht.* Berlin: Suhrkamp.

Müller, H.-P. (2014). *Pierre Bourdieu. Eine systematische Einführung.* Berlin: Suhrkamp.

Müller, H.-P. (2018). Die europäische Gesellschaft. In M. Bach & B. Hönig (Hrsg.), *Europasoziologie. Handbuch für Wissenschaft und Studium* (S. 44–50). Baden-Baden: Nomos.

Müller, H.-P. (2019). *Krise und Kritik. Klassische soziologische Zeitdiagnosen.* Berlin: Suhrkamp. (im Erscheinen)

Müller, H.-P., & Schmid, M. (Hrsg.). (1994). *Sozialer Wandel. Modellbildung und theoretische Ansätze.* Frankfurt a.M.: Suhrkamp.

Okun, A. M. (2015). *Equality and efficiency. The big trade-off.* Washington D.C.: Brookings.

Oxfam (2018). *Reward work, not wealth.* Report by D. Alejo Vazquez Pimantel, I. Macias Aymar, M. Lawson. https://policy-practice.oxfam.org.uk/publications/reward-work-not-wealth-to-end-the-inequality-crisis-we-must-build-an-economy-fo-620396. Zugegriffen: Juni 2019.

Piketty, T. (2013). *Das Kapital im 21. Jahrhundert.* München: C.H. Beck.

Polanyi, K. (1978). *The Great Transformation. Politische und ökonomische Ursprünge von Gesellschaften und Wirtschaftssystemen.* Frankfurt a.M.: Suhrkamp.

Prashad, V. (2014). *The poorer nations. A possible history of the Global South.* London: Verso.

Randers, J., & Maxton, G. (2016). *Ein Prozent ist genug. Mit wenig Wachstum soziale Ungleichheit, Arbeitslosigkeit und Klimawandel bekämpfen.* München: oekom.

Rosa, H. (2005). *Beschleunigung. Die Veränderung der Zeitstrukturen in der Moderne.* Frankfurt a.M.: Suhrkamp.

Rosa, H., & Henning, C. (Hrsg.). (2017). *The good life beyond growth. New perspectives.* London: Routledge.

Rosling, H., Rosling Rönnlund, A., & Rosling, O. (2018). *Factfulness: Wie wir lernen, die Welt so zu sehen, wie sie wirklich ist.* Berlin: Ullstein.

Rothkopf, D. (2008). *Die Super-Klasse. Die Welt der internationalen Machtelite.* München: Riemann.

Schwinn, T. (Hrsg.). (2006). *Die Vielfalt und Einheit der Moderne. Kultur- und strukturvergleichende Analysen.* Wiesbaden: VS Verlag für Sozialwissenschaften.

Shachar, A. (2009). *The birthright lottery. Citizenship and global inequality.* Cambridge: Harvard University Press.

Simmel, G. (1968) [1908]. *Soziologie. Untersuchung über die Formen der Vergesellschaftung.* Berlin: Duncker & Humblot.

Simmel, G. (1977) [1900]. *Philosophie des Geldes.* Berlin: Duncker & Humblot.

Simmel, G. (1992) [1894]. Das Problem der Soziologie. In G. Simmel, *Gesamtausgabe,* Bd. 5 (S. 52–61). Frankfurt a. M.: Suhrkamp.

Simmel, G. (1999) [1918]. Lebensanschauung. Vier metaphysische Kapitel. In G. Simmel, *Gesamtausgabe,* Bd. 16 (S. 209–425). Frankfurt a. M.: Suhrkamp.

Tocqueville, A. de (1987). *Über die Demokratie in Amerika,* 2 Bde. Zürich: Manesse.

Thurow, L. C. (1996). *Die Zukunft des Kapitalismus. Leben im 21. Jahrhundert.* Düsseldorf: Metropolitan Verlag.

UN (2017). World population prospects: The 2017 revision. https://population.un.org/wpp/Publications/. Zugegriffen: Mai 2019.

WBGU (2011). *Welt im Wandel. Gesellschaftsvertrag für eine Große Transformation.* Berlin: WBGU. https://www.wbgu.de/de/publikationen/publikation/welt-im-wandel-gesell-schaftsvertrag-fuer-eine-grosse-transformation#sektion-downloads. Zugegriffen: Juni 2019.

Weber, M. (1972a) [1921/1922]. *Wirtschaft und Gesellschaft.* 5., rev. Aufl. Tübingen: Mohr.

Weber, M. (1972b). *Gesammelte Aufsätze zur Religionssoziologie,* Bd. 1. Tübingen: Mohr.

Weber, M. (1973). *Gesammelte Aufsätze zur Wissenschaftslehre.* Tübingen: Mohr.

Welzer, H., & Wiegandt, K. (Hrsg.). (2013). *Wege aus der Wachstumsgesellschaft.* Frankfurt a. M.: Fischer Verlag.

Williams, R. B. (2013). *Greening the economy. Integrating economics and ecology to make effective change.* London: Routledge.

Situationslogik
Analytisch-empirische Soziologie und die Erklärung von sozialer Ungleichheit, gesellschaftlicher Dynamik und historischen Umbrüchen

Hartmut Esser

1. Ein Gespenst geht um derzeit in der deutschen Soziologie, das Gespenst des Streites um die soziologische Methode und die Regeln der analytisch-empirischen Soziologie. Von vielen, den meisten wohl, schon länger vergessen oder verdrängt, vielleicht auch gar nicht gewusst, dass es einmal so etwas gab, sitzt es plötzlich – unerwartet und ungebeten, störend und verstörend – an manchem Tisch der in den letzten Jahren selbstgefällig, verschlafen und eigenartig verblasen gewordenen Familientreffen der diversen Strömungen und Richtungen der deutschen Soziologie. Eigentlich geht es um nichts Besonderes, bloß um die Pflege und Stärkung einiger Kriterien des wissenschaftlichen Arbeitens, wie sie doch wohl für alle Wissenschaften gelten sollten: begriffliche und theoretische Präzision, Informationsgehalt, empirische Prüfbarkeit, Bewährung, Evidenz und für informierte institutionelle Änderungen brauchbare Erklärungen. Was könnte man dagegen haben?

2. Schrill waren jedoch der Aufschrei und heftig das Entsetzen, und manche haben sich, wie ertappte Kinder fast, zu einer Art von panischer Hetzjagd aufgemacht, am deutlichsten vonseiten einer, so sei sie benannt, kreativ-konstruktivistischen Soziologie her: Das Konzept einer analytisch-empirischen Soziologie *könne* nicht mehr erlauben als eine nur schein-präzise, kleinteilige, reduktionistisch-individualistisch eng geführte und damit letztlich irrelevante Sozialstatistik, die mit vielem, dem allermeisten eigentlich, nicht zurechtkäme, was von der Soziologie erwartet werde – und das Wichtigste, was ihr fehle, sei der Sinn. Das war recht leicht zu klären (vgl. dazu die Diskussion zwischen Stefan Hirschauer und mir in der „Zeitschrift für Theoretische Soziologie"; Hirschauer 2018; Esser 2018a, 2018b): Eines der zentralen Konzepte der analytisch-empirischen Soziologie ist das verstehende Erklären nach Max Weber, also die Vorstellung, dass alle gesellschaftlichen Prozesse die „ursächliche" Folge des mit Sinn versehenen Handelns menschlicher Akteure seien und diese Vorgänge insofern nichts weiter sein könnten als „Konstruktionen"

© Springer Fachmedien Wiesbaden GmbH, ein Teil von Springer Nature 2019
K. Dörre et al. (Hrsg.), *Große Transformation? Zur Zukunft moderner Gesellschaften*, https://doi.org/10.1007/978-3-658-25947-1_31

einer eigenen, objektiven gesellschaftlichen Wirklichkeit. Das sei alles möglichst klar und präzise zu erfassen, theoretisch wie empirisch. Ganz ähnlich hat das Alfred Schütz, einer der Begründer der interpretativen Soziologie gesehen, und in der neueren Soziologie dann vor allem Raymond Boudon, der das Konzept folgerichtig auch das Weber-Paradigma genannt hat. Noch nicht diskutiert blieb dagegen eine andere, nicht weniger heftige Vorhaltung: Die analytisch-empirisch erklärende Soziologie sei nicht in der Lage, mit der zentralen Aufgabe der Soziologie umzugehen: die Beschäftigung mit den *großen* Dingen der sozialen Welt – Gesellschaft, Gesellschaftsentwicklung, Gesellschaftstheorie. Und in der Tat: Wenn das so wäre, sollte man es schleunigst lassen, erst recht dann mit einer neuen Fachvereinigung, die weder das eine, eine Soziologie mit „Sinn", noch das andere, eine Soziologie für die „Gesellschaft", will oder kann, aber so tut, als ob doch.

3. Die „2. Regionalkonferenz der Deutschen Gesellschaft für Soziologie" und die darin eingebettete „Abschlusskonferenz der DFG-Kollegforscher_innengruppe ‚Postwachstumsgesellschaften' an der Friedrich-Schiller-Universität Jena" bieten eine wirklich passende Gelegenheit, diese Diskussion aufzugreifen. Die Jenaer Kolleg-Forschungsgruppe hat einen besonders typischen Fall von „großer" Gesellschaftstheorie zum Gegenstand: das Schicksal des Kapitalismus in einer Zeit der ökonomisch-ökologischen Doppelkrise und die Suche nach den Konturen einer Postwachstumsgesellschaft. Größer geht es kaum. Sie stellt sich dieser ebenso alten, wie wichtigen, interessanten und schwierigen Frage der Soziologie unter drei Gesichtspunkten: Warum geht der Kapitalismus nicht unter, trotz aller immer wieder auch neu aufbrechender Widersprüche und Grenzen seines Wachstums? Was hätten wir denn gerne, wenn wir ihn und das Wachstum (endlich) hinter uns gelassen haben? Und wie könnten wir dahin kommen – mit Hilfe der Soziologie womöglich?

4. Jena ist, das kann man schon so sagen, genau der richtige Ort dafür. Drei in der Sache ausgewiesene Wissenschaftler tragen das Projekt: Klaus Dörre, Stephan Lessenich und Hartmut Rosa. Sie haben sich nach längeren (Vor-)Arbeiten zur soziologischen Kapitalismus-Kritik nicht erst in dem Kolleg zusammengefunden (Dörre et al. 2009; Dörre, Lessenich sowie Rosa in diesem Band). Die Grundhypothese ist einfach, was ein erheblicher Vorzug ist, gewiss nicht neu zwar, aber wagemutig genug: Der Kapitalismus untergräbt seine eigenen Grundlagen, sein Untergang ist unvermeidlich. Eigentlich. Denn es gibt ihn immer noch, und er erscheint nach der jeweils letzten Krise in immer wieder neuem Gewand. Entsprechend haben sich die Argumente geändert, warum es jetzt bald aber wirklich zu Ende ist mit ihm, nachdem schon so um 1970 vom „Spät"-Kapitalismus die Rede war und er jetzt ein halbes Jahrhundert später nach „Club of Rome", Finanzkrise, Aushöhlung des

Wohlfahrtstaates, Rechtspopulismus und den deutlicher werdenden Grenzen der ökologischen Ressourcen immer noch lebt.

5. Der inhaltliche Kern des Vorhabens aller drei Autoren entspringt ähnlichen Theoriepfaden, und entsprechend sind alle drei auf der gleichen Spur. Es ist, soviel kann man sagen, im Grunde eine Variante der Idee der Situationslogik, wonach die gesellschaftlichen Verhältnisse die Menschen unter Umständen dazu zwingen, bestimmte Dinge zu tun und dabei neue gesellschaftliche Verhältnisse und andere Folgen schaffen, die ihnen dann ggf. als unbeabsichtigt, überraschend, nie da gewesen, fremd, unerwünscht, bedrohlich, belastend und objektiv-unverrückbar vorkommen können, manchmal aber auch als unerwartet erfreulich und gerne mitgenommen, der medizinische Fortschritt etwa, als Abfallprodukt der Gier der Pharma-Konzerne vielleicht, obwohl niemand anders als sie, die Menschen als Nachfrager[1] selbst es waren, die das alles „konstruiert", „konstituiert", „strukturiert" haben – und dann ganz gesund und munter womöglich den Neoliberalismus bekämpfen.

6. Diese Idee eint die Drei. Das Projekt lebt aber gerade auch von den durchaus vorhandenen Widersprüchen zwischen ihnen: dem jeweils verfolgten speziellen Aspekt wie dem jeweiligen methodischen Vorgehen, dem der guten alten Dialektik im Gewand einer neuen Form – eine zumindest reizvolle Variante von selbstreferenzieller Geschlossenheit in Form und Inhalt. Klaus Dörre bleibt deutlich näher bei der materiellen Basis und der mit den ökonomisch-ökologischen Grenzen des Wachstums zurückgekehrten *sozialen* Frage: neue soziale Ungleichheiten und Ungerechtigkeiten. Man könnte fast sagen: Er kehrt doch wieder zurück zu Marx, nachdem jetzt, wie es mit dem Konzept der „Landnahme" heißt, endgültig und buchstäblich Ende im Gelände ist, im Hambacher Wald derzeit zum Beispiel. Stephan Lessenich und Hartmut Rosa sehen und gehen da weiter, geraten dabei aber wohl auch auf für manche, die sich eigentlich eher an Marx und seine klaren strukturellen Vorgaben halten möchten, etwas arg abwegig-subjektivistischen Pfade. Es gibt andere, nunmehr auch *moralisch-politische* und *psycho-physische* Grenzen, nach außen drängende Reaktanzen und innere Auszehrungen also, beide aus den gleichen Funktionsprinzipien gespeist wie das, was die enorme Produktionskraft des Kapitalismus erst ermöglicht und ausmacht: bei Lessenich die „Aktivierung" von kontra-aktiven, nun auch anti-demokratischen Mobilisierungen bestimmter

---

1   Im Folgenden werden zwecks besserer Lesbarkeit anstelle der weiblichen und männlichen Berufs- bzw. Akteursbezeichnungen nur die maskulinen Formen verwendet, wobei alle Geschlechter mit eingeschlossen sind, es sei denn, es handelt sich ausschließlich um weibliche Personen.

Lebenswelten und ihrer Bewohner gegen das System, und das, richtig gut dialektisch gedacht, gerade erst angefeuert durch den nun in seiner Not sogar Eigeninitiative fordernden neoliberalen Staat; bei Rosa die Beanspruchung und Erschöpfung des System-Personals durch die übermäßige psycho-physische Belastung aufgrund der immer weiter getriebenen und nicht aufzuhaltenden „Beschleunigung" eines zutiefst entfremdeten Lebens.

7. Die übergreifende Orientierungshypothese für die dem (Spät-)Kapitalismus inhärenten Spannungen ist eine altbekannte Vorstellung: Der Kapitalismus frisst seine eigenen Grundlagen, wozu nun auch seine inzwischen fetten Kinder in den überreichen Regionen der Welt gehören, die sich ihre Bäuche dank der Externalisierung der Ausbeutung anderswo gestopft haben. Und nun gibt es das wieder (und wieder), was wir eigentlich bereits seit '68 und laut Habermas haben sollen: Legitimationsprobleme im Spätkapitalismus. Die dieser Diagnose zugrunde gelegte Erklärungsskizze ist einfach – was, das sei erneut hervorgehoben, ein Vorteil ist, zumindest gegenüber dem vielen gelehrten Geschwurbel an „Gesellschaftstheorie" in der Soziologie seit jeher und seit einiger Zeit wieder zunehmend. Man könnte die Hypothese als das ARD-ZDF-RTL-Modell etikettieren: Die ökonomisch-ökologischen Grenzen des Wachstums via kapitalistischer Landnahme erzeugen neue soziale Ungleichheiten, Ungleichheiten nun wieder diesseits von Klasse und Stand also, die man ja eigentlich schon verabschiedet hatte (Dörre). Dadurch kommt es zu neuen Anspruchs-Realitäts-Diskrepanzen, freilich nicht so sehr aus objektiver Entbehrung, sondern aus gefühlter, aus *relativer* Benachteiligung und dem Eindruck einer Verletzung des Grundversprechens der Moderne auf Aufstieg und Gleichheit für alle. Das aber führt erst recht zu einer Zuschreibung Des Fehlbetrags zum System und insbesondere zum Staat, der es, mühselig genug, trägt und beständig rettet. Weil das Gefühl der relativen Deprivation aber gerade *mit* dem weiteren Wachstum nicht aufhört, sondern eher stärker wird – man kennt es als das Tocqueville-Paradox und in der Soziologie spätestens seit Robert K. Merton –, folgt eine breite und dauerhafte, kaum zu stoppende Reduktion des Transfers von Loyalität, was einerseits die kontra-aktiven Bewegungen mobilisiert (Lessenich) und andererseits die gefühlten psychischen und physischen Überlastungen erst so richtig anheizt, weil die sich nicht weiter in der Hoffnung auf ein vielleicht doch bald noch gutes, ruhiges Leben vor dem Tode auffangen lassen (Rosa). Das *kann* ja nicht gut gehen, auf die Dauer.

8. Eine bestechende (und eigentlich wohlbekannte) Idee, ganz gewiss, besonders, weil sie so einfach, „logisch", klar und gerade deshalb riskant ist – eine Kerntugend der analytisch-empirischen Soziologie. Aber: Ist es denn wirklich so? Was wäre,

auch aus der Perspektive anderer Diskurse und Befunde gefragt, wenn manches
oder sogar alles so nicht stimmt. Vielleicht schon das Explanandum nicht: Die
Finanzkrise war womöglich gar keine wirkliche Krise, jedenfalls dort nicht, wo die
Institutionen auf materielle und technische Produktivität und Effizienz ausgerichtet
sind, wo es ein Bildungssystem auch mit einer breiten und soliden Berufsausbil-
dung gibt, eine gut ausgebaute handwerkliche Infrastruktur und eine Industrie mit
alltagspraktisch verlässlichen Produkten – und nicht nur eine Finanz-„Industrie"
mit Finanz-„Produkten" und schlimmer noch „Derivaten" mit leeren bis betrüge-
rischen, jedenfalls unproduktiven Raffinessen und Versprechen. Oder wenn eine
oder jede der drei Kernaussagen zur Erklärung – die Hypothesen von der neuen
sozialen Ungleichheit, von der Externalisierung und von der Beschleunigung –
gar nicht zutreffen, jedenfalls in der behaupteten Dramatik nicht? Wenn es zum
Beispiel so viele „Abgehängte" unterhalb einer objektiven Armutsgrenze gar nicht
gibt, sondern es vielmehr die *relativen* Verschlechterungen im Vergleich zu denen
da oben sind, die die Menschen aufbringen, wobei womöglich alle besser dastehen,
nur nicht alle im gleichen Maße und mit einem schwindlig machenden Abstand
zwischen ihnen. Oder dass die spätkapitalistischen Subjekte subjektiv keineswegs
Legitimationsprobleme mit dem (Spät-)Kapitalismus haben müssen, auch wenn
es Unterschiede in Wohlstand und Wachstum gibt, weil, wie schon oft gezeigt
wurde, die objektive Situation zwar im direkten Vergleich innerhalb von Ländern
und Perioden mit der subjektiven Zufriedenheit kovariiert, kaum aber zwischen
Ländern ganz unterschiedlicher ökonomischer Situation und über längerfristige
Veränderungen im Bruttosozialprodukt (etwa Easterlin 1974 schon). Was, wenn
die kontra-aktiven Aktivisten gar nicht politisch motiviert sind, sondern nur die
Prämissen und sozialen Produktionsfunktionen ihrer jeweiligen Lebenswelten
ausleben – Kinder grüner Oberstudienräte im Baumhaus im Hambacher Wald
etwa hier, AfD-Pegida-Aktivisten dort mit dem, was Luhmann einmal den Selbst-
verwirklichungsmodus der Unterschichten genannt hat? Was, wenn es gar kein
Null- oder Negativsummenspiel wäre mit der Externalisierung und der internationalen Arbeitsteilung, wie das Lessenich so apodiktisch behauptet, sondern ein
pareto-optimales Gleichgewicht mit nur relativen Ungleichheiten im Gewinn,
die man von dem Gewinn insgesamt auch locker ausgleichen könnte? Oder wenn
wirtschaftlicher Niedergang und externalisierende Ausbeutung ganz unmodern,
vor-kapitalistisch und gerade eben nicht (neo-)liberal auf korrupten Regimes, eth-
nisch-religiösen Konflikten und dem Fehlen funktionsfähiger Institutionen in den
jeweiligen Ländern beruhen? Was wäre, wenn die Beschleunigung in der Tretmühle
des kapitalistischen Alltags gar nicht so groß, gar nicht so durchgreifend, gar nicht
so belastend wäre, wie angenommen – etwa weil, worauf Rosa selbst hinweist, es im
Reichtum des Kapitalismus genug Nischen, Auswege und Ausgleichsmöglichkeiten

gibt, Waldorfschulen, Brückentage, entschleunigendes Zugfahren beim Fernpendeln, Fitnessstudios, Elternteilzeit, Bundesliga und Rockkonzerte einbegriffen, mit denen man auch in beschleunigten Zeiten ganz passabel physisch und psychisch gesund leben kann, jedenfalls überwiegend erheblich gesünder als vor gar nicht so langer Zeit bei der Arbeit am todlangweiligen Fließband oder ohne Maschinen ganz schön schweißtreibend und von außen beschleunigt untertage, in der Landwirtschaft oder auf dem Bau, körperlich früh erledigt. Und nicht zuletzt: Wie bekäme man denn jenen mittleren Grad an *arousal* auf die Dauer für jeden hin, bei dem man sich, wie es uns nicht nur die (Arbeits-)Psychologie sagt, am wohlsten fühlt? Vor allem aber lautet die Grundfrage beim ARD-ZDF-RTL-Modell letztlich: wie will man das Kollektivgutproblem der Anspruchsbegrenzung und des Verzichts beim Run auf die vielen auch schon früher vorhandenen Positionsgüter und neuen Singularitäten, die ja der Kapitalismus mit seinem ungeheuren Reichtum erst möglich gemacht hat, wirksam lösen? Ein Problem, wofür der Ausdruck „Gefangenendilemma" ein geradezu zynischer Euphemismus wäre. Warum wird ferner, ähnlich wie bei Piketty, nur auf die *relativen* Ungleichheiten im bloß *virtuellen* Reichtum an Geld- und Aktienvermögen gesehen, nicht aber auf die ungeheuren Gewinne in der Versorgung mit materiell lebenswichtigen Gütern mittels der durch den Kapitalismus erst so beschleunigten technischen und institutionellen Effizienz, die die Grundlage aller Hoffnungen auf Einlösung von Geld-Kapital sind – was man eigentlich mit Marx und ein wenig Basis-Ökonomie wissen sollte? Ludwig XIV. etwa hätte sicher mehr als nur eine Mätresse geteilt, wenn er dafür eine schmerzlose Zahnbehandlung erhalten hätte, was zu einem „guten Leben" wohl schon sehr dazu gehören dürfte. Was ist mit den vielen schlaflosen Nächten eines tüftelnden Ingenieurs in einem schwäbischen Familienunternehmen, der an Verfahren der regenerativen Energiegewinnung bastelt, die ja nicht vom Himmel fallen oder in den Büchern aufgeregter Soziologen zu finden sind? Aber warum sollte sich jemand solche beschleunigenden Sorgen bei Nacht machen, wenn es sich nicht auch privat und persönlich für ihn lohnen könnte, und zwar so richtig viel, auch mehr als bei einem Lottogewinn, sondern alles gleich dem Kollektiv zufällt und man allenfalls zum Helden der Arbeit werden kann? Das historische Großexperiment dazu gab es ja doch eigentlich schon. Und schließlich: Sind es nicht gerade die ökonomischen Interessenverflechtungen, wie sie Kapitalismus und Globalisierung so geräuschlos wie wirkmächtig mit sich bringen, die die Welt, anders als jede politische Deklaration, empathische Moral und kommunikative Verständigung, *strukturell* friedlicher machen, auch wenn es auf der Oberfläche manchmal ganz turbulent zugeht? Denn auf seine Kunden schießt man nicht, und bei einem anstelligen Asylbewerber sieht man nicht auf die Hautfarbe oder schiebt ihn ab, nur weil im Osten einige krakeelen. Dass es in einigen Ländern dauerhafte

Exportüberschüsse gibt und andere chronisch überschuldet sind, liegt auch nicht immer an unfairen Handelsbedingungen, sondern meistens daran, dass die Güter des einen Landes so wichtig, begehrt und gut sind, dass man dafür nahezu jeden Preis bezahlt. Anders gesagt: Die Elastizität der Nachfrage nach Soja-Bohnen ist einfach größer als für einen Mercedes, eine besondere Schraube oder eine spezielle Turbine, die man für die Erzeugung von Windenergie braucht. Und wer hätte gedacht, dass einmal ausgerechnet das kollektivistische China die ultra-liberalen USA an die globalen und privaten Vorteile des freien Handels erinnern müsste? Man kann mit Simmel, Luhmann und Rawls aber auch fragen: Was ist denn mit der Kreuzung der sozialen Kreise und den ökonomischen Konfliktlinien, mit der Legitimation durch Verfahren und mit dem Schleier des Nichtwissens, wo man denn wohl in einer „Offenen Gesellschaft" einmal enden wird und sich eben nicht auf vererbte Sicherheiten wie eine privilegierte Herkunft verlassen kann? Davon findet man wenig, wenn überhaupt etwas in den Anträgen, Vorarbeiten und aktuellen Berichten der Jenaer Kolleg-Forschungsgruppe. Es finden sich auch keine Hinweise auf Bücher wie die von Acemoglu und Robinson (2012) oder Pinker (2011), die es mit der Moderne, den Bedingungen von Prosperität und Wachstum, den Konflikten und dem Untergang des Abendlandes anders sehen. Ganz anders. Und es könnte doch sein, dass da auch etwas dran ist. Oder?

9. Also: Fragen über Fragen. Und doch kein „Revise and Resubmit", obwohl wenigstens Ökonomen, Demographen und (Sozial-)Psychologen, auch Naturwissenschaftler für verschiedene angesprochene Probleme von Beginn an dazu gehört hätten. Aber warum haben die Gutachter und die Gremien der DFG dann das Kolleg so bewilligt? Gut, auch bei der DFG ist man, wie vor Gericht und auf hoher See, in Gottes Hand. Man kann es natürlich nur vermuten, aber zwei Gründe bieten sich an. Erstens: Die DFG hat für Fächer mit internen Trennlinien den guten Grundsatz entwickelt, die unterschiedlichen Sichtweisen nicht am Einzelfall auszutragen, wenn die Gutachten (überein-)stimmen und es niemanden gibt, der sich dagegenstellt. Es gibt einen einfacheren zweiten Grund: Eine Kolleg-Forschungsgruppe ist nach den Angaben der DFG ein *„speziell* auf *geistes-* und sozialwissenschaftliche Arbeitsformen zugeschnittenes Förderangebot", die „ihr spezifisches Profil und ihre Ausstrahlungskraft insbesondere auch durch die *bewusste* Wahl für eine vergleichsweise *offene* Fragestellung oder mit einem dezidiert *experimentellen* Charakter erlangen. Es wird *keine* thematische Ausrichtung vorgegeben. Interdisziplinarität ist *nicht* zwingend erforderlich" (Homepage der DFG; Hervorh. H. E.). Ja dann.

10. Entsprechend findet sich keine Vorgabe für die Methoden. Man kann und – soll wohl auch – machen, was man will: Ein offenes Experiment, so heißt es ausdrücklich,

mit dem allein, was die Geisteswissenschaften als ihr methodisches Betriebskapital aufweisen können: Verstand, Belesenheit, Nachdenken, geistiger Austausch und Bücher schreiben als Beruf, Bücher, die andere wieder lesen, mit Verstand, geistigem Austausch und so weiter – kurz: Wissenschaft als Diskurs und Literaturproduktion. Und so geschieht es auch. Das Verfahren der Erkenntnisgewinnung im Kolleg folgt, man mag es zunächst nicht glauben, dem ursprünglichen philosophischen Ansatz, den gerade Marx auch für die Wissenschaft *nicht* wollte: die *idealistische* hegelianische Dialektik. Das meint: Einer macht den Proponenten, ein anderer den Opponenten und ein dritter den Moderator, weil man in schönster Art eines platonischen Begriffsrealismus meint, man müsse nur die „Begriffe" zur Deckung bringen. Das geht natürlich durchaus im Diskurs. Ein Forschungskolleg stellt dazu vielerlei Zutaten bereit: Die Einladung wichtiger und prominenter Proponenten und Opponenten, je nachdem, von allerlei Expertinnen und Experten und junger, begeisterter, neugieriger Soziologinnen und Soziologen als Fellows. Man kann der DFG nicht genug danken, dass sie das auch möglich macht: Gerade die Wissenschaften von der Gesellschaft leben vom grenzüberschreitenden Gespräch über ihren Gegenstand und den Irritationen, die man dabei nicht nur als Beobachter erlebt – wenngleich nicht nur, wenn man versteht, was damit gemeint ist.

11. Aber ist das wirklich genug? Wäre denn, anders gefragt, nicht mehr drin (gewesen) als die Fortsetzung eines Diskurses über die jetzt aber ganz bestimmt kommenden Krisen des immer späteren Spätkapitalismus und der Demokratie, oder über die der Heraufkunft einer Post-Wachstumsgesellschaft, freilich möglichst mit allem angenehmen Zubehör der Moderne noch. Was könnte man aus der Sicht der analytisch-empirischen, erklärenden Soziologie mit der Thematik anfangen, was über eine im Diskursiven bleibende Soziologie und eine mehr oder weniger „kraftvolle Schriftstellerei" hinausgeht? Es liegt eigentlich auf der Hand. Denn leicht ist erkennbar, welcher Richtung und Tradition der Soziologie als Wissenschaft das Jenaer Projekt folgt: der Tradition der großen Theorien über die Bewegungsgesetze der Gesellschaft allgemein und hier der Variante der dialektischen Gesellschaftstheorie mit dem Grundgedanken, dass *strukturelle* Widersprüche das soziale Geschehen antreiben, die zu periodischen Zuspitzungen führen, die dann, wie es rätselhaft-schön und zukunftsfroh heißt, in einer neuen, höheren Einheit aufgehoben werden. Es steht an vielen Stellen bei Marx und gerade auch schon im Kommunistischen Manifest. Und das in der Hoffnung auf eine Art von Erlösung in Form einer Aufhebung aller Widersprüche in einer dann guten Gesellschaft, die es möglich macht, heute dies und morgen jenes zu tun – mit einem hinreichend hohen bedingungslosen Grundeinkommen zum Beispiel, und ohne den ganzen Stress mit Karriere und Familie. In Jena wird auf den Kolleg-Treffen ausdrück-

lich und hauptsächlich über Utopien diskutiert, was nur Sinn macht, wenn man die generierenden Mechanismen und „Gesetze" kennt. Sonst bleibt das alles nur kreative Fantasie und kommunikative Konstruktion, mit einer nicht nur gewissen Ähnlichkeit mit evangelischen Kirchentagen.

12. Vom methodologischen Grundkonzept, gewiss nicht von allen Inhalten her, ist das, man mag es glauben oder nicht, eigentlich analytisch-empirische Soziologie pur, und zwar sogar in der Fassung des Modells der soziologischen Erklärung, mitsamt der sogenannten Coleman-Badewanne des prozessual-dynamischen Wechselspiels von gesellschaftlichen Strukturen und individuellem Handeln. Potztausend! Es ist das Konzept der Situationslogik, der Kern des Modells der soziologischen Erklärung wie es in der analytisch-empirischen Soziologie als Ergebnis der langen Geschichte des Streites um die soziologische Methode inzwischen vorliegt. Wir wollen das an drei soziologischen Klassikern zeigen, die jeder für sich für einen anderen Ansatz von Soziologie stehen. Es sind dies Marx, Berger und Luckmann sowie Popper.

13. Karl Marx repräsentiert dabei die große soziologische Gesellschaftstheorie der Dialektik und die soziologischen Struktur- und Konflikttheorien, die später dann etwa bei Blau, Coser, Dahrendorf oder besonders Lenski fortgeführt wurden; Peter L. Berger und Thomas Luckmann vertreten die interpretative Soziologie der gesellschaftlichen Konstruktion der Wirklichkeit und ihrer methodologisch ähnlich argumentierenden Leitfiguren wie etwa Thomas, Mead und besonders Schütz. Und Popper schließlich steht mit seinem speziellen, der Ökonomie entlehnten Konzept einer „objektiven Soziologie" für die spezielle Situationslogik des rationalen Handelns, wie sie in der sogenannten Rational-Choice-Theorie in der Soziologie mit Arbeiten von North, Olson und Coleman vertreten wird, mit einer deutlichen Hinwendung aber auch zur interpretativen Soziologie vor allem bei Boudon in seiner an Weber angelehnten Analyse historischer Prozesse und des sozialen Wandels insgesamt. Mit Marx geht das Konzept der Situationslogik von den materiellen und ökonomischen Opportunitäten und Restriktionen aus, mit Berger und Luckmann von Sinn, Symbolen, Sprache und Kultur, und mit beiden von der systematischen Verbindung dieser Aspekte und der Regelung des Geschehens über Institutionen. Mit Popper werden die kausal-analytischen Verknüpfungen und die Bedeutung von bestimmten Regeln der wissenschaftlichen Methode hervorgehoben, ohne die es vielleicht eine suggestive Situations*rhetorik*, aber keine erklärende Situations*logik* geben kann. Die aktuellen Fassungen des Modells der soziologischen Erklärung, wie man es in den Grundlagentexten der Soziologie finden kann, den allgemeinen und den speziellen, schließen daran an und integrieren die unterschiedlichen Aspekte zu *einem* Konzept.

14. Die Gemeinsamkeit der drei Ansätze bildet *die* soziologische Grundidee: die fortwährende Strukturierung von gesellschaftlichen Strukturen aus dem Zusammenspiel von kontextgebundenem Verhalten und Handeln menschlicher Akteure und den daraus entstehenden, oft nicht beabsichtigten und nicht kontrollierbaren, objektiven Folgen, die den Akteuren dann als „soziale Tatbestände" gegenüberstehen. Dazu werden drei Annahmen gemacht.

Die erste Annahme ist die des „methodologischen Individualismus": Die Gesellschaft, die Moderne oder der Kapitalismus tun nichts, *sie* nehmen das Land nicht, *sie* werden nicht aktiv und *sie* beschleunigen sich nicht, in der Gier nach Singularitäten etwa, es sind vielmehr die Menschen, die wirklichen, lebendigen Menschen, die nehmen, einander bekämpfen und sich beschleunigen – und zwar: die ihre *Zwecke* verfolgenden Menschen. Wer sonst? Warum sonst? Aber, das ist immer gleich hinzuzudenken, sie tun das natürlich „nicht aus freien Stücken, nicht unter selbstgewählten, sondern unter unmittelbar vorgefundenen, gegebenen und überlieferten Umständen", wie es bei Marx (1960, S. 115) sofort auch heißt. Was sonst? So entstehen ungewollt, nicht geplant und oft nicht kontrollierbar die strukturellen Verhältnisse, manchmal mit, manchmal ohne Dynamik, Wachstum oder Zusammenbruch. Wie sonst? Das ist, wie man sieht, kein reduktionistischer Atomismus, wie das manche immer noch glauben, auch keineswegs ein einseitig ökonomistisches Marktmodell einsamer und souveräner Anbieter und Nachfrager, sondern ein Modell des Zusammenspiels von strukturellen Bedingungen und Folgen mit dem sinnbezogenen Handeln menschlicher Subjekte. Im Modell der soziologischen Erklärung heißt dieser gute alte, zutiefst soziologische Gedanke daher auch von Beginn an *„struktur*theoretischer Individualismus".

Die zweite Annahme bezieht sich auf die Logik der Abläufe im elementarsten Fall einer gegebenen Situation: Die strukturell vorgegebene Situation bestimmt, nach Maßgabe der Geltung übergreifender Gesetze – etwa der Wahrnehmung und der „Definition der Situation", *logisch* die subjektiv vorgestellten Möglichkeiten, die Erwartungen, die Motive und die Weltsichten der Akteure. Daraus ergeben sich entsprechend *logisch* bestimmte Verhaltensweisen und Akte. Und daraus wiederum entstehen logisch (und im Verein mit jeweils immer auch kontingenten empirischen Bedingungen) gewisse kollektive Folgen, auch unabhängig von den Wünschen und Weltsichten der Akteure. Man nennt und kennt das als die drei Logiken im elementaren Modell der soziologischen Erklärung: die Logik der Situation, die Logik der Selektion und die Logik der Aggregation.

Die dritte Annahme ist dann auch wieder ganz „logisch": Die im ersten Schritt der Analyse erklärten strukturellen Umstände sind der Anfang und Teil der Randbedingungen für die nächste Sequenz – und so weiter. Auf diese Weise lassen sich ganze Ketten der „gesellschaftlichen Konstruktion" von Strukturen und historischen

Entwicklungen modellieren. Im Großen wie im Kleinen. Als Gesellschaftstheorie wie bei Marx oder als Strukturierung der habituellen Strukturen wie bei Bourdieu. Oder aber auch als erklärende Phänomenologie alltäglicher Mikro-Abläufe wie in Oevermanns Sequenzen seiner Objektiven Hermeneutik. Oder man kann das nachzeichnen, was vor und in Fahrstühlen oder mit Dackeln und ihren Blicken passiert. Methodologisch gesehen handelt es sich jeweils um eine sogenannte genetische Erklärung – die iterierte Anwendung des Hempel-Oppenheim-Schemas (HO-Schema). Auf diese Weise lassen sich alle möglichen sozialen Prozesse und Gebilde erklärend rekonstruieren: Netzwerke und Figurationen, Rituale und habitualisierte Praktiken, Institutionen und Organisationen, ja ganze soziale Systeme, bei denen es scheinen mag, sie führten ein Eigenleben und ließen sich nicht auf das Tun lebendiger Menschen „reduzieren", weshalb man die Menschen daher als „psychische Systeme" getrost außen vor lassen könnte.

15. Man sieht gleich: Eine wirklich überzeugende Sache, das mit der Situationslogik, eine Art „physique social", auf die viele andere vorher auch schon gekommen waren, die jedoch nicht wussten, dass sie damit Soziologie betrieben hatten: Alexis de Tocqueville zum Beispiel mit dem nach ihm benannten Paradox, dass, wenn es den Menschen besser geht, sie erst recht rebellieren. Oder die Schottischen Moralphilosophen, Adam Smith mit seiner „unsichtbaren Hand" sowieso, später Robert K. Merton unter anderen, ebenso etwa Norbert Elias. Sie alle eint die Idee, dass individuelle Absichten und strukturelle Folgen des Handelns auseinanderfallen können – gut wie böse – hier wie da, es aber gleichwohl eine ziemlich fixierte „Logik" der über das situationsbezogene Handeln der Menschen strukturierten Strukturen geben kann, wenngleich nicht immer zwingend und nicht ohne Kontingenzen aller Art.

16. Das Wort von der „sozialen Logik" sagt und schreibt sich oft leicht daher. Aber man muss schon *sehr* aufpassen, dass man auch alles im Blick hat, was nötig ist. Schon hierbei: Was ist mit „Logik" eigentlich gemeint? Eine analytisch-logische, formale Logik sicher nicht, denn die Gesellschaftstheorie soll sich doch auf empirische Vorgänge beziehen. Eine System-„Logik", etwa im Sinne des „doing culture" von Praktiken und dergleichen, doch wohl auch nicht – denn es ist ja nicht, wie gesagt, die „Kultur", die das besorgt, sondern es sind menschliche Akteure, die das „doing" bei der Kultur tun, verkettet in von ihnen jeweils geschaffenen Umständen, die einen Prozess der gesellschaftlichen Konstruktion vorantreiben, auch gegen ihre Absichten. Um das zu erklären, muss man natürlich den Sinn ihres Handelns verstehen: Was haben sie für Motive und Erwartungen als „Alltagstheorien", welche kulturellen Modelle leiten sie und welche Routinen haben sie habitualisiert? Aber der Sinn und der Habitus tun ja auch noch nichts. Um ein Handeln und eine Praxis

zu erklären, benötigt man daher eine Handlungs- und Verhaltenstheorie, und zwar eine, in der der Sinn die Ursache für das Handeln ist: Motive, Erwartungen, mentale Modelle und Reaktionsbereitschaften, in anderen Worten Frames und Skripte. Und dann kommt immer noch die (Er-)Klärung, wie sich daraus gewisse strukturelle Folgen ergeben, die meist, aber nicht immer, mehr sind als die statistische Summe der einzelnen Akte.

17. Keine einfache Sache also, schon im einfachsten Fall nicht. Aber es geht nicht anders. Keine noch so geglückte Beschreibung und ingeniös überraschende Einordnung der Vorgänge in soziologische Traditionen und Debatten kann das ersetzen. Brillanz allein ist öde, bemerkte Durkheim einmal. Sie lenkt meist nur von den harten Fragen ab, in der Soziologie besonders. Nicht ohne Grund schreiben sich die um analytisch-empirische Erkenntnisse bemühten Bücher meist deutlich weniger behände, und ein Rausch der Worte, Neologismen, philosophierenden Assoziationen und diskursiven (De-)Konstruktionen kommt nur selten auf. Daher soll hier ein Exkurs über die, wie man sie nennen könnte, sieben Stolpersteine oder Caveats eingeführt werden, vor denen auch diejenigen nicht immer gefeit waren, die die situationslogische Methode erfunden, vertreten und angewandt haben. Den Hintergrund bilden die Ergebnisse der diversen Methodenstreite seit über 150 Jahren, die ja schon durchaus Lösungen erbracht haben, die man mitnehmen kann, aber nicht überall (noch) bekannt sind. Hier sind sie, die sieben Caveats:

Caveat 1: Es gibt keine übergreifenden Gesetze der Gesellschaft und der Geschichte. Es gibt nur – meist: sehr kontingente – Verkettungen von Bedingungen und Folgen und vor allem: nicht vorhersagbare Konstellationen und neue Bedingungen, die den ganzen situationslogischen Gang der Dinge auf eine andere Bahn bringen können.

Caveat 2: Aus dem gleichen Grunde gibt es auch keine teleologische Bestimmung der Gesellschaft und ihrer Entwicklung. Alles ist kausal „von hinten getrieben" und nach vorne offen, jedenfalls nicht irgendwie von einem objektivierbaren Ziel angezogen. Daher lassen sich auch keine gesellschaftlichen und politischen Ziele der Soziologie begründen, etwa ein objektiv vorgegebenes „Erkenntnisinteresse". Auch deshalb gilt das Postulat der Werturteilsfreiheit bei der Beurteilung der Geltung empirischer Hypothesen und Befunde: Weil der Wahrheitsgehalt einer Aussage von ihrer Wünschbarkeit und dem Erkenntnisinteresse unabhängig ist, muss alles getan werden, um die Wertungen offen zu legen und durch geeignete methodische Verfahren zu kontrollieren.

Caveat 3: Kontingenz, Wandelbarkeit und Unvorhersagbarkeit gesellschaftlicher Entwicklungen bedeuten keineswegs, dass alles jeweils immer gänzlich neu ist und man gar nichts sagen könnte, wenn es etwa auf einmal das Phänomen facebook gibt. Das gilt auch für gewisse Grundkonzepte der Soziologie. Einige, wie z. B. die Typen der Herrschaft oder das Konzept der Zivilisation, sind sicher historisch gebunden; andere, wie Macht, Interaktion und Konkurrenz oder Modelle mittlerer Reichweite wie „Exit, Voice and Loyalty", Kollektivgutprobleme, das Konzept der Kollektiv- und Positionsgüter oder das der relativen Deprivation sind weniger oder auch gar nicht historisch gebunden, also universal. Es gibt außerdem schon so etwas wie eine grundlegende Conditio humana der psycho-physischen Grundverfassung der menschlichen Natur, die sich zwar auch wandelt, aber das dauert, für die Soziologie und ihre Fragen jedenfalls lange genug, ganz bestimmt für die überschaubare Geschichte, weltweit und auch noch eine ganze Weile, um sie als vergleichsweise stabile Grundlage für die situationslogischen Erklärungen zu nehmen.

Caveat 4: Es gibt auch keine Autonomie der sozialen Systeme. Das gilt auch für alltagspraktische Vorgänge, die stets in sozial zirkulierende und inkorporierte Wissensordnungen und Rituale eingebettet sind, wie sie von der sogenannten Praxistheorie, dem Pragmatismus oder von Bourdieu mit Verweis auf die Dialektik von Habitus und Feld so betont werden. Diese Theorien sind alle Spezialfälle der soziologischen Erklärung der wechselseitigen Konstitution von Strukturen und Subjekten mittels der Methode der Situationslogik und genetischer Erklärungen entsprechend dem HO-Schema.

Caveat 5: Selbst jedoch, wenn es die Gesetze der Gesellschaft und der Geschichte und eine – dem empirischen Augenschein sich aufdrängende – Autonomie der sozialen Systeme gäbe und man alles, was man sieht, tatsächlich gut „ursächlich erklären" könnte, würde man dem ganz besonderen Gegenstand und Anspruch der Sozialwissenschaften nicht gerecht, auch nicht der geforderten Erklärungsleistung: das „Verstehen" der Akteure selbst, die mit ihrem Tun einen bestimmten Sinn verbinden, der letztlich die proximale Ursache des Handelns und der erst „dadurch" ausgelösten gesellschaftlichen Prozesse ist. Das verweist auf das Problem der „Sinnlosigkeit" einer bloß äußerlich bleibenden, sozio-„nomischen", sozusagen physikalistischen (Makro-)Soziologie, wie sie u. a. die standardisierte Variablen-Soziologie in der Tat betreibt, aber auch Defizite system-theoretischer Konzeptionen, die sich um den „Sinn", den die Akteure ihren Handlungen beimessen, nicht scheren und meinen, dass eine Soziologie, die das täte, sinnlos wäre.

Caveat 6: Ebenso wenig wie autonome Systeme und Eigengesetzlichkeiten gibt es auch das autonome Subjekt, ein Subjekt also, das souverän, frei, einsam, in manchen Varianten der Situationslogik (etwa der Ökonomie), wie festgezimmert und vollständig informiert tut, was die Situationslogik vorschreibt. Der Mensch macht seine Geschichte, gewiss, das aber immer nur unter vorgefundenen und sich ändernden Umständen, wozu zuallererst seine strukturelle, institutionelle und kulturelle Einbettung und Verflechtung in soziale Beziehungen gehört, was sich u. a. mittels der Spieltheorie oder der Netzwerkanalyse modellieren lässt und wohl temperierte, aber leere, kreativ-konstruktivistische Begriffe wie z. B. die „actor-network theory" und dergleichen mit soziologischer Präzision und Erklärungskraft versehen könnte.

Caveat 7: Theoriebildung, empirische Fundierung und Erklärung bestehen *nicht* darin, Begriffe in einem dialogisch-diskursiv-hermeneutischen Vorgang kohärent und konsistent miteinander zu verbinden, und die Empirie dient auch nicht allein der abduktiv-kreativen Ideenfindung, Spezifizierung und Illustration der betreffenden Begrifflichkeiten und Konzepte mit selektiven Beispielen, die man, wie Emile Durkheim das in den *Regeln der soziologischen Methode* so hübsch schreibt, „vorbeiparadieren" lässt, als wären das schon die nötigen und hinreichenden Belege. Es muss schon noch etwas hinzukommen: Präzision, Informationsgehalt, Prüfbarkeit, Evidenz und kausale Erklärung.

Die sieben Caveats sind eine Art unvollständiger, aber hier erst einmal genügender Checkliste, oder auch ein Beichtzettel, je nach dem. Wir wollen uns nun ansehen, wie das Jenaer Projekt dazu zu positionieren ist.

18. Gewiss nimmt das Jenaer Projekt den Untergang des Kapitalismus nicht als Naturgesetz oder als teleologische Notwendigkeit und Bestimmung an, aber oft genug schimmern diese eschatologischen Mitgaben der dialektischen Soziologie durch, und manchmal gibt es Formulierungen, die vermuten lassen, dass das alles doch klammheimlich mindestens noch mitgedacht und mitempfunden wird. Bei der Parteilichkeit wird das sogar explizit: *für* eine gute Gesellschaft, *für* ein gutes Leben mit weniger Stress, *für* ein mehr an Weltbeziehung und Resonanz, für physisches Wohlbefinden und soziale Wertschätzung nach Adam Smith also – und das durch eine gute Soziologie: Pro bono, contra malum, dem Motto der „Neuen Frankfurter Schule" in der Kopfzeile von „Welt im Spiegel", abgekürzt: WimS, ihrem Kampfblatt im „pardon" seligen Angedenkens. Anders als in der kreativ-konstruktivistischen Soziologie wird jedoch nicht von einer grundsätzlichen Neuheit aller gesellschaftlichen Umstände und soziologischen Konzepte ausgegangen. Das würde sich mit der situationslogischen Methode nicht vertragen. Sie muss schon annehmen, dass etwa

die handlungstheoretische Grundlage sich nicht ständig verändert oder allein ein Kind der Moderne wäre und ein Konzept des „kreativen Handelns" viel zu kreativ wäre, um irgendetwas mehr zu sagen, als dass das Handeln eben kreativ sei und daher dringend der kreativ-konstruktivistischen Methode bedürfe. Eine gewisse Autonomie der Systeme wird durchaus angenommen, das aber nicht wie etwa im schlechten alten Kollektivismus und Funktionalismus oder – nicht ungeschickt wie so vieles sonst noch verschleiert – in der Luhmann'schen Systemtheorie, sondern im Sinne einer eigendynamischen, immer auch kontingenten Verkettung von kausalen Rückverbindungen der Reproduktion, die aber keinerlei Eigen-Leben hat und jederzeit auch wieder anders verlaufen könnte, verursacht durch externe, nicht vorhersagbare Schocks und Auslenkungen etwa. Die Rekonstruktion und Erklärung der erstaunlichen Wandlungskraft des Kapitalismus sind ein Beispiel dafür; die Vorstellung, dass es auch anders ginge, bildet die Grundlage des Jena-Projekts. Auch gibt es kein Problem der „Sinnlosigkeit", anders, als das noch oft genug in den ursprünglichen Versionen der dialektischen Soziologie so war, wo, wie bei Marx, das Sein allein schon das Bewusstsein bestimmte, weshalb Max Weber bekanntlich neben die Interessen (und die Institutionen) systematisch auch die Ideen, die Weltsichten, die „Konstruktionen erster Ordnung" gestellt hat, die die Welt mindestens ebenso bewegen. Ganz im Gegenteil: Es gibt eine deutliche interpretativ-kulturelle Komponente in dem Projekt, am weitesten getrieben noch bei Rosa und seiner starken Verankerung in der (alten und älteren) Frankfurter Schule mit ihrer Betonung von Sprache, Kommunikation, der (doppelten) Hermeneutik von Lebenswelt und soziologischer Theorie sowie der Psychoanalyse und der Entfremdung des Menschen von sich selbst. Eine Autonomie der Subjekte wird natürlich nicht angenommen: Der Mensch macht seine Geschichte ja nicht unter freien gewählten Umständen. Aber es schieben sich doch schon Begrenzungen der kapitalistischen Situationslogik nicht nur bei der materiellen Landnahme nach vorne, sondern auch bei den psycho-physischen Ressourcen und – hier schon stärker eine eigene „Agency" der Subjekte in den Blick nehmend – deren Aktivierung durch den kapitalistischen Staat nämlich. Es wird, wenn man so will, nicht das autonome, auch kein letztlich belangloses „psychisches System", sondern ein de-zentriertes, kontextbezogenes Subjekt angenommen, ganz so wie es auch das Modell der soziologischen Erklärung sieht. Alles in allem also durchaus schon eine ganz gute und in weiten Teilen sogar mehr als nur akzeptable Annäherung an das, was die analytisch-empirische Soziologie sich auch so vorstellt – aber auch eine Art To-do-Liste, was alles noch auszuarbeiten wäre.

19. Bleibt der siebente Caveat: die Methode. Dafür ist, Form und Inhalt sozusagen selbstreferenziell in Deckung bringend, die dialektische Auseinandersetzung

vorgesehen: These, Antithese, Synthese der Entwicklung von Geschichte und Gesellschaft, auch in der Generierung des analytisch-empirischen Wissens darüber. So jedenfalls das Jena-Projekt. Das heißt hier nur anders, nämlich „dialogische" Methode. Ein Kernpunkt der Organisation des Projekts beruht darauf. Es geht dabei vor allem, wie bei der „Konstitutionslogik" der kreativ-konstruktivistischen Soziologie, um „Begriffe": Wer hat den „richtigen" Begriff zur Charakterisierung etwa des Spätkapitalismus als im „Wesentlichen" aus Landnahme, Aktivierung oder Beschleunigung bestehend? Und das erhoffte Ergebnis: Die Begriffe im dialektischen Dialog kohärent und konsistent miteinander zu verbinden und möglichst in einer neuen Einheit von Konstitutionslogik auf höherer Ebene zusammen zu bringen. Das aber ist schon deutlich etwas Anderes als sich das die analytisch-empirische Soziologie für eine gute Soziologie vorstellt: Begriffe erklären nichts, sie bezeichnen die Dinge nur, und erst, wenn man ein funktionierendes Erklärungsmodell hat, kann man das auch mit einem Namen belegen und begrifflich aufrufen, weil dann jeder sofort weiß, welche Theorie, Empirie und Erklärung dahinterstehen.

20. Die Zuwendung zur dialektisch-dialogisch-kommunikativen Methode im Jenaer Projekt könnte eine Spätfolge einer speziellen historisch-institutionellen Situationslogik gewesen sein: die (Neu-)Einrichtung der Soziologie in Jena nach der sogenannten Wende und die Berufung von Hans-Joachim Giegel dort hin, mit seinen engen Bezügen zur (älteren) Frankfurter Schule. Das brachte gewissermaßen den Geist von Habermas nach Jena, nachdem der etwa 25 Jahre vorher im Positivismusstreit – festhalten! – mit erstaunlich weitsichtigem Verweis auf den einige Zeit in Jena wirkenden Hegel eine Art moralisierend-wertende Teleologie und Festlegung der Soziologie auf das emanzipatorische Erkenntnisinteresse in der Bewegung auf ein Telos der Verständigung hin mit einer Kritik der analytisch-empirischen Soziologie derart stark verbunden hatte, dass die Abkehr von dieser so „falschen" Methode, die kaum mehr sein könne als die Frucht der Rechenhaftigkeit eines falschen Systems, in dem auch nur ein falsches und deshalb schlechtes Leben möglich wäre, geradezu zu einem revolutionären Akt wird. Dörre, Lessenich und Rosa folgten. Darin, in der „Positivismus"-Kritik, waren (und sind) sich die Drei vielleicht einig, wohl auch mit Giegel. Sind sie es aber auch mit Habermas? Man kann daran zweifeln. Dörre steht deutlich in der Tradition von Marx und der mit Habermas verdrängten Kategorie der Arbeit, Rosa aber unverkennbar in der von Hegel. Mit seiner Absicht einer Weiterführung der Kritischen Theorie greift er weit zurück, auch in die ganz alte Frankfurter Schule zuweilen, in die Sphären der Psychoanalyse und der resonanzfreien Entfremdung von einem guten Leben nämlich, und man könnte fast meinen, dass wir Eugen Drewermann oder Papst Franziskus vor uns hätten. Bei Lessenich ist das deutlich weniger so, aber trotz

seines immer noch eher strukturellen Ansatzes ist er deutlich subjektivistischer und vor allem anklagend-moralischer als man sich das von der Warte der gelassenen wissenschaftlichen Souveränität einer selbstbewussten, situationslogisch argumentierenden Soziologie zugestehen sollte, wie wir sie, was das angeht, nicht zuletzt von Marx selbst her kennen: „Public Sociology", Parteinahme und ggf. auch: Parteigründung und parteiliche Soziologie, weil es vielleicht die Strukturen alleine doch nicht schaffen. Wirklich unerlaubt und hinderlich wäre es nicht, denn, wir wissen es, strukturelle Zwänge, Wahrheit und Wirklichkeit sind von Wünschbarkeit, „Erkenntnisinteressen" und soziologischem Gestrampel in der Öffentlichkeit unabhängig – und man sollte, und kann, sich auch bei aller gerechten Empörung schon darum bemühen, dass das nicht durcheinandergeht.

21. Damit aber wird eine eigenartige Symbiose der epistemologisch-methodologischen Grundlagen und Verfahren in dem Jenaer Projekt erkennbar: Einerseits die einer im Ansatz selbst durchaus strikten und nachvollziehbaren analytisch-empirischen Situationslogik – ausgehend und gründend jeweils auf vergleichsweise *objektive* Grundlagen, den materiellen Interessen bei Marx, auf die bei aller sozialen „Konstruktion" ebenfalls *objektiven* Institutionen bei Berger und Luckmann, sowie natürlich auf Poppers Konzept einer *objektiven* Soziologie einerseits. Und andererseits die Vorstellung einer (allein) kommunikativen Konstruktion der gesellschaftlichen Wirklichkeit wie der soziologischen Aussagen darüber im offenen dialektischen Dialog und kommunikativen Diskurs.

22. Man könnte diese Symbiose als *apodiktisch-diskursive* Soziologie bezeichnen, weil sie, bei allen Festlegungen, weiter, weicher und konstruktivistischer gefasst ist als die Dialektik als Methode. Für das Etikett „apodiktisch-diskursiv" gäbe es allerdings jeweils zwei (sehr) unterschiedliche Bedeutungen, eine vollauf analytisch-empirische und eine mehr oder weniger ausgeprägt kreativ-konstruktivistische. „Apodiktisch" kann heißen: kühne Hypothese, präzise, sich festlegend, hoher Informationsgehalt, großes Risiko des Scheiterns. Aber auch: fantasievolle Behauptung und steile Begrifflichkeit, an denen kein Zweifel gelassen wird, weil das ja, begriffsrealistisch-platonisch gedacht, alles sei, was man braucht, um die inneren Bewegungsgesetze zu (er)kennen, die die „Logik" der Dinge ausmachen. Mit dem Adjektiv „diskursiv" verhält es sich ähnlich. Zum einen meint es: „Institutionalisierung von Kritik", dem beständigen kritisch-rationalen Austausch über Annahmen, Befunde und Interpretationen als Kern jeder wissenschaftlichen Betätigung. Oder aber: „kommunikative Konstruktion" der wissenschaftlichen Wahrheiten verknüpft auch mit der Vorstellung, dass die Soziologie eine Art von feuilletonistischer „Betrachtung" sein müsse, mit starkem Einschluss künstlerischer

Ambitionen, mit Musik und Tanz, süffiger Prosa und gefälliger (Auto-)Poesie, geeignet vor allem als Gesprächsstoff auf Buchmessen, für Festreden, bei Precht und Scobel, Soziopolis oder auch der Berlin-Brandenburgischen Akademie der Wissenschaften – wenn es hochkommt.

23. Wie wäre vor diesem Hintergrund nun das Jenaer Projekt zu sehen? Man kann es so richtig eindeutig und apodiktisch nicht sagen. Es gibt ohne Zweifel und im Kern des Vorhabens deutliche Affinitäten zur situationslogischen Methode der analytisch-empirischen Soziologie – kein Wunder, wenn man an den Ausgangspunkt bei Marx denkt: die Bewegungs*gesetze* der Geschichte und die damit befasste *Wissenschaft* vom Menschen, betrieben gerade auch nach den Methoden der Naturwissenschaft, als *„eine* Wissenschaft", wie es in den Pariser Manuskripten heißt (Marx 1985, S. 544), damit offensichtlich sogar die Idee einer Einheit der (Sozial-)Wissenschaften vorwegnehmend. Es gibt aber auch starke Hinwendungen zum Kreativ-Konstruktivismus, hier infiltriert vor allem über Habermas und allerlei Kollateral-Philosophien dazu mit ihrer Gleichsetzung von „Positivismus", Entfremdung und dem Elend der Welt.

Da aber will und kann die analytisch-empirische Soziologie, bei aller grundsätzlichen Sympathie und Anerkennung der vielen Affinitäten, nicht mitgehen. Für Jena gäbe es aber ja doch (noch) die analytisch-empirische Option, etwa wenn man daran dächte, weiter zu machen, als Sonderforschungsbereich vielleicht, oder sogar als Exzellenz-Cluster: Soziologie als – wie es im Heskemer Manifest vor fast 30 Jahren schon einmal hieß, – „der Aufklärung verpflichtete, theoretisch angeleitete und methodisch kontrollierte Wirklichkeitswissenschaft" (Heskemer Manifest 1990, S. 250). Denn die (Sozial-)Philosophen und soziologischen Feuilletonisten haben die gesellschaftliche Welt ja meist wirklich nur „interpretiert" – möglichst steile Hypothese, Begriffsparaden und Behauptungsrausch mit „Forschung" bestenfalls in den Fußnoten. Es käme aber darauf an, die gesellschaftlichen Vorgänge und Zusammenhänge möglichst präzise, valide und unaufgeregt zu beschreiben, in ihren kausalen Zusammenhängen und Prozessen theoretisch aufzuschlüsseln und systematisch empirisch zu belegen. Dann könnte man sie, die Gesellschaft, wenn es denn gelingt mit den soziologischen Analysen und Erklärungen, auch einigermaßen *informiert* verändern. Für ein gutes Leben, zum Beispiel – was immer das dann sein mag.

Literatur

Acemoglu, A., & Robinson, J. A. (2012). *Why nations fail. The origins of power, property and poverty.* New York: Crown Publishers.

Dörre, K., Lessenich, S., & Rosa, H. (2009). *Soziologie – Kapitalismus – Kritik. Eine Debatte.* Frankfurt a. M.: Suhrkamp.

Easterlin, R. A. (1974). Does economic growth improve the human lot? Some empirical evidence. In P. A. David & M. W. Reder (Hrsg.), *Nations and households in economic growth. Essays in honor of Moses Abramovits* (S. 89–125). New York: Academic Press.

Esser, H. (2018a). Zwei Seelen wohnen, ach! in meiner Brust? Nicht nur eine „Stellungnahme" aus „gegebenem Anlass". *Zeitschrift für Theoretische Soziologie, 7,* 132–152.

Esser, H. (2018b). Engführung? Ergänzungen zu einem unerledigten Fall. *Zeitschrift für Theoretische Soziologie, 7,* 251–273.

Heskemer Manifest (1990). *Soziale Welt, 41,* 250–253.

Hirschauer, S. (2018). Der Quexit. Das Mannemer Milieu im Abseits der Soziologie. *Zeitschrift für Theoretische Soziologie, 7,* 153–167.

Marx, K. (1985) [1844]. Ökonomisch-philosophische Manuskripte aus dem Jahre 1844. In K. Marx & F. Engels, *Werke (MEW),* Bd. 40. Berlin: Dietz.

Marx, K. (1960) [1852]. Der achtzehnte Brumaire des Louis Bonaparte. In K. Marx & F. Engels, *Werke (MEW),* Bd. 8. Berlin: Dietz.

Pinker, S. (2011). *The better angels of our nature. Why violence has declined.* New York: Penguin Books.

Autorinnen und Autoren

Margaret Abraham geb. 1960. Prof. Dr., Professorin der Soziologie und Ko-Direktorin im Hofstra India Program an der Hofstra University, USA. Redaktionsmitglied der Buchreihe Sociology of Ethnicity and Race. Forschungsschwerpunkte: Gender, Globalisierung, Selbstmord, Immigration und häusliche Gewalt. Ausgewählte Veröffentlichungen: Speaking the Unspeakable: Marital Violence Among South Asian Immigrants in the United States (Rutgers University Press 2000); Contours of Citizenship: Women, Diversity and the Practices of Citizenship (Ashgate 2010); Making a Difference: Linking Research and Action (Current Sociology 2012); Interrogating Gender, Violence, and the State in National and Transnational Contexts (Current Sociology 2016); Sociology and Social Justice (SAGE 2019).

Frank Adloff geb. 1969. Prof. Dr., Professor für Soziologie, insbes. Dynamiken und Regulierung von Wirtschaft und Gesellschaft, an der Universität Hamburg. Stellvertretender Sprecher des DFG-Kollegs „Zukünfte der Nachhaltigkeit". Forschungsschwerpunkte: Theorie der Gabe, Konvivialität, Zivilgesellschaft, Sozialtheorie, Nachhaltigkeit. Ausgewählte Veröffentlichungen: Politik der Gabe. Für ein anderes Zusammenleben (Nautilus 2018); Zivilgesellschaft in der sozialökologischen Krise. Zur Transformation von Kapitalismus und Demokratie (Forschungsjournal Soziale Bewegungen 2018).

Brigitte Aulenbacher geb. 1959. Prof. Dr., Professorin für Soziologie mit dem Schwerpunkt Soziologische Theorie und Sozialanalyse (unter besonderer Berücksichtigung der Gender-Dimension) an der Johannes Kepler-Universität Linz, Österreich. Ko-Vorsitzende im DFG-Projekt „Decent Care Work? Transnational Home Care Arrangements". Mitherausgeberin der Zeitschrift Global Dialogue. Vizepräsidentin der „International Karl Polanyi Society". Ausgewählte Veröffentlichungen: (mit H.

© Springer Fachmedien Wiesbaden GmbH, ein Teil von Springer Nature 2019
K. Dörre et al. (Hrsg.), *Große Transformation? Zur Zukunft moderner Gesellschaften*, https://doi.org/10.1007/978-3-658-25947-1

Lutz und B. Riegraf, Hrsg.) Global Sociology of Care and Care Work (Current Sociology 2018); (mit B. Riegraf, Hrsg.) Care and Care Work – A Question of Economy, Justice and Democracy (Equality, Diversity and Inclusion 2018); (mit R. Bärnthaler und A. Novy, Hrsg.) Karl Polanyi, „The Great Transformation" and Contemporary Capitalism (Österreichische Zeitschrift für Soziologie 2019).

Maurizio Bach geb. 1953. Prof. (em.) Dr., zuletzt Inhaber des Lehrstuhls für Soziologie an der Universität Passau. Mitherausgeber der Zeitschrift für Politik. Forschungsschwerpunkte: Politische Soziologie, Soziologie der europäischen Integration, Geschichte der Soziologie. Ausgewählte Veröffentlichung: (mit B. Hönig, Hrsg.) Europasoziologie. Handbuch für Wissenschaft und Studium (Nomos 2018).

Maria Backhouse geb. 1978. Jun.-Prof. Dr., Leiterin der BMBF-Nachwuchsgruppe „Bioökonomie und soziale Ungleichheiten. Verflechtungen und Wechselbeziehungen im Bioenergie-Sektor aus transnationaler Perspektive" an der Friedrich-Schiller-Universität Jena. Forschungsschwerpunkte: Politische Ökologie, Bioökonomie, Grüne Landnahme, Entwicklungstheorie und postkoloniale Kritik. Ausgewählte Veröffentlichungen: Grüne Landnahme. Palmölexpansion in Amazonien (Westfälisches Dampfboot 2015); (mit S. Kalmring und A. Nowak, Hrsg.) In Hörweite von Stuart Hall: Gesellschaftskritik ohne Gewähr (Argument Verlag 2017).

Karina Becker geb. 1976. Dr. phil., Wissenschaftliche Geschäftsführerin des DFG-Kollegs „Postwachstumsgesellschaften" an der Friedrich-Schiller-Universität Jena. Forschungsschwerpunkte: Wandel von Arbeit, Ungleichheit, Mobilität, Strukturpolitik. Ausgewählte Veröffentlichungen: (mit T. Engel) Temporary Workforce Under Pressure. Poor Occupational Safety and Health (OSH) as a Dimension of Precarity? (Management Revue 2018); Exkludierende Nachhaltigkeit durch betriebliche Macht- und gesellschaftliche Ungleichheitsverhältnisse (WSI-Mitteilungen 2019).

Johannes Berger geb. 1939. Prof. (em.) Dr., zuletzt Projektleiter „Europäische Arbeitsbeziehungen und Sozialstaaten im Wandel" an der Universität Mannheim. Forschungsschwerpunkte: Handlungs- und Ordnungstheorie, Gesellschaftstheorie, Sozialer Wandel und soziale Ungleichheit in Industriegesellschaften, Wirtschaftssoziologie. Ausgewählte Veröffentlichung: Wirtschaftliche Ungleichheit. Zwölf Vorlesungen (Springer VS 2019).

Luc Boltanski geb. 1940. Prof. Dr., Professor an der École des hautes études en sciences sociales (EHESS) an der Université de Paris 13, Frankreich. Gründer der „Groupe de Sociologie Politique et Morale". Forschungsschwerpunkte: Soziologische Fragen nach Moral und Politik, Kapitalismus- und Sozialkritik. Ausgewählte Veröffentlichungen: The Pragmatics of Valuation and Commodity Structures (Annales. Histoire, Sciences Sociales 2017); (mit A. Esquerre) Bereicherung. Eine Kritik der Ware (Suhrkamp 2018).

Sophie Bose geb. 1990. M.A., wissenschaftliche Mitarbeiterin am DFG-Kolleg „Postwachstumsgesellschaften". Forschungsschwerpunkte: Rechtspopulismus, Gewerkschaften, Arbeitssoziologie. Ausgewählte Veröffentlichungen: (mit K. Dörre et al.) Braunkohleausstieg im Lausitzer Revier. Sichtweisen von Beschäftigten, in Rosa-Luxemburg-Stiftung (Hrsg.), Nach der Kohle. Alternativen für einen Strukturwandel in der Lausitz (2019); (mit K. Dörre et al.) Arbeiterbewegung von rechts? Motive und Grenzen einer imaginären Revolte (Berliner Journal für Soziologie 2018).

Ulrich Brand geb. 1967. Prof. Dr., Professor für Internationale Politik an der Universität Wien, Österreich. Forschungsschwerpunkte: Krise der liberalen Globalisierung, internationale Umwelt- und Ressourcenpolitik, imperiale Lebensweise, sozial-ökologische Transformation, Lateinamerika. Ausgewählte Veröffentlichungen: (mit C. Görg, Hrsg.) Zur Aktualität der Staatsform. Die materialistische Staatstheorie von Joachim Hirsch (Nomos 2018); (mit A. Acosta) Radikale Alternativen. Warum man den Kapitalismus nur mit vereinten Kräften überwinden kann (oekom 2018); (mit K. Niedermoser) Overcoming the Impasse of the Current Growth Model and the Imperial Mode of Living. The Role of Trade Unions in Social-Ecological Transformation (Journal of Cleaner Production 2019).

Klaus Dörre geb. 1957. Prof. Dr., Professor für Arbeits-, Industrie- und Wirtschaftssoziologie und Direktor des DFG-Kollegs „Postwachstumsgesellschaften" an der Friedrich-Schiller-Universität Jena. Mitherausgeber des Berliner Journals für Soziologie und der Zeitschrift Global Dialogue. Forschungsschwerpunkte: Kapitalismustheorie, flexible und prekäre Beschäftigung, Partizipation in Unternehmen, Arbeitsbeziehungen und Strategic Unionism, Green New Deal. Ausgewählte Veröffentlichungen: (mit S. Bose et al.) Arbeiterbewegung von rechts? Motive und Grenzen einer imaginären Revolte (Berliner Journal für Soziologie 2018); (mit K. Becker und Y. Kutlu) Counter-Landnahme? Labour Disputes in the Care-Workfield. Equality, Diversity and Inclusion (International Journal 2018).

Silke van Dyk geb. 1972. Prof. Dr., Professorin für Politische Soziologie an der Friedrich-Schiller-Universität Jena. Forschungsschwerpunkte: Politische Soziologie, Soziologie der Sozialpolitik und des Wohlfahrtsstaats, Soziologie des Alters und der Demografie, Gesellschafts- und Demokratietheorie. Ausgewählte Veröffentlichungen:

Post-Wage Politics and the Rise of Community Capitalism (Work, Employment and Society 2018); Die Mitte und ihr Anderes. Flexibilisierte Randzonen des Sozialen in Zeiten des Rechtspopulismus, in N. Schöneck-Voß et al. (Hrsg.), Die Mitte als Kampfzone. Wertorientierungen und Abgrenzungspraktiken der Mittelschichten (transcript 2018).

Martin Ehrlich geb. 1979. M.A., Wissenschaftlicher Mitarbeiter am Arbeitsbereich für Arbeits-, Wirtschafts- und Industriesoziologie an der Friedrich-Schiller-Universität Jena. Forschungsschwerpunkte: Digitalisierung der Arbeit und Industrie 4.0, Entwicklungsdynamiken sozialer Dienste, Arbeitsmarktentwicklung. Ausgewählte Veröffentlichungen: (mit T. Engel) Technik und Teilhabe. Wer entscheidet in der digitalen Arbeitswelt?, in R. Dobischat et al. (Hrsg.), Bildung 2.1 für Arbeit 4.0? (Springer 2018).

Arnaud Esquerre geb. 1975. Dr., Leiter des Institut de Recherche Interdisciplinaire sur les enjeux Sociaux (IRIS – CNRS, EHESS) an der Université de Paris 13, Frankreich. Forschungsschwerpunkte: Staat, Kult, Tod, Paranormalität, Kapitalismus, Spiel. Ausgewählte Veröffentlichungen: Le vertige des faits alternatifs (Éditions Textuel 2018); Interdire de voir. Sexe, violence et liberté d'expression au cinéma (Fayard 2019).

Hartmut Esser geb. 1943, Prof. (em.), zuletzt Professor für Soziologie und Wissenschaftslehre an der Universität Mannheim. Forschungsschwerpunkte: Methodologie der Sozialwissenschaften, soziologische Theorie, sozialwissenschaftliche Handlungstheorie, Migration, Integration und ethnische Konflikte, Familiensoziologie, soziale Ungleichheit, Bildungssoziologie. Ausgewählte Veröffentlichungen: Wissenschaftstheorie (Springer Vieweg 1977); Alltagshandeln und Verstehen (Mohr 1991); Sprache und Integration (Campus 2006); Zwei Seelen wohnen, ach! in meiner Brust. Nicht nur eine Stellungnahme aus „gegebenem Anlass" (Zeitschrift für Theoretische Soziologie 2018); Engführung? Ergänzungen zu einem unerledigten Fall (Zeitschrift für Theoretische Soziologie 2018).

Dennis Eversberg geb. 1978. Dr. phil., Leiter der BMBF-Nachwuchsgruppe „Mentalitäten im Fluss (flumen)". Forschungsschwerpunkte: Macht- und Subjektivitätsanalysen, Mentalitäts- und Sozialstrukturforschung, sozial-ökologische Bewegungen, Transformationen und Konflikte, Gewerkschaftsforschung, Kapitalismusforschung. Ausgewählte Veröffentlichungen: Dividuell Aktiviert. Wie Arbeitsmarktpolitik Subjektivitäten produziert (Campus 2014); Innerimperiale Kämpfe. Drei Thesen zum Verhältnis zwischen autoritärem Nationalismus und imperialer Lebensweise

(PROKLA 2018); (mit M. Schmelzer und G. Schmidt, Hrsg.) Entwachstum – Utopie, Konturen und Spannungen des Degrowth-Spektrums (Forschungsjournal Soziale Bewegungen 2018).

Chiara Giaccardi geb. 1959. Professorin für Mediensoziologie und Anthropologie an der Università Cattolica in Mailand, Italien. Forschungsschwerpunkte: Kultureller Wandel im Zusammenhang von Globalisierungsprozessen (mit einem besonderen Fokus auf digitalen Medien und verwandten sozialen und kulturellen Phänomenen). Ausgewählte Veröffentlichungen: (mit M. Magatti) Social Generativity: An Introduction, in M. Magatti (Hrsg.), Social Generativity (Routledge 2018); (mit L. Musso) For the Sake of the World: Hanna Arendt's Legacy and Generative Social Action, in M. Magatti (Hrsg.), Social Generativity (Routledge 2018).

Guilherme Leite Gonçalves geb. 1977. Professor für Rechtssoziologie an der staatlichen Universität Rio de Janeiro, Brasilien. Forschungsschwerpunkte: Soziale Theorie, Kapitalismustheorie, Rechtskritik. Ausgewählte Veröffentlichungen: Functional Differentiation as Ideology of the (Neo)Colonial Society (Thesis Eleven 2017); (mit S. Costa) The Global Constitutionalization of Human Rights: Overcoming Contemporary Injustices or Juridifying Old Asymmetries? (Current Sociology 2016); From Primitive Accumulation to Entangled Accumulation: Decentring Marxist Theory of Capitalist Expansion (European Journal of Social Theory 2019); A Port in Global Capitalism: Unveiling Entangled Accumulation in Rio de Janeiro (Routledge i. E.).

Philip S. Gorski geb. 1963. Ph.D, Professor für Soziologie und Ko-Direktor des „MacMillan Center Initiative on Religion, Politics, and Society" an der Yale University, USA. Forschungsschwerpunkte: Vergleichende und Historische Soziologie, Kultur/Wissen, Methoden, Politische Soziologie, Soziale Bewegungen, Religion. Ausgewählte Veröffentlichungen: (mit A. S. Markovits) The German Left: Red, Green, and Beyond (Oxford University Press 1993); The Disciplinary Revolution: Calvinism and the Rise of the State in Early Modern Europe (University of Chicago Press 2003).

Jakob Graf geb. 1987. M.A., Doktorand am Arbeitsbereich für Arbeits-, Industrie- und Wirtschaftssoziologie der Friedrich-Schiller-Universität Jena. Redaktionsmitglied der Zeitschrift PROKLA. Forschungsschwerpunkte: Politische Ökonomie, Politische Ökologie, Entwicklungstheorie, Landkonflikte in Chile und Indien. Ausgewählte Veröffentlichungen: (mit Autor*innenkollektiv) Mythen über Marx. Die populärsten Kritiken, Fehlurteile und Missverständnisse (Bertz + Fischer

2018); Indiens großer Sprung. Über die Integration des südasiatischen Riesen in die Weltwirtschaft (PROKLA 2019).

Tine Haubner geb. 1983. Dr., Wissenschaftliche Mitarbeiterin am Arbeitsbereich Politische Soziologie an der Friedrich-Schiller-Universität in Jena. Forschungsschwerpunkte: Ränder der BRD-Arbeitsgesellschaft, soziale Reproduktion und Care-Forschung, Sozialpolitik und Wohlfahrtsforschung, qualitative Methoden der Sozialforschung. Ausgewählte Veröffentlichungen: Dienstboten der Nation: Ausbeutung informeller Laienpflege und die Revitalisierung eines totgeglaubten Klassikers (Österreichische Zeitschrift für Soziologie 2018); Das Glück der Starken und die Not der Schwachen (Soziologie 2019).

Maurits Heumann geb. 1987. M.A., Wissenschaftlicher Mitarbeiter und Doktorand am Seminar für Soziologie der Universität Basel, Schweiz. Forschungsschwerpunkte: Kritische Gesellschaftstheorien, Ideengeschichte der Soziologie, Science and Technology Studies, politische Philosophie, digitale Forschungsmethoden.

Madeleine Holzschuh geb. 1984. M.A., Wissenschaftliche Mitarbeiterin am Arbeitsbereich für Arbeits-, Industrie und Wirtschaftssoziologie an der Friedrich-Schiller-Universität Jena. Forschungsschwerpunkte: Flexibilisierung von Arbeit, prekäre Beschäftigung und Gewerkschaften. Ausgewählte Veröffentlichung: (mit S. Schmalz et al.) Unsicherheit als Alltagserfahrung. Abgestufte Beschäftigungshierarchien im Wertschöpfungssystem Automobil in Argentinien, in H. Holst (Hrsg.), Fragmentierte Belegschaften. Leiharbeit, Informalität und Soloselbständigkeit in globaler Perspektive (Campus 2017).

Frank Iwer geb. 1959. Leiter der Stabsstelle Koordinierung und Strategische Planung beim Vorstand der IG Metall. Ausgewählte Veröffentlichung: Ökologischer Umbau der Automobilindustrie – die neue Herausforderung, in L. Schröder & H.-J. Urban (Hrsg.), Gute Arbeit, Ausgabe 2018. Ökologie der Arbeit – Impulse für einen nachhaltigen Umbau (Bund-Verlag 2018).

Hanna Ketterer geb. 1987. M.A., Wissenschaftliche Mitarbeiterin am DFG-Kolleg „Postwachstumsgesellschaften" der Friedrich-Schiller-Universität Jena. Forschungsschwerpunkte: Soziologie des Grundeinkommens, Sozial- und Gesellschaftstheorie, Freiwilligenforschung. Ausgewählte Veröffentlichungen: Grundeinkommen und Postwachstum, in D. J. Petersen et al. (Hrsg.), Perspektiven einer pluralen Ökonomik (Springer VS 2019); (mit K. Becker, Hrsg.) Was stimmt nicht mit der Demokratie?

Eine Debatte mit Klaus Dörre, Nancy Fraser, Stephan Lessenich und Hartmut Rosa (Suhrkamp 2019).

Manfred Krenn geb. 1960. Dr., freier Sozialwissenschaftler. Forschungsschwerpunkte: Prekarisierung, Wissensgesellschaft und soziale Exklusion, personenbezogene Dienstleistungsarbeit (Pflege), Arbeitsbedingungen. Ausgewählte Veröffentlichungen: An- und Ungelernte als Prototypen unzeitgemäßer Arbeitskraft in der „Wissensgesellschaft". Stigmatisierung, Marginalisierung, Aktivierung, in R. Atzmüller et al. (Hrsg.), Die zeitgemäße Arbeitskraft. Qualifiziert, aktiviert, polarisiert. (Beltz Juventa 2015); Einfacharbeit – Auslaufmodell oder stabiles Arbeitsmarktsegment? Zur Entmythologisierung der „Wissensgesellschaft" und daraus abgeleiteten Ausgrenzungsgefahren für gering Qualifizierte (SWS-Rundschau 2015).

Stephan Lessenich geb. 1965. Prof. Dr., Professor für Politische Soziologie sozialer Ungleichheit an der Ludwig-Maximilians-Universität München. Forschungsschwerpunkte: Politische Soziologie sozialer Ungleichheit, Vergleichende Wohlfahrtsstaatsforschung, Kapitalismusanalyse und -kritik, Soziologie des Alter(n)s. Ausgewählte Veröffentlichungen: (mit J. Borchert) Claus Offe and the Critical Theory of the Capitalist State (Routledge 2016); Neben uns die Sintflut. Die Externalisierungsgesellschaft und ihr Preis (Hanser 2016); Grenzen der Demokratie (Reclam 2019).

Steffen Liebig geb. 1985. M.A., Wissenschaftlicher Mitarbeiter am DFG-Kolleg „Postwachstumsgesellschaften" an der Friedrich-Schiller-Universität Jena. Forschungsschwerpunkte: Arbeits- und Wirtschaftssoziologie, Gewerkschaftsforschung, Konfliktsoziologie, Kapitalismustheorien. Ausgewählte Veröffentlichungen: (mit C. Köhler & R. Koepp) Bedingungen und Optionen der Arbeitspolitik für die Postwachstumsgesellschaft, in F. Adler et al., Postwachstumspolitiken. Wege zur wachstumsunabhängigen Gesellschaft (oekom 2017).

Mauro Magatti geb 1960. Professor für Soziologie an der Università Cattolica in Mailand, Italien. Forschungsschwerpunkte: Die Beziehung zwischen Ökonomie und Gesellschaft und die Transformationen des Gegenwartskapitalismus. Ausgewählte Veröffentlichungen: The Crisis Conundrum: How to Reconcile Economy and Society (Palgrave MacMillan 2017); Social Generativity (Hrsg., Routledge 2018); Oltre l'infinito. Storia della potenza dal sacro alla tecnica (Feltrinelli 2018).

Monica Martinelli geb. 1963. PD, Wissenschaftliche Mitarbeiterin am Lehrstuhl für Soziologie an der Università Cattolica in Mailand, Italien. Forschungsschwerpunkte: Soziologische Klassiker und ihr Verständnis der Beziehung zwischen Individuum und Gesellschaft, insbes. mit Blick auf gegenwärtige soziokulturelle Transformationsprozesse. Ausgewählte Veröffentlichungen: (mit C. Giaccardi und C. Silla) Out of the Great Recession: The Conditions for Prosperity beyond Individualism and Consumerism, in M. Magatti (Hrsg.), The Crisis Conundrum: How to Reconcile Economy and Society (Palgrave Macmillan 2017); Georg Simmel's Life and Form: A Generative Process, in M. Magatti (Hrsg.), Social Generativity (Routledge 2018); Freiheit, in H.-P. Müller und T. Reitz (Hrsg.), Simmel-Handbuch. Begriffe, Hauptwerke, Aktualität (Suhrkamp 2018).

Hans-Peter Müller geb. 1951. Prof. Dr., Professor für Allgemeine Soziologie an der Humboldt-Universität zu Berlin und Mitherausgeber des Berliner Journals für Soziologie. Forschungsschwerpunkte: Klassische und moderne Sozialtheorie, Soziologie sozialer Ungleichheit, Kultursoziologie und Lebensführungsstudien. Ausgewählte Veröffentlichungen: Pierre Bourdieu. Eine systematische Einführung (Suhrkamp 2014); Krise und Kritik. Klassische soziologische Zeitdiagnosen (Suhrkamp 2019, i. E.); (mit T. Reitz, Hrsg.) Simmel-Handbuch. Begriffe, Hauptwerke, Aktualität (Suhrkamp 2018).

Barbara Muraca geb. 1971. Dr. phil., Assistant Professor für Umweltphilosophie an der University of Oregon, USA. Forschungsschwerpunkte: Prozessphilosophie, Nachhaltigkeitstheorien, Ökologische Ökonomik, Degrowth als Diskurs und soziale Bewegung, Umweltgerechtigkeit, Feministische Philosophien, Dekolonialität, Utopieforschung, Gesellschaftliche Naturverhältnisse, Werte und Bewertung von Natur. Ausgewählte Veröffentlichungen: Denken im Grenzgebiet. Prozessphilosophische Grundlagen einer Theorie starker Nachhaltigkeit (Alber 2010); Gut Leben. Eine Gesellschaft jenseits des Wachstums (Wagenbach 2014); Décroissance. A Project for a Radical Transformation of Society (Environmental Values 2013); (mit G. Kallis et al.) Research on Degrowth (Annual Review of Environment and Resources 2018).

Oliver Nachtwey geb. 1975. Prof. Dr., Professor für Sozialstrukturanalyse an der Universität Basel, Schweiz. Forschungsschwerpunkte: Wandel der Arbeit und der gesellschaftlichen Modernisierung und dessen Auswirkungen auf die Sozialstruktur, Wandel politischer Repräsentation, von Protesten und sozialen Bewegungen, gesellschaftliche Auswirkungen der Digitalisierung. Ausgewählte Veröffentlichung: Die Abstiegsgesellschaft. Über das Aufbegehren in der regressiven Moderne (Suhrkamp 2016).

Sighard Neckel geb. 1956. Prof. Dr., Professor für Gesellschaftsanalyse und sozialen Wandel an der Universität Hamburg. Sprecher des DFG-Kollegs „Zukünfte der

Nachhaltigkeit". Forschungsschwerpunkte: Soziale Ungleichheit, Wirtschaftssoziologie, Emotionsforschung, Gesellschaftstheorie, Soziologie der Nachhaltigkeit. Ausgewählte Veröffentlichungen: Die Gesellschaft der Nachhaltigkeit. Umrisse eines Forschungsprogramms (transcript 2018); Die globale Finanzklasse. Business, Karriere, Kultur in Frankfurt und Sydney (Campus 2018).

Sabine Pfeiffer geb. 1966. Prof. Dr. phil., Professorin für Soziologie mit dem Schwerpunkt Technik – Arbeit – Gesellschaft am Nuremberg Campus of Technology der Friedrich-Alexander-Universität Erlangen-Nürnberg. Forschungsschwerpunkte: Arbeitssoziologie, Industriesoziologie, Techniksoziologe. Ausgewählte Veröffentlichungen: The Vision of „Industrie 4.0" in the Making (Nanoethics 2017); The „Future of Employment" on the Shop Floor (International Journal for Research in Vocational Education and Training 2018); (mit N. Huchler) Industrie 4.0 konkret – vom Leitbild zur Praxis? (WSI-Mitteilungen 2018).

Éric Pineault geb. 1967. Prof. Dr., Professor am Institut für Umweltwissenschaften und am Institut für Soziologie an der Université du Québec à Montréal (UQAM), Kanada. Forschungsschwerpunkte: Finanzialisierung, Materialität von Wachstumsdynamiken in entwickelten kapitalistischen Gesellschaften aus ökologischer Perspektive, politische Ökonomie der Kohlenwasserstoffgewinnung in Kanada. Ausgewählte Veröffentlichungen: The Capitalist Pressure to Extract: The Ecological and Political Economy of Extreme Oil in Canada (Studies in Political Economy 2018); From Provocation to Challenge: Degrowth, Capitalism and the Prospect of „Socialism without Growth": A Commentary on Giorgios Kallis (Capitalism Nature Socialism 2018); No Deal Capitalism: The Unmaking of the North American Middle Class, in S. McBride und B. Evans (Hrsg.), Austerity: The Lived Experience (University of Toronto Press 2017).

Hartmut Rosa geb. 1965. Prof. Dr., Professor für Soziologie an der Friedrich-Schiller-Universität Jena, Direktor des Max-Weber-Kollegs Erfurt und des DFG-Kollegs „Postwachstumsgesellschaften" an der Friedrich-Schiller-Universität Jena. Forschungsschwerpunkte: Zeitdiagnose und Moderneanalyse, normative und empirische Grundlagen der Gesellschaftskritik, Subjekt- und Identitätstheorien, Zeitsoziologie und Beschleunigungstheorie, Soziologie der Weltbeziehung. Ausgewählte Veröffentlichungen: Resonanz. Eine Soziologie der Weltbeziehung (Suhrkamp 2016); Unverfügbarkeit (Residenzverlag 2018).

Vishwas Satgar geb. 1969. PhD, Associate Professor für Internationale Beziehungen und Leiter des Projekts „Emancipatory Futures Studies" an der University of the

Witwatersrand, Südafrika. Forschungsschwerpunkte: Marxistische Theorie, Globale Politische Ökologie, transnationale Alternativen, Zivilisationskrisen, Afrika und Südafrika. Ausgewählte Veröffentlichungen: Climate Crisis – South African and Global Democratic Eco-socialist Alternatives (Hrsg., Wits University Press 2018); Racism after Apartheid – Challenges for Marxism and Anti-Racism (Hrsg., Wits University Press 2019); Cooperatives in South Africa – Advancing Solidarity Economy Pathways from Below (Hrsg., UKZN Press 2019).

Stefan Schmalz geb. 1979. PD Dr., Akademischer Rat auf Zeit am Institut für Soziologie an der Friedrich-Schiller-Universität Jena. Forschungsschwerpunkte: Entwicklungsforschung, Global Labor Studies, Internationale Politische Ökonomie. Ausgewählte Veröffentlichung: Machtverschiebungen im Weltsystem. Der Aufstieg Chinas und die große Krise (Campus 2018).

Benjamin Seyd geb. 1982. Dipl.-Pol., wissenschaftlicher Mitarbeiter am Institut für Soziologie der Friedrich-Schiller-Universität Jena, Redakteur des Berliner Journals für Soziologie. Forschungsschwerpunkte: Theorie und Soziologie der Gefühle, des Politischen, des Populismus, der Demokratie und der Globalisierung, Wirtschaftssoziologie, Wissenssoziologie. Ausgewählte Veröffentlichungen: An Absence that Makes Itself Felt. On the Place of Affect in the Theory of Hegemony, in M. Devenney (Hrsg.), Thinking the Political (Routledge, i. E.); „It's the End of the World as We Know It (and I Feel Fine)" – Überlegungen zum Verhältnis von Affekt und Utopie, in N. Eibisch et al. (Hrsg.), Endspiele interdisziplinär. Zukunftsentwürfe zwischen Weltuntergang und Utopia (Edition Ruprecht 2017); Das Politische Fühlen. Der Poststrukturalismus, das Politische und die Wende zum Gefühl, in K. R. Korte (Hrsg.), Emotionen und Politik (Nomos 2015).

Johanna Sittel geb. 1988. M.A., Wissenschaftliche Mitarbeiterin am Arbeitsbereich für Arbeits-, Industrie- und Wirtschaftssoziologie an der Friedrich-Schiller-Universität Jena. Koordinatorin des soziologischen Teilprojektes des thematischen Netzwerks „Transnationaler Wandel am Beispiel Patagoniens". Forschungsschwerpunkte: Arbeitssoziologie, internationale Prekaritäts- und Informalitätsforschung, Wirtschaftssoziologie, Politische Ökonomie, Entwicklungssoziologie, Lateinamerika, Empirische Forschung (qualitativ). Ausgewählte Veröffentlichung: (mit I. Singe et al.) Prekarität im Dialog – Arbeitssoziologie als organische öffentliche Soziologie, in B. Aulenbacher et al. (Hrsg.), Öffentliche Soziologie. Wissenschaft im Dialog mit der Gesellschaft (Campus 2018).

Maximilian Strötzel geb. 1987. M.A., Mitarbeiter im Branchenteam Automobil in der Vorstandsverwaltung der IG Metall. Arbeitsschwerpunkte: Analyse der Transformationsprozesse in der Automobilindustrie und Schlussfolgerungen für gewerkschaftliche Arbeit in Betrieb, Tarif und Gesellschaft.

Anne Tittor geb. 1980. Dr., Wissenschaftliche Mitarbeiterin und Koordinatorin der BMBF-Nachwuchsgruppe „Bioökonomie und soziale Ungleichheiten. Verflechtungen und Wechselbeziehungen im Bioenergie-Sektor aus transnationaler Perspektive" an der Friedrich-Schiller-Universität Jena. Forschungsschwerpunkte. Politische Ökologie, Bioökonomie, Sozial- und Gesundheitspolitik, soziale Bewegungen. Ausgewählte Veröffentlichungen: Conflicts about Nicaragua's Interoceanic Canal Project: Framing, Counterframing and Government Strategies (Cahiers des Amériques Latines 2018); Zum Strukturwandel der Landwirtschaft und ruralen Kämpfen in Lateinamerika, in P. Eser et al. (Hrsg.), Globale Ungleichgewichte und Soziale Transformationen. Beiträge von Dieter Boris aus 50 Jahren zu Lateinamerika, Klassenanalyse und Bewegungspolitik (Mandelbaum 2018).

Hans-Jürgen Urban geb. 1961. PD Dr., geschäftsführendes Mitglied der IG Metall und Privatdozent an der Friedrich-Schiller-Universität Jena. Forschungsschwerpunkte: Europäische Integration, Wohlfahrtsstaaten, Gesundheits-, Arbeits- und Gewerkschaftssoziologie. Ausgewählte Veröffentlichungen: (mit L. Schröder, Hrsg.) Ökologie der Arbeit. Ein offenes Feld gewerkschaftlicher Politik? (Bund-Verlag 2018); Ausbruch aus dem Gehäuse der Economic Governance. Überlegungen zu einer Soziologie der Wirtschaftsdemokratie in transformativer Absicht (Berliner Journal für Soziologie 2018); Die demokratiepolitische Bringschuld (WSI-Mitteilungen 2019).

Harald Welzer geb. 1958. Prof. Dr., Honorarprofessor für Transformationsdesign an der Europa-Universität Flensburg und für Sozialpsychologie an der Universität Sankt Gallen, Schweiz. Direktor von „FUTURZWEI. Stiftung Zukunftsfähigkeit". Forschungsschwerpunkte: Transformationsdesign, Modernisierung moderner Gesellschaften, Sozialpsychologie von Massengewalt und Totalitarismus. Ausgewählte Veröffentlichung: Alles könnte anders sein. Eine Gesellschaftsutopie für freie Menschen (Fischer 2019).

Helmut Wiesenthal geb. 1938. Prof. (em.), zuletzt Professor für Systeme gesellschaftlicher Interessenvermittlung an der Humboldt-Universität zu Berlin. Forschungsschwerpunkte: Politische Soziologie, Interessenvermittlung, kollektive Akteure, Institutionenwandel. Ausgewählte Veröffentlichungen: Gesellschaftssteuerung und gesellschaftliche Selbststeuerung (Springer VS 2006); Rationalität und Organisation (Springer VS 2018).

Michelle Williams geb. 1969. Professorin für Soziologie an der University of the Witwatersrand, Südafrika. Forschungsschwerpunkte: Entwicklung, Politische Ökonomie, Antikapitalistische Alternativen, Demokratie. Ausgewählte Veröffentlichungen: (mit T. Isaac) Building Alternatives: The Story of India's Oldest Worker Owner Cooperative (LeftWord Books 2017); The End of the Developmental State? (Routledge 2014); (mit V. Satgar, Hrsg.) Marxisms in the 21st Century: Crisis, Critique, and Struggle (Wits University Press 2013).

Markus Wissen geb. 1965. Dr. phil., Professor für Gesellschaftswissenschaften an der Hochschule für Wirtschaft und Recht Berlin. Redaktionsmitglied der Zeitschrift PROKLA. Mitglied im wissenschaftlichen Beirat der Rosa-Luxemburg-Stiftung. Forschungsschwerpunkte: Gesellschaftliche Naturverhältnisse, sozial-ökologische Transformation, (Auto-)Mobilität. Ausgewählte Veröffentlichungen: Jenseits der „carbon democracy". Zur Demokratisierung der gesellschaftlichen Naturverhältnisse, in In A. Demirovic (Hrsg.), Transformation der Demokratie – demokratische Transformation, (Westfälisches Dampfboot 2016); (mit U. Brand) Imperiale Lebensweise. Zur Ausbeutung von Mensch und Natur im globalen Kapitalismus. (oekom 2017); (mit U. Brand) The Limits to Capitalist Nature. Theorizing and Overcoming the Imperial Mode of Living (Rowman & Littlefield 2018).